何五星 ◎ 编著

互联网金融模式与实战

INTERNET FINACIAL MODEL AND ACTUAL COMBAT

透视网络社会形态下的
中国新金融革命力量

SPM
南方出版传媒
广东人民出版社

·广州·

图书在版编目（CIP）数据

互联网金融模式与实战/何五星编著. —广州：广东人民出版社，2015.9

ISBN 978-7-218-10316-7

Ⅰ.①互… Ⅱ.①何… Ⅲ.①互联网络—应用—金融—研究 Ⅳ.①F830.49

中国版本图书馆CIP数据核字（2015）第188259号

Hulianwang Jinrong Moshi Yu Shizhan
互联网金融模式与实战
何五星　编著

版权所有　翻印必究

出 版 人：曾　莹

责任编辑：肖风华　温玲玲
封面设计：张建民
责任技编：周　杰　黎碧霞

出版发行：广东人民出版社
地　　址：广州市大沙头四马路10号（邮政编码：510102）
电　　话：(020) 83798714（总编室）
传　　真：(020) 83780199
网　　址：http://www.gdpph.com
印　　刷：广州市恒远彩印有限公司
开　　本：787mm×1092mm　1/16
印　　张：40　　字　数：680千
版　　次：2015年9月第1版　2015年9月第1次印刷
定　　价：98.00元

如发现印装质量问题，影响阅读，请与出版社（020-83795749）联系调换。
售书热线：(020) 83795240

互联网金融系列丛书
编委会

主任：

何五星　广东省金融创新研究会会长、高级经济师、研究员

副主任：

彭志坚　中国银监会广东省监管局原局长
曾国坚　中国建设银行广东省分行原行长
陈宝国　广东省互联网金融协会会长、广东太平洋资产管理有限公司董事长
黄铁苗　广东省人民政府参事兼宏观经济组副组长、教授、国务院津贴专家
郁　方　广东省人民政府参事室特邀参事、博士、研究员
刘　庄　广东金融学院原党委书记
郭颂平　广东金融学院原副院长、教授、博士生导师
余甫功　中共广东省委党校（行政学院）校务委员、教育长、博士、教授
刘少波　暨南大学经济学院院长、教授、博士、博士生导师
周开国　中山大学岭南学院金融系主任、博士、博士生导师
万俊毅　华南农业大学经济管理学院院长、博士、教授
彭壁玉　华南师范大学经济与管理学院院长、博士、教授
徐　枫　华南理工大学金融研究中心副主任、博士、副教授
邹新月　广东财经大学副校长、博士、教授
易行健　广东外语外贸大学金融学院院长、博士、教授
张成科　广东工业大学经济管理学院院长、博士、教授
叶祥松　广州大学经济与统计学院院长、博士、教授、博士生导师
庞永师　广州大学工商管理学院院长、博士、教授
李华民　广东金融学院金融研究处处长、博士后、教授
王燕鸣　中山大学岭南学院金融系教授、博士后、博士生导师
刘新强　广东金融学院互联网金融与信息工程系党总支书记、教授
任志宏　广东省社科院财政金融研究所所长、博士、研究员
向晓梅　广东省社科院产业经济研究所所长、博士、研究员、全国人大代表
丘　杉　广东省社科院国际经济研究所所长、博士、研究员
郑奋明　广东省社科院现代化战略研究所所长、博士、研究员
刘品安　广东省社科院宏观经济研究所所长、博士、研究员
林平凡　广东省社科院企业研究所所长、博士、研究员
司徒惠　香港企业促进会会长、博士、粤港投资与上市集团总裁
邱振兰　广东省金融界老专家协会会长、广发银行原副行长
周林生　广东省体制改革研究会会长、广东省综合改革发展研究院执行理事长
罗浩杰　广东省金融创新研究会互联网金融委员会副主任、广东壹宝资产公司总经理
刘树龙　广东省金融创新研究会深圳分会会长、前海聚龙四海资本公司董事长

委　员：

周永章　中山大学教授、博士后、博士生导师、广东省政协常委
张乐柱　华南农业大学经济管理学院金融系主任、教授、博士、博士生导师
汤洪汤　中国金融发展与转型研究中心主任、博士、教授
李坚锐　广东金融学院党委办公室主任、博士、硕士生导师
杨公齐　广东金融学院华南金融研究所所长、博士、教授
欧永坚　北京大学公司上市培育理事会副理事长、教授
杨　劲　广东国际综观经济研究会会长、博士、教授
周立彩　中共广东省委党校（行政学院）经济学教研部主任、博士、教授
蔡　兵　中共广东省委党校（行政学院）省情研究中心主任、博士、教授
蒋　海　暨南大学金融研究所副所长、教授、博士、博士生导师
张方方　暨南大学金融系副教授、博士、硕士生导师
米运生　华南农业大学经济管理学院教授、博士
凌江怀　华南师范大学经济与管理学院金融系主任、教授、博士生导师
彭　飞　华南师范大学经济与管理学院教授、博士、博士生导师
范　闽　华南理工大学金融研究中心副主任、博士、副教授
段军山　广东财经大学金融学院副院长、博士、教授
刘　刚　广东财经大学金融学院副院长、博士、教授
展　凯　广东外语外贸大学金融学院副院长、博士、教授
廖国民　广东外语外贸大学金融学院副院长、博士、教授
刘付明　中国建设银行广东省分行部门副总经理、高级经济师
李　光　中国证监会广东监管局上市公司协会专职副会长、博士、高级经济师
王东才　广东省产权交易集团有限公司董事、博士、纪委书记
游梦华　《民营经济报》总编辑、主任记者、博士、硕士生导师
方　颂　广州市互联网金融协会会长、广州E贷董事长
陈汉权　广州市互联网金融促进会会长、广州市吉利控股有限公司董事长
周伟彬　广州市惠众天下电子商务公司董事长
罗爱存　广东省玉器商会会长
谭欧雄　广东中领创联（国际）集团有限公司总裁
杨土就　广州市万博城贷总经理
侯海东　广州银行网络金融部副总经理
余文祥　广州市金达实业投资有限公司总经理
杨　轲　狼道团队创意产业（中国）股份有限公司执行董事
潘向阳　佛山市至尊盈达融资顾问有限公司总经理
丁伟华　广州市南派企业管理咨询公司董事长
谢玖华　亚洲互联网金融协会秘书长、《亚洲互联网金融》杂志主编
胡秋良　广东省金融创新研究会深圳分会执行会长
刘　阳　广东省金融创新研究会深圳分会秘书长

互联网金融系列丛书由广东省金融创新研究会策划出版

总　　序

张开双臂，迎接中国新金融的到来

自20世纪互联网技术在美国诞生以来，以互联网为核心的信息技术就成为这个时代最重要的全球性技术浪潮，并以无法估量的速度和能量改变着各行各业，对人们的日常生活，对政治、经济、文化等都产生了重大影响，塑造出与农业社会和工业社会完全不同的社会文明形态——网络社会形态。

2012年以来，互联网与金融在中华大地上掀起了一股股创新热潮。在支付结算领域，第三方支付公司已经成为网上支付的重要力量，并以惊人的速度在持续发展。2012年，我国第三方互联网在线支付市场交易额规模达3.8万亿元，而据有关机构预计，到2015年，中国第三方互联网支付交易规模将达到13.92万亿元，移动支付交易规模将达到7 123亿元。在信贷领域，人人贷、众筹等新模式异军突起，如雨后春笋层出不穷，在不到三年时间里，互联网信贷平台从几家发展到几千家。在互联网理财领域，支付宝旗下一款名为余额宝的产品，用不到一个月的时间就成为了客户数量最多的货币基金，半年的时间就已经成为中国最大的、规模达千亿元的货币基金。

现实摆在眼前，不管你是否认同，互联网金融都正如旭日东升，给中国金融行业带来翻天覆地的巨变，金融业的传统坐标和参照系，已经开始瓦解。未来，互联网金融的光芒将更加夺目，并将重构中国金融业格局。

金融产品的本质就是数据，而基于互联网和移动网络的数据在时间和空间上不受限制，不需要物流载体支撑，比传统数据更加快捷和高效。很快可以看到，随着大数据的普及运用，银行传统的风险定价模式将被颠覆。这是因为，大数据可以对任何资金需求进行风险定价，参与各方为信用违约支付的额外成本极大地降低，银行传统的风险定价模式丧失了生存市场。

互联网金融相对于传统金融来说，它的优势是通过互联网实现资金信息的对接和交易，大大降低了交易成本，且手续简单，收益比较高，周期短，风险相对较低。不仅如此，相比于传统产业和传统金融行业，互联网金融业务量大，产品众多，业务范围广泛，几乎每个行业、每家企业都能在互联网金融领域找到自己的位置。

互联网金融改变了金融交易的交易范围、交易规模和参与交易的人数，对传统金融是一场深刻的革命。正如获评"2014年度中国互联网金融领军人物"的平安银行行长邵平所讲："正是互联网金融的蓬勃发展，促进了传统金融行业转变理念、创新模式、变革服务、拓宽渠道，从而更快地跨入新常态；也正是互联网金融的发展，使金融服务更加多样化、细分化、特色化和人性化，客户体验也更有尊重感、愉悦感、舒适感和满意度。"

"识时务者为俊杰。"面对互联网金融的不断壮大，传统的金融服务也开始在互联网领域进行延伸，它借助互联网的便捷性和强大的影响力，将自己的服务在互联网上进行推广，其中最典型的代表便是网上银行和电子银行。除此之外，建设银行推出的"善融商务"、招商银行推出的"手机钱包"业务等，都是传统金融向互联网金融发展的范例。

总之，互联网金融绝对是一块人见人爱的蛋糕，而中国的金融生态在互联网的催化下正不断发育演进。未来中国互联网金融业的发展前景，将一片光明！

然而，尽管互联网金融具有颠覆中国金融业的能量，其前景无量，发展势不可挡，未来是一片蓝海，但是，它毕竟是个新生事物，不可避免存在着这样或那样的不足——尤其是行业风险。比如，当下资产规模已逾5 000亿元的余额宝与许多传统金融产品一样，均存在期限错配和流动性错配等结构性风险。同时，互联网金融的发展还有许多未知的新情况、新问题、新处女地，需要我们去发现、去探索、去开垦，这也是我们编著此系列丛书的初衷和目的所在。

正是基于这种理念和思路，由广东省金融创新研究会牵头，从事金融工作38年之久且撰写出版金融经济专著达30部之多的何五星会长带队，我们组织了一个由互联网金融企业派、官方派、社团派、科研派、院校派组成的"五位一体"编委会，联合撰写了这套"互联网金融系列丛书"。丛书首批为《互联网金融模式与实战》和《互联网金融思维与运用》两本，第二批将出版有关互联网金融模式单个方面的系列专著，全套丛书预计会有近10本之多。

本丛书力求站在历史的高点上，以大思路、大眼光、大视角，深入探讨和解读关于中国互联网金融的一系列热点、重点、难点和疑点问题，在把国家的指导声音、专家学者的讨论声音、从事互联网金融工作者的体会声音和广大民众对于互联网金融的反映声音熔为一炉的同时，力求突出数十位作者自己的观点。可以预见，本系列丛书的问世，对于中国互联网金融的创新发展，将会起到重要的推进作用。

本丛书编委会
2015年8月20日

前　言

100多年前马克思曾经说过，"一个幽灵，共产主义的幽灵，在欧洲徘徊"；而现在，一个幽灵，一个互联网金融的幽灵，正在中国的上空游荡。全中国都在热烈地讨论和快速地发展互联网金融，短短的两三年时间，互联网金融在中国已呈燎原之势。

是什么原因让互联网金融如此快速发展？是什么力量能让互联网金融有如此强大的生命力？这不仅仅因为互联网金融运用互联网技术与精神创造了资金融通和金融服务的模式，与传统金融相比，在资金配比效果、渠道、数据信息、交流成本、系统技术等方面具有优势，更重要的是，互联网金融本质上是一种更民主、更普惠大众的金融模式。移动支付、云计算、社交网络、搜索引擎等新兴技术与传统金融深入结合，催生出形态各异的互联网金融模式，让市场参与者更加大众化，每个人都可以借助互联网金融平台，展示、支持和分享自己喜欢的创意和产品，而在大众化的市场力量的作用下，资源将得到最优配置。

基于互联网金融浪潮带来的巨大影响，广东省金融创新研究会牵头，互联网金融企业、院校、社团组织、科研机构和政府部门的有关专家学者联合组成了"互联网金融系列丛书"编写委员会，编写出本套丛书，旨在把中国互联网金融推进得更快、更好，促使传统金融行业和互联网金融行业员工素质提升得更高、更优秀，让社会各阶层、各方人士得到更多的金融实惠。

"互联网金融系列丛书"具有如下特色：

选题重大、主题突出、材料新颖、实用性强是本丛书的主要特色。本丛书紧紧结合我国当前互联网金融现状，采用最新资料、最新成果对当前广大人民群众尤其是金融业者最为关注和最迫切需要解决的问题进行探讨和解读，同时又融理论与实践为一体，特别强调指导性、创新性、实用性和可操作性。

内容丰富、体系完备、结构严谨、深入浅出是本丛书的核心特色。本丛书抓住"模式"和"思维"这两个互联网金融的"牛鼻子"入手，分理论探讨和实战运用两个部分，对"三基"（基础知识和能力、基层经验和要求、基本运作和技巧）进行了探讨和解读。

具有大环境思路、大战略眼光、大视角透视和独到的见解是本丛书的另一特色。本丛书把互联网金融企业的实践经验同国家的战略部署、专家学者的研究成果和广大人民群众及民间社团组织的呼声融为一体，同时又力图突出作者的个性和不俗的观点，提出了不少独到的见解。

本丛书在写作过程中参考了大量的文献资料，借鉴了不少专家学者和有识之士的最新观点和研究成果，有的还直接进行了引用，同时还得到了各级政府金融办、人民银行、专家学者和从事互联网金融的企业老板及广东人民出版社的重视关心、大力支持和有效指导，在此一并致以最衷心的感谢！

由于互联网金融在中国是一项全新的事业，既没有现成的经验做法可供借鉴，涉及的内容又宽泛，加之时间仓促，书中错误和疏漏在所难免，敬请读者不吝赐教和批评指正。

谨以本丛书献给所有为推进互联网金融辛勤耕耘的人们！

目 录

上 篇
认清模式真面目

第一章 互联网金融模式是什么 …………………………………………… 3
第一节 什么是互联网模式 / 4
一、互联网模式简述 / 4
二、互联网商业模式集锦 / 5
三、互联网盈利模式之最 / 8
四、互联网经典模式盘点 / 10

第二节 什么是互联网金融模式 / 13
一、如何界定互联网金融 / 13
二、怎样理解互联网金融模式 / 17
三、如何划分互联网金融模式 / 18
四、互联网金融模式新探讨 / 21

第三节 关于本书的说明和图解 / 25
一、本书的说明 / 25
二、本书的图解 / 26

第二章　涉及面广的理论基础 …… 27

第一节　互联网金融模式的基本理论 / 28
一、复杂系统理论：互联网金融的首要支撑理论 / 28
二、平台经济学理论：互联网金融的生存理论 / 29
三、长尾理论：互联网金融本质特征理论 / 32
四、金融中介理论：互联网金融的重要属性理论 / 36
五、其他相关理论：互联网金融不可缺少的重要理论组成部分 / 42

第二节　互联网金融模式的理论文献与理论要点 / 43
一、互联网金融模式理论文献综述 / 43
二、互联网金融模式的理论要点 / 46

第三节　互联网金融模式的研究现状与理论研究最新进展 / 53
一、互联网金融模式国内外研究现状 / 53
二、中国互联网金融理论研究最新进展 / 55

第四节　互联网金融模式的理论根源与动力基础 / 57
一、互联网金融理论在中国快速发展根源 / 58
二、互联网金融模式推动金融理论创新 / 58

第三章　较为复杂的不同特征 …… 65

第一节　互联网金融模式的内外特征透视 / 66
一、互联网金融模式的内涵特征及精髓 / 66
二、互联网金融模式的外延特征及表现 / 68

第二节　互联网金融模式的本质属性是普惠金融 / 70
一、互联网金融与互联网金融模式的本质是金融 / 70
二、普惠金融是互联网金融模式的根本宗旨与本质属性 / 73
三、互联网金融模式是实现普惠金融的最佳选择 / 74

第三节　当前中国互联网金融模式的最新特征及应对 / 76
一、当前我国互联网金融模式的最新特征 / 76
二、面对互联网金融模式的特征，传统商业银行如何应对 / 79

第四节　从个案上看互联网金融模式的特征 / 83
一、从互联网金融思维模式上看基本特征 / 83

二、从学者的眼中看互联网金融特征 / 85

三、从金融机构的业务看互联网金融模式的特点 / 86

四、从互联网金融的风险表现看与传统金融模式不同的风险特征 / 93

五、从传统金融模式与互联网金融模式的差异看特征表现 / 94

第四章　五花八门的表现形式　96

第一节　中外互联网模式的表现形式 / 97

一、20世纪后期40年世界互联网30件大事 / 97

二、20世纪中国互联网创新模式的表现及思考 / 100

第二节　2014年中国互联网金融模式的表现形式、特点与战役 / 104

一、2014年中国互联网金融模式的十大表现形式 / 104

二、2014年中国互联网金融模式的十大特点 / 106

三、2014年中国互联网金融模式的十大战役 / 112

第五章　清晰明了的发展轨迹　118

第一节　互联网金融模式在中国的发展阶段与轨迹 / 119

一、我国互联网金融模式的发展阶段 / 119

二、我国互联网金融模式的发展轨迹及原因 / 121

第二节　中国互联网企业渗透金融领域的演进逻辑与主要模式 / 137

一、互联网企业渗透金融领域的演进逻辑 / 138

二、互联网企业渗透金融领域的基本模式 / 139

第三节　我国互联网金融模式的发展现状 / 145

一、我国互联网金融模式现状 / 146

二、2015年互联网金融朝圣路上的"四大金刚" / 156

第四节　国外互联网金融模式的发展历程及现状 / 159

一、美国互联网金融模式的发展阶段与原因 / 159

二、国外传统金融业务互联网化的发展历程及内容 / 161

三、国外互联网金融模式与经典企业介绍 / 164

第六章 前途无量的发展趋势 173

第一节 2015年中国互联网发展十大趋势 / 174
一、中国互联网用户普及率将过半，稳居世界第一 / 174
二、互联网向移动端迁移，得移动互联网者得天下 / 175
三、中国网络广告收入超越电视广告 / 177
四、大数据广告成为网络广告的首要驱动力 / 178
五、大型平台类互联网企业将驱动市场快速发展 / 179
六、互联网正在掀起互联网健康浪潮 / 180
七、在线教育拐点到来，市场正在快速成长 / 182
八、在线旅游市场正在酝酿变局 / 184
九、房产领域O2O做闭环，加速转型迎发展 / 185
十、以社交为基础打造多位一体的一站式服务平台 / 187

第二节 学界对互联网金融模式发展趋势的观点 / 189
一、谢平关于互联网金融模式发展趋势的观点 / 190
二、徐诺金关于互联网金融发展趋势的观点 / 193
三、陆磊关于互联网金融将进入大资管时代的观点 / 196

第三节 2015年中国互联网金融模式趋势猜想 / 198
一、机遇大于挑战——2015年中国互联网金融总体展望 / 198
二、行业观点——2015年互联网金融模式十大趋势 / 201
三、十大传统行业——2015年不同程度被互联网金融模式颠覆 / 204
四、十道"羊"成语——道出2015年互联网金融新趋势 / 209
五、风口还是悬崖——2015年互联网金融六种模式发生巨变 / 218
六、O2O模式或成银行业主流——2015年互联网金融模式新趋势 / 222
七、任重道远——2015年互联网金融的痛点透视 / 224

第四节 《2015—2018年中国互联网金融发展趋势研究报告》/ 227
一、2014年中国互联网金融回顾 / 227
二、《2015—2018年中国互联网金融发展趋势研究报告》的主要内容 / 229

三、实现《2015—2018年中国互联网金融发展趋势研究报告》
　　　　的政策建议 / 230

第五节　2020年的中国互联网金融将会是怎样的模式 / 232
　　一、互联网金融新动力 / 233
　　二、互联网金融新格局 / 234
　　三、互联网金融新战略 / 240
　　四、互联网金融的社会经济价值 / 241

下 篇
掌握实战来取胜

第七章　P2P网贷模式与实战　　　　245

第一节　总体概述：P2P网贷模式需要明确的基本问题 / 246
　　一、什么是P2P网贷模式？P2P网贷是如何产生及产生的原因 / 246
　　二、如何理解P2P网贷模式及其变体 / 248
　　三、P2P网贷平台有哪三类模式与三大难点 / 249
　　四、P2P网贷平台的资金保障计划有哪些模式 / 252
　　五、P2P网贷平台的资金托管和管理是如何进行的 / 254
　　六、P2P投资者最关心的问题和常见的错误是什么 / 256
　　七、P2P理财需要摒弃哪些不良心态 / 258
　　八、国内有哪四大类获得融资的P2P平台 / 259
　　九、P2P网贷问题平台有哪些特征和"两雷"指的是什么 / 264
　　十、P2P网贷平台倒闭和跑路的主要原因是什么 / 267
　　十一、欧美P2P平台法制监管对我国同行有哪些启示 / 269

第二节　实战技巧：P2P网贷平台选择与运营要略 / 272
　　一、如何筛选P2P网贷平台和平台上的投资项目 / 272
　　二、背景实力强大的P2P网贷平台有哪些 / 274
　　三、注资最多、成立最早、人气最旺的P2P网贷平台有哪些 / 276

四、P2P 网贷怎么选投资标的和确定借款标的的风险级别 / 278

五、如何对 P2P 公司进行判断和选择？什么时候开始 P2P 网贷比较好 / 279

六、如何在 P2P 平台上借钱和投资 / 281

七、我是怎样筛选 P2P 网贷平台的 / 282

八、怎样在 P2P 网贷获得更安全的收益 / 284

第三节　稳中求胜：规避、防范和化解 P2P 网贷风险 / 285

一、不踩红线，坚守 P2P 网贷行业监管的十大原则 / 286

二、选择 P2P 网贷平台做到五个小心，对待高收益要慎之又慎 / 287

三、P2P 网贷如何分散投资，规避和防范风险技巧 / 289

四、明确 P2P 理财平台倒闭的原因，用科学指标判断 P2P 网站的安全性 / 290

五、正确选择 P2P 平台，保证个人理财收益，规避风险，运用"三步法"稳中求胜 / 293

六、把握第三方 P2P 公司关键要素，从源头上防范风险 / 294

七、全面摸清 P2P 网贷投资情况，切实做到防患于未然 / 297

八、正确看待和对待 P2P 网贷维权二次陷阱 / 299

九、P2P 网贷防雷攻略与秘诀 / 301

十、胸中有数，清楚 2014—2015 年年初 P2P 跑路问题平台名单 / 304

第四节　实战案例：三大 P2P 平台佼佼者、三种 P2P 模式运用、三桩 P2P 案件警示 / 314

一、P2P 平台中的佼佼者：陆金所、富民投资网和人人贷 / 314

二、纯线上模式（即传统 P2P 模式）——以"拍拍贷"为例 / 316

三、债权转让模式——以"宜信"为例 / 317

四、第三方担保模式——以"有利网"和"陆金所"为例 / 318

五、投资者遭遇问题平台怎么追回借出的钱——三案例及启示 / 320

第八章　第三方支付模式与实战　323

第一节　概述：第三方支付模式需要弄清的基础知识 / 324

一、第三方支付模式的概念与产生原因 / 324
　　二、第三方支付模式的支付流程与主要特点 / 325
　　三、第三方支付模式的主要优势与存在的问题 / 327
　　四、第三方支付模式的行业分类与支付机构 / 329
　　五、第三方支付模式的支付服务与主流品牌 / 330
　　六、第三方支付模式与银行关系及网上银行 / 333
　　七、第三方支付模式的发展阶段与行业展望 / 334
第二节　第三方支付运作模式选择及与商业银行竞合方略 / 338
　　一、第三方支付运作模式战略选择 / 338
　　二、传统商业银行如何应对支付市场新兴需求以进行战略转型 / 340
　　三、促进商业银行和第三方支付企业发展的战略要点 / 342
　　四、第三方支付企业在未来发展方向上的战略重点 / 344
第三节　如何完善第三方支付风险控制与监管 / 345
　　一、如何健全国家部委出台的有关第三方支付法规 / 346
　　二、如何创新对第三方支付业务的监管 / 348
　　三、如何借鉴国外第三方支付风险管理成熟做法 / 350
第四节　实例：中国第三方支付群雄逐鹿 / 352
　　一、群英汇聚：国内第三方支付主要企业和产品模式展示 / 352
　　二、独占鳌头：支付宝和财付通瓜分第三方移动支付九成市场 / 356
　　三、银行与第三方支付公司："暗战"P2P资金托管 / 357
　　四、2015年央视春晚：红包大战各方盘点 / 360

第九章　众筹融资模式与实战 363

第一节　众筹融资模式需要掌握的基础知识 / 364
　　一、众筹融资模式的概念与历史背景 / 364
　　二、众筹融资模式的特征、构成和规则 / 366
　　三、众筹融资模式的表现形式与基本分类 / 367
　　四、众筹融资模式的优点和社会意义 / 369
　　五、众筹融资模式的缺点和不利条件 / 371

第二节 国外众筹融资模式发展概况与实战方略 / 372

　　一、众筹融资模式在国外的兴起与发展 / 373

　　二、众筹融资盘点：风靡全球的十大众筹平台 / 373

　　三、2015年国外众筹融资主流化三大发展趋势 / 376

　　四、全球众筹融资的未来展望 / 377

　　五、美国发挥众筹平台作用的方法策略 / 378

　　六、美国制订计划取得众筹融资成功的基本方略 / 380

第三节 中国众筹融资模式发展现状与创新方略 / 381

　　一、中国众筹融资：迸发支持创新创业的互联网动力 / 381

　　二、2014年中国权益类众筹融资规模超4亿元，京东遥遥领先 / 383

　　三、按国际分类众筹融资在中国四种模式透视 / 385

　　四、2015年众筹融资可能演变出六大商业模式 / 389

　　五、股权众筹融资列入政府工作报告，将迎来新的春天 / 392

　　六、股权众筹管理办法出台，权益类众筹市场呈现三大发展趋势 / 394

　　七、学者建议：采用底线监管规范推动我国众筹行业创新发展 / 396

　　八、专家认为：各行业跃跃欲试众筹融资模式，吸金门槛在于信任度 / 397

　　九、实战经验：股权众筹基本方略和注意事项 / 398

第四节 实例：中国众筹大佬是这样玩众筹的 / 401

　　一、众筹大智慧：教你如何5小时筹得758万元 / 401

　　二、京东众筹融资：运用雷霆战机手机破人气纪录 / 403

　　三、淘宝众筹融资：扯免费大旗让创新者进入阿里的一扇门 / 405

　　四、天使汇：网络股权众筹扮演创业"红娘" / 407

　　五、杨勇以身说案：如何玩转中国式众筹 / 411

第十章 大数据金融模式与实战 ················ 417

第一节 大数据金融模式需要掌握的基础知识 / 418

　　一、大数据模式的定义与特征 / 418

二、大数据模式的结构与类型 / 419

三、大数据的内涵与价值 / 420

四、大数据的功能与用途 / 422

五、大数据的意义、作用与弊端 / 423

六、大数据的发展历史与未来展望 / 425

第二节 大数据在互联网金融行业的概况及应用方略 / 429

一、大数据决定互联网金融的未来 / 429

二、大数据激荡着银行业的互联网金融 / 431

三、大数据时代下金融业的发展方向、趋势及其应对策略 / 433

四、大数据在金融行业的十大应用 / 439

五、大数据在金融行业应用中所带来的市场价值 / 442

第三节 大数据在金融机构中的概况与实战方略 / 444

一、国外金融机构大数据发展概况 / 445

二、国内金融机构大数据发展的痛点和瓶颈 / 446

三、金融机构驾驭大数据的三个关键点 / 448

四、大数据时代银行业如何玩转数据挖掘 / 451

五、移动互联网下的大数据如何让金融企业变现 / 455

第四节 大数据在互联网金融企业中的实战案例 / 458

一、阿里是这样"玩"大数据的 / 458

二、试水大数据,招商银行突围互联网金融 / 464

三、西太平洋银行用大数据提升产品推荐接受度达50% / 467

四、海外银行运用大数据实战三例 / 470

五、金电联行不小心运用大数据撬动了中国的中小企业信贷革命 / 473

第十一章 信息化金融机构模式与实战 …………………… 475

第一节 信息化金融机构模式概述 / 476

一、信息化金融机构的概念与特点 / 476

二、信息化金融机构模式的分类与职能 / 477

三、信息化金融机构正在搅动未来金融业局势 / 478

四、金融机构信息化发展历程与展望 / 481

第二节 信息化金融机构模式的运营方略 / 484
一、从红包大战看银行与微信、支付宝的差距 / 484
二、蒋御柱：互联网金融在敲门，传统银行机构如何应对 / 487
三、《证券日报》：传统金融机构及企业正在加速拥抱互联网金融 / 491
四、《金融时报》：银行创新是这样围绕互联网金融展开的 / 492
五、罗明雄：信息化金融机构要根据自身特点防范风险 / 496

第三节 信息化金融机构实战经典案例 / 500
一、招商银行转型互联网：独辟蹊径，技高一等 / 500
二、工行突击互联网金融：聚齐三大平台 / 509
三、众安保险之谜："三马"同台护航，保险业的"互联网+" / 510
四、阿里巴巴电子商务金融业务的成功经验及对传统金融的启示 / 517

第十二章 互联网金融门户模式与实战 …… 523

第一节 互联网金融门户模式概述 / 524
一、互联网金融门户模式的概念与价值 / 524
二、互联网金融门户模式的特点与分类 / 525
三、互联网金融门户发展趋势与展望 / 527

第二节 中国互联网金融门户经典企业和商业模式展示 / 529
一、中国第三方资讯平台经典企业和商业模式 / 529
二、中国垂直搜索经典企业和商业模式 / 532
三、中国在线金融超市经典企业和商业模式 / 537

第三节 互联网金融门户平台模式与运营方略 / 541
一、互联网金融门户平台运营模式全透视 / 541
二、互联网金融样本：融360的贷款玩法 / 546
三、好贷网：中小企业贷款的"天猫商城" / 547
四、门户网站市场营销的战略优势、战略目标及品牌战略 / 549
五、互联网金融门户网站营销的实战方略 / 554

第四节　互联网金融门户模式经典案例 / 558
　　一、"百度+天猫"：融360的网上信贷超市 / 558
　　二、好贷网：借贷网上撮合者 / 561
　　三、91金融超市：首家登陆央视的互联网金融公司 / 563

第十三章　虚拟电子货币模式、理财模式、平台模式 ……………… 565

第一节　虚拟货币模式 / 566
　　一、虚拟货币的概念与类别 / 566
　　二、虚拟货币的产生与原因 / 567
　　三、虚拟货币的本质与特点 / 568
　　四、虚拟货币的发展阶段与内容 / 571
　　五、虚拟货币引发现实风险与应对方法 / 573
　　六、如何看待和对待电子货币发展 / 575
　　七、比尔·盖茨：比特币是革命，但本身还不够好 / 579
　　八、2014年比特币表现比卢布还烂，为何这么多人看好 / 579
　　九、去中心虚拟电子货币成为互联网投资新领域 / 580

第二节　互联网金融理财模式及其对策方略 / 582
　　一、互联网金融理财的主要模式 / 582
　　二、网络理财与银行理财的优势比较 / 583
　　三、互联网金融理财模式平台的选择原则与实操流程 / 584
　　四、互联网金融理财产品最安全的选择 / 587
　　五、互联网理财小技巧 / 588
　　六、如何识别和防范理财之路上的那些陷阱 / 589
　　七、银行零售财富管理如何转型突围 / 590
　　八、互联网金融刮"混搭风"，选择哪种模式更得人心 / 593
　　九、如何迎接互联网理财升级至"云财富"管理时代 / 595

第三节　互联网金融平台模式及其风控方略 / 596
　　一、中国互联网金融进入平台制胜时代 / 596
　　二、有望上市IPO的十大互联网金融企业门户平台 / 599
　　三、央视3·15晚会：问题平台和卷款"跑路"成投诉热点 / 607

四、网贷平台优胜劣汰的洗牌大幕已经开启／608

五、如何把握问题门户平台的十大征兆／610

六、如何识别跑路P2P网贷平台十大骗术／614

七、如何选择放心平台的十条标准／617

上 篇
认清模式真面目

有人说，互联网是中国改革开放继股票、房地产后的第三波经济发展主旋律；今后的年代，互联网将成为现代经济社会的主流时代。而在互联网的世界里，互联网金融则是互联网中的主旋律和时代主流。可以说，近三年来中国经济社会改革创新最突出的变化，莫过于互联网金融的崛起和火爆。甚至于中央财大一位著名的经济学教授所说，现在聚会5分钟内不讲互联网金融就是不懂经济。

　　然而，到底是什么互联网金融模式？它有哪些理论知识和特征？其表现形式和发展轨迹是怎样的？其发展趋势又将到底会怎样？如此问题，虽然现实生活中议论纷纷，但至今还是仁者见仁，智者见智，莫衷一是。基于此，本篇将实际一线操作者、理论研究者、新闻媒体者、社会团体和名流、政府官员、作者本人等"六种声音"交织汇集起来，进行多视角、大视野、立体型、全方位的探讨和阐述，以供读者认清互联网金融模式的真面目，从而在实战中乘胜前进。

第一章
互联网金融模式是什么

互联网金融模式五花八门，可以说是"横看成岭侧成峰，远近高低各不同"。本章介绍了互联网的商业模式、盈利模式、经典模式，引申出互联网金融模式的划分方法，探讨了互联网金融新兴模式及未来方向，并为本书后续章节的阅读作出指引。

第一节　什么是互联网模式

一、互联网模式简述

互联网是个神奇而怪异的东西，说它简单容易对，说它复杂艰难也对。要解释互联网模式概念，尤其是准确给互联网模式下个定义，同样是既简单容易，又复杂艰难。

说它简单，是因为解释和定义互联网模式，可以只用十个字：网络与用户的交互方式。

说它复杂，是因为有人用长达数万字的研究文章乃至几十万字专著来解释它，但最后还是难以全部解释完整和准确。

可以这样说，互联网和互联网模式的定义，至今还在探讨之中。

一般来说，互联网模式的解释，就是互联网的解释。而互联网的解释，又有狭义和广义之分。我们日常讲的互联网，指的是狭义上的互联网。这种互联网（Internet），又称网际网路，或音译为"因特网"。因特网是网络与网络之间所串连成的庞大网络，这些网络以一组通用的协议相连，形成逻辑上的单一而又巨大的国际网络。将计算机网络互相联接在一起的方法称作"网络互联"，而在这基础上发展出的覆盖全世界的全球性互联网络称互联网，即"互相连接一起的网络"。互联网并不等同万维网，万维网只是一个基于超文本协议相互链接而成的全球性系统，只是互联网所能提供的服务之一。

广义上的互联网，不仅仅指因特网，还有更多、更广泛的含义。从网站分类上看，互联网模式主要有四类：

（1）门户类，即门户网站，是指通向某类综合性互联网信息资源并提供有关信息服务的应用系统，如雅虎和搜狐。

（2）B2C（Business To Customer），即商业机构对消费者的电子商务，如亚马逊、当当网、卓越网。

（3）B2B（Business To Business），即企业与企业之间通过互联网进行产品、服务及信息的交换，如阿里巴巴、环球资源。

（4）C2C（Customer To Customer），即个人对个人的网上交易，如淘宝、易趣。目前C2C电子商务企业采用的运作模式是通过为买卖双方搭建拍卖平台，按比例收取交易费用，或者提供平台方便个人在上面开店铺，以会员制的方式收费。代表网站e-Bay、淘宝。

当然，互联网模式不仅仅表现在网站分类上，它还有更多的分类和更广的表现形式与内容。本节将从互联网的商业模式、盈利模式、经典模式三个方面进行具体、细化的解读和阐述。

二、互联网商业模式集锦

互联网商业模式，就是指以互联网为媒介，整合传统商业类型，连接各种商业渠道，具有高创新、高价值、高盈利、高风险的全新商业运作和组织构架的商业模式，包括传统的移动互联网商业模式和新型互联网商业模式。

随着互联网宽带化、大众化、个性化、移动化的不断发展，新应用层出不穷，新商业模式不断出现。以下10个创新模式期待成为互联网新的盈利模式。

（一）结合发展：电子商务与无线的结合发展模式

2006年，腾讯拍拍网以黑马姿态出现，并凭借腾讯QQ强大的即时通信IM平台所拥有的数亿用户基数和IM与拍拍网的强黏性结合，取得了不错的业绩。年底，e-Bay（易趣）作为中国颇具实力的C2C平台之一，易手TOM在线，这意味着中国C2C互联网平台的格局从2005年的淘宝、e-Bay（易趣）双雄之争转化为了2007年淘宝、拍拍、TOM易趣三国鼎立。在无线互联网蓬勃发展、3G大门被频频叩响的今天，用户基数庞大的无线互联网将催生众多中国电子商务C2C领域的"黑马"，无处不在的用户电子商务时代即将来临。

（二）垂直发展：企业电子商务平台的垂直发展模式

企业电子商务，例如阿里巴巴、环球资源等，一贯以综合电子商务平台的角色出现。综合性B2B平台所提供的信息具有全面性的优势，对中小型交易来说，交易平台在电子支付领域、物流接口等方面具有优势，但是运营压力大，利润率相对低。而如今，在资本市场成功上市的网盛科技即将改变企业级电子商务市场的格局，它通过垂直B2B平台所具有的运营成本低、信息精准和高置信度特点等优势，将不断地扩大其在专业企业级交易中的市场份额。

（三）以销定采："以销定采"的电子商务发展模式

以往电子商务服务提供商所面临的三大挑战是：信息流、资金流、物流。一家名为爱代购的新型电子商务在2006年宣布上线，为业界带来一种以BforC为主的商业模式，有效避免了传统的B2C库存的缺陷。BforC模式采用的是"以销定采"的方式，通过虚拟的产品定购，避免了原有B2C厂商的库存压力，解决了信息流、资金流、物流"三流"中关键的资金流问题。

（四）线上线下：线上线下畅通的电子商务发展模式

国家邮政局与阿里巴巴集团在北京签署了电子商务战略合作框架和产品协议，在电子商务的信息流、资金流、物流等方面达成了全面、长期的合作伙伴关系。为了增加合作的可信度，中国邮政EMS还专门为此次合作推出了一款名为"e邮宝"（EMS电子商务经济快递）的新产品。

（五）开展合作：搜索引擎与电子商务运营商间开展合作

电子商务和搜索引擎的合作越来越紧密。电子商务网站最重要的特征是要具备优秀的搜索功能，消费者一旦无法搜索到想要的商品，就会转移到其他网站，因此，拥有高质量的站内搜索工具对刺激在线零售商的销售收入是至关重要的。为能在2008年奥运经济中占领商机，2007年，几家大型搜索引擎就与电子商务运营商开展了深入合作。"电子商务+搜索引擎"的模式将使商业信息搜索更有针对性、更有商业价值，且有风险控制体系。

（六）合作创新：强强联手的合作创新模式

与电子商务类似，无论是互联网还是传统行业都在窥视着这一成功的合作模式。单一产品的可诉求性无法满足用户日益膨胀的需求，在搜索引擎领域乘胜追击的百度不久前与微软宣布，将启动一项基于搜索服务方面的合作，目的在于将百度的竞价排名系统引入微软在 MSN、Live 以及其搜索相关的服务中，并寻求可能的商业机会。中国是微软全球最重要的市场之一，这次合作不仅为中国的在线广告客户创造了新的机会，而且也增进了搜索服务质量。

（七）货币市场：虚实电子货币市场的合作创新模式

兴业银行携手腾讯推出国内首张虚实合一的信用卡——兴业银行 QQ 秀信用卡，面向腾讯 QQ 秀一族提供包括虚拟卡支付、财付通还款、在线申请、电子账单通知、即时消息提醒等多种网络特色服务。

（八）媒介资源：网络广告媒介资源的合作创新模式

合作一般主要出现在企业间，而对于万普世纪这个提供独立 WAP 站点的媒体代理服务机构来讲，合作不是基于企业的，而是基于个人用户的。WAP 站点具有非官方性，这使得万普世纪拥有很大一部分个人用户网站，通过对个人用户的培育，万普世纪获得了庞大的独立 WAP 站点队伍，促进了无线互联网的发展。由于 WAP 站点是培育的，所以对这些站点可以有效控制，实行集中管理和采购，并实现更高媒介代理利润率。

（九）个人合作：给玩家"发工资"的个人合作创新模式

《征途》在 2006 年 8 月份推出正式版本，并在运营模式上再次变革，采用给玩家"发工资"的"征途模式"，受到玩家欢迎。此外，从公布的在线人数上来看，《征途》也取得了较大进步。给玩家"发工资"的模式有效获得了用户的黏性并将其转变为交易，运营商可以从中获得广告以外的虚拟物品易货利润。

（十）联合用户：与用户一同赚钱的合作创新模式

与用户一同赚钱的合作模式指的是：将广告嵌入视频博客作品中，根据广告展示次数与作者共同分享广告收入。这一模式根据人气把博客分为九段，段位越高分成比例也越高。通过这样的分成模式，更多优秀的内容得以持续上传到网站，质与量也都有了显著的提升。

15年的风雨和起落，一个曾经充满燥热的互联网产业逐渐变得更加务实。15年间，互联网悄然改变了我们的生活模式、经营模式、资本模式，其对经济和社会各个方面产生的影响远远超出了我们原来的预期。

三、互联网盈利模式之最

（一）最古老的盈利模式：流量广告

这种盈利模式从互联网诞生之日起到现在，都是最基本的赚钱思路。这种模式也就是俗话说的"做网站就是做PV"——只要我的访问量大了，即使天天坐在家里喝茶，广告商也会主动找上门来。这种模式不仅仅适用于一切门户网站，也适用于大多数免费PC软件、手机App，典型的案例不仅仅有网易、新浪、搜狐、腾讯等门户网站，也包括我们现在使用的杀毒工具、网页浏览器等。

（二）最霸道的盈利模式：搜索排名

提供搜索排名服务的一般都是平台型的互联网企业，这些企业通过搭建免费的基础服务平台来吸引大量的第三方商家入驻并为商家提供所需要的一切服务。这些平台的霸道之处在于：一旦获得很好的知名度后，它们就根据自己的需要为第三方网络群体制定各种游戏规则，霸气无比。百度采用关键词竞价排名的方式大发横财，淘宝店家需要通过支付高额费用来提高自己网店的搜索曝光率，58同城、赶集网也傲慢地表示会把付费用户发布的信息提到搜索结果的前列。如今，即便是你自己做一个微信公众号，也要在付款认证之后才能让你的粉丝更方便地找到你。

(三)最高大上的盈利模式:应用授权付费

任何一个互联网开发者都希望能够让自己开发出的应用卖一个好价钱,可是理想是丰满的,现实却总是很骨感,要想用户掏腰包,首先自己要做出干货来。于是,不少开发商纷纷推出"高端大气上档次"但必须付费使用的"精品"应用软件。这种模式的案例非常多,除了各种正版软件激活之外,去苹果应用商店的付费排行榜看看就知道了,无须一一列举。

(四)最缥缈的盈利模式:虚拟商品销售

现实世界里我们花钱买到的商品都是实实在在的,可是在互联网里,却能够通过出售"虚无缥缈"的虚拟商品盈利。这种模式最主要存在于网络游戏之中:CF游戏里,想买一把好枪,那就果断充值换Q币吧;在QQ个人秀里,要想穿一件漂亮的衣服也得破费一笔。除了网络游戏,这种模式的案例还有QQ及微信个性化表情购买、虚拟礼品购买赠送等。

(五)最厚道的盈利模式:佣金提取

佣金提取的模式可谓是既厚道又实在,我帮你招揽一个顾客,你就给我一份劳务费,所产生的价值都是看得见摸得着的。佣金提取模式的应用场景也很多,比如像淘宝客、各大团购网站、威客网站,在每一笔交易完成后,各方合作者都会拿到自己相应的分成。这一种商业模式的特点就是:有钱大家赚,大商家多赚点,小商家少赚点,各干各事,各谐相处,合作共赢。

(六)最体贴的盈利模式:增值服务

增值服务是指在给用户提供免费服务的基础上增加特定的、用户需要的、更有价值的服务。不少门户网站都为付费开通会员的用户提供高质量、差异化的功能选项。除此之外,一些产品开发商也明确地划分出产品基本功能和付费功能之间的明确界线。很多软件通常先采取免费方式,积累到大量用户群体后再出新花样,通过增值功能激发用户付费的欲望。

四、互联网经典模式盘点

"网络女皇"Mary Meeker 2002年曾预言,互联网兴起之后的下一个热潮将是"SFO",即搜索(search)、发现(find)和获得(obtain)。转眼间10多年过去了,现在,让我们来看看生活中那些叱咤风云的互联网公司。

(一)搜索引擎+百科知识

代表企业:百度

百度公司2000年1月成立,立足于"超链分析"技术专利,发展成为了全球最大的中文搜索引擎。2005年8月百度在纳斯达克上市,发行价27美元。

商业模式:竞价排名、广告、点击。

百度立足于搜索引擎,建立了一个全面完善的百科知识库,同时为客户投放与网页内容相关的广告,从而实现盈利。

(二)及时通讯+游戏+门户新闻+邮箱

代表企业:腾讯

腾讯成立于1998年11月,立足于即时通信,打造了一个庞大的亲友互动交际圈,创立了一种在线交流模式,并在这个交际圈内推行网游、建立门户。腾讯2004年6月在香港上市,引发投资者哄抢股票。

商业模式:会员制、游戏、广告。

除会员及游戏外,腾讯主要通过互联网增值服务、移动及通信增值服务、网络广告实现盈利。

(三)安全+浏览器+搜索引擎

代表企业:奇虎360

奇虎360于2005年创立,以免费的互联网安全服务风靡全国,一举奠定中国互联网安全市场的老大地位。其后,奇虎360立足于网络安全,占据了浏览器近30%的市场，建构了杀毒、防火墙等系列产品；在浏览器市场之上，独创了People Rank搜索引擎技术，并发布了具备"自学习、自进化"能力和发现用户最需要的搜索结果的第三代搜索引擎。奇虎360于2011年3月在纽约证券交易所挂牌交易。

商业模式：免费+有偿增值服务。

奇虎360主要依靠在线广告及互联网增值业务创收。

（四）门户新闻+微博

代表企业：新浪

成立于1998年的新浪公司，立足于门户，提供微博通信及相关增值资讯服务。新浪2000年在纳斯达克上市，发行价每股17美元。

商业模式：广告。

新浪的收入大部分来自网络广告，少部分来自移动增值服务。

（五）邮箱+新闻

代表企业：网易

1997年6月成立的网易公司，立足于电子邮件，提供门户新闻与游戏。网易2000年6月30日在纳斯达克上市，发行价15.5美元。

商业模式：邮箱、游戏、广告。

网易的绝大部分收入来自网络游戏。

（六）下载+游戏+视频

代表企业：迅雷

2003年1月成立的迅雷公司，立足于下载，推出会员服务并拓展网游业务。2014年迅雷在纳斯达克上市，融资1.125亿美元。

商业模式：会员制、游戏、广告。

（七）输入法+地图搜索+游戏

代表企业：搜狐

搜狐公司成立于1998年2月，其做得最多、最广为人知的产品是搜狗地图和搜狗输入法。2000年7月搜狐在美国纳斯达克挂牌上市,发行价13美元。

商业模式:品牌广告、在线游戏、无线增值。

(八)视频

代表企业:优酷土豆

土豆网于2005年4月正式上线,2011年8月在纳斯达克上市,发行价29美元。

优酷网2006年12月推出,2010年12月在纽交所上市,发行价每股12.8美元。

2012年8月20日,优酷土豆合并方案获批准通过,优酷土豆股份有限公司成立。

商业模式:视频植入广告。

优酷土豆至今仍未实现盈利,不过亏损在逐渐收窄。

(九)电子商城、平台

代表企业:阿里巴巴

阿里巴巴公司创立于1999年,立足于网上贸易平台。2003年5月,阿里巴巴建立淘宝网;2004年10月,阿里巴巴投资成立支付宝公司;2007年11月6日,阿里巴巴在香港上市交易,融资116亿港元,后转至美国上市,发行价68美元。

商业模式:为B2B交易市场提供软件、技术及其他服务。

(十)网络文学+游戏+影视

代表企业:盛大

盛大公司成立于1999年11月,立足于网络文学、游戏和影视。盛大曾在美国上市,但在2012年2月15日完成私有化之后成为一家私人持有的公司。

商业模式:游戏、文学平台、广告。

(十一)其他特色网站

代表企业:大众点评、拉手网、神州租车、赶集网、58同城大众点评网于2003年4月成立，立足于本地生活消费及第三方消费点评。

商业模式：广告。

拉手网于2010年3月18日成立，立足于团购，提供低折扣价格、优质服务。

商业模式：卖服务、卖产品。

神州租车成立于2007年9月，立足于汽车租赁业以及GPS导航、道路救援等完善的配套服务。2015年年初曾经提交赴美IPO申请，拟融资约1.3亿美元。

商业模式：租赁、服务收入。

58同城与赶集网均成立于2005年，都是立足于本地生活及商务服务。

商业模式：广告。

第二节　什么是互联网金融模式

要了解和界定互联网金融模式，首先需要了解和界定互联网金融。

一、如何界定互联网金融

（一）莫衷一是的争论

事实上，准确定义互联网金融是一件比较困难的事情。不同的群体或个人会从不同的角度去理解和解读，而不同领域、不同模式也存在不少差异，加之互联网金融一直在不断动态发展，难以用一个严格准确的定义来进行概括。有人认为互联网只是工具，更多是为金融的发展提供支持；有人则关注互联网精神在金融中的应用；有人强调互联网金融呈现出去中介化和新型金融业态的特征。

2012年8月，原中国人民银行金融研究局局长谢平先生在《互联网金融模式研究》中对"互联网金融"下了一个定义，随后又进行了完善。他指出，互联网金融在经济学上还没有一个严格的定义，它更接近于一个谱系概念。谢平将其定义为："受互联网技术、互联网精神的影响，从传统银行、证券、保险、交易所等金融中介到无中介瓦尔拉斯一般均衡之间的所有金融交易和组织形式。"他认为，互联网金融的形式既不同于商业银行间接融资，也不同于资本市场直接融资。这一定义体现了互联网金融去中介化的特点。未来，互联网金融将没有严格的金融中介。原中国人民银行副行长、中欧陆家嘴国际金融研究院院长吴晓灵则表示："我想下这么一个定义，是不是说互联网金融应该是（用）互联网和信息技术来处理银行业务……"

综合各种声音，对互联网金融的理解归纳起来主要有以下三种：

第一种是前文谢平教授提出的"去中介论"的互联网金融模式。这种模式是区别于直接融资和间接融资的第三种融资方式，这可能代表了大多数人对这个模式的理解。

第二种是马云提出的"基因论"，即互联网金融和金融互联网有别的观点。这种观点认为，金融机构使用互联网技术自我革新和优化的模式根本不是互联网金融，而是金融互联网；真正意义上的互联网金融，是不懂金融的外行（互联网）杀进来，成为金融行业的"搅局者"。

马云的"基因论"核心观点有四点：①传统金融机构做得不好，由于金融监管过度，只服务了20%的客户；②要依靠思想开放、技术开放和政策开放改变这个现状，去服务80%的客户，这样会做得比传统金融机构更好；③金融机构利用互联网，做的是金融互联网；互联网机构做金融，才是互联网金融；④互联网金融是讲道德的，不是自娱自乐，要承担起未来30年经济发展的重任。

第三种是各种媒体自己创造的互联网金融论说。这些说法五花八门，总体质量都不高，绝大部分既不是金融业看法，也不是互联网看法，而是按照自己的想象来构建一个互联网金融体系，只要搭点儿互联网和金融的边，基本上就算是互联网金融了。

总的来说，这三种对互联网金融的理解和解释，都有一定的道理和价值，但也都不够全面、不够准确。

谢平教授的"去中介论"的互联网金融模式，还是没有解决直接融资还是间接融资的核心问题——该模式的核心是尝试摆脱金融中介，直接融资，但并不能改变资金在不同市场主体之间转移的金融行为（间接融资）。所以这种模式，很难界定为独立的第三种融资模式。

马云提出的"基因论"即互联网金融和金融互联网的观点，很有代表性，但也不是全面且准确，他把金融机构（不管是传统的还是现代的）在互联网上做金融与互联网机构在互联网上做金融完全对立起来，这值得商榷。

至于媒体创造的其他互联网金融论说，虽然总体质量都不高，但也为我们提供了更多的互联网金融发展的可能性。因为它们的身份更超脱，所以在描绘互联网金融的时候也更有想象力，也有可取的地方。

之所以难以准确界定互联网金融，有诸多方面的原因。首先，不同的机构以及个人会从不同的角度来理解和解读互联网金融，而不同领域以及不同模式的互联网金融也有异同，因此难以完全概括。其次，"互联网金融"及"金融互联网"其实是动态的、阶段性的概念，需要历史地去看待和评价。比如，今天再来评价十多年前互联网证券交易在中国的发展，似乎就属于"金融互联网"的范畴，可就当时的大环境而言，这已经是非常超前的了，或许应该归于"互联网金融"。最后，严格意义上的互联网金融与金融互联网其实是一个链条的两端，现实世界的业态主要分布在中间状态，有些可能距离理想化的互联网金融更近一些，有些可能更靠近金融互联网这一端，因此在区分时只能作一个大致的判断。

（二）多角度动态地界定

基于上面的争论，我们认为，对互联网金融下定义，需要从多角度动态地界定。

理论上来讲，只要广义上的金融涉及互联网，那么就可以称为互联网金融了，它不限于第三方支付，诸如在线理财产品等都是属于互联网金融范围的。互联网金融的发展经历了好几个阶段，从最初的网上银行、第三方支付等发展到现在的多途径、多方式金融理财，互联网在金融行业中应用得非常广泛，深入到传统金融业务的核心。

从互联网金融内容方面来看，互联网金融是依托于支付、云计算、社交网络以及搜索引擎等互联网工具，实现资金融通、支付和信息中介等业务的一种新兴金融。互联网金融不是互联网和金融业的简单结合，而是在实现网络安全的技术水平上，被用户熟悉接受后（尤其是对电子商务的接受），自然而然为适应新的需求而产生的新模式及新业务，它是传统金融行业与互联网精神相结合的新兴领域。互联网金融与传统金融的区别不仅仅在于金融业务所采用的媒介不同，更重要的在于金融参与者深谙互联网"开放、平等、协作、分享"的精髓，通过互联网、移动互联网等工具，使得传统金融业务具备透明度更强、参与度更高、协作性更好、中间成本更低、操作上更便捷等一系列特征。

从互联网金融的发展历史来看，它应当源自于金融业与互联网的相互交融。与金融业的漫长的发展历史相比，互联网的发展还相对年轻，因此，不能简单地说互联网金融是传统金融业务的网络化，也不能单纯说它是互联网企业的金融业务。对此，投中研究院认为，所谓互联网金融，就是互联网技术和金融业务进行全面的交互、关联、延展和创新而产生的一种新型金融。我们认为，这种对互联网金融的定义较为准确。

（三）认识上的偏差和误区

目前，在认识互联网金融以及金融互联网方面还存在一些偏差及误区，主要有以下六个方面：

（1）认为互联网公司以及一些创业者主导的创新就是互联网金融，而现有的金融机构所主导的创新就是金融互联网。这种认识其实是有失偏颇的，因为金融机构所开展的创新可能完全符合互联网金融的特征，互联网公司以及创业者所从事的相关活动也可能更符合金融互联网的特征。

（2）认为没有实体网点的纯互联网公司所从事的金融业务一定是互联网金融，而把拥有相当数量实体网点的公司所开展的金融业务更多地归于金融互联网范畴。这样的区分并不科学，有无实体网点并不是区分互联网金融与金融互联网的充分条件。以行业中部分银行正在规划并开展的小区金融为例，尽管这一创新是由商业银行主导的，同时又拥有数量众多的小型实体网点，可是根据观察和分析，小区金融其实更接近互联网金融模式。

（3）认为将业务从线下搬到线上就是互联网金融。很多商业银行在做互联网金融时第一念头就是将传统的柜面业务迁移到互联网。从严格意义上来说，这仅仅是传统金融业务的互联网化，严格意义上并不能称之为互联网金融。如果是这样，互联网金融不可能兴起，因为极低边际成本的优势没有充分发挥，快速直达客户的优势没有充分发挥，建立互联网平台的作用并不大。

（4）认为联网金融就是电子化。在商业银行里开立网上银行账户，存取款、转账，甚至水电费缴纳，足不出户就可以实现，但是也没有银行宣布自己为互联网银行。原因在于这些技术的引进只是用电子化取代手工，并没有形成完整的业务流程，充分发挥互联网金融的优势——现在的电子化只是零碎的，并没有充分整合。

（5）认为不管是什么金融企业，包括传统金融企业，只要使用互联网手段，就是互联网金融。这种划分，其实是单纯地就主体划分，习惯性将金融机构和互联网企业合二为一。

（6）认为金融互联网就是互联网金融。

二、怎样理解互联网金融模式

互联网金融模式其实是一种模糊的概念，很难去详细地对它进行界定，大多数的时间，我们会将互联网金融转换成一种应用的模式，这样可以更加直接、简单地去理解。如前文投中研究院对互联网金融下的定义，"所谓互联网金融，就是互联网技术和金融业务进行全面的交互、关联、延展和创新而产生的一种新型金融"，延伸开来，互联网金融模式，就是互联网技术和金融业务进行全面的交互、关联、延展和创新而产生的一种新型金融模式。也有人表述，所谓互联网金融模式，就是指以互联网为媒介，整合传统金融业务，连接各种渠道，具有高创新、高价值、高盈利、高风险的全新金融运作和组织构架模式，包括传统的移动互联网金融模式和新型互联网金融模式。

也就是说，目前市场上习惯把所有涉及金融业务的互联网化经营模式，都定义成互联网金融模式。

业内还有一种倾向，其实是更直接、简单的理解：只有互联网企业介入了金融领域，才是互联网金融，而金融企业使用互联网手段，则不是互联网金融，应界定为金融互联网。这种划分不能说没有道理，但单纯地就主体划分，习惯性将金融机构和互联网企业对立起来，人为排斥了两者融合的可能性，这引发了业内大量的口水，实质的意义非常有限。

那么，怎样理解互联网金融模式呢？

我们认为，要像理解互联网金融一样，多角度和动态地界定和理解互联网金融模式。

所谓多角度界定和理解互联网金融模式，就是用互联网金融思维，从多维度来理解和划分互联网金融模式。比如从宏观上考察，可以从发展趋势角度来理解互联网金融的模式；从微观上考察，可以从经营方式上来理解互联网金融模式；从重要性上考察，可以从主宰互联网金融根基方面的问题理解互联网金融模式；从紧迫性上考察，可以从当前有关互联网金融热点、焦点、制约发展重点方面的问题来理解互联网金融模式。

所谓动态地界定和理解互联网金融模式，就是与时俱进，从互联网金融的不同发展历史阶段、不同发展地域、不同发展群体方面，有区别地来看待和对待互联网金融模式。

三、如何划分互联网金融模式

（一）网站和社会上普遍流行的"六分法"

暂且撇开定义，我们就现象来看，目前绝大多数网站和社会上流行的，也是目前国内最为大众接受的互联网金融的模式，主要是"六分法"，即把互联网金融分为六种模式：

（1）P2P网贷。

（2）第三方支付。

（3）众筹融资。

（4）大数据金融。

（5）信息化金融机构。

（6）互联网金融门户。

本书也是按照此分类法展开逐一进行论述的。

（二）监管角度划分的"六分法"

另外还有一种"六分法"，它从央行监管角度对我国互联网金融现存模式进行分类。投中研究院将我国互联网金融的模式分为以下六类：

1. 互联网支付

互联网支付是依托互联网，以第三方支付机构作为中介，通过计算机、手机等设备在付款人和收款人之间进行资金划转的服务。例子：支付宝、财付通等。在手机端进行的互联网支付又被称为移动支付。

2. P2P 网络借贷

P2P 是 peer-to-peer（或 person-to-person）的缩写，意为点对点（人对人）。P2P 网络借贷指的是个体和个体之间通过互联网作为中介平台实现的直接借贷。例子：人人贷、宜信、陆金所等。

3. 网络小额贷款

网络小额贷款，简称"网络小贷"，是区别于 P2P 网络借贷的另一种借贷模式，指的是互联网企业通过其控制的小额贷款公司，向旗下电子商务平台客户提供的小额信用贷款。例子：阿里巴巴、京东、苏宁、百度设立的小贷公司。

4. 众筹融资

众筹融资是指通过网络平台为项目发起人筹集从事某项创业或活动的小额资金，并由项目发起人向投资人提供一定回报的融资模式。按照回报方式不同，众筹融资可分为以下两类：一是以投资对象的股权或未来利润作为回报，比如天使汇、大家投、创投圈等；二是以投资对象的产品或服务作为回报，比如点名时间、众筹网、追梦网等。

5. 在线金融产品和业务服务平台

这类平台可分为以下三类：一是具有线下实体业务的金融机构的互联网化，主要体现为网上银行、网上证券交易、网上保险销售等形式；二是不设线下实体分支机构，完全通过互联网开展业务的专业网络金融机构，比如众安在线财产保险；三是不提供金融业务本身，而是提供金融业务的服务支持的平台，包括但不限于金融产品和业务的搜索（比如 91 金融超市、融 360）、理财记账服务（比如挖财网）等。

6. 公募基金互联网销售平台

按照网络销售平台的不同，基于互联网的公募基金销售平台可以分为两类：一是基于自有网络平台的基金销售，实质是传统基金销售渠道的互联网化，即基金公司等基金销售机构通过互联网平台为投资人提供基金销售服务；二是基于非自有网络平台的基金销售，实质是基金销售机构借助其他互联网机构平台开展的基金销售行为，包括在第三方电子商务平台开设网店销售基金、基于第三方支付平台的基金销售等多种模式，比如余额宝、理财通等。

（三）国内"四分法"

还有一种分类是"四分法"，即将互联网金融模式分为以下四类：

第一类是 P2P 模式和众筹模式。这个比较明确，是典型的符合金融定义的一种模式。这个模式从投资角度来看，存在几个难点。国内 P2P 目前是典型的金融网络化的特征，跟传统金融其实本质上区别不大，事实上更接近于民间借贷的网络版，无论是资金来源还是信贷客户构成，都与传统金融类似，互联网在其间扮演的角色，还只是吸储的方式。这种模式还被界定为影子银行，属于管制红利的副产品——P2P 一百万元注册资本能做十个亿，一个亿小贷却什么都干不了，这很能说明问题。

第二类模式是第三方支付。第三方支付是互联网金融的利器，但是这个利器投入很大，盈利很小，生存概率很低。市场上有两百多家互联网支付公司，有人估计最后能活下来的不会超过 30 家，最终的格局是"赢者通吃"，因为竞争太同质化了，还是要靠规模取胜。目前市场上是"一大 N 小"："一大"铁定是支付宝了，只要它不犯错，没人能比得了它；"N 小"就是那些依附于特定垂直型市场的支付模式，捆绑式应用的支付流程系统，不具备太大的想象空间。

第三类模式，是以渠道为特征的互联网理财销售模式。这类模式是目前的主流，典型是余额宝。这类模式有两个办法介入。第一个是本来有生态体系和账户体系，只不过加多一个应用的方式，余额宝就是典型；第二个是附加应用，这种类型是主流，成本最低，效果最明显，但是从投资角度来看，机会不多。

第四类模式是比价模式。是以信息匹配为特征的比价网站，如融 360 和好贷网，符合双边市场的特征。双边市场，其实要有几个前提性特征，第一个是供需都是海量需求，第二个是两者最终能达到基本上一比一的需求解决状态，例如淘宝，平台型应用生存基础就是供需之间存在严重的信息不对称的问题，需要一个中立的平台作为集散地，进行交互。

（四）国外"5+1"模式

关于国外怎样分类互联网金融模式，陈宇（网名：江南愤青）在其所著的《风吹江南之互联网金融》一书中指出，国外对互联网金融模式的分类，主要是采用"5+1"的分类方式。其中，"5"指的是：①创新型融资服务模式；②在线理财模式；③信用增信评级模式；④社交选股模式；⑤创新支付模式。"1"指的是其他模式，即规模还小，还没有成气候的模式。

四、互联网金融模式新探讨

（一）互联网金融存在三种模式

2015年1月11日举行的以"智慧经济新图景"为主题的第十四届北京邮电大学工商管理新年论坛上，广发证券首席经济学家刘煜辉表示，互联网金融存在三种主要模式，即三方支付（如支付宝）、三方投资（如余额宝）和三方交易（如P2P），分别对应传统的票号、钱庄和融资。

针对业界认为互联网金融颠覆传统金融的观点，刘煜辉表示，互联网金融的三种形式是互联网金融三种主要的模式，它改变了传统金融支付的领域，改变了资金归集的范围，但是它没有从根本上改变金融的本质。

"互联网金融的快速发展，源于160万亿元银行体系只满足20%金融需求的现实，是整个金融体制和机制落后和效率低下的必然行为。互联网金融唤醒了银行。"刘煜辉强调道。

刘煜辉认为，未来的互联网金融发展形态将呈现多元化，并呈现三种形态。一种是未来互联网金融可能会形成俱乐部的模型，不同的机构会附着于不同的平台，在这些平台上机构可以充分了解交易对象的信息；第二种是构建征信平台，这对于互联网金融的发展也十分重要；第三种是普惠金融的模式，但普惠金融不在于为所有人提供无差别的金融服务，而在于使人们能够获得恰如其分的金融服务。

（二）互联网金融业务模式有11种表现形式

2015年1月26日中华网署名文章提出了一种全新的分类，作者站在互联网金融业务经营角度，将互联网金融模式重新分类和解析为以下11种：

1. 信用贷款

信用贷款是一种无抵押、无担保的贷款类型，额度一般不超过20万元，借款期是1~3年不等。典型平台有拍拍贷、宜人贷、你我贷。这类贷款违约率较高，平台需要较大的业务规模覆盖违约损失。

2. 房产抵押贷款

房地产抵押贷款业务是借款人以自有房地产作为抵押物向出借人提供担保，在平台上发标借款的融资方式。典型平台有国诚金融。这类贷款存在房价下降、变现难等风险。目前有很多平台存在二次房抵的现象，如融金所。二次房抵指当房屋目前评估值大于原评估值时，对房屋剩余价值进行抵押借款。二抵有效，但不同于一抵，二抵无法享受优先受偿权，因此风险较一抵要大。

3. 车辆抵押贷款

车辆抵押贷款是指借款人通过将车辆作为抵押物来进行网络借贷的过程，通常用于解决短期资金周转的问题。典型平台有微贷网、好车贷。在通常情况下，汽车抵押贷款只能借到汽车估值的70%左右，目前也有部分平台开展二手车抵押业务。由于国内新车市场仍有很大的上升空间，因此车辆抵押业务前景空间还是比较大的。这类贷款存在车辆损毁、骗贷、折价等风险。

4. 股权质押贷款

股权质押贷款，是指股票持有人可以在不割售所持股票的情况下，通过把持有公司股份质押给网贷平台提供反担保，从平台上发标借款的融资方式。发布过股权质押贷款的平台有808信贷等。这类贷款存在股权价值波动大，非上市公司股权变现难，股权价值与公司经营风险关联变动等风险。

5. 供应链金融

供应链金融是指平台基于核心企业的信用，根据贸易的真实背景和供应链核心企业的信用水平来评估中小借款企业的信贷资格，为核心企业及企业的上下游提供融资支持的信贷业务。典型平台有工商贷、前海理想金融、银湖网。这类贷款又包括采购阶段预付账款融资模式、运营阶段的动产质押融资模式、销售阶段的应收账款融资模式。这类贷款存在的风险有：整个产业链过于集中风险，核心企业风险，质押货物或企业资产的市场价格波动风险，不完善或有问题的内部操作过程、人员、系统或外部事件而导致的直接或间接损失的风险等。

6. 委托贷款

委托贷款指委托人（平台）提供合法来源的资金，委托业务银行根据委托人确定的贷款对象、用途、金额、期限、利率等代为发放、监督使用并协助收回的信贷业务，银行不对借款人还款与否承担责任。发布过委托贷款的平台有E速贷等。这类贷款虽引入了银行，对资金使用起到一定的监督作用，但借款人偿还能力及项目营收能力才是发放贷款时考虑的核心要素。

7. 银行过桥或赎楼

过桥资金是一种短期资金的融通，以6个月为期限，是一种与长期资金相对接的资金融通。提供过桥资金的目的是通过过桥资金的融通，使借款企业达到与长期资金对接的条件，而后，可用长期资金替代过桥资金。典型平台有小牛在线、工商贷等。这类贷款的主要风险在于银行是否续贷。

8. 票据

网贷行业中涉及的票据业务主要是汇票，包括银行承兑汇票和商业汇票。平台的业务模式包括票据贴现、票据质押、委托贸易付款、内保外贷等。其中较为典型的为票据贴现。票据贴现指借款人将银行承兑汇票质押给平台，为规避法律风险，票据一般由第三方支付公司或银行托管，随后平台发布借款标的，投资人进行投标。典型平台有金银猫、民生易贷E票通、小企业E家、票据宝等。这类贷款存在假票、背书错误、兑付违约等风险。

9. 融资租赁

融资租赁指出租人根据承租人对租赁物件的特定要求和对供货人的选择，出资向供货人购买租赁物件，并租给承租人使用，承租人则分期向出租人支付租金，在租赁期内租赁物件的所有权属于出租人所有，承租人拥有租赁物件的使用权。目前很多平台与融资租赁公司合作开展此项业务。此类业务的风险在于承租人还款压力加大，承租人有经营风险、设备折旧变现风险。

10. 配资

配资指借款人在原有资金的基础上，通过一定的杠杆，在平台上发布借款标融资的过程，主要包括股票配资、期货配资、权证配资等。典型平台有广发证券战略合作伙伴投哪网。配资一直处于法律的灰色地带，存在较大的监管风险，同时还存在操盘不当和被强行平仓的风险。

11. 资产证券化

资产证券化指将线下非标准的企业债打包成线上标准化的小贷资产包，合作担保及小贷公司承诺溢价回购的业务。典型平台有安稳盈。安稳盈的整个交易过程受交易所监管，交易所对资产包和投资者权益进行登记和托管，更加透明。由于资产证券化下的借投双方并未实现资金直接对接，此模式已经脱离了P2P本质，期间有一定的灰色区域。

（三）好的互联网金融商业模式探索

所谓好的互联网金融商业模式，简言之，就是对于长线来说，收入大于付出，且能细水长流，能很清楚地预见未来的模式就是好的模式。反过来说，若长线发展是一个未知数，就不是一个好的互联网金融商业模式。

最近很多人都开始提倡"病毒式的营销"，简单来说，这种营销方式的基本概念就是让顾客群相互并很愿意去介绍相关的金融服务。要好好地发挥出这种"病毒式"的威力，就必须要有能给顾客群带来认同感的服务产品内容，让顾客不断地享受到相关的服务及所带来的便利等。这样的模式才能细水长流。而不是只搞个宣传活动，将顾客带到网站或公司，就开始给他们销售资料，给他们发邮件，投射大量相关及不相关的广告。顾客将好处都拿完了，也就离开了。

互联网金融商业模式没有固定的模式，只要能给顾客提供长期价值的，就是一个好的模式。

第三节　关于本书的说明和图解

一、本书的说明

本书在拟定书名时围绕到底要不要"模式"两字出现进行了多次讨论。一部分人认为，由于互联网金融模式的不确定性，难以准确表达，出现"模式"会引起争议；而另一部分人认为，作为系列丛书的第一本，从丛书整体上考虑，应该先解决"模式"和"思维"这两个"领头羊"和"牛鼻子"，方便后续图书对专项逐一分开细述。而互联网金融发展到了现阶段，解决"模式"的核心不仅仅是单纯的理论探讨，更重要的是解决实战问题，最终，本书取名为《互联网金融模式与实战》，而即将出版的姊妹篇取名为《互联网金融思维与运用》。

接下来的问题是，本书中的"模式"以什么作为主体展开论述？综合多方意见，我们确定从发展趋势的角度来展开。我们选择了当下最热门、最具代表性的六种模式，即P2P网贷、第三方支付、众筹、大数据金融、信息化金融机构、互联网金融门户，同时还根据互联网金融发展趋势的特点，增加了虚拟电子货币模式、理财模式和平台模式。客观地讲，这种划分标准和界定方式也不一定是科学和准确的，但是可以从发展动态和宏观战略角度来体现模式，同时也有利于保证丛书的整体性，即后面的书籍可以围绕一个模式展开。

二、本书的图解

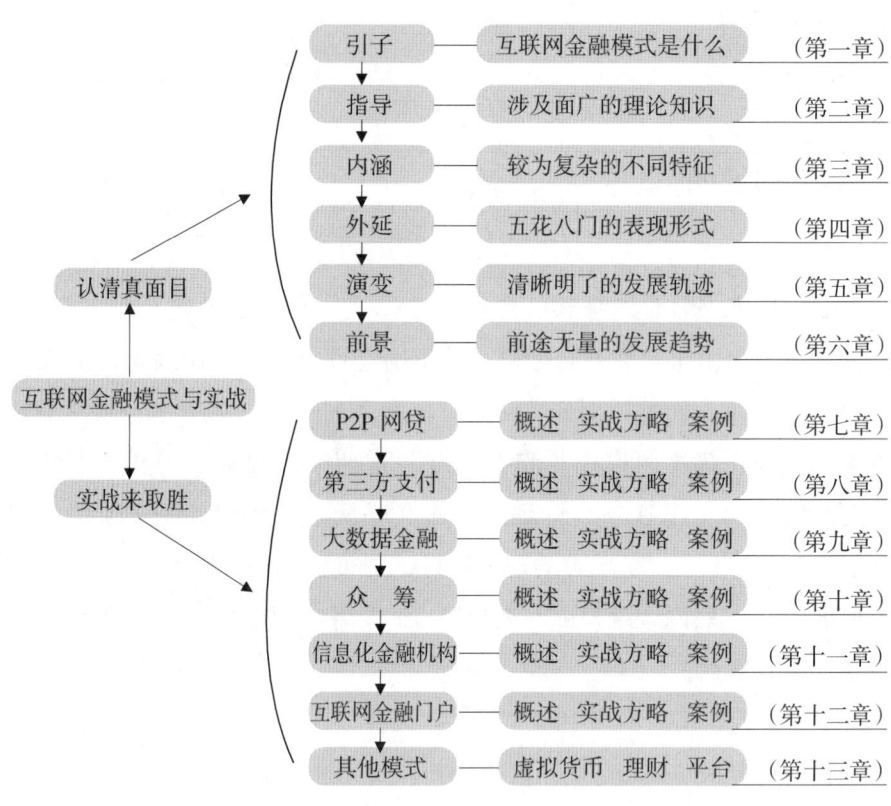

图 1-1

第二章
涉及面广的理论基础

理论是实践的指南，它来源于实践又指导实践。要想打好互联网金融模式之仗，需要对互联网金融模式进行认识、认识、再认识，真正弄明白基础理论知识，这样才能高瞻远瞩，在实战中如鱼得水。互联网金融模式是一项涉及众多领域、众多行业、众多方面的综合性、边缘性的模式，没有专门的、单一的理论。互联网金融模式的基本理论涉及十几个学科和内容。本章在较为全面介绍互联网金融相关理论知识的基础上，着重结合现实状况探讨对互联网金融模式影响较大、意义深远的基本理论及它们的实践运用。

第一节 互联网金融模式的基本理论

互联网金融是当前的热门话题,在业界已出现了诸多互联网金融的创新业务,然而多数相关研究仍停留在介绍性的层面,甚少有文献从理论的视角予以探讨,使得互联网金融缺乏有力的理论支撑,因此强化互联网金融的理论研究很有必要。

涉及互联网金融模式的相关理论有十多种,本节结合互联网金融模式的现状,在介绍复杂系统理论的基础上,着重从平台经济理论、长尾理论和金融中介理论等方面阐释互联网金融模式的理论基础,旨在于指导现实中的互联网金融实践。此外,对其他相关理论,如信息经济学理论、声誉理论、优势理论、交易费用理论等,本节也有简单介绍和阐述。

一、复杂系统理论:互联网金融的首要支撑理论

解释互联网世界最好的理论,是复杂系统理论。该理论的基本概念是节点、路径、度的幂率分布、网络聚集度、中枢节点、鲁棒性、脆弱性、网络优化等。可用以解释随机网络、社会网络、互联网和疾病传染等。

互联网使厂商和消费者的距离明显压缩,在去中心化的互联网上,厂商必须争取成为中枢节点。目前几乎所有互联网企业都处于无尺度网络,解决的是时间上的跨期平滑问题。但在结合数字地图之后,极少数领先企业将从无尺度转向有尺度空间,将有可能解决空间上的产能和商品的有序调度。现在流行的是平台,未来流行的是配对,金融中介将大幅消亡。

从复杂网络系统来说,微信群是很典型的呈现,其中节点就是每个微信用户,建立节点之间的连接规则是手机通信录两方之中有一方使用微信即可建立连接。这样相互连接的点就形成了一个二维社交网络,这样的网络是无标度的,也就是说节点之间不用考虑距离远近的问题。空港之间用航线相互连接也

形成一个复杂网络，但这个网络显然有标度。此外，节点的地位不同，节点上的联系因子越多，这个节点就越重要。所以复杂网络没有中心，但有聚集度的差异性和重要节点。互联网企业当然要全力争取成为重要节点。

互联网金融模式是一项复杂的网络系统，没有中心，只有聚集度的差异性和重要节点。复杂系统理论，是互联网金融模式首要的理论支撑。

二、平台经济学理论：互联网金融的生存理论

（一）平台经济学理论概述

平台经济学是法国图卢兹大学的一些卓越学者提出的产业组织理论。和传统微观经济学中厂商和消费者无摩擦地形成供求关系和市场均衡不同，平台理论认为，厂商和消费者必须接入一个平台，才能解决时空搜索和邂逅的问题。平台两端为平台支付的费用是极不均衡的，通常厂商负担全部平台成本，而消费者免费使用甚至可享受补贴。例如，消费者进菜市场、机场，收听广播，使用微信等，就完全不需要付费，平台经营者向厂商收费。平台理论也被称为 network economy（网络经济）。

平台之所以出现，是因为平台虽然是垄断的，但其维持费用不一定高于无平台时社会福利最大化的费用。以第三方支付为例，为什么银行之间的账户不是相互直连，而是要通过 Visa、Master 或者银联？原因在于平台带来的节约。按简单的排列组合，如果 10 家、100 家或 1 000 家银行的数据中心要两两配对直连，那分别需要 $10 \times 9/2$、$100 \times 99/2$、$1\,000 \times 999/2$ 条电信专线，即 45、4 950、499 500 条专线，而如果所有银行将其数据中心直连到一个平台进行数据转递，那么专线数将分别降为 10、100 和 1 000 个，每增加一个银行数据中心只需要增加一条专线。考虑到不少小银行可能会委托平台进行数据的管理，那么专线可能更少。这可以用来解释 Windows、Visa 和银联的产生及其社会地位。

就第三方支付而言，目前中国只有银联和支付宝与所有银行的数据中心物理直连，因此它们才是平台，只是银联主要在线下收单，而支付宝在线上收单。财付通等其余 240 多家第三方支付是不完整平台，甚至不是平台。这种差异决定了互联网金融机构中后端的竞争实力。

平台的重要性很强。例如,政府想打破垄断但又不想失去控制力,往往只需要控制平台即可,其余皆可市场化:对电视,只需要控制电视塔和有线网络,节目制作和新闻采播都可外包;对铁路,只需要控制全国一张网和集中调度,高铁动车售票及未来票务现金流皆可市场化;对电力,电网及其智能化是关键,发电的供给侧和供电的需求侧也可市场化。

平台价值的改变很大程度上在于其接入厂商和客户的价值。例如,如果终端智能化的风暴从手机转向电视,使家庭电视智能化并成为智能家居的终端,则有线广电网络运营商的网络价值和单个客户价值将跃升。

平台经济的时代来临,越来越多的市场领域出现了平台化的趋势。Facebook、搜狐、苹果等都是典型的平台型企业,它们以全新的平台形式重构产业的价值链。"平台为王"已经成为共识,而互联网也是平台经济中一个重要的组成部分,也在掀起平台经济的革命。

(二) 平台理论的互联网金融模式实践

在"2014 中国互联网金融高层论坛暨第七届中国电子金融年会"上,华夏银行中小企业信贷部总经理卢小群站在银行角度,对平台理论的互联网金融模式实践发表了演讲,下面是他的主要观点。

平台包括实体平台和虚拟平台,互联网金融模式从属虚拟平台。目前在国内市场上形成两类重要的交易平台,第一类是第三方为主旨,平台本身不参与交易,通过整合资源,促进双方和多方供求之间的交易,收取一定的交易佣金获取收益,例如第三方支付,电商平台,P2P 平台,现货、期货交易平台。第二类是企业本身参与交易的,我们更多地称其为供应链金融,很多现在的核心企业也在搞电商化销售。宝钢有一个平台,原来只卖宝钢的产品,后来国内竞争对手的产品也都通过这个平台来销售。神华也是按照这个思路,建立了国内大型煤炭类的交易市场。这个平台在 2013 年得到竞争和融合。我们回顾,京东和苏宁易购,也是在 2012 年的价格战以后,他们突然发现,他们共同的竞争对手更多来自淘宝和天猫,所以,他们也在打造开放的平台。许多大型企业也在不断地竞争性融合。

华夏银行以服务平台经济为理论,积极地探索平台金融的业务模式,研发的支付融资系统具备四大资本职能,即信用中介、支付中介、信用创造、金融服务四大基本职能，另外还具有五大功能，其中一个最主要的功能是在线融资。我们所讲的在线融资和我们传统银行的网上银行的在线融资具有本质的区别。传统银行的网上银行的融资只是放款渠道从柜台到网银的变化，它不具备信息流，只是资金流。银行与互联网拥抱之后，随着业务的发展，它们更多的要关注信息流，也就是"信息流+资金流"。

再回顾一下阿里巴巴。阿里巴巴掌握了交易数据，具有电商平台以后，它向产业的高端金融发展，向金融发展以后，继续向物流发展。为什么？因为我们做现代金融的时候，发现资金流和信息流都容易弄虚作假。所以，阿里巴巴从交易数据向金融、再向物流发展，金融是产业的高端。在解决小微企业融资难的过程中，我们遇到的最重要的问题不是抵押担保，更多的是信息不对称。要解决小微企业融资难中的信息不对称问题，我们需要通过所谓物流、信息流，然后再回到我们的资金流，这个对银行理念是一个重大的挑战和创新。

在平台金融里面，银行产品体系得到创新。银行的传统产品通过人工柜台销售，到第二个阶段则是电子银行产品。各家银行的电子银行产品是以银行为中心的一个标准化产品。银行在不断地创新，开发出B2B，包括B2C等个性化的产品，但是他们始终关注的是资金流，虽然在B2B和B2C里面已经带入了信息流。我们的信贷产品类似O2O，把银行目前最核心的产品都通过互联网来实现，可以缓解小企业的融资难、融资贵，可以实现随借随还。

平台金融的业务模式主要有四类。第一类是通过支付融资系统将银行的金融服务嵌入到企业日常经营的全过程，实现企业经营信息、交易信息、结算资金、信贷资金的整合与实时交互，服务平台客户及其上下游和周边的小微企业。平台金融服务的目标客户，也就是我们目前都在讲的，或者各家都在不断探索的就是供应链金融，银行直接对接企业的ERP或者销售系统，通过上下游客户的订单供应数据，就可以为客户提供无抵押、无担保的随借随还的贷款。第二类是平台物流金融，也就是物流企业。做物流金融的过程当中我们发现物流金融和供应链金融也是一个融合的过程，通过物流金融又可以做到供应链金融。第三类就是大宗商品交易。它是B2B的，而国内的无论是三大巨头还是五大巨头，他们都不去谈B2B，他们更多谈的是B2C和C2C。有著名的电商企业，他们最初想做B2B，但是也没有听到很大的声音，因为它要求的专业性更强。第四类是电商平台，也就是人们通常说的互联网金融，它是B2C和C2C的电子商务平台。

三、长尾理论：互联网金融本质特征理论

2004年美国《连线》杂志主编克里斯·安德森（Chris Andersen）首次提出"长尾"（The Long Tail）这一概念，在互联网时代，长尾理论受到越来越多的关注。在互联网技术持续快速发展、经济社会正朝大数据时代过渡、移动终端持续扩张的背景下，安德森指出了长尾理论与互联网经济的依赖关系，并相信长尾理论将指引互联网经济的发展方向，创造出巨大的盈利空间。

然而，长尾理论的核心究竟在哪里，互联网金融参与者们又应该从哪些方面尝试实践？下面将结合长尾理论的内涵及其与互联网金融的关联尝试提出部分实践建议。

（一）长尾理论的实质

克里斯·安德森在其著作《长尾理论》中说："我们的文化和经济中心正在加速转移，从需求曲线头部的少数大热门（主流产品和市场）转向需求曲线尾部的大量利基产品和市场。"传统的商业逻辑一般针对"二八法则"，即20%的人占有80%的财富，其余80%的人只占有剩下的20%；20%的热卖商品获得整个市场80%的销量，其余80%的商品只能获得整个市场20%的销量，等等。"二八法则"反映的是大量财富集中在少数人手里，大量销售额集中在同类的少数商品上。如果用一条曲线描述人们感兴趣的事物，人们会只关注这条曲线获利空间巨大的"头部"（即以20%的投入获得80%的回报部分）。

但在互联网上，这一模式被颠覆。克里斯·安德森在2004年10月的《长尾》一文中提出，在网络时代，由于关注的成本大大降低，人们有可能以很低的成本关注正态分布曲线的"尾部"，曲线"尾部"产生的总体效益甚至会超过"头部"。

可见，长尾理论的实质，实际上是对统计学中幂律和帕累托分布特征的一种口语化表达。在正态分布中，曲线的头部代表着重要的人或事（这往往是之前人们关注的重点）；而曲线的尾部，则是需要花费更多精力与成本才能关注到的大量的人或事。在"二八法则"中，20%的重要部分会造成80%的重大影响，可以理解为20%的热门产品会创造80%的收入。而在"长尾"经济理

论中，利润将被一分为三：2%的大热门产品、8%的次热门产品以及剩下90%的长尾产品会创造出相等的，也就是33%的利润。克里斯·安德森通过大量的数据统计，证明了大热门产品实际上与冷门产品拥有相同的利润创造能力。这也就意味着关注"长尾产品"与继续争夺热门产品具有相同的现实意义。

（二）互联网金融模式的经济学特征是利用长尾理论

长尾理论的基本原理是聚沙成塔，将小市场累积创造出大的市场规模。长尾价值重构的目的是满足个性化市场需求。通过互联网平台经济，在创意上具备个性化价值内容的产品更易获得顾客并激发其隐性需求，开创一种与传统大众化完全不同的、面向固定细分市场的、个性化的商业经营模式。在互联网金融时代，传统的增加品种满足小微客户而产生亏损的情况将在大数据和云计算的支持下，演变成利润丰厚的增长点。

传统经济属于典型的供给方规模经济，在资源稀缺的假设前提下，表现为帕累托分布的需求曲线前部，实际上购买行为并不完全反映需求。主流产品的销售量大并不等同于客户群或者潜在客户群大。随着互联网和移动互联网的发展，多种类商品、细分市场得到满足，这些用户群除具有共性外还具有个性化需求，企业可以利用大数据来满足用户多品种的需求，使之成长为自己的目标客户群，而电子商务日益普及也聚集了客户群，并大幅度降低了交易成本。

（三）长尾理论对于互联网金融模式发展的实践启示

不难看出，长尾理论的根基是互联网技术带来的信息成本下降；另一方面，互联网经济的蓬勃发展正是长尾理论的实际体现。对于互联网金融而言，长尾理论会带来怎样的启示呢？这里结合我国商业银行实际提出三点建议：

首先，要扩大数量，降低门槛，加强客户与产品的对接的"长尾"优势，平台的建设将会是重中之重。在长尾理论中，个性化是盈利的核心，产品的设置可以更大程度上放回客户自身，让客户自己来为自己定制产品、选择服务，甚至自己为自己提高用户体验。而这些的实现都要建立在一个强大的平台基础之上。

硅谷投资教父约翰·杜尔在2011年提出"SOLOMO"的概念。"SOLOMO"实际上是三个词的组合：Social（社交）、Local（本地化）和Mobile（移动化）。目前，商业银行的手机银行已经实现了较出色的用户体验、较完备的功能设置和较突出的实用价值，是一个非常先进且潜力极大的用户平台。移动终端 App 的设置实现了移动化的金融运用，定位功能及周围网点功能也在向本地化靠拢。但是，在此基础上如果加入社交的元素将会极大地提高用户体验和用户黏性，甚至会创造出巨大的其他财富空间。目前的运用当中，商业银行手机银行交流部分是以客服为主，以通知式的活动宣传为主。例如，在平台中设置游戏币或者积分，实现整个商业银行电子银行营销奖励的规范化，然后通过这种类型的游戏币或积分给用户更多的空间去发挥使用，同时通过平台内社交规则来激励用户，从而使用户产生对平台的黏性，并且在用户黏性产生的同时也就实现了推广和营销。

另外，本地化也是该平台最为重要的一个方面。对现实没有意义的社交可能并不会引起大部分用户的注意，从而会使平台变成"白送"的一种网络游戏。本地化的加入不仅会让用户体会到实实在在的"价值"，对银行来说也会是衍生产品的扩张。例如，平台中可以签约大量的本地商户，商户打折或者其他类型的商户活动都会以游戏或者论坛帖子的形式出现在平台上，这样，POS 收单、信用卡业务也会随之得到扩张。更进一步，平台建设甚至可以通过收购或者邀请加盟的方式扩大功能窗口，从而实现一站式的金融加生活服务。例如，和携程或者去哪儿合作，可以开拓更加全面的旅行金融服务。当然这样的一个平台的建立并不能单纯依赖金融产品方面的考虑，更多的可能是需要技术上、人才上乃至机制上的支持。

其次，如何才能有效地降低信息处理成本将会是互联网金融参与者的首要课题。长尾效益的实现是要将大量的"长尾"进行划分、整合从而实现产品的在长尾市场上的蔓延，在小市场收获大利润。从而，这样的整合过程中的成本将会是决定成败的关键。徐子沛所著的《大数据》给了我们很好的答案。正在到来的数据革命、扁平化社会、互联网时代，正在将"开放，平等，协作，分享"的互联网精神传递给社会的各个方面。据《大数据》所述，大数据时代是历史的必然趋势，新一轮的竞争必然是围绕大数据进行。步步为营的大数据基础建设可能会为企业在下一轮竞争中奠定更扎实的基础。

大数据的基础必然是数据获取与处理的技术机制。但是，对于技术系统的改革在短期内效果应该并不是很明显。技术上的变革转型及被接受的过程相对较短，要在管理机制以及文化方面做好对大数据准备将会是相对长的一个过程，而在这个转型的过程中先行企业则会赚取这个相对的时间差中所带来的利益。一方面，就目的而言，商业银行可以考虑设立独立的互联网金融部门，专门负责互联网数据以及互联网产品相关事宜，并且采用平行的管理模式，自主人事权，更多地考虑借鉴互联网企业的管理模式，以激发员工的创新意识和数据运用。另一方面，整个企业文化中需要更多地加入大数据要素，以"是否有数据佐证"为重要决策依据，并且为一线员工提供更多的数据信息，在整个企业中形成对数据的尊敬与重视。然而，与此同时，在这个过程中数据信息安全以及对客户隐私的保护也应该得到制度化的控制。同时，大数据要求更深层次的数据挖掘，所以相关人才的吸纳以及培养也应该尽早列上日程。但只要建立起了相关部门以及文化基础，相信相关人才力量的支持也会水到渠成。目前，有部分商业银行对于数据的获取及分析工作已经走在行业前沿。

对于大数据的价值运用还可以有更大的发挥空间，其中之一就是基于数据基础上的"定制化"特色产品。

长尾理论有效的前提是满足个性化需求的产品可以通过互联网等新技术与新方法将渠道成本趋近于零。这个前提一个方面决定了产品数字化是长尾理论是否有效的关键，同时也说明了"长尾"产品最重要的一个特质就是"个性差异化"。目前，不少商业银行已经有相关的定制产品，如招商银行的金葵花贵宾卡、广发银行生意人卡、平安银行的贷贷平安卡、光大银行乐惠金卡等特色卡种实现了不同人群的定制服务。然而，随着互联网精神的深化，单纯的卡种绑定服务并不能完全满足所有客户的个性化要求。我们还可以让客户清楚地看到某一项服务所作的要求，从而根据自己的生活习惯及喜好选择其中的某几项服务，再设计出各式各样的新型产品。例如，我们可以将商业银行白金卡的各大优惠单列出来，每一项都设立固定的达标要求及管理费标准，客户可以自己在网页上打钩，部分客户不想要的项目可以按照金卡甚至普卡的标准进行配套，从而形成各式各样的符合客户想法的新卡种。如果再赋予每一项服务以分值，按分值来划分卡种档次，便能形成卡种的大数据，而这种大数据可以为进一步细分市场打下良好的基础。同一档次的卡种又可按偏好或者生活及经济环境的不同再次进行划分，这样就为更深层次、更个性化的产品开发提供了更多数据支持。

四、金融中介理论：互联网金融的重要属性理论

关于金融中介理论对于互联网金融模式的影响，国内有多种声音，乃至争论热烈。那么，金融中介理论到底有些什么内容，运用要点有哪些呢？

（一）金融中介理论的内涵界定

Freixas & Rochet（1997）认为，金融中介是从事金融合同和证券买卖活动的专业经济部门。John Chant（1990）认为金融中介的本质就是在"储蓄—投资"转化过程中，在最终借款人和最终贷款人之间插入一个第三方。也就是说，金融中介既从最终贷款人手中借钱，又贷放给最终借款人，既拥有对借款人的债权，也向贷款人发行债权，从而成为金融活动的一方当事人。Gurley & Shaw（1956，1960）、Benston George（1976）、Fama（1980）指出，金融中介（银行、共同基金、保险公司等）是对金融契约和证券进行转化的机构。金融中介发行的金融债权对普通储户来说远远比直接由企业发行的债权更有吸引力。在充当资产转换的媒介过程中，金融中介购买由企业发行的金融形式的权利——股票、债券和其他债权等所谓的一级证券，并以存款单和保险单等形式向居民投资者和其他部门出售金融形式的所有权为购买这些企业证券筹集资金。金融中介的金融形式的权利可能被视为二级证券，因为这些资产以工商企业发行的一级证券为担保，企业反过来利用筹集来的资金投资于不动产。在理想的无摩擦完全金融市场上，投资人和借款人都能够很好地得到多样化选择和最佳的风险分担状态。但是一旦交易技术中出现更小的不可分性和非凸性，则理想的多样化状态不复存在，就需要金融中介的参与了。因此，金融中介也可视作单个借贷者在交易技术中寻求规模经济的联合，结果个体得到几乎完美的多样化选择。从现实形态来看，金融中介主要包括银行类中介（有的又把它称为吸存类中介机构，在以后的论述中，一般情况下对这两种说法不加区分。它主要包括商业银行、储蓄机构等存款机构）、保险公司、其他金融中介（包括证券公司和投资银行、财务公司、共同基金和投资基金等）。

（二）金融中介理论的主要内容

下面以中介形成与影响发展的主要因素为中线进行介绍。

1. 不确定性与金融中介

跨期交易结果的不确定性可分为个人不确定性和社会不确定性，当面向个人的不确定性在某种程度上结合起来，即从结果上表现为经济社会总体的不确定性时，社会不确定性就产生了。假定无论社会不确定性还是个人不确定性都是经济社会所固有的，从某种意义讲，个人并不能通过其他资源的使用就减少这些成本。

投资不确定性会引起风险厌恶型的投资者进行多样化投资，而金融中介可以减少个人持有多样化组合的成本。

2. 交易成本与金融中介

交易成本曾经是解释金融中介存在的一个主要因素，正如 Benston George（1976）所述："这一行业（指金融中介业）存在的原因在于交易成本。"交易成本包括货币交易成本、搜寻成本、监督和审计成本等。

新金融中介理论的先驱格利和肖及其后继者 Benston George（1976）和 Fama（1980）认为，由于金融资产交易技术中的不可分性和非凸性，"阿罗—德布鲁范式"中理想的无摩擦的完全信息金融市场已不再存在，因而就需要金融中介参与金融交易；金融中介可视为单个借贷者在交易中克服交易成本、寻求规模经济的联合，并指出金融中介存在的原因在于交易成本，提出了金融中介理论中的交易成本思路，从而开创了新金融中介理论。

金融中介降低交易成本的主要方法是利用技术上的规模经济和范围经济。也可以这样说，规模经济和范围经济起源于交易成本。若存在与任何金融资产交易相关的固定交易成本，那么，和直接融资情况下借贷双方一对一的交易相比，通过金融中介的交易就可以利用规模经济降低交易成本。之所以有规模经济存在，是因为在金融市场上，当交易量增加时，一项交易的总成本增加得很少。从整个社会的储蓄投资过程看，中介手段有助于提高储蓄和投资水平以及在各种可能的投资机会之间更有效地分配稀缺的储蓄，这被称为金融中介的"分配技术"。同时，金融中介还可通过协调借贷双方不同的金融需求而进一步降低金融交易的成本，并且依靠中介过程创造出各种受到借贷双方欢迎的新型金融资产，这被称为"中介技术"。

Klein（1973）认为多样化成本是出现金融中介的必要条件，并且注意到这"提供了一种聚合资财的经济刺激，而中介机构则是如此聚合资财的合乎逻辑的工具"。

3. 信息不对称与金融中介

Stiger 得出一个经典的定义："信息成本是指从无知到无所不知转变的成本，而很少有交易者能够负担全过程的成本。"新的文献通过确认融资过程中获得信息资源的困难，把以信息成本为基础的金融中介理论导向一个更加基础的水平。

所谓的信息不对称是指交易的一方对交易的另一方不充分了解的现象。例如，对于贷款项目的潜在收益和风险，借款者通常比贷款者了解得更多一些。信息不对称会导致逆向选择和道德风险问题，两者都会导致金融市场失灵。

解决逆向选择问题的一个办法是让私人来生产和销售信息。也就是一小部分人生产信息而成为知情者，然后把信息出售给不知情者。然而，这引入了"可信度问题"（reliability problem）。信息生产中的再出售和剽窃问题激发了金融中介的产生。中介通过将它自己的财富投资在资产中以可信地生产信息，这表明它所生产的信息是有价值的。Leland & Pyle 建议金融中介通过发行证券和将收益投资到证券组合中，使得中介成为私人知情者，这样能有效地解决信息生产中的可信度和剽窃问题。从其委托监督模型出发，Diamond（1984）从"Leland & Pyle 模型"得出相对于企业主的成本来说，分散化可降低中介的显示成本。在"Boyd & Prescott 模型"中，代理人可以评价他自己的项目，然后向投资者发行承诺支付特定回报的证券。或者，代理人联盟可以提供给投资者一个组合回报。金融中介就是这样的代理人联盟，它可以评价项目，投资到必定会产生高回报的项目，从项目组合中分享回报。金融中介（尤其是银行）之所以能从信息生产中获利，一个重要的因素是它们主要发放私人贷款，而不是购买在公开市场上交易的证券，这避免了"搭便车问题"。

从交易成本的角度看，逆向选择导致的成本为：在贷款之前，贷款人在逆向选择环境下对合适的投资项目和借款人进行搜寻和核实投资项目预期收益的成本，即搜寻成本和核实成本。金融媒介体之所以有存在的必要，就在于投资效益的一部分能够让自己的客户分享。Broecker（1990）研究了逆向选择环境下进行的项目筛选问题。

解决道德风险的办法是增加监督，而监督是有成本的，如果由大量的小的贷款人直接监督借款人，成本会很高，而且同样会产生"搭便车问题"。而银行监督则具有规模经济，所以把它委托给一个特定的机构——银行是有效率的。银行相对于其他金融中介的另一个优势是：由于企业通常在银行开户，银行就可以直接得到重要的信息，银行就可以通过观察企业的存款和取款来评定企业的金融状况。

4. 金融中介的功能观

对于金融中介有两种不同的分析方法，一种方法视现存的金融中介为给定，认为公共政策的目标就是帮助现有的机构生存和兴旺，把这种分析方法简称为机构观；另一种分析方法则不同，视金融中介运作的功能为给定，并探索运作这些功能的最佳机构结构，这种方法称为功能观。金融中介功能观大大地拓展了金融中介理论的视野，从而把金融中介理论的研究推向了一个新的水平。

金融中介功能观的核心内容可表述为：金融功能比金融机构更稳定，亦即在地域和时间跨度上变化较小；机构的形式随功能而变化，即机构之间的创新和竞争最终会导致金融系统执行各项职能的效率的提高。功能观首先要问金融体系需要行使哪些经济功能，然后去寻求一种最好的组织机构，而一种组织机构是否最好，则又进一步取决于时机和现有的技术。

当然，这里关注的焦点并不在于金融中介功能的具体内容，而是金融机构的动态变化。

功能需求的稳定性使 Oldfield & Santomero（1997）认为，金融服务，如发行、配置、支付、及融资，比提供服务的机构和满足客户要求所提供的特定产品都要稳定。Eichberger & Harper（1997）也为我们理解中介与市场的关系提供了新的视角。在他们看来，金融制度发展的特征实际上就是金融中介与金融市场之间持续的竞争，金融制度演进的历史也就成为人们试图调和金融制度和金融市场竞争性关系的历史。

5. 风险管理、参与成本和金融中介

Allen & Santomero（1998）认为现有的文献过分强调了中介在减少交易成本和信息不对称方面的作用。他们指出，中介是风险转移的推进器和处理日益

复杂的金融工具及市场难题的推进器。同时指出，为参与金融活动提供便利是金融中介的一项重要服务。减少参与成本（即学习有效利用市场并日复一日地参与到这个市场中来的成本）对理解已在金融市场发生了的变化是事关重要的。Merton（1989）增加了金融部门的另外一个功能。他认为金融中介具有在不同参与者之间分配风险的能力。在这里，金融中介的主要增值能力在于它们具有以最低成本有效地分配风险的功能。金融中介可以通过动态交易战略创造大量的合成资产，其业务日渐集中于风险的交易和各种金融合约风险的捆绑和拆分。

针对银行等金融中介业务的变化，Allen & Santomero（1998）在归纳银行新业务后认为，风险管理已成为银行和其他金融中介的主要业务。Scholtens & Wensveen（2000）则认为，风险管理从诞生起就是银行的核心业务，银行总是持有风险资产并管理它。而随着银行新业务的拓展和衍生金融工具的出现，这一职能大大加强了。管理风险现在是，而且一直是金融中介的生计所在。依靠在信息生成和处理上的专业化以及分散个体信贷和期间风险，中介一直能够吸收风险。针对金融中介职能的变化，Allen & Santomero（1998）认为，原有的金融中介理论视野过于狭窄，需要用风险管理和参与成本来解释现代金融中介的存在。

6. 价值增加、客户导向与金融中介

Scholtens & Wensveen（2000）认为参与成本并不能很好地解释金融业近年来发生的一些巨大变化，诸如共同基金的发展和金融衍生工具的广泛使用。在他们看来，这些金融产品迅速发展的关键仍然是风险而不是参与成本，金融中介理论必须拓展其目前的研究边界。应当放弃静态的完美市场范式，采用更为动态的概念，金融中介理论应当包括金融创新的动态过程和在此基础上的市场差异化。金融中介不是居于最终储蓄者和投资者之间充当"代理人"，以减少像不对称信息和参与成本之类的市场非完美性，而是一个独立行事的市场主体。它能够创造金融产品，并通过转换财务风险、期限、规模、地点和流动性而为客户提供增加值。因此价值增值是现代金融中介发展的主要驱动力，从而理应成为金融中介理论的核心。当然，价值增值是通过降低人们的参与成本和扩展金融服务来实现的。

基于此，Scholtens & Wensveen 的这种所谓的"补充理论"（amended theory）自然强调金融中介的顾客导向而不是信息不对称。也就是说，金融中介本身就是向顾客出售金融服务并从中获利的，而传统理论所谓的节约交易成本、消除信息不对称以及参与成本等则属于上述过程的伴随效应（by-effect）。总之，这种补充理论与传统理论相比，后者强调成本，而前者则强调价值；后者强调信息不对称，而前者强调顾客导向。

（三）金融中介理论在互联网金融模式中的运用

传统金融中介理论以交易成本为核心，借贷双方在交易过程中会由于信息不对称产生交易成本，而互联网金融模式可以蓄存借贷双方的流动性风险，降低这种交易成本。通过发行间接金融工具，互联网金融模式可以实现风险的跨期平滑化，使投资者的参与成本得到降低，在这个过程中，互联网金融模式担当了风险管理以及资产交易的代理者。金融中介理论解释了金融中介的存在原理，由于小企业信贷具有逆向选择和高交易成本等特点，与风险规避要求有所冲突，因而互联网金融模式通常不会完全满足小企业的借款需求。

互联网金融服务实体经济的最基本功能是融通资金。米什金（Mishkin）指出，金融中介和市场之所以存在有两个原因：

（1）它们有规模经济和专门技术，能降低资金融通的交易成本。

（2）它们有专业的信息处理能力，能缓解投资者与融资者之间的信息不对称以及由此引发的逆向选择和道德风险。因此存在着两类金融中介：直接融资和间接融资。

互联网金融作为一种新型金融中介，一方面可以通过网络化方式，超越传统金融中介和市场的资源配置效率，大幅度降低交易成本。另一方面，互联网金融使得投资的门槛大大降低，各种金融交易的手续大大简化。互联网金融吸引了更多的人参与金融之中，普惠普通老百姓，市场的参与者更为大众化。互联网金融资源配置的特点是：资金供需信息不需经过传统金融中介和市场，直接在网上交易。未来可能的情形就是去中介化和金融脱媒。互联网金融形成了"充分交易可能性集合"，双方或多方交易可以同时进行，信息充分透明，定价完全竞争。

五、其他相关理论：互联网金融不可缺少的重要理论组成部分

（一）信息经济学理论

互联网金融存在信息不对称的情况，而信息不对称会引起逆向选择和道德风险，信息经济学是研究在给定信息结构下，研究最优的契约安排。因为价格并不能囊括全部的市场关系，所以信息经济学就是运用机制设计理论来设计"非价格机制"制度，以解决信息不对称引起的问题。

信息经济学理论是20世纪七八十年代经济学领域取得的最突出的成功之一。该理论研究什么是对称信息情况下的最优交易契约，故又称为"契约理论"或"机制设计理论"。互联网金融存在着信息不对称，容易出现逆向选择和道德风险。

（二）声誉理论

互联网金融依托大数据，并快速计算得到个体声誉水平和状况，基于此发展的互联网金融领域如P2P，众筹网站的声誉是其重要的资本。

（三）优势理论

传统金融机构拥有大量低成本的社会资金，信誉较好。而互联网金融公司掌握着大量的真实交易数据，可以低成本获得大量优质的潜在客户。并且互联网的便利性也使得互联网金融的覆盖领域和参与人数更多更广，因此有人提出，互联网金融公司与传统的金融机构合作，创造双赢。从经济学的角度来看，这种合作是有理论基础的，叫优势理论，传统金融机构和互联网金融机构充分发挥各自的比较优势，以实现整个社会效益的最大化和利润的最大化。

（四）交易费用理论

传统的金融机构与互联网金融机构，到底采用市场的合作模式，还是企业的模式，取决于双方合作模式的成本比较。一般认为，传统金融机构与互联网金融机构在管理模式和管理理念上存在着较大的差别，如果采用企业模式会大

幅增加企业的管理成本，以市场交易的模式进行可以最大限度地节约总成本。这种合作模式如传统的保险公司参与网络借贷公司的担保。

互联网金融对传统金融理论最大的冲击体现在三个方面：第一，互联网金融降低了市场的交易成本，目前基于互联网和大数据的处理，资金的供需双方可以通过基地的互联网进行。第二，互联网金融降低了信息的不对称。第三，互联网金融加速了金融脱媒。

（五）普惠金融理论

普惠金融（Inclusiv Finance）是由联合国于2005年"国际小额信贷年"第一次明确提出的，将其定义为"一个能够有效地、全方位地为社会所有阶层和群体——尤其是贫困、低收入人口——提供服务的金融体系"。

普惠金融的四大目标：一是家庭和企业以合理的成本获取较广泛的金融服务，包括开户、存款、支付、信贷、保险等；二是金融机构稳健，要求内控严密，接受市场监督以及健全的审慎监督；三是金融业实现可持续发展，确保长期提供金融服务；四是增强金融服务的竞争性，为消费者提供多样化的选择。这一理论和体系，强调其服务对象的全面性和普惠性，让各个阶层都能获得所需要的金融服务和金融支持，对于发展一国经济、金融，特别是对于发展中国家至关重要。

互联网金融模式的本质要求和最大特点，就是体现普惠金融，为最广大的居民和最多的中小企业提供便利和实惠。

第二节　互联网金融模式的理论文献与理论要点

一、互联网金融模式理论文献综述

据中国论文网介绍，最早的互联网金融的雏形是国外的移动金融。当今网络技术飞速发展的年代，互联网金融逐步出现在了历史舞台。国外相关理论研究有很多，像 Wu 和 Hisa（2008），Anckar 和 Dincau（2002）以及 Dholakia（2004）从理论上给出了移动金融和移动市场的概念，并得出了电子金融与移动金融的差异，以及移动市场的关键特性，从而又进一步深入讨论了移动业务模式和移动价值链构建。Scharl、Dickinger 和 Murphy（2005）研究了使用 SMS 的关键成功要素。Wang（2007）整合了 SMS 消息和网站渠道的跨媒介成效，证明了使用移动媒介和网络共同运营的有效性。

在对移动金融各种营销策略的研究基础上，其深入到具体移动市场应用的设计问题和特点问题。从银行开展移动金融理论角度出发，DeVos，Haaker Teerling（2008）给出了利用位置信息定位并提供本地服务的手机银行服务。Laran 和 Lin（2005）研究了客户在使用手机银行时的行为意图。Rtten（2008）则侧重从业界的角度出发，给出了一个 WAP 银行的概念模型。Barati 和 Mohammadi（2009）提出了一个用于改进客户对手机银行接受度的模型，将影响接受度的因素加以考虑，形成一个改进模型。而在移动支付方面的研究主要分为作为基础的移动技术角度的系统分析和实际应用中的用户接受情况两个方面。从技术角度出发，Kalliola（2005）分析了移动支付系统的设计要求；Nambiar，Lu 和 Liang（2004）讨论了移动金融中支付交易的安全技术；McKitterick 和 Dow ling（2003）较为完整地讨论了移动支付技术实现可能性和可操作性。在另一方面，从用户接受度的角度出发，Viehland（2007）利用技术接受模型（Technology Acceptance Model）来检测用户对移动支付服务在各方面的接受情况，表明尽管客户对其认知度高，但是在新西兰的实际用户却不多，潜力较大；Valcourt，Robert 和 Beaulieu（2005）通过对四种移动支付模式的用户购票体验的研究，得出七成多受访者更倾向于使用手机来完成这一项交易；Mallat（2007）通过定性研究，指出了移动支付在紧急和地域限制情况下支付具有很大的优势，然而其还面临着支付价格较高、支付过程过于复杂、商业接受度较低和风险性等问题；Zmijewska，Lawrence 和 Steele（2004）总结并提出了影响移动支付系统的因素，从而为专业人士进一步研究提供了理论和实践基础。而另一方面，从银行业实践的角度出发，Goddard，Molyneux，Wilson 和 Tavakoli（2007）提出了欧洲银行的发展和整合的重要性。Bouwman，Carlsson，Castillo 和 Walden（2007）给出了在芬兰应用移动服务的问题和驱动力，进一步肯定了金融移动化的重要性，也表明了金融移动化所面临的严峻问题。

Riivari（2005）指出了手机银行是一个有力的提供公司金融服务的新型CRM工具。Pousttchi和Schurig（2004）则提出了如何从客户需求的角度评估当今手机银行应用，从而为手机银行的推进提供了评估方法。Karnouskos和Vilmos（2004）给出了欧洲开展移动支付的尝试，通过这些指出一些在欧洲范围内成功实施移动支付所需要考虑的关键问题。

关于这些问题，国内学者已经取得了一些进展，罗春燕（2008）分析了我国金融服务贸易的发展现状，根据当前互联网金融模式的发展趋势对我国金融行业的改革提出了相应的对策建议。叶春明和黄满盈（2006）对中国金融服务开放的现状与趋势进行了分析，他们认为互联网金融模式是中国金融服务开放的必然趋势，但是在网络安全方面仍需要进一步进行防范。郑展鹏（2009）运用贸易竞争指数、Michaely指数等指标对中国与世界金融服务大国的金融服务国际竞争力进行了比较分析，按照其分析结果来看，中国银行的发展和互联网技术的发展可以相容。

王铁山和冯宗宪（2008）采用国际市场占有率、贸易竞争力指数和显性比较优势指数三个指标，对中国与东亚以及世界13个经济体的金融服务贸易竞争力进行了比较分析，其结果指出中国当前经济和银行的开放化与国际银行的发展尚存在极大的差距。王静（2008）在对中国金融服务贸易国际竞争力进行时序比较分析的基础上，与美国进行了比较研究；李伍荣和禹响平（2008）对中日韩金融服务贸易的国际竞争力进行了比较分析，这些研究的结构无疑都表明中国银行的发展必然需要与国际同步，这是未来的发展趋势，而互联网技术的发展也势必会将银行的开放性提升到一个新的高度，但是否能符合银行业本身的发展要求，则需要在实践中加以考虑。

李青川、徐毛毛（2010）对国外网上银行发展经验及借鉴的调查显示，网络经济自20世纪90年代在美国兴起之后，在全世界蓬勃发展。目前，网上的电子商务交易额为4 000多亿美元，其中94%来自美（占59%）、英、德、日、法五国。与网络经济相适应的是网上银行在欧美各国也得到了迅速发展。

国内研究互联网金融的领军人物谢平，他所倡导的研究理论代表国内互联网金融理论的发展趋势。他认为，以互联网为代表的现代信息科技，特别是移动支付、社交网络、搜索引擎以及云计算等，将会对人类金融模式产生根本影响。可能出现既不同于商业银行间接融资，也不同于资本市场直接融资的第三种金融模式，即"互联网金融模式"。应该承认，互联网金融模式的确具有许多不同于传统金融的特征，同时也显示出了很强的创新性和竞争性。

二、互联网金融模式的理论要点

在2014年2月22日互联网金融外滩论坛第2期暨上海新金融研究院课题评审会上，国内研究互联网金融的领军人物谢平，就其课题报告"互联网金融的理论与实务"所做的主题演讲，中国金融四十人论坛秘书处整理如下互联网金融的基本理论要点。

（一）两种金融创新比较的理论要点

首先简单介绍一下两种金融模式：一种是传统金融模式，连接储蓄存款人和借款人的是金融中介和金融市场；另一种是互联网金融模式，供求双方通过互联网市场进行各种交易，包括期限匹配、数量匹配、风险定价、各种契约等，都可以直接成交。

传统的金融产品创新主要是利用金融工程技术和法律手段，设计新的金融产品。部分新产品具有新的现金流、风险和收益特征，能够实现新的风险管理和价格发现功能，从而提高市场完全性，比如期权、期货、掉期等衍生品。传统金融产品创新的理论基础首先是阿罗·德布鲁证券，在完全市场中，每一种未来状态都存在与之对应的单位证券，其他证券都可以表述成这些证券的组合。这是金融证券理论的核心。其次是马可维茨的资产组合理论和Black-Scholes期权定价公式。

互联网金融创新主要是指互联网技术和精神对金融交易和组织形式的影响。金融的核心功能不变，金融契约的内涵不变，金融风险、外部性等概念的内涵也不变。目前整个国内金融业的交易成本大约4万亿，占GDP的7%，主要构成是金融业的税收、利润、工资等。在互联网金融市场中，交易可能性的边界拓展，金融的交易成本和信息不对称程度大幅下降，金融的民主化、普惠化特征显现。因此，比较两者可以发现，两类金融创新的理论逻辑和创新路径不同，隐含着的关键问题——监管难度由此产生。

金融监管有两种逻辑：一是机构逻辑；二是产品逻辑。但这两个逻辑在互联网金融领域行不通。比如，京东白条是不是金融产品？可以说是，也可以说不是。因为不计利息，京东白条给每人1.5万元的贷款额度，以此购买京东商品，而后从商品的价格中获取利润。对此，金融监管机构应该如何监管？

互联网金融的产品创新，最大的妙处在于把金融和非金融要素捆绑在一起。腾讯收购了大众点评，假设腾讯的股东可以在大众点评的某些餐馆打折点餐，这算不算是金融产品？很多互联网金融产品的概念，与传统金融产品的流动性、收益性风险概念完全不一样。最典型的例子是腾讯的"滴滴打车"和阿里的"快的打车"软件，很难定义这是不是金融产品，但是却很有颠覆性。现在机场的旅客下飞机不用排队等出租车了，出租车行业也不存在"扫大街"的情况，出租车有了固定的客户，每个客户也有出租车司机为他服务，打车软件使得市场的交易结构发生了变化。将来，私家车如果装上打车软件，也可以变成出租车，每个人可以通过市场自行拼车，出租车行业则将消失，这可能是未来发展的趋势。汽车的使用效率大幅提高，对新车的需求大幅度下降。也就是说，照此发展下去，打车软件可能会将车与人、车与车的匹配等市场信息结构完全改变。所以，互联网对金融市场的演变将有颠覆性的影响。

举个例子，互联网金融的很多创新产品都与App有关，与具体生活联系在一起。而互联网金融的创新产品简单化、实用化、软件化，自适应生成，并强调行为数据的应用，在一定程度上体现了共享原则，比如余额宝、打车软件、京东白条、P2P网络贷款、众筹融资等金融产品。还有微信红包，它颠覆了几千年传统的红包概念。这样的产品将越来越多，人们根本无法辨别其金融含义以及与非金融的界定。首先，这些产品是软件，其次，它们是与某一居民消费挂钩的金融产品，不是为了投资设计的资产证券化。更为关键的是，它们的信息结构与传统金融理论的创新路径不同。它们本身就构成了将来的监管难度，从机构和产品角度，人们很难界定应该如何监管。互联网金融的监管难点就在于，它从理论基础上已经开始动摇传统的金融创新以及对金融产品的定价。

在人类历史上，颠覆性技术很长时间才能出现一次。诸如蒸汽机的发明、电的广泛应用等颠覆性技术，大概七八十年出现一次，一个人一辈子能遇到一次已实属难能可贵。但现在互联网金融赶上了颠覆性技术的出现。第一，所有的数据信息数字化。未来，全社会信息中有90%可能被数字化，这为大数据在金融的应用创造了条件。第二，计算能力的不断提升。第三，网络通讯的发展。未来，互联网、移动通信网络、有线电话网络和广播电视网络等将高度融合。如果全球任何地方 WIFI 免费，就像现在的收音机一样，那么中国移动、中国电信等企业可能也要消失了。这三项颠覆性技术的出现，将促成金融理论的突破。互联网金融的发展不取决于金融，而是取决于互联网技术。互联网技术将来会发展到什么程度还无法预知。但是目前这三项颠覆性技术已经出现，对人类的整个生活将产生巨大的变化。其中，互联网金融是它变化的必然结果。

（二）互联网金融的交换理论基础

从互联网视角解读人的偏好、效用、市场、交换、资源配置等基本概念，我们发现，交换活动普遍存在，只要人与人之间资源禀赋不一样或者分工不一样，就存在交换。市场效率的提高，把经济学上所说的"交易的可能性边界"大幅度提高，使很多原来不可能交易的东西，以交易、共享的方式存在。典型的例子是汽车和住房，房屋产权不一定可以交换，但可以交换使用权。比如有个人到上海出差，你们家的房子给他住。当你到他的家乡（比如美国加州），他们家的房子也可以给你住，这种交换已经通过互联网实现了，而且已经威胁到世界上主要城市的旅馆业。这不是家庭旅店的概念，而是大家将闲置的房子通过互联网实现共享。美国有几个年轻人发明了一个网站，通过网络联系，你在下班的时候，路过菜市场买点新鲜蔬菜，送给某个人，而后那个人付钱给你，由此形成一个简单的"买菜网络"，这种共享经济在旧金山、洛杉矶一带的社区已经非常普遍。

在互联网上，在时空交换的同时交换使用权，这就是共享经济。交换经济学使我们认识到，资金交易可以在互联网上直接进行，不需要通过金融中介，这是互联网金融的核心。除了投融资之外，互联网金融在衣食住行和社交中也出现了很多创新应用。在互联网中，资金完全不需要通过物流，资金数量的多少、个人偏好和时间安排，都可以通过互联网直接交换，这样，资金使用效率可大幅提高，甚至没有闲置资金。

（三）互联网金融理论的一般均衡状态

瓦尔拉斯一般均衡是经济学的理论基石。瓦尔拉斯均衡论证了所有商品供给和需求正好相等时,资源配置达到帕累托最优,金融中介和市场都不存在,货币也可有可无。由于信息不对称和交易成本等摩擦因素,现实中才出现了金融中介和市场。货币的产生,可以减少交易成本,这是最早的金融理论。金融机构给消费者提供风险定价、期限匹配、数量匹配,可以减少消费者自己寻找交易对手的时间,这是金融产生的原理。有了网络之后,这些事情通过互联网就可以实现,即趋近瓦尔拉斯一般均衡理论的可能性。

直观的理解是：N 个资金供给者（机构或者个人），N 个基金需求者,双方通过各种金融中介和市场进行金额、期限、风险收益上的匹配,而 N 趋向无穷大,金融中介和市场被互联网替代。

我们还可以从支付、信息处理、资源配置三个角度来理解互联网金融和传统金融的差异。在人类没有互联网的时候,我们认为必须通过市场、交易所或者银行来减少交易成本,有了互联网之后,趋近直接交换的可能性增大。这是我们理解的互联网金融理论的一般均衡状态。

（四）支付、货币、存款、投资的一体化

以余额宝为代表的"第三方支付+货币市场基金"合作产品为何能够获得成功？金融理论中有一种假设,当一种产品的流动性趋向无穷大的时候,收益会趋向0。而余额宝推翻了这个理论。货币在交易的0.001秒时也有收益,这颠覆了我们对货币、金融、投资、存款的概念。在一个产品中同时实现这四个功能,这在传统的金融理论中是不可能实现的,因为流通性和收益是矛盾的。而余额宝打通了投资与支付的界线、金融产品与货币的界线。

未来,随着支付的发展,在流动性趋向无穷大的情况下,金融产品仍可以有正收益,不一定是零。这一理论进一步推广,人类将来也有可能用某个保险产品或某只股票换取商品,这对将来的货币政策和金融监管都是一个巨大的挑战,需要重新定义什么是货币、什么是支付、什么是存款、什么是投资。

有人提议要取缔余额宝,理由是它提高了全社会的成本,颠覆了实体经济,其实并非如此。余额宝改变了全社会的活期存款、定期存款的权重,可能使存款的平均成本上升,削减了工农中建等银行一部分的利差利润,但不会影响贷款利率。贷款利率主要取决于贷款者的风险偏好和贷款的需求。存款的成本再高,贷款利率不一定会变。因此,认为余额宝利率上涨,其他利率都会相

应上涨的观点是不正确的。余额宝即使涨到2万亿元，虽对全国的存款成本会有影响，但不一定影响贷款利率。但是在T+0的情况下，余额宝通过互联网直接支付，打通了投资品、存款、货币的交易，这是其在理论上的创新。将来，类余额宝的产品会越来越多，人类有可能用某种投资品去购买商品，潘多拉的盒子一打开，可能会使很多金融产品货币化。同时，从央行的角度看，假设类余额宝的产品越来越多，达到几万亿元，或者某一个机构特别大，这都隐含着系统性风险。

一个典型的案例是，现在很多企业把工资直接汇入支付宝，青年员工直接用支付宝购买东西，存入余额宝还能获取利息。更可怕的是，假设中国有3~5个诸如支付宝之类的企业，这些IT企业把IT支付联合起来就能变成"小央行"，即央行之外的清算系统。这等于颠覆了整个支付市场，甚至挑战了央行的权威地位。在互联网时代，这是有可能实现的。

从理论上讲，全中国的个人或者机构，完全可以通过互联网直接在央行的超级网银开户，然后可以直接从央行批发资金而后发放贷款，活期存款减少。如果前面说的三个颠覆性技术实现的话，商业性机构和央行竞争存款的情况也有可能会出现。

（五）互联网货币的理论要点

单从理论上假设，整个互联网体系中，可能一种互联网货币，以"自适应"方式存在于互联网，内生于互联网为主的实体经济中，根据规则自动调整发行量，以保持币值稳定。当年弗里德曼即有按某种规则来增加货币的思想，但他当时假设货币是外生的，中央银行的货币政策主要是控制货币供应量。而互联网货币的核心是货币，是内生变量。

比特币的数量是固定的，越来越少。将来可能会出现某种软件，或者全世界央行发明一个算法，这个算法使互联网金融体系自动产生互联网金融货币。随着互联网体系的运转，货币成比例增长。这样央行的货币政策则和现在完全不同——不是数量控制，也不是价格控制，是对社会总风险承担的控制。银行计算全社会的总风险，也不再需要控制货币供应量。现在的货币理论，假设货币政策是外生变量，因而有控制的必要。但是在互联网金融体系中，将来如果所有的经济行为都是互联网化，则将有超主权的互联网货币内生于经济体系。

这是一个很玄妙的说法，这种互联网货币不属于任何人的负债资产，具有天生的超主权特性。

关于这个问题，美国、德国等西方国家已经在广泛讨论中，加州政府准备通过数据货币的合法化，如果真正实现，互联网金融的法律中心可能会转移至加州。

（六）大数据和互联网金融的理论要点

在大数据的情况下，互联网金融的很多相关事务才有实现的可能。其中最大的可能，就是大数据之下风险定价和风险管理的效率，远远超过人脑的判断效率。很多风险定价，不取决于财务报表的分析，而是取决于行为数据的收集和自动生成，这将颠覆目前风险定价的基本原理。而且在很多定价方面，大数据会起到根本性的作用。比如保险，目前车险的定价方式，一般是根据前三年发生的事故来确定费率。而在大数据环境下，定价是根据车主是否喝酒、汽车行驶路况信息、是否送小孩上学、从事的工作以及身体健康状况等所有数据信息，来确定车险定价。依据这组数据定价的准确性要远大于前者。

大数据能够大幅度降低信息不对称，但是不能消除一些随机性。大数据有助于评估风险（未来遭受损失的可能性，其中损失分布可计量），但不能消除奈特式不确定性。

未来，搜索引擎和金融的 App，会内嵌于智能化的大数据分析工具和 IT 解决方案当中，通过算法来确定违约概率和风险定价。假设在大数据、搜索引擎的基础上，个人的数据完全可以被搜集，并能够推算出动态违约概率，社会金融的估值则更为容易。阿罗—德布鲁最原始的思想就是，如果将任何人的某一种状态看成是一种证券，未来所有行为都是那种证券的不同组合。其实，从抽象理论上他很早就论证过。只不过当时没有现在的大数据背景。

大数据和搜索引擎可以基于一个人在历史中所做的事情，推算出他的违约概率，这完全可以用数学推导做到。未来任何金融产品交易，实际上都隐含着 CDS，任何时点都可以知道其违约概率，所有金融产品的风险定价将非常直观而简易。开玩笑地说，App 可以代替人脑，学金融将来可能变得没有意义。

2013 年，诺贝尔经济学奖同时授予法玛、席勒。席勒和法玛两人针锋相对，法玛提出了人完全理性时的有效市场假说，而席勒倡导的行为金融学，认为证券价格是可预期的，人是非理性的。在互联网金融的大数据背景下，法玛和席勒描述的两种状态将最终趋同化，这是互联网金融中股票价格变动的一种假说。我们现在还无法证明，但是这种可能性是存在的。在大数据的情况下，市场信息充分透明，投资者掌握信息均等化，市场定价效率非常高，证券市场会接近于法玛有效市场假说的描述。而且在社交网络的大背景下，投资者之间的相互交流、影响非常有效，个体行为会接近于行为金融学的描述——从众行为，从而对单个证券或整个证券市场产生可预测的影响，这是席勒的理论。

大数据对保险精算的影响表现在：保费在生命表（寿险）和信用度模型（非寿险）的基础上，进一步考虑个体差异性，并且能够动态调整。保险作为团体间契约的特点不变，但具体形式可能发生变化。比如，一群风险水平相当的人可以通过网络签署协议，约定只要有人发生意外损失，其他人均有义务给予补偿。

互联网金融中的保险，将接近阿罗《保险、风险和资源配置》提出完美的风险转移模式——自愿、自由、公平地进行风险转移。保险产品丰富化，对人身和财产方面的每一种风险，均可能出现相应的保险产品。

（七）交易可能性集合与脱媒、去中介化的理论要点

互联网金融使交易边界无限扩大。很多原来认为不可能交易的事情变为可能。交易成本越低，或信息不对称越低，交易可能性集合越大。

还有银行去中介化和贷款去中介化，银行存款、贷款可以直接匹配。在证券行业，全国有2亿股民，5 000个A股上市公司，其实可以直接在上交所开户，根本不需要证券公司。佣金则变为零，资金账户、股票账户、登记公司完全可以清算，而采用百分之百的网络交易。而且，互联网已经完全做到了生物唯一性，比如采集一个人的眼球、皮肤或者指纹信息，这样网络甚至比真人更精确。因此，证券公司也没有存在的必要了。

在互联网时代，存在一个"融资工具箱"假说。在信息足够透明、交易成本足够低的情况下，一些企业（特别是资质比较好的企业）的融资可以不通过股票市场或债券市场等，直接在众筹融资平台（甚至自己的网站）上进行，而且各种筹资方式一体化。比如，中石化是一个AAA级的企业，大数据的情况下，其违约概率和估值等信息都是透明的，中石化可以在互联网上挂出"融资

工具箱",根据企业自身需要,动态发行股票、债券或混合型资本工具,供投资者选择。而投资者可以在网上购买股票、债券,申请贷款等,如同多种融资工具的结合,这就是所谓的融资工具箱假设,可以使每一个企业直接在互联网上融资,从而取代现代资本市场 IPO。而且它完全可以算出每秒钟的 CDS,这就相当于每种融资工具的每分钟定价在互联网上可以自动生成。这样,投资者可以实时获取自己组合的头寸、市值、分红、到期等信息,相互之间还能进行证券的转让和交易。

第三节 互联网金融模式的研究现状与理论研究最新进展

上面介绍和探讨了互联网金融模式相关理论方面问题,那么,当前有关互联网金融模式的研究,又处于什么状况和又有什么最新进展呢?

一、互联网金融模式国内外研究现状

互联网金融是一种新兴业态和全新的商业模式:其价值主张更加强调方便、快捷和客户体验,目标客户是小微企业及新一代年轻人,通过互联网或移动通信技术实现资金借贷双方的直接联结,与客户之间的关系实现开放、交互和无缝接触,主要成本来源于信息收集、数据处理和数据分析。互联网金融的发展将对地方经济的发展以及一个国家金融市场的质变有很重要的影响,在中国,互联网金融最大的问题是市场广大,但是供给奇缺,需要大规模发展,小额信贷就是重中之重,中国的自金融模式非常有希望,市场非常大,有很多的细分领域,每一个细分领域都可以成就多家企业。作为有志的企业家,未来的职业经理人,完全可以从今天开始,审慎积极地去看待,抓住小额信贷、微金融发展的机遇。

（一）国外研究状况

随着互联网技术的迅猛发展以及全球经济趋势的涨高，互联网金融早已经在国外的市场生根发芽，促使着金融机构发生翻天覆地的变化，美国于1971年创立的Nasdap系统，标志着网络金融这一全新的经营方式从构想进入到实际运营。1995年10月18日美国3家银行联合在互联网上成立了全球第一家网络银行"安全第一网上银行"，预示着网络金融已进入迅速发展的新阶段。2000年7月3日，西班牙Uno-E公司同爱尔兰互联网银行第一集团正式签约，组建业务范围覆盖全球的第一家互联网金融服务企业Uno First Group。两家公司跨洋重组的最终目标是建立全球最大的网络金融服务体系。90年代以来，发达国家和地区的网络金融发展非常迅速，出现了从网络银行到网络保险，从网络个人理财到网络企业理财，从网络证券交易到网络金融信息服务的全方位、多元化的网络金融服务。互联网金融目前在欧美国家的主要模式大致分为六种：互联网支付、P2P网络借贷、众筹融资、互联网银行、互联网证券以及互联网保险等。由此看到国外互联网金融已经发展得比较成熟，但是国外的互联网金融也有一定的问题：首先，这些金融产品大多没有获得实体经济的接受与认可，存在信用风险；其次，它们的安全性堪忧，账户数据和资金安全存在隐患等。

（二）国内研究状况及展望

20世纪80年代，中国银行业开始全面使用计算机，金融电子化时代来临。90年代初，我国金融专用网络体系建设获得了较大发展。1993年，中国政府宣布将金卡等一系列"金"字工程作为重要的国民经济信息化工程后，我国金融电子化建设进程加快，并取得了巨大的成就。我国国内大部分城市中，本地清算系统、储蓄通存通兑系统、对公业务系统、银行卡自动处理系统等应用系统也先后投入运行。一个集国家宏观金融管理和监控、金融机构内部经营管理和对外提供金融服务等功能于一体的网络金融体系已经初步形成。90年代中期以来，随着网络信息技术的发展和普及，我国正逐步跨入网络金融时代，并取得了一定成果。目前，我国在互联网金融模式方面主要有以下进展。首先是央行给三大移动运营商发放了第三方支付牌照。其次是兴起了一批人人贷公司，比如红岭创投、宜信网、拍拍贷等。最后是一些机构借鉴人人贷模式或社交网络信息解决中小企业融资难问题，比如温州民间借贷登记服务中心和阿里小贷公司。而目前在我国互联网金融以其独特的经营模式和价值创造方式，对商业银行传统业务形成直接冲击甚至具有替代作用，引起业内一片恐慌。例如，2006年国内第一家人人贷公司宜信成立，2010年阿里巴巴成立浙江阿里巴巴小额贷款股份有限公司，2012年平安集团与阿里巴巴、腾讯共同成立合资公司等，都引起金融业银行家们的热议或恐慌。在我国互联网金融发展的过程中有不少问题：首先，创新性不足，提供的服务单一，容易复制。其次，安全隐患比较大，没有全面而严格的监管，缺乏健全完备的法律体系。再次，社会信用体系尚未建立，缺乏大的发展环境。最后，我国金融市场尚不成熟，市场环境不完善。

随着网上货币、网络银行和网上清算等新的金融理念的出现，逐渐就形成了互联网金融的时代。但是，总体来看，互联网金融发展的时间还比较短，金融机构的总资产规模还比较小，市场交易量有限，并且存在一定的安全隐患。除此之外，对于互联网金融的快速发展，监管手段以及风险控制相对滞后。对此提出一些建议：大力发展实体经济，只有实体经济与网络金融同步发展才能从根本上降低风险；健全相关法律体系，加强监管，形成整个社会信用体系；提高产品创新能力，提供多样化互联网金融服务。就目前来看互联网金融发展现状仍然存在着许多问题，然而在全球化日益加剧的今天，互联网金融产业的兴起也是迎合了世界经济发展的趋势，并将推动金融市场建立公平、平等的新秩序，构建全新的竞争格局。

二、中国互联网金融理论研究最新进展

下面是根据乔海曙、吕慧敏在《金融论坛》2014年第7期刊登的《中国互联网金融理论研究最新进展》一文整理而成。

（一）互联网金融的四大理论渊源

第一，KMRW声誉模型。在互联网金融领域，海量并不断增多的交易数据

被深度保留、分析和挖掘,能够作为反映经济主体声誉的重要特征,同时成为最能反映企业未来收益的真正前瞻性信息,市场主体利用这些"大数据"在重复博弈中评判对方的信用水平。

第二,互联网经济学理论。互联网经济的边际效用递增、边际成本递减特征,决定了它可以聚集冷门商品的分散用户,以较低的边际成本打开无数的利基市场。互联网在金融领域的摧毁和重构就是利用互联网活动中的边际效益递增规律使个体金融服务供需模式得到进一步优化,使资金融通的时间、空间和数量边界得以扩展。

第三,梅特卡夫定律。掩藏在梅特卡夫定律背后的理论是网络的外部性效果:对原来的使用者而言,使用者愈多带来的效用不像一般经济财产一样愈来愈少,而是愈来愈大。网络外部性的乘数效果联结信息化企业,于是造就了充满无数商机、成长潜力惊人的互联网金融业态。

第四,长尾理论。当商品储存、流通、展示足够便捷,成本极低时,需求极低的产品形成的众多小市场汇聚可产生与主流相匹敌的市场能量。互联网平台构筑了金融活动的"长尾基础",通过成本几乎可以忽略不计的工具来创造资源——数字"物资"造就"富足经济"。

(二)当前中国互联网金融理论研究的五大焦点

第一,发展动力研究,包括金融市场供需矛盾、互联网技术发展、互联网巨量活跃用户、金融内在创新需要以及政府支持态度。

第二,属性研究,包括互联网金融的概念与内涵、互联网金融与金融互联网的区别以及互联网金融的思维特点研究。

第三,发展模式研究,包括发展模式的分类研究和发展模式的趋势研究。

第四,风险与监管研究,包括互联网金融的特殊风险研究和互联网金融的监管研究。

第五,对金融市场的影响研究,包括颠覆论和泡沫论两种观点。

(三)需要进一步研究的四个问题

第一,互联网金融属性研究。当前,互联网金融和金融互联网两者被混为一谈，对互联网金融的本质属性、互联网金融和传统金融的区别、互联网金融和金融互联网的联系等认识不清，这严重影响对互联网金融的认知，是互联网金融深入发展的首要障碍。因此，必须认清金融演变的内在逻辑，在界定互联网金融内涵的基础上，针对互联网金融开展模式研究、风险与监管研究和对金融市场的影响研究。

第二，互联网金融风险测量研究。金融行业最特殊之处就在于它的高风险性和强影响力，互联网金融企业，尤其是网络贷款平台的风险问题备受关注。存贷款和理财产品的定价是传承旧有方法还是借助新技术抑或是二者兼顾，信用等级的评估和违约风险的判断是线下面对面谈判还是线上打分评级抑或是二者结合，都是网络贷款平台亟待解决的问题。

第三，互联网金融思维研究。互联网金融最具争议性的问题就在于其思维本质，互联网开放创新、服务大众、迭代创新的思维特点作用于金融行业，到底有没有触及金融的本质属性，是否产生新的金融模式，是否影响了金融活动的运行规律，这些问题的厘清对于进行互联网金融的后续研究具有源头性意义。

第四，互联网金融权利异化研究。当前互联网承担着去中心化、重构权利契约的角色，一旦互联网金融企业建立起自己的金融闭环，开创出新的金融格局，那么互联网金融企业很可能凭信息搜集和处理的优势制造新的信息不对称，借算法和技术的优势建立新的市场壁垒，资本的逐利天性既能打破垄断，也能形成新的垄断。

第四节　互联网金融模式的理论根源与动力基础

金融理论是互联网金融模式发展的源动力。而互联网金融模式，一方面它需要理论依据；另一方面，它又是推动理论创新发展的根基。

一、互联网金融理论在中国快速发展根源

追根溯源，中国互联网金融发端于网络购物。当电子商务发展到一定程度，就必然聚集大量小微企业和创业者，相伴随的便是庞大的融资需求。正是这种需求的存在与膨胀，催生了中国的互联网金融。先是有了阿里金融，后来有了吸收社会闲散资金的余额宝，随后产生了第三方支付、P2P网贷、大数据金融、众筹、信息化金融机构、互联网金融门户六大互联网金融模式，以及面向电子商务平台上的小微企业、个人创业者提供订单贷款、信用贷款等多种微贷产品。

随着互联网金融实践的大发展，有关复杂系统理论、平台经济学理论、信息经济学理论、金融中介理论、交易费用理论、声誉理论、优势理论，尤其是长尾理论、普惠金融理论及蓝海思想等，如雨后春笋般在中国互联网金融领域不断推出、深化、完善。

从深层次考察，长期以来，中国金融业"高、大、上"的顽疾，也为互联网金融实务快速发展提供了机遇，进而为互联网金融理论创新奠定了基础。互联网金融本质上是一种更民主、更普惠的大众金融形式，移动支付、云计算、社交网络、搜索引擎等新兴技术与传统金融相结合，催生出形态各异的互联网金融模式。互联网金融从无到有、从萌芽到快速发展的过程说明，互联网金融所带来的创新不仅仅体现为技术层面的飞跃，更承载了互联网精神。这种金融服务大众化，努力为广大中小企业和老百姓提供金融服务的普惠金融服务精神和理念，恰恰是传统金融所缺乏的，而且是短时间内难以改变的。由于中国金融业长期脱离实体经济、脱离普通老百姓和广大中小企业畸形发展，从而为互联网金融模式的实践升华和理论创新创造了条件。

二、互联网金融模式推动金融理论创新

作为一种新兴的金融业态和业务模式，互联网金融的边际影响已不容忽视，正在对金融理论发展产生渐强的驱动力。近年来互联网金融在中国的发展

已经远超过了美欧等发达市场。尽管互联网金融对中国整个金融体系和经济发展的绝对影响还不算大，但边际影响已不容忽视。互联网金融作为一种新兴的金融业态和业务模式，正在对金融理论发展产生渐强的驱动力。它不仅深化了我们对传统金融理论中信息不对称、货币属性、支付体系等重要范畴的理解，也在不断扩展传统金融理论的边界，甚至可能催生新的金融理论。

（一）互联网金融模式完善了社会功能和金融功能

1997年诺贝尔经济学奖得主罗伯特·莫顿在1995年就提出了著名的"金融功能理论"，其核心观点是金融体系拥有六大基本功能：一是为商品、服务和资产交易提供支付和结算系统；二是分割股份和筹集大规模资金；三是在时间和空间上转移配置经济资源；四是管理不确定性和控制风险；五是提供价格信息和促进不同部门的分散决策；六是处理信息不对称和激励问题。相对于金融机构和金融结构，金融功能更加稳定。莫顿关于金融功能的概括，在过去20年来被学术界认为是相当经典和全面的，但互联网金融的发展正日益凸显金融的其他功能，例如近年来的社会功能。

从中国互联网金融的发展演进看，其在创造机会、改善公平、消除贫困、缩小收入差距等方面发挥了传统金融体系难以替代的作用。P2P缓解了小微企业的信贷约束，众筹（股权型）为个人创业和企业投资提供了资金来源，本质上都是在为企业和个人的发展创造机会，激发社会创造力。余额宝类产品对投资金额没有限制，为小额投资者和投资者的小额资金提供了增值渠道，降低了金融市场投资的准入门槛，事实上提高了金融投资的公平性。互联网金融的交易成本低、服务效率高、覆盖范围广，更好地缓解了信息不对称问题，并且改善了金融竞争，有助于低收入群体更好地积累资金、平滑消费、管理风险和改进生产技术，从而降低贫困和缩小收入差距。

如果把创造机会、改善公平、消除贫困、缩小收入差距等命名为金融的"社会功能"，很自然需要回答的一个问题是：社会功能究竟是金融的一种越来越凸显的新功能，亦或只是以上六种功能的延伸？罗伯特·希勒在《金融与好的社会》中也提出了类似的问题："金融到底能在社会良性发展中扮演怎样的角色？不论作为一门学科、一种职业，还是一种创新的经济来源，金融如何帮助人们达成平等社会的终极目标？金融如何能为保障自由、促进繁荣、促成平等以及取得经济保障贡献一份力量？我们如何才能使得金融民主化，从而使得金融能更好地为所有人服务?"

很多人认为,社会功能不是金融体系的一项新功能,可以由其他功能推演而来。例如,学生贷款、风险投资都是很好地帮助贫困阶层或创业者实现上学或创业理想的工具,只是金融在"时间和空间上转移配置经济资源"的功能客观上达到了社会效果而已;近来发展迅速的微型金融在减少贫困方面的作用不可忽视,但其中金融的基本功能并没有发生改变,改变的只是金融服务的边界范围。同时,持这种观点的人也担心,扶贫、消除不平等本应是政府财政的主要职责,金融体系的经济功能是其本职职能,而社会功能是其辅助职能,金融体系的社会功能要以商业可持续为前提。一旦把这些功能加到金融体系,会导致金融的异化和金融风险的集聚,这在发展中国家尤其应当警惕。美国次贷危机爆发的一个重要原因是,政府将改善低收入群体居住条件的"居者有其屋"计划,通过房利美和房地美等转嫁给了金融体系;近年来中国地方政府融资平台增长加快,也是政府财政职能金融化的另一种表现。需要指出的是,担忧财政职能金融化的一个重要原因是,政府干预导致了金融资源错配。但如果技术进步、管理革新改变了金融机构经营的风险函数和收益函数,风险和收益组合的无差异曲线发生了变化,金融体系因此将业务经营的可行性边界或有效边界(efficient frontier)扩展到了"社会功能"或者"财政职能"范畴,政府干预和资源错配问题也就不复存在了。

近年来,越来越多的学者已开始强调金融的社会功能,甚至有学者倾向于认为社会功能应成为一种新的金融功能。例如,罗伯特·希勒等认为,金融的存在是为了帮助实现其他社会目标而存在的,金融应当促进社会公平,不应是为了赚钱而赚钱。金融学作为一门功能性学科,应在这些方面有所造诣。经济学家拉古拉迈·拉詹的研究以及"穷人银行家"穆罕默德·尤努斯的实践等也表明,金融是实现社会公平的基本手段,金融体系的包容性发展有助于更好地促进公平竞争,缓解富人更加富有、穷人更加贫穷的社会"马太效应",让财富服务于技术、思想和努力工作的人,而不仅是为了积累财富。近年来在微型金融领域颇有建树的贝琪兹·阿芒达利兹、乔纳森·默多克等认为,致力于为穷人服务的微型金融既是一种经济理念,也是一种社会思想,可以帮助人们更好地应对贫困。世界银行在评价一国金融体系的发展程度时,也明确把金融可获得性作为四维评价体系中的重要一维。

其实,互联网金融的社会功能是否为金融体系的新功能并不是关键,重要的是其与经济功能之间的关系。基本功能与新功能之间的界限并不好划定，即使在罗伯特·莫顿界定的金融体系六大基本功能中，最基本的功能可能是支付结算和配置资源，而其他四项功能则是在这两项功能上衍生出来的"新功能"；金融体系的社会功能则是在其经济功能的基础上演化出来的。互联网金融发展需要我们重新思考的核心问题是，金融体系的社会功能与其经济功能是否矛盾，两者之间是此消彼长的替代关系，还是相互促进的互补关系？金融体系的社会职能是否影响金融体系的盈利性和可持续发展？

（二）互联网金融模式丰富和创新了金融理论发展

其一，互联网金融丰富了金融发展理论中金融深化的实践路径。金融深化理论是金融发展理论的重要组成部分。20世纪六七十年代，罗纳德·麦金农和爱德华·肖的研究指出，政府对金融市场的价格和数量管制，影响了金融市场的资源配置效率，阻碍了整个经济发展；负利率加剧了通货膨胀，带来宏观经济的不稳定。相应地，他们建立的"金融深化理论"指出，政府应推进金融市场化改革，放开市场准入，鼓励金融机构充分竞争；放开利率管制，使金融资源能够根据利率水平的高低更多地配置到高效率部门。由此可看出，按传统的"金融深化理论"，金融市场化改革需要政府主动作为，在现有的金融体系中推行。

互联网金融的发展事实上在加快推进中国的金融市场化改革进程：余额宝本质上在推动中国的利率市场化改革，P2P在很大程度上通过提供信贷居间服务给信贷机构带来了竞争。这表明，市场自发力量从现有金融体系之外突破，也是金融市场化改革和金融深化的重要途径。因此，在践行金融深化理论的实践中，既可以在现有金融体系之中推行，也可以从现有金融体系之外突破；既可以是政府主动为之，也可以是市场自发而行，且市场不会长期坐等政府的推动。

其二，互联网金融丰富了金融发展理论中金融发展对经济增长的影响机制。在传统的金融发展理论中，金融发展对经济增长的影响机制主要是提高储蓄向投资的转化效率以及资金的配置效率。而中国互联网金融发展实践表明，激发创业精神和企业家精神、节约交易成本和提高经济活力也是金融发展促进经济增长的重要机制。在激发创业方面，支付宝等第三方网络支付的"第三方担保交易模式"有助于解决交易支付过程中的信息不对称问题，净化电子商务环境，推动了电子商业领域的创业潮；P2P、众筹、网络小贷等缓解了小微企业和个人投资创业的信贷约束，有助于激发整个社会的创造活力，提高整个经济的生产效率。相关研究测算表明，受益于互联网金融发展对小企业增加的资金支持，可能在中国经济领域内创造500万~1 100万个就业岗位。在降低成本方面，互联网金融所具有的网络效应（network effect）可以大大降低经营成本，通过"薄利多销"扭转了传统金融服务在收益上的边际递减规律，或者提高金融服务收益从边际递增向边际递减的阈值。以互联网支付和移动支付为例，有研究测算表明，2013年由互联网支付和移动支付节约的支付成本约为500亿元，照此发展，截至2020年其累计节约的成本将达到1万亿元左右。在当前的中国经济发展所处的特殊阶段，这无疑有助于促进经济发展转型。

其三，互联网金融有助于更好地推进金融创新与服务实体经济的有效融合。当前，金融市场中的很多创新都是一种非生产性的零和博弈。这些创新虽然丰富了金融产品，提高了市场流动性，有助于更好实现价格发现，但对实体经济的直接贡献并不明显，有些创新甚至是脱离实体经济需求的自我循环、自我膨胀。对此，美联储前主席保罗·沃尔克曾略带批判性地指出，这几十年来唯一有益的金融创新是发明了ATM机。

互联网金融则不同，它们依托于互联网和移动通信技术，在降低金融服务成本的同时，实实在在地放松了金融体系优化资源配置的条件，将低收入群体、边远地区客户、小微企业等纳入服务范围，缓解了贫困群体、小微企业等的金融约束，提高了服务效率，改善了服务体验。因此，传统的金融创新主要是对现有金融服务对象、金融交易产品进行"排列组合"，对于实体经济的作用大多是间接的；互联网金融的创新则是以实体经济需求为导向，增加了金融服务对象，丰富了金融交易产品，对于实体经济的作用大多是直接的。

普惠金融的实质在于全方位、有效地为社会所有阶层和群体提供金融服务，关键是为社会的弱势群体（如农户、低收入群体、小微企业等）提供平等获取金融服务的机会。就金融体系发展而言，发展普惠金融对应的是提高金融体系的深度、广度和可获得性。然而，发展普惠金融与保障金融机构的商业可持续性并非没有矛盾。普惠金融要求改善贫苦地区、低收入群体、小微企业的金融服务，但这些金融需求者的收入波动大、价格承受能力低、可供抵押的资产少。但对于作为金融供给者的金融机构而言，这些领域的金融服务成本高，难以形成规模效应，风险也相对较大，有悖于商业可持续和利润最大化原则。

因此，理论界将此称为普惠金融发展"悖论"——需求方希望低成本获取金融产品和服务与供给方希望高收益提供金融产品和服务之间的矛盾。世界银行的统计数据也印证了此"悖论"：从开户比例、储蓄比例、贷款比例、ATM和金融机构分支机构的分布密度来评价，发展中国家的普惠金融要落后于发达国家，高收入群体获得的金融服务远高于贫困人群；并且传统金融机构在开展普惠金融服务中可能发生"使命漂移"（mission drift），即迫于盈利压力和可持续性发展而改变服务宗旨和经营策略，转以盈利为导向，偏离扶贫和普惠使命。

这一"悖论"拖延了世界各国普惠金融的发展步伐，也最终制约了金融体系在改善公平、消除贫困、缩小收入差距等方面的效力。在没有新的金融服务技术和运营模式出现前，世界各国只能寄望于财税补贴或者政策性金融来缓解此矛盾。但由于低收入国家和贫困地区的政府财政实力本来就比较薄弱，财政补贴方式难以从根本上破解这一困局。

普惠金融（inclusive finance）的发展本质上需要金融体系的包容性发展（financial inclusiveness），互联网金融发展有助于解决普惠金融发展中的"悖论"。前文借助马科维茨有效投资组合理论中的可行性边界或有效边界已经阐释，互联网金融在促进普惠金融发展的贡献，是由于技术进步使然，是基于成本、风险和收益考量之后的主动为之。一方面，在经营技术层面，互联网金融通过互联网和移动通信等新渠道可以弥补传统金融物理网点和基础设施的不足，有助于改善金融体系的深度、广度和可获得性；另一方面，在经营模式层面，互联网金融具有分散性、开放性以及独特的网络效应（规模越大、参与者越多、成本越低、效率越高、收益更大），有助于缓解贫困地区和低收入群体金融服务的高成本支出和规模不经济。互联网和移动通信技术降低了服务成本，扩大了服务边界，特有的网络效应保障了服务收益，两方面的结合使得互联网金融在发展普惠金融业务上具有了商业可持续性，也将传统金融机构的"财政使命"转化为了自身的"商业业务"。从中国实践来看，互联网金融发展在更多地惠及三四线城市和农村、偏远地区群体，在发展普惠金融上表现出了不俗效果。当前，中国三四线城市及农村地区的手机支付在电子支付中的占比远高于一线城市；西藏的拉萨和林芝是手机支付占比最高的城市，按照手机支付活跃度排名，前十大城市中西部城市有七个，另外三个是广东云浮、茂名和海南三亚。相关研究的测算表明，在P2P、电商网贷等互联网金融的驱动下，中国小微企业融资覆盖率有望从2013年的11%提升至2020年的30%~40%。

互联网金融的创新不只体现在服务技术上，还有经营模式的转变。互联网金融发展对金融理论的影响并不局限在金融功能理论、金融发展理论和普惠金融理论三个方面，其在推动金融中介理论、货币理论、风险管理理论、货币政策调控理论、金融监管理论等发展上，是否具有"这次不一样"的表现，还有待于继续观察和研究。

第三章
较为复杂的不同特征

由于互联网金融模式涉及的领域广泛，表现形式五花八门，相关理论也众多，并且至今有些问题还在争论之中，所以它的特征不是那么明了，而是具有一定的复杂性和多样化。同时，在不同时期、不同对象和不同领域里，有不同的互联网金融模式特征。

第一节 互联网金融模式的内外特征透视

一、互联网金融模式的内涵特征与精髓

（一）互联网金融模式的内涵特征

互联网金融模式的主要特征，就是可以让用户挑选到更加合适的金融产品，同时这种多元化的发展模式，也不需要承担任何的不良风险。

互联网金融的特点可以从内涵和外延两个方面进行分析和解释。

那么，从互联网金融内涵考察，它的主要特征是什么呢？

1. 追求客户体验，完美诠释"以客户为中心"

互联网金融使金融服务业的经营理念从以物为中心逐渐转向以人为中心，逐渐转向如何获取和利用信息，充分研究、尊重用户体验和习惯，从客户角度推出全方位的金融服务，这也更有力地体现了服务"以人为本"的金融服务宗旨。

2. 海量数据积累，"注意力经济"大行其道

"注意力经济"理论认为谁控制了流量入口谁就能抢占制高点；谁能够吸引人们的注意力，谁就能获得更大的成功。依托互联网金融可以形成完善的、体系化的客户行为分析及营销维护数据库。企业应该掌握数据通道，建立优质数据平台，通过商务流掌握信息流，最终形成大数据。

3. 技术迅猛发展，服务种类方式"多元化"

金融服务种类和方式出现了"多元化"态势，表现为服务手段增多、服务渠道拓宽和服务速度加快。手机银行、微信银行、视频银行、NFC近场支付、快捷支付等新兴金融服务方式不断推陈出新。与此同时，技术的不断应用和创

新带来高效益,成为互联网金融发展的第一推动力。

4. 平台深度融合,跨界合作"百花齐放"

互联网金融的重要模式,便是通过跨界合作、交互式营销,一方面高效聚合信息服务提供商、支付服务提供商、电子商务企业等多方资源。另一面,整合了上下游资源,打通了全流程的业务链条,建立合作共赢、互补发展的共生关系。

(二) 互联网金融的精髓

"开放、平等、协作、共享"是互联网金融的精髓,是传统金融行业与互联网精神相结合的产物,只有资源共享、信息对称、自由平等与优势互补,才能促使企业有效地提供金融服务。

1. 开放

互联网金融是一个延展的生态系统,单个行业无法完成全部服务;金融服务门槛降低,金融机构多元化,产品供给充足,市场竞争充分,用户拥有自由选择、评价金融机构和金融产品的权利,甚至可以自由提供金融服务;人人都能以合理的价格、方便和有尊严地得到所需的金融服务,并从正当金融活动中受益。

2. 平等

金融活动中所有主体的全面平等,不仅在于卖方、买方、买卖双方之间市场地位的平等,更在于平等的金融服务提供与使用权利。换言之,普通用户自己亦可以作为"金融机构"为自己和他人提供服务;企业间物质、人力成本差异不再是绝对筹码。

3. 协作

包括金融机构互相协作,为用户提供更具价值的服务;金融机构与用户协作,改进产品设计;用户互相协作,实现金融产品与服务的筛选乃至自金融。

4. 共享

包括用户、产品、评价、信用等多层次的数据、信息与知识、经验的共享,甚至可包括金融服务过程中关键算法和模型的共享。

二、互联网金融模式的外延特征及表现

从外延考察，互联网金融是指为互联网金融产品的销售提供的第三方服务平台，它的核心就是搜索比较的模式，并采用垂直的比较模式，将各大金融机构的产品放在平台上进行销售。由此可见，互联网金融外延的特点，主要体现在一是成本低；二是效率高；三是覆盖广；四是发展快等方面。同时，从当前现状看，还存在管理弱、风险大的特点。当前我国互联网金融模式有六大外延特征及表现。

（一）成本低

互联网金融模式下，资金供求双方可以通过网络平台自行完成信息甄别、匹配、定价和交易，无传统中介、无交易成本、无垄断利润。一方面，金融机构可以避免开设营业网点的资金投入和运营成本；另一方面，消费者可以在开放透明的平台上快速找到适合自己的金融产品，削弱了信息不对称程度，更省时省力。

（二）效率高

互联网金融业务主要由计算机处理，操作流程完全标准化，客户不需要排队等候，业务处理速度更快，用户体验更好。如阿里小贷依托电商积累的信用数据库，经过数据挖掘和分析，引入风险分析和资信调查模型，商户从申请贷款到发放只需要几秒钟，日均可以完成贷款1万笔，成为真正的"信贷工厂"。

（三）覆盖广

互联网金融模式下，客户能够突破时间和地域的约束，在互联网上寻找需要的金融资源，金融服务更直接，客户基础更广泛。此外，互联网金融的客户以小微企业为主，覆盖了部分传统金融业的金融服务盲区，有利于提升资源配置效率，促进实体经济发展。

(四) 发展快

近年来，依托于大数据和电子商务的发展，互联网金融得到了快速增长。以余额宝为例，余额宝上线18天，累计用户数达到250多万，累计转入资金达到66亿元。据报道，截至2015年一季度，余额宝规模突破7 000亿元，自2013年6月13日成立至2015年3月31日，日均以10亿元的增速增长，已成为规模最大的公募基金。

(五) 管理弱

一是风控弱。互联网金融目前还没有接入人民银行征信系统，也不存在信用信息共享机制，不具备类似银行的风控、合规和清收机制，容易发生各类风险问题，目前已有众贷网、网赢天下等P2P网贷平台宣布破产或停止服务。二是监管弱。互联网金融在我国处于起步阶段，目前还没有明确的监管和法律约束，缺乏准入门槛和行业规范，整个行业面临诸多政策和法律风险。

(六) 风险大

一是信用风险大。目前我国信用体系尚不完善，互联网金融的相关法律还有待配套，互联网金融违约成本较低，容易诱发恶意骗贷、卷款跑路等风险问题。特别是P2P网贷平台由于准入门槛低和缺乏监管，成为不法分子从事非法集资和诈骗等犯罪活动的温床。2013年以来，淘金贷、优易网、安泰卓越等P2P网贷平台先后曝出"跑路"事件。二是网络安全风险大。目前，我国互联网安全问题突出，网络金融犯罪问题不容忽视。一旦遭遇黑客攻击，互联网金融的正常运作会受到影响，危及消费者的资金安全和个人信息安全。

第二节 互联网金融模式的本质属性是普惠金融

一、互联网金融与互联网金融模式的本质是金融

（一）互联网金融的本质是金融

互联网本身永远不会也不可能创造出金融。互联网只是努力把金融换个玩法。真正的互联网金融一定是互联网在金融全产业链的运营和渗透。

在金融领域从来没有任何一件新鲜事物能与互联网金融相媲美。我们知道金融的本质是货币与信用，而互联网精神是"平等、开放、协作、分享"。为什么这两件事碰在一起会这么热？无非是强势的互联网一定要涉足经济的制高点，无非是我们的金融业还不是那么的平等、开放，这才是问题的关键。

其实，互联网金融的本质是金融。不管互联网发展到哪一步，其银行、保险、证券、信托、期货、资管、财富的本质特征并不会发生变化，因为互联网本身永远不会也不可能创造出金融。互联网只是努力把金融换个玩法。金融与互联网的文化本质是对立的，金融更多的是强调理性谨慎，而互联网是自由开放。美剧《纸牌屋》里有一句台词"理性与非理性是互补的，两者分开的话，力量就会小很多"，用它形容今天的移动互联网是再恰当不过了。

尽管金融与互联网都十分强大，但当理性谨慎的金融与自由开放的互联网真正全面融入的时候，整个世界将发生变化。金融最大的成本是人工及交易成本，而这正是互联网得天独厚的优势，当我们把巨大的人工交易成本降到最低，并让利客户时，社会的实体经济也将活力大增，金融的力量也将呈几何倍数放大。

但真正的互联网金融一定是互联网在金融全产业链的运营和渗透，目前所谓的互联网金融大多只是一些皮毛的东西。余额宝等"宝宝"产品实际上95%都

买了货币基金,货币基金基本上又都存到银行,实质上就是挪了一个存款的地方,这不叫金融。我们说真正的互联网金融绝非是简单地买一个类存款产品。

现在互联网金融产品热,只能说明一个问题,中国金融还不够发达,我们的资本市场,特别是银行存款还没有真正实现市场化。谷歌高层曾说过,银行的竞争激烈、利润率低,谷歌没有什么理由涉足这一艰苦却未必赚钱的领域。为什么说美国互联网金融草根没有这么烈性,说明美国这样一个金融市场非常发达的国家对互联网金融的认识和我们是有本质不同的。反过来讲,我们真正的互联网金融一定不能被表面的现象所误导,一定要真正渗透到金融的各个领域。

(二)互联网金融核心是金融特征

严格地说,现有的很多互联网金融产品,更多只是在销售渠道上运用了互联网和移动互联网,从产品的根本属性来说,并不是什么互联网金融产品。它们是披了互联网的"皮",并未触及到互联网的"里子"。我们看到了天弘基金因为余额宝而博得大名的炫酷,却没有看到这家基金公司从基因上进行变革的努力。

传统的金融借助于互联网,很容易规模大增,实现销售上的突破,与其说这是互联网金融,倒不如说是互联网销售。互联网金融的核心,最终还是要落在金融这一核心特征上,金融的根本特征是控制风险和专业化操作,而良好的风险控制和专业化水平是需要时间积淀的,绝非一朝一夕之功。互联网巨头再有钱,短时间内要实现权益类产品业绩让持有人满意,也绝非易事,至少目前尚未看到这样的苗头。

互联网金融作为一项新事物,再怎么夸大其历史和现实意义也许都不为过,但对于普通投资者来说,让我们得到实实在在好处的,就是投资业绩,投资的功底不会因为你是互联网就好过别人。在资产管理领域,互联网更多地是让客户和产品之间的距离大大缩短,但产品业绩到底如何,却实实在在取决于产品管理人的投资能力。互联网金融风光无比,更多是因为我们过去的金融体系、金融产品和金融服务太不接地气,离普通投资者太远。真正能够让互联网金融基业长青的核心因素,还是资产管理人的投资能力。

(三)中国互联网金融"颠覆性"的本质性剖析

中国互联网金融模式是互联网金融的一种表现形式,其模式的本质就是互联网金融的本质。

基于中国互联网金融业务模式、运行机制及其影响的分析，在本质上从目前发展状况来看，互联网金融没有摆脱金融本质特征，互联网金融是传统金融通过互联网技术在理念、思维、流程及业务等方面的延伸、升级与创新。互联网金融的发展趋势不是对传统金融的实质颠覆，没有脱离金融的本质，更多是理念和思维的创新，更多依靠互联网技术来完善金融服务及其渠道，是金融服务的多元化。

国内互联网金融之所以具有"颠覆性"的本质判断，是因为对国内互联网金融发展存在特定的制度、体制和市场基础等的分析相对不足。以余额宝为例，第一，余额宝高收益和高增长具有特定的制度基础，特别是中国利率没有市场化以及存贷比监管要求等。第二，余额宝爆发式增长具有特定的市场结构基础。余额宝使得普通大众成为了资金市场中的真正供给者，获得了资金所有人应有的收益回报。第三，余额宝发展具有特定的金融产品竞争基础。中国一直缺乏稳健性、固定收益类产品，余额宝为普通投资者提供了流动性和收益性都具有优势的货币基金。

互联网金融发展一定程度上克服了中国金融深化不足和存在金融抑制的制度弊端，其未来持续发展的趋势是确定的，但也需要基于互联网金额的本质，客观、冷静认清互联网的未来发展趋势。一是互联网金融未来发展空间大小取决于金融体系市场化改革的速度和深度。互联网爆发式增长具有特定制度性基础，随着市场化改革深入，制度基础将逐步削弱。二是金融脱媒的程度不仅受制于风险收益关系调整，更受制于实体经济需求，互联网金融未来发展必须向实体经济回归。三是互联网金融监管将日益强化，互联网金融发展将有序化、平稳化。四是互联网金融与传统金融一定程度上是竞争关系，传统金融的应对将冲击互联网金融发展的体制、市场以及客户等基础。五是互联网金融内部将有一个优胜劣汰、自我竞争的过程。

从国际经验看，互联网金融没有成为一个独立的金融生态体系，未对传统金融体系产生颠覆性冲击，反而促进金融与互联网的融合创新。随着中国金融体制改革的深化，互联网金融更多回归于对传统金融体系的补充上，更多回归至对现有信用体系的弥补上，更多回归至对实体经济的服务上，而不大可能会成为一种"颠覆性"力量。

二、普惠金融是互联网金融模式的根本宗旨与本质属性

（一）普惠金融是互联网金融模式的根本宗旨

普惠金融体系是指一整套全方位为社会全体人员，尤其是为金融弱势群体提供金融服务的思路、方案和保障措施等。普惠金融体系这一概念由联合国在2005年正式提出，世界银行将普惠金融定义为："在一个国家或地区，所有处于工作年龄的人都有权使用一整套价格合理、形式方便的优质金融服务。"

根据世界银行2012年的统计数据，全球有27亿成年人得不到任何正规的金融服务。受到各方面因素的影响，有超过一半的成年人被排斥在正规金融服务门槛之外。

2013年召开的中共中央十八届三中全会正式提出"发展普惠金融，鼓励金融创新，丰富金融市场层次和产品"。发展普惠金融有利于中国实现共同富裕的社会发展目标，帮助更多人从贫困走向富裕。普惠金融也为传统金融创新发展创造空间，更是互联网金融模式创新发展的根本宗旨，即为更多的平民百姓和中小企业排忧解难和提供金融服务。

（二）普惠金融是互联网金融模式的本质属性

之所以说普惠金融是互联网金融模式创新发展的本质属性，这可以从三个方面考察：

其一，从互联网金融模式的基础理论考察。尤其是从最核心的根基理论——长尾理论中的"2∶8"定律考察，互联网金融模式的主要服务对象是人群中的80%，即为人群中的绝大多数人服务，并且是为处于社会低层的平民百姓和中小企业服务。由此可见，互联网金融模式的理论根基，就是实行普惠金融。

其二，从互联网金融模式的职能作用考察。互联网金融模式是实现普惠金融的有效形式。发展互联网金融模式，不仅可以提高金融资源配置效率，提高金融市场运行效率，提高金融风险控制效率，加快推进金融改革、金融创新和

金融深化，提高金融服务可得效能，加快促进金融行业转型升级，同时也可以进一步提高金融服务并支持实体经济的效能、深度和广度，更好地发挥市场在金融资源配置中的决定性作用，以及更好地发挥政府的作用。互联网与金融的结合拓宽了金融的维度，给不同阶层的客户提供了不同的服务，让大众有机会参与其中。

需要指出的是，在目前中国整个金融体系中，传统金融仍然占据绝对的统治地位，互联网金融还只是个补充部分。而互联网金融模式的服务对象和业务范围，即其职能作用，主要还处于对草根阶层的普惠金融上。

其三，从互联网金融模式的现实状况考察。目前我国互联网金融最主要的模式是P2P网贷、众筹融资、第三方支付、移动互联网等，而这些业务主要是普惠金融的业务。我国经济体系中，几乎90%以上的企业都是中小微企业。在长期的发展中，传统金融难以覆盖最广泛的需求对象，融资难问题一直困扰着中小微企业以及普通消费者。蓬勃发展的互联网金融产业，利用互联网技术和大数据的力量，拓宽金融服务的边界，可以实现更好地为中小微企业和普通消费者服务。事实上，近年以来，包括P2P、众筹等在内的互联网金融业态得到迅猛的发展，在很大程度上反映并解决了草根阶层的资金需求。

三、互联网金融模式是实现普惠金融的最佳选择

普惠金融作为包容性金融，其核心是有效、全方位地为社会所有阶层和群体提供金融服务，使所有人都能得到平等享受金融服务的权利，而包括P2P网贷、第三方支付、众筹融资、大数据等在内的互联网金融模式，由于其覆盖广、成本低、可获得性强等特点，成为实现普惠金融的最佳路径选择。普惠金融的发展能帮助更多的人享受到金融服务，而在我国，互联网金融模式的飞速发展，也为普惠金融的发展提供了解决方案。

（一）互联网金融模式作为普惠金融最佳选择的表现特征

无论从价值理念还是实现路径上，互联网金融都是推动普惠金融发展的最佳选择。互联网金融模式其作为普惠金融的最佳选择，源于以下几个特征：

第一，互联网金融的低成本、可持续特征使其成为普惠金融的最佳选择。

低成本可能是互联网金融最直接和显著的特征,其交易成本大约只有传统银行的20%。因此,互联网金融可以使得在传统金融环境下无法盈利的普惠金融业务得以盈利,实现商业的可持续发展。

第二,互联网金融的平台经济、规模经济特征有利于发展普惠金融。互联网金融不仅有效降低成本,而且提升了资金配置效率和金融服务质量。互联网金融提高了金融服务的个性化金融需求,大幅度提升了资金的配置效率和金融服务质量。这种规模经济、平台经济的特点决定了互联网金融这种商业模式可以吸引更多的投资者,进一步助推普惠金融的发展。

第三,互联网金融提高了普惠金融的可获得性。互联网金融的突出特点是便捷和广覆盖,可以有效地提高服务质量。包括第三方支付、移动支付等在内的互联网金融,不仅能满足所有人群的金融需求,而且直接缩小了城乡差别。

第四,互联网金融可提供便捷全面和个性化的金融服务,有助于促进金融产品创新,满足客户的多样化需求,有效降低金融风险。以大数据和云计算技术为主要特征的互联网金融,能够迅速地动态了解客户的多样化需求,同时有助于互联网金融机构推出个性化金融产品。

第五,以大数据、云计算为技术特征的互联网金融是实现普惠金融的最佳选择。通过大数据、云计算技术,互联网金融可以对客户的资信状况做到可记录、可追溯、可验证,能够卓有成效地帮助传统金融改善信息不对称现象,利用大数据来加快征信体系建设,进而提升金融风险防范和控制能力。

(二)我国互联网金融模式实现普惠金融的路径

首先,互联网金融支持普惠金融发展的探索。互联网金融为推动普惠金融发展及鼓励金融创新提供了最佳的路径选择,在信贷(P2P网贷)、支付结算(第三方支付、移动支付)、投融资(互联网基金、互联网证券、互联网保险等)、征信体系建设(大数据金融)、风险管理与防范(大数据、云计算应用)等多个领域推动普惠金融的实现。

其次,互联网金融是发展普惠金融、弥补传统金融服务不足的重要路径选择。互联网金融的市场定位主要是在小微层面,本身就具备处理"海量交易笔数,小微单笔金额"的技术优势和金融优势,而这种小额、快捷、便利的特征,正是普惠金融的要求和特点,也正符合金融促进包容性增长的主要功能。

再次,互联网金融可激励民间力量,引导民间金融阳光化和规范化,实现普惠金融。我国民间借贷资本数额庞大，长期缺乏高效合理的投资渠道，游离于正规金融监管体系之外。通过规范发展包括 P2P 网贷、众筹融资等在内的互联网金融，可以有效引导民间资本投资于国家鼓励的领域，甚至是普惠金融项目，遏制高利贷，盘活民间资金存量，使民间资本更好地服务实体经济。

最后，互联网金融可以有效满足消费需求，扩大内需促进普惠金融发展。2013 年国务院发布《关于促进信息消费扩大内需的若干意见》，提出到 2015 年电商超 18 万亿元，网络零售破 3 万亿元。包括第三方支付、移动支付在内的互联网金融，可以满足电子商务对支付方便、快捷、安全性的要求；反过来，电商的创业融资、周转融资和消费融资需求，也促进了网络小贷、众筹融资、P2P 网贷等互联网金融业态的发展。

第三节 当前中国互联网金融模式的最新特征及应对

一、当前我国互联网金融模式的最新特征

（一）交易效率高

互联网本身就具有信息交换不受空间限制、信息更新速度快、交换信息具有互动性、信息整合能力强等特征，由此平台上建构的金融模式也具有信息交换速度快的优势。同时，互联网金融减少了交易过程中的中间环节，简化交易手续，在资源信息共享的基础上，极大地提高了交易效率。

（二）运作成本低

互联网金融基于网络平台和通信工具进行交易，通过信息交换代替实物交换，一方面使得快速、远距的资金转移成为可能，极大地降低了多对象、大规

模融资的运作成本；另一方面正是由于互联网金融极高的运作效率，同时简化了部分投融资的审批手续，节约了实体金融在运作过程中产生的时间成本。

（三）风险性特殊

互联网金融作为一种金融创新产物，在一定程度上实现了金融媒介的转变和模式的创新，使得金融活动的途径多样化。但目前看来，整个行业仍处于探索研究阶段，所以除了传统金融的风险之外，还具有互联网金融具有的特殊风险。例如虚拟业务风险，资金安全风险等。互联网金融在我国尚处于起步发展阶段，由于法律法规的不完善，存在着与非法集资界限不明、信用问题等风险。

（四）平台开放度高

在银行业的"二八定律"中，银行服务往往会偏向于顶端的20%客户，而忽略底端的80%客户的利益和诉求。但互联网金融则不同。互联网金融更多的是争取那些80%的小微客户。互联网这一平台的高开放度可以使得各式各样的客户进入这一平台进行投资融资。这样的特点可以有效地扩大资金额度，使得资金流转更为自由，但是也对资金运作的风险管理带来挑战。

（五）即时性强

平板电脑、手机使用越来越便捷，其随时上网、携带方便、易于操作的特点，使用户可以随时随地享用互联网提供的金融服务。转账、证券交易、支付等金融功能的实现越来越快捷及时，只需在手机等终端按下按键即可。同时，当下的移动网络大多具有推送功能，更能让客户在最短的时间内获得自己想要的信息。

（六）实现以第三方支付为基础的资金转移

利用互联网实现以第三方支付为基础的资金转移，这个特征虽然在一定程度上冲击了银行业，但是不可否认的是它拓宽了支付的渠道，同时也使得支付更加便捷。与此同时，互联网金融的发展，也推动了第三方支付的发展。

（七）趋向移动化

2007年，iPhone以"重新发明手机"的姿态揭开移动互联网发展大潮的序幕，互联网的移动化趋势正以迅雷不及掩耳之势席卷全球。移动互联网正从 PC 互联网的延伸逐渐转变为全新的互联网形态，颠覆着传统互联网模式，移动互联网正在加速主导未来互联网的发展。移动化趋势在金融互联网的发展中体现日愈明显。手机炒股、网上购买理财产品等网络金融服务已经被越来越多的客户使用。

（八）基于大数据的运用

大数据目前逐步被引申为解决互联网金融问题的方法，即通过收集、分析海量数据获得有价值信息，并通过实验、算法和模型，从而成为发现规律、收集有价值的见解和帮助形成新的商业模式。

（九）互动与透明化、个性化

典型的移动互联网应用，如手机微信等，使客户可以随时随地查看金融信息，并可以实现双方直接交流沟通。移动互联网将对用户获取金融信息的方式产生重要影响，并使得金融信息更为透明和公开。与此同时，互联网使得信息交换趋向于个性化发展，更加容易满足每个人的个性化需求。这就带来了不同主体为满足自身需求将更多的产品尤其是资金产品投放互联网金融市场，尤其是运营方也会为满足客户体验的需求，而创造出更多的个性化体验服务，促进互联网+的创新。

（十）注重对信息进行汇总和处理

互联网金融通过搜索引擎对信息进行汇总，通过云计算对信息进行处理，从而满足不同用户对信息挖掘和信用风险管理上的需求。这个特征重在体现互联网金融企业的服务和咨询功能。通过互联网金融，用户不仅对相关信息了解得更加透彻，而且这种方式也打破了空间限制，增加了信息的匹配度。

（十一）加大实现资金资源合理配置中的作用

互联网金融通过发布和匹配资金和金融产品信息，达成供需双方交易，实现资金资源的合理配置。在这个特征中，互联网金融扮演的是中介角色，起到的是中介作用。交易双方通过互联网金融达成交易目的，满足各自需求。这种方式的交易，不仅降低了交易成本，拓宽了交易渠道，在一定程度上还使得交易更加透明化、公开化。

二、面对互联网金融模式的特征，传统商业银行如何应对

借助云计算、大数据、搜索引擎等新一代高新技术，以支付结算、网络融资等为代表的互联网金融得到了快速发展。在对传统金融服务进行有益补充的同时，互联网金融对金融机构尤其是商业银行发展也产生了较大冲击。商业银行应充分利用自身优势，加强同业、跨业合作，在应对挑战中不断转型升级。

（一）互联网金融模式发展的基本特征

广义上，互联网金融是指金融、非金融企业借助互联网开展的金融服务。与传统金融业务类似，互联网金融的基本模式存在较高的同质性，主要包括：支付结算、网络融资、渠道业务、虚拟货币及其他。

目前，我国互联网金融各类模式发展得并不均衡，主要呈现以下特征：

第一，第三方支付日渐成熟，移动支付发展迅速。第三方支付是指非金融机构作为中介提供的货币资金转移服务。数据显示，2014年我国第三方支付交易总额超7万亿元，第三方移动支付的交易规模达到了77 660亿元，环比增长近500%，这也是继2013年环比增长率达800%之后的第二次爆发式增长。第三方支付在我国的快速发展与电子商务起源于客户—客户（C2C）模式有关。客户—客户（C2C）的电子商务模式存在信息不对称和道德风险问题，需要第三方作为信用中介进行化解；而对于电子商务起源于商家—客户模式（B2C）的美国而言，由于拥有完善的征信系统，直接支付的信用风险较小、安全性较高，所以，网上银行和收款人网站支付在美国的发展势头强劲。2001—2011年，两种支付方式年均增长率分别达18.23%和25.02%，而第三方支付仅为4.91%。从我国第三方支付发展趋势来看，其呈现出从"线下"到"线上"，从"线上"到"移动"支付的发展路径。

第二，网络融资发展迅猛，风险不断暴露。网络融资是指以互联网作为媒介，满足经济主体融资需求的各种方式。目前，国内网络融资模式主要包括：P2P平台、众筹融资和基于自有电商的融资模式。在利率市场化、金融"脱

媒"的背景下，网络融资得到了快速发展，数据显示：2014年，互联网金融行业中的P2P网贷市场规模增长迅速，达2 012.6亿元，环比增长117.0%。同时，P2P企业也呈现出明显的零散特征，不计其数的小型P2P企业，占据了高达71.62%的市场份额。2014年，移动网购的交易规模达到了8 616.6亿元，增速达229.3%。2013年年底，我国众筹融资平台达21个，"点名时间网"上线不到两年，已接到7 000多个项目提案；阿里小贷已向60万家企业发放贷款，累计金额达1 500亿元，不良贷款率低于1%。

网络融资呈现快速发展趋势的同时，也不断暴露出风险。受限于征信信息匮乏、监管法规等的缺失，网络融资特别是P2P融资蕴含着较大的风险。2012年以来，"天利贷""网赢天下""东方创投"等P2P公司频繁出现了倒闭现象。

第三，平台式电商成为互联网金融发展的主力军。平台式电商指依赖于非实体电子交易平台展开销售业务的运营商。平台式电商得以快速发展的原因主要在于传统零售巨头与互联网金融的融合程度较低，依赖于物理网点优势，传统电商对开展网上销售的兴趣并不大，从而使淘宝、天猫、京东商城等平台式电商抢得先机，而反观美国前十名的电商，有九家都是拥有经营网点优势的零售巨头。

（二）互联网金融模式的优势及风险

互联网金融能够填补传统金融服务的"盲区"，其优势主要体现在以下三个方面：

一是具有"草根"特征。传统金融服务具有"嫌贫爱富"的特点：对大资金客户往往给予VIP、私人理财通道的便利，对大企业授信则会提供优惠利率；而对普通民众理财服务往往设置额度门槛，对小微企业贷款则收取较高的利率。与电网、自来水行业类似，互联网金融具有边际成本递减的特征，即只要平台搭建完毕，新增使用者的成本是极低的，并且随着用户的增多，还能产生规模效应。这从本质上决定了互联网金融具有"草根"的特征。

二是拥有大数据特征。大数据就是海量数据，大数据的战略意义在于对数据信息进行挖掘、再造，使其具有价值，在这方面，互联网金融具有先天优势：这一方面体现在数据储存能力，2013年，工商银行的数据存储规模为300兆，而2011年淘宝网一周的数据存储量就达350兆；另一方面，互联网金融获取数据的类型也更具价值，商业银行获取的往往是结构化、交易结果数据，而互联网金融不仅能够获取结构化、交易结果数据，其还能获得大量非结构化、交易轨迹数据，它们不仅能反映交易结果，更能反映交易过程，比如客户浏览过哪些商品、在商品前逗留了多长时间，等等。

三是以客户为中心。以客户为中心主要体现在两个方面：首先，互联网金融打破了传统金融服务中物理网点、营业时间的限制，实现了对客户24小时跨市场、跨地区的服务；其次，强调客户体验，互联网金融强调交互式营销，突出了客户在享受服务过程中的主动性，针对不同客户推出个性化产品和服务。

目前，互联网金融在"野蛮"增长的同时，也暴露出一系列风险，主要体现在以下两个方面：

第一，对金融风险缺乏监管。互联网金融的本质还是金融，其必然会面临如违约、价格波动、期限错配等的传统金融风险。目前，监管部门对以互联网金融派生出的金融风险，尚未提出配套的监管要求如准入门槛、合规要求（资本充足率、保证金、流动性比率等）。监管的缺失使互联网金融积聚了大量风险，2011年以来，已有贝尔创投、哈哈贷、淘金贷等多个网络融资平台出现违约事件；与此同时，对于"余额宝""理财通"为代表的"T+0"类活期存款理财产品，其已经存在较大的流动性兑付隐患。

第二，互联网系统安全不容乐观。网络系统风险是互联网金融独有的。互联网金融的各种端口直接与外部网络连接，容易受到黑客和病毒的攻击。CNNIC研究报告显示，2013年下半年，有74.1%的网民称遭遇过网络信息安全问题，总数达4.38亿人，经济损失合计196.3亿元。互联网金融当下面临着十分严峻的网络安全问题，如杭州"跑酷金融"上线6天就遭到黑客攻击，被迫关闭；"余额宝"先后出现账户盗刷、用户资料泄露等事件。

（三）互联网金融模式对商业银行的挑战

互联网金融模式的出现与发展，将加快金融脱媒、利率市场化进程，促使存款理财化，贷款债券化，更多的金融行为将从线下转到线上，商业银行的传统经营模式将受到冲击，具体体现在以下方面：

1. 中间业务

2010年以来，第三方支付平台交易规模保持着年均70%的增长，2015年

一季度已超过 7 万亿元。依赖低交易成本、便捷支付的流程，第三方支付挤占了银行的部分中间业务收入；更为重要的是，在获得收入的同时，互联网金融企业积累了大量信息，它们可对客户需求进行深入研究，不断提升服务品质与竞争力。

2. 资金来源

目前，在利率中枢抬升、存款利率受到管制的背景下，商业银行面临着较大的资金流出压力。为弥补活期存款下降造成的资金缺口，商业银行纷纷推出理财产品吸引资金，但理财产品往往存在资金门槛较高、流动性较低、收益率相对不足的诸多特点。而"余额宝""理财通"等互联网理财产品，以其低门槛、随用随取、收益较高的特点，迅速吸引了大批用户。截至 2015 年 3 月 31 日，"余额宝"规模已超 7 000 亿元，其对银行资金来源，尤其是活期存款产生了明显冲击。

3. 信贷资源

在利率市场化、金融脱媒的背景下，商业银行"嫌贫爱富"的信贷模式将发生改变，资质较好的大型客户将转向直接融资，银行将向中小型客户转移。互联网金融的兴起，将与商业银行在中小客户信贷资源上进行争夺。

相较于商业银行基于传统财务数据等"硬信息"的风险管理系统，互联网金融基于客户"软信息"的风险评价体系与中小客户的特点更加兼容（"软信息"有别于传统的财务"硬信息"，它主要指不易通过数字量化的信息，比如个人消费习惯、兴趣爱好等）。借助信息处理优势，互联网金融可有效提高信贷效率、降低融资成本，对银行信贷产生"挤压"。

4. 数据信息

第三方支付是一道数据"防火墙"，它阻隔了银行与实际交易的联系，造成银行交易数据的流失，进一步对银行数据挖掘能力产生不利影响；对于用户在支付宝等第三方支付平台购物的相关数据，银行只能获取交易金额数据，第三方支付平台"截流"了如商户姓名、产品分类、每种产品停留时间等深层次信息。

（四）商业银行迎战互联网金融模式的对策

面对互联网金融带来的冲击，商业银行应从挖掘自身潜力，加强同业、跨业合作，寻求突破创新，注重客户体验四方面迎接互联网金融挑战：

第一，挖掘自身优势。传统金融业具有先发优势，目前仍掌握着市场中绝大多数客户资源，商业银行应围绕客户、业务和系统优势，充分挖掘自身潜力，强调"一站式"服务；加强对互联网尚不发达地区服务的覆盖；利用资金、品牌优势，广纳具备金融和计算机复合背景的"高""尖""精"人才。

第二，加强同业、跨业合作。首先，商业银行应加强同业合作，推广"柜面通"合作模式，利用客户和系统的优势，建设、共享一个联盟电子商务平台，弥补数据领域的不足；与此同时，加强与互联网金融企业的合作，在合作中发挥比较优势，比如开发P2P平台，电子小贷，销售理财产品，等等，不断提升自身品质。

第三，寻求突破创新。首先应进行组织构架创新，针对互联网金融与传统金融享受的不同监管待遇，通过制度安排绕开监管，如采用民生电商模式；其次，应加快产品创新，特别是在支付领域，如针对余额宝等理财产品，推出活期余额自动申购、短信赎回、线上与线下购物和还款业务自动赎回等独特业务。

第四，注重客户体验。①打破部门、条框的局限，进行信息系统再造，充分挖掘客户的消费习惯和投资偏好，量身定做优质的金融产品与服务；②优化业务流程，综合运用网上银行、手机银行、微信银行，在保证账户安全的前提下，简化用户操作；③应充分运用门户网站、视频网站、电子邮件等互联网平台开展全方位的营销，实现与客户之间的开放交互式接触，及时高效地满足客户需求。

第四节 从个案上看互联网金融模式的特征

一、从互联网金融思维模式上看基本特征

金融企业的思维模式将由仅从少数客户身上赚取高额利差转变为兼从海量

用户身上赚取微量，长尾问题的解决更加依赖企业的精细化经营和创新性思维，金融企业必须通过持续创新才能降低个性化服务的成本，互联网思维下对时代的追求更容易导致金融产品暴露缺陷和面临失败危险，这就要求金融企业拥有充足的风险意识，金融企业也需要针对长尾市场制定新型的风险防范和考核指标，对用户体验的优化有可能对金融业务产生爆发式的影响。互联网金融思维模式的基本特点是：

（一）服务海量用户

金融企业的思维模式将由仅从少数客户身上赚取高额利差转变为兼从海量用户身上赚取微量服务利润，但由于客户规模优势，企业的总利润仍然能保持增长，典型的例子包括阿里的余额宝和民生银行的小微贷款。

（二）关注个性化需求

海量用户意味着需求多样性大大超过从前，必须为用户的个性化需求提供相应的产品。这一目标可通过产品的参数化配置实现；也可通过用户自助设定（即允许用户在一定范围内自行调节产品参数）实现；还可以通过细分长尾市场，逐段发掘共性需求（以批发的方式做零售）实现。

（三）关注长尾市场

长尾问题的解决更加依赖企业的精细化经营和创新性思维，企业为此需要进行组织架构的调整和业务流程的再造。

（四）重视创新

长尾市场的用户获取与服务成本较高，金融企业必须通过持续创新才能降低个性化服务的成本，成功吸引海量用户，实现可持续发展。否则，企业在这一市场里无利可图，离开这一市场未来则有被边缘化的风险。

（五）正视风险

海量用户的个性化需求并不容易把握，互联网思维下对时代的追求更容易导致金融产品暴露缺陷和面临失败危险，这就要求金融企业拥有充足的风险意识,具备顽强的抗风险能力。从内部制度上,金融企业也需要针对长尾市场制定新型的风险防范和考核指标。

(六)重视用户体验

小微客户的获取成本和一次性服务成本均相对偏高,必须依靠多次服务来摊低成本。良好的用户体验是获取用户的头道门槛,也是其高频访问的基础。对用户体验的优化有可能对金融业务产生爆发式的影响,电商金融是一类典型的案例。

(七)重视开放性

一家金融机构再强大,也难以拥有完全满足海量用户个性化需求的产品,建立或加入开放式平台,在产品和服务层面与其他机构形成互补局面,将有利于二者共同吸引用户。通过开放式平台式生态,为用户联手提供全方位的服务,将有利于企业在竞争中保持长久的优势地位。

(八)重视草根群体

草根群体是海量用户的基础,占据用户的主体。对草根群体需求的满足将产生广泛的口碑效应,有利于打造良好的企业形象,也是吸引、服务海量用户的应有之意。

(九)重视社会化营销

社交网络的用户广泛,信息传播及时、迅速,爆发力强,亦是大量草根获取信息的主要场所。已有大量成功案例证明社会化营销是捕获海量用户的主要途径。

二、从学者的眼中看互联网金融特征

谢平(2012)认为,互联网金融产品的特点是突破了时间和空间的界限,互联网金融最终极的形态就是互联网货币。互联网金融之所以跟银行融资和证券市场融资不一样,因为互联网金融是更民主化、大众化的金融模式。刘明志认为,互联网金融模式的主要优点在于:第一,使支付更方便;第二,使金融服务供需匹配;第三,使风险评价变得更容易。

万建华(2013)认为,互联网金融时代的特征从需求方来看,我们的金融活动、理财,甚至包括各种消费活动等,都越来越集中到一个账户了,这个账户是一个集成账户,能实现一站式地处理所有金融财产,甚至包括消费等各方面的活动;从供给方来看,金融机构顺应这种需求,力图打造一站式的金融业务平台,现在各种金融机构都在不同层次地打造这个平台。

李钧(2014)认为,从普惠金融和民主金融角度出发,认为互联网金融很有可能表现出自下而上、去中心化、契约重构的特点。互联网金融活动将是点对点、网格化的共享互联,形成信息交互、资源共享、优劣互补和新型契约。每个人的金融价值和金融需求都会在这种点对点、网格化的共享互联中得到充分挖掘和满足。

三、从金融机构的业务看互联网金融模式的特点

陶子卿先生是互联网金融门户的专栏作者,跨保险、证券、基金、银行的资深金融从业者,他从金融的本质分析入手,指出当前互联网金融模式的特点与误区及其对策。

(一)金融机构的主要业务

金融机构,无论其形式和名称如何,无一例外地主要从事三类业务:交易、投融资和资产管理,它们相对独立又彼此联系。

1. 交易

交易分为两种:为自己交易和为客户交易。

(1)为自己交易。在商业银行、保险公司、证券公司等金融机构的业务构成中,自营交易是非常重要的一块。以保险公司为例,其业务主要依靠两个轮子驱动:一是保险业务的保费收入,一是投资收益。对于没有持续现金补充和资本实力较小的金融机构,自营投资一般运作稳健,通过保守的策略先做出业

绩的安全垫，在成熟的时机中发展壮大。

自营投资成功的关键在于精通此道的专家团队，以及严格但不失灵活的风险控制手段。自营投资在很大程度上受制于整体经济的运行状况，随着市场的变化而波动，对于中小型金融机构而言，发生亏损特别是较大亏损会造成不可估量的损失，因此其风险控制的优先度要高于利润贡献。

（2）为客户交易。为客户交易有被动和主动之分。被动为客户交易主要是为客户提供交易的通道或为交易搭桥。主动为客户交易可能与投融资业务相关，也可能与为市场提供流动性或为公司的治理结构调整相关。

总体来看，被动地为客户提供交易服务的通道业务会随着技术进步而发生变化，未来发展的最大竞争优势来自两个关键的指标：极低的边际成本、有良好用户体验的服务平台——而他们共同依赖于强大的技术支持。在这两个指标上占据优势的电商（例如腾讯、阿里巴巴等），极有可能首先在这个方面有所突破，并撕裂相对封闭的金融体系，进军更加高级的金融业务。

主动地为客户交易是一项高度专业化、高额附加值的业务，需要受过良好专业训练的从业人员借助庞大的关系网来完成。世界上最为成功的一些金融机构（例如高盛、摩根斯坦利等）都是这类业务的积极参与者。

2. 投融资

投融资是金融机构的基本职能，商业银行、证券公司等金融机构或部门就是为这种功能而生。只要社会正常运转和经济正常运行，投融资活动就不会停滞，近年来信托行业的迅猛发展就是在其他金融行业受制于政策或管制的背景下异军突起的。现时中国金融体系中的投融资活动还在一个比较低的发展水平之上。不论出于哪个发展阶段，企业都会有投融资的需求，金融机构的此类业务，应该不仅仅只停在拼项目数量上，更应该向纵深发展，着眼于企业的长远发展。

3. 资产管理

资产管理与交易的关系稍弱，与投融资的关系较强，有时候，资产管理业务是投融资业务的延伸。

资产管理的产品形式包括基金公司的公募基金和企业年金产品、商业银行的理财业务和各类存款产品、证券公司的资管产品、私募基金的私募产品、保险公司的某些保险产品，这些产品的种类之多、数量之大，往往令投资者无所适从。投资者一般缺乏专业的知识,很难从全局宏观层面上进行有效的资产配置,金融行业的各子行业也没有发展起比较完善的配置策略和后续服务,很多以公司利润为指向,有重点、强行地销售金融产品。

在资产管理方面,未来的机会来自帮助客户选择产品,而非制造产品。很多基金公司可以根据客户的需求定制产品,由此可见制作产品在技巧上不存在很大障碍,关键在于找准需求点。

上面我们介绍了传统金融行业的主要业务类型,它们也是互联网金融企业的业务范围——尽管互联网金融企业的名称、模式、噱头各不相同,但是业务范畴鲜有超出上述范围的,例如,百度百发可以归为"资产管理"业务;招行小企业 E 家则是投融资类。在研究互联网金融模式时,我们必须时刻保持清醒,撇开纷繁复杂的表象,而深入事物的实质,则我们的分析和结论基本上就八九不离十了。

(二)当前我国互联网金融机构业务的特点

1. 极低的边际成本

若一家营业部只能容纳 100 万客户,则 200 万客户需要两家营业部,新增的 100 万客户的边际成本就是新开的这家营业部;对于互联网来说,一般而言,客户数量翻番或增加 10 倍,其边际成本几乎为 0(前提是在互联网建立之初配备了足够大的存储空间)。

不过,边际成本不等于总成本。建一家营业部可能需要 200 万元,两家就需要 400 万元;建一个互联网平台,即使没有客户,成本也可能高达 400 万元。所以,互联网的首要特点就是边际成本低,而非总成本低。对于阿里巴巴而言,因为拥有足够强大的互联网平台,既然可以销售实物产品,那么售卖金融产品又有什么不同呢?

对于大部分金融机构而言,发展互联网金融与否,很大程度上取决于对初始投资规模的承受程度,因为这些投资是"沉没成本",一旦投入便不可撤销,直接沉没了,而能够产生收入的业务并没有开始,因此这笔投资面临着极大的风险。

所以,因为有边际成本和沉没成本的权衡,互联网和金融的相互渗透并不对等。互联网企业的沉没成本已经开始转化为业务和收入,正在享受低边际成本的好处；金融企业却不得不面临沉没成本的压力，因此互联网金融的发展首先由电商发起就并不奇怪了。不过，对于财大气粗的金融机构而言，它所承受的压力可能稍微小一些。

2. 客户群体定位为小微客户

由于极低的交易成本，互联网的客户可以渗透至人数众多、金额较小但总量可观的小微群体。很多金融机构不愿意服务中小客户，正是由于边际收益与边际成本的不对等，所以宁愿放弃或消极服务，而将更多的资源用于服务高净值客户。平安陆金所也好、百度百发也好、招行小企业E家也好，它们的共同特征，除了都运用互联网作为销售途径之外，就是瞄准小微客户。这些产品的销售起点非常低，使得很多小微客户能够突破5万户、10万户甚至100万户起点的限制。据说百度百发首发时，因访问量过大导致系统崩溃；平安陆金所和招行小企业E家的投资项目也是供不应求，一上线即被抢购一空。

小微客户之所以"小微"，是由于互联网在中国的发展起步较晚，较多使用网络的年轻人在社会阶层中尚处于中下层级，但是正在缓慢地向上移动。若干年之后，这个群体成为社会的中坚力量时，其财富也会大大增加，但是对于互联网的依赖程度恐怕只会有增无减，金融的互联网化在今天被看作新鲜事物，若干年后会成为理所当然的存在。

3. 充分而快速地抵达潜在客户

实物产品的客户群体往往相对固定，市场推广和开发的速度往往比较缓慢、链条往往比较漫长、范围往往比较受限，互联网平台有效地突破了这些限制。通过互联网，产品或服务可以充分而快速地抵达潜在客户——例如一款好的产品，在被证实确实具备良好性能的情况下，很容易通过微博、微信等工具如病毒般地在使用者本人的圈层内扩散，并以更高的速率传向更大的群体和更广的范围。

4. 快速不断地推陈出新

互联网技术基本不存在技术上的壁垒，为了保持竞争优势，企业必须不断推陈出新。中国有一家万得资讯（Wind），占据了中国金融企业的巨大份额，港澳资讯模仿其产品开发了ASKG、同花顺开发了iFinD，但是Wind依旧是市场的领导者，港澳资讯和同花顺在资讯终端上举步维艰——Wind的客户经理经常到客户那里升级软件包，对系统持续不断地优化，正是这样不断创新和改良的机制使 Wind 能够牢固占据市场主导地位。

5. 寡头垄断的市场格局

电商竞争的激烈程度可能要高于其他行业很多倍，因此在互联网领域很容易形成寡头垄断的市场格局——指市场上只有少数几家企业，拥有较高的市场份额和定价权。在中国市场，淘宝、京东、亚马逊、当当网等几家企业占据了大部分份额，后来的竞争者很难分一杯羹，最有可能的策略是做市场细分和差异化，例如专注于化妆品的聚美优品、品牌折扣的唯品会等。

可以预见，互联网金融虽然现在广受关注，很多金融机构都摩拳擦掌跃跃欲试，在充分而激烈的竞争之后，极有可能只有几家能够生存下来，加上一些具备差异化的企业，与快消品互联网企业的格局相似。

寡头垄断的市场格局导致客户对于企业的口碑和品牌效应严重依赖。例如，一说起购书，大多数人会想到当当和亚马逊，而实际上京东商城也有出售；一提起电子产品，第一直觉可能是京东，而当当和亚马逊也有。这种依赖来自长期竞争后人们所形成的印象。对于后来者而言，要迅速建立自己的品牌将会越来越难——因此，对于中小金融机构来讲，发展互联网金融一定需要"傍大款"，依靠自身力量去推广，在资金上是一个无底洞，在过程中会无比煎熬，结果不一定能够达到预期（天弘基金在被收购前，在所有 70 多家基金管理公司中处于下游水平，与阿里巴巴的合作使其一夜之间红遍金融圈）。即使不受资金限制，与知名机构合作也可能是中小金融机构的最优策略。

（三）当前我国互联网金融机构业务模式的误区

1. 将业务从线下搬到线上就是互联网金融

如果是这样，互联网金融不可能兴起，极低边际成本的优势没有充分发挥、快速直达客户的优势没有充分发挥，建立互联网平台的作用并不大。

2. 不做客户细分，所有客户都通过互联网来服务

互联网的优势在于边际成本低，中小客户带来的边际收益也较低，因此只需要一定程度的标准化产品和服务就可以满足其需求；对于大客户，一般标准化的产品和服务没有办法满足，可以投入更多的资源来为之服务，因为大客户所带来的边际收益会超过边际成本。

互联网金融的兴起，很大程度上就是要为中小客户服务。线上可以完成一笔金额为 1 万元的 P2P 交易，可是不能完成一笔金额为 1 亿元的 P2P 交易——在技术上没有障碍，只是数字的变动，但是由于边际收益的不一样，所要求的服务自然也不一样。

3. 互联网金融就是电子化

在网上开户成为现实之后，银证转账、证券交易、余额结算、证券登记等工作都实现了电子化，但是没有券商就因此宣布自己是互联网券商。在商业银行里也是如此，存取款、转账，甚至水电费缴纳都可以足不出户就可以实现，但是也没有银行宣布自己为互联网银行。为什么？因为这些技术的引进只是用电子化取代手工，但是并没有形成完整的业务流程，充分发挥互联网金融的优势——现在的电子化只是零碎的，并没有充分整合。

比较有借鉴意义的是小米科技，它以制造高质低价的小米手机而闻名。同样为之添彩的是，它没有实体店，产品的推广、销售、部分服务都依赖于互联网（如果售后维修服务也可以的话，相信也会通过网络进行）。对于电子产品，很多人认为需要先上手体验一番才会考虑购买，但是小米通过在网上发布产品配置、测评报告、用户晒单等手段，替代了"现场体验"——现在小米产品仍然一机（手机、电视机等）难求。

（四）中小金融机构发展互联网金融的建议

1. 将互联网金融作为经纪业务转型的突破之举，但更要着眼于长远

证券公司、商业银行等金融机构都面临着类似的问题：区分客户，为不同客户提供不同服务。对于证券公司而言，将营业部转型为综合业务中心，必然对经纪业务的客户重新定位：对于大客户，通过财富中心，开展主要以线下手段为主的服务；对于中小客户，逐步引导至互联网上，通过标准化产品和服务来满足需求。这样可以释放一些资源，将资源集中于大客户。

互联网金融的客户中，一部分是引导上来的原有客户，更大比重的客户则来自通过互联网金融新增的小微客户。随着时间的流逝，这些小微客户中会有一部分成长起来，积累起可观的财富，互联网也会成为他们生活中不可或缺的环境——日本网络券商的成长轨迹正是如此。在短期内，互联网金融业务盈利状况会糟糕，但是着眼于长远的话，还是比较乐观的。

2. 与具备良好口碑和号召力的公司合作

依靠自身的力量，中小金融机构很难快速建立口碑和形象（招行的小企业E家备受关注，如果一个小的城市商业银行也出一款类似产品，受关注程度可能大不一样）。在与时间赛跑的这场竞争之中，中小金融机构没有足够的时间通过内生力量聚集起足够市场关注度和号召力，因此与大公司的合作必不可少。

互联网金融是资本、知识和技术深度融合的结晶。与大公司的合作，可以优势互补（金融机构拥有知识——百度百发打出保本保息8%收益的宣传，而后被指不合规，原因一是百度没有专业知识；二是华夏基金与之配合不够紧密），达到最佳效果。

3. 重视完善产品线的建立

这是非常重要却在中小金融机构内部被长期忽视的问题。反对的意见是：很多产品并不是固定收益类产品，不会有客户购买。问题是，客户的需求是非常多元化的，而且好产品总是供不应求，很多小微客户都面临着投资渠道和投资品种缺乏的尴尬状况。许多外资金融机构特别是外资银行，都在积极申请代销公募基金的牌照，以增加为客户进行资产配置时可使用的原料。

市面上的资产管理种类非常多，未来的机会在于帮助客户挑选合适的产品，而不在制造产品。挑选产品的前提是要有足够多可供选择的产品存在于产品库中。金融市场的变化非常迅速，不同的产品也适应不同的市场环境（在股票牛市时，股票基金和指数基金是良好的投资标的；在市场不景气时，货币市场型基金是很好的配置种类——余额宝实际上就是一款货币市场型基金，很多证券公司的现金宝产品实际上也是货币市场型基金。再例如，基金中有一类行业基金，投资者可能看好某一行业，但是没有办法选择股票作为投资标的，那么行业基金就是很好的替代品，并且风险更低），产品库中的产品始终会有些是不能直接带来收益的。发展互联网金融，互联网只是平台和手段，其核心还是金融产品（平安陆金所和招行小企业E家产品一上线就被抢购一空，关键还是产品本身具有足够的吸引力，而不是由于采取了互联网的平台。这些产品的特点除了收益稳定之外，就是产品要素简单明白，而大多数小微客户没有办法从成千上万款公募基金中挑选满足自己需求的产品，1 000只公募基金对于他们来说就是1只产品——但实际上他们的差别是明显而巨大的。如果可以借助互联网工具来筛选符合客户要求的产品，小微客户还是愿意尝试的，因为这些产品的供应非常充足），互联网金融就是要利用有效的技术帮助客户从纷繁复杂的产品中找到适合自己的产品。

4. 需要强大技术力量的支撑

互联网金融对于技术力量支持的要求特别高。对于互联网金融企业来讲，创新和快速推陈出新是制胜法宝，这时候技术力量尤为重要。招商银行的理财业务在业界享有良好口碑，离不开信息技术的支撑——招商银行的信息技术实力是数一数二的，能够快速开发出符合业务发展需求的系统功能，反过来支持和促进业务的发展。

"创造性的毁灭（creative devastation）"这个词，用在当今中国互联网行业与金融行业的相互渗透和融合之中是合适的。互联网金融对于互联网、金融这两个行业的影响尚难预料，但是至少现在在观念上造成了巨大的冲击。等到互联网金融时代成功来临之后，金融行业现有的业务模式、组织形式等，在新事物孕育、繁衍、成长、壮大的历程中，可能都会被大大改变甚至被摧毁。

四、从互联网金融的风险表现看与传统金融模式不同的风险特征

（一）我国互联网金融风险的表现

我国互联网金融近年来确实吸引了无数眼球，效应明显，在P2P借贷领域更是以每年3倍的态势上扬。然而互联网金融快速发展与其独特的网络优势不可分离，与传统金融相比，网络技术优势使金融信息和业务处理方式更加快捷、方便、准确，能为客户提供更自主灵活的金融体验。但是，由于初期处于监管空白，很多互联网金融模式只是探索，存在很大风险。这些风险主要表现为：

一是外溢的风险：因为互联网金融快速发展，目前已对传统银行业产生一定程度冲击，加剧了银行间竞相抬升利率，并改变负债结构。所以，银行的反冲击也将会带来风险，这方面主要来自货币的影响。

二是市场的风险：具有一般市场风险的同时，互联网金融还具有期限错配

风险、流动性风险、信用风险等特殊市场风险。

三是监管上的风险：目前中国金融业实行分业监管模式，所以混业经营给分业监管带来了风险。跨行业、跨部门、业务交叉性强等特征，这是互联网环境下的金融业务普遍具有的，这形成了银行业务、证券业务、保险业务以互联网为基础进行深度融合和交叉的模式。例如，国金证券联合腾讯推出"佣金宝"；中国平安推出移动支付平台"壹钱包"；"余额宝"也出现保险版。

四是认知上的风险：互联网金融没有改变传统金融的功能和本质，创新之处在于创造了新的业务技术、交易渠道和方式，主要功能仍是资金融通、价格发现、支付清算等方面，没有超越现有金融体系范畴。金融行业的经久不衰的主题就是：资金和风险，所以，投资者需对本质加强认识，加强风险意识。

（二）互联网金融模式与传统金融模式不同的风险特征

上海立信会计学院金融学院陈铭仁在《光明日报》撰文指出，虽然目前互联网金融带来促使传统金融变革和金融创新的"红利"，但互联网金融模式与传统金融模式相比，有不同的风险特征。

其一，互联网金融模式的风险是基于互联网金融的不确定性、不可控性和发生损失的可能性，既包含了金融风险，又包含了具有复杂性和多变性特征的互联网金融风险。

其二，信息系统的安全性风险。在客户的资金安全、客户的信息安全和信息系统的安全等方面，互联网金融企业都面临较大的法律风险、声誉风险和信息管理风险。

其三，合规管理风险。互联网金融企业在市场环境出现急剧变化时，可能产生流动性风险、资金安全风险和信用风险。

其四，政策性风险。主要包含法律政策风险、货币政策风险和洗钱风险。

五、从传统金融模式与互联网金融模式的差异看特征表现

谢平认为，互联网精神的核心是开放、共享、去中心化、平等、选择、普惠和民主，而传统金融是精英化、神秘化、制造信息不对称然后赚钱。互联网金融以"平台经济、赢家通吃"思维，以及决策链短、资源集中优势，迅速而

强有力地在一个点上寻求突破，而且传统企业特别是金融业以稳健经营见长，其经营模式及组织架构很难照搬互联网金融的模式，同时因受条线化管理限制，在金融创新、服务渠道管理和IT服务支持等各方面都存在很多局限，很难照搬互联网企业倡导的"快速迭代"的快速产品优化模式。

传统行业缺乏用户体验设计意识，目前银行业客户服务多以应用功能、应用场景按系统建设，缺乏整体服务思维，客户数据及服务信息形成"孤岛"，致使客户服务效率低下且成本很高。同时片面理解用户体验，殊不知用户体验是涵盖从用户首次接触、开立账户、购买产品、签约服务渠道和使用产品的每一场景，贯穿整个售前、售中、售后各环节的。

可以说，互联网金融实现了金融的根本转型，推动了包括利率市场化、金融产品创新等一系列的改革。其中最主要的是推动了金融理念的转型：由为大企业富人服务的理念转向普惠性金融，让小企业获得融资、让中低收入界也能获得财富管理。传统金融认为金融是为自己服务的，比如风险管控是摆在绝对重要的位置，以至于为了风险管控安全的措施影响了客户的使用效率，影响了客户使用的方便，它可以不顾客户使用上非常麻烦，依然要追求安全。这本质上是没有错，没有问题的，但当一种金融产品、金融服务把安全的成本大大超过了客户效率的时候，这个安全是值得怀疑的。而互联网金融在一切为了客户考虑，客户需要什么便创造什么的基础上，实行产品一体化，快捷、灵活、高效地为客户提供服务，同时它也是安全的，至少现阶段是安全的。

总的来说，传统金融模式与互联网金融模式的根本区别在于，是否具备以用户为导向、以技术为驱动、以平台为基础的"互联网"属性。两者根本性差异在于：

第一，传统金融模式因财聚人，互联网金融模式因人聚财。

第二，传统金融模式以机构为中心，互联网金融模式以用户为中心。

第三，传统金融模式以牌照和资金为主，互联网金融模式以技术和数据为主。

第四，传统金融模式是生硬的利率、收益率、年限方案，互联网金融模式是通过互联网手段，对金融产品进行包装。

第五，传统金融模式信息不对称，互联网金融模式信息相对对称。

考虑到有关传统金融模式与互联网金融模式的区别论述较多，在此不再展开逐一细述。

第四章
五花八门的表现形式

从外延到内涵，从表象到实质，这是我们看待任何问题、分析任何问题和解决任何问题的基本步骤和法则。要能真正全面了解互联网金融模式的实质，掌握互联网金融模式在实际工作中的运用，首先，需要弄清楚互联网金融的表现形式和基本特点。"透过现象看本质"的前提是吃透现象，只有吃透现象，才能发现和找到本质，进而打好胜仗。

第一节 中外互联网模式的表现形式

互联网本身是一个浩大的、动态的、复杂的系统工程，有着特殊的发展轨迹和表现形式，要系统、准确地表述其表现形式是较为困难的。从时间上考虑，互联网的产生和发展已有半个世纪了；从空间上考虑，不仅要找出中国而且要找出世界上的互联网模式更是困难。所以，本节只能抛砖引玉，简要介绍和阐述。

一、20世纪后期40年世界互联网30件大事

互联网空间从何时开始作为起点，目前还说法不一。一般而论，以1969年10月美国研究型大学通过 Arpanet 建立网络作为起点，将它作为互联网重要的生日。据 Photograph：Microzoa/Getty Images 记载，列出了20世纪后期40年来互联网30件大事，其内容主要是围绕着互联网的技术发展及其对文化、商业、政治和社会造成的冲击。

需要指出的是，这些记录有些表述不够准确，比如有关私人方面最早用的互联网，最初发的邮件等，还有些争论。同时，在记录页底有一份表格，列出了40年的大事件，但事实上远远不只这30件。所列出清单中所讲的，是按照社会媒体的大事，或者属于互联网标志性事件；或者当 Geocities 出现的时候人们的惊愕。以下是30大清单的主要目录。

（1）1969年，Arpanet 启动。加利福尼亚两研究机构通过 Arpanet 连接起了他们的计算机，这是互联网的先驱。

（2）1971年，出现"@"。Ray Tomlinson 设计了 arpanet 中的电子邮件。用"@"分割用户的名字和他们计算机的名字。

（3）1971年，出现"古腾堡项目"。Michael Hart 开始一个将超过版权保护期的作品电子化的项目。最初的文字是美国《独立宣言》，现归档 gutenberg. org/etext/1。

(4) 1971年，出现"扩张"。网络联接23台主机（host）。

(5) 1973年，出现"ARPAWOCKY"。Twas brillig（某种幻想中的动物），和协议（Protocols）间对话/Did USER – SERVER in the wabe. /ll mimsey was the FTP, /And the RJE outgrabe（按：这改编自卡罗尔的"胡话派诗歌"）。

(6) 1973年，"抵达欧洲"。挪威通过美—挪网络Norsar接入Arpanet，来接收地震和核爆炸的信息，并从挪威连入伦敦大学。

(7) 1974年，出现"TCP/IP"。Vint Cerf和一些人提议建立一个类似Arpa构架的网络。它没有中心控制，主要围绕TCP/IP协议进行数据传输。

(8) 1976年，出现"皇家邮件"。伊丽莎白女王在访问MoD科学研究中心时发出了她的第一份电子邮件。

(9) 1978年，出现"垃圾邮件"。Gary Thuerk发出了第一封现在学名为"未请求商业电子邮件"。美国国防部通信局少校Raymond Czahor对Arpanet用户保证不会再发生类似事件。

(10) 1978年，出现"公告栏"。第一块公告栏的研发正值芝加哥经历一场暴雪。Ward Christensen的发明使计算机用户用调制解调器（modem）可以实现交谈，交换软件和数据。

(11) 1982年开始，出现☺。Scott Fahlman想出的☺是出自一场玩笑，它击败了包括%、*还有{#}——据说这个像"两片嘴唇包着牙齿"。

(12) 1983年，"互联网起锚"。当年1月1日是改变计算机发展方向的时刻，Cerf的传输控制协议（TCP）被采用。Cerf估计这将涵盖200~400台主机。

(13) 1984年，"更多接入"。主机的数目突破1 000，日本建立了Junet，英国开始使用Janet（the joint academic network，联合学术网络），苏联接通Usenet。

(14) 1984年，出现"The Well"。一份卫报对The Well的联合创始人Stewart Brand简短采访称，"在Well中能找到数字世界中绝大多数的新发现"。

(15) 1985年，出现". com"。对很多人来说，网络的代名词域名造了出来。最早注册的". com"域名仍旧存在，它属于弗吉尼亚州的Symbolics。

(16) 1989年，网络的开端。Tim Bermers-Lee对他CERN（欧洲核子研究中心）的老板建议，在互联网上搞一个文档检索系统。他的在某个位置用超文本建立一个文件的理念，似乎就是通过一个窗口打开另一个。

（17）1990年，出现"Archie"。这被认为是第一台互联网搜索引擎，Archie是加拿大大学学生Alan Emtage的发明。让用户通过文件名实现搜索（不是依据文件的内容搜索，那还要等到以后）。

（18）1990年，出现"互联网烤面包机"。一台烤面包机成为世界上第一台接入互联网实现远程控制的机器。一个简单的操控——开或者关——用来控制烤。还需要有人来塞面包。

（19）1991年，第一张公开的网页。网页对公众开放。第一张页面解释了"广域超媒体信息检索的建立"。

（20）1991年，出现"网络摄像头咖啡"。剑桥大学计算机实验室的一个咖啡壶，给第一台网络摄像头带来了灵感。它让大楼里其他地方的人避免走冤枉路——当咖啡壶空的时候。

（21）1994年，出现"L0pht"。老巢在波士顿的黑客联盟成立。

（22）1994年，出现"Yahoo!"。Jerry和David的万维网指南（Guide to the World Wide Web）问世。一段时间后改称Yahoo!

（23）1995年，出现"Amazon.com"。互联网书商上线。到2001年末季度它开始盈利——比计划中四五年后盈利的计划慢了一点，但仍旧被认为是dotcom实践者当中的佼佼者。

（24）1996年，"google"雏形。Larry Page和Sergey Brin都是斯坦福大学博士生，开始研发BackRub，一个根据网站拥有的链接接入数给网站排名的搜索引擎，在1998年并入Google。

（25）1999年，出现"天国点唱机"。Shaun Fanning的Napster服务启动。它让每一个用户共享自己计算机上的音乐文件。

（26）2001年，出现"维基百科"。它宣布自己是一部协作的百科全书。启动8年后现在是最流行的在线参考书。

（27）2001年，出现"SETI@Home"。一项旨在利用互联网上分散处理能力的项目，在44周内聚集了足够多的志愿者，并使之超越了当时最强大的超级计算机。

（28）2004年，垃圾邮件之战。Bill Gates在达沃斯世界经济论坛上称，2年之内将杜绝垃圾邮件。（也有人提出并非如此）

（29）2005年，第一宗有罪垃圾邮件判决。Jeremy Jaynes被判入狱9年，他的姐姐 Jessica DeGroot 被罚款 7 500 美元。

（30）2006 年，Twitter 140 个单词的服务启动。很多人开始觉得它没有什么意义。到 2009 年，它起到了向外部世界传递伊朗抗议事件信息的关键作用。

二、20 世纪中国互联网创新模式的表现及思考

互联网诞生于 20 纪 60 年代，但在中国，互联网发源晚于世界 30 年，主要于 20 世纪 90 年代兴起，近 10 年兴旺，最近 3 年极速发展。

（一）20 世纪中国互联网 15 年的 23 个创新模式表现

有人梳理了一下，中国互联网这么多年，到底是哪些公司出来了，为什么会是他们出来了？他们的出来代表着什么趋势，连接闪现不同类型的公司有不同的潮流，到底暗示着什么趋势？下一个趋势是什么？当时他们出现的历史环境是什么？以后会不会再出现那样的环境？基于此想法，梳理和总结了中国 20 世纪中国互联网 15 年的 23 个创新模式。

（1）论坛。这是中国互联网的发源。交互，多人交互，集市。不管是邮件、IM、博客、twitter、QQ 群、帖吧、圈子、同学录均是如此变种。现在论坛，能想起的只有天涯。感叹天下社会芸芸众生的悠悠草根生活，生活自嘲与智慧跃然帖子。想足不出户了解中国老百姓的心理和现状，天涯不能不去。但天涯一直盈利不佳，人气强而没银子数，该怎么办？

（2）新闻。搜狐对应白领，网易对应华南，QQ 对应 90 后，新浪对应老百姓。就是一个电子媒体，有内容看内容，有人气卖广告。靠内容，不管你是蜘蛛爬还是自己原创还是转帖+精选如读者文摘，内容有人气，就有广告。

（3）QQ。很多人上网，学会上网和打字，引发安装宽带的需求，就是因为 QQ。现在 QQ 猛啊。聊天、玩游戏、看小说、看电影、听音乐、上网、打字、下载、相册，都在 QQ 的圈子里。

（4）SP，彩铃、短信。没有 SP，中国互联网第一批弄潮儿估计会成为先烈。Flash 连带彩图火了好一阵，但也没赚到什么钱，有热闹有观众，没钱。SP 由于移动的初期政策和目前策略不同，造成了市场机会，成就了一批人，当然也干死了这批还不退出的人。SP 怎么发展？

（5）51job。在2002年还有人讨论招聘会和线上收简历的优缺点。2003年就根本没有人讨论这个问题了，因为大家都网上收发简历了。现在找工作网站也裁人，亏损不赚钱。好似从企业身上赚钱，很难做大。不过成了的就是百度和阿里。想想怎么从企业身上赚钱，百度和阿里怎么赚钱了，企业为什么给他们掏钱，他们满足了企业的什么，其他网站为什么不能满足企业的需求。

（6）搜索。各种垂直搜索都各项争霸，如今谁惨淡，谁崛起呢？好似没看见崛起的。还是百度、谷歌。虽然搜狐、网易、腾讯、阿里都自己开发搜索引擎，但没崛起。

（7）迅雷。迅雷的多点下载思路很创新。网络蚂蚁被flashget干掉，快车又被迅雷干掉。中间还夹杂电驴、电骡之类。现在迅雷也不行了，做视频+通用软件，这两行都挺难赚钱。

（8）3721。不要打啊。企业现在都缺推广。百度是推广，新浪是推广，阿里是推广。返现、阿里妈妈、太极链，都要推广。当然，还藏着一个discuz，也是推广。大家也能联想到挂马、盗号、肉鸡、流氓插件、绿色软件。争做浏览器抢占用户窗口，争着占领用户电脑右下角。输入法也是这个意思。

（9）导航站。hao123，265。大家也能想到域名买卖、虚拟主机、流量统计、SEO、推广、邮件群发、黄页、连锁加盟黄页网、阿里巴巴、做网站公司、五洲在线、6688。

（10）google邮箱，启动快速、无限量、搜索准确、邮件反复回复关联强。尤其推荐口碑营销邀请加入，够创新。

（11）游戏。这就不说了。征途的虚拟装备、地推和逢年过节的随机掉宝新任务、QQ的虚拟装备和Q币、盛大的计时计费和点卡渠道。如此等等，创新得非常好。

（12）好耶。当然也关联着分众，以及N多各个细分行业的分众们。但好耶和分众还不太一样。分众是自己在新的地皮上开辟新疆土，而好耶不仅做互联网窄告这一创新模式，好耶还是大代理商，如同携程。

（13）携程。这是个好模式。携程属于票务，但和演出票还不一样，没有过期作废性，而且消费群体更大。携程的地推模式、呼叫中心模式和现在在机场深度拉人模式，都值得学习。

（14）PPG。倒在了节奏上的PPG其实其他环节都没有问题，从营销、品牌、设计、销售、呼叫中心、仓储、原料、生产质量、资本、职业经理管理，

PPG都应该挺职业，但就是节奏没把握好。疯狂的节奏啊，快得让你最后自己都把握不了自己，车肯定会撞墙的，否则它不会自己停下来，谁也阻挡不了它。

（15）当当。当当、卓越、京东、红孩子、麦网等，从网站、呼叫中心、目录邮购、仓储、配送，都在低调、受苦受累地做。他们是一类。

（16）淘宝、阿里。太独，份额太大，所以很难找到类比。他们不进货、不压货、不卖货，只搭建平台。

（17）支付宝。没有它，电子商务的接受规模可能远远小于现在。推动中国电子商务行当做大，它功不可没。

（18）黄页、加盟网、阿里巴巴。这是B2B的主要模式。你对比对比，你就知道B2B该怎么走了，为什么只能这么走，这么走还有哪些缺陷，如何用更小成本更容易地解决这些缺陷，你有创新性的思维吗？

（19）视频网。过去很多年前想收藏的《义不容情》《雍正皇帝》《八月桂花香》《大长今》《商道》都能随时看了。但就是不知道怎么赚钱，而烧钱却非常快。Google收了Youtube，也没辙。流量很高，但收入怎么来？

（20）社区、SNS、WEB2.0，也包括同学录。从这里还能引申想到社会化商务、点评、豆瓣，还能想到Flash小游戏、摩尔庄园、4399等。哦，还有盒子。

（21）和生活相关的。从分类信息和点评引发，最后出来爱帮、地图，也和垂直搜索、电子商务有些关联。谁还能记起分类网站？各种拼车网站？大别针换房子？

（22）口碑营销引发。有个专门的人肉搜索、刷流量、刷信用、刷评论等专业小公司。有本书叫众包。就是这个意思。这是一种新模式。我还想起威客网，大家现在谁记得？盈利模式哪里不对劲？在什么环境下可以成功？

（23）移动互联网。移动QQ流量最大，然后是看新闻、看电子小说、查地图、搜索。决斗聊天、搜索、浏览器、导航、新闻、地图、生活搜索。

（二）中国互联网创新模式的思考

上述中国互联网创新模式，每一个都是独特的，每一个都是鲜活的，每一个都是创新的。有人认为，中国互联网创新模式，对于世界互联网来讲，是微不足道的，贡献并不多大。同时，历数了这么多热点和流行，但能做大做到赚大钱的很少。好似做大的就是满足企业做广告，满足消费者休闲玩乐。好似只有这两类才能赚大钱，其他都是光有人气但都不死不活，很累。何况还有更多的网站连流量都没有。互联网行业热点新贵不少，拿到投资让同行羡慕，让更多人投入创业，但大都没有成功。不是继续靠投资人续费，就是卖了完事。能成功的、热闹的互联网，太寥寥，假象太多。

当然，多数人认为，中国互联网创新模式，不仅推进了中国互联网与世界对接，而且在国际上占据有重要的一席地位，尤其是这种重要位置和发挥作用的影响力越来越大，越来越明显。同时，中国互联网虽然凑热闹的不少，做成功和赚大钱的主要集中于做企业广告和满足消费者休闲玩乐之类，不可否认这种现象曾经存在，但这只是初期的表现，只是表面现象。事实上，随着互联网的创新和发展，在中国前10名或者在前50名的富豪中，从事互联网的人从无到有，从极个别到占有一定的比例。特别是近些年，从事互联网行业富豪的人数，呈明显和飞速增长，在全国所有行业的富豪排名榜中，前10名或者在前50的富豪里从事互联网行业的人数已经接近甚至超过了房地产行业，成为所有行业的佼佼者。2014年，从事互联网的马云，已经成为全国第一富豪。由此可见，互联网创新不仅是推进中国互联网发展壮大的根源，也是中国产生特大特多富豪，推进社会生产力发展的重要功勋。特别需要强调的是，目前互联网已经渗透到经济、政治、文化和社会各个方面，已经渗透到人们的日常生活。如2013年是互联网金融元年，由于互联网金融太火了，中央财大一位著名的经济学教授不由自主地说，现在聚会5分钟内不讲互联网金融，就是不懂经济。可见，互联网金融不仅是热门话题，而且已经到了热得烫手的地步。

中国互联网金融创新下一个是什么？是谁加谁，谁联合谁然后变种成了什么？有人认为下一个互联网金融创新是移动＋生活＋地图＋IM＋支付＋电子商务（淘宝、Vancl、携程、当当）（网站、呼叫中心、短信、邮件、目录邮购、仓储、配送、地推）＋社区（点评、帖吧、QQ群、微博）；也有人认为还得是人气＋广告，人气＋卖实物，好玩＋虚拟装备，收集数据、清洗数据、保鲜数据、卖数据、统计数据、分析数据＋付费。但多数人认为这些猜测都不对，都是错误的。这是因为，创新一定是现有某个产品的简化和缺陷改进，既像这个，又像那个，但是中间产品。越复杂，N＋N＋N之类的，越出不来；出来的，都是简化改进的。上面是从技术角度考虑。笔者认为，更重要的是从心态和质量上考虑。也就是说，做互联网创新首先要勇敢，敢于第一个"吃螃蟹"；

但仅仅是"勇敢"不够，关键是要对创新的产品有前途。如支付宝改进了支付信任，京东用移动 POS 改进了支付信任。改进一点，别人没做，就有戏。

第二节 2014 年中国互联网金融模式的表现形式、特点与战役

截至 2014 年年底，中国互联网金融模式有了自己明显的个性。下面从表现形式、个性特点和战役进行介绍和论述。

一、2014 年中国互联网金融模式的十大表现形式

和其他模式一并，互联网金融模式也是一个动态的、不断变化和完善的产物。截至 2014 年，中国互联网金融的基本模式主要有以下 10 种。

（一）第三方支付平台模式

第三方支付企业指在收付款人之间作为中介机构提供网络支付、预付卡发行预受理、银行卡收单以及其他支付服务的非金融机构。

（二）P2P 网络小额信贷模式

通过 P2P 网络融资平台，借款人直接发布借款信息，出借人了解对方的身份信息、信用信息后，可以直接与借款人签署借贷合同，提供小额贷款，并能及时获知借款人的还款进度，获得投资回报。

（三）众筹融资模式

所谓众筹平台，是指创意人向公众募集小额资金或其他支持，再将创意实施结果反馈给出资人的平台。网站为网友提供发起筹资创意，整理出资人信

息，公开创意实施结果的平台，以与筹资人分成为主要盈利模式。

（四）虚拟电子货币模式

虚拟货币是一种计算机运算产生或者网络社区发行管理的网络虚拟货币，可以用来购买一些虚拟的物品，比如网络游戏当中的衣服、帽子、装备等，只要有人接受，也可以使用像比特币这样的虚拟货币购买现实生活当中的物品。

（五）基于大数据的金融服务平台模式

这种模式通过打造类似去哪儿这样的金融产品垂直搜索引擎的方式，把有借款需求的个人和有放款需要的中小银行和小贷机构在一个平台上进行对接；然后通过广告费或者交易佣金的方式获得收入。

（六）P2B 模式

这个模式就是引导个人向小企业提供贷款，它不做资金的集中，它只做一个中介，专业团队对这些融资的小微企业进行评级，评级直接对应它在平台上的借款利率，评级低的借款利率就高，评级好的利率就低一些，所以分成四档，分别对应一个借贷款的个人利率，通过竞标实现交易，例如合盘贷。

（七）互联网银行模式

是指借助现代数字通信、互联网、移动通信及物联网技术，通过云计算、大数据等方式在线实现为客户提供存款、贷款、支付、结算、汇转、电子票证、电子信用、账户管理、货币互换、P2P 金融、投资理财、金融信息等全方位无缝、快捷、安全和高效的互联网金融服务机构。互联网银行的便利性、高效性将给传统银行带来较大的挑战。

（八）互联网保险模式

主要指对网络虚拟财产进行投保，没有线下渠道，是服务互联网及相关产业的保险服务平台，比如众安在线只销售运费险以及未来设计的虚拟物品投保等。

(九)互联网金融门户模式

在互联网平台上销售金融产品。在淘宝理财和保险这些平台上，客户能通过网络查询了解、购买各种理财和保险产品。与原来的线下购买相比，网络理财、保险更加便捷、透明，门槛也相对降低，并能及时根据客户的个性化需求，提供不同的产品组合。

(十)节约开支方案模式

Bill Shrink 公司主要是帮用户做节省开支的方案，它提供的服务包括六大类：信用卡、手机、电信、汽油、存款和商业信用卡。这个模式在中国未必适用，但它的思想值得学习，它不单纯是为了省钱，而是设身处地考虑了用户的真正需求。

二、2014 年中国互联网金融模式的十大特点

回顾已经过去的 2014 年，中国互联网金融有不少进展，但也有曲折的一面。P2P 经过 2013 年的疯狂扩张之后，在监管力度和法规完善后趋于理性；腾讯、阿里先后获银监会批准，拿到民营银行的牌照；众筹平台如雨后春笋般涌现；京东推出了"白条"，阿里小微金融更名为"蚂蚁金服"，产品也从去年的余额宝创新出娱乐宝，在眼球和收益上都有一番斩获。

(一)互联网金融：势不可挡的共享经济，磕磕绊绊的 2015

共享经济的本质就是资源的充分利用，而互联网以及移动互联网的发展正是加速这一经济体系运转的强韧纽带。在这经济体系下，以前被认为不可能产生或者说难以获得大量的收入的资产创造了新的市场，就像网上购物，就像互联网金融。与网上购物不同，互联网金融刚露些苗头，就吸引大批投资者、创业者强势进入该领域，这与当初电子商务的起步是截然不同的。当然这在一定程度上有赖于目前高速发展的信息技术以及早期培养起来的用户对于互联网的高接受度。但是，虽然说互联网金融产生在对的时间，至于最终能否成功则取

决于我们用什么样的方式来让这行业成长起来，其关键在背后的价值理念。中国的互联网金融发展迅速，在 2014 年短短的一年时间，互联网金融创业者们融资额度一再创新高，雨后春笋般涌现的各类互联网金融产品让用户眼花缭乱。我们看到了这一行业的发展价值，但是野蛮生长的态势该缓一缓了。2015年注定将是互联网金融业进行更多思考的年头，而目前野蛮的发展趋势将或主动或被动地得到缓解，而能否真正走上发展的正轨，路途中还有很多荆棘需要互联网金融从业者来跨越。

（二）P2P 市场行业快速洗牌，2015 年继续摸索前进

2014 年，P2P 不仅继续吸引无数投资人进入，P2P 的平台也赢得了各路大资本的青睐。今年一季度包括爱投资、人人投、积木盒子以及拍拍贷等平台均获得了数额不小的投资进入下半年，P2P 平台进入了一个月内数家平台同时获投的疯狂融资阶段，仅 7 月份就有 8 个平台获得千万美元至上亿美元的投资。据不完全统计，从 1 月到 10 月已有 30 余家 P2P 平台获得了投资，必须注意的是，这些平台中还有很多是成立不久的新平台。像短融网从上线到获得融资不过仅仅 3 个月的时间，而银客网的 A 轮融资距离上线也不到一年时间。如此迅速地、大范围地铺开市场，尤其是高风险的金融行业，这多多少少让人有些"心惊胆战"。不过值得玩味的是除民营企业和风投的涌入外，各地具有国资背景的企业纷纷涉足 P2P，也是今年互联网金融的一大特色。众信金融、金开岱、德众金融、金宝保、京金联等平台均获得国资参股。国有资本的热情涌入，很多业内人士都将此理解为国家态度和宽松政策的预兆，这解决了一直悬而未决的"一刀切"P2P 政策性风险的问题，但看似繁荣的 P2P 市场实则暗流汹涌，目前大部分的 P2P 平台只能说是披着 P2P 外衣的金融机构，而且大部分是没有资质认证的，所以说政策还将会进一步规范和完善，这将在很大程度上使 P2P 行业发展更加健康。但国有资本等强势资本的引入无疑证明了 P2P 存在以及发展的价值。此外 P2P 由于形势所迫，行业竞争上要求做大做强，吸引更多资金的进入无疑会大大提高 P2P 的实力，但同时也快速地把 P2P 的蓝海市场逼至了红海。且不说当下 1 400 余家平台正在争夺 P2P 行业的 50 余万投资者，竞争不可不谓惨烈，只说如今越来越同质化的服务和金融产品，P2P 市场最终也会面临一山不容二虎的大乱斗，与当年"千团大战"局面类似的"千 P 大战"恐怕就在眼前。

（三）第三方支付：走曲线前进之路，移动化是未来

关于第三方支付，不管起步早晚，银联在市场是具备强势的话语权。汇付天下执行副总裁刘钢回应 79 号文的时候，一句"两年走了四年的路，对于央行的惩罚，我们服"，让不少第三方支付企业都感到了一阵小心酸。但不得不说的是，央行的"为难"也促进了第三方支付行业的自省。POS 机违规套现、违规套用低费率行业商户类别码等问题的频频爆出，让不少人稍微理解了央行总是跳脚的部分原因。乃至于 9 月，央行再次处罚汇付天下、富友、易宝、随行付四家机构，并勒令四家支付机构撤出部分省市收单市场的时候，大家关注的焦点也变成了收单市场的规范问题。面对"越改越乱"的第三方支付市场，一方面是行业竞争的加剧导致有的企业不惜兵行险招，造成行业乱象；另一方面却是要时刻小心拿着大棒的央行叫停开罚单。估计未来大波浪曲线前进的节奏不会有太大改变，但如何获得市场青睐，走正道才是主要的。

（四）众筹：回归理性，领域细分，加速创业进程

相比 2013 年疯狂建立的众筹网站，2014 年众筹的形势已经理性了很多，行业市场情况也逐渐清晰了起来。虽然小额众筹仍然是主流，但许多 VC、PE 也开始注意到了众筹创业领域，众筹天使投资席位的争夺变得愈发激烈。另外，据统计，2014 年至今为止的投融资案例仅有不足 10% 的案例额度低于 150 万元，天使轮的平均额度已远超人们通常认识中的 50 万～150 万元范围。而众筹合投逐渐成为风投创业的一种趋势。除创业大资本外，众筹的玩法也越来越多，内容领域也逐渐扩展到艺术、影视、音乐、出版等各个领域，甚至创造出了众筹建旅馆、买房买地的模式。我们看到了众筹让很多创业项目得以更好地生存下来，更多、更好、更富有创意的理念得以展现在大众面前，但同时股权众筹仍然徘徊在法律边缘，而谈到众筹如何落地，如何落好、落稳，还有很多问题亟待解决。2013 年年底到 2014 年年初仓促建立起来的一批众筹网站在无人问津的情况下惨败收场，随着众筹平台逐步走向成熟，诸如平台的项目展示与体验、上线项目筛选以及在市场接受度上的考虑等方面，国内的众筹平台还需要努力，而这些问题的解决将在很大程度上决定众筹平台的存亡。2014 年，众筹网站开始纷纷转型或朝着更细分的领域发展，点名时间从众筹网站转型到

智能硬件预售平台，追梦网、众筹网等平台则明显更偏向文化、科技、公益、影视等领域，百度、阿里等大佬插足众筹也只是从非常细分的某一两部影视作品开始。大佬的加入对于市场的培育有很大的促进作用。但是否所有项目都适合利用众筹这种方式呢？不尽然，未来众筹的方向可能真的只会在那么一两个领域。

（五）比特币：市场尚未厘清，仍存象牙塔

2014年比特币保持过山车式发展的特征，但总的来说逐渐趋于平稳。2014年3月，中国央行向各分支机构下发了一份名为《关于进一步加强比特币风险防范工作的通知》，禁止国内银行和第三方支付机构替比特币交易平台提供开户、充值、支付、提现等服务，并要求银行在4月15日之前，关闭为15家最大比特币交易平台开立的银行账户，切开金融机构与比特币泡沫之间的联系，比特币因此在全球范围内都陷入了前所未有的低谷期。（ps：这次大低谷同时也在业内证明了，中国真的是比特币市场最大的玩家，阿门。）但很快，比特币的价格又逐渐在各国的交易平台上有所回升，随后就一直起起伏伏，6月大跌了以后又慢悠悠地回升了，9月大跌了三成然后又有所回升，10月刚刚大跌，不久又回升……对于比特币的两种态度是左右其价格的根本原因，一种是其对金融和货币的颠覆意义，以及稀缺总量的收藏价值，长期来看，升值是肯定的。但是另一种态度则是对应了长期笼罩在庄家操盘、黑暗交易里的比特币无法预估的政策性风险。当然，这些大家都明白。比特币作为货币广泛流通这一点是不现实的，但作为收藏和小范围流通确实是极佳的。不过，明白归明白，短期内投机者纠结的态度仍会使比特币市场呈现"过山车"式的发展态势。

（六）互联网理财：深挖小微用户需求，寻找新的发展痛点

2014年"宝"类产品经过一番雨后春笋的发展时期后，收益率的直线上涨趋势逐渐走向缓平，小幅震荡成为常态，而兜兜转转发现银行的理财产品在收益及稳定性方面更具优势。但不得不说，"宝宝理财"让更多手头上并没有太充裕的资金的用户也拥有了理财的通道，但当平台做大之后，这番初心变得模糊了。"虎头"让宝宝理财网罗了大批用户，但由于尚未形成像传统金融业

成熟的资金链条以及把控能力，"宝"类产品逐渐放弃了拼收益率的打法，除了基金理财以外，保险、房地产、消费旅游以及票据等成为互联网理财的新方向，而其中最为主要的特点就是"门槛低，范围广"，但是理想很丰满，现实比较骨感，可以肯定地说，现在互联网理财是处在试错的发展历程当中。作为"宝"类产品的老大哥，余额宝与中国电信合作搞"0元购机"，还上线了新功能——彩票定投"永不停彩"，最近还推出了余额宝认购房产，这是要闹哪样！还有其他披着理财产品的外衣，实则在干别的事："沃百富"——广东联通联合百度推出的通信理财产品，没错就是话费理财；"程涨宝"——携程旅游网对外发售的礼品卡优惠套餐产品，丫就是一礼品卡；"娱乐宝"——阿里巴巴数字娱乐事业群推出的娱乐理财，其实它更像众筹吧；"好房宝"——平安好房网将在业内推出金融购房产品，好吧，你觉得这真能买房？虽然各银行、券商、保险、运营商想借着互联网理财的东风创新一把是值得鼓励的，但是把理财产品弄得四不像，或是挂羊头卖狗肉，压根没理财什么事，还称自己是互联网理财就有点说不过去了吧。

（七）传统金融：转型与逆袭并行

大众理财的需求是很多的，余额宝只是开发了其中一方面，在2014年互联网理财已经逐渐走向暂时性的沉寂，决定互联网理财能否打破沉寂的关键就在于寻找到大众用户的理财痛点，并开发出多元化的创新产品，而不是试图打败传统金融理财，独占市场，这是不可能的，并将最终导致失败。虽然说是互联网金融，但银行、保险、券商等传统金融机构担任的角色可一点也不轻。虽然行动迟缓了一点，并且多多少少带了点互联网金融的影子，但银行们不骄不躁：虽然起步慢，但金融基础扎实；虽未大胆创新突进，但保证稳定可靠的收益；另外，在非常关键的政策把握上更是如鱼得水。2014年9月底，民生直销银行客户数突破100万户，金融资产保有量达180亿元；招商银行在小企业e家风生水起的同时，7月份还推出了全新概念的首家"微信银行"；平安银行打造平安网上商城和网络平台，推动应用客服机器人，推广微信服务；而招行、广发、中信的官方信用卡微信绑定率高达69%、68%、67%。传统金融机构的积极奋起，一方面是互联网金融的良性刺激；另一方面也是金融改革的现实需要。现阶段国家、社会、大众的金融需求都在发生改变，复杂的形势是互联网金融与传统金融相互碰撞融合的根本原因，传统金融固守是不合时宜的，也是不符合潮流的，所以转型和积极应对变革很重要。而且无论怎么说，如今传统金融机构们的精神风貌还是很值得肯定和期待的。

（八）证券产品，雨后春笋

最近一轮行情大家都把注意力集中在了券商的融资融券业务，两融资金据说已经达到了8 000多亿元，是这轮行情的主要推动力。不过券商的两融一般有比较高的门槛，预计在2015年会是网络配资的一个很好的发展契机，低门槛，高效率，低风险，几乎秒杀所有传统配资渠道，例如融e投，短短上线几周凭借通过微博、微信以及自身的SNS系统，已经积累大量用户，结合互联网思维，结合众多优势，明年相信还会有很多这样那样的配资平台出现。当然，该行业也希望能够有足够的监管，互联网金融监管喊到现在已经没有人再喊了，不管是互联网金融从业者还是对用户来说，都希望监管政策早日出台，从业者希望从政策中摸准发展的方向以便调整定位，而用户则希望借此获得更多的安全保障。

（九）行业合作：开放性更强，强强联手未必是赢家

随着互联网金融的急速发展，各路资本、各个行业、众多企业都想抓住机遇分一杯金融红利，于是跨界合作、抢滩圈地的现象成为当下互联网金融行业的一大奇观。运营商、零售业、地产、电商、互联网公司、传统金融机构、国企，只有你想不到，没有不能干互联网金融的。比如，8月份，比较重量级的玩家中信银行和海尔集团就合作，推出了供应链网络金融平台；9月，万科联手搜房发起了全国首单房产众筹，10月万科又和腾讯理财通合作推出了一款地产互联网金融产品——万科理财通；另外，百度、阿里、腾讯三大巨头均和多家传统银行达成合作，苏宁云商、联想、搜狐紧随其后。2014年以来，已经有至少26家上市公司通过合作等途径即将或者已经踏入了互联网金融行业。当然，越来越多的行业和企业加入到互联网金融的领域中来，不仅极大地丰富了互联网金融的内涵，同时也促进了互联网金融发展的包容性和新奇性，有助于形成多元、多维、充分竞争的互联网金融业态。可另一方面却是，谁都能掺一脚的现象也说明了互联网金融几乎没有准入门槛，同时监管严重缺位。（这可是事关重大的金融行业啊，谁都能玩想想都觉得头皮发麻。）如今互联网金融

鱼龙混杂，既有奇形怪状的产品和服务，又充斥着大量赚噱头、喊口号的伪互联网金融现象，良莠不齐的平台和企业，以利为先的平台都倒了，随着带来的是对行业发展的不良影响。现在互联网金融几乎已经把各个行业的玩家都拉下水了，但事实上互联网金融并不是万灵丹，而大部分人关注的是金融而忽略了互联网精神，而时间无疑是最好的检验。

（十）互联网金融与大数据：必须孟不离焦，焦不离孟

数据是金融的命门，大数据之于互联网金融就像水之于鱼一样。大数据是构成互联网金融信用体系的必备元素，并且通过大数据可以更为精准地把握用户需求，为用户提供决策参考，帮助互联网金融平台打造更为贴近用户需求的金融产品等，如果脱离了大数据来谈互联网金融，那只能是一纸空谈。但是从2014年的发展来看，大部分互联网金融平台并没有有意识地去做这样的事，除去自身能力的限制外，大多数互联网金融创业者们都只是凭着一股热情或者是看到有利可图而闯入这一领域，但是早进入并不意味着早成功。理清思路，找好定位，打造坚实的技术基础与创新的产品理念，这将是2015年互联网金融从业者们要做的事情。

三、2014年中国互联网金融模式的十大战役

对于2014年中国的互联网科技领域来说，这一年是十分不平静的，大大小小的战役无数，腥风血雨不断。而在这些战役中，比较突出的是以下十大战役。

（一）宝宝们与银行大战，胜负各半

2013年，马云推出余额宝，可谓是真正拉开了中国互联网金融的序幕。余额宝刚上线之际，凭借着超高的利息吸引了无数的支付宝用户把钱存进了余额宝，短短的数月之间竟然有高达8 000万的支付宝用户使用了余额宝。

随后，微信理财通、百度百赚、百度百发、网易宝、苏宁零钱宝等如雨后春笋般地涌现了出来。此外，互联网P2P平台更是呈现了爆发式增长，这让银

行们感受到了史无前例的威胁。

于是，国有化银行"四大金刚"工行、农行、中行和建行统一口径，相继对支付宝快捷支付额度作出了下调，并纷纷推出了自家的互联网金融理财产品，一场银行兄弟间自发联合的"救赎"战打响，对互联网理财产品——"宝宝"们进行了曲线围剿。

随后"宝宝"们的理财收益也开始逐渐下降，不过以马云为代表的互联网金融并没有就此死心。随后支付宝又推出了7%收益的招财宝，以及即将上线的黄金宝，向互联网黄金理财发起了进攻。不仅如此，阿里、腾讯为代表的民营银行也是春意盎然，阿里的首个网上银行浙江网商银行也通过了批准。以小微金融为代表的中国互联网金融还将会继续向传统银行发起更强烈的挑战。

（二）O2O 大战，百度成最大赢家

如果要说 2014 年中国互联网哪场大战最激烈，恐怕非 O2O 大战莫属了。不管是 BAT 巨头，还是各路大小诸侯，都加入了这场大战当中。当然了，唱主角的、厮杀最激烈的自然当属 BAT 了。

最开始占据先机的当属腾讯了，凭借着微信的强势崛起，外界普遍看好微信在 O2O 领域必将大有一番作为。随后，腾讯投资大众点评、58 同城，都是在为微信生活服务做补充。不过很可惜，微信接入大众点评之后，并没有让人们感受到它有多大的杀伤力，更多的微信用户还是习惯在微信上与朋友、亲人们聊天，刷朋友圈。

不过要论起布局 O2O 声势最浩大的恐怕当属阿里巴巴了，马云先后投资收购了微博、高德地图、UC 等系列有着移动入口优势的公司，还战略投资了银泰商业，与各大百货商场联合，线上线下围绕着支付宝+淘宝展开了大势的布局。只可惜，阿里力推的线下淘上码在虚火了一段时间之后就销声匿迹了，而唯一有 O2O 优势的美团却始终不怎么听马云使唤，以至于马云倡导的"三八生活节"却给百度糯米做了嫁衣裳。

一开始，几乎在所有人眼里，百度都是 BAT 当中在移动端发力最慢的一个。不过让我们意想不到的是，百度竟然成为移动端后劲最足的一个。通过百度移动搜索+百度地图+百度糯米为入口，直达号为承载，百度钱包打通支付闭环，投资 Uber 强化生态布局，百度出奇制胜，成为 O2O 大战中的最大赢家。

（三）手机混战，小米、华为、魅族品牌优势日显

说起手机大战，只能用混乱不堪这四个字来形容了。2014年年初开始，小米先后推出了红米Note、小米4，随后荣耀推出了畅玩、荣耀6、荣耀6Plus，魅族也不示弱，先后发布了魅族MX4、MX4Pro、魅蓝Note、一加、锤子、联想、酷派、Vivo、中兴努比亚、Oppo哪一个都不示弱，你抢我夺，好不热闹。

小米与荣耀之间，小米与魅族之间，小米与一加之间，小米与酷派之间，小米与锤子之间……小米与格力之间的明争暗斗也让人百看不厌，一时间，小米似乎成为众矢之的。

实则不然，表面上看，各大手机厂商都在与小米争斗，实际上他们如果真这么团结一致的话，小米也不可能成长为国内市场份额最高的智能手机。荣耀是借助小米的势，每次都抢做小米的死对头，成功地炒作了自己。随后魅族也效法荣耀，与小米死磕到底，成功地将魅族MX4捧红。在这场国产手机混战中，小米、荣耀、魅族三家的品牌优势日益明显。

（四）视频大战，爱奇艺、优酷、乐视进一步拉开差距

互联网视频领域，从来就不那么风平浪静。从2014年年初开始，中国的互联网视频就已经形成了几大梯队，第一梯队为优酷土豆、爱奇艺PPS、搜狐视频、腾讯视频、乐视网；第二梯队为迅雷、PPTV、暴风影音等；第三梯队为56视频网、酷6网、风行网等。

不过爱奇艺PPS凭借着百度在PC端强大的导流以及移动端实力雄厚的应用分发实力，在今年第二季度实现了反超优酷土豆。而乐视网也凭借着多个国内娱乐节目、电视剧版权的买断成功地跻身前三，此外乐视网在智能电视领域的实力不可小觑。

随后阿里巴巴又战略投资优酷，小米也豪置3亿美元投资爱奇艺，这让优酷、爱奇艺、乐视逐渐拉开了与其他视频网站的距离。

（五）支付宝与微信逐鹿移动支付，阿里占上风

在PC端，支付宝依托着淘宝、天猫这两个强大的交易平台，发展壮大成为了全球第一大线上支付平台。这让腾讯的马化腾是又嫉妒又恨，对于财付通

只能是恨铁不成钢。

微信的崛起重新点燃了马化腾心中的那一腔热血，微信支付的推出也让马云感受到了来自移动端巨大的威胁。

随后，无论是线上还是线下，支付宝与微信支付都展开了多层面的较量。线上，微信支付逐渐对微信公众号用户进行开放，并与各大电商网购平台达成了合作；当然支付宝也毫不示弱，还成功地打进了铁道部订票支付平台。线下，支付宝、微信支付纷纷与各大商场、商家之间进行合作，抢夺市场份额。

然而，微信的基因始终还是在社交，支付宝天生似乎就是为了支付而生，用户的习惯决定了这场对决的最终胜负，更多的用户还是习惯使用支付宝付款。

（六）应用分发大战，百度、360、腾讯稳坐前三

移动互联网领域，入口是各大互联网公司之间必争之地，而决定这个入口最大的关键因素则在于移动应用分发实力。

围绕着移动应用分发展开的大战也是好不热闹。百度凭借着收购91手机助手、安卓市场以及自家的百度手机助手、百度浏览器、百度搜索，成功地拿下了41.8%的市场份额，确立了市场老大的位置。排在第二的是360，比起年初接近30%的市场份额，360很大一部分市场份额遭受到了腾讯系的蚕食。目前，360凭借着360手机助手、360手机卫士、360搜索、360浏览器占据了22.7%的市场份额。而腾讯则发展相当迅猛，凭借着QQ浏览器、手机QQ、微信以及重磅推出的应用宝，腾讯从年初不到10%的市场份额迅速增长到了21.5%的市场份额。

百度、360、腾讯三家所占市场份额总和已经达到了86%，如果再除去豌豆荚7.3%的市场份额，其他的应用分发就完全可忽略不计了。

（七）电商大战烧到农村，京东仍然难撼天猫大腕

2014年腾讯入股京东，并把易迅、QQ商城、拍拍全部并入了京东商城，甚至还给予了京东在QQ、微信平台上的一级入口，这让外界纷纷开始为马云的电商帝国开始担忧。随后，京东上市也获得了资本的青睐，从此前80亿美元的估值直接蹿到了300亿美元的市值。

刚接入微信之际，凭借着微信红包，一时间大家都看好京东要借助微信在移动端反超淘宝、天猫。可是红包大战、双11大战、双12大战几次重大战役下来，京东却丝毫没有占到半点便宜。

在不算淘宝的情况下，天猫仍然占据了B2C电商交易规模的57.3%，京东占据21.2%的市场份额。而在移动端，阿里电商系更是强势地占据了超过90%的市场份额。尽管刘强东豪言未来京东商城一定会超越阿里电商，但是从目前的局势来看，短时间内刘强东这个愿望恐怕难以实现。

如今，阿里巴巴与京东又把电商战火烧到了农村。截至到2014年12月，全国已发展的淘宝村数量增至211个，网店7万家以上，直接就业超过28万人，仅仅这个优势恐怕是京东难以企及淘宝的。这场农村电商大战，似乎结局早已经注定了。

（八）团购大战，美团、大众点评、糯米三足鼎立

从千团大战开始，团购就注定是一个成者王侯败者寇的行业。今天的团购网站，剩下来的已经不足200家，且大多数都是小打小闹，转型的转型，消失的消失，被收购的被收购……惨不忍睹。

从目前的团购格局来看，美团是无可争议的老大，大众点评、百度糯米紧随其后。而拉手被宏图三胞收购之后也没有出现好转迹象，窝窝、满座也是一天不如一天，市场份额不但没有提升，反倒不断下降。

大众点评虽然借上了微信的力，不过这个力却没有打出来，以至于大众点评如今有些后劲不足，始终没能追上美团的步伐，不过百度糯米倒是成为2014年团购最大的一个变数。凭借着百度强大的资本实力，以及百度的导流实力，百度糯米是2014年所有团购网站当中发展最为迅猛的一支力量，并不断缩小了与大众点评之间的距离。

而美团呢，却因为降薪、高层内斗、资金链等问题在2014年第四季度迎来了迅速跌落，数据显示，近3个月内，美团的团购市场份额全线下跌，这一降幅超过10%。当然，团购三强的局势将继续保持，但是未来谁才是真正团购老大眼下还真不好说。

（九）打车大战，快的滴滴水火不容

在国内的打车软件市场，快的打车和滴滴打车几乎垄断了整个行业。目前

这两家的占据市场总额达到了 99.13%，其中，快的打车以 53.57% 的比例占据国内打车 App 市场份额第一位，滴滴打车以 45.56% 的比例位居第二。

不过快的和滴滴彼此之间可谓是水火不容，一方的背后是阿里巴巴，另一方的背后是腾讯，同时他们之间的恶斗也是支付宝与微信支付的战争。

快的和滴滴价格战的第一枪是在 2014 年 1 月 10 日正式打响的，当天滴滴打车率先推出了乘车费用立减活动，实施了补贴政策。在此之前，滴滴打车刚刚在 1 月初从腾讯和中信资本筹集到 1 亿美元。

最为惨烈的消耗战阶段是在 2014 年 2—3 月期间，数百万元人民币流入了出租车司机的腰包。据多家新闻网站报道，部分出租车司机载一次客就可获得 100 元人民币补贴，这差不多是一般车费的 5 倍。

从年初烧钱大战开始到年尾，快的和滴滴之间彼此烧钱都已经高达数十亿人民币。然而，他们之间的战役似乎还远没有结束，烧钱大战仍然在继续。

（十）移动搜索大战，百度一家独大

2014 年中国移动互联网的搜索领域似乎和当年的 PC 搜索大战有些类似。先是搜狗向百度发出了挑战，随后阿里撑腰 UC 浏览器推出了神马搜索，360 也毫不示弱，发起向移动搜索全面进军信号。谷歌虽然在 PC 端市场退出了中国市场，但是移动端似乎又在重新向中国搜索市场发起进攻。

不过几场大战下来，百度仍然延续了其在 PC 端上的优势，移动搜索市场份额更是达到了 82.8%，谷歌搜索 5.2%，宜搜 3.8%，搜狗搜索 1.9%，神马搜索 1.7%，360 搜索 1.6%，其他搜索总和不超过 3%。

在主动搜索行为方面，百度搜索用户更青睐手机浏览器和 App，360 搜索和神马搜索用户更依赖浏览器，而谷歌和搜狗（SOSO）搜索用户较依赖手机桌面搜索插件。

整体上看，移动搜索用户注重搜索效率，包括对搜索速度、信息全面度、操作流畅度、结果精准性和操作简易性关注比例较高。从这些方面看来，第二阵营的厂商们仍需"补课"。

第五章
清晰明了的发展轨迹

　　作为一个行业的发展史，一般都经历过无数次风风雨雨的洗涤，有着错综复杂、坎坷曲折的发展轨迹。由于互联网金融从产生至今历史还不长久，特别是在中国主要就是近几年火爆起来的，所以互联网金融模式的发展历程相对其他行业而言，其发展轨迹还是较为清晰明了的。

第一节　互联网金融模式在中国的发展阶段与轨迹

一、我国互联网金融模式的发展阶段

（一）中国互联网金融模式发展要经历三个阶段

近年来，互联网与传统行业结合改变了诸多行业的发展态势，金融业也不外如此。"余额宝"等为代表的互联网金融产品在 2013 年大放光彩，微博、微信频频触及金融互联网巨头，与金融企业的深度合作正在改变着行业的发展态势。互联网金融的未来将走向何方，西南证券研究与发展中心业务总监许维鸿先生做客财苑社区时指出，中国互联网金融的未来发展，要经历渠道为王、产品为王及寡头垄断三个阶段。

第一阶段即现阶段是渠道为王阶段。在以往政府信用背景下，中小企业融资需求和广大居民的理财需求，一直存在金融服务不足的现象，所以互联网金融一诞生，就具备了相当强的市场竞争力和话语权。

第二阶段是产品为王。其代表事件是"金融天猫"出现，即专业的网络信用链条平台出现。此时，金融服务的供需双方能直接沟通。监管机构也能要求经营者在整体上控制信贷风险。在存量资产证券化大背景下，现在理财市场商业银行"大而标准"的服务，将被互联网金融"小而美且有特色"的服务所取代。

第三阶段是寡头垄断阶段。互联网技术革命带来的低门槛竞争，不可避免的成本负担，最终将把新兴的各种"金融天猫"投融资平台，整合成少数几个金融寡头。换言之，经过互联网的洗礼，金融市场将比没有互联网技术的时代更加集中、垄断。参照欧美市场，中国市场的数量最终不会超过 15 家。这个过程长则需要二三十年，短则五年到八年。

（二）我国互联网金融模式已经历的主要发展阶段

互联网金融虽然已经成为一个耳熟能详的名词，但是任何事物的发展都不是一蹴而就的，互联网金融也经历了一个漫长的过程，下面我们总结了一下我国互联网金融模式已经经历过的发展历程。

第一个阶段是 2005 年以前。这一阶段属于萌芽初级阶段。在这个阶段，互联网金融主要体现为互联网为金融机构提供技术支持，帮助银行在网上开展业务，还没有出现真正意义上的互联网金融模式，也就是有些专家划分的辅助传统业务阶段、电子业务阶段、网络初期阶段。

第二个阶段是 2005—2011 年，这一阶段属于开始正式启动阶段。在这一阶段，网络借贷开始小规模在互联网出现，第三方支付机构逐渐成熟，互联网与金融的结合开始从技术领域深入金融业务领域。这一阶段的标志性事件是 2011 年人民银行开始发放第三方支付牌照，第三方支付机构进入规范发展的轨道。

第三个阶段是 2012—2014 年，这一阶段属于全面模仿欧美国家与中国自身疯狂发展阶段。2013 年被称为"互联网金融元年"，是互联网金融得到迅猛发展的一年。从 2013 年开始，P2P 网络借贷平台快速发展，以"天使汇"等为代表的众筹融资平台开始起步，第一家专业网络保险公司获批，一些银行、券商也以互联网为依托，对业务模式进行重组改造，加速建设线上创新型平台。如果说 2003 年是互联网金融发展的元年，那么 2014 年则是互联网金融快速发展的一年：上千家 P2P 企业诞生，也有上百家 P2P 企业倒闭或跑路，其他众筹、互联网理财等更是风起云涌。

信息网络技术的飞速发展，对金融行业产生了深刻的变革，使虚拟的网络金融网点成为现实，推动金融业务处理的自动化、无人化、虚拟化。互联网企业携带着数据和电子商务优势，以更高的透明度、更广的参与度、更好的协作性、更低的中间成本、更便捷的操作性，深入传统金融领域，改变着传统金融的面貌。

第四阶段是 2015 年及以后，这一阶段属于进入理性发展阶段。如同所有新生事物的出现一样，互联网金融同样经历了一个由担心到追捧到理性的过程。随着人们对经济新常态的认识的深入，互联网金融也从喧嚣进入沉淀、进入理性思考的阶段，互联网金融如何服务于实体经济，如何有效地防止互联网金融成为少数人理财的工具，这是一个重要的节点，它包括新兴的金融行业人口健康地成长，能否真正成为推动国家金融体制改革和创新的重要力量，能否真正让更多的企业、创业者享受便利而有效的金融服务。

这一阶段属于进入理性发展阶段的最明显表现，就是将2015年定为互联网金融监管元年。经历2014年的"野蛮"生长后，2015年互联网金融将迎来监管元年已是业内业外共识。中国支付清算协会副秘书长王素珍3月在第二届互联网金融全球峰会上表示："2014年互联网金融监管留下的悬念，在2015年会得到明确答案，2015年将成为真正的互联网金融监管元年。"实际上，2014年3月，李克强作政府工作报告时，就曾在"促进互联网金融健康发展"之外，明确表示：完善金融监管协调机制，密切监测跨境资本流动，守住不发生系统性和区域性金融风险的底线。在外界来看，守住底线即意味着国家对互联网金融的监管将更严格。

新近接管互联网金融业务的央行副行长潘功胜，就在2014年年底中国支付清算与互联网金融论坛上表示，央行正在牵头制定《关于促进互联网金融健康发展的指导意见》，将坚持适度、分类的监管原则。据媒体报道，由央行牵头的上述意见历经一年多的反复修订后，有望在2015年正式发布。

据媒体报道，央行牵头制定的促进互联网金融健康发展意见将坚持适度、分类的监管原则。包括在监管规则和框架的设计上坚持开放包容理念。还有公平性，防止监管套利。不论金融机构还是互联网企业，标准应大体一致，不应该对不同市场主体有不同政策。一些业务从线下搬到线上，按照现有规则进行监管，并在实践中完善。正确理解自律与监管的关系，监管部门与从业机构之间保持良好沟通。金融管理部门需要主动加强沟通，坚守业务底线，合规经营、谨慎经营。每项业务要遵守一定的业务边界，比如在网络借贷领域，不能搞资金池、不非法吸收公众资金等。

由此可见，中国互联网金融的春天来到了！

二、我国互联网金融模式的发展轨迹及原因

（一）2013年之前我国互联网金融模式的发展概况

从广义互联网金融模式的角度，包括传统金融服务的互联网延伸模式，包

括电子银行、网上银行、手机银行以及智能 App 应用等。从狭义互联网金融的角度，包括互联网金融服务模式和金融的互联网居间服务模式。前者包括互联网基金、保险销售、网络小额贷款等，后者包括第三方支付平台、P2P 借贷以及众筹融资等。

从广义互联网金融模式发展轨迹看，1998 年招商银行率先推出网上银行，网上银行至 2013 年已经经历了 15 年的发展。特别是近年来随着智能手机和平板电脑等智能终端的普及，电子银行不断推陈出新，从最基础的查询功能发展到转账、支付、汇款、换汇等各种业务多元化发展。如今手机银行随着通信技术的革新进步和终端性能的提升，更多地开始推行 O2C 模式。从一开始对于电子银行的质疑，到今天电子银行已经成为我们生活的一部分。

下面，主要从狭义互联网金融模式的角度，包括互联网金融服务模式和金融的互联网居间服务模式，进行探讨和介绍。

1. 金融的互联网居间服务模式

（1）第三方支付平台。

结算方式按照支付程序分类一般可以分为：以现金结算、票据结算为代表的一步支付方式；以信用证结算、保函结算为代表的分步支付方式。第三方支付根据支付程序分类划分，归类为分步支付方式。第三方支付，就是与各大银行签约，并具备一定实力和信誉保障的第三方独立机构提供的交易支付平台。

2010 年 9 月，央行颁布《非金融机构支付服务管理办法》，采取发放"支付业务许可证"的方式规范第三方支付市场发展。《非金融机构支付服务管理办法》对第三方机构的注册资金、盈利状况、股权结构、备付金作了明确规定，并且规定了罚则，从法律上对第三方支付平台予以规范和认可。第三方机构走上规范化发展的道路，也打开了第三方支付平台的巨大市场。从此，第三方支付平台不再仅限于网络购物，开始走向日常生活支付、企业支付、保险、基金和教育等支付领域。2012 年 1 月，央行再次颁布《支付机构互联网支付业务管理办法》，以此为契机，为互联网金融的发展奠定了重要的基础和先行条件，也使得互联网金融服务变得可行。如今，随着第三方支付平台的快速发展，竞争日益加剧，第三方支付平台不断推陈出新，经过两年的积极布局、业务探索，第三方支付平台从 PC 端的互联网支付开始进入移动互联网支付领域，从境内支付开始进入境外支付领域。第三方支付平台正在进入一个多元化快速发展的阶段。

（2）P2P借贷。

P2P借贷是一种个人对个人的借贷模式，脱离了传统金融机构媒介的信贷模式。客户分为投资方和借贷方。投资方出借资金，可以获得比传统理财产品更高的资金回报。借贷方可以更方便和低成本地获得资金。双方在P2P网络平台注册，借贷方发布信息，包括借款金额、年化利率、保障方式、还款来源、还款期限以及详细的借款说明，俗称发标。投资方根据自己的投资周期、投资金额、风险偏好、投资经验选择借款方投资，俗称投标。一旦投标金额达到借款方金额，交易即达成。投资方开始计息，借贷方进入还款周期。

P2P网络平台更多的是起到一种中介作用，这一模式有如下特点：第一，门槛低。首先，对投资者身份没有要求，只需要注册成为网站用户。其次，借款人申请也并不复杂，完全是标准化流程，按步骤逐步做即可。最后，投资门槛低，多数平台投资者最低投资金额只需要50元。第二，P2P网络平台只起到中介作用，投资、借贷双方更类似于撮合成交，资金更多是通过银行划转，平台并不直接经手资金。第三，投资方单笔投资金额小，可以分散投资风险。对于投资方来说，可以将本金分成多份，投标不同的借贷方，即使单个借贷方出现违约，也不会影响全部本金安全，适当地分散了投资风险。

全球首家P2P平台是2005年英国运营的Zopa公司。我国最早的P2P网贷平台——宜信财富成立于2006年。经历两年的快速增长，现在我国P2P平台已经超过400家。近两年P2P网络平台交易额也出现爆发式增长，P2P也越来越被普通百姓接受，作为一种备选理财方式。

按照对信用风险控制程度的不同，我们将国内P2P借贷平台分为三类：第一类，对风险控制程度要求严格。对借贷方要求抵押，审核严格，收取费用高，对投资方提供担保，比如宜信。第二类，风险控制程度偏弱。除借贷方审核、认证、评级，但是无抵押、无担保，倡导分散投资，降低投资风险，收取费用低，不对投资方本金作担保，如拍拍贷。第三类，风险控制程度居中，对借贷方进行实地考察，贷前审核严格，贷后监管完备，同时对投资方进行担保，如人人贷。

（3）众筹融资。

大众筹资，项目发起者在网站上展示项目，宣扬理念、创意，吸引认可的投资人进行筹资支持项目的开展，产品的研发以及创意、理念的实现。通过产品化实现利润，投资人占有一定比例的分红回报或者股权回报。这种实现形式类似于线上版本的天使基金和股权投资基金的结合体。

2009年4月成立于美国的Kickstarter公司，截至2012年末，通过设立众筹平台网站，已经为制作音乐、电影、游戏、科技创新，产品设计研发等2.4万个项目筹资2.5亿美元，共吸引200万名投资者。美国也于2012年4月通过了《促进创业企业融资法案》，承认互联网股权投资的合法地位。

我国由于法律和监管原因，为了防范非法集资以及金融诈骗，暂时不认可美国的众筹模式。但是我国的互联网企业，改良、创新、发展了众筹模式，把其发展成为一种类似于团购的新形式。不允许以股权或者资金作为资本回报，更不能向支持者承诺资金收益。以实物、服务或者媒体内容等作为回报。把外国众筹的股权投资模式变成购买行为。解决了美国众筹模式在中国非法的问题。同时我国的互联网众筹网站也规定，不做公益、化妆品、酒类、房地产项目，以符合国家宏观政策。

现在我国比较有名的众筹互联网网站，有点名时间、追梦人、众筹网等。根据众筹网官方网站显示，截至2013年，该平台已经完成项目总数389个，支持人数6.2万人，累计筹集资金1 854万余元。众筹模式经过改良发展，已经在我国开始生根发芽，作为一种新兴金融模式，将会吸引越来越多的投资者参与其中。

2. 互联网金融服务模式

（1）互联网基金。

2013年互联网金融的兴起，打破了银行存款利率单一的垄断局面。仅仅用了7个月时间，天弘基金宣布余额宝规模突破2 500亿元，开户规模突破4 900万户，传统的现金管理格局正在被打破。随着余额宝产生的"鲶鱼效应"，引得越来越多的机构开始追随，传统的基金公司、互联网巨头企业开始纷纷推出属于自己的在线现金管理产品，紧锁客户闲置资金、零散资金，化零为整，各类创新性互联网基金不断推出，使得现金管理市场也开始变得异彩纷呈。

第一类，支付功能性产品。代表产品如阿里巴巴余额宝、苏宁零钱宝。阿里巴巴余额宝作为一款开创性产品，不但引发了互联网金融的火爆，还实现客户储备资金增值，同时也帮助天弘基金完成管理规模的突变。集余额增值、资金周转以及支付功能于一体，余额宝已经成为互联网金融的标志性产品。苏宁紧随其后推出零钱宝,同样可以用于苏宁易购购物、生活缴费、信用卡还款。并且依托自身全国1 600余家实体店面,提供客户答疑、线下产品推介以及操作指南等客户服务,成功地将互联网金融产品带到线下进行推广、销售和服务。

第二类,自力更新型产品。代表产品,如汇添富基金现金宝、全额宝等。传统的基金公司一部分对接互联网巨头,包装自身现金管理工具通过互联网平台线上销售,还有一部分通过自身直销平台推广销售自主创新产品。比如近两年一直致力于现金管理工具创新的汇添富基金,先是开发了可以实现T+0交易的场内货币式基金添富快线,随着互联网金融浪潮的兴起,又与苏宁合作推广现金宝,最后通过自身直销平台,开发推广了全额宝,一经推出,用了30个小时创下了6个亿的天量销售额。不但提升了自身知名度,还让更多人开始关注其旗下其他金融理财产品,可谓一举多得。

第三类,互联网公司自主品牌产品。代表产品,如百度百发、微信理财通。这类产品的特点是互联网公司以自身客户平台为基础,通过与基金公司合作,以资产管理模式挂钩多家基金公司旗下现金管理工具,推广自身品牌的产品。比如我国搜索引擎百度平台,通过自身的客户基础,成立百度理财中心。发行了预期收益达到年化8%的"百发"团购产品,其宣传手段和宣传攻势,引发互联网和金融业巨震,产品也在发售后被迅速抢购一空。其后再接再厉推出"百赚"和"百赚利滚利"等,也受到投资者热捧。

第四类,银行系产品。代表产品,如平安银行的"平安盈"、工商银行的"天天益"等。互联网金融产品的热销,使得银行自身的人民币理财产品业务受到极大冲击。银行也作出正面迎击,改革自身人民币理财产品,增加取现的灵活性,推出了新一代的现金管理工具。但是银行受制于监管影响,在创新性方面,发展仍然比较缓慢。

(2)线上保险销售。

国内第一家互联网在线保险销售平台是泰康人寿在2000年9月份开启的网络营销渠道——泰康在线。泰康人寿通过引进外国先进保险数据、网络技术,在国内首次实现了保单设计、客户投保、核保、缴费、后续服务的全程网络化,是真正意义上的"在线保险",也是首次使用电子保单的保险公司。泰康在线又开发了"e站到家"电子化自助服务平台,功能涵盖了保单的查询、账户价值的查询、账户的转换、退保操作、撤单退出、投保进度线上查询、已有保单的续期缴费、客户的网上理赔报案、电子对账单申请等,是保险业互联网化的代表性公司。近年来,中国人民保险、中国平安保险等保险业巨头也开始进军互联网线上保险销售。通过互联网平台销售,节省了渠道费用以及销售人员薪酬费用,并且通过网络大数据测算降低了保险成本,使得互联网保险,保费比线下购买保险要低很多。

同时,2013年各大保险公司还进军互联网电商平台,2013年11月11日,在阿里巴巴推行的"双十一"活动中,理财产品成交总额9.08亿元,成为成交额最高的模块。其中,国华人寿获得最大成功,其总成交额5.31亿元,仅靠"国华人寿华瑞2号"一款理财型保险产品,就完成了4.62亿元的销售额。该产品不仅有年化7%的高利率,起点仅需1 000元起,又有保底收益,并且不收取保险初始费、保单管理费、风险保险费等费用,最主要的还包含身故以及全残保障,同时赠送24小时全天候专业家庭电话医生服务,集高收益、保险保障、增值服务为一体,完成了保险理财产品的互联网金融转型,所以一经推出就获得了众多关注和投资者认可。

(二)2012—2013年中国互联网金融涌现四大热潮

互联网金融孕育于2012年,在2013年迅速扩散开来。一时间,学术界、地方政府、互联网公司、金融机构、创业者以及风险投资界纷纷参与到互联网金融的大发展中来。

1. 理论学界及行业组织观察与研究热潮

继中国投资有限责任公司副总经理谢平先生正式提出"互联网金融"这一概念之后,中国金融四十人论坛和上海新金融研究院(SFI)围绕"互联网金融"组织了一系列课题研究、研讨会议及相关培训。2013年5月,上海新金融研究院理事长、国泰君安证券股份有限公司董事长万建华的专著《金融e时代:数字化时代的金融变局》在中信出版社正式出版。2013年8月,由中国电子金融产业联盟、中央财经大学金融法研究所主办的《互联网金融》杂志创刊号正式出版。在学术界,清华大学五道口金融学院、上海交通大学高级金融学院、中欧国际工商学院以及长江商学院等先后设立了专门的互联网金融研究机构。

另外,一些与互联网金融相关的行业组织、自律组织纷纷成立:2013年8

月9日,京东商城、当当网、拉卡拉、用友软件、融360、人人贷等33家单位发起成立了中关村互联网金融行业协会;2013年8月13日,由工业和信息化部信息化推进司司长徐愈担任筹备组组长、原央行科技司司长陈静担任筹备组副组长的中国互联网协会互联网金融工作委员会在北京成立。

2013年,有关互联网金融的研讨会、交流会、培训会可以说是铺天盖地。2013年8月13日,"2013年中国互联网大会"的"互联网金融"分会场爆满,其火爆程度甚至超过了主会场,听众接近1 000人,同时还举行了"互联网金融千人会"的成立仪式。

互联网金融的理论研究、行业组织的设立以及研讨交流会议的开展,对于互联网金融实践起到了一定的普及、宣传以及引导作用。

2. 互联网公司大佬当仁不让参与热潮

在实践方面,阿里巴巴等互联网巨头成为互联网金融热潮的"领头羊"。阿里巴巴早就将"平台、金融、数据"确定为集团未来的三大发展战略,由此可见阿里巴巴对金融业务领域的高度关注。2013年6月2日,马云在"2013外滩国际金融峰会"上的一番关于"金融行业需要搅局者"的言论,可以说是吹响了互联网公司全面进军互联网金融的"号角"。阿里巴巴在金融领域全面布局,例如,支付宝、阿里小贷、在线保险营销、余额宝等,目前已经取得了令人瞩目的突破及业绩。

紧接着最先涉足金融业的互联网公司是搜狐。2002年4月17日,搜狐宣布与国联证券有限责任公司联合成立合资公司,致力于在线金融证券交易技术服务。该合资公司注册资金5 000万元,搜狐拥有51%的股份。由于受到当时互联网技术水平、金融监管等方面的制约,该合资公司后来没能真正运作和发展起来。但对于互联网公司来说,这是一次有意义的探索。2013年,搜狐开始重新探索、谋划在新的环境条件下拓展网上理财产品营销等互联网金融业务。

腾讯等其他互联网公司也纷纷介入互联网金融领域。2013年8月1日,华夏基金旗下的"活期通"正式推出"微理财"(即微信交易功能),4亿微信用户足不出户,通过微信就能实现基金买卖、现金存取,既方便又快捷。这意味着腾讯与华夏基金开展合作,首次开通微信交易渠道,充分借助微信用户来推动现金理财服务从传统渠道向移动互联网金融领域的转移。

京东商城则在2013年年初确定了"自营电商、开放服务和数据金融"三大未来发展规划。在2013年7月召开的平台合作伙伴大会上,刘强东称京东已经成立了金融集团,未来将发展POP开放平台(第三方卖家入驻业务)。在此之前,京东上线了"供应链金融"服务,初次尝试互联网金融业务。"供应链金融"的本质是,利用京东自身的信用和规模为商家做担保,使商家能够便利地从银行贷款,而非拿商家的货款去放贷。这些贷款基本上都是不超过1个月的短期贷款,贷款年化利率一般都低于10%。京东商城财务副总裁范微曾经明确表示,京东商城未来也将提供小额信用贷款、流水贷款、联保贷款、票据兑现、应收账款融资、境内外保理业务等金融服务。按照刘强东的规划,未来互联网金融业务将成为京东商城新的增长点,同时与开放平台一起打造完整的"京东生态"。

百度也开始在互联网金融领域布局。2013年1月17日,百度与中国平安集团共同签署了JBP(Joint Business Plan,联合发展计划)战略合作协议,双方将在数据研究、消费者洞察、品牌建设、产品创新、营销模式等领域开展多层次、立体式的合作。针对此次JBP战略合作,百度副总裁王湛表示:"JBP是百度对互联网商业模式所进行的大胆探索,它完全以客户需求为导向,在合作过程中,双方能够更好地整合及配置资源,提升效能。此外,百度与平安将进一步深化在数字营销领域的探索,深度挖掘消费者需求,打造全新金融品牌的互联网营销模式。"8月底,百度金融测试版上线,意在争夺金融产品搜索入口。从目前可见的部分来看,百度金融已经可以支持车贷、房贷、消费贷款、经营贷款以及信用卡搜索。10月下旬,百度又与华夏基金先后推出"百发""百赚",受到了市场的高度关注。

截至2013年8月底,在国内互联网公司中,腾讯、百度、阿里巴巴、新浪、网易、盛大6家企业都已经推出了自己的支付工具。2013年7月18日,新浪正式发布"微银行",将通过微银行涉足理财市场。此外,消费者在微银行还可办理开销户、转账、汇款、信用卡还款等业务。由此可见,国内主要的电子商务公司以及互联网门户网站基本上都已经介入互联网金融领域,甚至连苏宁易购都开始涉足货币基金等投资理财产品领域。当然,由于金融牌照管理以及人才储备等方面的原因,互联网公司目前更多地采取与金融机构合作、联盟的方式来拓展互联网金融业务。

3. 金融机构也纷纷"触网"热潮

"传统银行如果不改变,你们就是21世纪快要灭亡的恐龙。"正是比尔·

盖茨的这句话深深地触动了招商银行原行长马蔚华，并为他带来了革新的动力。招商银行是中国最早"触网"的商业银行之一，于1999年推出"一网通"，并以此为基础逐步构建了包括自助银行、电话银行、手机银行等在内的网络服务体系。马蔚华认为，互联网金融本质上应该是一种更民主、更普惠的大众化金融形式，互联网金融与传统银行有很大的合作空间。马蔚华指出，在融资领域，网贷平台客户量庞大，但是资金有限，无法吸存，而银行资金充足，但受成本限制，触角难以延伸至长尾市场，合作可使整个金融覆盖面扩大；在支付领域，传统支付量很大，对于末梢的第三方支付，银行难以顾及，合作后，在一定程度上可以助力银行支付媒介的职能，使其从现实世界延伸到网络世界的各个角落。

在2013年6月2日召开的"2013外滩国际金融峰会"上，交通银行董事长牛锡明对马云"金融行业需要搅局者"的言论作出了回应。他指出，互联网金融是未来发展的方向，互联网金融的发展会彻底颠覆传统商业银行的经营模式、盈利模式、服务模式和生存模式，这就需要银行作出变革。在变革的过程中，应该向互联网学习。一个月后，牛锡明又对话新浪财经，畅谈了他眼中的互联网金融和未来银行业的发展方向。他甚至预言在不久的将来，密布的银行营业网点可能会缩减，营业网点将不再有现金柜台。但他也断言，商业银行不会消亡，互联网金融要真正取代传统意义上的商业银行，还受制于诸多主客观因素。牛锡明认为，未来的银行发展模式包括零距离银行、智慧银行和全功能银行。根据他的设想，传统商业银行转型互联网金融，在实现路径方面主要分三步走：第一步是依托互联网建立支付中介平台，开展与其他资质良好的金融机构、通信运营商、第三方支付公司、企业等的广泛合作，通过丰富平台服务内容，向用户提供一站式的支付服务；第二步是建立信用中介平台，为资产管理业务服务，金融产品将以电子渠道为主要的销售渠道；第三步是建立信贷中介平台，从小额信贷做起，推进实现小微企业和个人通过信用积累获得资金支持的渠道，为其提供互联网金融服务。通过整合挖掘企业和个人的数据及信用记录，实现对资金流、信息流、物流"三流合一"的综合管控，降低风险并提高互联网形式下的融资服务能力。牛锡明的表态和对话显示出商业银行等金融机构直面来自互联网金融的挑战的信心。

2012年以来，商业银行在原先广泛运用互联网技术的基础上，不断探索互联网金融发展的新模式。2012年6月28日，中国建设银行以专业化金融服务为依托的"善融商务"正式上线,这是银行业首个电子商务金融服务平台。"善融商务"下设企业商城和个人商城,融资金流、信息流及物流为一体,为客户提供信息发布、在线交易、支付结算、分期付款、融资贷款、资金托管、房地产交易等全方位的专业服务。截至2013年6月末,推出一年左右的"善融商务"的注册会员数已经突破150万,交易额接近100亿元。

2012年,交通银行推出新一代网络商城"交博汇",该网络商城分为"企业馆""金融馆""商品馆"及"收付馆"。2012年7月23日,交通银行与阿里巴巴共同宣布推出"交通银行淘宝旗舰店",这是国内银行业首度与淘宝网合作,淘宝网用户可以直接购买交通银行提供的各类产品及服务。"交通银行淘宝旗舰店"首期开放的内容包括贵金属、基金、保险、个人与小企业贷款、贵宾客户服务、借记卡等。用户可在线浏览交通银行的各类贵金属产品,并通过支付宝下单购买,同时还可以在线咨询、在线预约等。2013年9月17日,交通银行在上海召开新闻发布会,正式宣布推出两种业界领先的金融创新产品——太平洋可视卡和第二代手机银行,这两种产品均体现了信息技术以及移动互联网在金融领域的最新运用成果。

2013年,民生银行开始实施"小区金融"战略,以小区智能超市为核心,打造便民金融服务圈,同时利用微信和手机短信等渠道,以及理财POS(销售终端)、移动作业PAD(平板电脑)以及VTM(视频柜员机)等设备,为小区居民提供全面的家庭金融服务。2013年9月16日,民生银行与阿里巴巴在杭州签署战略合作协议。双方此次的战略合作,除了清算与结算、信用卡业务等传统业务的合作外,理财业务、直销银行业务、互联网终端金融、信息技术等也是合作的重点。

证券公司是国内最先开展互联网金融业务并形成一定规模的金融机构。现在,互联网已经成为客户交易证券、获取信息的主要方式。德邦证券于2013年在淘宝网开设了"财富玖功品牌店",建立了微信公众平台,尝试与互联网金融相关的资产证券化业务,目前正在规划在线投资平台。国泰君安证券进入了央行的支付系统,开通了证券账户消费支付功能,并设立了专门的网络金融部。网络金融部定位于公司互联网产品的设计者,推动传统金融业态与现代互联网商业思想的融合,打造基于综合理财的金融产品销售平台与投资顾问服务平台,探索现有商业模式的创新及突破。除国泰君安证券外,海通证券、光大证券、安信证券、华创证券等也纷纷开通了证券账户消费支付功能,一些证券公司先后自建或合作开设了网上商城。我们相信，2013年法律法规对证券非现场开户以及网上开户的放开，必将促进证券公司在互联网金融领域的大发展。

就基金业而言，原先名不见经传的天弘基金无疑是当前基金界最大的互联网金融赢家。对于天弘基金来说，余额宝的推出可谓"名利双收"，公司的品牌知名度、管理基金的规模、客户数量、公司的管理费收入以及人员素质等都上了一个新台阶。媒体以及金融圈曾经有一些说法，认为天弘基金并没有从余额宝中得到多少实实在在的利益，纯粹是"赔本赚吆喝"。其实这些认识是存在偏差的，并不符合实际情况。基于余额宝带来的"鲶鱼效应"，华夏基金等基金管理公司纷纷开始谋求在互联网金融领域的新突破。

在保险公司拓展互联网金融业务方面，平安保险无疑是领先者：2000年8月18日，着手打造PA18网络销售平台；2012年9月，投资4亿元人民币创办了陆金所；2013年4月16日，与支付宝合作，为快捷支付用户提供保险服务；携手阿里巴巴、腾讯等成立众安在线等。新华保险于2013年6月1日发布公告称，该公司董事会同意设立全资子公司——新华电子商务有限公司，注册资本为1亿元人民币，注册地暂定为北京。2013年9月26日，太平电子商务有限公司在深圳正式开业。该公司将把中国太平保险集团及其所属的四家子公司的网站整合为统一的中国太平官网，以官网在线商城模式、电商渠道合作模式协同发展为基础，为客户提供多品类综合保险服务，创造舒适便捷的投保体验，并计划于2014年年初为客户提供一站式的互联网保险服务。另外，中国人寿保险公司等保险业巨头在互联网金融方面已经有所行动，同时在积极寻求未来的发展机会。

4. 互联网金融创业与投资最活跃、最有生气的热潮

互联网金融的美好前景点燃了人们特别是年轻人的创业热情。数年来，尤其是在2013年，互联网金融领域的创业公司更是如雨后春笋般涌现出来。各种政策监管的风险，金融机构及互联网巨头的强势出击以及来自各方面的不确定性等障碍并没有挡住互联网金融创业者的步伐。客观地说，这一波互联网金融的创新热潮与来自金融监管机构、风险投资基金，以及以上海、北京为代表的地方政府等各方面的支持与推动密不可分。

互联网与传统产业的融合培育了一些新产业，也成就了不少企业。在这些成功企业背后，活跃着PE（私募股权投资）和VC（风险投资）的身影。金融

业是目前规模最大、利润水平最高的产业,这一轮互联网金融热潮的涌动,得到了PE和VC的极大青睐。相关投资者纷纷涌入互联网金融领域,支持创业者和创业企业的发展。互联网金融的发展吸引了PE、VC的参与;而PE、VC的涌入又进一步推动了互联网金融的发展。

从上面的分类可以看出,不同行业、不同企业与互联网之间的联系存在一定的差异。对于那些处于重塑型行业、互联网络适应性较强的企业来说,互联网的冲击和影响非常大,但其带来的机遇十分诱人,这些企业拓展互联网业务可以说是一个必然选择。与很多行业相比,金融业无疑是一个与互联网发展密切相关的行业。借助互联网,金融业可以取得更大的发展。由于金融业为客户提供的产品和服务的数字化程度非常高,同时金融产品和服务的提供又不需要实体配送,因此金融业与互联网是一对最佳组合,堪称"孪生子"。

除了B2C以及B2B行业的互联网适应性外,随着互联网技术的发展,以及客户对互联网的熟悉、认可和接受程度越来越高,相信未来互联网金融领域的C2C(个人对个人)、C2B(个人对企业)业态会逐渐发展起来,阿里巴巴等互联网公司将会把自己在C2C、C2B的探索延伸到互联网金融领域。在未来的互联网环境中,客户与客户之间、客户与金融机构及从业人员之间会直接进行金融交易,或者寻求个性化的支持和帮助。

(三)2014年雨后春笋般的各类互联网金融产品和平台涌现

2013年,一定有人问过你:"钱存余额宝了么?"而到了2014年,一定有人问过你:"知道互联网金融不?"可能会有人要问你:"你的钱投在哪个互联网理财平台呢?"近一年多,包括支付、理财、众筹、消费等功能在内的各类互联网金融产品和平台如雨后春笋般涌现,玩法不一的营销更是铺天盖地,它们越来越多地占领大众的心智和生活。那么请问,说起互联网金融,2014年你会想到哪些平台?

1. 第三方支付:支付宝

2014年,"支付宝十年账单"是一个精彩的营销案例——"看数字,都说你败家;打开账单,才知道你多持家。"——如此为"剁手党"们找安慰的话语一亮,哪还有败家娘们招架得住支付宝的"知托付"。这一次,支付宝为每个用户提供十年账单,发动用户主动传播,清晰传递了支付宝甚至阿里的特色与价值。

而正是阿里强大用户群成就了支付宝，支付宝在2013年推出的"余额宝"，则让"互联网金融"这一概念家喻户晓。但在2014年，一场银行兄弟间自发联合的"救赎"战打响。国有银行中、农、工、建"四大金刚"统一口径，相继对支付宝快捷支付额度作出了下调，并纷纷推出了自家的互联网金融理财产品。

这固然不能冲击支付宝的江湖地位，但余额宝的收益下降却是不争的事实。在2014年，支付宝发力最大的还不是理财产品，而是O2O。但电商成就的支付宝，在O2O领域却难独领风骚，相反挑战多多。

这一年，支付宝在O2O的布局可谓声势浩大，马云先后投资收购了微博、高德地图、UC等有着移动入口优势的公司，还战略投资了银泰商业，并与各大百货商场联合，线上线下围绕着支付宝+淘宝展开所谓布局。只可惜，支付宝力推的线下淘已随"央妈"号令销声匿迹，最牛的美团却始终不怎么听马云使唤，以至于"三八生活节"却给百度糯米做了嫁衣裳。

2. P2P：有利网

P2P网贷是互联网金融的原点。虽然国内信用体系不完善，但也没阻挡住人们的热情。从借贷到网络理财，从货币基金到情境理财，用户都乐意尝试，有多疯狂呢？看看增长最快最稳的有利网就知道了，在2014年，有利网营业额从3.2亿元做到了逾60亿元。

按照有利网CEO刘雁南的说法："有利网已经进入了一个业务规模以几何级数增长的高速发展期。"如此快的增长速度，除了能直接证明用户的热情高涨，起码还说明两个问题：一是有利网确实安全，否则要是个大骗子，别说60亿元，有几千万元可能就找不到了；二是说明有利网确实有利，否则如何会吸引这么多的人——240万人来平台投资。

近期，有利网的"百万人生计划"可谓做得风生水起，在业内都引起了不小的轰动。活动聚集了超强人气，有利网也借此机会在2014年年底给平台用户送出了真金白银的福利，并通过这次活动，进一步挖掘用户需求，完善产品升级，竭力提升着平台用户的体验。

有利网线上的投资端是直接面对投资者，线下的项目端则对接筛选出来的优质小贷公司，由小贷公司供应项目。在此前提下，第三方平台有利网是个严格的裁判者。这类似于团购网站的运作：线上直接对接消费者，线下则依靠商务拓展团队寻找合作商家，由商家提供团购项目。分散的业务模式让借款人在地域和行业都分布均匀，每笔投资都被分散到不同项目上；同时，有利网与第三方专业机构合作进行信贷评估和审核，引入全球领先的 FICO 风控模型，并有对突发意外损失的代偿能力。

由此，有利网构建起安全的边界，令其投资安全性成为主要卖点，吸引广大用户。有利网所图的是"稳"，通过薄利多销站稳脚跟，反而给用户带来了源源不断的"利"。平台稳定的高收益和低风险，为有利网积累了不少口碑，2015 年将迎来一个口碑发酵的机遇期。有利网能否借此东风再飞上更高台阶，大幅度加快平台发展的速度，进一步提升打造知名度，值得拭目以待。

3. 平台业务：京东众筹

与其他金融产品不同，众筹的玩法可谓"大不同"。京东众筹就是把营销玩出了"花"的人，从众筹周鸿祎的书开始，就在利用名人效应，达到传播平台的目的。而最近热闹的"众筹航班"，实质就是一个促销活动，却惹火了网络。

如果告诉你参与一个低价团购，有机会获得春节期间一个免费头等舱的抽奖机会，估计你没啥兴趣。若是借助"众筹"与"航班"结合，虽然不符合众筹参与者有份的原则，但是吸引力和诱惑都如此之大，你又如何不心动呢？

其实，国内的众筹平台玩法大致如此，京东众筹上就是有各种类似团购、预售的项目，但是凭借京东的用户数量，项目方愿意参与其中。而京东则更能借此吸引眼球，制造新鲜感，给用户不一样的体验。

说白了，商家就是愿意打这种新奇的广告，充分借用了"众筹"名分。让大家都很嗨，就不必深究是不是广告了。不过，我们相信真正的股权众筹早晚会放开，希望"众筹"这个词没有被过度消费，也期待京东众筹走到彼岸。

4. 互联网银行：前海微众

一开年总理就去了前海微众银行，这家腾讯旗下的银行自诞生之日就拥有互联网银行的清晰定位，所有存贷业务都在线上完成。新概念加上"新常态"下的领导关注，你不想记住它都难。

没有网点和柜台，获客、风控都通过互联网来实现。一个只存在于"线上"的银行，如何安全？微众银行借助腾讯大数据，明确借贷人的信用水平，依靠人脸识别技术，确保借贷人身份真实。

微众银行也曾透露一些构想，如"刷脸"开户、无抵押信用贷款、一元钱起存起贷等，玩法还不少，能实现吗？其实从技术上看，微众银行只要能达到保护投资者的目的，通过其他办法解决面签问题并非不可。如果面签可以打破，那么网络信用卡、网上风险测试等一系列难题就可以打破，创新产品将会层出不穷。

前海微众银行最大的优势是依托腾讯 QQ、微信等现有的移动互联网导流入口和潜在客户群。大数据来源于此，用户信赖也取决于此，因此，微众银行短时期内还难以被复制，有能力的几家大公司，基本上已经锁定。2015 年，竞争会在百度、阿里、京东一类企业中展开。

谁更能赢得追求简单、快捷，具有互联网偏好的"数字一代"的客户群呢？2015 年，或许能初见端倪。

5. 网上银行：招商银行

自从有了余额宝，银行真的把互联网当回事儿了。而招商银行在余额宝出现前，已经早早布局互联网和移动互联网：第一个开通微信服务号，第一个开发 App……绝对处于网上银行第一梯队。

2014 年，招行居然与某手机厂商合作推出"一闪通"产品，不仅能够通过手机进行大额、小额安全支付，还能够通过手机办理 ATM 存取款和网点业务等，也是全球首款基于手机的涵盖线上、线下、大额、小额等各种应用场景的全功能移动金融产品。用手机不用卡，实现全部银行功能，这种土豪般的"霸气"，显示出招行面对移动互联网时代的决心。

准确地说，招行是在发展移动金融，并且希望将其往平台业务打造。招行为了推移动端，也开始耍点绑架用户的歪招：不用客户端看不了消费明细。引得舆论一片诟病，却没有在多大程度上撼动用户，招行能不被人记住吗？

由此横看整个互联网金融，2015 年充满无限遐想和预期看点：首先，总理助阵将会加快政策面松绑和适度规范；其次，用户需求旺盛，用户习惯也已经被培养起来；最后，各个领域的第一拨占位结束，而创新业务还在接踵而至。

总之，强风劲起，"站在风口上的"都有机会飞上一把，那么多互联网金融平台，谁会飞得更高、更远、更久，却还有许多不确定性，2015 年，我们一起热切期盼，冷静思考吧。

（四）我国互联网金融模式快速发展的原因

互联网金融在中国出现并呈现加速发展的态势，主要原因可以归结为三个方面。

1. 互联网相关的信息技术快速发展

这是互联网金融模式快速发展的前提原因。与互联网相关的信息技术在国内发展得非常快，网速的提高，网络安全性的加强，移动互联网、大数据、云计算的发展等都为互联网金融在国内的发展提供了支持。而伴随着互联网的发展，国内互联网公司在发展规模、竞争力以及成熟度等方面均有大幅提升，已经具备了"搅局"金融业，推动互联网金融快速发展的实力。

2. 与中国的金融环境密切相关

这是互联网金融模式快速发展的根本原因。多年来，中国的金融业基本上由银行主导并垄断，金融机构的创新能力以及服务意识较弱，银行等主要服务于国有大中型企业和政府融资平台等，不愿意为中小微企业以及普通个人客户提供金融服务（或者说金融机构的收益与成本结构不支持，这方面的服务能力较弱）。金融发展与创新被抑制，客户的潜在需求无法得到满足，因此，互联网金融的出现和发展就为中国金融市场的深化、变革以及客户需求的爆发提供了契机。

近年来，互联网金融的迅速崛起挑战传统金融业，尤其是对商业银行的垄断地位和核心业务产生较大的冲击。这也是互联网金融为什么能如此迅速发展壮大的主要原因。正如马蔚华表示，互联网企业之所以能够介入长期以来银行占绝对垄断地位的支付领域，是市场需求和便捷支付特征综合作用的结果。他认为："互联网企业和传统银行在服务客户上的经营态度是互联网金融赢得市场的重要原因。两者在经营逻辑上存在差异，银行讲究的是通过规范的制度流程和严密的风险控制，最大化地提高投入产出效率，而互联网企业则通过提升客户体验尽可能地为客户创造价值，是水到渠成的结果。"

互联网金融发展壮大的根本原因是，传统金融机构对弱势群体的服务明显不足。"当前传统银行由于成本、风险等因素不愿意为中低端客户提供服务，将这类客户归于小众市场，而这正是互联网金融的优势所在。"马蔚华表示，从直接影响来看，互联网金融对银行的职能端、负债端、客户端和盈利端产生挑战。然而，上述挑战仅仅存在于市场份额和业务发展层面，互联网金融对传统商业银行更深层次、更实质性的挑战，则体现在商业模式与思维方式上。

例如，互联网企业正进军融资业务。马蔚华认为，互联网企业能够进军融资领域，是信用数据化的必然结果。信用数据化的核心在于实物抵押演化为虚拟信用抵押，即利用信息流、资金流和社交网络的非结构化大数据，破解融资过程中的信息不对称问题，从而完成信用评估和风险管理过程。

然而，马蔚华亦认为，商业银行在经历了400余年的发展历程后，也形成了很多难以替代的优势，如客户基础大、服务网络广、资金供给多等，未来商业银行和互联网金融在融资、支付等领域仍具有广阔的合作空间。

3. 阶段性金融监管理念的变化和政策调整

这是互联网金融模式快速发展的重要原因。2012年以来，新一届政府十分强调简政放权，进一步释放改革红利，更好地促进中小微企业的发展。在这样的大环境中，金融监管理念出现了变化，监管政策也出现了阶段性的调整。对于互联网金融的监管，"一行三会"（中国人民银行、银监会、证监会和保监会的简称）等金融监管机构表现出支持发展的态度，默许"让子弹飞一会儿"。"众安在线"的获批、互联网保险营销的许可、余额宝的放行、P2P涌现并出现一些风险后并没有被叫停等，都体现了金融监管层对互联网金融发展的支持。另外，国家工业与信息化部等其他一些部委也积极支持互联网金融的发展，这在一定程度上促使金融监管机构对互联网金融采取更包容、更开放的态度。

第二节　中国互联网企业渗透金融领域的演进逻辑与主要模式

在中国，从互联网金融的发展历程来考察，最开始且最主要的生力军，是互联网企业。阐述和研究中国互联网金融模式的发展历程，必须阐述和研究中国互联网企业渗透金融领域的演进逻辑与主要模式。香港永隆银行董事长、招商银行前行长马蔚华先生对此有较深入的探讨和独到的见解。

一、互联网企业渗透金融领域的演进逻辑

实际上，IT企业想做金融业务远非今日才开始。20世纪80年代，比尔·盖茨感觉到与其把IT系统租给商业银行使用，不如自己办银行，但这一想法由于受到当时美国银行业公会对美联储的游说而落空。彼时，盖茨的那句名言深深震撼了银行界："如果传统银行不改变的话，就会成为21世纪一群将要灭亡的恐龙。"如今，互联网企业涉足金融业务已成为热潮，特别是对商业银行的业务进行了全面渗透。

这一渗透历程主要按以下轨迹演进：首先借由蓬勃兴起的电子商务介入支付领域，在积累了大量的数据、资金和客户以后，逐步向融资领域、财富管理和综合金融服务领域渗透。阿里金融正是上述渗透逻辑的完美演绎者。阿里巴巴在2004年凭借支付宝成功解决了网络买卖双方之间信任度的问题，打入了传统银行垄断的支付市场，取得了网上第三方支付的霸主地位，沉淀了大量的客户及其交易数据；基于对客户数据的深入分析，阿里巴巴找到了一条新的风险管理道路，破解了融资过程中的信息不对称，同时充分发挥互联网平台降低交易成本的优势，成立阿里小贷公司介入融资领域，并取得成功，目前阿里小贷已累计为70万客户发放贷款1 800余亿元，不良率不足1%，而贷款年利率达到18%～22%，远超商业银行7%～8%左右的利率水平；与此同时，大量黏性极强的客户，以及客户在交易过程中沉淀的结算资金，为阿里巴巴打开了通向财富管理的大门，2012年，阿里集团推出余额宝，开启了碎片化理财的新时代，目前其规模已突破5 000亿元，用户数超过8 100万户，其对接的天弘基金已成长为全球第三大货币基金。

相似的渗透逻辑在国外同样成立，比如美国贝宝（PayPal）。贝宝目前是全球最大的在线支付公司之一，于1998年12月创立。2002年2月，贝宝成功上市，并于当年10月被全球最大的电子商务在线交易平台易贝（eBay）以15亿美元收购。贝宝以提供便捷、安全的支付服务为基础，通过产品创新、并购以及合作等手段奠定了其在支付领域的领导地位。截至2012年年底，贝宝业务支持全球190个国家和地区的25种货币交易，用户超过1.28亿人，单美国境内就有超过2 000家实体零售店支持贝宝支付；营业收入规模达55.7亿美

元，占易贝总营业收入的39.6%，其中处理支付业务交易额为1 449.4亿美元。通过提供支付服务，贝宝成功绑定了一大批优质的客户资源，并以支付业务服务费和沉淀资金利息为主要盈利来源，提供包括延期付款、买方信贷、信用卡、货币市场基金等在内的一系列金融产品与服务。

分析互联网企业向金融领域的渗透逻辑，其之所以能够介入长期以来银行占绝对垄断地位的支付领域，是市场需求和便捷支付特征综合作用的结果。一方面，以支付宝等为代表的虚拟账户，较好地解决了传统线上支付长期以来无法解决的"钱货当面两清"的问题，增强了网络交易的可信度；另一方面，借助虚拟账户，第三方支付平台进一步整合了各家商业银行的支付网关接口，成为众多商户和众多银行之间的桥梁，在一定意义上形成了"网上的银联"。这种一站式的接入服务，既具备银行网银安全、稳定的特性，又使银行和商户都避免了一对一开设支付网关接口的高昂成本，以高效率、低成本、支持多种银行卡的优势，满足了一大批银行无暇顾及的小微企业和小型商户的支付管理需求。而互联网企业能够进军融资领域，则是信用数据化的必然结果。信用数据化的核心在于实物抵押演化为虚拟信用抵押，利用信息流、资金流和社交网络的非结构化大数据，破解融资过程中的信息不对称问题，完成信用评估和风险管理过程。

二、互联网企业渗透金融领域的基本模式

互联网企业进军金融业务，即狭义的互联网金融，主要包括以下几种模式：

（一）第三方支付

第三方支付最早起源于20世纪80年代的美国，得益于良好的基础设施建设，美国的第三方支付业务发展突飞猛进。美国的网上支付，是在发展成熟的线下信用卡和自助票据交换中心建设的基础上延伸到互联网的，它的前提是信用卡和银行支票已经成为美国用户支付线下交易最熟悉的工具。

在国内，目前第三方支付整体业务发展日趋规范。截至目前，共有250余家第三方支付机构获得了央行颁发的支付业务许可证，电商企业、传统行业集团、互联网巨头、电商运营商、独立第三方支付企业等纷纷完成行业布局。据

艾瑞咨询报告显示，2006—2012年我国第三方支付企业网上支付交易规模年复合增长率高达110%，2012年市场交易规模高达12.9万亿元；预计到2016年，整体市场交易规模将突破50万亿元。按照业务划分，国内第三方支付平台可以分为以下四种类型：一是平台依托型。此类第三方支付平台拥有成熟的电商平台和庞大的用户基础，通过与各大银行、通信服务商等合作，搭建"网上线下"全覆盖的支付渠道，在牢牢把握支付终端的基础上，经过整合、包装商业银行的产品和服务，从中赚取手续费和息差，并进一步推广其他增值金融服务。代表企业包括阿里巴巴集团旗下的支付宝、腾讯集团旗下的财付通、盛大集团旗下的盛付通等。二是行业应用型。此类第三方支付平台面向企业用户，通过深度行业挖掘，为供应链上下游提供包括金融服务、营销推广、行业解决方案等一揽子服务，获取服务费、信贷滞纳金等收入。代表企业包括汇付天下、快钱和易宝。三是银行卡收单型。此类第三方支付平台在发展初期通过电子账单处理平台和银联POS终端为线上商户提供账单号收款等服务，获得支付牌照后转为银行卡收单盈利模式。拉卡拉为其中较为成功的典型。根据拉卡拉公司规划，到2014年年底，拉卡拉的网点要达到10万个，商户要达到100万户，个人终端要达到1 000万。四是预付卡型。此类第三方支付平台通过发行面向企业或者个人的预付卡，向购买人收取手续费，与银行产品形成替代，挤占银行用户资源。代表企业包括资和信、商服通、百联集团等。

（二）移动支付

近年来，随着互联网企业向移动互联网业务模式的不断推进，移动应用商店的快速普及，NFC等近场支付技术的广泛应用，以及消费者对安全便捷移动支付的需求增加，移动支付正在全球范围内迅速增长。数据显示，2010—2013年，第三方支付市场的增速有较明显的下滑，但移动支付市场增速却出现大幅上升的趋势。据来自一家国外咨询公司（Juniper Research）的研究报告显示，伴随着实体商品销售的远程采购和NFC交易带动，全球移动支付交易规模将在未来5年增长近4倍，支付金额将超过1.3万亿美元。目前国际移动支付的市场格局依然未定。美国贝宝2013年移动支付的交易额达到270亿美元，已经取得了先机。但谷歌、苹果、脸谱、移动支付公司、银行、运营商等都来抢食，使贝宝难以安然度日。最为典型的是广场公司（Square）的崛起。广场公司产品的支付原理简单，商家和用户可以免费获得相应的刷卡终端，刷卡费率为

2.75%，远低于信用卡刷卡费率，同时由于其良好的便捷性和丰富的增值服务，备受商家和消费者欢迎。2013年广场公司年处理交易规模达200亿美元，2014年超过300亿美元，目前公司估值超过32亿美元，是2009年年底估值的70倍。

中国移动支付市场上主要有三类参与主体，分别为通信运营商、第三方支付企业，以及银联与银行金融机构。商业模式上也出现三类主体各自主导及合作的多种模式。商业银行目前主要通过和运营商及生产商合作推出支付产品来占领市场，而第三方支付通过开发诸如二维码（腾讯的微信）、声波当面付（阿里巴巴的支付宝移动端）、近端 NFC 等新渠道培养客户新的支付习惯。2012年移动支付标准确定为中国银联主推的13.56兆赫后，移动支付产业发展的不确定性大大减小，进入发展的快车道。据中国互联网络信息中心的数据显示，近年来手机购物、网上银行、手机支付等移动金融相关业务的用户规模增速均超过了80%。其中，手机网上购物的使用率从2011年的6.6%上升至2013年的15.2%，使用人数从2 347万人上升到6 549万人；手机在线支付的使用率从8.6%上升至15.5%，手机网上银行的使用率则从8.2%上升至16.9%。

（三）网络借贷

这是指资金借入者和借出者利用网络平台实现借贷的"在线交易"。网络借贷的认证、记账、清算和交割等流程均通过网络完成，借贷双方足不出户即可实现借贷目的，而且一般额度都不高，无抵押，纯属信用借贷。在国外，网络借贷有以下几种模式：一是以美国普罗斯珀（Prosper）为代表的单纯平台中介模式。普罗斯珀成立于2006年，是美国第一家网络借贷公司，会员超过150万人，累计借贷额4.08亿美元。借款人可以在网站提起2 000~25 000美元的借款需求，投资者针对单个借款人最低借款额度为25美元。通过竞标机制来确定利率，通过分散贷款来降低风险。二是以英国悠帕（Zopa）为代表的复合型中介模式。悠帕成立于2005年3月，是全球首家网络借贷公司。其特点在于：划分信用等级、强制按月还款、雇佣代理机构追债等，较好地控制了风险。三是以美国贷款俱乐部（Lending Club）为代表的借贷与社交平台结合模式。贷款俱乐部成立于2007年5月，使用脸谱、其他社区网络及在线社区将出借人和借款人聚合。出借人可以浏览借款人的资料，并根据自己能够承受的风险等级或是不是自己的朋友来进行借款交易。

我国的网络借贷大体可分为两大阵营。一是基于电子商务的网贷平台。除了"阿里小贷"以外,"京东商城"的做法也很有代表性。京东针对供应商和消费者均提供网络融资服务。针对供应商,京东开发设计了供应链金融和"京保贝"两种模式,前者于2012年6月正式启动,该模式下京东不直接进行贷款发放,而是与金融机构合作,通过提供融资信息和技术服务,让金融机构筛选客户并发放贷款,因此京东只是信息中介,不承担融资风险;"京保贝"模式下的风险管理与资金提供则完全由京东一手包办,原理与阿里小贷类似,都是基于对客户交易类大数据的深入分析之上,区别在于"京保贝"运用了银行保理业务的原理,只要贸易项下单据经过验证,可以实现"三分钟放款"。上述两种供应链金融平台的具体服务内容包括应收账款融资、订单融资、委托贷款融资、协同投资、信托计划等,涵盖了采购、物流和结算等多个环节。针对个人消费者,京东推出了"京东白条",实质类似于银行信用卡消费,额度最高1.5万元,具有30天免息期和相关分期服务,但费率仅为信用卡的一半左右。

二是P2P网络贷款平台。P2P信贷是一种个人对个人,不以传统金融机构作为媒介的借贷模式。它通过P2P信贷公司搭建网络平台,借款人和出借人可在平台进行注册,需要钱的人发布信息(简称发标),有闲钱的人参与竞标,一旦双方在额度、期限和利率方面达成一致,交易即告达成。P2P信贷公司负责对借款人资信状况进行考察,并收取账户管理费和服务费等,其本质是一种民间借贷方式。P2P平台的具体形式有很多,较为主流的主要是以"拍拍贷"为代表的无担保模式和以"人人贷"为代表的有担保模式。在无担保模式下,网络平台不履行担保职责,只作为单纯的中介,帮助资金借贷双方进行资金匹配,是最"正宗"的P2P模式,也是不少国外监管机构唯一允许存在的P2P模式。拍拍贷成立于2007年8月,号称"私人借贷领域的淘宝",已有200万注册用户,2013年拍拍贷线上交易额突破10亿元,较2012年增长4倍,预计2014年交易额继续超高速增长,达到50亿元。在有担保模式下,网贷公司不再是单纯的中介,一方面要对出借人的资金提供担保;另一方面也重视贷后资金的管理,同时扮演了担保人、联合追款人的复合中介角色,这种模式的风险控制力度较大,投资风险比较小,而投资收益也相对较低,代表企业有"红岭创投""人人贷"等。人人贷成立于2010年,3年多来实现快速发展,2013年平台成交量达16亿元,增长340%,注册用户达到50万户,年末还完成了1.3亿美元的融资,刷新了此前美国贷款俱乐部的纪录,成为P2P领域全球最大的一笔融资。需要警惕的是,P2P在发展过程中由于操作不合规、借款人恶意欺诈、平台风控手段不完善等原因，埋下了不小的风险隐患，特别是不少公司已触及非法集资和非法吸收公众存款两大"红线"，还有不少公司采取违规的资金池模式导致流动性困难而倒闭。据统计，目前全国正在运行中的P2P网贷平台共有400多家，已关闭的平台至少55家以上，分析人士表示年内可能会有上百家机构倒闭。鉴于此，人民银行等管理部门已多次警示P2P领域金融风险，并将其作为互联网金融的重点调研和监督对象，以确保规范稳健发展。

（四）众筹融资

这是指通过互联网为投资项目募集股本金，最早起源于美国大众筹资网站凯士达（Kickstarter），该网站将资金供给者由传统的风险投资者扩展到所有大众个体，从而最大限度地拓宽了资金来源。通过4年多的发展，凯士达目前已成为全球最大的众筹资金平台以及最有效率的募集资金平台之一，参与投资项目的人数已经超过了300万人，提交的项目已经有10万个，成功融到的资金为6亿美元。除凯士达外，全球范围内还有很多成功的众筹融资平台。如2011年创办于英国的全球第一家股权融资网站"群集"（Crowdcube）。"群集"鼓励投资者通过购买处于初创期企业的部分股权来为企业融资，成立仅一年时间就累计为企业筹资达256万英镑。当前，众筹融资正成为越来越多的小企业获取资金的首选方式。2012年4月份，美国正式颁布《创业企业融资法案》，为小企业通过众筹方式进行融资奠定了法律基础，未来众筹融资势必将在一定程度上替代传统的投资业务，并掀起一场改变传统投融资模式的巨大变革。我国目前也出现了众筹融资平台，如"点名时间""有利网""追梦网""淘梦网""乐童音乐""众筹网"等。其中，"点名时间"是我国最大的众筹融资网站，自2011年成立起至目前，已发起项目80余个，完成融资项目50余个，成功筹资项目近30个，成功率超过55%。众筹融资的项目选择极为广泛，音乐、游戏、初创企业、应用程序、时尚设计、创意产品等，都在众筹融资的涉猎范围之内。众筹融资的逐渐兴起，不仅为小企业、艺术家或有特殊才华的个人建立了向公众展示他们产品和创意的平台，也为普遍投资者提供了"从加入社区、寻找创意、见证产品从设计到生产的全过程"的一种有别于传统模式的全新体验。可以不夸张地说，众筹融资可能会掀起一场去精英化的大众融资革命。如动画电影《大鱼·海棠》在一个半月内通过网络筹集到158.26万元制作资金，这笔钱来自3 593位网民，最少的给了10元，最多一个网友拿出了50万元。

与此同时，也要看到，众筹融资在短时间内还难以做大做强。这不仅是因为国内对公开募资的限制性规定及"非法集资"的红线限制了众筹性股权的发展，也因为众筹融资项目优劣评判困难、回报率极具不确定性。自2013年下半年以来，以"创投圈""天使汇"为代表的一批针对种子期企业的创业服务平台，以"众筹众投"的模式进入人们的视野，但由于上述原因，目前其参与者还仅限于少量天使投资人和投资机构，涉及金额也相对较小。未来，众筹融资网站要避免出现当年团购网站由于运营模式和内容上的千篇一律，呈现出一窝蜂地兴起，而又一大片地倒下的局面。这就要求众筹融资网站必须坚持走差异化发展的道路。

（五）互联网理财与保险

这里所提的互联网理财和保险有别于借助互联网渠道销售的传统理财和保险，而是既有的金融产品与互联网特点相结合而形成的投资理财产品或保险产品，以余额宝和众安在线为代表。余额宝的创新在于将交易和增值有机结合，实现了碎片资金的理财化。客户将支付宝余额转入余额宝会自动购买货币基金，而且可随时使用余额宝内的资金进行消费支付或转账，相当于基金可T+0日实时赎回。通过这种创新，投资者能将第三方支付工具余额、股票账户余额这类碎片资金全线激活。"基金1元卖"打破了人们对"大额资产的保值增值才是理财"的理解，实现了高、中、低端客户理财的无差异化，受到了年轻人的青睐。余额宝的成功引发了现金宝、活期宝等"百宝"大战，碎片化理财市场异常火爆。众安在线是国内乃至全球第一家获得网络保险牌照的保险公司，主要通过互联网进行保险销售和理赔，目标客户群是互联网经济的参与方，包括互联网平台、互联网服务提供商、电子商务商家、网络购物消费者、社交网络参与者等公司和个人客户。目前专攻责任险和保证险，并且已在研发包括虚拟货币盗失险、网络支付安全保障责任险、运费保险、阿里巴巴小额贷款保证保险等保险产品，这些保险产品具有明显的互联网特征，能够较好地契合互联网用户的保险需求，具有广阔的市场前景。

（六）互联网金融门户

这是指利用互联网进行金融产品的销售以及为金融产品销售提供第三方服

务的平台。它的核心就是"搜索+比价"的模式，采用金融产品垂直比价的方式，将各家金融机构或互联网金融企业的产品放在平台上，用户通过对比挑选合适的金融产品。目前针对信贷、理财、保险、P2P等细分行业分布，互联网金融门户领域已有融360、91金融超市、好贷网、银率网、格上理财、大童网、网贷之家等众多公司。互联网金融门户既不负责金融产品的实际销售，也不承担任何风险，无论是资金流动还是交易签约均不通过门户本身完成。互联网金融门户最大的价值就在于其渠道价值和信息价值。

（七）互联网货币

互联网金融时代将会出现一种新的货币形态，即互联网货币。在传统银行体系下，银行体系是货币的唯一发行与创造者，货币形式也很单一，除了现金，几乎都在银行体系循环。而在互联网金融时代，电子商务则不断创新货币的形式，很多信誉良好、有支付功能的网络社区可以发行自己的货币，称为"互联网货币"。互联网货币将广泛用于网络经济活动，人类社会将重新回到中央银行法定货币与私人货币并存的状态。目前已经出现了互联网货币的雏形，即虚拟货币，如：腾讯Q币、新浪U币、魔兽世界G币、亚马逊币、脸谱币等，其中最著名的比特币目前的流通数量已达1 100万比特币，总值达到20多亿美元。在网络游戏、社交网络和网络虚拟世界等网络社区中，这些虚拟货币被用于与应用程序、虚拟商品和服务有关的交易，已经发展出非常复杂的市场机制。比特币具有没有集中发行方、总量有限、使用不受地域限制和匿名性等四个主要特点，虽然被称为"货币"，但由于其不是由货币当局发行，不具有法偿性与强制性等货币属性，并不是真正意义的货币。由于不具有内在价值，比特币价格经常大涨大跌，有时一天的波幅可高达40%。2013年12月央行联合五部委下发通知监管比特币，导致其价格当天下跌20%。

第三节　我国互联网金融模式的发展现状

要系统了解和掌握互联网金融的全貌，除了弄清楚基础知识和理论概念外，更重要的是要了解乃至吃透当前国内外互联网金融的现实状况。纸上谈兵重要，现实用兵更重要。下面节选投中研究院从商业模式的角度，对互联网金融在国内外现存不同模式及典型企业进行了梳理，同时提供了近5年来我国互联网金融行业融资情况，旨在帮助关注投资这一领域的专业人士带来些思考和启示。

一、我国互联网金融模式现状

（一）互联网支付

在我国，依托互联网的第三方支付企业大致可分两类：互联网型支付企业和金融型支付企业。前者以支付宝、财付通、盛付通为首，以在线支付为主，捆绑大型电子商务网站，发展迅速；后者以银联在线、快钱、汇付天下、易宝支付、拉卡拉等为代表，侧重行业需求和开拓行业应用（见图5-1）。

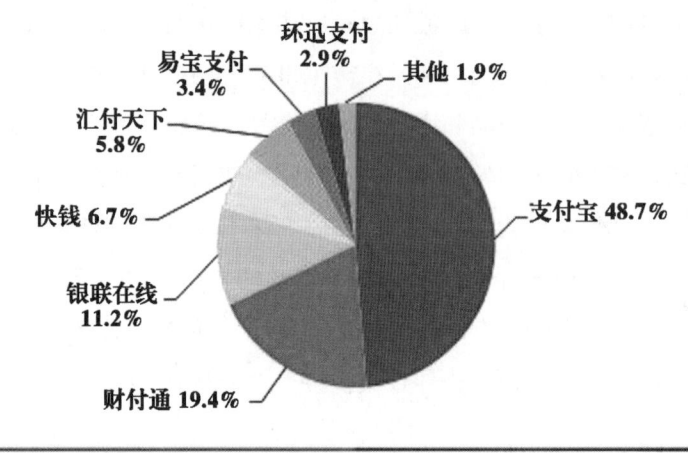

艾瑞，CVSource，2014.05

图5-1　2013年中国第三方互联网支付核心企业交易规模市场份额

据统计，在过去5年中，我国第三方互联网支付市场交易规模呈稳步上升趋势，2014年已达80 761万亿元人民币（见下页图5-2）。主要增长原因在于互联网时代人们日益增长的网络购物和网络理财需求。

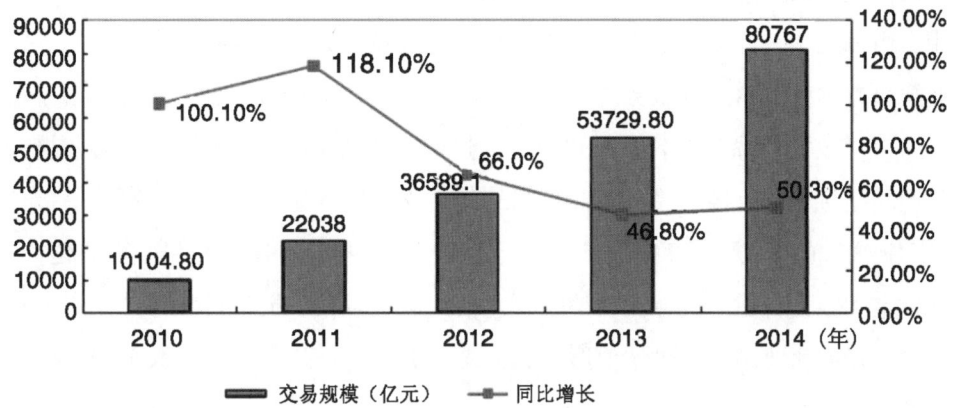

图 5-2 2010—2014 年中国第三方互联网支付市场交易规模

此外,值得一提的是移动支付,它作为互联网支付从 PC 端到移动端的延伸,近年来在国内外发展势头迅猛。移动支付的形式也越来越多样化,出现了手机银行支付,短信支付,NFC 近场支付,语音支付,二维码扫描支付,等等多种在移动设备上的支付方式。

典型企业:支付宝

支付宝,全称支付宝(中国)网络技术有限公司,是国内领先的第三方支付平台,由前阿里巴巴集团 CEO 马云先生在 2004 年 12 月创立,是阿里巴巴集团的关联公司。支付宝的口号是致力于为中国个人和商家用户提供"简单、安全、快速"的支付解决方案。支付宝最初只是作为淘宝网为了解决网络交易安全而设的一个功能,该功能最初为"第三方担保交易模式",由买家将货款打到支付宝账户,支付宝向卖家通知发货,买家收到商品确认后,支付宝才将货款放给卖家,至此完成一笔网络交易。

支付宝的实质是一个虚拟的电子货币交易平台,通过银行实现账户资金的转移,也就是说支付宝资金的转移是通过用户支付宝账户和银行账户来进行的,商业银行为支付宝提供基础服务。目前支付宝向用户提供付款、提现、收款、转账、担保交易、生活缴费、理财产品(主要是保险)等基本服务,相当于一个电子钱包的功能。

支付宝的服务类型目前分为对个人的服务和对商家的服务两种。从盈利模式上看,支付宝目前采取对个人用户免费,以慢慢积累起庞大的用户规模,最终再反过来向商家用户收费的模式。现阶段商户在淘宝上使用支付宝不需要费用，由淘宝统一向支付宝支付。具体来讲向商家提供的服务有：支付产品、行业解决方案以及第三方服务。

（1）支付产品。支付产品可以分为接口类产品和清算类产品两大类。接口类产品指将支付宝接口集成到商户网站，主要包括普通网站接口、平台商接口（B2C 或 C2C 模式）；清算类产品无须集成支付宝接口，用于支付宝账户之间、支付宝和银行自建的资金流转，主要包括大额支付款、批量付款等产品。另外支付宝还向商业用户提供增值服务，如支付宝快捷登陆等；目前大部分增值服务都是免费的。

（2）行业解决方案。行业解决方案主要针对航空旅游、B2C、物流、网游、保险、缴费、无线、公益捐赠等行业需求而开发的个性化解决方案，例如，针对中小 B2C 商户的 COD 专业版（货到付款业务管理平台），商户通过平台向指定的物流公司发送代收货款的发货请求，同时获得代收的货款和运费等资金，最终获得发货回单。

（3）第三方服务。支付宝为商户建造第三方服务平台，进驻的第三方主要包括域名、空间、主机、网站建设软件、系统、网站管理工具等互联网基础服务提供商，为电子商务网站提供基础服务。

截至 2014 年年底，支付宝实名用户已近 3 亿户，其中超过 1 亿的手机支付用户在 2014 年总支付金额高达 38 720 亿元，日均支付量已超过百亿元。支付宝自此成为全球最大的移动支付公司。

（二）P2P 网络借贷

据棕榈树研究员郑会昭所写的"2014 年 P2P 网贷行业年度分析报告"，2014 年中国 P2P 网贷市场发展有了突破性进展，在贷余额超过 1 000 亿元，总成交量也突破 3 000 亿元，同时，综合平均利率下行，而项目平均期限上行，代表这市场回归理性，经营回归审慎。而问题平台数量同样激增，经营不善、不合规、有道德风险的平台逐渐被市场淘汰。2014 年 P2P 网贷行业的发展变化主要集中在以下四个方面：

（1）资本面上，多个风投机构以及大型企业注资 P2P 平台，至年底已有近 30 个平台获得包括 IDG、红杉资本、联想、小米在内多个不同机构的投资。而银行、国资企业、上市公司也重视 P2P 市场，以参股或者旗下子公司控股等方式设立 P2P 平台。

（2）监管面上，"四条红线"与"十条原则"的提出，银监会普惠金融部的设立，表明 2015 年监管条例的落地是可以期待的。而多个省市也已出台或者拟出台相应的政策，支持与促进互联网金融的健康发展。

（3）业务面上，行业细分与模式创新并行，保理、融资租赁、票据、配资、资产证券化、股权质押、收藏品质押、知识产权质押由传统金融加以创新的业务模式不断涌现，行业进入市场细分阶段，开始将不同需求的投资者进行聚合，市场开始步入成熟。

（4）成交量面上，截至 2014 年 12 月 31 日，2014 年全国 P2P 网贷成交额为 3 291.94 亿元，较 2013 年增长 268.83%，月复合增长率 12.50%。整个 2014 年网贷行业由导入期进入快速成长期。

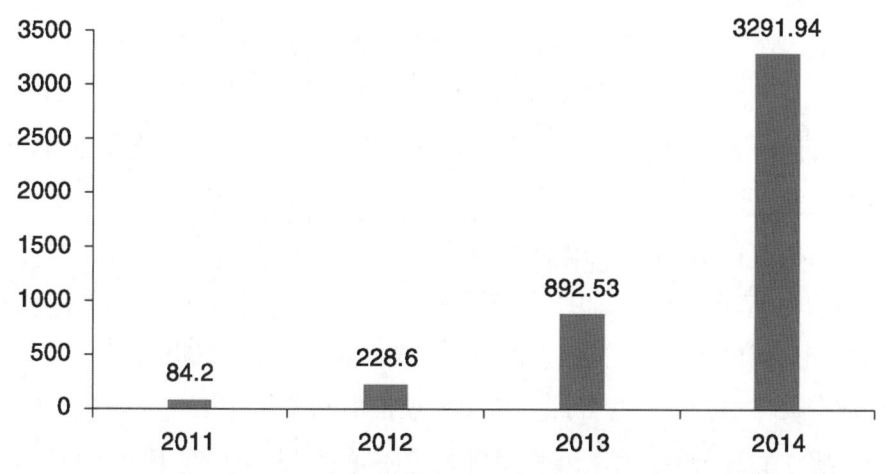

图 5-3 2011—2014 年网贷行业成交规模（单位：亿元）

按各平台成交量划分，年网贷成交额在 1 000 万元以内的 P2P 网贷平台，有 517 家，占平台总数的 29.36%；1 000 万元~1 亿元的，有 785 家，占 44.58%；1 亿元~5 亿元的，有 337 家，占 19.14%；5 亿元~10 亿元的，有 63 家，占 3.58%；10 亿元~30 亿元的，有 44 家，占 2.49%；30 亿元以上的，有 15 家，占 0.85%。具体情况如图 5-4 所示。

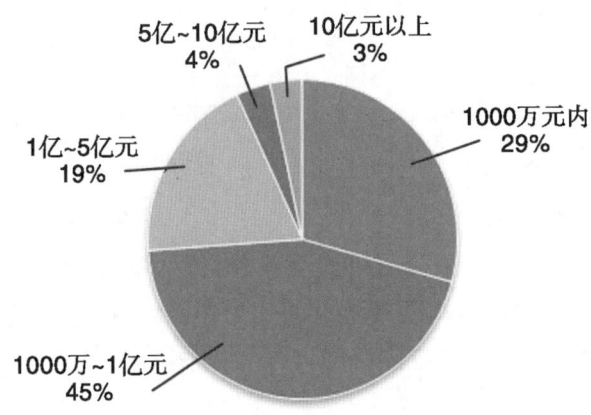

图 5-4 各个级别成交规模平台数量占比

从成交规模上看，P2P 网贷行业仍然以成交量 1 亿元以下的平台为主，占平台总量的 73.94%，而行业内规模较大，成交额在 10 亿元以上的只有 59 家，从这个角度上讲激烈的竞争仍然存在。

按地区划分，2014 年全国 P2P 网贷平台总成交额前 3 名，分别是广东省 989.51 亿元、北京市 527.27 亿元、上海市 502.88 亿元。三省市 P2P 网贷平台成交额合计超过 2 019.66 亿元，超过了全国总数的 61%。其他地区的 P2P 行业也逐渐发展起来，特别是浙江、江苏与山东，交易规模快速扩大。

从利率上看，2014 年全国 P2P 网贷平均综合年利率，连续 10 个月下降，全年平均为 17.52%，较 2013 年下降了 7.41 个百分点。利率在 10% ~ 18% 的标的成交规模是 1 531 亿元，占了成交总额近一半，而利率在 24% 以上的标的成交规模也有近 600 亿元。从交易规模的利率结构上，我们可以看出，当前 P2P 平台标的利率已经逐渐下降，主体部分更是集中在 10% ~ 18%，但与此同时，以高利率吸引投资人的平台也依然不在少数，利率还没有回归理性水平。

从平台数量分布上看，平均综合年利率在 10% 以下，有 89 家平台，占有成交额总平台的 5.05%；平均综合年利率在 10% 与 18% 间，有 743 家平台，占有成交额总平台的 42.19%；平均综合年利率在 18% 与 24% 之间，有 424 家，占有成交额总平台的 24.08%；平均综合年利率在 24% 以上，有 505 家，占有成交额总平台的 28.68%。

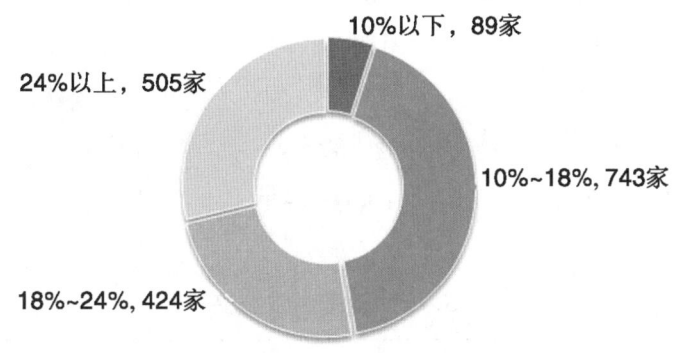

图5-5 平台数量的利率结构

从地区的利率结构上看,北上广的平台发展时间较久,其利率水平也逐渐降低到比较理性的水平,上海、北京、广东的年平均综合利率按从低到高排名,分别位于第2、第5与第6。而利率水平最低的是重庆市,平均利率只有10.61%。

从项目期限看,2014年全国P2P网贷平均期限为5.92个月,较2013年延长1.91个月,增长47.63%。各月份时常刷新网贷期限历史最长纪录。从具体数值上看,上半年的项目标的平均期限是5.12个月,而到了第四季度,项目标的平均期限是6.47个月。而峰值出现在12月份,项目标的期限达到了6.76个月。

从投资人看,2014年全国P2P网贷参与人数日均7.65万人,较2013年上升了201.18%,这说明行业的成长卓有成效,越来越多的人参与P2P行业。增长速度略低于成交额增长速度,说明部分参与者增加了对P2P网贷行业的投资。这表明2014年,投资者对P2P行业参与的广度与深度均获得了较大的提高。

(三)网络小额贷款

电商平台能够实现商流、物流、信息流、资金流的合一,可以更好地评估和控制风险,阿里巴巴、京东、苏宁、百度纷纷成立了小贷公司,进军这一领域。

典型企业:阿里小贷

目前最为活跃的是阿里小贷。阿里小贷是阿里巴巴集团旗下三家小额贷款公司的简称,一家在浙江,两家在重庆,致力于为小微企业和个体工商户提供批量化融资服务。凭借阿里巴巴集团在互联网技术、融资需求频率高、需求额度小的实际特点,建立了以"网络、数据"为核心的小额贷款模式。针对不同的客户类型——B2C 和 B2B 平台上的小微企业——阿里小贷对提供的贷款产品在审核流程和审核条件上有所不同(见表 5 – 1):

表 5 – 1　阿里小贷产品

	淘宝、天猫 B2C 平台小贷	小阿里巴巴 B2C 平台小贷
占贷款总比重	80%	20%
贷款额度	订单贷款:贷款额度较小,最高额度为 100 万元,贷款周期 30 日 信用贷款:最高贷款额度为 100 万元,贷款周期 6 个月	信用贷款:门槛至 5 万至 100 万元,期限为 1 年。2013 年 2 月起广东试点,最高 300 万元
贷款方式	解决燃眉之急的贷款,审核通过即打入客户的支付宝账户	循环贷:获取一定额度作为备用金,不取用不收利息,随借随还 固定债:获贷额度在获贷后一次性发放
收费模式	订单贷款:日利率 0.05% 信用贷款:日利率 0.06%	日利率:0.06%(年利率约 21.9%),用几天算几天,单利 固定贷:日利率 0.05%(年利率约 18.25%)

(四)众筹融资

众筹模式在我国出现得并不算晚。相比成立于 2009 年的 Kickstarter,众筹最早在中国的出现可以追溯到 2011 年。从目前国内的情况来看,股权众筹平台具有代表性的有天使汇、大家投、创投圈等;非股权众筹平台的代表有点名时间、众筹网、觉 jue. so、淘梦网、追梦网等。

投中研究院认为,在中国发展众筹融资的难点在于,一是社会诚信体系不健全,投资人与被投资人之间存在信任风险,与国外投资人在线下投线上陌生人的项目不同，在国内，多数融资项目都来自投资人在线下的各种社会关系；二是《公司法》和《证券法》对众筹融资模式的限制。当前我国《公司法》要求非上市公司股东人数不能超 200 人，有限责任公司股东人数不得超过 50 人；《证券法》则规定，向"不特定对象发行证券"以及"向特定对象发行证券累计超过 200 人"的行为属于公开发行证券，必须通过证监会核准，由证券公司承销。目前中国的法律对众筹的模式并没有明确的界定，就让众筹有可能背上"非法集资之嫌"。而在美国，奥巴马政府在 2012 年签署的《促进创业企业融资法案》（Jumpstart Our Business Startups Act，简称 JOBS 法案）专门修改了证券法，增加了对众筹的豁免条款，使美国的众筹融资在合法的前提下获得了发展的良机。

众筹融资模式在我国的发展和监管下还处于摸索阶段，监管框架的及时制定已成为当务之急。

典型企业：天使汇

天使汇是国内股权众筹的杰出代表之一。天使汇于 2011 年 11 月正式上线。截至 2013 年年底，已完成融资项目 70 余个，融资规模超过 7.5 亿元。天使汇认证的 700 多个天使投资人每年在天使汇上的投资能力达到 65 亿元，成为中国早期投资领域排名第一的投融资互联网平台。人们所熟知的"滴滴打车"和"黄太吉"都曾在天使汇上成功募集到了天使资金。

天使汇起初只是一个创业项目和投资人之间的信息平台，但很快天使汇在借鉴了国外的经验之后提出了"领投+跟投"的机制：领头人专业背景相对深厚，可以为非专业投资人打消经验不足的顾虑；相对于跟投人，领头人虽然要承担更多的风险，但也能获得更多的收益。

天使汇的项目定位是以科技创新项目为主。项目融资时限 30 天。项目资料的完善与估值需要领投人协助完成，对投资人要求严格，需要有天使投资经验。领投人代表跟投人对项目进行投后管理，出席董事会，获得 5%～20% 的利益分成。跟投人向领投人支付 5%～20% 的利益分成，但无须向领投人支付管理费。

天使汇"快速合投"的方式通过标准化的投资条款，省去了大量的沟通成本和法律成本，带来了众多的投资人资源信用验证。如果融资成功，平台收取融资额的 5% 作为服务费。

（五）在线金融产品和业务服务平台

在前面的定义当中已经提到，我国金融机构的创新型互联网平台有两类：一类是传统金融机构的互联网化，其本质是将线下业务的搬到了线上；另一类是没有线下实体，纯粹在线上开展业务的平台。目前结合我国经济与政策环境现状，前者以银行、证券、保险等传统金融机构在不同程度上的触网为代表；后者则是对我国而言比较创新的形式，近年来逐渐诞生了这样一批具有创新理念的新型交易、信息平台，比如各种侧重方向不同的理财平台（工具型、交易型、建议型等）、保险超市、互联网金融超市等。下面以91金融超市为例，简要探讨一下互联网金融超市这一形态的运营模式。

在前面的定义当中已经提到，我国的在线金融产品和业务服务平台主要有三种类型：

一是具有线下实体业务的金融机构的互联网化，主要体现为网上银行、网上证券交易、网上保险销售等形式；二是不设线下实体分支机构，完全通过互联网开展业务的专业网络金融机构，比如众安在线财产保险；三是不提供金融业务本身，而是提供金融业务的服务支持的平台，比如有像91金融超市、融360、融道网、易贷网等提供金融产品和业务的搜索，还有比如像挖财网等提供理财记账服务等。

典型企业：91金融超市

91金融超市成立于2011年9月，是一个面向消费者的在线金融产品购买和服务平台，为小微企业和个人消费者提供专业的贷款、信用卡及理财在线搜索和申请服务。

该公司2011年获得经纬创投天使投资，2013年又得到宽带资本、经纬创投等A轮6 000万人民币融资。目前团队成员有50人左右，主要来自农业银行、浙商银行、新浪、百度等公司。

91金融超市的运作模式是：将潜在消费者的个人信息、需求及资质证明等数据匹配给相应的金融机构，金融机构根据上述数据为消费者提供个性化服务。这种模式使得传统"线下金融中介"服务朝互联网化转型。

91金融超市的营收模式目前有信息导航、佣金以及展示广告三种。其中导航，即流量入口的信息导入带来的收入，占据营收的绝大部分。这种模式目前采用的是预收款方式，即金融机构预先付款给91金融超市，91金融超市通过导入的订单量扣减结算。但这种方案获得收入的依据是订单量，而不是订单额。尽管它可以带来比较稳定的收入，但基本上做的是一个流量入口的生意，不利于未来长期发展，并且壁垒也不是很高。可以在未来考虑将这种比较粗放的形态转换为按照佣金来与金融机构收费，也就是从简单的订单量转为订单额。

（六）公募基金互联网销售平台

我国目前存在两种基于互联网的公募基金销售模式——基金公司基于自有网络平台销售，或基于第三方网络平台销售。

第一种模式，基金公司在自己的网站上销售，无须赘述；第二种模式，那些人们已能耳熟能详的互联网"宝宝"——余额宝、理财通、百赚等——运作模式大同小异，均是对接大型公募基金公司的货币市场基金。银行们为了夺回失去的存款，也逐渐开始发行"类余额宝"产品。截至2014年一季度，已经至少有民生、中行、平安、广发、交行、工行、浦发等7家银行上线银行系"宝宝"产品。

货币市场基金是以货币市场工具为投资对象的一种基金，其投资对象期限短，一般在1年以内，包括银行短期存款、国库券、公司短期债券、银行承兑汇票及商业票据等货币市场工具。其资本安全性高、购买限额低、流动性强、收益率较高、管理和赎回费用低的优点，是过去相当一段时间内风靡我国大陆的主要原因。

投中研究院认为，余额宝收益率虽然现在已经"破五"，其他"宝宝"的收益率也与当初上线时相比有所下降，但抛开各种市场因素，其本质上只是货币市场基金。年初以来银行流动性紧张趋缓，银行间同业拆放利率逐渐走低，货币基金收益率降低也是正常的价值规律。据统计，2013年61只货币基金的平均收益率也只有3.86%。正常而言，货币基金的正常收益率应当大致维持在3%~4%，要求7日年化收益率长时间保持5%以上，本来就不是一种正常、合理的要求。各大互联网巨头、金融机构对余额理财市场的"跑马圈地"仍将继续，而且还有利于我国利率市场化的发展。

未来，占据主导地位的仍将是银行，因为客户活期储蓄的主要目的还是用于日常的消费购物，而银行在消费支付功能方面具有无可比拟的先天优势；从美国推行利率市场化之后，PayPal 货币基金的逐渐消失也预示着，从长远角度来看，随着我国利率市场化进程的推进，余额宝等第三方支付机构的货币基金也只能是一个过渡产品，但第三方支付机构凭借其巨大的流量，依然有机会把余额理财做大。

二、2015 年互联网金融朝圣路上的"四大金刚"①

世上有多少个朝圣者，就有多少条朝圣路。2014 年互联网金融是朝圣者的盛宴，同时也可以说是泥潭。作为新生事物以及传统金融的有益补充，互联网金融在政策引导、经济结构和规范监管等层面持续发力，使金融创新的潜力发展到一个新高度，无论是发展规模还是对传统金融业的冲击和重塑，都引起了高度关注，正如李克强总理所言：互联网金融一小步，金融改革一大步。同时 P2P 平台跑路、兑付困境、地域性担保业全军覆没的消息不断爆出，危机四伏的楼市拖累 P2P，P2P 平台自身接二连三的坏账泥潭，众筹平台的"华丽"转身等，都在宣告这一年互联网金融在跨越中的不易。

朝圣的目标在新一年迅速布局。李克强总理考察微众银行，体现出对目前金融改革方向的充分肯定，互联网金融不仅迎来自身机遇，也是其他行业转型发展、转变思维发展方式的有利契机。在政策利好与互联网思维带动下，各行各业高度汇聚，突破行业、专业壁垒限制，扎根于传统思维的增长方式、运营体现都将发生根本性变化。因此 2015 年对于金融从业者而言，不在朝圣地点，就在去朝圣的路上。同样关于 2015 年的互联网金融预测，已经在不同场合、不同渠道诞生了各种不同的版本。实际上，最吸引眼球的依然是 3+1，即由"四大金刚"执掌的三大主流商业模式和备受期待的监管问题。

（一）增长天王：P2P 依然在朝圣大风口

增长天王职风，"风"是风向标，P2P 依然是互联网金融的热度和温度。

---

① "四大金刚"指投资理财、P2P 网贷、互联网金融、P2P 平台。

金融流通的属性，决定了P2P这一自古有之的金融行为，将会把更多的目光吸引过来。这个"三高"产品除了高风险、高收益之外还在于金融媒体的高度开放性，任何社会主体都能自由参与进来，无疑打破了过去银行或者金融机构作为融资媒介主体的固有格局。在互联网金融的野蛮生长期，也许未来90%以上的平台会消失，但也会吸引新的进入者重新上路。

在2014年，8家国资系P2P进入，产业互联网金融主体崛起，都表明随着越来越多的产业资本和金融资本掌控了运行规律之后，主动进入这一领域，在某一垂直领域或者某个产业链中形成一个完整的金融生态链。因此平台数量的激增依然是2015年的新常态。正所谓无为而治，无形胜有形，互联网金融的朝圣将在无形中形成隐性门槛，隐性门槛铸造一个优胜劣汰的生态，汇聚大量资本和技术投入，因此未来能够生存下来的平台一定是那些有管理能力和资源配置实力的企业。

新一年P2P平台依然会剑拔弩张，平台跑路和失联充斥其中，更多不合格平台逐渐暴露，这种非常规、非市场化的退出形式在带来负面影响的同时，也在一定程度上加速行业洗牌，可以肯定的是，这些并不会从根本上改变整个互联网金融的发展趋势和行业格局，追求稳健、规范的经营方式，依然是这个行业的主流正能量。

（二）执国天王：众筹将是热闹的朝圣路

执国天王职顺，"顺"是顺势而为，顺应潮流，众筹将成为互联网金融商业模式的新主力。众筹的前景一度让人一筹莫展，点名时间的转型、平台的薄利、政策的局限等，都成为2014年众筹发展的标签。众筹将会在新一年成为热点话题，顺风顺水。2014年12月18日，证券业协会发布《私募股权众筹融资管理办法（试行）》意见稿，明确了股权众筹的法律定位、业务边界、平台门槛等范畴，并对投资者的门槛做了设定。股权众筹能有效缓解企业融资成本高的难题，意见稿也能进一步确保众筹平台中立性及中介服务角色，使股权众筹平台与非法吸纳资金划清界限。但是意见稿设定过高的门槛，也许会让股权众筹偏离互联网金融的普惠意义，沦为巨头的游戏。

截至到2014年12月，国内共有众筹服务平台122家，而2014年初仅有43家，电商众筹发展迅猛。但是要面对的现实是：99%的众筹平台不盈利。原因在于模式单一，难以覆盖成本，多数平台仅靠收取服务费获得收入（服务费一般为融资额的5%），有的平台甚至取消手续费，采用免费模式吸引人气。随着政策红利来临，将会进一步深度影响产业，会有更多的资金涌入众筹行业，特别是股权众筹，当然传统的金融机构也不甘落后，金融机构具有资金优势，对传统企业很了解，预计会越来越多、越来越深地涉足众筹领域。在这一探索阶段，一个重要的趋势是众筹领域的重度垂直化，平台借助自身优势整合垂直细分领域和行业的上下游产业链，形成闭环产业生态。

（三）多闻天王：泛金融服务的平台之路

多闻天王职雨，"雨"是及时雨，在任何时代综合服务总是备受青睐，泛金融服务同样如此。泛金融服务延伸了金融长尾，通过互联网+金融，使单一的交易模式向综合化的金融资产交易平台过渡，逐步形成普惠金融理念下的互联网金融综合服务运营商。从平安的橙子银行，到李克强公司不久考察的微众银行，再到第三方资讯平台、垂直搜索平台以及在线金融超市等，不管是传统金融机构的转型突破还是电商逐步构建自身生态的深度布局，泛金融服务都很好地集合了互联网属性与金融属性。

泛金融服务是互联网金融普惠大众的及时雨。除了互联网金融企业的创新，大型传统金融机构也会逐步向综合型金融服务领域迈进。其根本目的是要降低交易成本，拓宽投融资渠道，提高金融交易效率，形成有效的客户黏性和增值环境，最终实现普惠金融。而泛金融服务的角色、定位和产业链也在加速升级，在核心产业链、中间产业链和外围产业链聚集优势，形成全产业链生态。在面对新媒体语境变化之下，泛金融服务也分身有术，通过平台化优势、精准化营销，释放出具有前瞻性的消费行为数据、金融产品创新，并实现与商业市场的直接互动。

（四）广目天王：政府监督仍在路上

广目天王职调，"调"是协调、均衡，监管始终是互联网金融的天平。互联网金融有两个底线不能碰，一是不能非法吸收公共存款，非法集资；二是不能有资金池。实际上，自互联网金融诞生以来，央行、银监会不断召开调研会议讨论相关监管。尤其是2014年7月中旬，央行召集多家互联网金融公司沟通交流《关于促进互联网金融健康发展的指导意见》，使监管顶层设计加速成型。

职调的广目天王需要准确把握调的度，出手的早或者迟都是纰漏。2014

年，几乎每月都会出现类似于"监管思路更加清晰，监管细则将于年底出台"的新闻，每次出现，都会让每一个局中人揪心不已。其实，政府监管无须过度解读，从市场规律来看，整个互联网金融还处于发展初期，新业务、新模式不断出现，对监管层而言还需要一个认识和观察的过程。根据统计显示，截至2014年12月，出现兑付困难、倒闭、跑路的P2P平台已经达到338家。在此态势下，急于出台监管意见可能面临执法成本高、监管难、取证难的尴尬境地，甚至会有平台借机加速恶意跑路。

一个市场的健康繁荣不能指望一纸行政命令。即便监督指导意见在这一年真的出台，其落地实效也有待观察，它仅仅是对行业发展的初步规划，并不能直接干涉平台运营。金融本来就是与风险并存，因此行业充分自律，底层投资人风险意识和资金安全意识逐步完善，平台的缺陷与问题在市场规则面前充分释放，此时政府的调控才能发挥极致作用。朝圣路上，监管始终是伴随者。

"四大金刚"组合起来是风调雨顺，表达了人们追求美好、笃信真理的愿望。未来一年，我们用此祝愿也许会险象环生、困难重重的互联网金融，在艰难中卓越壮大，超越互联网金融自身的朝圣境界。

第四节 国外互联网金融模式的发展历程及现状

"他山之石，可以攻玉"对于国内烽烟四起的互联网金融领域，自20世纪90年代诞生并已经非常成熟的美国互联网金融业颇具借鉴意义。

一、美国互联网金融模式的发展阶段与原因

（一）美国互联网金融模式的发展阶段与原因

毫无疑问，美国是全球互联网金融出现最早、发展水平最高的国家。20世

纪90年代中期，美国开始出现各种类型的互联网金融公司。

到目前为止，互联网金融的发展大致可以分为三个阶段：第一阶段是在互联网出现以后，金融业开始运用互联网为客户提供金融产品和服务，这是互联网金融的准备阶段；第二阶段是20世纪90年代中期到2010年左右，这一阶段是互联网与金融的融合期，同时专业的互联网金融业态开始正式出现；第三阶段是自2011年以来，互联网金融呈现加速发展的态势，创业者、互联网公司以及非金融机构开始涌入互联网金融领域，互联网金融的类型日益丰富，互联网对金融业的冲击和重塑作用日益显现。

互联网金融最早在美国出现并取得一定的发展，主要原因可以归结为三个方面：第一，美国是全球金融业最发达的国家，也是互联网的发源地，互联网发展的基础最好，因此美国自然成为互联网金融的发源地和目前最发达的国家。第二，美国拥有全球最完善的互联网金融创新支持及配套体系。美国是一个具有创新精神的国度，创业者对互联网金融这样的新领域充满热情和期待，同时美国的风险投资业十分兴旺，这些都为美国互联网金融的发展提供了良好的支持。第三，美国金融监管方面的支持力度较大。美国的金融监管十分强调对投资者利益的保护，与此同时以《乔布斯法案》等为代表的法律体系又非常支持中小企业、成长期公司的融资和发展，这两方面的监管平衡在客观上支持了互联网金融的可持续发展。

（二）美国互联网金融主要模式的发展历程及内容

网络银行：1995年SFNB成立，宣布了全球第一家网络银行诞生。SFNB在1995—1998年间，充分发挥网络银行的方便性和安全性，几个月内拥有6 000多万美元的存款。但后来由于经营上存在问题，公司一直未获盈利。在1998年被加拿大皇家银行以2 000万美元收购了其除技术部门以外的所有部分。在被收购后，SFNB转型为传统银行提供网络银行服务。

网络券商：E*Trade于1992创立后不久，就赶上了美国第二波佣金降价潮，并成为美国佣金价格战的先驱。随着E*Trade的兴起，网络券商行业经历了快速的整合和发展，包括嘉信理财和TD Waterhouse都开始进入网络券商领域。

网络保险（放心保）：INSWEB公司1995年2月成立，随后很多保险公司都开始设立自己的网站。网络保险主要有两种模式：第一种通过代理模式，与保险公司业务合作，从而实现网上保险交易并且获得规模经济效益；第二种则为网上直销模式。

网络基金销售：Paypal成立于1998年12月，1999年PayPal货币市场基金完成了电子支付和基金的创新嫁接，是世界上第一只互联网货币市场基金。PayPal货币市场基金于2007年达到峰值，规模接近10亿美元。到了2008年金融危机期间，基于宏观金融环境的变化，PayPal货币市场基金收益也直线下跌。

网络借贷：截至2013年4月2日，美国两家主要的P2P借贷平台——Prosper和Lending Club，各自促成了4.47亿美元和15.21亿美元的贷款。从天时来看，Zopa和Prosper都是在2005年成立的，Lending Club则成立于2007年，这几家公司成立之初正好碰上了Web 2.0的兴起和2008年金融危机，前者提供了P2P借贷产生的可能性，后者则是P2P借贷成长的助推器。市场研究机构Gartner预计，2013年美国P2P借贷的规模将会达到50亿美元。

二、国外传统金融业务互联网化的发展历程及内容

现有金融体系通过采用通信、计算机、网络等现代化技术手段，实现金融服务的自动化、信息化和科学化，提高内容效益，增加销售渠道。金融互联网化还是在原有的金融框架内对金融传统业务实施电子化，对传统的金融消费模式并没进行颠覆式的改造。比如电子银行、网络证券、网络保险和网上基金销售等。

（一）电子银行

电子银行分为三种业态：网上银行、手机银行和电话银行。其中网上银行的发展模式又可以分为两类：第一类是完全依赖于互联网的无形的电子银行，即"虚拟银行"，以成立于1995年的美国安全第一银行为代表。这种银行没有实际的物理柜台作为支持，一般只有一个办公地址，没有分支机构和营业网点，采用互联网等科技手段与客户建立密切联系，并提供全方位的金融服务。第二类是现有的传统银行利用互联网开展传统的银行业务交易服务，实际上是传统银行业务在互联网上的延伸，目前是网上银行存在的主要形式，也是绝大多数商业银行采取的网上银行发展模式。富国银行是这类网上银行的佼佼者。

Novantas发布的2010年美国网上银行交易情况的调查发现，近年来，大量

美国用户在处理银行日常交易时选择网上银行渠道，而不再选择柜台交易。2010年选择通过网上银行进行转账业务、查询账户结余、购买银行研究产品的用户比例分别从2005年的34%、44%、46%急剧增加到67%、76%、77%。

网上交易业务逐渐取代柜台交易的趋势比较明显，主要原因至少有三点：其一是网上银行更节约时间成本，也不受传统银行固定营业时间的限制；其二是网上银行相对传统银行柜台交易，收费更低，为用户节约交易成本；其三是客户在网上银行能获得更高的收益。

（二）网络证券

网络证券又叫电子券商，指证券公司通过互联网建立线上商业模式，从而实现有偿证券投资资讯、网上证券投资顾问、股票网上发行、买卖与推广等多种投资理财服务。

美国网络证券采取的是网上折扣券商模式，即自由佣金制度下的美国模式，这源于1975年美国废除了固定佣金制度。目前美国网上券商交易模式按照差异化服务可以分为Etrade模式、Charles Schwab模式和Merrill Lynch模式。

美国从1975年开始实行浮动佣金制度，之后佣金率一路下行。美国股市的交易佣金根据交易通道的不同可以分为三类，分别是网上交易、电话交易以及由经纪人协助下单。不同的交易通道，经纪商收取的交易佣金也是不一样的。

收费标准有两种模式：一种是每单交易收取固定的佣金，不考虑客户的交易次数和账户余额高低，一般来说，每单交易佣金不超过10美元。另外一种是收费模式，为每单固定佣金外加百分比佣金，在这种收费标准下，就要考虑客户的交易次数和账户余额等情况。

（三）网络保险

网络保险是通过互联网开展保险产品的销售和服务的行为，包括保险产品的服务信息、网上投保、承保等保险业务。保险公司看重渠道开拓，互联网技术的发展改造了传统的保险营销模式，也催生出一批同时兼备保险业特性和互联网基因的保险电商，包括全球最大的保险电商Insweb、交互性最好的网上保险站点Quicken Insurance、网上保险直销站点Electric Insurance等。

当前比较成熟的保险电商主要采用两种运营模式：代理模式和网上直销模式。

代理模式：采用这种模式的保险电商多通过庞大的网络辐射能力获得大批潜在的理想客户，同时与适合的、知名的保险公司结成紧密业务合作关系，从而实现网上保险交易，并获得规模经济的效益。该模式多由第三方建立平台，集中大量详细、可比性高的产品价格，形成保险超市。

网上直销模式：该模式多以传统保险公司官网的形式出现，主要作为传统销售渠道的补充和辅助借此增加产品销售。模式缺点是维护成本比较高，难以进行不同公司产品之间的比较，因此难以获得较高的公众点击率。

目前，美国基本上所有的保险公司均实现了电商化，保险电商的市场规模占整体保费收入的30%以上。

（四）在线理财

在线理财，是指理财者根据自身经济情况，通过网络平台自主选择适合自己的理财方式进行理财。在线理财具有时间掌控灵活、选择范围广、产品更新速度快等特点，相较传统的柜面理财产品，在线理财不受银行或保险公司工作时间的影响，客户可自行了解感兴趣的理财产品和服务，在时间、地域选择上有很大的优势。

网上理财的代表公司包括全球最大的网上理财交易公司嘉信理财，全球使用最广泛的支付工具PayPal，以及全球最大资产管理者之一、传统证券经纪公司转型代表美林。其中PayPal是eBay旗下公司，它于1999年推出了世界上第一只互联网货币市场基金PayPal货币市场基金，从而完成了电子支付和基金的创新嫁接。

美林公司成立于1885年，在2008年被美国银行收购之前曾是美国第三大投资银行，也是全球并购交易顶尖级顾问公司。公司从1999年开始在网上经营业务，推出廉价网上交易，实际上就是对传统服务方式的创新，使得网上交易和传统服务很好融合，进而投资人可以选择最符合个人需求的金融服务。

（五）网络贷款

通过互联网解决个人或中小企业融资问题，是对传统贷款渠道银行由于成本、风控、流程等原因导致信贷盲区的尝试，大幅降低借贷双方信息不对称的程度和交易成本，同时也有利于解决中小企业融资难和替代民间金融。主要运营模式有 P2P 网贷、众筹和网络小微信贷等。

三、国外互联网金融模式与经典企业介绍

互联网诞生于美国，欧美国家的金融体系也比较完善、成熟。因此，其传统金融体系与互联网的融合较之世界其他国家，时间更早、程度更高。受限于不甚健全的监管法规、薄弱的创新意识，在我国大红大紫的互联网金融，仍处于模仿欧美国家模式发展的阶段。

互联网金融目前在欧美国家的主要模式大致也分为六种：互联网支付、P2P 网络借贷、众筹融资、互联网银行、互联网证券以及互联网保险等。

总体来看，我国与国外市场的模式结构基本相同，但是相比国外已经形成一定规模的互联网直营银行、直营保险和在线折扣券商等纯线上模式，我国尚处在起步摸索阶段。在其他模式方面，探究其在发达国家的发展轨迹，鉴别与我国自身特点和现状的异同，有利于帮助那些关注我国互联网金融投资领域的人，厘清思路，看清未来投资和发展方向。

（一）互联网支付

目前，在全球范围内比较知名的第三方支付企业有美国的 PayPal、Google-Wallet，荷兰的 GlobalCollect，英国的 Worldpay 等。PayPal 是世界上最大的基于互联网的第三方支付公司。它是美国电子商务巨头 eBay 于 1998 年 12 月成立的子公司，总部在美国加州圣荷西市。目前全球有超过一亿个注册账户。PayPal 的定位是跨国交易中最有效的支付工具。

谈到互联网支付，这里需要插入提一下衍生于互联网第三方支付公司的货币市场基金，以美国的 PayPal 为例，这里仅进行简要回顾。PayPal 是互联网货币市场基金的鼻祖。早在 1999 年，也就是 PayPal 在成立不到一年的时间，便推出了货币市场基金。与我国的余额宝类似，用户只需要开通货币基金账户，就可以每月获得收益，获得了很多用户的欢迎。但是 2000 年之后，随着美国利率大幅下降，原有的收益难以维持，PayPal 只好不时采取放弃管理费甚至补

贴的方式来维持货币基金的收益率。随着2005年之后利率的大幅回升，PayPal货币基金的规模在2007年达到了10亿美元的巅峰。但在金融危机之后，美联储实行了超低利率政策，导致整个货币市场基金行业再次面临困难，PayPal的货币基金也在经营了十余年之后于2011年7月告别了市场。

投中研究院认为，由于美国金融业发展较早，已经建立起了一个高效、稳定、安全的支付系统，最典型的例子就是信用卡。美国信用卡系统的建立依赖于安全成熟的个人信用体系、完善的基础设施、先进的互联网技术以及配套的金融监管措施的构建，信用卡消费已经很方便地覆盖到了几乎任何消费领域，因此当地消费者对新的支付方式（诸如PayPal这样的网络支付系统）并没有很强的诉求，导致支付系统革新的动力不足。

而近几年随着移动互联网及智能手机的技术革新，和移动社交平台爆炸式的增长，美国人也开始觉醒到，基于移动社交平台的移动支付系统存在巨大的发展空间，移动支付应运而生。作为互联网支付在媒介上的补充，发达国家完善的网络基础设施为移动支付提供了良好的发展温床；而移动支付本身又能够明显改善用户体验，减少刷卡费等成本。

因此当下在全世界范围内，关键的战场是移动支付领域，除PayPal以外，比较大的玩家还有GoogleWallet、Square、Stripe等。下面以移动支付领域的佼佼者Square为例，进行移动支付商业模式的介绍。

典型企业：Square

Square是Twitter联合创始人杰克·多西（Jack Dorsey）于2009年12月在美国旧金山市成立的移动支付创业公司，主要解决个人和企业的移动端支付问题。其两大业务体系为Squarereader读卡器和Paywith Square便捷移动支付。截至2011年12月，使用Square移动支付业务的商户数量已超过100万户，占美国所有支持信用卡支付商家中的1/8，并以每月新增10万商户的速度增长。

自从2009年创立以来，Square就一直备受华尔街的青睐。此前，花旗创投和摩根大通Digital Growth Fund、红杉资本、Kleiner Perkins、First Round Capital和Marissa Mayer等都曾投资过Square。高盛的前任CFO David Viniar还于2013年10月份加入了Square的董事会。Square此前已融资3.41亿美元，公司估值也迅速上升。在最近一轮融资中，Square的估值已高达50亿美元。

Square的盈利模式简单明了。其最主要收入来源是向用户收取的交易服务费，目前为每笔交易额的 2.75%。2012 年年初，其年交易量达 40 亿美元，实际营收超过 1 亿美金。主要成本在于：①交付给各银行的交易佣金；②Square 刷卡器硬件成本；③团队的开发和运营成本。

Square 提供的基础价值即"移动支付"本身，解决了商家和个人用户直接的资金交易问题；同时，Square 还提供了交易管理、消费者与商家间的交互、移动社交等与支付和日常生活息息相关的价值。

（二）P2P 网络借贷

P2P 网络借贷这一商业模式最早出现在英国。2005 年 3 月，世界上首家 P2P 网络借贷平台网站 Zopa 在伦敦正式上线运营。目前在美国市场上占据前两位的 P2P 网络借贷平台——Prosper 和 LendingClub——分别于 2006 年和 2007 年上线。这种模式由于比银行贷款更加方便灵活，很快在全球范围内得到复制，比如德国的 Auxmoney、日本的 Aqush、韩国的 Popfunding、西班牙的 Comunitae、冰岛的 Uppspretta、巴西的 Fairplace 等。

典型企业：LendingClub

LendingClub 建立于 2006 年，是目前美国 P2P 网络借贷行业的先锋。LendingClub 为借款人提供网贷平台并让其获得贷款，投资者购买由贷款偿付支持的债券。其在美国证监会注册登记，提供二级市场贷款交易。

美国另一 P2P 巨头 Prosper 虽然成立在先，但是 2008 年被州政府勒令停止了一段时间，等到 2009 年恢复时元气大伤，现在的规模约是 LendingClub 的一半。LendingClub 现在累计完成的交易金额约为 24 亿美元，今年早些时候获 Google 1.5 亿美元的投资并计划于 2014 年在美国上市。

LendingClub 的运作模式如下：

作为借款者和投资者的中介，LendingClub 首先对借款人进行信用等级评定，再根据信用和借款期限确定贷款利率，最后将审核后的贷款需求放到网站上供投资者浏览和选择，内容包括贷款总额、利率和客户评级。投资者在网站注册后，根据自己的偏好选择投资对象，并自行决定分配给每个借款方的金额，每笔金额不低于 25 美元。而投资者跟借款人之间没有直接的资金往来，而是购买平台发行的与借款者的贷款相对应的受益权凭证，因此双方没有直接债权债务关系，相当于是一个贷款资产证券化的过程。在投资者确定了投资目标之后，通过指定的银行（WebBank）对借款人发放贷款，银行马上将贷款以凭证形式销售给P2P公司，获得投资者为获得受益权凭证而支付给平台的资金。

还款时，借款人直接还给LendingClub平台，LendingClub在扣除了管理费和其他费用之后支付给投资者。投资者的受益权凭证可以在一家投资经纪公司（FolioInvesting）进行转让和交易；若转让成功，FolioInvesting向卖方收取面值的1%作为手续费。

对于借款人而言，付给LendingClub的融资费用由借款人所借款项的等级决定。这笔费用已经包含在借款人的年度融资成本当中，在贷款前一次性支付。

对投资者而言，LendingClub主要收取借款人所还金额的1%作为投资者服务费；若借款人未能及时还款，LendingClub对需要催缴的部分征收30%~35%的费用。

LendingClub给贷款人的利率综合考虑了信贷风险及市场情况，其贷款利率计算公式由"基准利率"和"对风险及波动率的调整"两部分组成，后者考量的范围包括借款人的信用分数（FICO信用分）、信用记录、社会安全号等。

此外，LendingClub还充分运用社交平台Facebook上朋友间的信任关系，把Facebook对成员的认证作为附加增信，从而提高信用度和安全度。

（三）众筹融资

2009年美国众筹网站Kickstarter的上线被许多人认为是互联网众筹融资兴起的标志。事实上，世界上最早建立的众筹网站是同样来自美国的ArtistShare，于2001年开始运营，被称为"众筹金融的先锋"，与西方众筹的历史渊源相吻合，这家最早的众筹平台主要面向音乐界的艺术家及其粉丝。

近几年，众筹模式在欧美国家迎来了黄金上升期，发展速度不断加快，在欧美以外的国家和地区也迅速传播开来。数据显示，截至到2012年，众筹融资的全球交易总额达到170亿美元，同比提高95%。

具有代表性的股权众筹平台有英国的Crowdcube（全球首个股权众筹平台）、美国的Fundable，非股权众筹平台有美国的Kickstarter和IndieGoGo、拉美的Idea.me等。

典型企业：Kickstarter

在欧美诸多众筹平台当中，成立于 2009 年 4 月的 Kickstarter 最具代表性。它是目前全球最大最成功的众筹平台。Kickstarter 早在 2010 年就实现了盈利，并且成功为诸如 Instagram、Nest 和 WhatsApp 这些初创企业的创始人提供了大量原始资金。

2013 年，Kickstarter 共有 300 万用户参与了总计 4.8 亿美元的项目众筹，平均每天筹集 130 万美元资金、或每分钟筹集 913 美元，有超过 80 万的用户参与了至少两次的项目众筹，有 8.1 万用户支持了超过 10 个的项目，不过最终众筹成功的项目总共只有 19 911 个。2013 年参与众筹的用户分布在全世界七大洲的 214 个国家，甚至包括了来自南极洲的用户。相比 2012 年的 240 万用户的 3.2 亿美元的总众筹金额，Kickstarter 还是处于增长状态，虽然比较缓慢。

Kickstarter 的自我定位是"全球最大的创意项目融资平台"，是一个非股权类的综合性众筹平台。其众筹的项目分为艺术、漫画、舞蹈、设计、时尚、电影和视频、食物、游戏、音乐、摄影、出版、技术、剧院等共计 13 类。

Kickstarter 的商业模式涉及的四个主体分别为融资人、捐助者、Kickstarter 平台和第三方支付机构 AmazonPayment。

项目融资人发布自己的项目，预设融资额、融资时长以及不同的出资额将会获得的不同回报——这个回报可能是一个产品样品，可能是在项目里添加捐助者的名字，也有可能是一些项目的源代码，但绝不会是资金回报。

捐助者为自己喜欢的项目进行各种层级的投资，可以是 10 美元，甚至也可以是 1 万美元。若一个项目在规定的时间内达到了融资人预设的融资额，则融资成功，捐助者会在项目完成后，按照之前的条约获得相应的回馈。反之，若在规定时间内融资额没有达到预定标准，已经捐助进去的钱会返还到各自账户。

Kickstarter 平台会在项目发布前对其进行评估，只有通过审核的项目才能在网站上发表出来。若项目融资成功，Kickstarter 会抽取融资额的 5% 作为收入。这 5% 的佣金收入便是 Kickstarter 的主要收入来源。

AmazonPayment 则是整个交易过程中最重要的资金托管和交易平台。因为捐助者的钱全部打进 AmazonPayment，融资者也只有通过 AmazonPayment 才能把钱转进自己的账户。Amazon 会依照交易额的大小收取 3% 到 5% 的交易费用。

在美国，涉及直接货币传输交易时，有的州规定需要获得 MoneyTransmission License（货币传输证），而 Kickstarter 并没有作为直接的资金托管和传输平台，一定程度上避免了此法律风险。

（四）互联网银行

互联网银行通常指纯线上的直营银行，这些银行一般不通过传统的营业网点和柜台服务，而是通过电话、信件和 ATM，以及后来通过互联网和移动终端来提供银行的服务。

互联网银行最早出现于 20 世纪 80 年代的欧美国家。由于在互联网技术的发展和应用方面的优势，美国的互联网银行渐渐脱颖而出，数量也最为集中，基本代表了互联网银行的发展状况和趋势。人们普遍将 1995 年 10 月美国 SFNB 的成立作为互联网银行诞生的标志。

典型企业：INGDirect USA

INGDirect USA 是荷兰的 ING 集团为了拓展美国的零售银行业务设立的子公司，后来因 ING 集团全球业务收缩，2012 年 ING 集团将 INGDirect USA 以总计 90 亿美金（62 亿美元的现金与价值 28 亿美元的 5590 万股股票）的价格，出售给了美国前十大银行之一的 Capital One。INGDirect USA 目前是美国最大的互联网直营银行之一。

INGDirect USA 的第一个特点：目标客户群明确。他们对客户群的定位是熟悉互联网、受到良好教育、收入水平良好、对存款利率敏感、对于价格敏感的客户。他们并不太富有，也不需要太多的金融服务，这类消费群体规模庞大，他们最希望享受的是：较高的储蓄回报和尽可能节省时间的交易过程。

INGDirect USA 的第二个特点：薄利多销的经营策略，主要表现为高息吸存，低息放贷。互联网直营银行相对传统银行有其天然的竞争优势，没有分支机构，无须承担大量的员工支出，以较少的运营支出即可维持良好的经营。因此，INGDirect USA 有能力为客户支付较高的存款利息，同时以较低的利率向客户发放贷款。

INGDirect USA 以有限的资源提供独特的服务满足了这类客户群体的金融需求，使得客户数量快速增长，在开始营业 6 个月后，其客户数量已超过 10 万人。到 2006 年年底，INGDirect USA 的客户规模已经达到 490 万人，不断增加的客户群体为其推行薄利多销的经营策略提供了强大的客户资源支持。

INGDirect USA 在产品方面的策略主要有四个方面：

（1）针对直销渠道提供有限的产品选择，从而使有限的产品选择集中在储蓄产品和部分贷款产品，客户易于尝试。

（2）通过关联，即时从活期账户中获取资金。

（3）专注于简化的自助银行产品，可由消费者独立管理。

（4）没有最低存款额度要求，消除客户对存款最低金额的担心。

从提供产品和服务的渠道来看，由于不设线下物理网点，以 PC 网页端和手机移动端为主，辅以少量线下的咖啡馆作为补充。咖啡馆里的店员可以提供咨询服务，主要是增强部分客户的现场体验。

（五）互联网证券

美国是开展网络证券交易最早的国家，也是网络证券交易经纪业务最为发达的国家。美国网上证券业务是伴随着互联网的普及和信息时代的到来而迅速崛起的。网上证券交易，主要包括网上开户、网上交易、网上资金收付、网上销户等四个环节。

美林证券（MerrillLynch）、嘉信理财（CharlesSchwab）和 E∗TRADE 是美国券商当中非常有特点的三家，它们各自有着不同的个性鲜明且都取得成功的经营模式。

典型企业：E∗TRADE

E∗TRADE 于 1992 创立后不久，就赶上了美国第二波佣金降价潮，并成为美国佣金价格战的先驱。目前其佣金费率属于同服务水平中佣金费率较低的券商之一。目前其佣金费率属于同服务水平中佣金费率较低的券商之一。在客户黏性上，E∗TRADE 一直是美国点击率较高的券商之一，领先其竞争对手嘉信理财的两倍以上。其特点如下：

（1）以网站为中心的营销体系。E∗TRADE 点击率较高的原因主要有：一是注重网站宣传，E∗TRADE 网站的行销费用很高。二是 E∗TRADE 网站的使用界面清楚、易操作，深得客户喜爱。三是 E∗TRADE 采取金融证券业垂直门户网站的定位，为客户提供了丰富的网络信息，内容涵盖银行、证券、保险及税务等。

（2）全方位零售网点的拓展。1997年起，E*TRADE开始大举扩张其全球市场，与America Online及Bank One策略联盟，进军澳大利亚、加拿大、德国及日本；随后又进入英国、韩国和中国香港等国家和地区。与此同时，E*TRADE大举拓展其零售网点，在美国建立了五个"财务中心"，分布于纽约、波士顿、丹佛、比弗利山庄和旧金山；并通过全国各地的"社区"（Financial-Zones）深入其触角，此外，E*TRADE还有1.1万个以上的自动柜台机网络供客户使用。

（3）丰富的信息咨询内容。E*TRADE为客户提供丰富的信息内容和研究报告，并与Ernst & Young合作提供财经资讯服务。E*TRADE通过买下Tele-bank，强化了其金融垂直网络服务策略。除证券信息外，E*TRADE还提供房屋贷款服务、保险产品、退休规划、税务及网上金融顾问服务等。

总体来讲，E*TRADE作为纯粹网络证券经纪公司的杰出代表，最主要的竞争优势还是在于较强的技术开发能力和便捷的网上交易通道。由于未设立实体营业网点，因而成本较低。同时，还以折扣方式吸引价格敏感且服务要求不高的客户。E*TRADE仅提供纯低端通道服务，客户所有交易均在网上进行，平均每笔佣金约10美元。

（六）互联网保险

美国互联网保险业务主要包括代理模式和网上直销模式。代理模式主要通过和保险公司形成紧密合作关系，实现网络保险交易并获得规模经济效益，优点在于其庞大的网络辐射能力可以获得大批潜在客户；网上直销模式则更有助于直接提升企业的形象，能够帮助保险公司开拓新的营销渠道和客户服务方式。

由于在网络技术方面的领先地位和优越的市场经济环境，美国依然是发展互联网保险最早的国家，出现于20世纪90年代中期。在美国，多数保险公司都已发展网上经营，比较有影响力的主要有InsWeb、Insure.com、Quicken、Quickquote、SelectQuote等网站。

据统计，目前多数发达国家的互联网保险已经有相对成熟的发展，美国部分险种网上交易额已经占到30%~50%，英国2010年车险和家财险的网络销售保费占到47%和32%，韩国网上车险销售额已经占到总体市场20%以上，日本车险业务电子商务渠道的占比41%，网上这种销售渠道已经成为个人保险快速销售的一个渠道。

典型企业：InsWeb

InsWeb 于1995年2月在美国加利福尼亚州成立，是全球最大的保险超市网站之一。它是美国互联网保险代理模式的成功案例。

InsWeb 为消费者提供多家保险公司的保险产品报价，消费者可以比较各家保险公司的产品，进而作出购买决定。InsWeb 最初主要提供汽车险的网上报价，随后逐步拓展到定期寿险、住宅保险、健康保险等多种互联网保险产品。InsWeb 以通过出售保险产品而获取的佣金收入为主要营业收入。

2005年，InsWeb 专门建立了 AgentInsider（内部代理）系统，为保险代理人提供了更多、更方便的展业机会。当消费者提交个人信息及投保意向后，InsWeb 会将其作为营销线索转给在网站注册的保险代理人，并向代理人收取一定的费用。与其他网站不同，InsWeb 的注册保险代理人并不需要缴纳会员费。InsWeb 还在其网站上为消费者提供学习中心，提供有关保险的文章、常见问题解答等服务。

2011年下半年，InsWeb 被 Bankrate 收购，而后者于2012年又收购保险服务网站 InsuranceAgents，使之与 InsWeb 的 AgentInsider 系统整合，从而使 InsWeb 的服务更加强大。在2011年第三季度季报中，InsWeb 的营收额达到1 280万美元，同比上升21%。

第六章
前途无量的发展趋势

过去10年间，互联网给图书、音乐、商品零售等多个领域带来颠覆性变化，而互联网带来的下一个巨变或将是金融业的互联网金融及互联网金融模式。现阶段，互联网金融已经渗透到经济、政治、文化、社会各个领域和人们日常生活的各个方面；互联网金融模式也日益多样化和日趋完善。展望未来，互联网金融和互联网金融模式又将发展到一个什么样子？仁者见仁，智者见智，莫衷一是。不管发展前景如何，"凡事预则立，不预则废"。客观需要我们对互联网金融模式的新趋势有个判断和预测，基于此，本章就此进行探讨和阐述。

第一节 2015年中国互联网发展十大趋势

据雷锋网文章介绍，2015年，中国的网民渗透率将接近50%，即近一半的中国人使用互联网上网。互联网已经成为中国人生活和工作形影不离的工具。未来两三年内，移动互联网将继续渗透到我们的生活和工作，将在诸多方面改变和改善我们的生活和工作形态，产生更多的商业机会。未来中国互联网的发展呈现十大发展趋势。

一、中国互联网用户普及率将过半，稳居世界第一

截至2014年6月，我国网民规模达6.32亿，互联网普及率为46.9%，较2013年底提升了1.1个百分点。2014年上半年，随着智能手机对功能手机的替代已经基本完成，智能手机用户已形成庞大规模，市场占有率已趋于饱和，增速呈减缓趋势，智能手机对网民普及率增长的拉动效果减弱。2013年全球网民数为26亿，2013年比2012年的增长率为9%，但尽管如此，中国网民数依然稳居全球第一。2013年中国的网民数是第二名美国网民数的2.9倍，但中国的网民渗透率为46%，美国为83%，从渗透率来看，中国的网民数还有很大的发展空间。

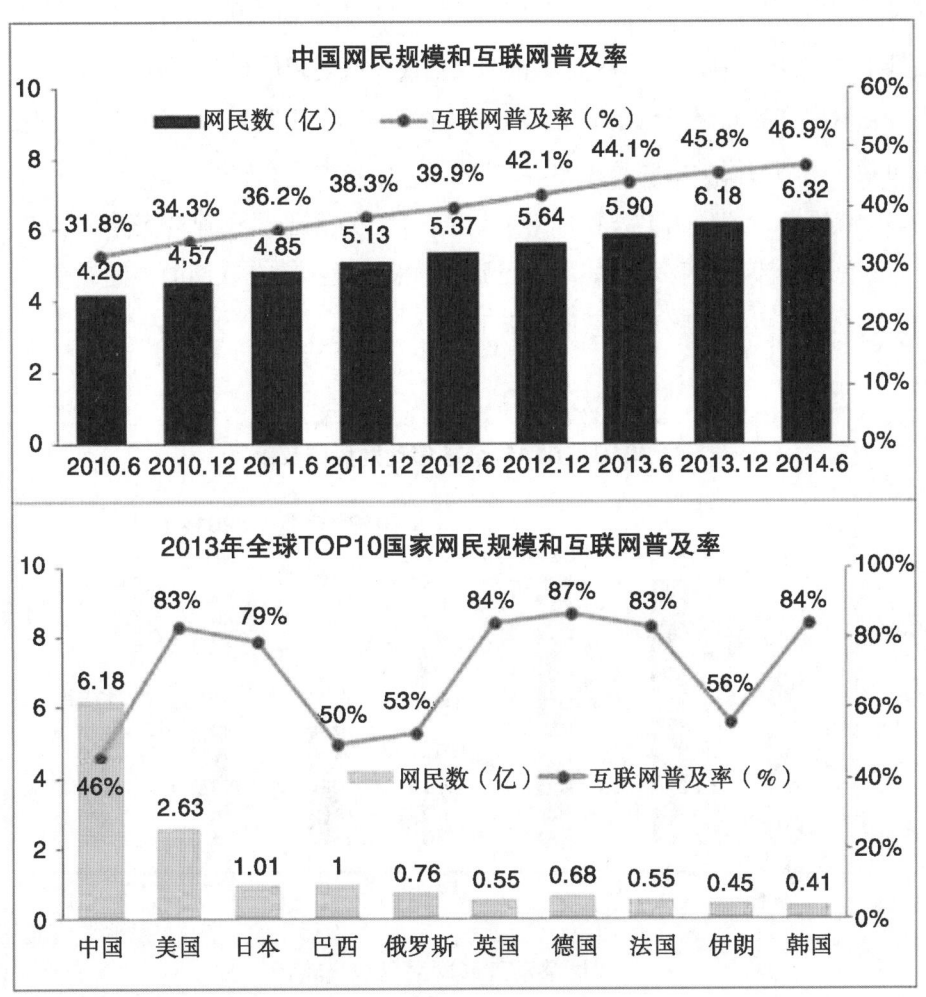

图 6-1

二、互联网向移动端迁移，得移动互联网者得天下

全球移动互联网使用量持续增长，占整体互联网的 25%（截至 2014 年 5 月），去年这一数据仅为 14%，一年之内使用比例差不多翻倍，亚洲移动网民的渗透率也从去年的 23% 增长至 37%，增长速度极快。截至 2014 年 6 月，中国移动网民规模达 5.27 亿，较 2013 年年底增加 2 699 万人，中国移动网民的普及率（网民占中国人口比例）达 39.1%，即近四成中国人在使用手机上网。

同时，网民中使用手机上网的人群占比进一步提升，由2013年12月的81.0%提升至2014年6月的83.4%，手机网民规模首次超越传统PC网民规模。

互联网产品和服务也要跟着网民走。在2012年及2013年诸多大型互联网公司其移动端的流量已经超越PC端的流量，很多大型互联网企业PC业务用户往移动端迁移，呈现出PC业务增长放缓，移动业务增长迅速的态势。如果一个互联网企业没有在移动端的拳头产品，将很快被移动互联网的浪潮颠覆。在未来的两三年内，得移动互联网得天下。

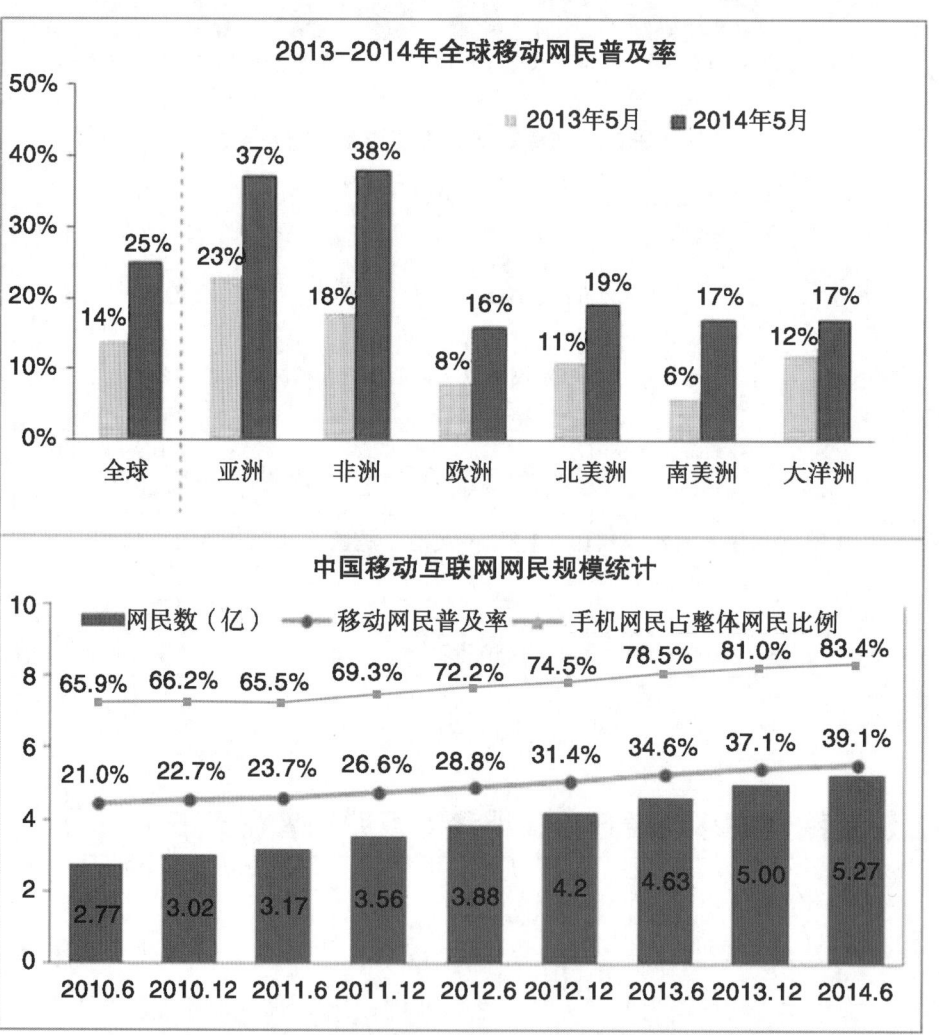

图6-2

三、中国网络广告收入超越电视广告

中国主流媒介中，电视广告和报纸广告的收入市场份额从 2009 年开始出现明显的下滑态势，2011 年，网络广告的收入超越报纸的收入，在 2014 年，网络广告收入则超越电视广告收入，网络媒体成为第一大广告收入媒体，在 2015 年，网络广告的收入份额还将继续增长，而电视则在继续下降，网络广告的收入份额将继续显著领跑市场。

在美国，虽然互联网广告市场份额还没有超越电视广告，但差距在逐渐缩小，尤其是互联网的媒介消费时长已经显著超越了电视的媒介消费时长，这将促进美国互联网广告市场的进一步繁荣，而美国市场的纸媒和广播无论是媒介消费时长还是广告市场份额，都在严重萎缩。

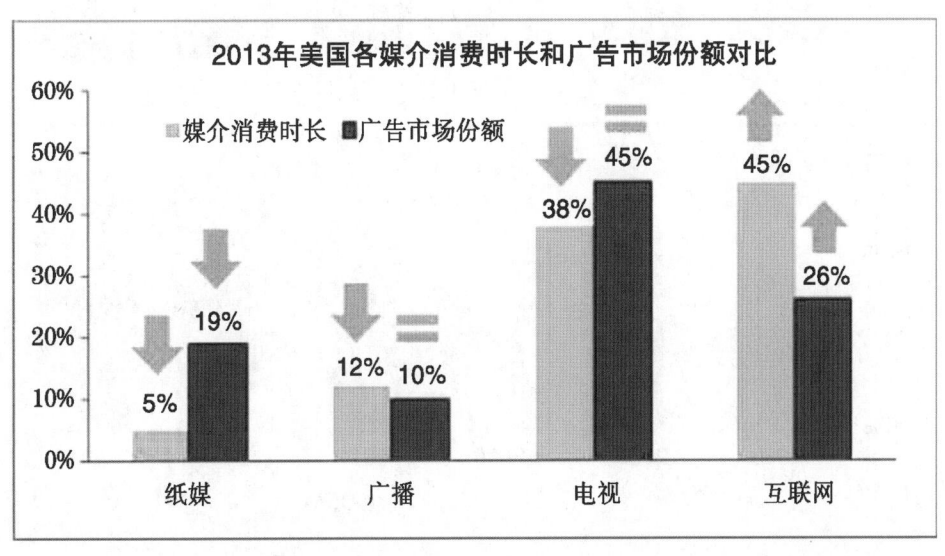

图 6-3

四、大数据广告成为网络广告的首要驱动力

2013年以 CPC 和 CPA 为计费方式的效果广告，其市场份额达 66.6%，2014年该比例将超过七成。在效果类广告为主流的中国网络广告市场，精准广告技术将成为网络广告市场的重要驱动力。我们看到 360 公司的点睛系统、腾讯的广点通等新的以大数据为基础的精准广告势力正在快速崛起，其市场地位已经可以跟传统的门户相当。游戏和电商是这些精准广告系统的主要客户群，随着这些客户群的进一步发展，以及精准广告系统在大数据方面的进一步发力，我们有理由相信，这些以大数据驱动的精准广告势力将成为网络广告市场最为重要的变革和发展的驱动力。

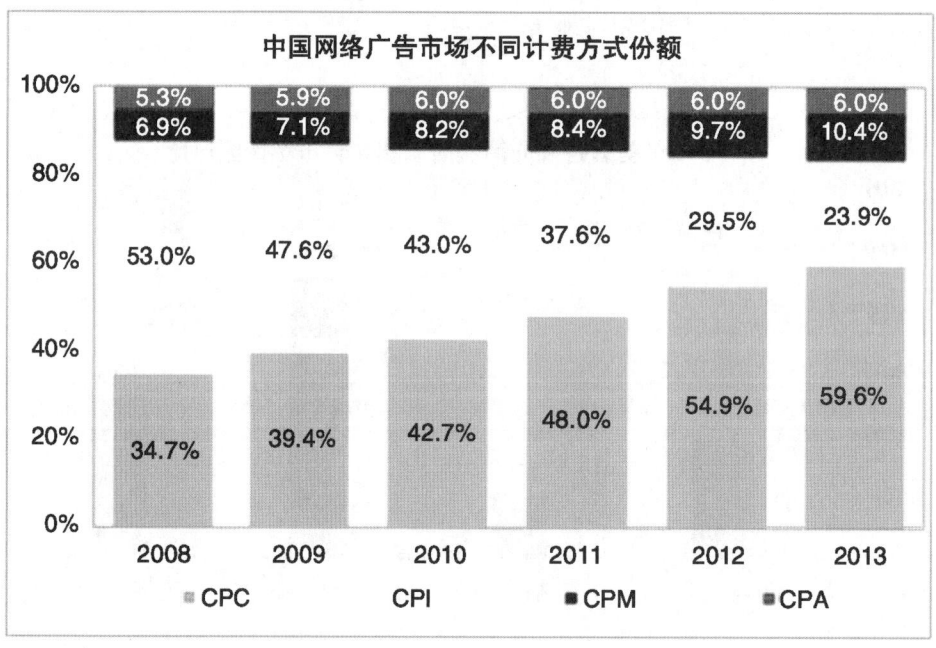

图 6-4

五、大型平台类互联网企业将驱动市场快速发展

互联网消费金融是指消费者通过互联网购买消费品提供消费贷款的现代服务金融方式，包括住房贷款、汽车贷款、旅游贷款、助学贷款等。中国互联网消费金融市场正处于发展的起步阶段，2013年中国互联网消费金融市场交易规

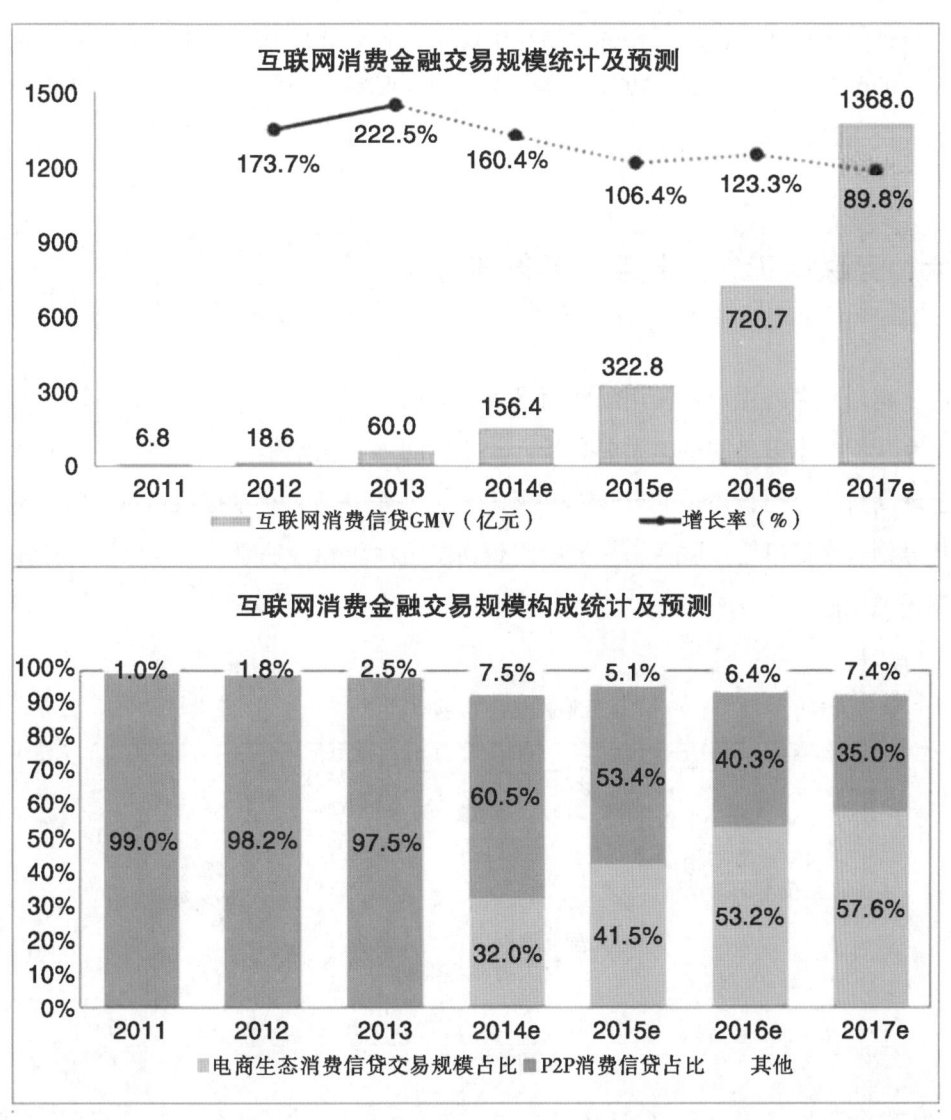

图 6-5

模达到60.0亿元。从互联网消费金融交易规模构成来看，2013年互联网消费金融交易规模主要以P2P消费信贷为主，艾瑞咨询数据显示，该比例高达97.5%。2014年电商巨头首次进入该领域，2014年年初，京东率先推出白条服务，随后，7月份天猫推出分期服务。2014年电商巨头的强势切入，使得市场格局出现显著变化，2014年通过电商平台产生的消费信贷交易占互联网金融交易规模的32%，预计2015年该比例将增至40%以上，2016年将超过一半，通过电商平台产生的消费金融交易规模将成为市场主体。伴随着京东与天猫进入市场，2014年交易规模将突破160亿元，增速超过170%。2017年，整体市场将突破千亿元，未来三年复合增长率达到94%。市场增长的驱动力来自电商巨头的强势切入该市场，以及更多的平台型互联网企业如房产网站、汽车网站加入该市场。

六、互联网正在掀起互联网健康浪潮

越来越多的用户在使用互联网寻找与健康相关的解决方案，由此带动了移动互联网健康市场的迅速发展。最近3年时间内，无论是苹果、谷歌、微软等全球高科技公司，还是BAT等国内互联网巨头都在觊觎移动健康市场，从移动挂号到日常健康管理服务，从健康监测到慢病预防和慢病管理，互联网健康浪潮正在掀起。

图6-6

互联网健康市场未来发展主要有以下几股力量的推动：

（一）国家政策利好

2014年5月国家食药监总局发布《互联网食品药品经营监督管理办法（征求意见稿）》，拟放开网上销售处方药，并提出允许第三方物流配送药品。

《医药工业"十二五"发展规划》提出，目前医药工业产业集中度低，企业多、小、散问题突出，造成过度竞争、资源浪费和环境污染。其将2015年的产业集中度目标设定为：前100位企业的销售收入占全行业的50%以上。

（二）技术相关因素推动

移动互联网和大数据的发展，将改变现有的医疗健康服务模式——远程预约、远程医疗、慢病监控、大数据管理等逐步成为可能。

传感器的发展。传统的可穿戴式传感器腕环、心率带、计步计、动作传感器、智能衣服传感器正在快速发展；而非植入式电化学传感器的发展，利用对眼泪、唾液、汗液以及皮肤组织液等体液的传感器检测，填补实时监测体内疾病及药效的空白。

（三）社会环境及自然环境的变化

老龄化。2050年，60岁及以上人口将增至近4.4亿人，占中国人口总数的34%，进入深度老龄化阶段。中国不断加剧的老龄化趋势成为医疗保健增长的基础。

污染。气候变化和污染加重人类健康隐患，为健康产业增长提供空间。有关数据表明，每年世界范围内，约200万人死于空气污染。水资源和空气污染的后果，将会在未来10年间越来越明显。一方面污染会使得人们更加注重疾病防治，增加医疗健康支出；另一方面，人们在由污染带来的疾病治疗上投入也会有所增长。

（四）大型互联网及IT企业重视及大力参与推动

阿里巴巴的布局从医院到药店，从挂号到缴费几乎已涵盖了医疗行业的方方面面。阿里巴巴投资医药电商中信21世纪科技有限公司10个月之后，后者日前正式更名为"阿里健康"；支付宝公布"未来医院"计划，宣布将对医疗机构开放其平台能力；阿里启动药品电子平台，"阿里健康"客户端在石家庄就首次介入医院电子处方环节，通过"处方电子化"试点，以期实现在医院外购买处方药。国内药品终端销售收入中，处方药占80%，这个市场潜力非常巨大。

腾讯斥资7 000万美元战略投资医疗健康互联网公司丁香园；腾讯领投挂号网超过1亿美元；手机QQ最新版中推出了健康中心，希望基于手Q的社交用户数据，来对产业链的软硬件厂商做整合；打造微医平台，与微信、QQ打通，让医院医生接入即可为挂号网、微信、QQ用户提供便捷的就医服务。

百度与北京市政府合作，搭建健康云平台，整合上游的智能医疗设备商和下游的远程医疗服务商，基于智能硬件设备来提供个性化的健康服务。

小米投资2 500万美元战略入股九安医疗（行情，问诊）旗下的iHealth；苹果发布全新健康应用，该移动应用平台被命名为"HealthKit"，它可以整合iPhone或iPad上其他健康应用收集的数据，如血压和体重等；三星也推出了其健康追踪平台SAMI；Google推出Google Fit；微软则推出Microsoft Health与健身云服务平台。

七、在线教育拐点到来，市场正在快速成长

中国经济网数据显示，2014年上半年国内在线教育投资总额高达25亿元，国外在线教育投资总额24亿元，同时8月份不低于10亿元的投资、10月份的5亿元，预估2014年整年国内在线教育投资高达50亿~80亿元，全球的在线教育投资总额预估上百亿元。

艾瑞咨询数据显示，2014年在线教育市场规模将达998亿元，增长率达19%，市场仍然处于较快的速度成长。2015年，市场增长的拐点即将到来，未来3年2015年、2016年和2017年继续快速增长，增长率均在20%左右。学历

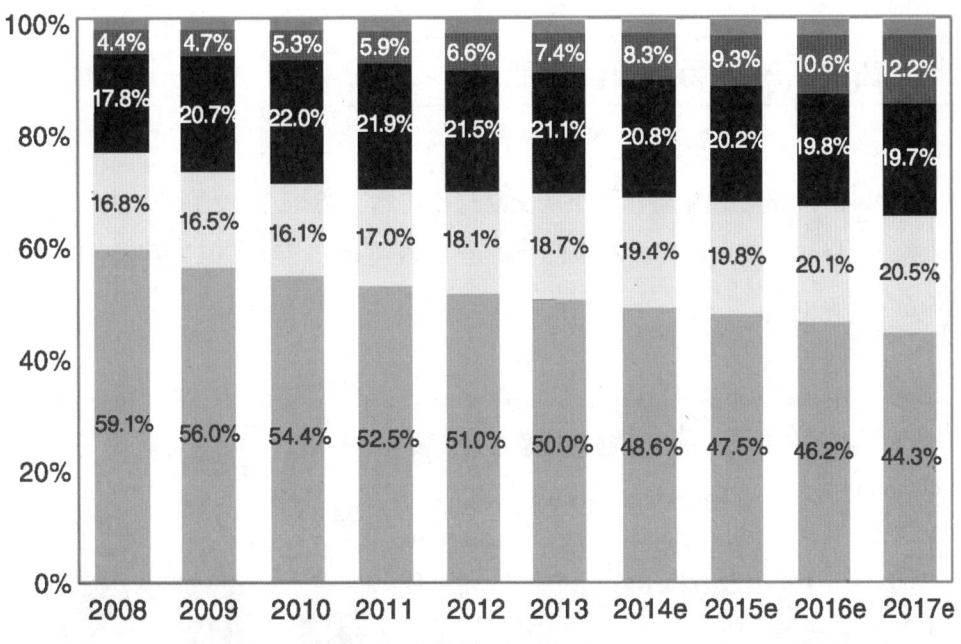

图 6-7

教育、职业在线教育是市场规模高速增长的主要动力。但值得我们注意的是,中小学在线教育市场将比整个在线教育市场的成长速度更快,2014年中小学在线教育市场规模增长率为34%,未来3年2015年、2016年和2017年增长率分别为35%、39%和39%,呈现高速增长的态势。

目前的教育领域的变革主要是来自移动互联网和大数据。原来的互联网教育绝大多数依赖于PC端,互联网时代已经完全进入移动互联时代,有了平板电脑和智能手机之后,在线教育从相对集中的学习转变成碎片化学习的状态,这需要在线教育产品形态的转变;而由于大数据的发展也使得在线教育更加智能和科学,比如,我们可以通过大数据建立错误题库去优化老师讲课的重点,或者通过大数据去辅助学生答题,科学评估学习成绩,优化学习重点,如题库、学习宝和优答。

八、在线旅游市场正在酝酿变局

2014年中国在线旅游预订市场交易规模将达2 782亿。受到业内持续而大规模的价格战影响,在线旅游OTA市场营收规模2013年和2014年增速低于整体在线旅游市场。

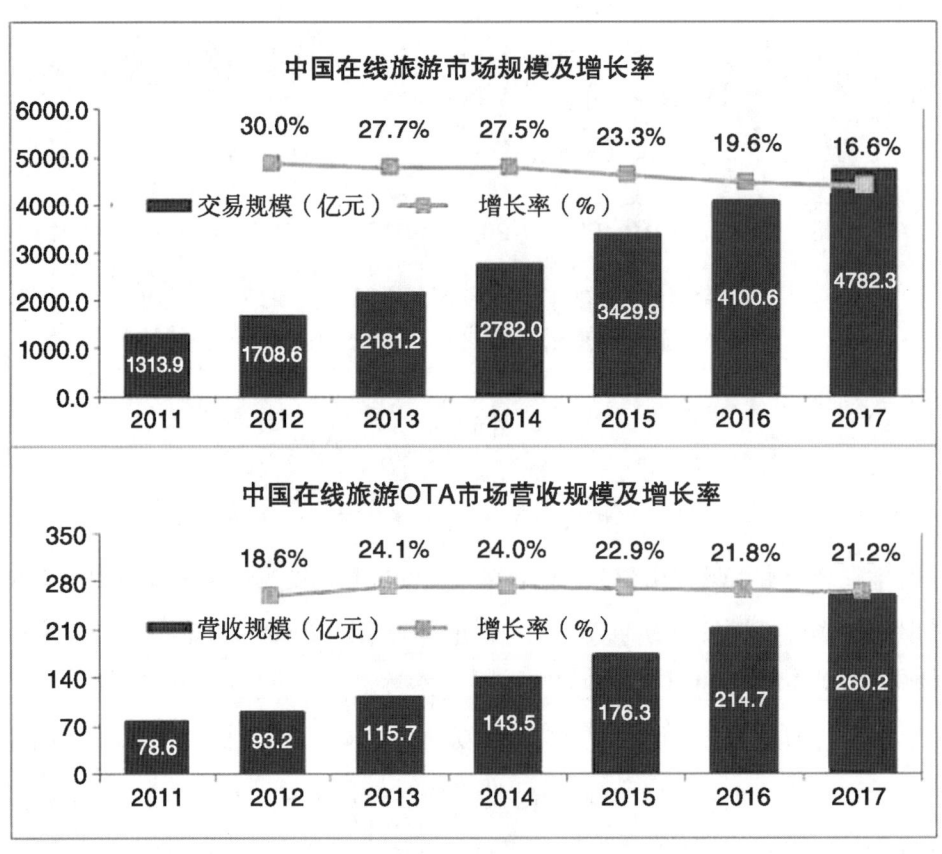

图6-8

展望2015年,以下趋势依然持续:

(1)价格战,企业增收不增利。四家中国赴美上市OTA企业的第三季度财报显示,企业净利润依然加速下滑,但各方的价格战愈加火热。携程网第三季度净营业收入为21亿元,同比增长38%,但净利润为2.17亿元,同比下降

42%。这已是携程连续三个季度净利润负增长；去哪儿公司2014年第三季度总营收为5.011亿元，同比增长107.8%；但是归属于股东的净亏损扩大至5.662亿元。而携程依然在2014年12月宣布将拿出10亿元进行大规模促销。同程和途牛也互相公开叫板。

（2）在线机票市场集中度更高。在线机票预订市场的价格战持续，中小在线代理商压力逐渐增大，利润率降低，OTA分销结构将逐渐集中。

（3）直销在线酒店地位继续提升。由于价格战将再持续，促进直销类酒店网站继续崛起。从目前在线酒店预订网站用户规模来看，去哪儿、携程、艺龙为第一阵营，而直销类网站7天酒店在2013年也进入并稳住在第一阵营；预计2015年还将会有一两家直销类酒店用户规模进入第一阵营。

（4）在线度假市场比在线旅游整体市场增速更快。2014年在线度假市场交易规模增长率达42%，远高于在线旅游市场的增长率（27.5%），2015年将继续保持高速增长，增长率将在35%以上。这主要是得益于度假休闲游的需求量逐渐增强，带动的租车、度假公寓等业务增长。

（5）在线门票受到在线旅游企业重点关注，竞争更加白热化。2014年是在线门票发展的元年，而2015年则进入白热化的竞争阶段。门票市场作为休闲旅游的入口，更容易交叉销售度假产品，因此抢占门票市场有助于对度假市场的开发。

（6）出境游热度逐渐提升。随着旅游预订的用户的收入增加及生活质量的提高，用户对出境游的需求更加强烈。预计未来几年，在线预订出境游热度会不断提升，份额进一步扩大；同时，将会出现更多专注出境游的互联网企业。

（7）移动端的迁移和竞争更加激烈。很多大型的在线预订企业其移动端流量已经超过PC端流量，在线旅游价格战与服务战已经由PC端转移向移动端，2015年移动端的竞争更加激烈，在线旅游企业将继续加大移动端的大幅度促销和返现。

九、房产领域O2O做闭环，加速转型迎发展

2014年我国房地产市场步入调整期，各地商品住宅库存量高企，对市场预期的转变进一步影响了整体新开工节奏，房地产投资增速明显下滑。市场观望

情绪显著,开发企业的投资和推盘节奏都有所调整。2014年以来市场成交量整体下行,市场成交较去年大幅下降。中国指数研究院的数据显示,2014年1—11月,50个代表城市月均成交2 273万平方米,同比下降13.6%,与2012年同期基本持平,分别高出2010年、2011年同期10.6%、24.5%。房地产行业以上的影响已经传导至房地产网站,导致房产网站营收增长放缓。以上市公司搜房网为例,2014年其营收预计在7.3亿美元,年度营收增长率为15%,比2013年的48%显著下滑。在此背景下,房产网站积极主动变革,做销售闭环,加速转型。

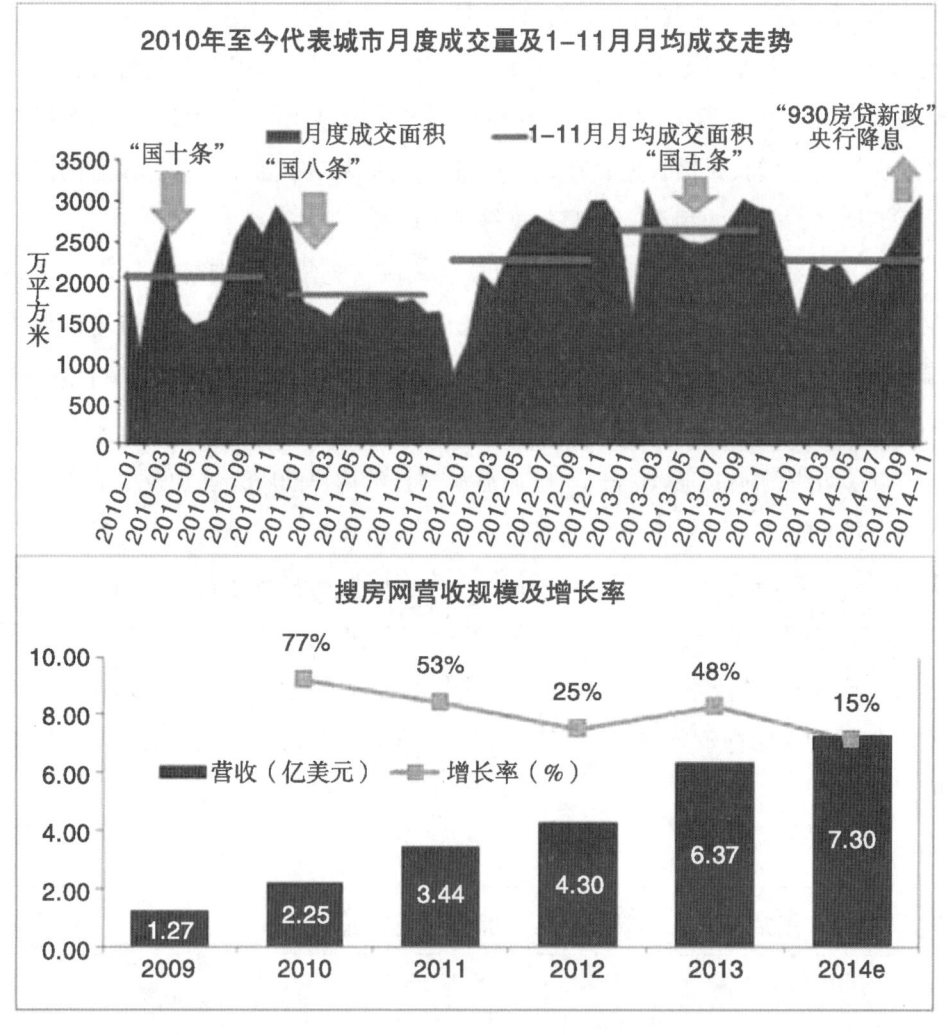

图6-9

未来一年房产领域值得关注方向包括房产O2O、家居O2O、社区O2O和房产相关互联网金融。

（1）房产O2O。房产网站积极谋求销售闭环，不仅仅帮助线上推广，还需落实到线下的售楼环节，实现规模成交。搜房、乐居、安居客和365房产网等均在不同程度实现房产O2O。

（2）家居O2O。主要有几种模式：房产网站和家居网站开通线下实体店体验，线上销售模式；传统家居商场自建电商平台模式；传统家居商城联盟，自建联盟网站的网络团购模式；传统家居企业在电商平台销售的模式。

（3）社区O2O。蔬菜、水果、物业、家政服务等社区购物和服务，均为社区O2O的服务范围。以万科、花样年为代表的房地产商，阿里巴巴等电商公司，搜房及365房产网等房产网站，以及民生银行、兴业银行金融机构已经在不同程度进入该领域。

（4）互联网金融。为了更好地做闭环，很多大型房产网站进入互联网金融领域，主要瞄准用户购房和装修过程中贷款问题。2014年，我们看到房产网站在互联网金融方面的一系列大动作：搜房网通过成立互联网金融信息服务有限公司，并引入多方战略合作模式布局互联网金融体系。新浪和易居中国联手成立房金所金融服务股份有限公司，推出互联网房地产金融服务平台"房金所"。365房产网拟成立金融信息服务有限公司。

十、以社交为基础打造多位一体的一站式服务平台

在三大类社交应用中，整体网民覆盖率最高为即时通信，第二社交网站，最后为微博。即时通信（IM）在整体网民中的覆盖率达到了89%。而值得我们注意的是，腾讯几乎领跑了这三类主流的社交应用市场。即时通信领域，腾讯的QQ和微信的网民渗透率分别达78%和65%，QQ空间的网民渗透率也达57%，腾讯微博为27%，仅比新浪微博低1%。最为值得关注的是微信，上线后仅用4年便取得了65%的网民渗透率，发展速度极快。

未来一年，各社交平台将加速社交相关生态的整合，以社交为基础打造沟通、娱乐、生活、购物和学习的在线一站式服务平台。

（1）在沟通方面，腾讯提出乐在沟通的产品理念，QQ和微信将继续提升

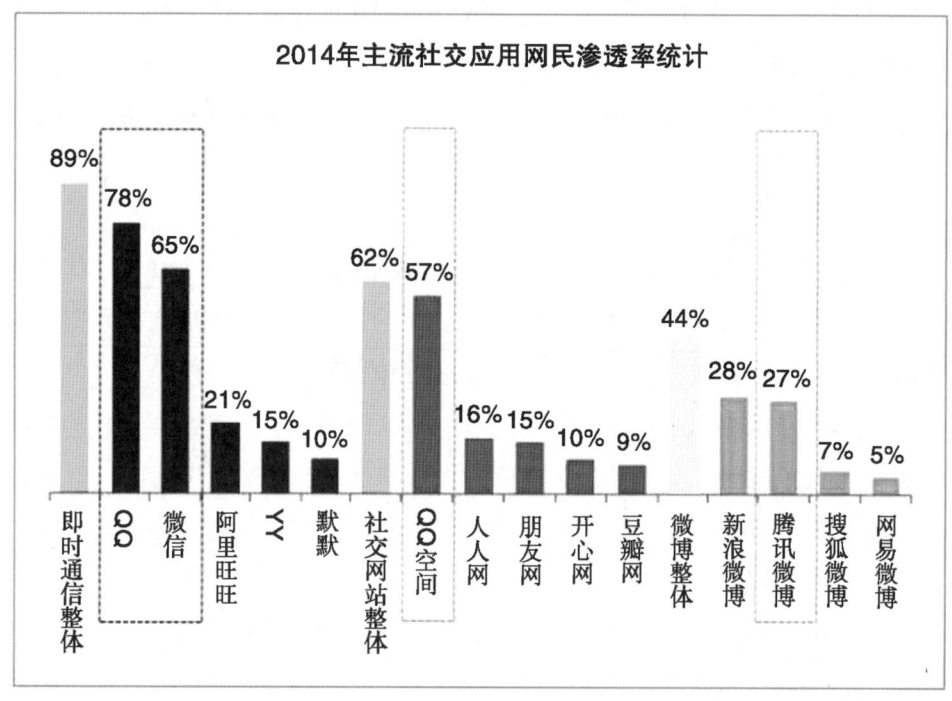

图 6－10

语音和视频沟通的产品体验，尤其是 QQ 在多人视频沟通方面，以提升在工作场景和教育场景下的一对多和多对多的沟通体验；新浪微博也在测试群沟通功能，期待在社交沟通方面抢占更多的份额。

（2）在娱乐方面，腾讯、新浪、人人等社交平台都积极为用户提供 PC 游戏和移动游戏服务，在社交用户的大盘上进行很好的游戏商业化，2014 年这些社交平台在移动游戏已经取得了不错的发展，预计未来两年将更为重视社交用户的移动游戏方向。

（3）在生活方面，2014 年年初，腾讯投资入股大众点评，占股 20%，快速抢占生活 O2O 的入口；而在更早之前，腾讯就投资了滴滴打车。未来一年，在生活化方面社交平台将继续加速整合的速度，以投资或者收购的方式快速拓展市场。

（4）在购物方面，2014 年年初，腾讯以 2.14 亿美元入股京东 15% 的股份，合作有利于两者在电商领域的快速发展；而在 2013 年，阿里巴巴以 5.86 亿美元购入新浪微博 18% 的股份，同时两者展开全面战略合作，在未来，阿里还有权按事先约定的定价方式，将新浪微博的持股升至 30%。在未来一年，社交平台将继续加大电商领域的合作力度，尤其是促进社交和移动电商的融合。

（5）在学习方面，社交平台将发挥其天然沟通能力和用户资源的优势，发力在线教育。以腾讯为例，"腾讯课堂"从两方面发力在线教育：一方面以QQ群为网络课堂做直播教育；而另一方面以精品课为资源平台做录播教育。同时，腾讯和新东方在2014年7月宣布成立合资公司"微学明日"，进军移动学习市场。2014年2月YY也正式宣布进军在线教育，分拆出独立品牌100教育。预计2015年，社交平台更加重视教育市场的发展和投资，竞争愈加激烈。

第二节　学界对互联网金融模式发展趋势的观点

在互联网金融潮涌而来之后，业界舆论可谓是纷扰争论不断。这其中，既有新闻媒体的声音，也有社会评论人士的声音；既有专家学者的声音，也有部分国有商业银行的声音；当然，最多最广泛的是互联网金融公司的声音和从业人员的声音。在众多声音中，国家官方的声音是微弱的，特别是集学者和官员身份于一体的人士，对互联网金融尤其是对互联网金融模式发展趋势的声音，更是微不足道，寥寥无几。

下面我们介绍三位身兼学者、专家和官员于一体的人士，来探讨和解读对中国互联网金融模式的发展趋势。这三位学者专家领导型人士，就是原中国人民银行金融研究局局长、现中国投资责任有限公司副总经理谢平先生；国务院特殊津贴专家、研究员、中国人民银行调查统计司原副司长、现任巡视员徐诺金先生；现任中国人民银行金融研究局局长陆磊先生。这三位学者、专家、领导型人士对互联网金融具有深厚的理论研究和清醒判断，对中国互联网金融模式发展趋势具有独到的、高瞻远瞩的观点，的确相当难得。考虑到特殊含义，下面以学术界的名义展现他们的观点和见解。

一、谢平关于互联网金融模式发展趋势的观点

（一）互联网金融模式在未来 20 年将成主流

早在 2012 年上半年，中国投资责任有限公司副总经理谢平就指出，金融服务实体经济的最基本功能是融通资金，资金供需双方的匹配（包括融资金额、期限和风险收益匹配）可通过两类中介进行：一类是商业银行，对应着间接融资模式；另一类是股票和债券市场，对应着资本市场直接融资模式。这两类融资模式对资源配置和经济增长有重要作用，但交易成本巨大，主要包括金融机构的利润、税收和薪酬。2011 年全国银行和券商的利润约 1.1 万亿元，税收约 5 000 亿元，员工薪酬 1 万亿元。

以互联网为代表的现代信息科技，特别是移动支付、云计算、社交网络和搜索引擎等，将对人类金融模式产生根本影响。20 年后，可能形成一个既不同于商业银行间接融资，也不同于资本市场直接融资的第三种金融运行机制，可称之为"互联网直接融资市场"或"互联网金融模式"。

在互联网金融模式下，因为有搜索引擎、大数据、社交网络和云计算，市场信息不对称程度非常低，交易双方在资金期限匹配、风险分担的成本非常低，银行、券商和交易所等中介都不起作用；贷款、股票、债券等的发行和交易以及券款支付直接在网上进行，这个市场充分有效，接近一般均衡定理描述的无金融中介状态。

在这种金融模式下，支付便捷，搜索引擎和社交网络降低信息处理成本，资金供需双方直接交易，可达到与现在资本市场直接融资和银行间接融资一样的资源配置效率，并在促进经济增长同时，大幅减少交易成本。

理解这种互联网金融模式，需要抓住七个关键点：第一，信息处理；第二，风险评估；第三，资金供求的期限和数量的匹配，不需要通过银行或券商等中介，完全可以自己解决；第四，超级集中支付系统和个体移动支付的统一；第五，供求方直接交易；第六，产品简单化（风险对冲需求减少）；第七，金融市场运行完全互联网化，交易成本极少。

（二）互联网金融模式的三大趋势

以互联网为代表的现代信息科技，特别是移动支付、社交网络、搜索引擎和云计算等，将对人类金融模式产生根本影响。在全球范围内，已经可以看到三个重要趋势。

第一个趋势是移动支付替代传统支付业务（如信用卡、银行汇款）。

随着移动通信设备的渗透率超过正规金融机构的网点或自助设备，以及移动通信、互联网和金融的结合，全球移动支付总金额2011年为1 059亿美元，预计未来5年将以年均42%的速度增长，2016年将达到6 169亿美元。在肯尼亚，手机支付系统M-Pesa的汇款业务已超过其国内所有金融机构的总和，而且延伸到存贷款等基本金融服务，而且不是由商业银行运营。

第二个趋势是人人贷（个人之间通过互联网直接借贷）替代传统存贷款业务。

其发展背景是正规金融机构一直未能有效解决中小企业融资难问题，而现代信息技术大幅降低了信息不对称和交易成本，使人人贷在商业上成为可行。比如2007年成立的美国Lending Club公司，到2012年年中已经促成会员间贷款6.9亿美元，利息收入约0.6亿美元。摩根士丹利前CEO John Mack为其董事会成员。

第三个趋势是众筹融资（crowd funding，通过互联网为投资项目募集股本金）替代传统证券业务。

2012年4月，美国通过JOBS法案（Jumpstart Our Business Startups Act），允许小企业通过众筹融资获得股权资本。

谢平先生认为，可能出现既不同于商业银行间接融资，也不同于资本市场直接融资的第三种金融融资模式，称为"互联网金融模式"。

（三）互联网金融模式的运行方式

谢平先生认为，互联网金融模式有三个核心部分：支付方式、信息处理和资源配置，分述如下：

首先是在支付方式方面，以移动支付为基础。个人和机构都可在中央银行的支付中心（超级网银）开账户（存款和证券登记），即不再完全是二级商业银行账户体系；证券、现金等金融资产的支付和转移通过移动互联网络进行；支付清算电子化，替代现钞流通。

其次是在信息处理方面，社交网络生成和传播信息，特别是对个人和机构没有义务披露的信息；搜索引擎对信息进行组织、排序和检索，能缓解信息超载问题，有针对性地满足信息需求；云计算保障海量信息高速处理能力。总的效果是，在云计算的保障下，资金供需双方信息通过社交网络揭示和传播，被搜索引擎组织和标准化，最终形成时间连续、动态变化的信息序列。由此可以给出任何资金需求者（机构）的风险定价或动态违约概率，而且成本极低。正是这种信息处理模式，使互联网金融模式替代了现在商业银行和证券公司的主要功能。

最后是在资源配置方面，资金供需信息直接在网上发布并匹配，供需双方可以直接联系和交易。借助于现代信息技术，个体之间直接金融交易这一人类最早金融模式会突破传统的安全边界和商业可行性边界，焕发出新的活力。在供需信息几乎完全对称、交易成本极低的条件下，互联网金融模式形成了"充分交易可能性集合"，诸如中小企业融资、民间借贷、个人投资渠道等问题就容易解决。在这种资源配置方式下，双方或多方交易可以同时进行，信息充分透明，定价完全竞争（比如拍卖式），因此最有效率，社会福利最大化。各种金融产品均可如此交易。这也是一个最公平的市场，供需方均有透明、公平的机会。

总之，在互联网金融模式下，支付便捷，市场信息不对称程度非常低，资金供需双方直接交易，不需要经过银行、券商和交易所等金融中介。

（四）互联网金融模式的机遇和挑战

互联网金融模式能产生巨大的社会效益。互联网金融模式可以达到与现在直接和间接融资一样的资源配置效率，并在促进经济增长的同时，大幅减少交易成本。更为重要的是，在互联网金融模式下，现在金融业的分工和专业化被大大淡化了，被互联网及其相关软件技术替代了；市场参与者更为大众化，互联网金融市场交易所创造的巨大效益更加普惠于普通老百姓。企业家、普通百姓都可以通过互联网进行各种金融交易，风险定价、期限匹配等复杂交易都会大大简化、易于操作。这也是一种更为民主化，而不是少数专业精英控制的金融模式。

对政府而言，互联网金融模式可被用来解决中小企业融资问题和促进民间金融的阳光化、规范化，更可被用来提高金融普惠性，促进经济发展，但同时也带来了一系列监管挑战。对业界而言，互联网金融模式会产生巨大的商业机会，但也会促成竞争格局的大变化。对学术界而言，支付革命会冲击现有的货币理论，互联网金融模式下信贷市场、证券市场也会产生许多全新课题，总之现有的货币政策、金融监管和资本市场的理论需要完善。

（五）中国应积极发展互联网金融模式

实证分析表明，过去20年间，信息通信技术通过促进金融深化，已经对中国经济增长产生了显著影响。鉴于中国已经是全球最大的互联网市场，我们预计，未来互联网金融模式将通过提高资源配置效率、降低交易成本对中国经济增长起到更大促进作用。

目前，我国在互联网金融模式方面主要有以下进展：首先是央行给三大移动运营商发放了第三方支付牌照；其次是兴起了一批人人贷公司，比如红岭创投、宜信网、拍拍贷等；最后是一些机构借鉴人人贷模式或社交网络信息解决中小企业融资难问题，比如温州民间借贷登记服务中心和阿里小贷公司。

二、徐诺金关于互联网金融发展趋势的观点

徐诺金先生，2014年参加了三次有关互联网金融发展趋势主题的重要研讨会，每次研讨会他都提出了独特的见解，下面逐一介绍。

（一）互联网金融可能带来的十个方面的变化

在2014年3月28日举办的"2014年中国互联网金融大会春季峰会"上，徐诺金先生认为互联网金融可能带来的十个方面的突破。这里摘录如下：

第一个就是突破有形的概念，突破网点的概念；就是突破现在的物理形态的概念。完全基于无形的虚拟世界，可以没有我们现在所看见的高楼大厦这样的金融机构，商业银行将成为20世纪灭绝的恐龙一样，面临这样的危险，也不是说银行面临这样的形态灭绝，而是我们这个繁华都市里面的高楼大厦的金

融网点会灭绝。

第二个就是突破时空的概念，互联网金融没有边界，没有地域，没有时间限制。所以它是一种在任何时间、任何地点，可以用任何方式实现的一种金融服务方式。拿一个手机终端，或者专门开一个手机服务终端，你只要随身带在身上，你走到哪里都可以追踪你的账户余额，你都可以完成你的支付，都可以完成你的下单，所以它没有时空的限制。

第三个是突破了金融主权的概念。我们现在的金融、现在的货币，都是有主权概念的。但是在互联网空间里面，是没有一个主权概念的。比如最突出的P2P，这个P2P不是中国的，也不是美国的，是一个你自愿接受为主的货币。它是没有主权概念、没有法律的保障的，你接受不接受它，你可以自愿。你能不能使用出去，没有保障。但是人民币就不一样了，你买别人的东西，别人无法拒绝接受，这是法定货币。而P2P就完全是一种自愿流通的货币，是民间的货币，可以在电子网络界使用。这就突破了金融主权的概念。

第四个是突破了现在的高利率、高成本。互联网金融将会带来我们现在利率的下降。为什么呢？因为我们现在的利率里包括了四个方面的成本：一是物理成本、网点成本；二是人工成本；三是风控成本；四是排除风险获得资讯搜集的成本。而在互联网这四个方面的成本都可以压低，所以就会带来金融成本的下降。

第五个是突破风险管理的一些制约。为什么？因为依靠互联网的风险管理水平面更高。互联网最大的特点就是利用它的信息资源优势、大数据优势、云技术优势，可以带来风险管理能力的提高，拓展了新的金融服务领域。比如说P2P，可以利用资讯资源优势，过滤和筛选很多不安全的客户，把真正优秀的、具有良好思维的客户筛选出来，就可以拓宽我们的服务理念。又如现在大家在互联网上看到了很多广告，比如说你1块钱可以买资金、可以买股权，这个在现实当中，任何金融机构网点都做不到，因为他没有那么多的人力服务，没有那么多的人力为你进行风险鉴别，所以互联网金融大大突破了我们风险管理的能力。

第六个是突破效率和资源配置。互联网金融将资金供求之间匹配的效力定得很高。现在我们的打的软件大大改善了出租车司机在马路上闲逛的情况，提高了他们跟客户之间的对接水平，这也告诉我们，今后我们的资金配置也是这样的。

第七个是突破了陈规,给现有的规章制度带来了冲击。比如说我们过去办信用卡业务、办支付业务,要到网点柜台上亲自签名,现在可以用电子签名,可以用电子鉴别和图像鉴别了。再比如说现在为了保护广大消费者的利益,有些大额支付有限制,支付时间也受限制,有些还规定你没有风险承受的人员不能买股票和基金,不能搞风险大的投资,等等,互联网金融突破了这些陈规。

第八个是突破了现有的竞争格局。互联网金融会冲击现有的金融格局,一些银行之间的兼并,很有可能出现银行和互联网之间的融合,可能会出现现在的一些金融机构跟大的公司进行对接,互联网争抢金融机构,金融机构争抢银行。比如说,天弘基金之前在整个基金公司里面,像一个小兄弟一样,但是一旦它与余额宝嫁接,就在基金公司里排前几位。这大大改变了我们的金融格局。

第九个是突破了金融与实体经济结合,也就是说金融资本跟产业资本更好地黏合在一起。比如说现在互联网公司,无论P2P也好,众筹也好,还是余额宝,在商务平台上,嫁接的这个小贷公司业务,实际上就是一种典型的把金融业务嫁接到这个商务流程里面去了,更有效地使金融资本服务于实体经济。

第十个是突破了行业限制。在互联网金融的世界,没有银行业、证券业、保险业的严格划分。

(二)金融发展趋势是利用互联网思维方式改造一切

2014年8月23日,由家财网、未央网主办,金信网协办,清华大学五道口金融学院作为指导单位举办了题为"趋势与风控:中国P2P发展之路"的论坛,徐诺金参加本次论坛并在大会发表演讲。

徐诺金认为互联网给金融带来的变革的三个基本原因,就是网络资源优势、资讯优势和云计算处理能力的优势。

互联网金融本身没有改变互联网的本质,所以要用开放的心态,迎接互联网的挑战,设计我们的监管规则,迎接挑战,所以互联网金融监管要公开公平。

徐诺金主要分析了三个问题。他认为互联网想要有未来,就要有互联网式的思维,互联网思维的特点就是群众路线,这是互联网公司发展的关键。他表示互联网空间非常大,所以互联网将来的成功在于互联。金融发展的真正趋势是利用互联网思维方式,改造理念,改造监管,改造一切。

（三）互联网金融的两大发展趋势和十大冲击

2014年11月29日，在华夏新供给经济学研究院主办的"加快发展互联网时代的普惠金融"研讨会上，中国人民银行调统司巡视员徐诺金以"互联网金融的两大发展趋势和十大冲击"为题发表演讲。

徐诺金称，互联网金融的未来存在两大趋势：一是传统金融跟互联网优势互补，有机结合，利用互联网的渠道优势、信息处理能力优势等；二是在互联网的商务平台、商务机会、商务信息里成长出新的金融业态、新的金融组织方式和新的金融交易方式。余额宝首先是个商务平台，因为交易发生支付机会，进而进行沉淀资金的管理，这种新的金融业态不是简单的银行支付，而是和相互交易的信用担保机构结合在一起的业务。"这种业务银行做不了，现在很多金融机构简单地模仿，也做个商务平台，实际上这种发展方向是错误的，没有前途。"

在谈到互联网金融带来的冲击时，他表示，互联网金融冲击了传统的物理银行概念，冲击了传统的时空概念，冲击了货币金融主权的概念，带来成本的大幅度下降，突破了时空的限制，突破传统的规章制度，可能改变现有的金融格局，可能采用分业经营、分业管理的模式，改变竞争策略，改变监管理念。

他还认为，互联网金融下一个重大的战略已经不是现在的这种意义上的互联网，而是最终的移动互联。同时，他也提醒道，互联网金融不要过于自信，不要低估金融的复杂性和严肃性，要认清金融的本质，遵守金融的规则，坚守金融的底线。而传统金融千万不能低估互联网金融可能带来的影响和冲击，应该以开放的心态做好充分准备，迎接互联网金融时代的到来。

三、陆磊关于互联网金融将进入大资管时代的观点

在2014年10月24日的"互联网金融创新与法制"论坛上，中国人民银行研究局局长陆磊出席并发表演讲。陆磊认为，目前的互联网金融在本质上并没有新的金融创新，只是将线下的模式搬到了线上。但互联网金融的介入会迫使传统金融转型升级，服务外包将更普遍。他认为，未来互联网金融将进入大资管时代。

（一）火爆缘于需求强烈

在论坛上，陆磊发表了题为"互联网跨界金融的性质与监管"的演讲，将目前的互联网金融业态大体划分为以下三种形式：第三方支付、第三方投资和第三方交易。这三者类似于传统上我们所称的票号、钱庄和融资。三者的主要代表产品分别有支付宝、余额宝以及P2P，这三种形式是互联网金融的主要模式。

"目前，我看到的互联网金融在本质上并没有新的金融创新，而只是将线下的模式搬到了线上。"陆磊认为，互联网金融的火爆上演缘于现实的强烈需求。"互联网企业涉足金融的背后，是我国银行体系过于集中和庞大导致的低效率的一种必然行为。"

此外，陆磊认为互联网金融为金融行业带来的现代属性在于其构建的征信平台和增信平台，也就是信息征集和信用准入。其表现为大数据和云计算，通过充分的信息挖掘来解决金融的永恒问题——逆向选择和道德风险。另外，诸多的P2P期望进入央行征信体系。

对于互联网金融的风险属性，陆磊认为互联网技术不能解决跨期交易的不确定性问题，但大数据技术能够解决风险识别的问题。此中存在着大数据悖论，大数据不等于大数定律。传统银行遵循大数定律，预期收益一定会大于风险，而大数据即使发展到极致仍然可能出现融资、金融服务、定价的差别化。

（二）不会颠覆商业银行模式

谈及互联网金融对传统金融的冲击，陆磊认为可以分为两层：一是宏观冲击，包括事实上的利率市场化以及金融稳定；二是微观的结构性的冲击。"任何一个业态在仅仅经历了两年到三年之后，我们无法确定他能不能经历一个完整的经济和金融周期，会不会对金融稳定构成相关冲击。在此还不能作出相关的定论。"

他认为，微观的结构性冲击主要表现在金融消费者分化和市场细分。"传统金融往往是我生产什么产品你就接受什么，而互联网金融增加了选择的可能性，当然也会形成客户的分流，这也是传统金融最担心的问题。"

但是，商业银行优势仍然不可动摇。陆磊认为商业银行的优势在于它的信用和渠道，互联网金融并不会颠覆掉商业银行模式。"如果它不具备吸引力和优势，那么阿里、腾讯为什么要申请银行牌照？"

对于互联网金融可预见的发展方向，陆磊总结道："未来将进入大资管时代。传统正规金融跟互联网金融，不见得是对立关系，可能是一种统一融合的关系。"他认为，互联网跨界会迫使正规金融转型升级，衡量自己的比较优势。传统正规金融将来会做出更多的服务外包，它擅长的是渠道、营销和产品设计。而互联网金融公司，则在数据、计算、风险识别上有优势。

第三节　2015年中国互联网金融模式趋势猜想

2015年是互联网金融持续深化改革的一年，相关政策的出台将对板块开始重要驱动力。新年开始，李克强总理便造访腾讯微众银行，释放出监管层有意通过互联网推动金融行业深化改革的重要信号，李克强总理明确表示"政府要创造条件给你们一个便利的环境，温暖的春天"。随后，央行相继初步放开个人征信牌照，发布《关于推动移动金融技术创新健康发展的指导意见》。因此2015年是互联网金融政策与深化创新双轮驱动之年，受政策规范确定性的增加，互联网金融也进入稳定有序、加速发展阶段。

一、机遇大于挑战——2015年中国互联网金融总体展望

2013年被称为互联网金融的元年，2014年是互联网金融在备受关注、广泛争议中大发展的一年。2014年年初总理政府工作报告中首度提出"促进互联网金融健康发展"，使互联网金融有了正式名分。余额宝风波持续发酵使得2014年上半年互联网金融成为中国经济金融行业的热点事件。P2P的大发展，众筹融资的登场，互联网第三方支付的激烈竞争，特别是阿里和腾讯两家互联网银行试点开始筹备，互联网金融迅速进入到国际国内经济视野。

2014年互联网金融参与者、进入者可谓蜂拥而至。大型网络公司比如阿里

巴巴、腾讯是主力和探路人。本来产生于市场、民间、草根、民营资本的互联网金融也吸引来了商业银行包括四大国有银行开始涉入甚至进入到P2P网贷平台。更加引人注目的是，大型国企通过控股形式参与到互联网金融的P2P网贷开始破冰。植根于湖南、面向全国的芒果金融（www.hnmgjr.com），成为中国首家大型国企与阿里巴巴产业带运营商共同参与运营的互联网金融网贷平台。

无论从互联网金融的业务种类、产品品种还是机构数量、参与主体等方面看，2014年都是互联网金融大发展的一年。不可否认的是，其中存在的问题特别是风险是显而易见的，集中表现在P2P网贷上。P2P网贷这一两年发展近乎到了疯狂地步。截至2014年年底，全国约有正常运行的P2P平台1 575家，投资者100多万人，累计成交量高达2 528亿元。仅2014年新上线的网贷平台就超过1 000家。作为高风险行业的金融业，疯狂发展的背后一定是金融风险的快速爆发。相关数据显示，2014年一年的问题平台多达275家，占比高达17.5%，是2013年的3.6倍。其中仅12月份的问题平台就高达92家，超过2013年全年数量。而2014年所有问题平台累计导致投资者损失约60亿元。跑路不断，倒闭潮袭来。正是由于P2P网贷的如此盲目发展和风险凸现，使得社会各界包括监管部门谈互联网金融色变，使得中国互联网金融这个伟大创新蒙羞。那么，在饱受争议中风雨飘摇发展的互联网金融进入2015年后会是怎样的一个发展前景呢？笔者认为机遇大于挑战。

从高层政策层面来看，互联网金融的草根性、普惠性，特别是对于解决将近20多年来中小微企业融资难的顽症起到了较大作用。虽然饱受争议，对P2P风险诟病不少，有因噎废食的思想倾向，但就在这个关键时刻，李克强总理视察深圳前海微众银行时要求"政府要为互联网金融提供便利的环境和温暖的春天"，并肯定了互联网金融在解决中小微企业融资难上的作用和地位，给予极大期望，还对"互联网金融倒推传统金融的改革"寄以厚望。有总理的支持，互联网金融的春天就要到来。

中国金融监管部门给予互联网金融最大的包容性、观察期和发展空间，是中国互联网金融发展比任何国家都好的监管环境。至今中国监管部门没有出台任何实质性针对互联网金融的监管政策。这个环境稍纵即逝，一旦P2P野蛮生长闯出金融风险大祸，对互联网金融的监管尺度立马就会收紧。这一方面要求一定要珍惜这个监管宽松环境，千万不要弄出不可收拾的大风险；另一方面趁监管宽松之机迅速发展互联网金融业务和种类。这个机遇一定要抓住。芒果金融以大型国企为支撑，首家探索大型国企进入到互联网金融行业，不仅拓展了国企最重要的领域——金融，而且还是最为领先、最具创新力的互联网金融，这个机会抓得好、抓得妙。

对2015年互联网金融发展的网络银行板块来说，腾讯微众银行已经试营业，蚂蚁小微金融的网商银行也开业在即，都尚处于试点试运行阶段。2015年这个板块估计以两家试点为主，最多在年底再允许一家到两家大型互联网公司试水网络银行。网络第三方支付业务按照正常步伐发展即可，此项业务也比较成熟。一个看点是网络征信业务和机构可能出现几家。同时，银行包括大型银行、证券公司、基金公司、保险公司等金融机构可能都将加速互联网金融发展的步伐和加大其投入。互联网金融的竞争将会更加激烈。

变数最大的是P2P网贷和众筹融资两个板块。P2P网贷的监管政策迟早要出台，只是时间问题和监管内容严与宽的问题。一方面，2015年P2P网贷和众筹融资仍是一个大发展时期，平台增速仍将居高不下。另一方面，一批P2P网贷将会"死掉"：一是被自己的高风险引爆后"炸死"；二是被市场化淘汰，主要是业务萎靡，经营不下去导致的；三是可能被监管政策"卡掉"。

P2P网贷一定要将防范风险、控制风险放在第一位。众筹融资一定要回归本性，还其真实面目。投资者将会青睐于平台安全性高、风控严格的P2P网贷。笔者一直强调，P2P网贷平台在本身不能做担保的前提下，一定要寻求第三方融资性担保模式，给平台业务发展开辟出路。一个可供借鉴的最佳网贷模式就是芒果金融的P2B模式。

从网贷平台发起本质来看，芒果金融P2B网贷平台一开始就定位于做金融信息中介，而且控股的是大型国企。背靠国企大树，实际是控股的大型国企给予了信用背书。从模式上看，中国互联网金融发起人——阿里巴巴的产业带运营商共同参与运营平台，模式和技术都没有任何漏洞。更为关键的有两点：一是芒果金融的P2B网贷平台融入资金方定位非常清晰——企业直募模式和债券转让模式。把融入资金方限制在企业定位上，排除了在市场盲目寻找融入资金方特别是个体和自然人的风险，而且切切实实旨在解决中小企业融资难问题；债券转让模式的债券在原始发行环节已经经过一次信用评估和考核，作为转让平台的风险将会大大降低。二是芒果金融引入了大型国有担保公司第三方担保模式，全额担保项目。跑路的平台都是自身担保而又实力不够，最终导致资金链断裂。芒果金融引入第三方况且还是大型国企担保公司，投资者资金有了安全保障。

我们注意到，芒果金融 P2B 网贷投资者一般享受 8%～10% 有保障的投资收益，这个回报定价在网贷中是偏低的，正是因为偏低才合理、才理性、才有保障基础。同时，芒果金融（微信号：18374990399）网贷平台承诺："若借款人逾期，则推荐借款项目的贷款机构会在两个工作日内代偿该期本金、收益和罚息。"这就彻底消除了投资者的顾虑。

2015 年，互联网金融将是又一个大发展之年。在这种大发展中，千万不要忘记和忽视风控。金融的本质是信用，金融管理的关键是管理风险。不要让 P2P 网贷野蛮发展导致的风险泛滥毁了互联网金融的前程，也毁了 2015 年互联网金融发展的又一次机遇。芒果金融模式也许是所有网贷平台应该效仿的模式，应该是所有投资者最为青睐的平台。

总之，2015 年，互联网金融发展的机遇大于挑战！

二、行业观点——2015 年互联网金融模式十大趋势

（一）Ripple 协议对 SWIFT 协议产生强烈冲击

Ripple 协议从诞生之初就非常具有革命性和颠覆性，它相比于现有的 SWIFT（环球同业银行金融电信协会）协议可以降低银行间的清算效率，无论是从成本上还是时间上。此外，也方便用户进行跨境汇款和进行多币种的快捷转换。

目前，德国在线金融机构 Fidor 银行使用 Ripple 协议作为其交易方式的一部分，美国银行、美国合众银行、加拿大道明银行、美国大通银行都支持 Ripple 的支付方式，中国的宁波银行也表达了合作意向。

Ripple 之所以还没有大规模推广开来，除了这套系统过于前沿，传统的清算系统一时难以改变和接受外，还因为其自身内部也存在很大分歧。2014 年 6 月，Ripple 的联合创始人 Jed McCaleb 宣布退出董事会，Jed 是一个让政府害怕的人，他希望建立一套独立于监管的新货币生态体系，个人或者组织可以发行货币或者自定义的价值物，而不是一套基层的技术替换系统。而另一个创始人 Chris 则认为这种思想太具破坏性，发展的壁垒太高。总之，Jed 选择了用技术

去"破坏式创新",而 Chris 选择"合作式创新"。Jed 的退出标志着 Ripple 将更广泛地和现有的金融体系合作,所以在 2015 年可以预言,Ripple 将真正地对 SWIFT 这套传统的清算系统产生强烈冲击。

(二)有城市甚至国家鼓励民众使用比特币

比特币的走势在 2014 年并不顺利,但比特币是"输了价格,赢了世界"。正因为比特币价格的剧烈波动以及媒体的纷纷报道,让大众了解了比特币。而年末出现的卢布危机,更是暴露了现有国际货币体系下隐藏着巨大的失衡,凸显了比特币这种去中心化货币的公平。所以,会有越来越多的行政区域在 2015 年鼓励民众使用比特币或者基于区块链技术的其他二代货币。如今,比特币在德国以"记账单位"接受监管,可以让银行业有法可依,2015 年会有更多的行政区域效仿。毕竟,推行比特币这种数字货币可以在未来某种程度上避免像塞浦路斯银行危机和卢布暴跌这样的局面出现。

(三)国内 P2P 网贷公司启动上市计划

Lending Club 在年末的上市刺激了国内的 P2P 公司。2015 年,或许 Prosper、Zopa 等 P2P 网贷平台也会成功上市。国内的一些 P2P 公司已经经历了 B 轮融资,早期的风投开始期待获利,再加上监管法规可能明朗,那么启动上市计划也就提上日程。问题是:谁将第一个启动上市计划?谁又能拔得 IPO 头筹?这个过程少不了刀光剑影。

(四)将有国内知名的重量级 P2P 网贷公司破产跑路

几家欢喜几家愁,有准备上市的,就有继续跑路的。"跑路潮"是 2014 年中国 P2P 网贷平台的一道独特的"风景线",从年初一直跑到年尾。如今,P2P 行业非常不规范,违规做资金池、做担保的很多,甚至包括一些 P2P "大佬"。如果 2015 年股市出现"慢牛"行情,再加上 P2P 公司的风控不严、坏账增多,那么有重量级的 P2P 公司跑路事件发生就属意料之中,其牵扯的资金之多、人数之广会产生恶劣的社会影响,并触怒监管层。

(五)P2P 监管法则出台

2014 年中国的互联网金融可以说是"行动在前,政策在后"。互联网金融公司抢在政府出台政策之前发展壮大，甚至可以倒逼政府制定合适的规则，但很明显，监管的"紧箍咒"越念越紧了。12月10日，保监会公布《互联网保险业务监管暂行办法（征求意见稿）》，12月18日，证券业协会颁布了《私募股权众筹融资管理办法（试行）（征求意见稿）》，而最受关注的P2P网贷监管办法却是千呼万唤而不出来，这很大程度上反映了监管层内部的分歧和踌躇，"难得糊涂"是现阶段比较好的策略。但在2015年，它必须落地了，相信反复强调的几点监管原则不会变，比如不准做资金池，平台不能提供担保等，监管政策的出台必然会在P2P行业掀起轩然大波。

（六）越来越多的巨头公司采取众筹的方式发布新品和创收

商品众筹是众筹行业的重要组成部分，它其实是一种商品预售和新品营销的模式。随着众筹的飞速发展，截至2014年11月底，国内商品类众筹平台已经累计达到87家，会有越来越多的大品牌厂商和交易平台开始利用众筹的方式进行预售和宣传新品。国外的Youtube是首家参与众筹的大公司，而eBay、PayPal、Amazon以及Facebook等公司也都跃跃欲试。在国内，京东众筹在募集成功金额和活跃支持者人数方面都遥遥领先。可以预言，在2015年，众筹的游戏会有更多大佬参与。

（七）传统的处于垄断地位的征信体系面临被瓦解的风险

征信是互联网金融的基石，随着P2P行业的膨胀和大数据的更广泛应用，传统的那种静态的、中心化的征信体系愈发显得不合时宜。在国外，Zestfinance等一些网络征信公司已经对FICO的征信体系带来挑战，而国内，阿里的芝麻信用和腾讯征信已踏上征程，像百分点这样的大数据公司也蓄势待发。可以想象，专项细分的P2P公司越来越多，他们在某一领域的数据积累要优于央行的征信数据，从前那种垄断的、大一统的征信体系必须会被不断地冲蚀而瓦解。

（八）网络直通银行出现混战

腾讯的前海微众银行获批，平安的橙子银行上线，阿里的网商银行也成立了。2014年，一个为人所忽视的重大变化是以往所熟悉的银行物理网点开始搬到了线上。直通银行不同于网上银行，从最初开户就是线上开设电子账户，客户定位也是抓住年轻群体，与银行网点排队的老人泾渭分明。直通银行进一步发展下去，可以在网上售卖理财产品，进行征信和授信。2015年，无论是传统的商业银行，还是互联网金融新贵，都将在这个方向上发力。直通银行是改变传统银行业的前端，进一步带动后台的变革，这种新兴事物的出现必然带来一场混战。

（九）移动端的互联网金融风生水起

互联网从PC端到手机端是趋势，互联网金融同样要遵循这样的规律。目前，移动端的P2P网贷和数字货币都出现了，而且一些公司的用户体验已经做得非常好。既然移动支付早就大行其道，通过手机进行信用资料采集也不难，那么在移动端进行小额（2万元以下）P2P网贷是顺理成章的。数字货币同样如此，特别是在手机上的一些商业场景，比如游戏、阅读，是很适合用数字货币来玩的，而且在手机上挖矿和兑换也更方便，没有理由不看好移动端的数字货币。

（十）会有重量级的传统金融大佬转身互联网金融

相比于传统商业银行，互联网金融还是处于弱小的地位。但创业这个事都是经历"看不见、看不起、看不懂、跟不上"这四个阶段，西装革履的金融精英已经习惯于服务20%的客户，对互联网金融的小打小闹玩法最初很不屑，只会偶尔关注下哪家P2P公司又跑路了。不过，人不可逆势，一些金融界大佬早已关注并看懂互联网金融大势，只差纵身一跃。阿里金融已经招募了陈龙这样的学术精英做"军师"，做实务出身的金融大佬（比如股份制商业银行的行长）恐怕也有人心向往之。当然，传统商业银行也在进军互联网金融，而且金融大佬的待遇都很高，并且一般不具备互联网基因，这是转投互联网金融的障碍。但在趋势面前，什么事不会发生呢？

三、十大传统行业——2015年不同程度被互联网金融模式颠覆

互联网时代孕育出了许多创新模式与思维逻辑，传统行业随时有被颠覆的

可能。在金融行业，互联网金融的崛起无疑是最大的颠覆，而它的产生又给传统行业带来了哪些变革呢？据中国电子商务研究中心互联网金融部分析师钱海利先生撰文，2015年互联网金融正在中国十大传统行业中，从一星至五星级，进行不同程度的颠覆。

（一）支付业：爆发性发展，移动支付领衔

概述：十几年前，线下POS交易市场还是银联和银行的天下。2000年开始出现第三方支付机构，2003年支付宝因电子商务的春天孕育而生，2011年央行首次下发第三方支付牌照，第三方支付机构在做线上解决方案的同时，也在进军有利可图的线下收单市场。

2014年"双12"支付宝大规模进军线下收单市场，腾讯、百度等巨头也在虎视眈眈，移动互联网深刻改变传统线下POS支付市场。

数据显示，2014年第三季度移动支付业务12.84亿笔，同比增长157.81%，移动支付金额6.16万亿元，同比增长112.70%。

颠覆指数：★★★★★

分析师点评：互联网支付已经成了支付行业的中流砥柱，基于大数据的增值业务撼动了支付市场的原有格局，移动支付已成未来支付行业发展的大势所趋，互联网金融技术的不断渗透和应用场景的增加正深刻改变着支付行业。

（二）银行业：被迫转型，触网为生存

概述：2013年6月余额宝横空出世，京东"小金库"、苏宁"零钱宝"、百度"百赚"、新浪"微财富"等一大批互联网理财产品进入大众视线，直指银行存款。

腾讯"微众银行"、阿里"网商银行"获批，2015年1月4日李克强总理到访微众银行，让尚未正式对外营业的互联网银行"火"了起来。

截至2014年9月30日，16家上市银行的银行存款总额为75.62万亿元，较2014年中报时减少了1.5万亿元，降幅达1.97%，较2013年年末的70.42万亿元，增幅仅为7.38%，这种情况可以说是15年来首次出现。

颠覆指数：★★★★★

分析师点评：传统银行毕竟经历400多年的发展，具有难以被替代的优

势，但传统银行的运作模式在互联网思维下已经落伍，商业银行利润增速下降已是不争的事实。互联网金融不断创新发展，更深入地搅局传统金融市场，倒逼传统银行转型升级，银行需要加速转型同时提升用户体验，积极拥抱互联网，推动惠普金融。

（三）基金业：纷纷押注，几家欢乐几家愁

概述：余额宝的崛起，让鲜为人知的天弘基金一跃成为国内规模最大的基金公司，在全民理财的热潮下，基金公司无疑是最为积极的一方，各大互联网企业推出的理财产品背后都有基金公司的身影。

颠覆指数：★★★★

分析师点评：互联网理财时代的开启，正让传统基金公司面临洗牌。互联网金融的崛起为基金行业带来了低成本、高效率的客户获取与营销推广渠道。对于基金公司来说，提高自身团队的投资管理能力和产品开发能力，才是最核心的竞争力，才能在互联网多元渠道的辅助下，建立自身良好的盈利能力及品牌效应。

（四）小贷业：打破区域限制，O2O模式崛起

概述：随着互联网金融大热，P2P借贷在中国发展迅速，其表现出来的快捷便利，让传统民间借贷作为中小企业融资方式的有益补充变得尤为活跃。

据中国电子商务研究中心（100EC.CN）监测数据显示，截至2014年年底，我国P2P网贷运营平台达1 575家。

颠覆指数：★★★★

分析师点评：在区域竞争加剧的情况下，互联网金融打破了线下贷款放款区域性限制，也意味着打破了用户的限制，为有资金需求的借款者和有闲散资金的投资者提供了更好的对接，让陌生人之间的借贷成为可能。互联网金融有力地延伸了线下贷款的网络机体，提高了后者的服务面和用户面。

（五）保险业：大数据保驾，产品自我迭代

概述：2013年3月阿里巴巴、腾讯、中国平安联合发起的"众安在线"正式成立，先后推出"众乐宝""百付安""高温险"等产品，此外华泰"退

运险"、人保"手机险"、安联"赏月险"、泰康"乐业保"等互联网保险产品同样令人印象深刻。

数据显示，2014年前三季度互联网保险业务收入622亿元，而2013年才318亿元。

颠覆指数：★★★

分析师点评："大数定律"是保险业经营的一个重要数理基础，那么数据的采集就是一项重要工作，而互联网与大数据云计算的紧密联系不言而喻，互联网保险的诞生也就有了必然性。保险无须像传统行业那样进行生产、仓储、物流，用户有需求即立刻生成保单的天然特性，正好符合互联网时代发展的趋势。

（六）证券业：借道网络，中小券商差异化竞争

概述：2014年2月20日，腾讯和国金证券推出首支互联网金融产品"佣金宝"，互联网金融搅动券商业的"触手"已经开始发挥威力。

此外，广发证券入驻新浪，太平洋证券联手京东，中山证券牵手百度，长城证券推微信证券，国元证券与万得合作，中山证券、广州证券等入驻腾讯QQ证券理财服务平台，券商触网渐成大势所趋。

颠覆指数：★★★

分析师点评：证券触网在降低营业成本的同时，更能通过互联网大数据方式挖掘客户，解决证券公司在传统市场客户获取模式单一的问题，在互联网金融时代下，券商互联网化也被视为中小证券借助互联网走差异化路线，实现弯道超车的机会点。

（七）零售业：消费至线上，迁徙压力显现

概述：2014年2月"京东白条"上线测试；12月蚂蚁金服"花呗"上线。均为基于各自电商体系而提供的赊账服务。在传统零售市场，即使常年在一家商场进行购物也不能进行赊购，而在互联网金融时代结合大数据分析，则为购物赊账带来了可能。

颠覆指数：★★

分析师点评：电子商务的出现本就让传统零售业"很受伤"，当网购开始

赊账，将吸引更多消费者从线下迁移至线上。而且目前国内消费金融发展空间巨大，京东、阿里、苏宁这些电商正占据网络消费金融的有利地形，但随着用户数量和规模的扩大，其应用场景也有可能移至线下，传统零售业将遭遇到更大的冲击。

（八）影视业：借力粉丝经济，叫好不叫座

概述：2014年3月，阿里巴巴推出"娱乐宝"，投资《小时代4》《狼图腾》《非法操作》等电影；2014年9月百度发布"百发有戏"平台，投资电影《黄金时代》；2014年底众筹电影《十万个冷笑话》走红。互联网公司凭借其强大的渠道资源优势，宣告进入影视娱乐金融领域，互联网产业给中国影视业带来的颠覆性改变可见一斑。

颠覆指数：★★

分析师点评：这是一个任何行业都可以众筹的时代，基于"粉丝营销"结合"互联网思维"的影视众筹，不失为一种为电影提前造势的低成本宣传渠道，提前检验市场的同时也能为电影拍摄筹集资金，或将会受到更多小众电影、新人导演的青睐。同时，这类影视众筹的形式如果炒作过度也容易发生过度消耗消费者热情，导致电影上映后消费者不买账的结果。

（九）房地产业：营销新活力，跨界新姿态

概述：2014年房地产与互联网的跨界合作渐行渐显，平安好房推出的"好房宝"，搜狐焦点和搜易贷共同推出的"首付贷"，搜房网旗下的"天下贷"，新浪、易居中国联合众安保险推出的"房金所"。更有远洋地产联手京东金融推出的"1.1折"房产众筹、绿地的"微信众筹抢房"、方兴地产的"100元众筹30万"等。

颠覆指数：★

分析师点评：目前房地产互联网金融产品多样化，"首付贷"、"众筹买房"还有众多房地产相关的理财产品，借助互联网的新玩法为传统的房地产营销注入了新活力，借以缓解新房囤积压力以回笼资金。而房地产投资本就是投机行为，搬至互联网上将面临更多问题及法律无法保障的风险。

（十）通讯业：排兵布阵，服务增值引流

概述：2014年中国三大通讯运营商全部"杀入"互联网金融领域，中国电信推出"添益宝"，并与渤海银行签署战略合作，直指互联网金融；中国移动推出"和聚宝"；中国联通推出"话费宝"并与招商银行筹建"招联消费金融有限公司"。

颠覆指数：★

分析师点评：中国电子商务研究中心互联网金融分析师钱海利认为，如今理财已成各家企业入局互联网金融的标配，中国三大运营商囊括了国内庞大的用户群体，在基于用户基础上推出增值服务，将信息流与资金流更有效地结合，能更好地提升用户体验，为各运营商带来更加广阔的市场前景。

四、十道"羊"成语——道出2015年互联网金融新趋势

羊年来了，这是十二生肖中最温顺的动物，但它所带来的2015，却一点都不温顺，甚至会将整个IT行业搅得天翻地覆。《IT时报》刊登了张程等人的文章，指出2015年互联网将是继续创造奇迹和成就梦想的天地。2014年，阿里巴巴让全世界看懂了中国的电商，一度成为全球最大的电商平台，2015年，奇迹或许将由蚂蚁金服接棒，而众筹和P2P网贷也将释放金融活力；2014年，云家政、河狸家、功夫熊、e袋洗等O2O服务，让懒人心安理得地更加宅，2015年，更多的线上App将用云和大数据，从懒人身上赚更多的钱；2014年，支付宝和微信里的个人红包满天飞，2015年企业将广告费都变成红包给了个人；2014年，杀入移动互联网的创业者前赴后继，资本涌入以亿美元计，2015年，创业更热，90后更热，而倒下的更多……人工智能的发展将比摩尔定律更快，智能生活不再是科幻电影。2014年，插座、筷子、电子秤、跳蛋是智能硬件先行者，2015年，微软、谷歌、英特尔将用黑科技显示实力；2014年无人机快递还是噱头，2015年拟人机器人便可以开酒店招待客人；2014年，霍金说，人工智能的发展可能意味着人类的灭亡，2015年，机器人将进一步替代工人……

中国企业的竞争将让处处变红海。2014年，国产手机在国内杀得"血流成河"，2015年，战场将转移至印度、非洲等海外市场；2014年，国产手机竞争杀手锏还是高性能低价格，2015年，谁拥有专利多，谁就可能笑傲江湖；2014年，铁塔公司和互联网公司让三大运营商尝尽人员流失之苦，2015年，民资和外资的放开，运营商互联网自我转型窗口期更短……

（一）商羊鼓舞——股权众筹和保险将成互联网金融新宠

原意： 商羊，传说中的一种鸟。商羊飞舞定有大雨。比喻重大变故发生之前的预兆。

羊年新解： 过去的一年，互联网金融的发展可谓真正释放了金融最大的活力，资产价值实现了更为充分的流通，惠及民间、惠及民生的普惠金融有了长足发展。在此基础上，2015年互联网金融将迎来更加多样发展的一年。

趋势分析：

2015年1月8日，新年伊始，央行便对民间个人征信放开，仅20天之后，获得征信牌照的阿里旗下芝麻信用便在支付宝上线"芝麻分"，依靠阿里的交易级大数据初步尝试个人信用等级评定。尽管市场反映，目前芝麻分娱乐多于征信，但大数据征信的启程，或将揭开一个完备的金融市场真容。

现代金融体系的真实面目是信用经济，一个人的信用等级某种意义上代表着其可撬动的资产价值，而中国民间金融的发展长期以来受限于信用体系的缺席，大数据征信的尝试一旦取得成功，将极大打破资产的固化作用，优化资源配置，激活金融市场的活力。

在金融产品层面，P2P网贷格局已经大体分明，政策层面给予的宽松期行将结束，P2P网贷纳入监管已是众望所归。

2015年对金融产品创新的更多期待来自股权众筹和互联网保险。现在股权众筹的概念更多被引到了资产证券化，大量被固化的资产，如以万亿计的躺在银行负债资产表上的房贷，如果能经过众筹进入价值的流通环节，对于激活金融市场来说大有裨益。

当然，金融市场的发展伴随的是信用违约风险的扩大，如何降低风险成为题中之义。保险是将风险摊匀的有效工具，随着金融市场的兴盛，对于保险产品的创新将被寄于厚望。

（二）爱礼存羊——人工智能是人类的最后一项发明和挑战

原意：由于爱惜古礼，不忍使它废弛，因而保留古礼所需要的祭羊。后比喻为维护根本而保留有关仪节。

羊年新解：近年来人工智能行业创新态势愈演愈烈，从智能机器人、智能拟态羊到无人机快递纷纷上马，但这也带来一个新的问题，人工智能的爆发与现有文明社会的冲突和威胁已经暗流涌动，整个行业都应该重视这种"礼与羊"的平衡。

趋势分析：

过去的一年，人工智能给行业带来了新的憧憬，看起来下一个更加科幻的行业即将出现，但部分先行者已经给出了明确的示警信号。比尔·盖茨称人工智能最终将构成一个现实性的威胁；霍金警告说人工智能的发展可能意味着人类的灭亡；马斯克则直接称研究人工智能如同在召唤恶魔，将会对人类的生存造成最大威胁，呼吁对其加强监管。

这并非危言耸听，未来技术学家、谷歌工程总监Kurzweil曾提出过"奇点"的概念，即按照目前科技发展的趋势。Kurzweil认为人类在21世纪的进步将会是20世纪的1 000倍："几十年后，人类每年都将达成好几次相当于整个20世纪的发展，甚至是每个月达成一次。"

事实上，以这个加速回报率计算，在目前无人机、新闻机器人等弱人工智能已经爆发增长的趋势下，未来出现具有自主思维和强大运算能力的超强人工智能并不是天方夜谭，防止衰老、治疗各种不治之症将会轻而易举。

某种程度上，制造出一个超级人工智能，不亚于重新创新一种生命，但这与当前人类社会的伦理体系又有许多悖逆。盖茨和马斯克等科技大佬们的警示，代表了这种趋势发生的可能性，"人工智能是人类的最后一项发明和挑战"这句业界名言也就变得不难理解。在将来几年乃至数十年中，关于人工智能和监管的争论将会变得愈来愈多，直至其形成一个模型框架。

（三）顺手牵羊——互联网将牵走更多传统行业的"肥肉"

原意：顺手把人家的羊牵走，比喻趁机拿走别人的东西。

羊年新解：互联网正用更低价的优势悄然"牵走"那些垄断又低效的传统

行业的利润。

趋势分析：

2014年，打车软件凭借精准的地理定位、大手笔的打车补贴，轻松拿走原本属于出租车公司的用户和利润，并不断将其逼至死角。当传统行业大呼"狼来了"时，对于互联网行业而言，这只是刚刚开始。

在互联网创业大军中，正有一批"敢死队"正虎视眈眈地盯着那些利润丰厚却又不乏短板可补的传统服务行业。比如，美容美发的O2O在2014年初就已经走在路上，一批以"河狸家"为代表的"平台式"应用，正日益获得用户及风投青睐。

这与打车软件的成长路径似曾相识，用互联网技术连接服务者与消费者，让距离相近的两者在最短时间内达成交易，降低服务成本，在没有了房租压力、管理成本之后，一批服务行业专业人士势必从传统领域"出逃"，将传统行业的蛋糕快速切分。

从BAT投资动向看，2015年，包括传统租车行业、美容美发、汽车销售、房地产，甚至医疗行业都将面临一波严峻挑战。除了服务行业，那些看似难啃的"刚需界"的硬骨头，或许将被撼动。

由BAT参与投资的"互联网药房"已开始试点推行，可代理预约挂号、可买药享补贴的互联网O2O模式已经在路上，在2015年极有可能成为下一个医疗圈的"滴滴"。

买房难，买房贵，也正成为诸位大佬极力想攻破的课题，有物流、有生产能力的地方，或许也可以创造出一、二线城市的利润，互联网的无国界将给地域以自由。

（四）亡羊补牢——银联借NFC抢移动支付入口

原意： 比喻出了问题以后想办法补救，可以防止继续受损失。

羊年新解： 在支付宝、微信都加入支付大战的今天，曾是支付业老大的银联，开始意识到入口的重要性，此时亡羊补牢为时未晚。

趋势分析：

如果说2015年除夕的红包大战，老大哥银联没有出手是因为没料到红包会那么来势汹汹的话，那么今年，支付宝和微信都开始提前演练了，银联还要隔岸观火吗？

实际上，银联要面对的不仅是这两家互联网企业，在 Apple Pay 发布后，国内的诸多手机厂商也纷纷开始效仿，比如魅族推出了 mPay、华为推出了荣耀钱包。

支付市场要被瓜分，银联的老大地位被撼动是不争的事实，虽然银联也在悄悄行动。2015 年 1 月初，在杭州的一家便利店也开启了一个类似"满减"的活动，不过这次的合作方不是支付宝，而是银联。作为一次试水，这被视为是银联的"绝地反击"。

最新的消息称，iOS 8.3 测试版已经开始推送给开发者，而对于中国用户的好消息是 Apple Pay 增加支持银联网络。银联在中国有"闪付 Quick Pass"，同时银联的终端 POS 机的分布范围也是目前全国最广的。如果利益分配能谈得拢的话，苹果还能帮助银联更快地普及非接触型 POS 产品的推广。

无论是攻占线下，还是集万家之力推广自己的平台，都可以看作银联开始亡羊补牢。银联最强大的武器是 NFC，从背景上看，世界上企业市值最高的水果公司和银行都在大力推行 NFC；从体验上看，NFC 轻松一挥，完成支付，而扫码支付则需扫码、输金额、确认等多个步骤，并且信号要好；从安全上看，银联推出了 TEEI 智能终端安全方案，从物理上将敏感信息隔离开来。如果银联能在 NFC 这片蓝海中发力，或许能重新获得老大地位。

（五）多歧亡羊——移动互联网创业之大跃进

原意：因岔路太多无法追寻而丢失了羊。比喻事物复杂多变，没有正确的方向就会误入歧途。

羊年新解：2015 年必将是移动互联网创业的大跃进之年，涌入风口的创业者只会更多，歧路之上的死伤也会更多。

趋势分析：

在这个时代，创业门槛越来越低，融资越来越容易，创业者几乎都不差钱。但同时移动互联网"泡沫说"甚嚣尘上，预言 99% 的创业者都会失败。

大跃进式的创业潮背后，我们无法统计有多少创业者在移动互联网的泡沫里破碎。但可以看到，上海杨浦大学城附近的居民楼里，数不清的手游团队蜗居其中，而奇迹则留给了乐逗游戏这样有 IP 竞争力的少数公司。眼见着手游的生命周期越来越短，应用分发入口渐渐被巨头和大 CP 收购垄断，手游的生存困境折射的是整个 App 行业的光景，2015 年的大洗牌在所难免。

《围住神经猫》一度引领了Html5小成本游戏的风潮，微信朋友圈广告时代开启后，Html5在广告、用户互动等方面大展拳脚，所以，App行业不仅要经历内部洗牌，还要遭受Html5和轻应用的瓜分。

对于创业者来说，看准这些创业方向比拿到融资来得更重要。如果说，打车大战的背后是支付宝和微信支付在争移动支付的天下，那么滴滴和快的选择在情人节合体，是否意味着更强劲的对手即将进场？无论如何，移动互联网的创业道路越来越清晰，除了移动支付、餐饮、洗衣等生活服务领域，O2O必定会经历爆发。与此同时，智能硬件还是一片蓝海，要知道，WiFi、蓝牙、GPS的拼凑不是智能硬件真正所在。

很多人相信移动互联网的革命将发生于边缘，还有更多的创业者会涌入，歧路之上的死伤只会更多。

（六）羝羊触藩——IT大佬在中国"有苦说不出"

原意：公羊的角缠在篱笆上，比喻进退不得。

羊年新解：2015年，网络安全审查制度的推出势在必行，对于国外IT大佬来说，这无疑不是个好消息。

趋势分析：

2014年2月，中央网络安全和信息化领导小组成立，将网络信息安全上升至国家战略高度。2014年5月，国家互联网信息办公室对外宣布，我国将对关系国家安全和公共利益的系统使用的重要技术产品和服务进行网络安全审查，对不符合要求的产品和服务，将不得在中国境内使用。

这自然抬高了国外IT企业入华的门槛。被誉为蓝色巨人的IBM，2014年第四季净利润同比下滑11%，在中国营收同比下降1%。前段时间传得沸沸扬扬的IBM大规模裁员事件，也正是在拿其在中国市场的业务下滑说事；科技业的巨头微软也遭遇了利润下降，其2014年全年净利润同比下降10.6%。虽仍在中国的PC操作系统市场中还占主导地位，但其WP系统的中国市场份额还不到1%。

芯片和操作系统是中国提高信息安全保障水平的关键。可以看到，诸如浪潮这样的服务器厂商正针对IBM市场、营销体系展开全面渗透、切入、接管，涉及X86业务、主机系统等多项细分计划，甚至提出"I2I"（IBM到浪潮）计划。

此外，国产操作系统"三步走"战略一直都在 IT 行业内流传。先是形成一批 XP 系统安全加固方案，再是形成成熟的国产操作系统，最后研制出安全可信的操作系统，实现操作系统的国产化。如此一来，微软的压力可想而知。

不出意外的话，网络安全审查制度将在 2015 年推出，政策的推出势必会对国内市场的格局产生影响。可以预测，国外 IT 企业在中国的市场份额势必会进一步萎缩，但是除了继续硬着头皮前进，它们其实别无选择。

（七）羊肠鸟道——通信业竞争非一般激烈

原意：形容山路狭窄，曲折而险峻。

羊年新解：通信行业这块蛋糕越来越难吃到嘴里了。随着民资进入移动通信转售市场和宽带接入市场，"人口红利"在逐渐消退，"吃蛋糕的人"却更多，通信业的竞争，在 2015 年是非一般的激烈。

趋势分析：

移动业务和宽带业务，是国内三家运营商的基石，但千万不要再以为通信业是快速发展的朝阳行业。随着用户规模逐渐触及"天花板"，而新的用户群、新的业务尚未形成规模，通信业已进入低速发展的"新常态"，2015 年也会如此。

来看两个数字：43 家、N 家。43 家是指获得移动通信转售资格的民营企业，也就是虚拟运营商。而 N 家则是将进入宽带接入市场的企业，同进入移动转售业务需要经过工信部批复相比，民资想进入宽带市场只需通过当地通信主管部门的批准，获准进入的企业会更多。2015 年，通信市场上的竞争主体比以前呈几何倍数的增长，想不白热化都难。

对于民营企业的前途，谨慎乐观。通信市场这碗饭并不容易吃，2015 年虚拟运营商市场必然会洗牌，留下一半企业也是不错的结果。在宽带业务上，民资进入也许会呈现"入门低、发展难"的状况，特别是对之前全无根基的民企来说，他们不应将自己视作基础运营商的对手，而是合作伙伴，配合运营商拓展细分市场，也许才是存续之道。

2015 年，中国电信、中国联通必然在 4G 建设上"大兴土木"，但是中国联通要适应从 3G 领先者到 4G 追随者的角色变化，中国电信的转型战略最清晰，但是难度高，尽量避免实际行动有偏差。而对于中国移动，2015 年仍是其

4G大发展的一年，但是财务指标却是其心中的痛，移动也要意识到自己进入了"新常态"。

（八）臧谷亡羊——巨头黑科技欲让智能硬件摆脱手机

原意：臧、谷二人牧羊，结果臧在看书，谷在赌博，最后羊都死了。比喻虽然原因不同，但结果是一样的。

羊年新解：无论是可穿戴设备，还是智能家居，其所依据的都是传感器，通过传感器感知人体和外界的数据，并通过对数据的计算和分析，将让人类的生活更人性化和智能化。

趋势分析：

2015年4月10日，Apple Watch开始预售，这是乔布斯逝世后，苹果发布的真正意义上的创新产品。乐观者认为，Apple Watch很可能会像iPad一样，拥有至少千万级的销量，让2014年只有七十几万销量的Android Wear相形见绌。但如果真问问三星、LG、果壳这些智能手表的先行者，恐怕他们的回答是，让Apple Watch来得更猛烈些吧，没有苹果教育市场，安卓系手表恐怕仍然难逃2014年的惨淡销量。

对于整个可穿戴设备市场而言，2015年都有可能因巨头的加入而进入真正的元年。更多的产品将逐渐摆脱手机配件的命运，而是像衣服、鞋一样，成为探知人体、配合人体工程学的可穿、可戴、可脱的功能性产品，比如微软黑科技神器HoloLens，便被寄予厚望。

初创者和巨头都在加速跑步进入，三星收购SmartThings、苹果发布Homekit平台、小米誓言用互联网思维彻底拉低智能家居成本……毫无疑问，2015年，可穿戴设备和智能家居等基于传感器和大数据的行业将进一步站在风口，市场的热情愈发高涨，无论是资本还是销量，都有可能创下纪录。

潜在的隐忧是，一个人身上的智能设备可能是数个甚至数十个，产生的数据更加海量，如果谷歌、苹果、三星，甚至小米各自为战，为了搭建自己的生态圈而使数据难以共享，很难说谁能最后一统天下。

有可能出现的是，一些巨头基于系统平台开放硬件端口以及标准，建立一个超大的生态圈。如果2015年真能出现这样的事，那才是智能硬件真正的春天来了。

（九）挂羊头卖狗肉——电商企业带头打假

原意：用来比喻以好的名义做招牌，实际上兜售低劣的货色。

羊年新解：2015 年，阿里和淘宝不能再"挂羊头卖狗肉"，假货虽无法彻底杜绝，但至少得让大家看到打假的决心。

趋势分析：

不久前，阿里巴巴与国家工商总局之间意外"掐架"，互不相让，虽然该事件最终以国家工商总局局长会见马云告终，但未能让人料到的是，事件不仅引发美国 7 家律师事务所的集体诉讼，还导致阿里股票大跌等一系列连锁反应。

在业界看来，此次股价波动，没给马云好脸色，其结果"倒逼"了阿里等电商企业对其内部制度进行改革。

2015 年 1 月 28 日，淘宝方面宣布成立由 300 人组成的"打假特战营"；2 月 2 日，马云在香港又强调，目前淘宝已经投入超过 2 000 人的力量专门负责打假。但业内人士吐槽，打假靠的不是大棒和作秀，如果淘宝内部制度不改革，再多的打假团队也无济于事。

其实，中国国内电商打假最大的问题在于制度，对于消费者来说，购买到假货之后，面临极高的维权成本，最终，整个难以高效运转的维权环节迫使消费者放弃维权。

谁能救消费者？作为淘宝来说，当仁不让；同时，天猫、京东、一号店等也义不容辞。希望在羊年里，电商企业可以带头打假，配合政府主管部门清剿假货及源头，否则资本市场第一个不答应！

（十）以羊易牛——专利成国产手机出海新竞争点

原意：用羊来替换牛。比喻用这个代替另一个。

羊年新解：今年年初，国家发改委对高通的判决书下发，高通被取消反向专利授权。这也就意味着，互联网手机厂商的 2015 年海外市场策略，将从"低价"转向避免"专利"纠纷。

趋势分析：

作为行业的领头羊，小米的动作一直都被视为行业的风向标。贯穿全年的小米、魅族、华为口水仗显示，国产手机的低端市场已然身处红海之中。根据中国通信信息研究院最新数据显示，2014年全年国内智能手机出货量达到3.89亿部，同比下降8.2%。

国产智能手机市场已经趋于饱和是业内公认的事实，为获取新利润增长点，2015年国产手机厂商必然要集体出海开辟新的市场。而小米不久前以发布Note为征兆的高端战略转型，一方面不排除小米开始为其专利支出作出价格调整；另一方面被视为进军国际市场而做的必要准备。

目前，国产手机纷纷试水海外市场，但在丢掉高通"反向专利授权"保护伞之后，主打"高性价"的互联网手机厂商优势或将丧失。根据资料显示，在小米卷入的专利纠纷案中，爱立信专利包的许可费为每部手机售价的1.5%。如果再支付摩托罗拉等其他各种专利许可费，小米手机的售价可能将上升10%。

而这对于价格敏感的低端市场来说，以小米为首的国产互联网手机厂商很有可能因几百元的价格反差而丧失大量用户。所以羊年，国产手机海外市场的主要竞争核心，无疑是专利、专利和专利。

五、风口还是悬崖——2015年互联网金融六种模式发生巨变

如果说2013年年底的时候仍然有很多企业和资本没有意识到这个风口，在刚刚过去的2014年可真是火力全开玩命投入。同时，在2014年第三季度，互联网金融的标杆产品余额宝第一次出现规模下降，可以看作这个行业蜕变的重要节点。荣耀和光芒从余额宝和货币基金身上褪去，散落到整个互联网金融行业中去，现在终于可以肯定互联网金融这个新词不会像"互联网思维"一样成为难以明确内涵的笑柄。

有人认为，2015年有进展的六种互联网金融模式，将会随着互联网快速迭代迅猛发展的变化而变化，它们是风口还是悬崖很快就会见分晓。

（一）集火手机支付的第三方支付

当支付宝通过PC端收费的做法把用户引导向手机App支付宝钱包的时候，可能未来方向还有疑问；当苹果扔下iBeacon推出Apple Pay之后，所有人都会

明白支付的未来在手机这个终端上，不管是银行卡还是PC端，商业价值最高的消费行为都会慢慢被手机这个移动支付怪兽蚕食掉。不能占领手机，支付就没有未来。

曾经热闹非凡的第三方支付市场，会出现金融领域少有的自然垄断，大部分互联网企业和金融机构都没有能力独自参与这片残酷红海的竞争。

支付宝牢牢掌控着中国网民的消费行为，这从2014年年底的十年账单秀中就能看出，如此惊人的数据积累无人可以撼动。可微信这款超级App又在掌控所有人的手机使用时间，即便走下神坛，也没有厂商敢肯定微信不会突然把自己代替掉。2014年的微信红包突袭没有对全局产生什么大影响，支付宝的市场占有率仍然在上升；可是反过来看，没有微信群的社交关系链支撑，其他产品对微信红包不会产生任何威胁。2015年，支付宝的全面推进和微信支付的单点进攻之间，我认为结局仍然和2014年差不多：支付宝钱包和微信支付之间难有重大格局改变，只是这两家身边的竞争对手们日子会更加难过。老大、老二打架，必然是老三、老四遭殃。

至于Apple Pay，这个根本不留存交易数据，只提供交易通道的模式，从理论上说具备改写竞争格局的能力。可是从银联和银行的反应速度来看，笔者认为最大的可能是支付宝和微信账户直接可以登陆Apple Pay，传统金融机构的账户继续被互联网架空。

关于巨头们死磕支付，最令人向往的场景还是打车软件之争，如果没有考虑到两位"干爹"背后抢夺移动支付用户习惯的价值，区区打车软件不太可能具备如此烧钱的实力。今年打车，你猜是少花钱、不花钱还是能找机会挣点钱？

（二）等着另一只靴子落地的P2P

曾经预计2014年下半年会有明确监管规则和行业洗牌的P2P，就这么提心吊胆迎来了2015年。和一年前一样，关于P2P行业的各种方向性监管意见仍然不断出现，可明确的法律法规就是不出现，让整个行业仍然无法和"非法集资罪"彻底划清界限。

所有人都知道P2P这个行业已经太拥挤了，大量资本同时进入让P2P平台在全国范围内遍地开花，根本无须考虑怎么盈利、怎么风控，只要能把网站架起来，就有敢给高收益的资产找上门，也有敢博高收益的用户拿出真金白银。

这样的乱局并不能靠自律得到改善。可以预见，2015年进入P2P领域的企业会越来越多。按常理说，P2P的直接融资模式与银行的间接融资模式在逻辑上是矛盾的，两者不该有直接冲突的机会。可是在中国，银行仍然是最大的金融资产拥有者，之前的信托、券商等都曾承担银行资产通道的角色。P2P行业的资产规模仍然太小了，就像5 000亿元之前的余额宝曾显得永远不会遇到增长瓶颈一样，必须达到足够的规模才能看出P2P模式未来能走多远。

尽管包商银行和招商银行在P2P上的尝试都暂停下来，在2015年银行与P2P的关联还是会越来越多。例如近期中信银行与宜信达成的资金托管协议，是第一次银行介入P2P资金托管。一旦这个领域有明确监管法规可以执行，能否找到大银行提供资金托管信誉背书会立刻成为P2P行业洗牌的起点，现在依靠P2P业务小型第三方支付更会遭到灭顶之灾。

（三）借力风口起飞的流量贩子

很多号称是互联网金融的项目，说得好听一点是互联网创新金融渠道，但实际上就是一群流量贩子罢了。

最典型的例子就是门户网站们纷纷做起理财和P2P的生意。不方便点名，但是这些靠新闻发家的网站究竟有什么做金融的实力呢？归根到底，这样做无非是把手里的流量变现而已。同样的门户广告已经导流作用日渐萎缩，那么把做新闻树立的牌子和拥有的流量导入自己品牌的理财项目中去，绝对是利益最大化的高明选择。

在2015年，这样打着"理财"旗号把各种资源在互联网金融领域变现的行为会越来越多。门户网站可以卖牌子、卖流量，小网站和App可以直接代销有返点的理财产品，各种公司资源都可以投入这个就算不盈利也可以立刻有大量现金流入的行业博一把。

新浪微财富为5 000多万元坏账兜底说明整个行业风险很低吗？恰恰相反，刚性兑付只会让风险更加集中，咱们在2015年一定可以看到母体与债务巧妙切割的案例。

（四）看上去很美的征信和金融大数据

随着腾讯和阿里主导的民营银行开业，征信和大数据会成为2015年的热点话题。长远看，这些民营银行的意义非常深远，可是在经济下行周期仍未结束的 2015 年能取得怎样发展仍然让人十分担心。更何况民营银行试图发力的个人消费领域除了信用卡还有京东白条和阿里花呗，个人贷款领域更是早就被 P2P 行业搞成同行间会动刀子的红海，有可能夹在商业银行和互联网金融企业之间成为两头尴尬的四不像。

大数据已经成为一块遮羞布。如果你真的打算使用这个技术，只需要并不复杂的模型就可以对自己手里积攒的数据进行分析并且得到结果。至于结果是不是正确、拿来当宝贝的到底是不是真正的大数据，就无从知晓了。2015 年我们应当对每一个号称使用了大数据的企业保持警惕，如果不是真有数据积累和掌握新技术的能力，"大数据"这个词很有可能只是用来掩盖短板或漏洞的障眼法。

（五）从股权降格为电子产品预售的众筹

众筹曾被国内市场寄予厚望。然而在股权众筹屡屡受挫之后，国内众筹甚至没法复制一个能为奇思妙想提供舞台的 Kickstarter，而是迅速陷入高速复制和激烈竞争的电子产品市场，成为一种吸引注意力的预售网站。如果真像老外们那样想通过众筹网站实现奇思妙想，可能的结果要么是你得有实力先把产品生产出来，要么是更有实力的大厂商帮你把你的创意生产出来。

即便如此，2015 年的众筹仍然是非常值得关注的领域。即便是预售类众筹，也有可能成为聚集用户流量的兴趣社区而非单纯消耗流量的电商。至于股权类众筹，仍然要等监管政策放行之后才有资格谈商业模式。

（六）闪耀技术光芒的比特币

2014 年比特币最疯狂的时候，笔者曾经在知乎社区与比特币专家们有过很多争论。争论中笔者很惊奇地发现，那些信仰比特币的专家缺乏基本的金融学知识，不仅认为通缩这样的事情没有发生过，甚至敢说通缩没什么大不了。也正是这样一群中国炒家，把中本聪原本指望人人都能用自己家用电脑参与同时保障自由交易清算的比特币挖矿体系，用专用矿机和大型矿场冲击得一塌糊涂。

比特币可能失败，但是中本聪等顶级黑客们留下的算法和创意不会失败。作为彻底去中心化的尝试，比特币只是一个开始。在比特币被爆炒的几年里，各种山寨币和新模式都没有停下发展的脚步，不断在比特币的基础上进行各种算法改进。新的算法如果能在去中心化和引入金融机构成为中心之间找到平衡，作者认为会有了不起的新产品诞生。正因为如此，作者才把比特币这个近来有点销声匿迹领域放在最后。中国互联网不缺能挣大钱的企业，也不缺迅速引进和改良商业模式的高执行力人才，更不缺源源不断提供励志鸡汤的高管，唯独缺少像中本聪这样提供全新思路、全新算法并且为互联网打开一片全新世界的黑客。希望我们能在预测互联网金融商业模式之外，也预测中国黑客的创新工作。

六、O2O 模式或成银行业主流——2015 年互联网金融模式新趋势

随着网络技术的进步和金融改革的深入，近几年，我国互联网金融高速发展：有传统金融机构借助互联网延伸金融服务，如网上银行、电子银行；有金融的互联网居间服务，如第三方支付平台、P2P 信贷、众筹网络等；还有互联网金融服务和网络形式的金融平台，如各种互联网基金、网络小额贷款公司、保险销售平台等。特别是 2014 年，我国的互联网金融可以说呈井喷式的发展，到年底全国 P2P 网贷运营平台的交易额突破 2 500 亿元。

2014 年是互联网金融高歌猛进的一年，直销银行陆续上线，微信银行服务深入人心，手机银行快速发展。2015 年互联网金融的发展趋势又将出现哪些变化？带给传统银行业的是压力还是惊喜？

（一）手机银行崭露头角

在 2014 年 12 月 3 日召开的第十届中国电子银行年会上，中国人民银行科技司长王永红透露，截至 2014 年 6 月，我国手机网民规模达到 5.27 亿人，手机上网比例为 83.4%，首次超越 PC 上网比例，成为第一大上网终端。数据显示，2014 年 11 月 11 日当天，支付宝移动支付规模为 1.97 亿笔、243 亿元人民币，占总成交额的 42.6%。

日前发布的《2014 中国电子银行调查报告》预计，2015 年我国个人手机银行将出现爆发式增长。据宇博智业市场研究中心了解，电子银行业务包括网上银行业务、手机银行业务、电话银行业务等。业内人士预测，随着移动金融

时代的全面到来，继电子银行全面超越柜台业务之后，手机银行可能后来居上，成为未来电子银行服务主要依赖的渠道。

王永红表示，为顺应趋势，2015 年央行将继续推动金融服务手段的继承式创新发展。"一方面，加快发卡进度，拓展金融 IC 卡的应用场景；另一方面，将金融 IC 卡信息嵌入手机，把手机转变为移动式金融 IC 卡，以手机为载体发展支付、信用查询、信贷等各种应用，并推广自主可控密码算法，从根本上提高金融基础设施的安全性。"他说。

（二）O2O 模式或成主流

O2O 就是在线上支付、在线下完成交易或者获得服务。O2O 就像一个扁担，一边挑着商户，一边挑着用户。

有专家曾表示，银行必须介入 O2O。不仅因为银行面临着息差不断缩小的压力，同时，第三方支付企业通过 O2O 模式，分流了更多的银行客户。

中国报告大厅发布的银行行业发展前景报告显示，对银行业来说，O2O 带来的不仅是挑战，还有发展机遇。目前，虽然不少银行都推出了自己的支付平台，但直接入驻的客户并不多，它们纷纷通过与支付宝等第三方合作引入客户。部分中小银行特别是城商行，由于在本地拥有庞大的零售用户资源，在发展电子商务时往往成为当地重点扶持对象。"实际上，在发展 O2O 模式方面，城商行拥有其他行业的竞争者所不具备的优势。"大连银行电子银行部总经理周新花说。

此外，银行发展 O2O 模式应有一定的策略。"比如，在技术方面，银行电商平台应借鉴外包服务商在技术支持等方面的管理经验，而在商户拓展、营销推广等核心领域，则应采取自主管理的方式。"周新花说。

"随着利率市场化的逐步推进，存款利率竞争也将更加激烈，O2O 模式或将成为未来银行主要的运营手段之一。"清华大学五道口金融学院常务副院长廖理说。

（三）用户体验引领发展

众所周知，传统金融机构发展电子银行业务，大多是"被动"地拥抱互联网，重视的是客户、渠道、产品、服务等传统金融要素，用户体验往往被放在次要位置。

中国银行网络银行部副总经理董俊峰认为，如果传统的金融服务是"以产品为中心"的垂直销售模式，移动金融服务则需要从客户需求的场景出发，在最合适的时间，以最合适的渠道，通过最合适的媒介，提供最合适的产品和服务，创造出最佳的客户体验。

不少专家认为，从目前情况看，轻言以移动金融为代表的新服务模式颠覆传统金融为时尚早，但更加重视用户实践和体验将是未来发展的大趋势。

此外，用户体验还离不开支付安全的"加码"。中国人民银行支付结算司副司长樊爽文表示，现阶段，移动支付总体上处于技术和业务模式的探索、磨合过程中，各类市场主体都极为重视，并且投入了极大的热情和资源。未来要把更多的精力放在对金融消费者合法权益的保护上，放在对金融消费者的宣传教育上，放在培育合格的市场参与者上，为移动支付和移动金融发展创造良好的基础条件和生态环境。

七、任重道远——2015年互联网金融的痛点透视

互联网金融在2014年是如此的任性，也是炙手可热，赚足了人们的眼球。这股热量也见证了其自身在近几年的快速发展。伴随着快速发展的势头，互联网金融的众多模式也广泛地进入人们的生活。当然，放眼所有行业的发展历程，互联网金融在中国也算是称得上新兴行业。对于一个新兴行业来说，炙手可热总会回归到常温，而常温的时候才算是走向理性和成熟的时期。

新的一年，互联网金融的热度会持续下去，但伴随发展的同时，更多的外部规范和内部整合会使得整个行业有着诸多的不确定性，而这些不确定性，也算是行业发展过程中所必须经历的痛。移动互联网从业者李昂认为，2015年互联网金融的痛点来自以下几个方面：

（一）政策的不确定性

每次谈论起互联网金融的发展，总会把政策的导向放在第一位。众所周知，涉及金融的领域，无论是传统的金融市场还是互联网金融，都无法忽视政策的导向。

过去两年,伴随有相当一批互联网创贷平台的集资跑路,如何规范互联网金融暴露在行业面前。国家相关部门不止一次地提出,要着力整顿互联网金融,广泛听取各方意见,因此行业内外对互联网金融的导向政策,可谓是翘首以盼。经过了千呼万唤,政策性文件却迟迟没能出台,倒是诸多地方政府关于如何规范这一领域出台了零星的指导意见。这也引起了行业内外的持续关注,不过,透过种种迹象以及据业内人士的透露,央行的规范性政策很快就能公之于众。

规范政策迟早会施行,但是政策的具体内容着实吊足了业内的胃口。目前来看,央行定义互联网金融为传统金融的补充,其运行、管理必须严格按照金融政策的规范执行。这样就难免给政策的具体条款带来了诸多不确定性。互联网金融迟早会明朗化,但央行会不会在前期就全面开放互联网金融,任其自由地发展?目前来看,涉及互联网金融的公司众多,且水准参差不齐,在如此火热的行业面前,又是缺乏监管的真空期,这样的鱼龙混杂可以说见怪不怪。因此互联网金融行业前期的发展,想不受到金融机构诸多的监管限制,有点困难。虽然腾讯在前海的民营银行已经获得牌照,表明了国家开放传统金融领域的决心,但并不意味着互联网金融就能够全面地开放。央行的政策极可能会抬高互联网金融的准入门槛,对目前众多资历不健全以及持观望态度的互联网金融公司来说,政策的出台,很可能意味着在行业成型的前期,会无法参与进来。

所以政策的导向可以看作是互联网金融行业发展道路上所必须经历的痛,算是茁壮成长前的削砍枯叶冗杂。而且,政策从实施到完善是一个漫长的探索过程,我们国家在这一领域规范法规的制定可以说并无前例,势必会使得这一行业在成熟前,经历各种磨难的尝试,可算作成长历程中势必经历的痛。

(二)互联网金融自身的完善

目前互联网金融的模式呈多样化发展,这一行业的发展不仅需要政策的指导和规范,也需要其自身不断地规范和完善。模式的多样化是探索互联网金融该向哪发展的表现,而探索的道路无疑是痛苦的过程。

前不久央行开始着手整治第三方支付平台,虽然目前来看号称史上最严厉文件对线上的支付宝、财付通等线上第三方支付造成的实际影响远远小于线下,但这并非证明线上的第三方支付并不受行业的监管,也不能证明以后的政策导向不会向这些领域触及。央行的这一举动,已经足够影响到这些线上支付平台，无论是自身的转型，还是更加规范化地完善自身，这些都会在新的一年里成为这些第三方支付平台不得不考虑的事情。

对于P2P模式更是如此，整合是必然的，政策出台时势必会对行业的准入、行业的行为、风险的规避作出严格的规定。因此想要在寒冬之后存活下来，必须要做的事情就是完善自己，规范自身。以目前这一模式的业务流程来看，规范自身无疑是在忍痛割肉，无论是自身的行业资格、吸引资金的手段，还是把控风险的能力，这些条件都是众多P2P公司的痛点。想要完善自己，是个艰难的过程，自身的规范化势必会带来成本的上升，那时，真正能够吸引资金的能力，又怎么来把握呢？一方面是政策监管的出台；另一方面是自身谋求完善，这一年对于这一领域来说，着实不容易啊。其他模式的互联网金融在今年未必就好过，越来越细分化的市场，一方面可以看成是自身的谋求突破；另一方面，逼上梁山的可能性也不是没有。但无论如何，在越来越严峻的市场形势下，自身的完善都是必须要进行的，经历过了这种割肉的痛苦，才会在接下来更严峻的形势下赢得生存的可能。

（三）传统与新兴的矛盾

既然是一杯热羹，传统金融行业不参与进来肯定是件奇怪的事。但是在个人看来，银行在互联网金融中的种种举动都有着滞后性，或者说是被动进行。这也不难理解，毕竟银行业的发展经历了几百年的时间。但是银行业的实力谁也不能小觑，它们当之无愧是金融界的顶层。在互联网金融慢慢开始侵蚀银行业利益的时候，银行业开始涉及互联网金融领域应该是必然的结果。

银行有着其自身得天独厚的条件，无论是吸引资金的能力、风险的把控，还是政策的偏向，这些都为银行的互联网金融业务打下良好的基础。所以互联网金融离不开银行的身影，银行能够在资本市场游刃有余，但是互联网技术未必就能够做得最好，转型未必就能做到快捷，而新兴的互联网金融行业，有着快速转型和接受新事物的能力，但对于资本的把控却远不及银行业。因此，互联网金融怎样能够在这两者之间平衡发展，也算是艰难的了。（资本市场的繁荣会影响互联网金融的吸金能力，互联网的安全问题也是随着发展共生，行业所面临的困难着实不小啊。）新的一年里互联网金融并不是太好过，痛苦伴随着发展存在。但不经历这些痛苦，相信互联网金融也不会健康地发展。路漫漫其修远兮，2015年，互联网金融的探索和发展在继续。

第四节 《2015—2018年中国互联网金融发展趋势研究报告》

2015年2月8日，中国互联网金融行业协会对外发布了《2015—2018年中国互联网金融发展趋势研究报告》。报告认为，当前随着社交网络的繁荣和金融脱媒化趋势的形成，人类迎来了互联网金融时代，互联网金融的诞生是人类历史上划时代的大事件。互联网金融对中国所有行业有什么深远的影响呢？互联网金融工具正确运用是如何帮中国的所有行业转型升级的呢？互联网金融对中国经济的影响到底有多大？互联网金融如何才能健康发展呢？中国互联网金融行业协会会长宏皓在《2015—2018年中国互联网金融发展趋势研究报告》中对目前国内互联网金融发展现状与未来发展趋势作出了详尽的阐释。

一、2014年中国互联网金融回顾

（一）互联网金融首度写入政府工作报告

国务院总理李克强在2014年3月5日十二届全国人大二次会议上作政府工作报告时首次提及互联网金融，"促进互联网金融健康发展"，这无疑成为互联网金融持续发展的有利信号，意味着互联网金融正式进入决策层视野，加入到中国经济金融发展序列，成为中国经济金融发展中一股潜力巨大的金融创新力量，为我国金融业的发展打开了一扇新的大门。

（二）中国互联网金融的迅速发展

到2014年年底中国的互联网金融规模已经突破10万亿元，截至2014年12月底，P2P网贷平台数量达到1 500家，半年成交金额接近1 000亿元人民币，接近 2013 年全年成交金额。到 2014 年年底全年累计成交额超过 3 000 亿元。

截至 2014 年 12 月，P2P 网贷行业的从业人员的数量约为 39 万人，服务的企业超过 200 万家，带动的相关行业就业人数有 6 000 万人。

表 6-1

不同业务模式分类	市场规模	主要参与者	发展阶段	行业特点	发展趋势
支付	9.22 万亿元	电商及电商平台商户	中期	大数计云计算	超过银行支付
P2P	1000 亿元	P2P 机构，投资者和融资者	初期	投融资方直接对接	南非已超过银行规模
众筹	100 亿元	平台，创业者，投资者	刚起步	创业者的天堂，人人都是天使投资人	推动中国的所有行业追上发达国家
网络小贷	5 000 亿元	电商及商户	中期	依托现金流贷款	电商平台商户发展
基金销售	6 000 亿元	散户及基金	中期	网络渠道	规模更大
金融机构创新	1 000 亿元	机构及投资者	刚开始	平台渠道	市场更广阔
财富管理	100 亿元	机构及投资者	刚起步	专业化的财富管理	市场无限大

（三）目前互联网金融存在诸多问题

目前，第三方支付、P2P 网络贷款、无抵押贷款、众筹融资、网络化金融机构、互联网金融门户网站等多元化模式，像雨后春笋般蓬勃生长，让人们真切地感受到互联网金融时代已经到来。当前的 P2P 市场是民间高利贷的网络版，历史上的经验告诉我们，金融活动往往会带来巨大的风险。当市场增长掩盖一切，风险不容易显现，但长期下来，平台的内伤会随着市场的膨胀而加重，一旦互联网金融平台风险失控，对于平台来说将会是灾难性的。

P2P 各路资本跑马圈地。尽管乱象丛生，倒闭跑路者比比皆是，但 P2P 的市场热度却丝毫没有冷下来的迹象。P2P 由于形势所迫，行业竞争上要求做大做强，政策环境上要"傍大腿"，吸引更多资金的进入无疑会大大提高 P2P 的实力，但同时也快速地把 P2P 的蓝海市场逼至了红海。

众筹的法律问题。众筹有风险，进入需谨慎。目前股权制众筹模式在形式上似乎已经同时满足了四个要素，即未经审批、通过网站公开推荐、承诺股权、向不特定对象吸收资金。这些投资入股的形式不是非法吸收资金，不符合"非法吸收公众存款罪"的内容。

第三方支付走正道。关于第三方支付，2014年比较频繁的两个词就是"叫停"和"罚"。面对"越改越乱"的第三方支付市场，一方面是行业竞争的加剧导致有的企业不惜兵行险招，造成行业乱象；另一方面却是要时刻小心拿着大棒的央行叫停、开罚单。估计未来大波浪曲线前进的节奏不会有太大改变。

互联网理财的"幺蛾子"。2014年"宝"类产品经过一番雨后春笋的发展后，全体面临收益滑铁卢，而银行的理财产品则在收益方面逐渐占据优势。竞争越来越激烈，有的产品就开始不走寻常路了，出的"幺蛾子"也实在是让人费解。大众理财的需求是很多的，2014年互联网理财已经逐渐走向稳定沉寂，走出社会观念的误区。互联网金融刚一诞生就有人跳出来喊要快点监管互联网金融，喊了一年这些人也不知道该怎么监管互联网金融，喊到现在除了个别外行已经没有人再喊了。

互联网金融风险控制是重中之重。现在大多数的网络贷款例如P2P都是没有抵押、进行非常有限的门槛调查，无法完全利用银行间的征信系统，虽然不排除有优质的借款人在利用这些平台，但其本性却是门户大开，也一定会吸引大量的骗子。因此，如果客户选择隐瞒，借贷机构难以查到客户是否在民间金融机构有"多头授信"，即难以摸清客户借贷总量。包括银行在内，对中小企业授信也面临这一难题。

二、《2015—2018年中国互联网金融发展趋势研究报告》的主要内容

《2015—2018年中国互联网金融发展趋势研究报告》指出，中国互联网金融将呈现"国家支持、平台服务范围不断拓宽、逐步形成联盟"等18个发展趋势。

2015—2018年中国互联网金融未来的发展趋势：
（1）国家支持互联网金融发展的大趋势形成。
（2）向专业化和规范化发展。

（3）平台服务范围不断拓宽。

（4）投资便捷化，移动化。

（5）市场规模不断扩大，融资成本稳步下降。

（6）人人都可以分一杯互联网金融红利。

（7）为中小企业成长提供金融服务。

（8）民间金融向互联网金融转型是必然的趋势。

（9）P2P行业引入保证保险的可能性。

（10）P2P行业去担保化将成为必然的趋势。

（11）服务模式创新成为互联网金融发展的驱动力。

（12）互联网金融市场细分化。

（13）逐步同投资机构合作。

（14）逐步走向村镇。

（15）逐步面向个人，为信用消费服务。

（16）逐步形成联盟，春秋走向战国。

（17）互联网金融将成为未来10年最大的财富机遇。

（18）互联网金融服务实体经济是大趋势。

《2015—2018年中国互联网金融发展趋势研究报告》认为，互联网金融平台用正确的金融理论和互联网金融工具帮企业、机构转型升级，提高盈利能力和打造核心竞争力，推动中国地区经济更健康发展。以当地企业或适合地区发展的产业为基础，帮助地方政府招商引资，打造产业链，形成各地的产业集群。不仅投资给该地区需要融资的企业，更重要的是帮助产业链上的企业成长；推动企业技术创新，提高盈利能力，打造地区产业集群企业核心竞争力；引导地区优势行业的企业发展，推动地区资源和产业转型升级和优化发展。

三、实现《2015—2018年中国互联网金融发展趋势研究报告》的政策建议

如何才能实现《2015—2018年中国互联网金融发展趋势研究报告》的内容，变梦想为现实，让现实照亮梦想？中国互联网金融行业协会宏皓会长提出了三点政策建议。

（一）进一步发挥中国互联网金融行业协会社团组织的作用

宏皓会长在发布会上指出，首先，当前互联网金融各细分领域的发展存在差异，预计未来将呈现行业整合发展态势。其次，互联网金融将服务实体经济，随着金融透明化趋势的形成，人类迎来了互联网金融时代。未来互联网金融行业协会将整合大量的高级人才，通过互联网这个渠道，解决融资的问题，解决投资者投资难的问题，为我们的投资者创造财富。另外，互联网金融工具推动中国的产业转型升级，面对未来客户的需求，现在人们更喜欢足不出户，一切事情通过网络完成。在这强大的互联网金融攻势面前，一方面，政府及社会各界，要进一步发挥社会团体组织的作用；另一方面，中国互联网金融行业协会要进一步练好内功，协助传统企业转型升级。

（二）要正确和乐观看待互联网金融存在的缺点

宏皓会长认为，随着社交网络的繁荣和金融脱媒化趋势的形成，人类迎来了互联网金融时代。互联网金融序幕一拉开热潮就在中国开始了。互联网金融的诞生是人类历史上划时代的大事件。虽然互联网金融现在还有很多缺点和问题，这如同当年飞机的诞生、汽车的诞生、计算机的诞生一样，是伟大而有缺点和问题的。互联网金融的诞生也一样会在实践中不断完善，并且改变人们的生活方式，影响着各行各业的发展。

未来，只有中国的各行各业都开始运用互联网金融这个工具的时候，那么互联网金融的精彩大戏才开始上演。同时，在我们互联网金融机构的支持下，在我们互联网金融创新的支持下，让我们一个又一个行业弯道超车，让我们中国的各行各业为人类社会提供更好的产品和服务，让我们的人类社会生活得更加幸福，同时为我们创造更多的财富。所以，互联网金融是上帝送给人类最好的礼物，更是给中国人最好的礼物。

（三）互联网金融是新生事物，需要一个宽容的环境才能发展

宏皓会长建议，互联网金融时代是中国人与发达国家公司竞争的最好机会，过去我们跟着美国等发达国家的屁股后面学，今天在互联网金融方面，中国与美国等发达国家都处在一个起跑线上，看谁能运用好互联网金融这个工

具,谁就能成为真正的强国。而我国的互联网金融发展已经跑在美国等发达国家前面了,我国的互联网金融从业人员是美国的千倍以上,我国的互联网金融机构是美国的千倍以上,我国的互联网金融理论研究至少超过美国10年,我国的互联网金融推动实体经济转型升级的实践也早已走在美国前面。中国只要抓住互联网金融时代带给我国的机遇,任何一个行业10年后就能在世界上做得最好,这一切力量都是来源于互联网金融工具。所以,对于互联网金融,目前需要的不是监管,而是给一个宽松的环境,让大家在一个宽松的环境中不断试错,超过美国,只有这样中国才能抓住互联网金融时代的历史性机遇。

第五节 2020年的中国互联网金融将会是怎样的模式

2020年的互联网金融会是怎样?如果能够站在未来回看现在,自然可以更好地指导从业者制定战略、占有先机。有趣的是,不同的市场参与者所看到的其实是截然不同的世界。

互联网金融是近两年中国金融行业最具活力的领域。随着竞争格局和制胜要素的改变,传统金融业的经典竞争战略可能逐步乏力,过去企业赖以生存的众多优势和战略规划方法已远远不够。如何才能在互联网金融这样一个快速变化的新兴市场中找准方向?

波士顿咨询公司(BCG)发布了第一份关于中国互联网金融市场的报告《互联网金融生态系统2020——新动力、新格局、新战略》[1],全面揭示互联网金融在中国取得快速发展的驱动力,提出并深入分析互联网金融的四大核心竞争领域及其对不同市场参与者的启示,创造性地提出BCG独有的适应型战略及其五大优势,并且量化分析了互联网金融带来的社会经济价值。以下是报告内容节选。

---

[1] 注:该报告全文于2014年10月发布。作者邓俊豪是BCG资深合伙人兼董事总经理,常驻香港,负责BCG亚太地区金融业务(Tang.Tjun@bcg.com);张越是BCG董事经理,常驻北京(Zhang.Yue@bcg.com);何大勇是BCG董事经理,常驻北京(He.David@bcg.com)。《蚂蚁金服评论》(微信号afsreview)——分享互联网金融实践与思考。

一、互联网金融新动力

庞大的,没能在传统金融行业中得到充分满足的需求造成了中国的金融压抑,这种需求和供给之间的不平衡也构成了互联网金融发展的源动力。

实体网点交易量未来保持相对稳定,新增交易量主要来自网络和移动渠道

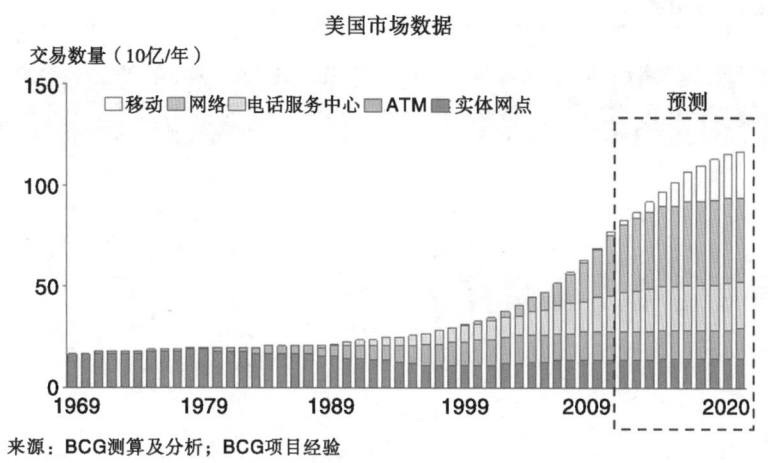

图 6-11

数亿"数字长尾"在网络世界寻求对金融需求的满足途径

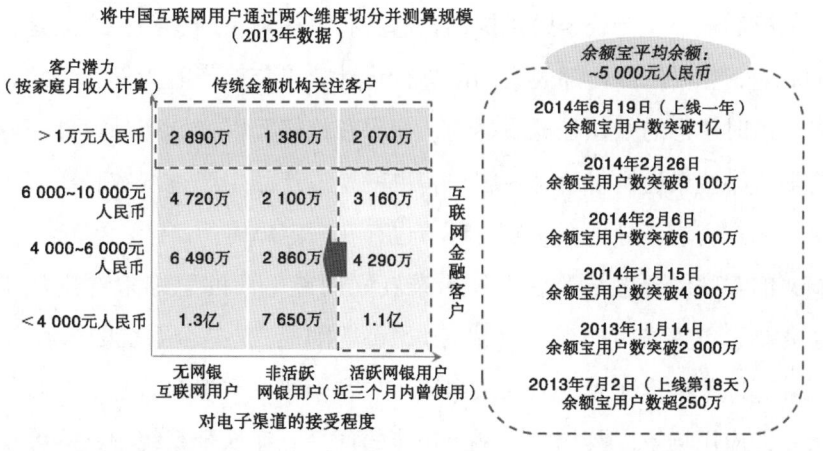

图 6-12

二、互联网金融新格局

（一）两种思维的碰撞

两种思维的碰撞

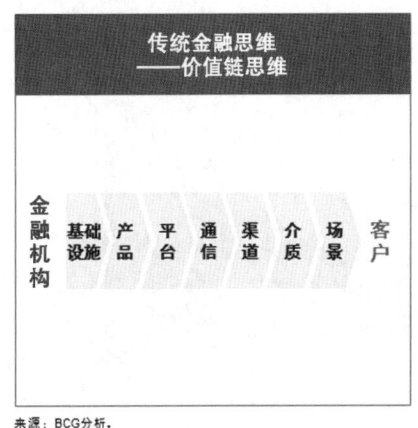 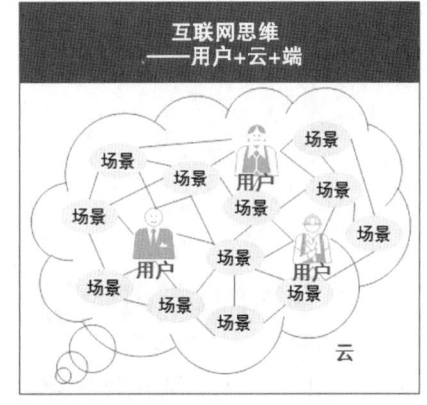

来源：BCG分析。

图 6-13

传统金融业者通常会将金融服务看成一条价值链，竞争的关键在于把控价值链上的核心环节。传统金融机构仍普遍持有机构本位的思路，产品是相对中后台的职能，主要依照内部规章制度进行设计。以贷款产品为例，传统金融机构在做产品时考虑的往往是抵质押物、期限和价格等因素，产品设计完成之后再考虑通过哪些渠道销售给哪些客户，也就是说产品生产过程本身离客户还比较遥远，客户需求传导到产品研发环节也存在一定障碍。

新兴的互联网金融从业者往往沿袭互联网或电商的思维来看待互联网金融，主要要素包括：用户、云、端。其中，"用户"是这个系统的核心，"云"包括云计算以及构建在云之上的数据服务、征信平台等基础设施，"端"则代表了大量的应用场景以及与场景紧密相连的产品。在这个系统中，一种金融产品或服务的产生首先源自用户的需求，当某种需求在某个场景中被发现后，再反向进行相应的产品开发，并最终将产品嵌入到场景中，将金融化于无形，体现出从大工业时代的思维方式到信息时代的思维方式的转变。

这两种思维有两个最大的不同：一是机构本位与客户本位的不同；二是线性路径与多维网状路径的不同。对传统金融机构来说，"用户＋云＋端"的思维可能显得过于抽象和简化，给人不知从何入手的感觉；而对互联网公司来说，价值链的思维可能显得过于陈旧和繁琐。但从长远来看，两种思维的相互尊重和理解将是互联网金融竞争与融合的必要前提。

（二）互联网金融四大制高点

无论是哪种思维，其目的都是把握互联网金融竞合关系的制高点，并据此进行布局。事实上，这两种思维尽管看似不同，但其关注的核心制高点仍有许多相似之处。

总结来看，互联网金融一共有四个制高点：基础设施、平台、渠道、场景。其中，基础设施是最有可能产生颠覆性创新的领域；平台是互联网行业平台模式在金融领域的延续和创新；渠道则是互联网时代对金融机构传统核心资产的重新审视，也是互联网企业线上线下整合的重要阵地；场景是金融"生活化"以及"以客户为中心"的核心体现。

互联网金融四大制高点

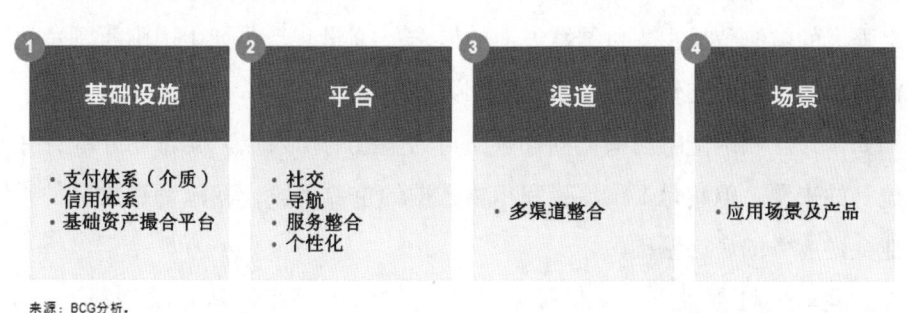

图 6-14

互联网金融五类主要机构在四大制高点上纷纷布局

四大 制高点		基础设施	平台	渠道	场景
五类主要机构	传统金融机构 银行 证券 保险	依靠传统基础设施： 如人行清算结算系统、人行 征信体系、证券交易所等 如平安Lfex基础资产交易	平安万里通积分平台、P2P平台	实体渠道为主，逐步向多渠道整合发展	电商，如善融商务 平安好车、好房、万里通等
	互联网公司 阿里 腾讯 百度	电商信用体系 支付宝支付体系	电商平台为主，理财平台、社交平台为辅 社交平台为主，理财平台、电商平台为辅 信息平台为主，理财平台为辅	互联网、移动互联网渠道为主	电商、打车、娱乐、足球等 社交、游戏、打车、美食、娱乐等 搜索、地图等
	新兴金融业态 P2P 众筹 搜索		投融资撮合平台 投融资撮合平台 信息搜索平台	互联网、移动互联网渠道为主	
	通信 运营商 手机厂商		内容平台、应用平台	实体网点为主	
	基础设施 银联 征信	第三方支付清算体系 民间征信体系			信贷、征婚等

来源：BCG分析。

图 6-15

1. 基础设施：蕴藏颠覆性创新的无限可能

此处的基础设施主要指支付体系、征信体系和基础资产撮合平台。

支付体系：互联网金融的不二法门，且竞争刚刚开始。支付是人们对金融最朴实的需求，也是应用场景最为丰富的一种金融产品。金融机构的诞生和发展首先起源于支付。例如，17世纪荷兰阿姆斯特丹银行的诞生最早是为了满足荷兰强大的航海贸易在支付结算方面的需求；19世纪后半期中国山西票号的诞生也与山西盐商的支付结算需求紧密相关。

如今，互联网金融巨头们同样以支付为金融的切入点。支付业务本身并不是盈利的来源，但它是汇聚流量和积累数据的重要手段，其流量和数据是开展其他金融业务的底层基础。

在移动金融背景下，支付被赋予极大的活力。首先是介质创新。例如，2014年英国巴克莱银行推出名为"bPay"的智能腕带，其中一项重要功能是近场支付。PayPal与三星合作，开发了基于三星智能手表的支付客户端。中国国内在移动支付介质上的创新同样层出不穷，比如基于芯片的近场支付、二维码支付、声波支付、光子支付等。银联、通信运营商、互联网第三方支付机构、银行等纷纷发力介质创新，并力争控制核心标准。

其次，虚拟货币（如比特币）和网络支付协议（如 Ripple 协议）的兴起在一定程度上对全球各国中央银行的中心化地位以及传统的支付汇兑体系构成了挑战。货币的角色和形态未来会如何发展？互联网支付汇兑体系会如何演变？这一切尚有待观察。

最后，目前的支付主要还是基于买卖关系的交易支付，但未来是否有可能出现更广义的支付，比如基于社交或人情的双向支付乃至多边支付。支付领域的竞争才刚刚开始，并有可能一步步颠覆人们对支付的预期和想象。

此外，第三方支付行业在经历过去十年相对宽松的监管包容期后，其快速发展已经引起监管层和行业的高度重视。未来监管走向如何？是否可能趋紧？这些也将是中国支付行业发展的重要变量。

信用体系：中心化还是多元化？支付的数据积累到一定程度，经过特定的加工和整理就能够成为信用基础。未来，随着移动互联和社交网络的进一步发展，数据的种类、数量及时效性也将得到极大提高，对个人的信用互联的评价体系也将更为多元、立体和即时。

2014年6月，随着《社会信用体系建设规划纲要（2014—2020）》的发布，我国社会征信的法律基础和标准体系有望在未来几年逐步完善。征信体系将会继续维持政府主导的中心化格局，还是逐步向市场化、多元化发展？这一切也同样值得期待。

基础资产撮合平台：直接融资大发展。基础资产撮合平台是指股权、债权、产权、林权、地权、碳排放权等基础资产的交易和撮合平台。此类平台的发展主要源自中国社会融资结构的改革。目前中国间接融资和直接融资的比例是6:4，仍主要依靠银行贷款，融资手段较为单一，而在美国这一比例是3:7，金融危机前一度达到过2:8。

未来中国必将改变社会融资结构倒挂的局面，去中介化是趋势所在，而互联网金融新型业态的发展将加速去中介化的实现。例如，平安陆金所Lfex就是为不同机构提供债券、应收账款、信用卡资产等基础资产投融资撮合的平台，上线半年交易额超过400亿元人民币。

2. 平台：互联网商业模式在互联网金融的延续

平台是指连接两个或多个特定群体，为其提供行为规则、互动机制和互动场所（常常是虚拟场所），并从中获取盈利的一种商业模式。

拉卡拉公司创始人孙陶然在《平台战略》一书的序言中指出，一个成功的平台往往需要做好几件事：一是选择平台战略的企业需要有能力积累巨大规模的用户；二是需要提供给用户有着巨大粘性的服务；三是需要有合作共赢、先人后己的商业模式。成功的平台商们正在纷纷践行以上准则。

平台模式在互联网行业被广泛应用，因此当互联网企业进入金融业务时，也自然地延续了这一战略。但对传统金融机构来说，平台仍是相对陌生和抽象的概念，如何改变思路及试行平台化运营，也可能是传统金融的又一突破点。

3. 渠道：多渠道整合是关键

渠道的核心议题是多渠道整合，即客户能够自由选择在何时通过何种渠道获得怎样的金融产品和服务，其背后是机构的不同渠道在产品和服务、流程、技术上的无缝对接。这一点对于拥有较多实体渠道资产的传统金融机构来说尤为重要，需要通过两方面的转型来实现。

渠道定位从"以我为主"向"以客户为主"转型：从1997年招商银行率先推出网上银行"一网通"至今，几乎所有的银行、证券公司、保险公司等都已经在某种程度上建立互联网渠道。但传统的网银或手机渠道更多的只是将网点的流程电子化、网络化，仍是从金融机构流程管理的角度进行设计，而非从客户需求和便利的角度进行改造。因此，金融机构多渠道整合的难点并非在于技术，而是在于思维的转变。

实体渠道功能和布局的转型：虽然实体渠道对金融机构来说是重资产、高成本，但在可预见的未来，客户对实体渠道的心理依赖，尤其是针对复杂产品和服务的面对面交流的需求不会消失，因此实体网点有其存在的必然性。但实体网点需要转型，比如更多地将目前低价值的简单交易（如现金存取、转账汇款等）转移到ATM和电子渠道中，从而使网点人员有更多时间来进行销售和咨询工作。

此外，网点的整体规划和布局也需要适当调整，将目前单一的大网点业态逐步调整为多种业态相互配合的布局。比如通过"区域中心综合网点＋大量便捷网点"的形式以较低的成本覆盖更广泛的区域，或结合周边市场设立专业网点（如专业小微金融网点、专业财富管理网点）以提升服务针对性等。

互联网企业大多依托于电子渠道，较少具备实体渠道资产，但仅仅依靠单一的线上渠道可能不一定适用于所有的客群和场景。因此，多渠道整合同样是互联网企业值得思考的方向。

4. 场景：找准客户生活的主场景

前文在谈及客户的改变时已经提出一个概念，即"金融的生活化"。这个概念是指金融不是独立存在于人们的生活中，而是嵌入在众多的生活场景中，让人感受不到金融的存在，可它实际上又无处不在。因此，互联网金融版图的扩张实际上依靠两个维度的扩展：一是扩大目标客群；二是占领客户的生活时间。

扩大客群的方法有很多种，比如地域的扩张、年龄层的扩张、财富层的扩张等。占领客户的生活时间则需要占据尽量多的应用场景，即流量入口。据BCG"数字化新世代3.0"研究显示，占据用户上网时间流量最多的是娱乐、沟通、信息获取和电子商务这四大类活动。互联网金融巨头们对客户时间的争夺也紧紧围绕这几大领域展开。

与此同时，传统金融机构逐步意识到，他们所熟知的金融产品开始与场景合为一体，单纯依靠产品本身来实现差异化已变得越来越困难。只有将产品与场景以及客户需求紧密结合，才能被客户所接受。因此，许多传统金融机构纷纷加强对场景的布局，比如，建行和工行建立了自己的电商平台，平安集团向二手车和房产交易进军并建立起开放的万里通积分平台等。

在未来对场景的争夺战中，关键是要找准客户生活的主场景，并以此作为核心应用的切入点。这种主场景既有可能是线上的，也有可能是线下的，它不一定占据客户最多的时间，但往往链接的是客户最基本的需求。

例如，住宅小区的门禁卡链接的是客户每日回家的基本需求，反映了客户在根本上对安全的追求。门禁卡是否有可能是一个核心主应用，能否在此基础上叠加各种辅应用？未来对场景的争夺可能需要考验机构在心理学和社会学层面对客户深层需求的理解，并对机构真正践行"以客户为中心"的力度进行考验。

（三）对不同市场参与者的启示

对于互联网金融这样一个新兴的、快速变化的市场，我们很难去预测2020年的终局，但把握其中的主要趋势和核心问题，同样可以帮助不同的市场参与者找准方向。

未来，传统金融机一方面仍有可能享有产品专业、风险管控等领域的优势;另一方面也将加大在渠道、场景端的创新力度。互联网巨头的传统优势在于平台,过去几年对场景的争夺已初见成效,未来最有可能在基础设施领域加大创新力度。各种新兴金融业态目前还处在快速成长和演变期,尚未探索出适应国情的有效盈利模式,同时面临较高的监管不确定性,有待进一步观察。通信运营商和基础设施提供商如大举进入互联网金融市场,则意味着跳出传统优势行业,进入到一个市场化程度较高的陌生行业中,其面临的思维转变和体制机制挑战不可小觑。

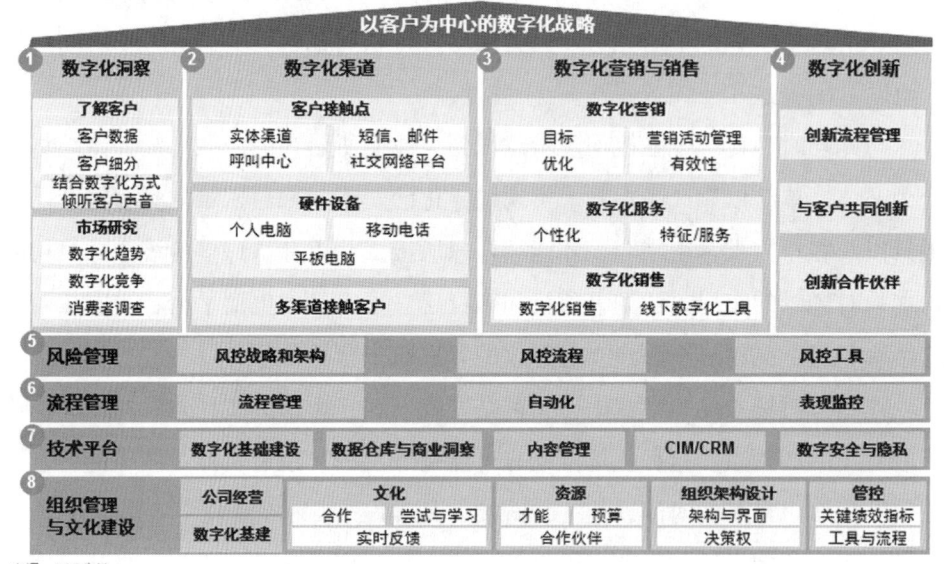

图 6–16

三、互联网金融新战略

面对日渐加速的行业变迁和这些全新的竞争对手,传统金融机构难免会感到困惑和吃力,因为他们赖以生存和竞争的规模优势、价格优势、渠道优势和经典的战略规划方法似乎已经不足够。尤其在变化更快、更以消费者为导向的个人金融领域,金融机构需要采用更灵活、更动态、更前瞻的方法来建立适应型战略，从而更好地参与竞争。

适应型战略能够通过五个优势的建立得以实现，其中，试错优势是核心优势、触角优势与组织优势是辅佐性优势，系统优势和社会优势是延展性优势。

适应型战略及其五大优势

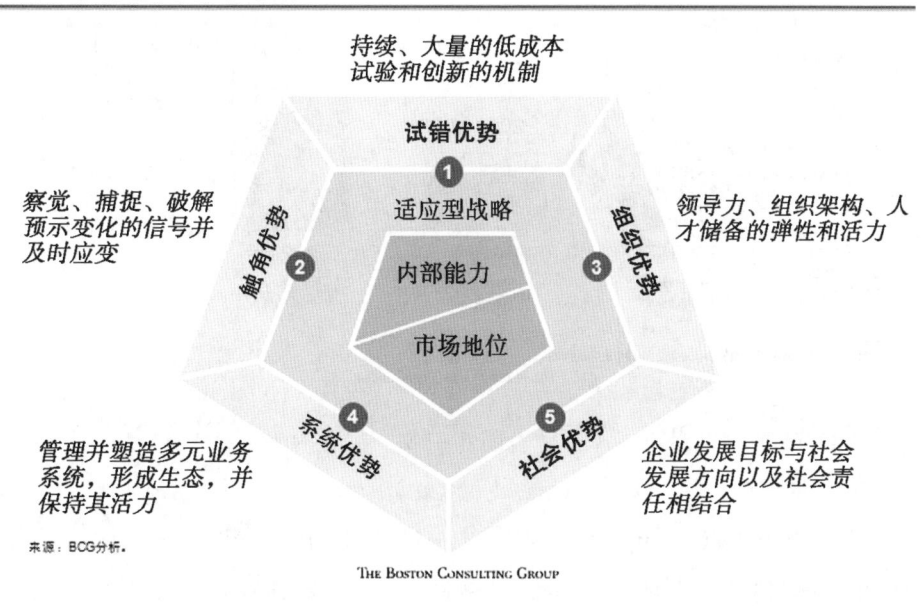

图 6-17

四、互联网金融的社会经济价值

互联网金融的出现使互联网第一次真正触及金融商业模式、产品、运营的创新，有助于深刻、全面地提升整个金融行业的互联网化水平。并且，这些创新对促进普惠金融实现、助推中国金融体系改革等也将带来不可限量的价值。

例如，未来随着我国征信体系的完善，P2P、电商网络贷款等新的业态将迎来极大发展。更重要的是，其数据分析的模式和工具也可以为传统金融机构所借鉴，帮助传统金融机构真正实现小微业务的下沉。根据 BCG 测算，在 P2P、电商网贷等新兴融资渠道的驱动下，我国小微企业融资覆盖率有望从 2013 年的 11% 提升至 2020 年的 30%～40%，这意味着超过 3 000 万家目前未被覆盖的小微企业和个体工商户的融资需求有望在未来几年获得满足。

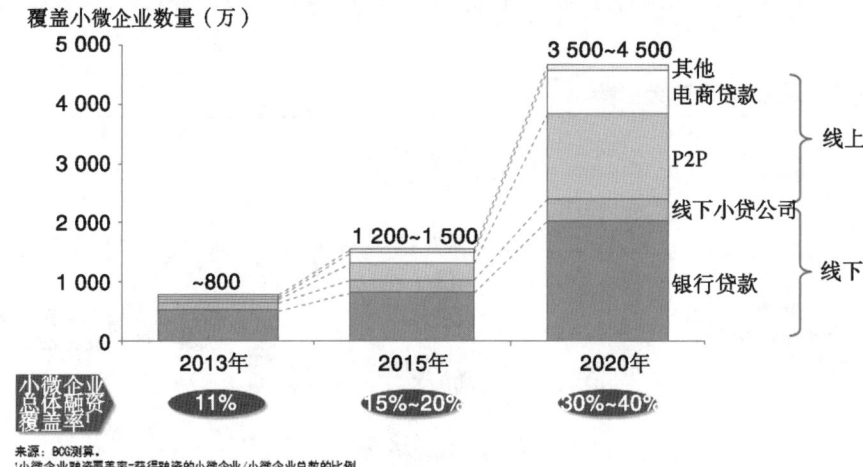

图 6–18

对整个中国金融体系来说，2013 年不仅是互联网金融的元年，更是中国金融改革的深化年，上海自贸区金融改革全面启动，民营资本发起和设立商业银行试点实行，金融脱媒不断深化，利率市场化持续推进。互联网金融无疑也是这一系列改革举措中的重要组成部分，必将为中国金融体系的创新与市场化带来源源不断的动力。

下篇
掌握实战来取胜

理论来源于实践又指导实践；而实践是理论的源泉和归宿。开展互联网金融工作，推进互联网金融行业创新发展，必须要有理论知识和掌握基础常识，这是前提和根基。但更重要的是要把理论融入实践，懂得实战，在实际工作中能高瞻远瞩，运用自如。正如毛泽东所讲："如果有了正确的理论只是把它束之高阁，并不实行，那么这种理论再好也是没有意义的。"可以这么说，本书上篇《认清模式真面目》，其最终目的是为了本篇《掌握实战来取胜》服务的。

　　然而，互联网金融模式分类众多，表现形式五花八门，并且至今没有一个定论，从模式角度考虑在哪些方面入手进行"实战"呢？本书主要针对目前社会上流行表达较多的P2P网贷、第三方支付、众筹、大数据金融、信息化金融机构、互联网金融门户六种模式，同时根据互联网金融发展趋势的特点，新增加互联网金融货币模式、理财模式和平台模式，进行较为系统的论述和探讨。考虑到这些模式涉及的内容多、范围广，为了"实战"的实效，本书采取"三部曲"策略：第一部曲是"概述"，即基础知识的介绍；第二部曲是"方略"，即本领技能的探讨；第三部曲是"案例"，即实战经验的提升。

第七章
P2P 网贷模式与实战

P2P 网贷是互联网金融模式中的一个流行最广极为重要的组成部分。考虑到 P2P 网贷平台在整个互联网金融平台模式中的特殊位置，从 2012 年开始直至现在一直处于最火爆、参与人数最多、业务量最大的"老大哥"地位。同时，P2P 网贷本身涉及的范围广、内容多，又是个全新的事物，且风险尤为突出。基于多方面的原因，本章将在全书实战部分重点介绍、解读和探讨。

第一节　总体概述：P2P网贷模式需要明确的基本问题

"实战"的前提是要"知己知彼"，打有准备之仗义，有把握之仗义。而要做到这一点，需要全方位了解P2P网贷模式到底是什么？P2P网贷平台内在有哪些模式？各自有什么特点和内容？P2P投资者最关心的问题和常见的错误是什么？P2P理财需要摒弃哪些不良心态？国内有哪些强大的P2P网贷平台？以及国外P2P平台法制监管对我国同行有哪些启示？如此等等，这些内容本节都作阐述。

一、什么是P2P网贷模式？P2P网贷是如何产生及产生的原因

（一）P2P网贷模式

P2P网贷是指一种个人与个人之间的借贷，而P2P理财是指以互联网平台为中介机构，把这借贷双方对接起来在网站上实现各自的借贷需求。借款方可以是无抵押贷款或是有抵押贷款。出借方可以为个人。而中介一般是收取双方或单方的手续费为盈利目的或者是赚取一定息差为盈利目的的新型理财模式。

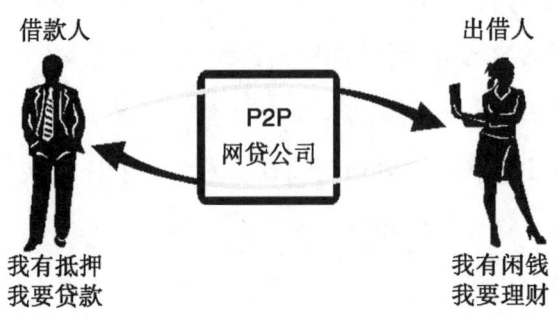

图 7-1

（二）P2P 网贷的产生

P2P 小额借贷是一种将非常小额度的资金聚集起来借贷给有资金需求人群的一种商业模型。它的社会价值主要体现在满足个人资金需求、发展个人信用体系和提高社会闲散资金利用率三个方面，由 2006 年"诺贝尔和平奖"得主穆罕默德·尤努斯教授（孟加拉国）首创。

1976 年，在一次乡村调查中，穆罕默德·尤努斯教授把 27 美元借给了 42 位贫困的村民，以支付他们用以制作竹凳的微薄成本，免受高利贷的盘剥，由此开启他的小额贷款之路。1979 年，他在国有商业银行体系内部创立了格莱珉（意为"乡村"）分行，开始为贫困的孟加拉妇女提供小额贷款业务。

P2P 其中 P 是英文 peer 的意思，主要是指个人通过第三方平台在收取一定费用的前提下向其他个人提供小额借贷的金融模式。客户对象主要有两方面：一是将资金借出的客户；二是需要贷款的客户。

随着互联网技术的快速发展和普及，P2P 小额借贷逐渐由单一的线下模式，转变为线下线上并行，随之产生的就是 P2P 网络借贷平台。这使更多人群享受到了 P2P 小额信贷服务。P2P 网络借贷平台发展的另一个重要目的，就是通过这种借贷方式来缓解人们因为在不同年龄时收入不均匀而导致的消费力不平衡问题。

由此可知，现行的 P2P 网贷是线下民间借贷的一种渠道发展，是随着互联网与人们生活的不断贴近而催生的产物。

（三）P2P 产生的原因分析

1. 银行的存储利息低

P2P 中的贷款人，其手里有一些闲钱，几十万元或者是几百万元，放在银行里利息太少，又有贬值的可能。这些人想拿闲钱理财，放贷就是其中一种有效的方式。P2P 贷款与一般的贷款有所不同，P2P 这种民间贷款，利息比较高，对于贷款人来说，可以获利更多。

2. 银行贷款的条件比较多

银行的贷款利息相对来说是比较少，那么为什么 P2P 贷款中的借款人，不在银行贷款呢？其主要原因就是，银行贷款的条件要求多，贷款的条件要求多，而借款人有着急需要钱，于是就会选择门槛低、效率高的 P2P 贷款了。

3. P2P 贷款有市场存在

P2P 贷款产生与完成，最主要的就是贷款的双方，在社会上有很多有闲钱，并且有理财思想的人。同时又有人或者企业，需要资金的，于是就形成了供需关系，从而就能产生贷款业务了。

二、如何理解 P2P 网贷模式及其变体

P2P 网贷模式由最初的为个人借贷者提供中介平台，逐步发展出个人对企业、个人对借贷公司、典当公司等多种形式。

（一）纯 P2P 模式

最原始的 P2P 模式就是互联网平台中，个人投资者对个人融资者的一种借贷行为。这样的模式下平台的借款金额一般不大。随着 P2P 平台的不断发展，起初采用这种模式运营的平台一般还会逐步发展出 P2B 等形式。

代表平台：人人贷

（二）P2B 模式

所谓 P2B 是指 person–to–business，个人对（非金融机构）企业的一种贷款模式。P2B 模式应该是众多网贷平台最为常用的模式之一，也是最先衍生出的模式之一，同简单的 P2P 网贷平台不同，据了解 P2B 网贷借款人一般为企业 P2B 平台只针对中小微企业提供投融资服务，借款企业及其法人要提供企业及个人的担保，并且基本上不提供纯粹的信用无抵押借款，再加上类似担保模式的借款保证金账户。

代表平台：银客网

（三）P2N 模式

P2N 与 P2C、P2G 一样，属于互联网借贷平台中的一种类型。P2N 中的

"N"一般为多家机构,即借款人来源于网贷平台合作的小贷公司或担保公司,并由小贷及担保公司(融资租赁等金融机构)提供担保,平台不参与借款人的开发及本金垫付。

P2N 模式有两个特点:一是出借人不再直接对接借款人,其直接对接的对象是贷款机构;二是网贷平台同时有可能演变为小贷公司的代理人(因小贷公司有监管,通过 P2N 模式的网贷平台可以增加其表外收入),成为渠道商。

代表平台:微金所

(四) P2G 模式

P2G(private to government)是指个人出借对政府的一种借贷行为。所谓 P2G 模式,主要为具有政府信用介入的项目提供融资服务,包括政府授权国企直接进行融资、政府或大型国企的供应商应收账款质押担保融资、国有担保公司担保的项目融资。采用 P2G 模式运营的平台由于背景实力雄厚,一般被认为可靠。

三、P2P 网贷平台有哪三类模式与三大难点

(一) P2P 网贷平台的三类模式及典型代表

P2P 网贷就是民间借贷衍生而成的所谓互联网创新和金融创新,弹冠相庆的所谓创新,其实无非也就是通过网络从线下转移到了线上。应运而生的 P2P 网贷平台靠什么样的运营模式在经营呢?通过对各种不同模式的 P2P 网贷的调查研究,我国 P2P 网贷平台可以从三个角度来进行划分:即纯平台模式和债权转让模式,纯线上模式和线上线下相结合模式,无担保模式和有担保模式。下面介绍 P2P 网贷三大模式及典型代表。

1. 纯平台模式和债权转让模式

根据借贷流程的不同,P2P 网贷可以分为纯平台模式和债权转让模式两种。在纯平台模式中,借贷双方关系的达成是通过双方在平台上直接接触,一次性投标达成。

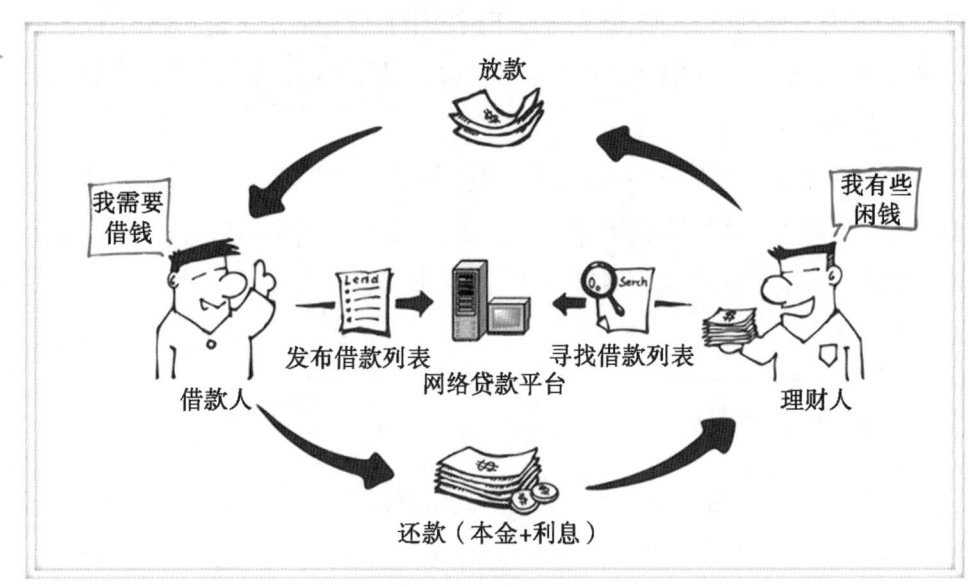

图 7-2

典型代表：拍拍贷

特点：纯信息中介平台＋无担保无抵押。

在债权转让模式中，则通过平台上的专业放贷人介入借贷关系中，一边放贷一边转让债权来连通出借人和借款人，实现借贷款项从出借人手中流入借款人手中。

典型代表：平安集团的陆金所

2. 无担保平台模式和有担保平台模式

无担保模式保留了 P2P 网贷模式的原始面貌，平台仅发挥信用认定和信息撮合的功能，提供的所有借款均为无担保的信用贷款，由出借人根据自己的借款期限和风险承受能力自助选择借款金额和借款期限。

典型代表：拍拍贷

有担保模式又可分为第三方担保模式和平台自身担保模式。

典型代表：平安集团的陆金所

3. 纯线上模式和线上线下相结合模式

在纯线上模式中，用户开发、信用审核、合同签订到贷款催收等整个业务主要在线上完成。

典型代表：拍拍贷

绝大多数 P2P 公司采用的是线上线下结合的模式，即 P2P 网贷公司将借贷交易环节主要放在线上，在线上主攻理财端，吸引投资人，并公开借贷业务信息以及法律相关服务流程，而主要将借款来源、借款审查和贷后管理这样的环节放在线下，按照传统的审核及管理方式进行。

典型代表：易通贷

P2P 网贷有利有弊，就在 2013 年 P2P 行业在国内呈现爆发式发展的同时，P2P 行业的倒闭潮也如影随形地出现了。大量的 P2P 诈骗案件的出现，给 P2P 投资者提了个醒：谨慎 P2P 投资，选择好的运营平台。

（二）P2P 网贷的特点

P2P 网贷起源于英国，在美国得到完善和繁荣。传统的 P2P 平台，只负责披露信息，撮合交易，不提供担保，也不赚取利差，平台靠收取手续费营利。但 P2P 平台进入中国之后，发展出中国式的运营模式。目前，国内 P2P 网贷平台大致有三大类和六种运营模式。下面主要对后两类四种运营模式的特点进行简介。

1. 无担保线上交易模式

此模式接近美国 P2P 网贷，即平台只充当"牵线人"，披露信息，不担保，风险由投资者自担。这是一种纯信用的贷款。不过，国内这种模式的平台很少。不提供资金担保，很难让投资者接受。

2. 有担保线上交易模式

这类 P2P 网贷平台不是单纯的中介，而是与担保机构合作，负责核实借款人信息，并管理资金，平台既是担保人，也是联合追款人。对投资者来说，风险较低，但平台经营成本也由此增加。

3. 线下交易模式

类似于民间借贷，线上的网络平台负责提供信息，最后线下完成交易，一般借贷方需要有抵押品，从纯信用贷款到抵押贷款，大大降低了风险，不过线下交易受到区域制约。

4. 线上线下结合方式

这是目前较为理想一个模式，小额交易线上完成，超过一定数额则线下交易,并要求有抵押物。这种模式比单纯的线上或线下交易更具优势。

国内P2P平台多采用后两种模式。业内普遍认为,如果严格按六条"红线"来说,很多P2P网贷平台都有踩线的嫌疑。未来P2P网贷回归中介本质必须解决三大核心难题。

(三) 三大难点等待解决

首先是征信。目前国内征信大环境不好,征信体系还未建立。P2P网贷平台无法利用社会征信资源,不得不自建征信团队。"P2P征信现在基本上等于零,大家的风控手段是'八仙过海各显神通',但有效性存在很大问题。"某平台专家说。

而在美国,征信业成熟发达,三大征信机构鼎足而立,P2P平台向机构购买个人信用报告。美国成熟的征信业无疑是中国同行们学习的标杆。征信和风控成本,将成为未来P2P平台成败的分水岭。

其次是平台担保。P2P网贷平台不能代偿、不自担。显然,平台不担保,对投资者来说缺乏吸引力,担保则违背相关政策。于是很多平台将担保业务分离,引入第三方担保。有业内人士表示,P2P引入第三方保险、第三方担保公司将是大趋势。

最后是第三方资金托管。P2P网贷平台自建资金池,也是很大的问题。最理想的状态,平台不接触资金。平台资金第三方资金托管被寄予厚望,目前亦被许多平台采用。但据业内人士透露:作为托管方的银行担心责任归属问题,积极性并不高。许多平台名为第三方资金托管,但账户资金出入都是平台自主操作,托而不管,第三方托管名不符实。

业内人士指出,网贷平台要做"资金批发模式",即将贷款项目的业务来源、风险控制、本息担保责任外包给小贷、担保等公司,平台仅提供资金供给和信息服务。这一模式下P2P网贷平台回归中介性质,也符合监管机构要求。

四、P2P网贷平台的资金保障计划有哪些模式

P2P投资是一项争议性很大的理财方式。对一般的投资者来说,P2P借贷

隐藏的风险性太大，往往不敢轻易尝试。为了解决投资者心中这点疑惑，很多P2P平台推出了平台的资金安全保障计划。比如最常见的以人人贷为代表的本金保障计划等。风险保障金如今是网贷平台风控的主流，除此之外，也还有一些其他的平台另辟蹊径，建立了自身独特的风控制度。下面介绍主要流行的模式。

（一）本金保障计划

代表平台：人人贷

首先，我们来认识本金保障计划。我们以人人贷平台为例进行说明。人人贷的本金保障计划是指在平台发生的适用本金保障计划的每笔借款（下称"受保障借款"，是否适用以平台明示为准）成交时，提取一定比例的金额放入"风险备用金账户"。

当理财人投资的某笔受保障借款出现严重逾期时（即逾期超过30天），人人贷将根据"风险备用金账户使用规则"通过"风险备用金"向理财人偿付此笔借款的剩余出借本金或剩余出借本金和逾期当期利息（具体情况视投资标的类型的具体偿付规则为准）。

（二）安心保障计划

代表平台：安心贷

"安心保障计划"是安心贷为了维护投资理财人士的资金安全而设置的专项机制。安心贷将与用户一起共享成果并用安心贷的营收部分担当风险。安心贷的所有已注册的投资理财用户均适用本计划。本计划是免费服务，安心贷用户不会为此追加任何费用。

安心贷平台在运营的过程中，会成立一个专项资金账户"安心共享基金"，将收取的所有费用（包括技术服务费、会员费、回收奖金等所有费用）归入该账户，一旦借款出现逾期，安心贷将自动进入代偿程序，安心贷从"安心共享基金"中划拨出资金，按照用户规则，投资用户的投资比例赔付投资用户的本金或本息。剩余追偿工作将由安心贷自主完成，投资用户需要配合安心贷转让债权或提交相关的法律依据。此外，安心贷平台其他与用户相关的费用等也从安心共享账户中支出，以保证平台的健康发展。

安心保障计划与本金保障计划的建立虽然都是为了保障投资者的资金安全，但是两者还是存在一定的差异。

（三）本金保障计划与安心保障计划的差异

差异一：资金来源。本金保障计划资金按照借款金额提取一定比例。"风险备用金账户"资金当前全部来源于人人贷向每笔受保障借款的借款人或合作机构（具体以人人贷签署的相关法律文件约定为准）所收取的服务费。而安心保障计划成立的"安心共享基金"以平台收取的包括技术服务费、会员费、回收奖金等所有费用为来源。

差异二：资金的使用上，人人贷本金保障计划的使用仅限于投资者资金安全，而安心贷平台的"安心共享基金"，不仅为投资者的资金安全提供服务，而且平台其他与用户相关的费用等也从安心共享账户中支出。

五、P2P 网贷平台的资金托管和管理是如何进行的

（一）P2P 网贷平台的资金托管如何操作

P2P 网贷平台为了保证投资者的资金安全，往往会采用资金托管的形式管理投资资金。那么，P2P 网贷平台的资金托管到底是什么？平台是如何运作的？下面以保必贷为例子进行说明。

保必贷平台已经委托了"汇付天下"为投资人和项目提供线上支付和提现及资金托管服务。该模式实现了平台运营与客户资金转移严格隔离的安全方式，客户资金的流转全部通过第三方资金托管机构实现，投资者可以实时监控资金的每一次流动。

"汇付天下"是第三方支付行业前三甲，2011 年 5 月首批获得中国人民银行颁发的"支付业务许可证"，首家获得证监会批准开展网上基金销售支付结算业务，2013 年 10 月首批获得国家外汇管理局跨境支付业务试点牌照，是中国支付清算协会网络支付工作委员会副理事长单位。

保必贷资金托管流程如图 7-3 所示：

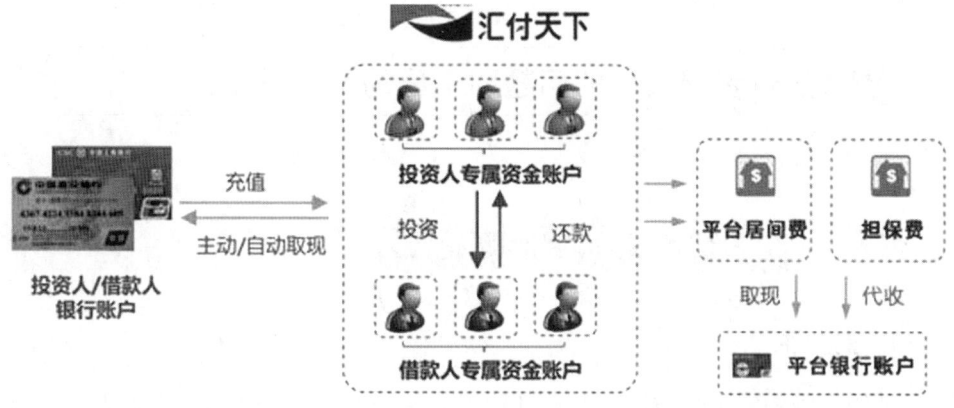

图 7-3

在整个流程中,汇付天下根据保必贷平台上客户提交的交易指令密码验证后,完成资金账户间的划款操作;投资人/借款人可自主管理自己的实名账户,遵循同名卡进出规则。

(二) P2P 网贷平台是怎么管理资金的

P2P 网贷平台的资金管理方式是衡量该平台风控是否良好的一个重要方面。一般而言,P2P 平台对于资金管理的方式之一是通道型模式,即没有实行资金托管,投资人将钱充值到平台或平台在银行开设的账户,多起平台跑路事件均属此类模式。

P2P 平台对于资金管理的另一种方法是资金托管。托管平台有金融机构也有第三方支付。投资人的资金首先进入的是资金托管平台中,然后将资金划转到交易对手的账户中去;管理服务费部分则划转到平台的账户里。资金存管在第三方的基础上,为投资人和借款人设置虚拟二级账户,实现点对点的资金流动监控,相对安全。

第三种是借助网上银行,完成双方资金划转、缴纳管理服务费用。这种方式完全躲开了平台与客户的接触。在整个过程中,平台的责任是监督、核实借贷双方资金和交易是否正常。

六、P2P 投资者最关心的问题和常见的错误是什么

（一）P2P 投资者最关心的问题是什么

1. 安全性

虽说投资的安全性与风险系数息息相关，但中国的 P2P 网贷投资人还是喜欢追求绝对的安全，对此大多数 P2P 平台都引入了担保机制、风险保障金模式、保险模式，或其他保本/保本保息制度。在相关数据统计中，对安全性（风险）的讨论位列热门榜第四，反映出网贷投资人对投资 P2P 的风险已经有比较清楚的认识，在追求高收益时也能接受一定的风险。

2. 收益率

毫无疑问，高收益是投资人选择 P2P 的一个重要因素。年化收益率30%以上被定义为高息平台，年化18%~30%被定义为中息平台，年化18%以下被定义为低息平台。但根据非法集资的规定，年化利率18%以上的平台加上手续费和运营费，极有可能触发了非法集资24%~25%的"红线"。

因此，大部分正规 P2P 平台的收益率都控制在年化18%以下，而且随着网贷行业逐渐回归理性，大部分平台的收益率都在下调。专家认为，10%~15%是投资人和借款方双赢的收益率区间，并已长期按此执行。

3. 充值/提现/费用

这些费用是 P2P 平台盈利模式的重要组成部分，除了充值和提现需要收费外，很多 P2P 平台还开发出了 VIP 管理费、资金管理费、债权转让费等收费名目，实际上挤压了投资人最终拿到手的实际收益，所以非常引人关注。

4. 活动/积分

活动是 P2P 网贷平台积聚人气的最好方式之一，而积分类似银行的积分，是留住客户的一种方式。目前来看，几乎每个 P2P 平台都会开展各种各样的活动来吸引投资人，譬如在"双十一"和"双十二"期间，P2P 平台都借势火了一把。

(二) P2P 网贷投资中常见的"错误"有哪些

通常我们思考往往都是从自我角度出发，而主观意识往往会害了自己。而作为一个 P2P 网贷投资者，那些靠"以为"来投资的人不少见。在具体的投资过程中非常容易"犯错"。

1. 以为低利率的平台就是安全平台

关于利率和风险的话题，一些投资者的观点是：高利率平台一定高风险，这有一定的道理。因为高利率意味着平台的借款人质量、利润覆盖风险的能力要差于其他的平台。但是，这并不意味着低利率的平台就一定低风险。

2. 以为提现快的平台就是安全平台

很多投资者认为，提现越快说明平台资金越充裕，那平台就越安全。观点恰恰相反，提现过快，有可能是平台对打款审核不够严谨。平台难免会被黑客盯梢，企图篡改数据，如果平台过分追求提现秒到，反而会更容易中这方面的圈套。当然有少数平台为了照顾投资人的体验，在技术上投入充分，使得提现秒到，这个是值得肯定的。但这也仅仅是用户体验更加好而已，关于安全与否，还是要考察的。

3. 以为网站打不开了平台就跑了

确实，一些平台跑路的前兆是网站打不开，但是这只是小部分事件。正规平台在网站安全性上还是很看重的，实时监控，避免网站打不开的恐慌。一般情况下，平台在维护更新网站前都有公告提醒。

4. 以为大平台比小平台安全

其他行业可能是做得越大越好，但借贷行业不可以被这么理解。如果平台的贷收放大到老板无法控制，必然会导致坏账率上升或者资金链断裂，所以平台的安全度要从老板的实力、放贷经验等多方面考虑，绝对不是平台做得越大越安全，而是平台的规模合理才安全。

5. 以为背景强的平台就安全

网贷平台需要严谨的风控和持续的业务来源，保证资金链，才能稳定发展，实现盈利。背景实力是建立在这些前提之上的，如果没有这些，包装得实力再强，也难免出现问题。

6. 以为老平台比新平台安全

新老平台各有自己的优势和风险点。老平台的优势在于拥有足够的运营经验；新平台的优势在于历史负担较轻，平台的安全与否和平台经营时间长短不是绝对的有关联。

七、P2P 理财需要摒弃哪些不良心态

伴随着 P2P 网贷迅速发展的是提现困难的 P2P 平台越来越多，跑路事件越来越频繁。不少投资者因此蒙受巨大的损失。希财网（http：//www.csai.cn/）编辑提醒大家，良好的投资理财心态对于 P2P 理财非常重要，以下三种不良心态应摒弃。

（一）摒弃贪"利"之心向合情合理处选平台

君子也爱财，四海皆知，投资人的目的就是为了获取高额利润，从理论上说，P2P 平台的利率越高吸引到的投资者会越多。因此有不少投资者但凡看到高额利诱，便利令智昏，继而铤而走险，给一些不法分子提供了巨大"商机"，其后果可想而知。因此，投资者在选择平台时，第一步先得摆正投资心态，清醒意识到"君子爱财"还有下联"取之有道"。毕竟借款人不是生钱机器，他们是因为缺钱周转，才需要投资人集体出手"救急"的一类人，人家有急难，趁火打劫式的"超高利润"显然一不合情，二不合理，如果有平台利率设定高得离谱，显然是不对味的，劝大伙丢下"利欲熏心"，赶紧撤吧。

（二）摒弃自"利"取向向利人利己处寻平台

有的人找 P2P 网贷平台，专挑对自己回报最大的去，如果一家平台越体现得大公无私，他会觉得越合算，越是找对地方了。这个理，乍听上去很合理，但仔细寻思，非常不合理。毕竟，P2P 网贷平台不是慈善机构，也不是活雷锋，只要是作为商业模式运转的，必然需要运营经费（当然我们不反对平台提倡无私精神）。如果有一家 P2P 平台这样对你宣传：一不收提现费/充值费；二

不收技术服务费；三还不收认证费……啥费用都没有，无偿服务，满纸都是投资人的盈利。那危险了，来的不是雷锋，而是骗子。只是，这样的招数还真有人信。如果仔细推敲下，怎么可能？平台要运营，员工要吃饭，要发工资，这些经费从何而来……作为商业服务，费用可以合理化，可以返利回馈，带动用户活跃性，但绝没有无偿服务的，至少在共产主义还没有实现的现代是不存在的。如果存在，反常的背后，必然隐瞒着不可告人的目的。因此，一个优秀而值得信赖的P2P网贷平台，必然是"利人利己"的。

怎样的平台才能堪称"利人利己"型呢？首先，风控做得好，必然利人利己；其次，用户体验做得好，同样利人利己；然后，配合监管，合规合法，更加利人利己；最后，能赚能舍，这一点指的是，平台在越做越强之后，有钱了，又懂得感恩回馈用户。在P2P业界上千家P2P平台中，如果能符合如上其中一点的，这个平台可以参考；能符合两点的，这个平台像模像样；能符合三点的，这个平台堪称业界精华级别；如果四点都符合，啥都别说了，赶紧投吧，前途无量型！

（三）摒弃唯"利"是图向利义共生处寻平台

如果用在选择P2P平台上，最能体现"利"的地方，就是仔细观察平台的做事态度，是否能够处处为投资人着想，特别是对保障投资人资金安全方面。最能体现"义"的地方，这个需要单独看平台胸襟，是否能够包容不同的意见和声音，而不只是独断专行。在P2P网贷投资路上，如果我们能够有幸碰上"利义"兼具的好平台，首先恭喜您，稳妥赚钱是迟早的事情，好的P2P网贷平台爱护投资人，珍惜投资人，而作为投资者，反过来需要共同珍惜。平台与投资者，只有利义与共，并行珍惜，方能兴盛与共，历经久远而越发财源流长，最终走向共同富裕。

八、国内有哪四大类获得融资的 P2P 平台

国内P2P平台获得融资有哪些呢？这包括国内P2P行业融资平台、银行背景的P2P平台、P2P上市公司背景平台和国资P2P平台。下面用表格形式逐一展现。

（一）国内 P2P 平台获得融资有哪些

表 7-1　国内 P2P 行业融资情况

平台名称	融资时间	轮次	融资金额	投资机构
宜信	2010 年 4 月	A	千万美元	KPCB
	2011 年 5 月	B	数千万美元	IDG 资本、摩根斯丹利亚洲、KPCB
人人贷	2010 年 10 月	天使	数百万元人民币	弘和基金
	2012 年 12 月	A	2 000 万元人民币	东方弘道
	2014 年 1 月	A	1.3 亿美元	挚信资本、不公开投资者
拍拍贷	2012 年 9 月	A	456 万美元	红杉资本
	2014 年 4 月	B	5 000 万美元	光速创投、红杉资本、诺亚财富
团贷网	2013 年 1 月	天使	千万美元	不公开
点融网	2013 年 5 月	A	千万人民币	东方资产股权投资部
	2013 年 12 月	B	千万美元	北极光创投
	2015 年 1 月	C	未透露	老虎亚洲基金
有利网	2013 年 11 月	A	千万美元	软银中国
	2014 年 6 月	B	5 000 万美元	晨兴创投
积木盒子	2014 年 2 月	A	千万美元	银泰资本
	2014 年 9 月	B	3 719 万美元	小米、顺为资本、经纬中国、祥峰投资等
吉莱贷	2012 年 8 月	天使	数百万人民币	德迅投资
91 金融	2013 年 10 月	A	6 000 万人民币	不详
	2014 年 7 月	B	不详	海通开元
钱程网	2014 年 3 月	天使	数百万人民币	不公开投资者
易贷网	2014 年 5 月	A	千万美元	软银中国
365 金融	2014 年 6 月	天使	1 500 万美元	瑞银华信投资
安心 de 利	2014 年 6 月	天使	220 万美元	真格基金
拾财贷	2014 年 6 月	A	1 亿人民币	若水合投
投哪网	2014 年 6 月	A	1 亿人民币	广发信德

(续上表)

平台名称	融资时间	轮次	融资金额	投资机构
微贷网	2014年6月	A	1亿人民币	盛大资本、汉鼎御佑
理财范	2014年6月	A	千万人民币	天使投资人林广茂
微美贷	2014年7月	A	千万美元	不公开投资者
爱钱帮	2014年7月	A	千万人民币	盛大资本
迷你贷	2014年7月	Pre-A	千万人民币	创盈投资基金
花果金融	2014年7月	A	数千万人民币	首都科技集团、明石投资旗下蓝基金
星投资	2014年8月	A	千万美元	中元风险
银豆网	2014年9月	A	1 000万人民币	联想之星、不公开投资者
银客网	2014年10月	A	千万美元	源码资本、清风资本
短融网	2014年10月	A	3 000万人民币	启赋资本
国湘资本	2014年10月	不详	1亿人民币	黑钻资产、银来集团
第一P2P	2014年10月	A		不详
翼龙贷网	2014年11月	战略投资	数亿人民币	联想控股
钱多多	2014年11月	A	不详	丰实资本
爱钱进	2014年12月	A	5 000万美元	高榕资本
黄鹤财富	2014年12月	A	1 000万人民币	永通资本
我来贷	2015年1月	A	2 000万美元	DST、红杉资本等
桔子理财	2015年1月	B	1亿美元	经纬中国、险峰华兴贝塔等
永利宝金融	2015年1月	A	数千万美元	汉理资本
医界贷	2015年1月	A	数千万美元	医健联资本
梧桐理财	2015年1月	A	数千万人民币	昆吾九鼎投资、信天创投
百财车贷	2015年1月	天使	数百万人民币	恩惟资本
好又贷	2015年1月	A	6 000万人民币	广东慧勤投资中心、关东广良投资公司等
口贷网	2015年1月	A	数百万人民币	京北投资
我来贷	2015年1月	A	2 000万美元	红杉资本等
众人贷	2015年1月	A	3 000万人民币	未透露
懒投资	2015年1月	A	2 100万美元	联创策源等

(二)银行背景的 P2P 平台有哪些

伴随 P2P 行业发展,各路人马蜂拥布局 P2P 平台,并已形成许多派系:上市系、银行系、国资系及民营系等。由于银行的独特地位,银行系 P2P 也一直是业界关注的焦点。银行背景的 P2P 平台相较于普通平台,收益率普遍偏低。

那么,银行背景的 P2P 平台有哪些?下面盘点一下银行背景的 P2P 平台。

表 7-2

P2P 平台	上线时间	银行背景	收益
陆金所	2012 年 3 月	平安银行	8.40%
开鑫贷	2012 年 12 月	国家开发银行	7.5%~9.5%
金开贷	2014 年 5 月	国家开发银行	9%左右
小马 bank	2014 年 6 月	包商银行	7.5%~8.5%
民生易贷	2014 年 7 月	民生银行	8%
e 融 e 贷	2014 年 8 月	兰州银行	6%~8%
小企业 e 家	2014 年 10 月	招商银行	6%
齐乐融融 e	2014 年 11 月	齐商银行	7%~8%
民贷天下	2014 年 12 月	民生银行	8%~12%

(三)P2P 上市公司背景平台有哪些

P2P 正如几年前的小额贷款公司一样,成为上市公司另辟财路的新起点;而资本市场,对涉足 P2P 的上市公司更是趋之若鹜。上市公司的 P2P 平台项目中,最低的年化收益也在 11% 以上,比国资平台利率高点儿。

那么,P2P 上市公司背景平台有哪些?下面来盘点一下拥有上市公司背景的 P2P 平台。

表 7-3

P2P 平台	成立时间	上市公司背景
陆金所	2012 年 1 月	平安保险旗下
惠人贷	2013 年	海航集团
向上 360	2013 年 7 月	上海证大、北京德润天恒
黄河金融	2014 年 4 月	浙江万好万家实业股份有限公司（股票代码：600576）子公司
前海理想金融	2014 年 5 月	凯恩股份、大连控股、中捷股份三大上市公司强强联手浙报传媒控股集团及多家知名企业联合发起
鹏鼎创盈	2014 年 6 月	由 22 家上市公司和深圳高新投联袂打造
银湖网	2014 年 7 月	熊猫烟花集团（股票代码：600599）
房金所	2014 年 7 月	新浪（纳斯达克上市代码：SINA）、易居中国（纽交所上市代码：EJ）、红杉资本
搜易贷	2014 年 9 月	搜狐
楚金所	2014 年 9 月	中国金融国际投资有限公司，香港联交所主板上市（港股代码：00721）的上市公司（准确说其是上市企业+国资双重背景）
珠宝贷	2014 年 9 月	东方金钰（股票代码：600086）、金一文化（股票代码：002721）、萃华珠宝（股票代码：002731）三大上市公司携 14 家知名珠宝企业倾力打造

（四）国资 P2P 平台有哪些

"国资"背景 P2P 平台主要有两种，分别是银行投资和国企投资。这些平台，就是我们现在常说的"富二代"，是高富帅的代表。

而"民营"平台，主要是指那些除国有企业投资之外的网贷平台，如国诚金融、人人贷等。

国资 P2P 平台的共同特点是在收益率方面，国有企业背景的平台相较于普通平台，收益率普遍偏低。

表 7-4

P2P 平台	上线时间	背景
开鑫贷	2012 年 12 月	国开金融（国家开发银行全资子公司）、江苏金农
众信金融	2014 年 3 月	北京市海淀区国有资产投资经营有限公司
金控网贷	2014 年 4 月	广州金融控股集团
金开贷	2014 年 5 月	陕西金融控股集团、国家开发银行陕西分行
金宝保	2014 年 5 月	三峡担保集团
德众金融	2014 年 6 月	安徽省供销社
京金联	2014 年 6 月	中农高科（湖北）科技产业投资管理有限公司
紫金所	2014 年 8 月	紫金投资集团
蓝海众投	2014 年 8 月	广东金融高新区股权交易中心
楚金所	2014 年 9 月	湖北中金高科金融服务公司
海金仓	2014 年 9 月	北京海淀科技金融资本控股集团股份有限公司
保必贷	2014 年 9 月	上海科技投资公司
可投可贷	2014 年 7 月	四川省宝仓投资管理有限公司
民贷天下	2014 年 12 月	广州基金旗下广州科技风险投资有限公司

九、P2P 网贷问题平台有哪些特征和"两雷"指的是什么

（一）P2P 网贷问题平台有哪些特征

据不完全统计，2014 年全年 P2P 网贷问题平台达 275 家，是 2013 年的 3.6 倍。2015 年仅 1 月份，有问题平台达 55 家。相对于 2013 年，2014 年"诈骗、跑路"类和"提现困难"类问题平台数量不相上下，占比分别达 46% 和 44%；另外，还有部分平台因为停业或者经侦介入等其他原因被曝光。盘点出现的跑路平台，可谓"物以类聚"。找出 P2P 网贷问题平台特征有利于识别和防范，

那么，P2P 网贷问题平台有哪些特征呢？

1. 股东或老板学历不高，没有经验

运营一个线上业务的 P2P 网贷平台，并不是具有民间借贷经验就可以的。没有金融经验就不会很好地把控金融风险，没有互联网经验就不能解决网站运营。就目前跑路平台来讲，学历、经验虽然不是 P2P 网贷平台强制性要求，但是一家资历浅的 P2P 网贷平台相比有经验的银行，跑路机会就大多了。

2. 公司注册地址、运营模式等不切合实际

很多骗子 P2P 网贷平台，只需要投资者实际调查、走访即可识破。甚至有些招数，如秒标、天标等真的是被"玩坏了"，请投资者慎重自省。在骗子 P2P 公司的注册名称中，公司注册类型以投资管理有限公司和电子商务有限公司为主。这两种注册相对比较容易，没有什么门槛，方便平台马上开公司上 P2P 项目。

3. 成立时间普遍偏短，不超过 6 个月

这些骗子 P2P 平台大部分运营时间不足 6 个月，只有极少数是超过 1 年，一般超过 1 年的，主要是经营不善出现困难。更多的是在短短的 3 个月内就出事，甚至还有 2 天、3 天就跑路的平台。6 个月内倒闭的平台，随着资金提现期的集中，无后续资金流入，资金链断裂，要么提现困难，时不时编个借口，给投资者画饼充饥，每天挤牙膏一样发点蚊子钱。要么干脆跑路，提早把资产转移好，跑到国外逍遥自在。

4. 高息诱惑，秒标、天标圈钱

高息诱惑是 P2P 网贷诈骗平台用得最多的招数。超过 25% 的高息平台，都是非常危险的。秒标因为时间短、利率高、回款快，一度是新平台吸引投资者的营销利器，这也成了骗子平台的惯用手段。

5. 没有采用第三方资金托管

很多出事平台，采用资金模式是将资金直接打入他们的公司账户或是私人账户，他们更鼓励投资者线下充值，也就是不经过第三方支付，直接在银行网点将钱汇入到他们提供的账户，一般线下充值的投资者将会得到 0.2% 的奖励，这奖励就是将欲支付给第三方支付平台的手续费转给投资者。因为直接打入他们的账户，所以平台更方便动用这笔资金，随时都有跑路的危险。

（二）P2P 网贷高息雷和大蒜雷是什么

P2P 网贷雷声不断，那么，P2P 网贷高息雷和大蒜雷是什么呢？

1. 高息雷

平台出高息可以说是最常见也是杀伤力最大的雷种，为什么高息很可能是雷呢？在中国任何地方，资金的成本根据其承受的风险程度，都有一个市场价格水平。只要是在合理的风险范围内，借钱总是有个参考利息的。

高息借钱侧面映射借款方别无他法，那么就要看清楚，是平台的借款人需要救命钱呢，还是平台本身需要这救命的钱？众所周知，作为中介平台，无论借款人能承受多么高的利息，都会尽量压低投资人的利息，增加平台的收益。因此，正常的平台如果突然闯进来一个到处借不到钱的高息借款人，为了覆盖可能的高违约风险，平台是不肯把里面的利润转移给投资人的。因此，无论什么情况，平台发出的高息标或变相高息标基本上都是平台自己走投无路，高息吸钱，基本上不会是实力平台的送礼行为。

高息雷的特点：年底很可能大面积爆发倒闭的主要雷种。高息吸引投资者，但是本身又不盈利，典型的庞氏骗局。

2. 大蒜雷

"大蒜"在这里代表着所有大宗货物，例如，煤炭、钢铁、各类大宗农副产品等，因为当年有个平台所有借款人的钱压在几百万斤大蒜上，导致平台破产，故此处暂且以"大蒜雷"来命名这类雷种。

大宗商品交易往往在短期内需要大额的资金，加之杠杆放大，短期有可能获得很高收益，但风险很高，由于判断正反就是 50% 的成功概率，一旦判断反了，就会亏损，还有可能被更大炒家操控价格迅速波动，逼死持仓者。当平台的短期借款以平台自营或其他方式流入大宗商品市场后，就把本来应该安全稳定的债权变成了一个赌徒的赌资，一旦多数投资人在知道资金的真实去向后，便不会愿意参与这种赌博游戏。

大蒜雷特点：短期内能保持 10% 的年化收益，而且这种雷在长时间内可能不爆发，但是一旦供需市场变动，炒大宗商品的平台就会出现血本无归的可能。

十、P2P 网贷平台倒闭和跑路的主要原因是什么

截至 2015 年 2 月 28 日,全国共有问题平台 483 家,数以万计的投资人血本无归。分析问题平台的倒闭原因有助于投资人今后避免踩雷,未央研究的这篇文章将 P2P 平台倒闭主要原因归纳为经营不善和恶意诈骗。过去几年倒闭的平台多数是恶意诈骗,网贷天眼预计随着经济下行风险加大,未来倒闭的平台更多是因为经营不善。

(一)经营不善,无奈之举

P2P 模式进入中国后,越来越多的人选择了这种模式,P2P 平台现已进入了爆发期。但国内从业人员、业务模式等方面还有很多不合理的地方,导致一些 P2P 网贷平台经营不善。经营问题主要包括以下几点:

1. 从业人员专业不过关

目前 P2P 平台的从业人员水平参差不齐,这是导致网贷平台经营不善的主要原因。很多人认为 P2P 是零门槛,投资公司、科技公司甚至是完全没有接触过金融或互联网技术的外行人都想涉足。由于缺乏专业知识,很多 P2P 平台运营不规范,平台不能健康发展。

从业人员不专业还会导致网站频繁被网络黑客攻击、敲诈。P2P 平台上存储大量客户信息和资金,被黑客所关注。平台自身技术人员专业水平不过关,管理存在漏洞,很多平台甚至没有能力构建防火墙,只能购买一个模板,黑客可以轻易攻破防火墙盗取用户资金。

另外,有些平台采用亲戚间共同经营 P2P 平台的模式,这种"家族式"的 P2P 平台也是一部分平台失败的原因,例如,网贷平台"非诚勿贷"在 2013 年 6 月出现逾期提现的问题,合计被套金额达到 750 多万元。平台的财务、客服等工作全部是由负责人亲戚负责,平台账目混乱,一次普通的运营危机就导致平台倒闭。

2. 平台运营赤字

虽然国内许多 P2P 平台近两年受到很多国内外风投的青睐,但目前许多网

贷公司还没有开始实现盈利，只有极少数平台能够收支平衡。

（1）盈利模式。P2P借贷平台主要是通过向借款人收取手续费来盈利，另外还有充值费、取现费、债权转让费等。但目前P2P行业缺少规章制度，平台之间的无序竞争导致其难以获利。

（2）审核机制。通过手续费获得的收入通常不足以支撑P2P平台日常巨大的开销，尤其对贷款项目审核的费用。由于我国征信体系不完善，P2P平台需要耗费很多精力、物力对贷款人进行背景调查，这都是导致平台赤字的重要原因。

（3）担保机制。目前大部分国内P2P平台都提供本金担保的服务，许多P2P网站甚至承诺保息。很多投资者也确实是被保本保息的宣传口号所吸引，将这视为一颗"安心丸"。这种担保机制把坏账风险全部转移给P2P平台，一旦发生大笔坏账时，平台很有可能无力偿还投资者的本息而倒闭。

（二）监管不明，恶意诈骗

现阶段P2P行业缺少监管，不法分子很容易利用P2P模式进行诈骗，通过伪造信息骗取投资者的信任和资金后携款而逃。投资人应该吸取之前的骗子平台的教训，谨慎投资，对年化收益率超过20%的投资认真考虑。通常利用P2P网站进行恶意诈骗有以下几种模式：

1. 自融自用

"自融自用"是指P2P平台负责人伪造投资项目，将投资资金挪为己用。很多"自融自用"的骗子平台成立的目的就是为自己的母公司或负责人筹集资金，一旦母公司或负责人不能及时归还本息，就会造成资金链断裂，平台就要面临倒闭或负责人跑路的危险。湖北的"天力贷"就是典型代表，在母公司无法还款后"天力贷"宣布破产。

部分平台负责人甚至直接将资金全部划归到个人账户，通过非法途径将资金洗白后携款而逃。"中宝投资"的负责人就是通过伪造高利率的借款项目吸引投资者，将投资款项全部转入个人银行账户，再通过妻子的网店虚构交易，洗白这些非法所得。

2. 形成资金池

P2P平台在没有借贷项目时，先向投资者筹集资金，让投资款项流入平台账户，然后再匹配项目，这就形成了资金池。一些平台无法吸引到足够的借款人，在监管不严的情况下就虚构借款信息，将投资者的资金挪作他用。

区分 P2P 平台是否使用资金池最简单的方法是看资金支付给谁：在资金池模式中资金直接进入网贷平台的账户，平台可以随意支配资金；而在资金托管模式中，资金进入支付平台而不是网贷平台，网贷平台无法使用资金。

由于 P2P 平台资金池问题频繁发生，央行对此表态，P2P 网贷平台应建立第三方资金托管机制，使 P2P 网站仅执行最基本的中介功能。

3. 庞氏骗局

这类平台普遍会通过高收益率的投资项目吸引投资者，再利用后来投资者的资金去偿还之前投资者的本息，造成平台高收益的假象。投资者在高收益的假象下逐渐放松警惕，投入更多资金，平台负责人再抽资走人，使得投资者血本无归。这类平台会保持投资者的提现金额小于充值金额，当提现一直大于充值平台就会用"秒标"等方式吸收资金填补旧债。

4. 一次性诈骗

一些不法分子瞄准现在 P2P 行业缺少监管和行规，虚构借款人信息和历史数据等，以高利率、高回报为诱饵，通过虚假宣传、秒标等形式，吸引投资者大量投资后将筹款席卷而逃。

上线运营时间短更是成为一次性诈骗平台的新特点，国内最快的跑路平台"恒金贷"上线仅仅半天便失去联系。这些网站一般都是假借 P2P 的名义，使用看似完善规范的网贷平台，发布虚假招标信息，靠利率奇高的借贷项目吸引投资者。

不断传来的 P2P 平台倒闭消息，让投资者如同惊弓之鸟，这将严重地影响 P2P 行业健康的发展。投资者更需要擦亮自己的慧眼，认真调查了解相关行业背景知识，识破那些没有前途的网贷平台！

十一、欧美 P2P 平台法制监管对我国同行有哪些启示

近两年，P2P 网贷平台在我国飞速发展的同时，暴露出的问题和不足也越来越多，对 P2P 网贷、股权众筹等互联网金融行业进行监管的呼声日益高涨。P2P、

股权众筹诞生于欧美，美国、英国作为 P2P 网贷交易的产生源头和先进国家，其在 P2P 网贷交易方面监管制度的建设，可以给我国同行业不少有益启示。

（一）美国 P2P 监管制度分析

美国主要有 Prosper、Lending Club 和 Kiva 三家 P2P 网贷平台，其中又以盈利性的前两个平台为主，呈现双寡头垄断格局，两家平台的交易额占据整个市场份额的 80% 以上。在 Prosper、Lending Club 的平台交易中，借款人和投资人之间实际上并不存在直接的借贷关系，投资人购买与借款人相对应的收益权凭证，由联邦存款保险公司（FDIC）承保的 WebBank 审核、筹备、拨款和分发贷款到对应借款人，之后 WebBank 再将贷款出售给网贷平台，以获取平台通过卖出收益权凭证所取得的本金，这样贷款违约风险即通过转移收益权凭证而转移给投资人。Kiva 作为一家公益网贷平台，则是通过投资人提供的资金，向全世界 130 余个微金融机构发放无息贷款，以便让这些机构在其社区中发放无息贷款。在发展初期，Prosper、Lending Club 均认为自身出售的收益权凭证不属于传统证券，不应受证券与交易委员会（SEC）监管。但 SEC 和各州监管部门认为两者出售的凭证属于证券，要求平台必须提交有效的注册申请，之后两个平台暂停营业，经过整改注册后重新开始营业。Prosper、Lending Club 需要在发行说明书的附属材料中不断更新每一笔出售的收益权凭证的信息。

对于盈利性的 P2P 网贷平台，美国监管体制呈现出多头、严格、证券化监管的特点。美国主要由 SEC、联邦贸易委员会（FTC）和消费者金融保护局（CFPB）等机构对 P2P 行业进行职能监管，其中 SEC 是监管核心。SEC 和州证券监管部门主要通过证券法律中信息披露要求来保护投资人，FDIC 和各州监管机构则主要保护借款人，根据《多德—弗兰克华尔街改革与消费者保护法案》建立的 CFPB 主要从金融消费者保护角度开展必要保护。美国目前对 P2P 网贷交易进行监管主要有两种思路：第一种是维持现在多部门分开监管、州与联邦共管的基本框架，包括 SEC、FTC、CFPB 等具有相应监管职能，对投资人主要通过证券登记、强制信息披露等进行保护，对借款人主要通过消费者金融服务、金融产品保护相关条例等进行保护；第二种是将各部门、联邦和州的监管职能集中到 CFPB，由 CFPB 统一进行监管。

（二）英国 P2P 监管制度分析

英国是 P2P 网贷交易的发祥地。Zopa 是 2005 年成立于英国的世界上第一个P2P网络借贷平台，平台会将客户按照信用等级分为A、B、C、D四个等级，结合借款金额、愿意支付的最高利率等，将借款请求列明于网页上；投资人参考借款人的信用水平和愿意支付的最高利率，以贷款利率竞标。平台在考察核准借贷款信息之后进行匹配撮合，完成借贷过程。P2P网贷发展初期，英国将P2P网贷界定为消费信贷，具体划入债务管理类消费信贷业务，由公平贸易管理局和金融服务管理局共同监管，目前两者的监管职责均已移交至金融行为监管局（FCA），由其对P2P网贷行业实施统一监管。早在2011年8月15日，英国就成立了P2P金融协会（P2PFA），主要成员即Zopa、RateSetter、Funding Circle，对借款人的保护设立最低标准要求，对行业进行自律监管。FCA和P2PFA构成英国网贷交易的主要监管体系。

2014年4月1日，英国正式施行由FCA发布的《关于网络众筹和通过其他方式发行不易变现证券的监管规则》，此规则被认为是全球首部针对P2P监管的法律法规。FCA将借贷型（即P2P网贷）和股权投资型两类众筹纳入监管，并制定了不同的监管标准，从事以上两类公司必须取得FCA授权。围绕金融消费者保护的监管目标，FCA建立了平台最低审慎资本标准、客户资金保护规则、信息披露制度、信息报告制度、合同解除权（后悔权）、平台倒闭后借贷管理安排与争端解决机制等七项基本监管规则。

（三）对我国同行业的启示

据报道，目前由中国人民银行牵头的《互联网金融监管指导意见》正在制定过程中，将在上报国务院批准后实施，我国P2P网贷的监管也将具体由银监会牵头负责。从美、英两国的实践来看，英国的P2P网贷交易更加接近我国监管层肯定的具体交易形式，虽然纯平台模式和债权转让模式在我国P2P网贷行业内均大量存在。

美、英两国在P2P网贷交易监管方面的实践，给我国的启示主要是：

首先，加快监管立法进度。出台相应监管法律法规，以便为P2P网贷行业发展提供最基本的法律框架，界定罪与非罪的界限，淘汰欺诈平台，为保护投资人等金融消费者权益提供基础和依据。

其次，明确具体监管内容。建立市场准入、资金托管、信息披露、负面清单、征信支撑、市场退出等具体监管制度。通过限定最低审慎资本标准以及平台资质要求，严格资金托管制度以及信息披露标准，明确P2P网贷平台性质及不得从事的交易和行为底线，辅之以征信数据对接支持和市场退出制度安排，为 P2P 网贷行业发展搭建全面、规范和适度宽松的发展环境。

再次，强化金融消费者保护。应从金融消费者保护为出发点，审视 P2P 网贷监管措施和具体交易评价的规则体系建设。区分一般投资者与专业投资者，建立合格投资者制度；强化对金融消费者的教育和风险提示，强化投资者适合性制度设置，赋予投资者一定冷静期，以便于行使后悔权；整合梳理散存于我国央行及银监会、证监会、保监会各自金融消费者保护部门的职能分工，便于金融消费者进行维权。

最后，强化行业自律监管。目前我国 P2P 网贷行业已建立了一些自律组织，应在推动建立正式行政监管的同时，先行加快自律监管的步伐，凸显行业自律监管的价值，实现自行进化和蜕变，促进 P2P 网贷行业快速健康发展。

第二节　实战技巧：P2P 网贷平台选择与运营要略

一、如何筛选 P2P 网贷平台和平台上的投资项目

（一）如何筛选 P2P 网贷平台

用户选择什么样的平台，都需要从规范化、保障方式、平台背景以及注册资金等方面入手开始，然后通过平时的调查积累逐渐剖析平台，而平台的背景也非常值得关注。

投资者对平台的第一步要看平台的注册资金、背景实力、成立时间。如何获得平台的这三方面信息呢？投资者可以在希财网导购平台、网贷之家平台档案等 P2P 门户网站获得平台信息。下面以希财网平台档案为例说明。

投资者投资此类平台首先要注重的是哪种类型的 P2P 模式与自身的实际要求相符，例如，投资的期限、投资的收益，甚至于收益的发放时间。如何获知

P2P 的运营模式？希财网编辑提醒，首先用户需要了解 P2P 有哪些运营模式，然后，进入网贷平台的官网，参照模式进行分析。

同时，投资者尤其需要睁大眼睛鉴别 P2P 平台的风控能力。例如，平台是否进行了严格的资料审核，应当面审核，以及对借款项目实地调查。而借款人回访和催收制度则是保证收回借款的最重要环节之一，切实、及时掌握其最新情况目前来看已经成为降低坏账率的关键。

如何查找获知网贷平台的风控保障措施？希财网编辑以微金所为例进行说明。首先进入微金所官网（www.weijinsuo.com/），在主页中最底部找到"安全保障"。点击进入，即可查看微金所平台的风控措施。

最后，在投资 P2P 的过程中，投资者要注意收益的及时查收。无论是哪种类型的 P2P 投资模式，都是存在风险的，投资者在投资的过程中，要注意定点查收收益，这样一则可以防止借款人不按时支付利息；二则可以随时掌控自己的资金，为下一轮投资做好前期规划。

（二）如何选择合适的 P2P 网贷平台投资项目

P2P 网贷平台投资项目是投资者确定投资平台账户，在平台内选择项目的必备手段。希财网编辑认为，投资者可以从以下角度考虑一个 P2P 网贷平台投资项目的好坏。

1. 项目基本信息

考察 P2P 网的平台投资项目的基本信息包括年化收益率、投资期限、投资门槛等。年化收益率和投资期限是最关键的，在相同的投资期限下，收益率当然是越高越好。但是投资者一定要注意是在相同的期限的情况。倘若投资时间不一定，年化收益率高的并不一定到期的收益就越高。因为到期收益通常是按照月计算，而年化收益率是一年的收益率。

那么如何计算到期收益率呢？假设某项目的投资金额为 10 000 元，投资期限为 2 个月，年化收益率为 12%，那么到期收益率 = 10 000 × 12% ÷ 12 × 2 = 10 000 × 2% = 200 元。

对于投资门槛，投资者只需要稍微注意一下即可，由于平台内不同的 P2P 产品的投资门槛不一样，投资者投的资金只需要在最低限额之上不超过最低限额就行。

2. 项目风控措施

关系项目质量的最主要的两个关键词就是收益率和风控。一个平台的风控措施越好，平台内的项目越有保障。用户需要明白的是该项目是否有平台保障，是本金保障还是本息保障。

同一个平台内的项目的保障方式是一样的吗？希财网编辑提醒用户，同一平台内的项目保障方式并不一定相同。

3. 项目担保机构

担保机构是非常重要的组成部分，关系到项目的安全性及还款保障。担保机构的作用是：当借款人无力偿还所借款项时，担保机构将负起连带责任，与平台一起为投资者的损失承担责任。

二、背景实力强大的 P2P 网贷平台有哪些

实力强大的 P2P 网贷平台相比于一般的平台，更易受到投资者的青睐。下面以银行背景的 P2P 网贷平台为例，列举其中比较典型的几家平台，以供投资者参考。

（一）银行背景的 P2P 网贷平台

兰州银行 e 融 e 贷投融资平台是通过互联网的方式，为个人提供投资服务和为企业提供融资服务的平台。e 融 e 贷投融资平台基于 P2B 业务模式，由兰州银行与广东优迈信息通信股份有限公司共同打造，致力于为小企业提供便利的融资渠道，为个人客户提供安全、优质、高收益的投资项目。

陆金所是我国 P2P 行业发展较早的一批网贷平台之一。其依托的银行为平安银行。

齐乐融融 E 是一家 2014 年 11 月 28 日正式上线的银行系 P2P 平台。齐乐融融 E 背后是实力强大的齐商银行。齐商银行是总部位于山东省淄博市的一家城市商业银行，成立于 1997 年 8 月。

民生易贷为民生电商旗下 P2P 借贷平台，2014 年 7 月 16 日正式上线。民生易贷在 P2P 行业内平台背景较硬，由民生银行旗下的民生电商推出。

小马 bank 是包商银行首创的国内首家银行系综合性智能理财平台，于 2014 年正式推出。

开鑫贷是国开行旗下全资子公司国开金融有限责任公司与江苏金农联合推出的 P2P 平台。

（二）注册资金最大的 P2P 网贷平台

P2P 平台的注册资金是衡量一家平台的真实实力的一个重要参考指标。一般而言，注册资本越大，代表这个平台的实例越可观。当然，这个数据仅能作为参考之用，并不是绝对的。以下为网贷之家按照平台的注册资金超过 1 亿元的平台统计数据：

表 7-5

序号	平台名称	注册资金
1	陆金所	83 667.00 万元
2	财富中国	77 000.00 万元
3	珠宝贷	43 000.00 万元
4	88 财富网	20 000.00 万元
5	一城贷	20 000.00 万元
6	圈圈贷	10 100.00 万元
7	和信贷	10 001.00 万元
8	聚金资本	10 001.00 万元
9	步步盈	10 000.00 万元
10	本利宝	10 000.00 万元
11	长投在线	10 000.00 万元
12	汉荣鼎盛	10 000.00 万元
13	易贷网	10 000.00 万元
14	合拍在线	10 000.00 万元
15	宏鑫宝	10 000.00 万元
16	汇投资	10 000.00 万元
17	金信网	10 000.00 万元
18	人人贷	10 000.00 万元
19	团贷网	10 000.00 万元
20	小牛在线	10 000.00 万元
21	银湖网	10 000.00 万元

三、注资最多、成立最早、人气最旺的P2P网贷平台有哪些

如何来评判一家P2P网贷平台的好坏？下面从P2P网贷平台的注册资金、成立时间、投资人气三个角度给P2P网贷平台进行排名，以帮助投资者决策参考。

（一）注册资金最多的P2P网贷平台排名

P2P平台的注册资金是衡量一家平台的真实实力的一个重要参考指标。一般而言，注册资本越大，代表这个平台的实力越强。当然，这个数据仅能作为参考之用，并不是绝对的。

目前我国的大型P2P网贷平台中，注册资金排名前三位的是陆金所、财富中国、珠宝贷，它们的注册资金分别为：83 667万元、77 000万元、43 000万元。位居其后的88财富网、一城贷、圈圈贷、和信贷、聚金资本、步步盈、本利宝、长投在线、汉荣鼎盛、易贷网、合拍在线、宏鑫宝、汇投资、金信网、人人贷、团贷网、小牛在线、银湖网等平台的注册资金均超过或达1亿元。

表7-6

排名	平台名称	注册资金
1	陆金所	83 667.00万元
2	财富中国	77 000.00万元
3	珠宝贷	43 000.00万元
4	88财富网	20 000.00万元
5	一城贷	20 000.00万元

（二）P2P网贷平台成立时间最早排名

一家网贷平台成立的时间的长短能有效地帮助投资者淘汰掉部分蓄意诈骗

的网贷平台。目前我国存在的知名的 P2P 网贷平台中，成立时间最早的为拍拍贷，平台上线时间为 2007 年 6 月，运营时间已达 8 年，安全性很大。其次成立较早的平台还有红岭创投、诺诺镑客、365 易贷等。

表 7-7

排名	平台名称	成立时间
1	拍拍贷	2007.6
2	红岭创投	2009.3
3	诺诺镑客（产品）	2009.6
4	365 易贷	2010.2
5	E 速贷	2010.9

（三）P2P 网贷平台人气最旺排名

P2P 网贷平台人气是指平台近一个月已经参与投资的人的数量。有利网近 30 天投资人数达 57 481 人，位居第一，其次积木盒子 53 328 人，红岭创投 44 540 人，PPmoney 38 749 人，人人贷 38 704 人，分别位居二、三、四、五位。

表 7-8

排名	平台名称	人气
1	有利网	57 481 人
2	积木盒子	53 328 人
3	红岭创投	44 540 人
4	PPmoney	38 749 人
5	人人贷	38 704 人

四、P2P 网贷怎么选投资标的和确定借款标的的风险级别

（一）P2P 网贷怎么选投资标的

进行 P2P 网贷投资，选择合适的目标相当关键。P2P 网贷怎么选投资标的呢？

从对"借款标的"的筛选上，第一，看借款项目，项目的真实性以及可靠性，是否能够在未来的借款周期内，产生稳定的现金流，是否明确以及有无保证，即第一还款来源是否具有说服力；第二，看借款是否有抵质押物，以及抵质押物价值是否足值完全覆盖借款，同时对于抵质押物我们也要关注是否能变现，这是其第二还款来源。

从借款标的分类来看，可以简单分为信用标、抵押标、净值标。信用标，指的就是借款人无须抵押而凭借自己的信用向 P2P 网贷平台借款。抵押标，指的就是借款人以自己的资产作为抵押向 P2P 网贷平台借款，目前常见的抵押物有车、房、土地等。净值标，指的就是投资人用自己在该平台的待收资产进行抵押向 P2P 平台借款。

下面谈一谈另一种挑选的技巧：

（1）最重要的一条，是要有担保，而且项目的担保必须要是融资性担保公司做的担保，后面所有的挑选都在此前提下进行。

（2）如果是信用标，只选个人信用标。个人征信这一块虽说中国还不完善，但我觉得这是一块大有潜力的蓝海。很简单，一个人完全没必要为了几万元让自己的信用受损，而且（平台）线下的催收队伍据说都非常彪悍，各种连环夺命 CALL，反正他们有的是办法。

挑选个人信用标有几个标准：①借款金额最高 30 万元；②看借款人的资料是否齐全；③综合判断标的合理性，如果一个人月收入 1 万元，没有其他收入，借 20 万元用于购车，这种是要避而远之的。

（3）如果是抵押标，能接受的最高限额是 200 万元，而且抵押只能是房产或者土地。为什么一直觉得企业抵押标也要慎重，是因为觉得抵押物可能会存在重复抵押的情况，而这个现在并没有有效的办法在风控环节察别。而且足够

有足额的抵押物，去银行也可以贷款。

挑选企业抵押标的几个标准：看企业的信用评分；在该平台看该企业是否有多次借款记录，如果有，须慎重；看企业的借款用途；看企业借款的期限，尽量选期限短的标（个人标我会倾向选期限长的标）；通过搜索查看企业的情况。

（二）如何确定 P2P 网贷借款标的风险级别

P2P 借款平台的标的一般可以分为信用标、抵押标、担保标等。这几种借款标的哪一种最安全？风险级别分别是怎么样的？

纯信用借款标：这种标一般针对平台认定的信用度较高的借款人发放，不需要提供任何担保，完全基于对借款人的信任，对本金保障最弱。纯信用借款标发放的额度较低，大多平台以单笔 1 万元以下居多。

如果你想通过 P2P 借钱的话，从平台对纯信用标的借款要求看，过往的信用记录、金融消费、信贷记录良好的人，在这些平台也会有较好的信用评分。

保证担保借款标：由一个第三方机构提供担保，一旦出现借款人违约，担保方提供代偿。通常由平台和第三方担保机构或小贷服务机构合作，典型的是 P2P 中的国家队——开鑫贷，即 "P2P + 担保机构/小贷服务机构" 的模式。

抵押担保借款标：以抵质押物品的权利进行担保，违约时资金出借人有权向平台提出要求，以抵押、质押物品的价值代偿借款。

理论上，以上三种标风险由高到低排列。判断借款风险应该考虑：还款来源是否能够支撑借款 & 未来现金流是否稳定，但我们对未来的预期是不确定的，历史信息的参考作用也是有限的，因而还是要有抵押物或者质押物才安全。而且抵押的价值越高，对借款的保障越有力。

五、如何对 P2P 公司进行判断和选择？什么时候开始 P2P 网贷比较好

（一）如何对 P2P 公司进行判断和选择

P2P 网络借贷是通过公司或机构建立的平台来进行管理，分线上和线下模

式，在线上就快速实现了个人对个人的借贷，从本质来讲，P2P 理财是一种具有普惠金融创新模式的小额民间借贷。

那么如何对 P2P 公司进行风险判断与选择呢？

（1）接触资金流向的确定性、自主选择性：上文提到 P2P 模式分线上和线下，无论是采用线上模式还是线下模式，出借人最终都需要保证做到清楚明确借款人和借款金额；必要时可以取得与借款人的联系。

（2）借款人信用信息采集能力与违约惩戒力度。

（3）个人信用风险管理技术水平。

（4）坏账率。

（5）担保形式及风险保障程度。

（二）什么时候开始 P2P 网贷比较好

P2P 理财和其他理财一样，都是越早越好，但是前提是有资本积累。年轻人未婚未育时，负担比较轻，这时候赚钱相对容易一些，自然资本积累就会快一些，理财也会尽快提到日程上来。

上面一点是就理财本身而言的，那么早理财，对我们以后又有什么好处呢？随着物价、房价以及教育成本的飞速发展，我们单单依靠工资的上涨来支付这些费用是远远不够的，所以为了我们以后不会太累，我们就要早些学会理财，早些增加日常收入，这是其一；其二，当前社会，大多数家庭只有一个孩子，如果我们在老年时不想增加孩子们的负担，就要学会早些理财，早些积累资金，这样在晚年我们都可以过上小康生活。说到这，有人也许会说："我们老年有退休金，根本不用这样。"但是按照目前的状况分析，我们这一代的年轻人，到退休时顶多只能维持30%～40%的所得替代率。所以你把现在的薪水缩减 2/3，就知道只靠退休金养老是不现实的。

"明日复明日，明日何其多。我生待明日，万事成蹉跎。"要想提高生活质量，让自己的钱袋子鼓起来，我们就要从现在学理财。P2P 理财当前对本金的要求比较低，所以建议大家用手中闲散的资金试着做一个小的理财，也当是一次学习。

六、如何在 P2P 平台上借钱和投资

（一）如何在 P2P 平台上借钱

在 P2P 网贷平台一笔资金可以被推荐给不同的陌生人，但这些陌生人是通过严格的信用审查和风险评估，到期后会把贷款的本金和利息费用一并归还，这是一个简单的概括 P2P 借贷管理。P2P 借贷管理起源于欧洲和美国，2005 年起 P2P 借贷开始席卷全球。

如何在 P2P 网络借贷资金呢？借款人申请贷款的措施似乎不复杂。首先，发布申请，借款金额，还款率，具体按照自身情况而定。下一步你需要提交的申请材料，只需要上传图片来完成应用程序。

据了解，目前网络信用平台对借款人的要求必须是安全的，网络贷款可以是无担保的信用贷款。

（二）如何在 P2P 平台上投资

第一步，选择一个 P2P 平台注册成为会员。

第二步，身份认证，绑定银行卡。

第三步，把资金转移到网站的账户。

第四步，选择任务。

第五步，招标，成功后就可以进行放款。

这种投资收益率远高于一年期银行存款，这是因为融资方式的贷款利率是由借贷双方同意的。据了解，只要商定贷款利率不超过银行贷款利率的 4 倍，就是合法的。以投哪网的一种理财模式为例，该产品的平均年化回报在 12％ 以上。

P2P 网贷管理是完全不同于存款。贷款人和借款人之间的 P2P 网贷平台不是银行，而是一种特殊的服务，通过专业的服务为出借人推荐信用的借款人。据 P2P 网贷服务在中国领先的投哪网公司的一位负责人介绍，公司从国外引进了一套网贷审查的科学和风险控制机制，这是一套贯穿咨询和诚信教育，贷前审查，贷后跟踪，管理全面、严谨的优秀服务流程。

值得注意的是，这种融资方式，贷款人可以将一笔钱贷给不同的借款人。例如，你有一笔 10 万元的资金，你可以借给好几个人。

七、我是怎样筛选 P2P 网贷平台的

假如有用户问我：用户该怎么来投资 P2P？我觉得最重要的一点是，先做功课。当你真正了解清楚了你要投资的对象，你才能知道该怎么样去投资，投入多少合适。对风险的把握也就更清楚明白，什么时候撤退、什么时候进攻会有基本的判断。

P2P 平台现在鱼龙混杂，从表面看的确很难分辨哪些是正规的网贷平台，哪些是不靠谱的地雷。但大体的规律还是有迹可循的，我是这样来筛选 P2P 网贷平台的。

（一）高收益必然伴随着高风险

作为一个小心稳健的小白投资者，我首先将收益率超过 24% 的 P2P 网贷平台都剔除出去了。不了解那些收益率超高的 P2P 网贷平台到底怎么取得高收益的，也很难想象最后贷款人拿到贷款支付的利息有多高。政策上规定，收益率超过贷款利率的 4 倍就视为高利贷，不受法律保护。按照当前的情况，24% 以上的收益率就超过法律红线了。我是遵纪守法的好公民，当然希望投在 P2P 网贷平台的钱，假如真出了问题能通过法律手段找回来。

（二）世上没有免费的午餐

让投资人赚了大便宜，或让人感觉白捡钱的 P2P 网贷平台我也不会碰。比如秒标平台，满标后快速得到本息返现，它根本就不存在真实的贷款标的，是网贷平台吸引人气的手段。陷阱往往伪装得无比美好，没有火眼金睛就不要高估自己玩转风险的能力。P2P 网贷平台说到底也是盈利性的公司，不是公益平台，不管怎么让利也得养活一大批员工，支撑公司正常运营。个人感觉，投资人能轻松靠拉会员拿提成的 P2P 网贷平台很危险，投资金额大就能得高额返现的 P2P 平台看起来更像一场吸金的骗局。

（三）看 P2P 网贷平台排名

很多网站上都有 P2P 网贷平台的排名情况，我从几家公信力比较强的网站排名上截取了其中排名靠前的十几家 P2P 网贷平台，再综合考虑它的人气、放款额、收益率、成交额、流动性、透明度和品牌等数据，把总体表现稳定的网贷平台留下来继续观察。每月、每季度的 P2P 综合报告可以重点关注。每天看相关的行业新闻，负面新闻里弄清楚问题出在什么地方，供进一步筛选参考。

（四）投资者的钱拿去干吗了

碰到和钱沾边的事就免不了暗箱操作的空间。我关心的是，P2P 拿着投资人的钱干什么去了？有的 P2P 把钱融到自己的项目当中去了，有的把钱再投资进行套利，有的放进了真实的贷款人手中，还有的是先自己购买债券再打包成产品卖出去。不管什么使用手段，最重要的是安全性和透明度。

资金打理需要专业的金融知识，再厉害也比不过在金融市场摸爬滚打的基金、证券人士吧？但他们的收益率少有 7% 以上的，让 P2P 平台帮忙再投资不太靠谱。投资者的钱一旦和 P2P 平台自身联系在一起，可以说是一锅说不清道不明的粥。钱是怎么用的、项目的好坏和真实性都要打一个问号。回归到本质，P2P 平台本来就是借贷关系的平台。把钱借给了真实的借款人，借款人按时连本付息，这才应该是 P2P 该干的事。

（五）搞清楚 P2P 网贷平台模式

不同的 P2P 平台有不同的模式，做平台的，债券转让的，承担担保的，资金撮合的，背靠金融和担保机构的。在这些之外还有自融平台。我追求稳健收益，很多出问题的 P2P 平台都是自融的，直接被排除在外。能承担 100% 担保的 P2P 网贷平台和背靠金融担保机构的比较符合我的预期，投进去白花花的银子，谁都想一分不少地拿回来。

（六）重视背景调查

很多突然就卷款倒闭的 P2P 平台，大多是空壳公司，想找人连门都没有。在选择 P2P 平台的时候，将公司的底细查清楚比较保险。创始人背景、教育情况、企业文化、公司的风控设置怎么样，具体的办公地址、注册信息和执照、注册资本、项目资金的透明度、担保公司的资质、资金托管状况有条件都了解一遍。再关注新闻报道里的公司形象，一个备受争议的平台肯定有它的问题。虽然比较麻烦，耐心做下来能避开很多P2P陷阱，将投资的风险降到最低。

（七）尽量不碰新平台

我比较偏向经过长期经营的P2P网贷平台，一方面他们经验丰富、模式成熟；另一方面经过时间的检验证明公司实力雄厚，正所谓时间是检验真理的唯一标准。

这么多环节做下来，也没有几家能完全符合条件，具体选择哪些来投资，就看自己的偏好了。

八、怎样在P2P网贷获得更安全的收益

和其他投资理财方式和产品相比，高收益是P2P网贷最大的特点。在投资领域，收益越高，风险也会越大。P2P网贷也同样如此。那么，怎样才能在P2P网贷领域获得更安全的收益呢？希财网（http：//www.csai.cn/）编辑通过整理相关资料认为，要在P2P网贷获得更安全的收益，至少应做到以下两个方面：

（一）正确认识合理的收益水平

"高收益高风险"总体上是没错的，但不等于说可以用收益水平来衡量风险高低：低息也会高风险，低风险也会有较高收益，收益和风险并不完全对等。一定程度上，收益取决于平台业务类型，比如卖理财的（年化7%～9%）低于做债权抵押的（年化12%以上）；做房抵借款的（年化12%～18%）一般略低于做车抵借款的（年化20%左右），当然车抵不押车的情况下，风险会比房抵大一些；纯做通道的（年化12%～15%），单纯转让融资性担保公司或融资租赁公司的债权，会低于自己拓展借款人再交给融资性担保公司担保的（年化15%～18%）；银行系的（年化7%～9%）低于国资系的（年化10%～

14%）；国资的低于民营成熟平台（年化 13%～16%）；民营成熟平台低于进取型中小平台（年化 16%～22%）。

很多人喜欢年化 20%左右收益水平的平台，希望在这个收益水平上，能够安全地赚点高收益。这个收益作为抵押债权类的平台来说，是能够做到的。如果没有第三方托管、没有担保公司、没有备用金（或者象征性地有一点），平台的利润水平还是不错的。但问题是，一般这样的平台，往往实力都不会很强。如果再不规范、保障措施不好，投资人的风险就会很大。这时候，投资人完全可以做更为周全的选择，选择业务更为规范透明、保障更为充足完善的平台。可以小，但不可以不规范；可以弱，但不可以"裸奔"（不做安全保障措施）。

（二）尽量做好保障措施

投资有风险，很多人都明白这个道理，但是忘了一点：保障措施。P2P 网贷进入国内后，为了取得投资人的信任，一般都会采取一些保障措施，比如，资金托管、抵押、担保（分一般担保和融资性担保）、风险备用金，甚至保险。很多朋友上当受骗多了，完全不相信这些，这多少也有点极端。

在三维的视角里（风险、收益、保障）再去看待风险和收益，去选择平台。我们明知追高收益是"刀口舔血"，是危险的，那就应该早做准备。平台自身实力可以弱一点，但是担保和抵押要强大；在同样的收益水平下，尽量选择安全保障措施做得好的，比如，资金托管、实地风控、资产抵押、融资性担保安全四要素齐备。收益上可能会比缺少一两个条件的（比如没有资金托管或没有融资担保）稍低一些，但是安全水平却完全不同，这种舍弃是值得的。

第三节 稳中求胜：规避、防范和化解 P2P 网贷风险

目前，P2P 网贷是互联网金融模式中风险最大、问题最多的模式。如何规避、防范和化解 P2P 网贷风险？这既是各级政府和社会各界关注的重要问题，

也是影响到整个互联网金融行业健康、长足发展的重大问题；既是直接影响到广大参与 P2P 网贷百姓切身利益的问题，也是主宰着 P2P 网贷企业生死存亡的根本性问题。

下面主要站在广大参与 P2P 网贷客户的角度上，分析如何规避、防范和化解 P2P 网贷风险。

一、不踩红线，坚守 P2P 网贷行业监管的十大原则

目前为止，P2P 行业还没有正式的规范性法律法规。相关管理部门的意见信息如下：

（一）银监会刘张君：四条红线

银监会处置非法集资部际联席会议办公室主任刘张君表示，P2P 网贷平台业务边界有四条"红线"：

一是明确贷款平台的中介性质。

二是贷款平台本身不得提供担保。

三是不得归集资金搞资金池运作。

四是不得非法吸收公众资金。

（二）银监会王岩岫：P2P 网贷行业监管的十大原则

以"理性与规范　跨界与融合"为主题的 2014 年中国互联网金融创新与发展论坛于 2014 年 9 月 27 日在深圳召开。中国银监会创新监管部主任王岩岫在会议上作主题演讲，他表示，P2P 监管思路之一是要落实实名制原则，投资人与融资人都要实名登记，资金流向要清楚，各国都对开户有非常高的原则要求，避免违反反洗钱法规。

他提出 P2P 网贷行业监管有十大原则：

（1）P2P 的发展要坚持业务本质，不得建资金池。

（2）落实实名制原则，资金流向要清晰。

（3）P2P 要清晰业务边界，区别于其他法定金融业务，打击冒名非法经营。

（4）P2P 要有行业门槛。

（5）贷款人和投资人的资金要进行第三方托管，不能以存管代替托管。

（6）P2P 自身不担保，引入的担保机构要有资质，不能承担过多担保倍数。

（7）要有明确的收费机制，力求长期的发展，不能盲目追求高收益。

（8）应充分进行信息披露，既要披露自身和运营信息，也要进行风险提示。

（9）要加强行业自律组织的建设，推动行业标准化和信息共享，打击伪P2P。

（10）坚持小额化、普惠金融，支持个人和小微企业。

二、选择 P2P 网贷平台做到五个小心，对待高收益要慎之又慎

（一）选择 P2P 网贷平台要做到五个小心

人人都知道 P2P 网贷平台鱼龙混杂，投资 P2P 需要谨慎小心。但是具体如何规避危险平台，却很难把握要领。一般来说，除了想方设法找到优质平台外，还可以从另一个角度保障投资安全，这就是在挑选过程中排除有以下几点要害的平台。

1. 小心 QQ 群中的"托儿"

平台一般会建立起官方的论坛还有 Q 群，不少投资人乐于在其中谈论自己的"理财经"，而这其中又不乏陷阱。记者发现，一些较大的 P2P 网贷平台，无一例外都设有所谓官方 Q 群。

2. 小心识别新平台

与股市中不少人乐意"打新股"一样，也有一群人在网贷平台上"打新"。很多新平台成立初期为了吸引更多客户，年化利率一般都高于一些老牌的平台。比如一些新平台动辄就有 20% 以上的年化收益，而一些稳定的老平台，年化利率都维持在 12% 到 15%。

3. 小心网贷排名造假

熟悉互联网的人应该都知道，搜索有种叫作竞价排名的东西，排名靠前

的，并不一定就是最好的，可能就是出钱比别的平台高而已。投资者如果真的对网贷平台一无所知的话，投资前还是要先补补课。

4. 要关注标的满额时间

如果一个几十万元的标挂几天都满不了，那就说明不是优质平台。目前稍微好点的平台都不缺资金，比如，万家兄弟2月、3月平均每个标200万元，基本都在40秒内满额。

5. 多方位考察平台

任何投资都有风险，网贷投资可能相比来说，风险会更高一些。当有人向你推荐某网贷平台的时候，需多留神，不妨通过其他途径多对该平台做一些深入了解，比如搜搜该平台的新闻报道，看看该平台的流量等。

（二）谨慎对待P2P网贷平台的高收益

自从P2P热潮刮起之后，几乎每天都有新的网贷平台出现，由于缺少相关的法律法规和监管部门，所以网贷行业也是鱼龙混杂；此外，因为P2P的投资收益率远远高于银行，而且门槛低、要求少，所以多数投资者都是奔着高收益去的，有些高收益平台在短短一周内，几乎就可以吸引几百万元的资金，如果平台是非法集资，携款逃跑，那么对投资者来说是极其危险的。所以要想安全地进行网贷投资，就必须掌握网贷投资的技巧，不被高收益迷惑。

另外，过高的收益率可能导致P2P平台投资者收益率和该笔贷款实际贷款利率的倒挂，P2P平台等于"赔本赚吆喝"，这种亏本经营能持续多久，值得担忧。

当然，也有一部分原先通过民间借贷融资的企业进入P2P平台，50%甚至60%以上的借贷利率对民间借贷而言也并不稀奇，但必须注意的是，通过民间借贷融资企业的资金链通常已经非常紧张，一旦后续资金跟不上，就可能出现问题。

投资者不要过于看重收益率，应将关注重点放在借款人的信用情况、经营状况、盈利能力、偿债能力上。P2P平台对借款人的信息披露是否充分、透明，P2P平台是否建立了一套完备的风控体系，提供有效的信息和方式帮助投资者甄别借款人的信用风险，这些才应该是投资者关注的重点。

三、P2P 网贷如何分散投资，规避和防范风险技巧

（一）掌握 P2P 网贷如何分散投资规避风险

P2P 网贷投资一般主要存在两大风险：一是投资标的风险，即借款人可能违约的风险；二是 P2P 平台和担保公司的风险。而规避这两大风险的一个重要技巧就是分散投资。P2P 投资如何进行分散投资？

鸡蛋不要放在一个篮子里。很多投资者认准一个平台以后，就一股脑地把资金全投放在一个平台，这种做法是很危险的，应尽量将本金分散投放不同平台，这样也可以比较一下各个平台的优势。

选择平台的方法还有很多，要结合多方面考察平台的稳健程度。下面列出陆金所平台背景、流动性、知名度、收益水平等各项信息，帮助投资者理解一个平台安全性的审查要素。

平台背景：陆金所的项目基本上都来自平安集团的子公司，产品主要是 P2B，也有少量的 P2P。为陆金所提供担保服务的是平安融资担保有限公司，其注册资本为 2 亿元。

流动指数：借款产品还款期在 1～3 年，相对来说借款周期较长。

知名度：2012 年 1 月份上线的陆金所市场知名度很高。

收益指数：陆金所平均利率 8.6%，在行业内属于偏低水平。

（二）掌握 P2P 网贷的注意事项与风险防范技巧

一般而论，网贷投资理财平台的运营风险主要体现在从业者对企业经营不善，导致收入不能覆盖成本；或因运营过程中不够严谨产生的漏洞。例如：企业信用审核不到位，借贷周期的时间限定，交易风险赔偿制度的设计等各项制度不完善而导致平台的坏账率增加，甚至有通过运营过程中的漏洞进行骗贷现象等问题导致平台自身的风险增加，从而危害到投资人的利益。所以，投资者在进行 P2P 理财之前，先要从以下几点考察平台正规性，尽可能地降低投资理财过程中的风险。

（1）从成立时间、注册规模、业务范围等方面对平台进行详细了解。对于成立时间短、收益过高、推荐资金量大的企业需提高警惕。

（2）了解 P2P 平台资金是否通过第三方支付平台监管。第三方支付平台将平台与用户资金进行隔离，资金全部由客户通过第三方支付平台主动操作完成，避免平台因跑路或资金挪用而产生风险。

（3）明确 P2P 平台的信用审核体系是否完善，是否充分掌握借款人的信息。例如：平台如何发掘借款人，对于借款人的信息和信用的具体审核流程是如何操作的，对于借款者的资金流向是否明确。

（4）了解 P2P 平台有无担保，以何种形式担保。目前的 P2P 网贷平台有两种担保方式：一种是利用风险保证金的形式，另一种是公司担保的形式。当然还有无担保的 P2P 网贷平台，客户在选择时尽量选择有担保或保障金的平台，以提升资金安全指数。

（5）看 P2P 平台的坏账率高低。坏账率是衡量一个平台对于风险控制的重要因素，坏账率越高说明投资者的理财风险越高。

P2P 网贷平台虽然收益较为客观，就目前的形式来说，风险也比较高，谨慎地选择 P2P 平台，保证资金安全，防范投资理财风险，并获得稳健收益才是每一个投资人的理财目标。

四、明确 P2P 理财平台倒闭的原因，用科学指标判断 P2P 网站的安全性

（一）明确 P2P 理财平台倒闭的原因

从 2013 年开始，陆陆续续出现了很多 P2P 平台倒闭和跑路事件。每次平台跑路都会让很多投资人血本无归，有的跑路平台涉案金额高达几千万元。这一现象令蓬勃发展的 P2P 网贷行业受到了严重的打击，很多投资人都开始对 P2P 网贷行业抱有怀疑和不信任感，可以说几颗老鼠屎坏了一锅汤。

不可否认，对于整个 P2P 网贷行业来说，大多数平台还是能够给投资人提供完整的资金保障措施的，其中不乏很多优秀的平台和优秀的理财产品。但由于行业监管不力以及新平台的不断成立，导致 P2P 理财行业日益混杂，从而造

成P2P行业的多事之秋。在这些不利的负面影响中，P2P理财平台倒闭成为最大的罪魁祸首。那么，平台倒闭的原因都有哪些？从以前的跑路平台我们可以总结出什么特性？投资人从哪些苗头可以看出平台是否受到各种倒闭风险的威胁？下面我们就P2P理财平台倒闭的原因及相关问题着手进行分析和探讨。

1. 无风控或风控实力不强

现在很多P2P理财平台背后都没有一个坚实的"后盾"支撑，这里的后盾指的是线下的金融公司。一般没有线下金融公司的P2P理财平台都没有自己的风控团队。风控团队主要是衡量借款风险的团队，能够最大限度地降低坏账的发生。如果平台没有自己的风控团队或者团队经验不足，就容易导致大规模的坏账发生，从而让平台的资金链断裂，最终的下场只有倒闭。

相对于诈骗类网贷平台，这类无风控的网贷平台还算是善良的。他们起初的目的不是要骗钱，而是想要做好自家平台，获得长远盈利。但是由于无风控或风控实力不强，导致出现坏账等问题，从而没有办法只能倒闭或者跑路。

由此看来，风控体系对于P2P网贷行业来说是至关重要的。所以投资人在选择平台时，一定要选择有自己风控团队的平台，同时要详细查看其风控团队的各项经验以及资质。好的网贷平台，一般也都有自己经验丰富的风控团队在线下进行配合。

2. 资金自融性质

现在有很多线下实体企业也开始选择建立P2P理财平台，其目的就是希望获得更多的流动资金。目前国内银行贷款比较麻烦，所以很多实体企业都把目光放在了P2P理财投资者身上。他们通过建立平台，同时平台所展现给投资人的标的信息都是其企业自身的项目或者贷款需求。当投资人完成投资后，企业再拿这些资金进行诸如生产、销售或者其他模式以求牟利。如果经营得好的话，投资人的资金可以收回；但是如果经营稍有不善，导致发生亏损的情况，这些平台就无法偿还投资人的本息，大多数只能选择倒闭和跑路。

这类自融性质的网贷平台其创立之初的目的不明显。多数可能是自身资金周转出现问题，想要募集足够的资金后进行其他投资或运转，从而偿还给投资人。但也有一些平台一开始就心怀不轨想骗钱。这些平台不会直接告诉投资人其为自融项目，而是发布一些虚假标的来隐藏自己的自融性质。总之，不论是哪些方法，自融性质的平台危险性都是相当高的，建议投资人在投资前谨慎选择，尽量考察平台性质，查看是否为自融性质平台，如果是，请远离。

3. 无监管导致鱼龙混杂

众所周知，我国目前的P2P理财行业还无正规的监管体系，这导致P2P理财行业中鱼龙混杂。有一批投机不法分子总想趁着这个空当去做些不法勾当。由于P2P理财行业准入门槛较低，所以很多投机不法分子选择铤而走险，通过高收益和不实宣传等手段招揽投资者，当投资者投资到一定份额时，平台就会选择跑路。

投资人投资前一定要严格审核平台各项资质，详细阅读平台信息或者进行实地考察等，确保平台的正规和安全性。

4. 收益普遍高于行业水平

收益高当然是好事儿，投资人当然都喜欢回报率高的产品。但是高风险高回报的道理大家都懂，其中可能也有很多真正不错的产品，但是投资人可以想象下其收益都可以这么高，那么其借款方所承担的借款利息究竟高到什么地步。如果能按时还钱还好；如果不能，投资人只能自认倒霉。而且还有很多不法平台打着高收益的幌子到处招摇撞骗。所以面对高收益网贷平台，也请投资人打起十二分的精神进行认真细致的考察和审核。

（二）用六项指标判断P2P网站的安全性

多数投资者对P2P网站的安全性判断，往往通过平台背景、团队、口碑、新闻等角度考察。有没有更加客观的指标来判断一个P2P网站的可靠性呢？这里介绍评价P2P网站安全性的六种指标。

（1）风险集中度：指的是在一个平台借款金额排名前十的借款人借款总额占平台总借款金额的比例。比例越高，说明平台借款集中度越高，风险越大。

（2）投资分散度：指投资人单次借出的资金的额度大小，如果单笔出借资金额度大，说明投资的分散程度低，风险大。

但是，如当A平台借款人数比较少（极端的例子就是只有10个人，平均1万），而B平台借款人数较多的时候（假设100个人，平均2万），我们会得出结论：A平台的借款集中程度高于B平台，这显然是不合理的。所以2014年版P2P白皮书引入一个新的指标。

（3）借款分布系数：系数越大，借款越分散，平台带来的风险就越小。

（4）逾期率：指到期借款不能及时偿还的金额占平台借款的总额的比率，如果占比越大，说明到期未偿还的越多，风险越大；针对不同平台统计口径的不同，会有略小的误差（随着累计贷款量的增加，逾期金额增加没有贷款增加快，逾期率会低于实际情况）。

（5）不良贷款率：指借款被判定基本不能被收回的金额（即不良贷款金额）占平台借款总额的比率，占比越大，坏账越多，风险越大。

（6）类拨备覆盖率：指平台用于垫付的保证金额度占实际需要垫付的额度的比例，占比越高，说明垫付资金能够对坏账的覆盖面越广，风险就越低。

五、正确选择P2P平台，保证个人理财收益，规避风险，运用"三步法"稳中求胜

（一）个人理财如何正确选择P2P平台，保证收益，规避风险

（1）充分了解P2P平台，包括成立时间、注册规模、营业网点布局、模式等方面，进行初步分析选择。成立时间很短的P2P平台，大力开展各种推广活动，对其推荐的资金量大、收益高的产品，要特别注意。

（2）看平台的创始人和股东实力。查询ICP注册备案，除了看是否有第三方支付平台的公司审核，还要确认平台宣传备案的股东和P2P平台之间的准确关系。此外，由知名投资公司投资可能会有保证一些。

（3）对借款人信息充分了解。要了解平台是不是有优质的借款人，甚至是通过什么途径发掘的借款人。了解该P2P平台如何验证借款人自行上报的个人信息，是否实地考察，是否通过同业征信平台了解借款人在非正规金融机构的借款信用信息等。

（4）看借款者的借款需求，了解借出资金流向。有的借款人将钱拿去投资房地产或者股票，坏账率很高。

（5）看平台的担保形式及风险保障程度。目前，P2P平台的担保方式通常有无担保、风险保证金补偿（这部分要与坏账率比例进行比较，以及风险保证金上期期末余额与本期代偿数额的比率）、公司担保（P2P平台直接担保或专业担保机构担保）。

（6）了解该 P2P 平台的坏账率。这个信息有的平台是由第三方专业公司鉴证公布，有的是自行发布，公布频率也有所不同。同时，有的平台会向投资者定期公布对应借款人的违约情况报告。

P2P 投资理财近年来因收益较高而受到广泛关注，但是由于目前 P2P 网贷企业的发展良莠不齐，在投资理财过程中，应合理做出投资理财规划，分散风险，谨慎投资，以确保资金安全并获得稳健收益。

（二）P2P 投资理财运用"三步法"确保稳中求胜

投资理财的目的就是为了使资金升值，获得更高的收益，但是对于投资理财最基本的要求就是保护本金安全，及时规避风险。对于 P2P 理财平台来说，由于目前在我国处于监管空白期，对于行业标准没有明确规范，在企业运作过程中，其运作流程、风险控制、坏账率控制参差不齐，尤其对于刚上线的平台来说，对于风险的管控，更是缺乏经验，无法有效保障投资者资金安全。

在 P2P 理财时，必须把握三步：第一步就是选择 P2P 理财平台，对于平台的选择，最好可以去实地进行考察，选择有真实的业务，公司实力尚可，人气较旺，运营机制较完善的平台。第二步，在投资过程中要以本金第一为投资底线。无论选择什么样的平台，都存在一定的风险，保证本金安全才是最稳妥的投资方式。第三步，投资者要以分散投资为投资策略，不要把鸡蛋都放到一个篮子里面。资金按比例进行分配，不可一味追求高收益，以收益越高、投放资金比例越低为原则降低投资风险，做到稳健投资才能步步为赢。

六、把握第三方 P2P 公司关键要素，从源头上防范风险

（一）借出资金流向的确定性、自主选择性

无论 P2P 公司采取线上还是线下方式，无论投资者亲自选择借款人还是通过债权转让方式确定借款人，出借人最终都需十分明确地保证可做到以下几点：清楚明确的借款人、借款金额；对借款人具有完全自主的选择权；必要时可以取得与借款人的联系。P2P 公司在业务流程上应完全满足上述要求，否则，投资者就需要小心。

（二）借款人信用信息采集能力与违约惩戒力度

P2P 公司应具备较强的借款人信用信息的采集能力、有效的违约惩戒手段，来协助投资者科学筛选借款人，增加借款人违约成本，减低借款违约风险。

投资者可重点关注 P2P 公司对借款人信用信息的采集能力，如：如何验证借款人自行上报的个人信息？采取网络面谈还是实地考察？如何采用央行征信中心个人信用报告？是否加入小额信贷行业信用信息共享服务平台（MSP）？通过同业征信平台深入了解借款人在非正规金融机构的借款信用信息等。P2P 公司在借款人信用信息采集及验证方面的工作越深入、投入越大，投资者安全性就越有保障。

另外，投资者还应关注 P2P 平台是否对违约人具备有效、合法的惩戒手段，这是约束并减少借款人违约的重要途径。投资者可关注 P2P 公司在无法与央行征信系统对接、不能将借款人违约信息纳入央行征信系统的情况下，如何惩戒威慑违约人。目前少数 P2P 公司直接在互联网上曝光违约人信息的做法存在争议，而加入 MSP 等行业征信平台，使违约人违约信息共享至行业征信数据库是 P2P 公司当前可采取的一种有效惩戒手段。

（三）个人信用风险管理技术水平

投资者没有精力或能力对借款者进行有效的风险识别与管理，绝大多数 P2P 公司承担了该部分职能，帮助投资者把关，能否把好关非常重要。投资者可从 P2P 公司的风险管理部门人员规模，采用的风险识别技术，是否使用量化风险模型，风险管理团队主要领导者金融工作背景，公布的坏账率水平（通常小于 2%）等多个方面进行综合比较判断。

（四）坏账率

P2P 行业领先者的坏账率可控制在 2% 以下，与银行的平均水平基本相当，非行业领先者坏账率则远高于 2% 以上。

投资者在了解 P2P 公司坏账率的同时，还应关注以下三个问题：第一，坏账率是由第三方专业公司鉴证公布还是由 P2P 平台自行发布；第二，坏账率对外公布的频率；第三，投资者是否可以定期得到自己名下的借款人违约情况报告。P2P公司在这些方面做法越规范，其风险管控能力就越可信。

（五）担保形式及风险保障程度

P2P理财的担保方式通常有以下三种类型：无担保、风险保证金补偿、公司担保（P2P平台直接担保或专业担保机构担保）。

对于无担保的方式，投资者需根据自己的风险偏好进行取舍。

风险保证金补偿，是指平台公司从每一笔借款中都提取借款额的2%（与2%坏账率对应，P2P公司通常的提取比例）作为风险保证金，独立账户存放，用于弥补借款人不正常还款时对投资者的垫付还款。风险保证金不足弥补投资者损失时，超出部分由投资者自行承担，但投资者可以自行或委托P2P公司向违约人追偿剩余损失。

风险保证金补偿方式，投资者可重点关注以下方面：平台公司风险保证金提取的比例、该比例与公司坏账率大小关系、风险保证金上期期末余额与本期代偿数额的比率（反映代偿当期借款的保证程度）。

公司风险保证金提取比例长期小于坏账率时，风险保证金的积累可不断增加，否则就会入不敷出而逐步减少；风险保证金上期期末余额与本期代偿数额的比率反映了保证金对当期垫付借款的保证倍数，这个值通常在风险保证金提取比例对应的数值附近波动，如2%上下，若数值大幅度小于该比例，则表明风险保证金无法长期有效垫付到期的违约资金。

采用公司担保方式的P2P借贷目前数量不多，直觉上大家会认为由公司提供担保会很安全，但却未必，提供担保的公司自身出现问题、丧失担保能力在各个行业领域都是常有的事。投资者除关注提供担保的公司整体实力外，还需了解该公司自有净资产与对外担保总金额的比例。

国家对专业担保机构的要求是担保责任余额一般不超过其自身实收资本的5倍，最高不超过10倍。如果是非专业担保机构提供担保或直接就由P2P平台进行担保，投资者就更要明确该公司净资本与对外担保责任余额的比例情况，P2P公司担保倍数突破10倍在业内较常见，最好有约定可以定期得到这一比例，否则，你尽可以将它作为无担保看待。

（六）其他

除上述因素外，投资者还可以从平台成立时间长短、注册规模大小、营业网点布局多少、收益水平高低、采取何种模式（线上线下）等方面，对P2P公司进行初步分析选择。

如果遇到P2P理财收益水平始终较业内其他机构高出很多，成立时间短，注册规模小，采用线上模式，营业网点单一，同时上述提到的其他关注因素多数难以给出准确判断的平台公司，还是避开为妙。

对理性投资者而言，P2P理财，机会大于陷阱。

七、全面摸清P2P网贷投资情况，切实做到防患于未然

不同的P2P平台，会有不同的收益和风险表现，选择平台时，第一要考虑安全、正常的平台（如考虑：平台成立时间、股东背景、平台运行模式、合作机构实力）；第二要对风险和收益做权衡（衡量：平台历年交易额规模、贷款集中度、期限、利率等）；第三才是对借款人和借款标的进一步审核。从各方汇总的数据看，国内P2P投资的坏账主要来源于倒闭平台，其次才是借款人违约。

（一）检测是不是靠谱的平台

一般来说，平台成立时间越长，股东背景越强，合作机构实力越强，平台自身的信用度就越高。比如获得风险投资的平台，通常不"缺钱"。

成熟的平台在运营模式上会较为规范，绝对不会碰触四条红线——中介性质不变、不提供担保、不搞资金池、不非法吸收公众资金。

传统金融机构参与的P2P项目风险更低，风控能力更强。如某银行的"e＋稳健融资项目"，安全性很高，只是受累于银行的高成本，收益水平偏低。

数据上，要参考历史交易规模是否平稳，如有波动要看原因是什么，还有贷款集中度有多高，风险是否做到了分散处理，贷款利率是否奇高，甚至是否有变相提高利率的做法等。

（二）探究平台的盈利点及其模式

P2P平台并非慈善业，依然是以盈利为目的。而对于P2P网贷平台，赚钱

主要就是赚利差（当然也有些赚中介费的，但这类平台国内很少）。那么赚钱的前提是控制好成本、做大规模、把握好风控。

网贷平台要赚钱，利息不可过高，如此平台方有盈利空间。如果平台给投资人都3分、4分利息了，那些借款人需要支付的利息就很高了，借款人还款的压力就很大了，极容易出现大量逾期甚至不还，那怎么维持运作呢？当然很多新平台刚上线，为了聚人气，烧钱很正常，但是也仅限于刚开业。如果一个平台长期维持高息，那就需要密切关注了。没有足够的利差空间，多半是诈骗、自融或者庞氏平台了。

当然低息也不见得安全，没有优质的借款人，没有稳定的投资群体，那低息平台也会倒台。所以研究平台的盈利模式和盈利点，需要综合平台的利率、规模、运营方式、风控水平，还有平台当地的经济情况等因素，需要仔细揣摩和观察。

（三）辨别平台开设的目的

现在搞平台的目的无外乎三类：一类是想以做平台为事业的；一类是企业缺钱了来自融的；一类是单纯搞平台圈钱的。其实做完第一点分析，平台到底是那个类型，已经很明了了。对于自融平台，建议您远离这类平台。来开网贷平台自融的，肯定不是缺小钱、缺急钱，无论怎么标榜自己有实力、有资产、有好项目，都不要太相信。对于这种银行借不到、高利贷借不够的主，建议大家远离。至于搞平台圈钱的，当然直接过滤就是了。

（四）搜集并分析平台信息

多在第三方网贷论坛，搜集平台相关的信息，看是否有负面信息。平台出了负面，一般官方会出来解释，但解释了的未必就都是没问题的。很多时候解释就是掩饰。谁真谁假，要多点自己的分析，分析不出来，远离为妙。多看看平台官方QQ群，看客服的基本素质和专业水准，如果平台客服自己都搞不清楚公司"从哪里来、要到哪里去"，这样的平台也不可能好到哪里去。

（五）平台是否第三方资金托管

平台有没有第三方托管，你注册账号的时候就知道，如果只注册了一个账号,那肯定是没有托管的!第三方资金托管比较重要,这样可以有效地防止资金池的生长。有第三方资金托管,未必全是100%无风险。但没有第三方资金托管的,一定是99%的有风险。网贷有风险,投资需谨慎。

(六)别只看收益,要看诚意

很多平台先天就有问题。这类平台诞生之日起就打着P2P平台的幌子圈钱,吸纳投资人的资金后玩消失,这是赤裸裸的违法犯罪行为。

这类P2P平台公司的基本特征:

(1)平台成立时间短。
(2)以高额收益为宣传重点。
(3)对资金流管理不严格。
(4)合作机构少且多为关联公司。
(5)整体界面效果体验较差。

(七)碰触红线与不负责任的平台坚决不碰

某些平台经营缺乏自律,会很容易碰触到法律红线,最终不能承担风险,给投资人带来损失。最为典型的是自融型平台,将P2P平台作为自己的融资工具,涉嫌非法吸收公众资金。所以如果平台为自己的项目筹款或者跟自己的担保公司勾搭,就离倒闭不远了。

还有不负责任的平台,先天没有恶意,在经营中出现问题,面临不得不倒闭的境地。大部分平台出现问题就是因为对风险控制不力,一方面不具备足够的征信能力、审贷能力和风控能力;另一方面为了盈利盲目扩大业务量或者做出各种不切实际的资金回报或担保承诺。不负责任的平台还表现在:疏于审核借款人,把人情交际直接用于债权开发,盲目相信熟人"信用",抵押、担保流于形式……一旦钱紧,资金链便会断裂。

八、正确看待和对待P2P网贷维权二次陷阱

诈骗、跑路、倒闭的问题平台不在少数,在监管政策还未彻底落实的情况

下，P2P 网贷问题平台维权成了大家关注的重点，但回顾这么多 P2P 网贷维权案例，真正帮助受害者拿回资金的却少之又少。现在维权之路更是被曝二次陷阱，不少骗子利用维权幌子成立维权基金让受害者捐款，当钱到手之后就开始失联，无疑是让受害者雪上加霜。那么我们该如何看待 P2P 网贷维权二次陷阱？如何避免再度受骗呢？

（一）何为 P2P 网贷维权二次陷阱

当一家 P2P 网贷平台被曝踩雷之后，在各大帖吧或者交流群中开始出现不少发布维权交流群信息的人，一些骗子极易混迹其中，通过交流群或者其他途径聚集了一大批受害者，假意表示帮大家维权追债，然后以维权为借口让大家捐款筹集经费；有些高级一点的骗子会声称掌握了跑路平台的高层信息，有律师、公安机关资源，能够帮投资者追讨资金。当大部分受害者将钱打过去之后，他们就开始失踪。

有人就会疑惑，为什么受害者会轻易打钱了？这是因为受害者大多来自全国各地，而维权追讨又需要去平台当地进行，所以不少受害者就会捐出经费使维权人更好地追债，谁想竟是踏入陷阱的开始。

（二）怎么避免 P2P 网贷维权二次陷阱

那么怎么避免 P2P 网贷维权的二次陷阱呢？其实大多再度被骗的受害者多为小投资者，即散户，他们给维权组织的金额不高，大多在几百元到几千元不等。但如果要追讨这些丢失的钱，可能花费的就比丢失的要多，怀着这种心态，骗子团伙当然只会越发嚣张。

我们建议，遭遇问题平台时，投资人应该第一时间赶往现场，或者联名几名投资人直接报警，不该将希望寄托在某个维权组织身上。

其次，如果你离问题平台较远，加入了维权交流群帮助自己讨债，那么一定要了解组织人的详细信息，并且要让账目透明，如果实现不了，还是趁早离开。

当然，最重要的原因还是 P2P 网贷监管不力，投资者维权意识不强，网贷案件维权难，所以在投资前，投资者不仅要考察平台信息，更要了解相关法律，增强自己的维权意识，那么即使在出现问题后，也不会盲目轻信他人。

九、P2P 网贷防雷攻略与秘诀

（一）P2P 网贷防雷攻略

P2P 网贷疯狂成长后，进入 2015 年后是网贷不太平的日子，跑路的、倒闭的、逾期的比比皆是。大家现在也是人心惶惶，很多人都已经成惊弓之鸟了。议论最多的话题无非就是这些，某某平台又倒闭了，某某投资者又踩雷了。曾经有人开玩笑地说："现在的网贷平台，公告就等于地雷。"

P2P 网贷平台倒闭导致投资人收不回款被戏称为"踩雷"，现在投资 P2P 平台已经近似于赌博形式，而如何规避风险，我们听听一位投资人的"避雷方针"：

虽然我也担心，但是到目前为止还没有"踩雷"。下面就谈谈我的"避雷"方针。

第一点，不要太相信什么考察报告，考察只能是做个参考而已。考察无非也只是去看看，看到的也都是些表面的东西。真正的内在的东西就算是考察了也不一定就全知道。甚至有些平台邀请投资者去考察，在邀请之前都已经做好了充分的准备了，就等你来考察完以后再去宣传你！跑路的平台有几家是没有考察过的？

第二点，看平台的资质，平台没有资质证书的就不要投资了。连最起码的资质证书都不敢公开的平台还有什么值得你相信的呢？就算有资质证书的，也不一定是安全的。现在平台的资质证书五花八门，注册资金有 50 万元的，也有 5 000 万元的！要看资质证书和经营许可证上的经营项目。有些是资讯服务的，有些是担保业务的，有些是金属汽车零件销售的，什么乱七八糟的都有。这些项目跟网贷有什么关系呢？我百思不得其解。所以，经营许可证上没有金融服务一项的我一个都不投。

第三点，看老总和客服的各种资料。客服的 QQ 号码很容易看到，你们注意过他们的等级吗？很多平台弄一堆新 QQ 号码当客服。老总的也是小号。跑路的福祥创投就是一个成功的案例。现在连网页都打不开了，你们还能找到什么证据？所以说，看到了资料才能投资。就算看到了资料，对于一些重要的依据也要及时地截图保存，以防不测。

第四点，查查平台的ICP，看看是公司平台还是个人平台；有没有ICP备案，备案时间，更新日期等。到全国法院执行网查查老总有没有正在执行的案件，是因为什么被法院执行的。记住，这一点很重要。倒闭平台中的金银丰就是一个很好的案例，金银丰老总在开平台之前就有法院官司未执行。所谓江山易改本性难移，这种人即使说得天花乱坠也不能相信。

第五点，多看看平台的交易量、投资人数，预算一下平台的资金流动。资金流动性充裕，就算有一两个老赖在里面，也不会使平台倒闭。哪个平台能没有老赖？808、红岭、人人里也不是没有老赖的。

还有组团的、自融的等，在平台没有倒闭之前把资金撤出来吧，捂好自己的口袋。

经过以上的分析，至少有80%的地雷已经被排除了，剩下的雷要靠自身的修为来决定了。

打铁还需自身硬。资金是自己的，所以我们要对自己的资金负责。不能别人说什么，你就认为是什么，要有自己的分析。不是每一个高息平台就是危险的。里外贷高息吧？至今还活着。也不是每一个低息平台就是安全的。非诚勿贷低息吧？但是也倒闭了。新平台和老平台也一样，不是每一个新平台就危险，也不是每一个老平台就安全。要靠自己的细心观察。

踩雷的兄弟们，对于你们的遭遇我很同情，扪心自问一下，你们的自身功夫修炼到家了吗？要多看、多学、多听，多发现一些问题，才能保证自己的资金安全。

我们建议，在选择P2P网贷平台时，不宜一味追求高收益，而应首先考虑本金安全，要选择那些公司规模大、口碑好、信誉度高、承担风险能力强的P2P网贷平台，这样才能在确保本金安全的基础上，获得较高的投资收益。

（二）资深网贷人的防雷秘诀

从一个稚嫩新手，到一个圆滑老手，这中间经历了许多，也感悟了许多，最重要的就是保持一颗理智的心。记得美国一位企业家教育他挥金如土的儿子，在一个赌场中无论盈或亏超过10%就要及时退出。这虽然用在网贷或许并不适合，但却告诉我们一个真理，在赢或亏的冲动中保持一颗谨慎的心是多么的重要。

1. 投资不等同于投机

投资是终生的事业，投机只是一时，投资的收获是多元的（知识与朋友，当然还包括境界），投机则只是金钱。那些人生的真正赢家一定不会把所有赌注押到一个盘子里，同时他们会分析总结每一个盘子的得失。了解网贷，熟悉其相关知识，学会分析，也是我们网贷人重要的收获，同时他们也看重通过网贷认识的许多朋友。

2. 千万不要是个赌徒

赌徒将命运交付于他人，投资者则依靠自己的判断与分析。如果你是个跟风者，那么你失败的机会就很大，因为你或许就是那个最后买郁金香球茎的人（比喻股票烂在自己的手上）。

3. 平台的管理者

投资者至少应该简单看看准备投资的平台的管理人是谁，他们有没有关联企业（这个行业目前是否景气），了解一些他们的过往经历（有无犯罪记录），分析他们的背景（对金融业是否熟悉，能否把握、驾驭趋势），管理团队是否足够强大（决定平台能走多长时间的关键，从而选择合适的投资周期）。

4. 平台的利息率

平台的利息率应该是分散的，对于标的间利息率差异不大的平台，特别是高息平台投资者应该十分谨慎，因为它们可能是一个大标的拆标的结果，而需要如此多资金的项目，其到期还款的能力是颇值得怀疑的。或者是行业不景气，或者是恢复周期较长，而且这样的企业应该有大的抵押物，那银行融资的渠道应该比较畅通才是，除非是资产严重不良。

5. 平台的标的

标的金额应该是分散的。如果完全是 10 万元以上的标的，那拆标的可能也很大。同时我们当然也要看标的的信息详细程度，有没有足够的抵押物，特别是抵押物的变现能力如何（投资者应该谨慎估计诸如房产等证明）。很多事实证明，标的金额完全（或大多在 10 万元以上）的网贷平台都存在极高的风险，有的已经出现了提现限制。

6. 网贷平台披露的信息水平

以上任一方面披露得不充分都是颇值得怀疑的。比如很多网站对管理人员的介绍都没有，这样的平台需要更谨慎。

7. 风险准备金

风险准备金的高低也是判断一个平台的重要方面，当然这个要与平台的借贷水平结合去考察。用一个经验的公式是：杠杆率＝准备坏账率×近三个月借贷额/（近三个月标的期限（单位月）×风险准备金），同时在目前的形势下投资者应适当提高杠杆率的估计。

总之，P2P网贷平台的作用就是分散风险，上面的每一项都与分散风险有关，比如管理团队体现其在控制行业趋势等对风险把控的能力。

任何理财人都应该在实践中不断去学习，完善自己的理财计划，了解你所理财的行业相关信息，俗话说"知己知彼，百战不殆"，只有把所投资的产品摸透，才能有一个好的理财方式，而这恰恰是很多经常理财的老手所忽视的。

十、胸中有数，清楚2014—2015年年初P2P跑路问题平台名单

2014年是P2P行业发展的第七个年头，这一年来互联网金融发展迅猛，不但新平台上线的速度惊人，"爆雷"的频率也是让人应接不暇。虎嗅网报道，据中申网数据监测显示，截至2014年12月29日，P2P行业共出现了261个问题平台，而2013年问题平台共79个，增长率高达302.68%，创历史新高。

据中申网数据监测，2014年P2P行业产生的261个问题平台中，已经确认跑路的有36家，占全部问题平台数量的14%；主动停止运营的问题平台有20家，占全部问题平台数量的8%；所有问题平台中，有82家涉嫌诈骗，占问题平台的31%；而所有问题平台中，产生提现困难的居首位，共116家，占全部问题平台总量的44%。

（一）2014—2015年年初P2P跑路问题平台名单

1. 2014年上半年P2P跑路黑名单

P2P网贷几年前进入中国投资者的视野，以低门槛和高收益时刻吸引着眼球。根据发布者yueyun360来源及相关资料整理，2014年上半年，已跑路的P2P网贷公司共计42家。

表 7-9 2014 年上半年跑路 P2P 平台清单

序号	时间	名称	详细
1	2014.1.2	广融贷	限制提现
2	2014.1.6	富豪创投	提现困难
3	2014.1.15	中银资本	提现困难
4	2014.1.16	华东理财	提现困难
5	2014.1.16	贵福财富	提现困难
6	2014.1.16	杭州国临创投	提现困难
7	2014.1.15	深圳中贷信创	限制提现
8	2014.1.16	上海锋逸信投	提现困难
9	2014.1	奔富金融	终止运营
10	2014.1	江苏泰州海陵贷	终止运营
11	2014.1.27	银都创投	提现困难
12	2014.2.13	大地贷	终止平台运营
13	2014.2.19	窑湾贷	终止平台运营
14	2014.2.28	中欧温顿	总经理李晓涌跑路
15	2014.2	速速贷	运营不善,关闭
16	2014.3.11	德赛财富	平台资不抵债,写欠条
17	2014.3.14	贷易网	提现困难
18	2014.3.14	中宝投资	涉嫌经济犯罪
19	2014.3.15	元壹创投	上线 1 天,于 3 月 15 日跑路(史上跑得最快的 P2P)
20	2014.3.25	大家网	涉嫌违规操作
21	2014.3.26	中 E 邦达	停止营业
22	2014.3.30	投资传奇	涉嫌诈骗
23	2014.4.2	铭胜投资	涉嫌诈骗
24	2014.4.14	钱海创投	涉及债权纠纷,暂停运营,经侦处调查
25	2014.4.15	旺旺贷	法人跑路,疑诈骗
26	2014.4.17	卓忠贷	平台终止运营
27	2014.4.28	周道财富	已跑路

(续上表)

序号	时间	名称	详细
28	2014.4.29	深速贷	平台停业整改
29	2014.4.30	鑫淼源	跑路
30	2014.4.30	明启华	跑路
31	2014.5.4	信誉财富	跑路
32	2014.5.4	日升财富	跑路
33	2014.5	中信创投	跑路
34	2014.5	马上有钱	跑路
35	2014.5.21	仁信投	停业
36	2014.5.30	弘昌创投	老板失去联络
37	2014.6.6	网金宝	网站关闭，客服失联
38	2014.6.10	科讯贷	网站关闭
39	2014.6.21	洪升财富	跑路
40	2014.6.21	拜腾财富	跑路
41	2014.6.27	恒金贷	跑路
42	2014.6.30	润宏贷	纯诈骗

2. 2014 年下半年 P2P 跑路黑名单

表 7-10 2014 年下半年有问题 P2P 平台清单

12 月份	
温州金融港在 2014 年 12 月提现困难	德信财富在 2014 年 12 月倒闭
盛世创投在 2014 年 12 月提现困难	德州贷在 2014 年 12 月提现困难
鄂商贷在 2014 年 12 月提现困难	兴业易贷在 2014 年 12 月提现困难
鸿康创投在 2014 年 12 月提现困难	拉手贷在 2014 年 12 月提现困难
京浙贷在 2014 年 12 月提现困难	金德易贷在 2014 年 12 月提现困难
聚宝盆在 2014 年 12 月提现困难	银通贷在 2014 年 12 月提现困难
金诺鼎在 2014 年 12 月提现困难	金泰财富在 2014 年 12 月提现困难

（续上表）

台商金融在 2014 年 12 月倒闭	君茂财富在 2014 年 12 月跑路
融融网在 2014 年 12 月提现困难	易投在 2014 年 12 月跑路
汉泽天下在 2014 年 12 月提现困难	一本贷在 2014 年 12 月提现困难
琳鹏创投在 2014 年 12 月提现困难	聚金投资在 2014 年 12 月提现困难
宜客贷在 2014 年 12 月跑路	皓峰财富在 2014 年 12 月提现困难
积储在线在 2014 年 12 月提现困难	财富广域在 2014 年 12 月提现困难
小微所在 2014 年 12 月提现困难	全民贷在 2014 年 12 月提现困难
聚融贷在 2014 年 12 月跑路	钱塘人家在 2014 年 12 月提现困难
民生投资在 2014 年 12 月提现困难	联帮财富在 2014 年 12 月跑路
金豪利在 2014 年 12 月提现困难	中汇在线在 2014 年 12 月提现困难
汇金众盈在 2014 年 12 月跑路	财益创投在 2014 年 12 月提现困难
新中金财富在 2014 年 12 月跑路	稳稳盈在 2014 年 12 月跑路
标晨投资在 2014 年 12 月跑路	益元贷在 2014 年 12 月提现困难
满堂金在 2014 年 12 月提现困难	聚宝通在 2014 年 12 月跑路
三姐投融在 2014 年 12 月提现困难	财富天下在 2014 年 12 月提现困难
瑞城财富在 2014 年 12 月倒闭	宜信宜投在 2014 年 12 月提现困难
融丰创投在 2014 年 12 月跑路	涌金贷在 2014 年 12 月提现困难
轻纺城金融在 2014 年 12 月跑路	甬都贷在 2014 年 12 月提现困难
佳伦资本在 2014 年 12 月跑路	蜀易贷在 2014 年 12 月提现困难
雅戈创投在 2014 年 12 月跑路	恒丰信投在 2014 年 12 月提现困难
拓达贷在 2014 年 12 月跑路	硕宝投资在 2014 年 12 月提现困难
冠宇投资在 2014 年 12 月提现困难	华富信投在 2014 年 12 月跑路
美嘉创投在 2014 年 12 月提现困难	基鼎贷在 2014 年 12 月跑路
兴盛贷在 2014 年 12 月提现困难	爱网贷在 2014 年 12 月提现困难
心诚创投在 2014 年 12 月提现困难	稳益贷在 2014 年 12 月提现困难
金陵财富在 2014 年 12 月跑路	姑苏财富在 2014 年 12 月提现困难
湘中银联在 2014 年 12 月提现困难	华辰易贷在 2014 年 12 月提现困难
华迪易投在 2014 年 12 月跑路	大幅创投在 2014 年 12 月跑路
现佳创富在 2014 年 12 月提现困难	幸福 e 贷在 2014 年 12 月跑路

（续上表）

汇亿财富在2014年12月提现困难	四季贷在2014年12月跑路
11月份	
金麒麟在2014年11月跑路	聚融投在2014年11月跑路
翰爽投资在2014年11月跑路	银银贷在2014年11月跑路
深港易贷在2014年11月提现困难	鼎诚财富在2014年11月提现困难
联创财富在2014年11月提现困难	中贸易融在2014年11月提现困难
信达财富在2014年11月倒闭	房车贷在2014年11月倒闭
旭日贷在2014年11月提现困难	闽昌贷在2014年11月跑路
大华财富在2014年11月提现困难	鼎瑞投资在2014年11月跑路
美贷网在2014年11月倒闭	恒融财富在2014年11月提现困难
荣锦创投在2014年11月跑路	渝商创投在2014年11月提现困难
时时宝在2014年11月跑路	盛合金融在2014年11月跑路
中融资本在2014年11月倒闭	佳联财富在2014年11月提现困难
瓯江贷在2014年11月提现困难	惠兴通在2014年11月提现困难
富城贷在2014年11月倒闭	雨滴财富在2014年11月提现困难
致雅财富在2014年11月跑路	汇财宝在2014年11月倒闭
一诺财富在2014年11月跑路	沪联贷在2014年11月提现困难
昊泽贷在2014年11月提现困难	鑫泽恒在2014年11月跑路
北部港财富在2014年11月提现困难	有钱贷在2014年11月提现困难
有益贷在2014年11月倒闭	中源资本在2014年11月提现困难
幸福财富在2014年11月提现困难	润通创投在2014年11月提现困难
乐贷网在2014年11月提现困难	万晶聚投资在2014年11月跑路
10月份	
建明财富在2014年10月跑路	D1金融在2014年10月跑路
信丰财富在2014年10月跑路	众富贷在2014年10月跑路
信优贷在2014年10月跑路	安宜贷在2014年10月倒闭
京商网在2014年10月跑路	农科城网贷在2014年10月跑路
泓然控股在2014年10月提现困难	银坊金融在2014年10月跑路
致胜贷在2014年10月跑路	联信财富在2014年10月提现困难

（续上表）

万通财富在2014年10月跑路	淘贷宝在2014年10月提现困难
铂利亚在2014年10月提现困难	南汇财富在2014年10月跑路
度尔投资在2014年10月跑路	御帮贷在2014年10月跑路
汇聚贷在2014年10月跑路	鸢都贷在2014年10月提现困难
立鼎资本在2014年10月跑路	名启财富在2014年10月提现困难
如通金融在2014年10月提现困难	鼎丰投资在2014年10月跑路
益盈投资在2014年10月跑路	高利投资在2014年10月跑路
安旺P2P在2014年10月跑路	祥仁投资在2014年10月跑路
全家福在2014年10月跑路	财迷中国在2014年10月提现困难
朝助创投在2014年10月跑路	融益财富在2014年10月跑路
华东财富在2014年10月提现困难	天晨财富在2014年10月提现困难
南瓜P2P在2014年10月提现困难	德鸿贷在2014年10月跑路
重友财富在2014年10月提现困难	宏德创投在2014年10月跑路
9月份	
优信贷在2014年9月跑路	汉国钱庄在2014年9月跑路
苏商投资在2014年9月跑路	润达贷在2014年9月跑路
金升贷在2014年9月倒闭	小虎金融在2014年9月跑路
美美贷在2014年9月提现困难	国安贷在2014年9月跑路
金泰达投资在2014年9月跑路	禹龙投资在2014年9月跑路
澳达天翼投资在2014年9月跑路	人山贷在2014年9月跑路
晶玉贷在2014年9月跑路	盛德多投资在2014年9月跑路
尚融财富在2014年9月倒闭	江南创投在2014年9月提现困难
随e贷在2014年9月跑路	温心创投在2014年9月跑路
满仓赢在2014年9月跑路	亿豪通在2014年9月跑路
弘富贷在2014年9月提现困难	楚盈贷在2014年9月跑路
粤利通在2014年9月跑路	起跑线借贷在2014年9月提现困难
8月份	
拓金投资在2014年8月跑路	永和贷在2014年8月跑路
华纳汇盈在2014年8月跑路	农银贷在2014年8月提现困难

(续上表)

鼎元贷在2014年8月跑路	龙华贷在2014年8月跑路
锦融运通在2014年8月提现困难	中融财富在2014年8月提现困难
尧瑞投资在2014年8月跑路	虹权投资在2014年8月跑路
慧眼通贷在2014年8月倒闭	湘信网在2014年8月提现困难
信邦财富在2014年8月跑路	时时贷在2014年8月跑路
永利天成在2014年8月跑路	得利盈在2014年8月跑路
7月份	
余下钱在2014年7月跑路	群众贷在2014年7月跑路
光大富尊在2014年7月跑路	舒畅理财在2014年7月跑路
誉信贷在2014年7月跑路	亚盛财富在2014年7月提现困难
企联融业在2014年7月倒闭	善安合财富在2014年7月跑路
兴利贷在2014年7月跑路	都能贷在2014年7月提现困难
光大富尊在2014年7月纯诈骗	兴利贷在2014年7月诈骗

3. 2015年1月P2P跑路黑名单

表7-11　2015年1月跑路P2P平台清单

序号	时间	公司名称与所在地	详细
1	2015.1.30	众融网/江苏昆山	跑路
2	2015.1.29	沃利资本/安徽合肥	限制提现
3	2015.1.29	鼎融资本/浙江宁波	强迫续投
4	2015.1.29	力安创投/安徽合肥	提现困难
5	2015.1.28	太湖金融/江苏无锡	提现困难
6	2015.1.28	万鼎投资/山东济南	提现困难
7	2015.1.28	新乡贷/河南新乡	诈骗，关站，失联
8	2015.1.28	广融钱多多/四川成都	平台失联
9	2015.1.27	鑫阳创投/山东淄博	限制提现

(续上表)

序号	时间	公司名称与所在地	详细
10	2015.1.27	热贷网/上海	老板失联
11	2015.1.26	玺融资本/浙江杭州	提现困难
12	2015.1.26	齐鲁人贷/山东青岛	提现困难
13	2015.1.26	用心贷/四川成都	平台关站，诈骗
14	2015.1.24	汇凯鑫创投/广东深圳	平台跑路
15	2015.1.23	华信贷/广东东莞	平台失联
16	2015.1.23	呱呱贷/山东莱芜	限制提现
17	2015.1.22	里外贷/北京	停止运营
18	2015.1.22	安宜贷/湖南株洲	限制提现
19	2015.1.21	金榜财富/山东滨州	停止运营
20	2015.1.21	华容创投/陕西榆林	平台失联
21	2015.1.21	保全财富/浙江宁波	提现困难
22	2015.1.20	云商贷/河北石家庄	平台失联
23	2015.1.20	华夏商贷/湖南长沙	平台失联
24	2015.1.20	众人贷/山东滨州	平台失联
25	2015.1.20	华融天成/山东滨州	平台跑路
26	2015.1.19	财神在线/江苏南京	限制提现
27	2015.1.19	甬发贷/浙江宁波	平台清盘
28	2015.1.19	旭鑫投资/山东滨州	推迟提现
29	2015.1.19	鲁商贷/山东济南	限制提现
30	2015.1.17	泉旺创投/河北石家庄	关站跑路
31	2015.1.17	利丰网/四川成都	限制提现
32	2015.1.17	名宏创/投山东聊城	平台资金被盗用
33	2015.1.17	汇众商贷/山东青岛	平台失联
34	2015.1.17	汾湖投资/广东深圳	关站跑路
35	2015.1.16	文妥财富/广东惠州	停止发标，暂不提现
36	2015.1.16	上咸BANK/山东济南	平台失联
37	2015.1.14	御托贸易/上海	诈骗跑路

(续上表)

序号	时间	公司名称与所在地	详细
38	2015.1.13	多彩多乐/重庆	平台失联
39	2015.1.13	华商财富/湖南长沙	提现困难
40	2015.1.12	美E贷/山东淄博	平台清盘
41	2015.1.11	聚贷网/四川成都	提现困难，公司重组
42	2015.1.11	三农创投山东潍坊	限制提现
43	2015.1.10	福人创投山东淄博	提现困难
44	2015.1.9	盛世汇盈广东梅州	提现困难
45	2015.1.8	校园贷/山东青岛	限制提现
46	2015.1.8	每天美贷/深圳福田	限制提现
47	2015.1.8	信益贷浙/江宁波	强制续投，限制提现
48	2015.1.7	惠利银通/山东潍坊	提现困难
49	2015.1.7	国创投资/上海浦东	诈骗跑路
50	2015.1.7	高新盛/广东深圳	提现困难
51	2015.1.6	金淮贷苏/南京	限额提现
52	2015.1.6	玉丰投资/山东潍坊	提现困难
53	2015.1.5	天之源贷广东深圳	提现困难
54	2015.1.5	惠嘉金融/河南郑州	限制提现
55	2015.1.4	豫诚财富/河南新乡	提现困难

殊不知，P2P网贷不仅对投资者门槛低，对创业者的门槛也高不到哪里去，业内人士甚至称"十几万就能搭建起一个P2P平台"。较低的准入门槛，短期内便可获得丰厚回报，再加之并不明朗的监管环境，不少P2P网贷平台可谓钻足了空子，做得风生水起，但转眼间就可能因经营不善而分分钟关门大吉。

善良的网民，你们可要提高警惕啊！

（二）P2P网贷五大奇葩平台

1. 最短命问题平台——恒金贷

奇葩平台中，排名第一的平台一定是台州的恒金贷，号称注册资金5 000万元,却是上午上线,下午就跑路了。2014年6月27日恒金贷P2P平台开业,并发布公告称将举行连续三天的优惠活动,但当天下午,网站就打不开了。运营不到12小时即宣布跑路,业内不禁感叹没有最快,只有更快。

2. 最"励志"的问题平台——铂利亚

2014年P2P奇葩平台中,最"励志"的当属铂利亚。该平台CEO滕海川年仅22岁,曾以青年企业家身份上过央视栏目,讲述自己如何从16岁的辍学少年到开保时捷的公司总裁。他一度被标榜为"90后"的创业典范。但上央视还没多久,铂利亚就跑路了。一个16岁辍学的CEO,既无互联网从业经历,也无金融行业经验,一个刚从技术培训学校毕业2年的技术总监,居然能做到10个亿的交易额,绝对算得上业界奇葩。

3. 史上最懒的问题平台——群众贷

深圳一家名为"群众贷"的P2P网贷平台,其中的借款项目竟然完全抄袭四川易贷网,被发现报警后网站已无法打开。懒就罢了,可更奇葩的是这个网贷平台的注册地竟然是个肉菜市场,真是叫人情何以堪?

4. 涉案金额最大P2P问题平台——中宝投资

3月14日衢州市P2P网站中宝投资发布通告:"因涉嫌经济犯罪被衢州市公安局立案调查,网站业务暂停运作,后续消息待发布。"消息一出,P2P界一片哗然。成立于2011年的中宝投资,至今已3年,是第一家被立案侦查的"老牌"P2P。据中申网统计,截至2014年3月13日,中宝投资总成交额已达45.39亿元,目前有效待收本金4.69亿元,涉及待收投资人数1 068人。

5. 四胞胎问题平台——益盈投资、高利投资、鼎丰投资、祥仁投资

4个P2P平台网站长得一模一样,注册地址也是楼上楼下,高达120%的投资收益率让人叹为观止。

益盈投资、高利投资、鼎丰投资、祥仁投资,这4家公司除了公司名称、logo、法人代表和联系方式有细微差别外,网页从设计风格、页面架构到投资项目细节,甚至连公司介绍都如出一辙。并且在年化收益率一栏,4个网站均为20%~120%,涉及地产投资、医疗设备、国际贸易投资的项目,年化收益率也是38%、46%、50%几个固定数值,几无变化。不仅如此,在中国互联网络信息中心WHOIS上,查询到四个网站域名的注册人均出自同一人"王永浩"。

(三) P2P "跑路潮"拦不住各路大军杀入

虽然 P2P 平台跑路不停、诈骗不断，也没有拦住银行、电商各路资本大军杀入网贷行业。伴随全球最大 P2P 平台 Lending Club 的正式上市，资方市场热情高涨。从联想亿元资金注入翼龙贷到互联网新秀小米领投积木盒子，不少刷新规模纪录的融资大案陆续见诸报端。红杉资本也宣称，将首轮注资千万美元投资 P2P 平台金斧子，以深度布局互联网金融蓝海市场。

据中申网统计，互联网金融市场，2014 年年初只有 3 家，到 11 月已增加至 10 家。其中包括平安集团的陆金所、国开行背景的开鑫贷和金开贷、招行小企业 E 家、包商银行的小马 bank、民生系的民生易贷等。京东金融、阿里小微金融到民生电商，越来越多有实力的电商希望借助供应链金融来提升电商平台自身的竞争能力，正在加快布局互联网金融的节奏。

P2P 从诞生的那刻起就注定就是一把双刃利剑，"高息＋高风险"能催生出其本来面目。2014 年的 P2P 行业发展可谓是在冰火两重天中爆发式增长，然而 2015 年，P2P 行业将进入"大浪淘沙"时代，从疯狂烧钱到规模运营再到小微赢利。目前，国内整个 P2P 商业模式的监管细则还没有正式出台，因此国内 P2P 行业发展还有很长的路要走。

第四节 实战案例：三大 P2P 平台佼佼者、三种 P2P 模式运用、三桩 P2P 案件警示

考虑 P2P 网贷模式的重要性和目前有问题平台的严重性，本节从 P2P 网贷平台中的佼佼者、P2P 网贷模式运营典范者、投资者遭遇问题平台怎么追回借出的钱，这三个有关 P2P 网贷的核心问题，各列举三个典型案例供大家分享。

一、P2P 平台中的佼佼者：陆金所、富民投资网和人人贷

当前，P2P 行业堪称几人欢喜几人愁，有的投资人日进斗金，有的投资人

却是血本无归。为什么会出现这样天壤之别的情况？说到底，还是跟他们选择的网贷平台有关。低风险、高收益的网贷平台更易为投资人带来丰厚的回报。现在，中国网李丰编辑就这方面对陆金所、富民投资网和人人贷进行综合比较，为投资人提供参考依据。

（一）陆金所：巨鳄护航

作为中国平安保险的旗下成员之一，陆金所"背靠大树好乘凉"，发展几年来一直是顺风顺水，规模尤为庞大。

论起风险，陆金所注册资金8.37亿元，公司既有平安保险护航，又与银行合作。陆金所委托了第三方机构对会员资金进行管理，内部的资金管理流程也是比较规范和完善的，还提供全额担保，投资人可以放心。

不过，虽然陆金所宣称"预期年化利率8.4%以上"，但是有媒体经过计算，以"稳盈—安e贷"为例，该产品实际年化收益率仅有4.72%。还有一点颇受争论，即投资人通过陆金所借贷，每月需支付1.9%的担保费，一年下来就是本金的22.8%，比例不低。

（二）富民投资网：新锐力量

富民投资网是一家年轻的P2P网贷平台，可是上线短短4个月，投资交易将近7 000万元，发展潜力不可小觑。

自成立以来，富民投资网只做房产和车辆抵押，项目房产、资金流向、抵押物及项目全部透明化，所有资金也由银行托管，第三方监管，管理上相当规范。除此之外，富民投资网推出了专业风险控制＋房产抵押＋500万元风险保证金＋先行赔付＋小项目分散风险的措施。这样一来，即使投资者收不回借款，也能按时拿到本金和利息，风险可以说是相当之低的。该平台通过了沃通国际认证，获得全球唯一的CA安全证书，平台开通Https访问，安全级别达到了银行级的安全，由平安保险和英国太阳保险公司联合承保300万元的安全保险。

平台依托强大的O2O运营实力，才能做到像余额宝一样可以随用随取的平台，投资期限不超过6个月，但年化收益高达18%，是余额宝的4倍之多。像这样风险几乎是零，收益又很好，而且流动性可以和余额宝相媲美的平台受到投资人的热捧是不争的事实。

(三) 人人贷：资本雄厚

人人贷成立较早，基础也打得比较牢，也是国内首批获得风投的网贷平台，资本十分雄厚。

为了降低风险，人人贷有中安和友信做担保，公司基金则由招行做第三方平台监管。同时，人人贷实施保本不保息的本金保障计划，风险备用金保障机制较为完备，也就是平台每笔借款成交时，提取一定比例放入风险备用金账户。一旦借款出现严重逾期时，风险备用金就会给投资人垫付该笔借款的剩余出借本金或本息，确保投资人的利益。

至于收益，人人贷的年化收益率在12%～14%，一直还比较稳定，这也是不少投资人选择人人贷的主要原因。

总的来说，投资人还是要根据自身情况，谨慎选择投资平台，这样才能实现收益最大化。

二、纯线上模式（即传统 P2P 模式）——以"拍拍贷"为例

P2P 网贷纯线上模式，指 P2P 网贷平台作为单纯的网络中介存在，负责制订交易规则和提供交易平台，从用户开发、信用审核、合同签订到贷款催收等整个业务主要在线上完成。通常此种这模式中采取的审核借款人资质的方法主要包括网络视频认证、查看银行流水账单、检查身份证信息等。纯线上模式的 P2P 网贷平台的优势在于规范透明、交易成本低，但其也存在着数据获取难度大以及坏账率高的缺陷，正是这种缺陷制约了纯线上模式的快速发展。目前，坚持纯线上模式的 P2P 网贷公司，规模较大的只有拍拍贷一家，其他公司中仅有部分业务会按此模式开展。

由于没有线下审贷环节，在纯线上模式中对贷款人进行信用审核，是通过搭建数据模型来完成，利用模型对采集到的相关信息进行分析，从而对借款人给出一个合理的信用评级和安全的信用额度。但是如何获得进行信用测评的个人或企业的征信数据对于我国 P2P 网贷公司来说是一大难题。拍拍贷调用的是借款人的网络社交圈数据，它认为网络社区、用户网上的朋友圈也是其信用等级系统的重要部分之一。拍拍贷的信用审核过程可以分为两步。首先，拍拍贷

与全国十几家权威的数据中心展开合作,包括公安部身份证信息查询中心、工商局、法院等,借款人需先通过上述数据中心认证,核准其真实姓名(名称)和身份信息。其次,借款人的身份验证完成后,拍拍贷会将贷款人散落在互联网上的碎片化信息(如微博、QQ 等社交信息,购物及其他网络的使用信息)和个人身份、财务能力、银行信用度等再按照其风险控制团队自建的风险模型进行拼凑和评估,对用户进行信用考量和评价。比如,借款人在网站内圈中好友、会员好友越多,个人借入贷出次数越高,信用等级也越高。因为是通过数据分析评估用户的信用等级,为了积累大量数据,相比较于单笔贷款的贷款额度,此类平台更重视是平台上的用户量,借此实现更大规模的数据以便进行数据分析。所以,目前拍拍贷的用户规模约为 160 万户,居于所有 P2P 网贷平台首位,其中活跃借款人超过 12 万人,用户量每年增长 200% 左右。平台中借款金额额度为 1 000 元 ~ 50 万元不等,平均单笔借款额为 1.1 万元,以小额借贷为主。

三、债权转让模式——以"宜信"为例

债权转让模式又称"多对多"模式,是指借贷双方不直接签订债权债务合同,而是通过第三方个人先行放款给资金需求者,再由第三方个人将债权转让给投资者。P2P 网贷平台通过对第三方个人债权进行金额拆分和期限错配,将其打包成类似于理财产品的债权包,供出借人选择。此种模式下,P2P 网贷平台也承担着借款人的信用审核以及贷后管理等相关职责。

此种模式在国内为宜信首创。宜信(北京宜信普惠信息咨询有限公司的简称)是一家集财富管理、信用风险评估与管理、信用数据整合服务、小额贷款行业投资、小微借款咨询服务与交易促成、小额信贷助农平台服务等业务于一体的综合性服务业企业。

宜信 P2P 网贷债权转让机制模式的核心交易结构由两部分构成:

首先,宜信的创始人唐宁(或其他宜信公司高管)作为第一出借人,将个人自有资金借给需要借款的用户,在与借款人签署《借款协议》后取得债权。这种模式将债务债权关系集中在自然人身上,规避了我国禁止企业放贷的相关规定。

然后，宜信再把唐宁获得的债权进行拆分，打包成固定收益类的组合产品，以组合产品的形式销售给投资者，以达到实际的债权转让目的。宜信对唐宁的大额债权进行两个层面的拆分——金额拆分和期限拆分——从而划分为多笔小额、短期的债权，以此降低销售难度。

在债权转让过程中，出借人对于自己的债务人情况是不了解的，具体投资的项目由宜信后台系统进行匹配，并不由出借人自主选择。出借人与借款人并非是一一对应的关系，出借人看到的是一个借款人列表，一项资金分散给多个借款人。例如，出借人每月可以收到一份列有借款人姓名、身份证号和借款用途的债权列表。借款用途以"经营""消费""其他"等笼统描述概括。出借人如希望能够亲自对投资对象进行了解，还要通过宜信获取投资对象的联系方式。一位购买了10万元"宜信宝"产品的出借人称，其债权列表目前所对应的借款人多达22人——这意味着，每个借款人从该位出借人处所获得的资金平均数额不足5 000元。

从整个借贷过程来看，宜信以自然人债务担保的方式利用债权拆分和转让进行资产证券化，以实现资金流通。在这种模式下，如果资产拆分份额超过200份就触犯了《证券法》规定，构成非法发行证券。而监管层对于资产证券化这项业务一直很审慎，2014年才重新放开，并且对于开展信贷资产证券化业务的金融机构，都有很严格的授权及监管规则。

从商业逻辑来看，债权转让模式能够更好地连接借款人的资金需求和出借人的投资需求，主动地批量化开展业务，而不是被动等待各自匹配，从而实现了规模化的快速扩展。2012年以后成立的网贷平台大都采取了债权转让模式，但由于此种模式会导致信用链条过长，以及P2P网贷平台与第三方个人高度关联，债权转让的P2P网贷形式在发展过程中受到较多质疑。

四、第三方担保模式——以"有利网"和"陆金所"为例

第三方担保模式是指P2P网贷平台与第三方担保机构合作，其本金保障服务全部由外在的担保公司完成，P2P网贷平台不再参与风险性服务，其中，第三方担保机构为有担保资质的小额贷款公司或担保公司。第三方担保模式中，P2P网贷平台作为中介，不吸储、不放贷，只提供金融信息服务。此类平台交

易模式多为"1对多",即一笔借款需求由多个出借人投资。

引入第三方担保机构担保是国内P2P网贷公司控制平台积聚风险的重要手段。在担保模式中,小贷公司和担保公司对P2P网贷平台项目进行审核与担保,P2P网贷公司给予其一定比例的渠道费和担保费。这既节省了风控和业务成本,降低了平台风险,又搭建起了借款人、风险控制机构、P2P公司等多方共赢的平台。目前来看,这是最安全的P2P网贷模式,P2P网贷平台不负责坏账的处理,不承担资金风险,并且逐步剥离自身发掘考核项目的工作,只作为中介存在,提供金融信息服务。但是,担保模式只是实现了P2P网贷平台的风险转嫁,平台上的投资风险并没有消失,坏账率受P2P网贷平台合作伙伴的运营能力的制约。

有利网就为其平台上的借贷交易引入了中安信业、证大速贷、金融联等国内大型担保机构联合担保。有利网的交易模式多为"1对多",即一笔借款需求由多个出借人投资。如果遇到坏账,担保机构会在拖延还款的第二日把本金和利息及时打到出借人账户。同时,有利网还会选择和小额贷款公司合作,小贷公司负责推荐客户,同时审核风险,有利网对其支付一定费用。为了真正做到信息透明,并确保出借人的出借标的符合自己的要求,有利网向出借人直接披露借款人的信息。

第三方担保模式的优势是可以保证出借人的资金安全,P2P网贷平台承担的风险得到转移减小。但是,在这种模式中,P2P网贷平台的互联网属性被弱化,平台仅作为信息渠道存在,类似于传统金融行业向互联网布局的手段。目前,民间金融市场鱼龙混杂、数量繁多、利息高企,小贷公司及担保机构生存压力剧增。P2P网贷公司与担保机构合作交易模式,赋予了小贷公司和担保公司新的生存机会。资本大佬纷纷进入网络小贷领域,从线下向线上延伸,2011年9月,平安集团成立了上海陆家嘴国际金融资产交易市场股份有限公司(以下简称"陆金所")。

相对于有利网等和担保机构合作的P2P平台而言,陆金所的特殊性在于借助了平安集团的信用,这相当于陆金所在变相承诺保本保息之外,还加了另一层隐形担保。

陆金所通过借助平安集团的信贷消费风险管理数据模型对每位借款人做借款风险评估。陆金所产品的违约赔付、借款人的资质审核都由平安集团旗下的担保公司——平安融资担保(天津)有限公司提供。陆金所的《借贷及担保协议》显示，一旦借款人逾期超过 80 天或提前还款，由平安旗下担保公司承保过的出借人均可向平安担保申请履行保证责任，由平安担保代偿包括借款人尚未偿还的全部本金、利息以及逾期罚息。目前，陆金所 P2P 网贷业务的坏账率不到 0.9%，低于一般小额贷款公司 5% 的水平。

陆金所由平安集团旗下的独立公司进行全额本息担保，在陆金所平台上出借资金的风险，其实是平安集团的风险。陆金所模式的核心竞争力在于平安集团在金融领域的专业优势，并不是 P2P 网贷模式本身。对于出借人来说，并不清楚资金借给谁，干了什么，投资人实际看中的是平安集团的信誉。一旦离开平安融资担保，陆金所所有的交易链都无法形成。所以，从陆金所的实质来看，就是平安融资性担保业务的网络化。

P2P 网贷公司和第三方机构合作的模式，实质是将平台上的贷款损失风险转移给了对外合作的机构，使出借人资金偿还更有保障。另一方面，这种合作模式流程简单，合作双方权责清晰，有利于平台的扩张。这种整合了民间借贷中介平台和担保中介的模式对推进利率市场化、促进民间金融的阳光化以及降低小微借贷成本方面都有极大的作用。

五、投资者遭遇问题平台怎么追回借出的钱——三案例及启示

当投资者遭遇问题平台时，怎么追回借出的钱呢？下面为大家分享三个案例，希望对各位投资者有帮助。

（一）"东方创投"案

东方创投于 2013 年 6 月在深圳成立，2013 年 10 月该平台即宣布停止提现，2013 年 11 月东方创投负责人邓亮和李泽明自首。其涉案金额 1.2 亿元，受害投资人数达 1 325 人，投资人实际未归还本金为人民币 52 503 199.73 元。

案情结果：这是司法体系对 P2P 平台自融案件的首次裁量。2014 年 7 月 15 日，罗湖区法院开庭审理，"东方创投法人邓亮犯非法吸收公众存款罪，判处有期徒刑三年，并处罚金人民币 30 万元；运营总监李泽明判处有期徒刑二年缓刑三年，并处罚金 5 万元"。最终冻结在案的资金只能覆盖不足一半的未归还本金，差额多达 2 000 多万元。也就是受害投资者最多获得投资一半的

补偿。

案例总结：东方创投是一个自融性质的平台，根据被告人邓亮的证词，他一开始是准备做正当的网络借贷，但后来因坏账太多才转向自融，把投资人的钱用来购买房产。

（二）"网贷第一案"——优易网

此案直接涉案金额为人民币 2 551.799 5 万元，投资人受损金额为人民币 1 517.805 5 万元，受害者包括全国各地的 60 多名投资人。

优易网于 2012 年 8 月 18 日正式上线；2012 年 12 月 21 日，三位负责人失联；2013 年 4 月 9 日，负责人被抓。

据悉，该平台负责人将平台资金大部分用于炒期货，导致全部亏损，虽然还有部分资金被用于偿还旧账，但仍有 1 400 多万元损失无法追回。

案情结果：该案件目前只有一位主嫌疑犯在押，罪名可能是"非法集资"，按相关条例可能判刑 3～10 年。但到目前为止，优易网的受害投资人依然未能获得一分钱补偿，而优易网负责人至今表示无能力归还任何欠款。

案例总结：优易网上挂着的借款标多为汽车和店面抵押，显示借款人需要资金周转。借款金额多在 20 万～50 万元之间，允诺的年化利率在 18% 到 24% 之间，加上一些额外奖励，月息可达 3 分。为进一步降低投资人的警戒心，优易网承诺采取担保本金制度。如果借款人逾期不还，投资人本金将由网站垫付，保证"零风险"。有些借款标还附有商家的进货记录，做得非常逼真。

（三）网赢天下亿元网贷诈骗案

此案涉及受害者 1 009 名，被诈骗金额高达 1.66 亿余元。

2013 年 4 月网贷平台网赢天下在深圳上线，7 月 12 日，因为银行转账系统瘫痪了，网赢天下不能提现。从 7 月 18 日至 8 月 9 日，不断出现暂停提现、不放款等问题，最后发表公开信宣布停业。

网赢天下是如何跟投资人玩太极的？

（1）发高息标。

（2）逾期变展期。

（3）发低息假标融资，强迫大户投标。

（4）分级偿还资金。

（5）绑定大户，冷落中户，清理散户。

案情结果：这个案件最终暂无审判结果，只查到最近一次审判主犯钟文钦仍在逃，被告人伍水军、被告人钟杰和被告人龙兴国均不认罪。受害投资者未能要回补偿。

案例总结：高息而又巨量成交的平台，包装实力强，但不见得安全。在运营一段时间后突然提息，投资者就要有所警惕。

（四）教训与启示

根据以上三个案例，笔者在此要提醒各位投资人，在选择平台前一定要考察好平台的安全性。

（1）不能轻信平台的宣传，一定要多方面全方位考量平台。

（2）高息平台不一定安全，年化收益在10%~15%较为安全。

（3）平台法人或运营团队一定要有从事金融方面的经验和资质。

（4）当平台出现特别优惠或不一样的情况时，必须估计风险，做好撤离准备。

（5）警惕自融。

第八章
第三方支付模式与实战

　　严格意义上讲，第三方支付只是一个支付方式和支付渠道，扮演的是资金转移角色，本身并不直接参与金融运作，只是担当中介保管及监督的职能，并不承担什么风险，是金融服务的概念。但是，在互联网金融的领域里，它却扮演着一个极其重要的角色。特别是随着移动互联网的普及和深入发展，第三方支付的作用越来越显得重要。本章在介绍第三方支付模式基础知识和阐述我国第三方支付发展现状与展望的基础上，重点探讨如何完善第三方支付的风险控制和监管问题，同时，对当前中国第三方支付群雄逐鹿方略进行了盘点。

第一节 概述：第三方支付模式需要弄清的基础知识

一、第三方支付模式的概念与产生原因

（一）概念

第三方支付，百度百科的解释就是一些和产品所在国家以及国内外各大银行签约，并具备一定实力和信誉保障的第三方独立机构提供的交易支持平台。在通过第三方支付平台的交易中，买方选购商品后，使用第三方平台提供的账户进行货款支付，由第三方通知卖家货款到达、进行发货；买方检验物品后，就可以通知付款给卖家，第三方再将款项转至卖家账户。

严格意义上讲，第三方支付只是一种支付方式和支付渠道，扮演的是资金转移角色，本身并不参与金融运作。第三方担当中介保管及监督的职能，并不承担什么风险，是金融服务的概念。正因为如此，2014年3月，央行要求立即暂停支付宝、财付通等虚拟信用卡及线下二维码支付业务。

（二）产生原因

传统的支付方式往往是简单的即时性直接付转，一步支付。其中钞票结算和票据结算适配当面现货交易，可实现同步交换；汇转结算中的电汇及网上直转也是一步支付，适配隔面现货交易，但若无信用保障或法律支持，会导致异步交换容易引发非等价交换风险，现实中买方先付款后不能按时、按质、按量收获标的，卖方先交货后不能按时如数收到价款，被拖延、折扣或拒付等引发经济纠纷的事件时有发生。

在现实的有形市场，异步交换权且可以附加信用保障或法律支持来进行，而在虚拟的无形市场，交易双方互不认识，不知根底，故此，支付问题曾经成为电子商务发展的瓶颈之一。卖家不愿先发货，怕货发出后不能收回货款；买家不愿先支付，担心支付后拿不到商品或商品质量得不到保证。博弈的结果是双方都不愿意先冒险，网上购物无法进行。

为迎合同步交换的市场需求，第三方支付应运而生。第三方是买卖双方在缺乏信用保障或法律支持的情况下的资金支付"中间平台"，买方将货款付给买卖双方之外的第三方，第三方提供安全交易服务，其运作实质是在收、付款人之间设立中间过渡账户，使汇转款项实现可控性停顿，只有双方意见达成一致才能决定资金去向。第三方担当中介保管及监督的职能，并不承担什么风险，所以确切地说，这是一种支付托管行为，通过支付托管实现支付保证。

二、第三方支付模式的支付流程与主要特点

（一）支付流程

第三方支付模式使商家看不到客户的信用卡信息，同时又避免了信用卡信息在网络多次公开传输而导致的信用卡信息被窃事件，以 BTOC 交易为例的第三方支付模式的交易流程如图所示：

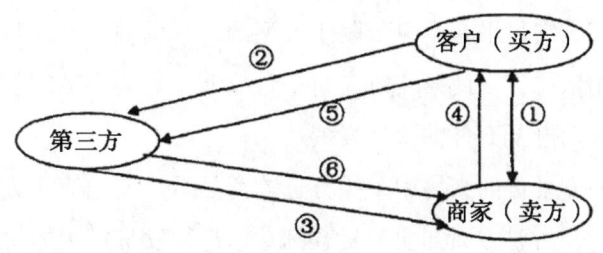

图 8-1　第三方支付交易流程

（1）客户在电子商务网站上选购商品，最后决定购买，买卖双方在网上达成交易意向。

（2）客户选择利用第三方作为交易中介，客户用信用卡将货款划到第三方账户。

（3）第三方支付平台将客户已经付款的消息通知商家，并要求商家在规定时间内发货。

（4）商家收到通知后按照订单发货。

（5）客户收到货物并验证后通知第三方。

（6）第三方将其账户上的货款划入商家账户中，交易完成。

（二）主要特点

从支付流程中可以看到，第三方支付具有显著的特点：

第一，第三方支付平台提供一系列的应用接口程序，将多种银行卡支付方式整合到一个界面上，负责交易结算中与银行的对接，使网上购物更加快捷、便利。消费者和商家不需要在不同的银行开设不同的账户，可以帮助消费者降低网上购物的成本，帮助商家降低运营成本；同时，还可以帮助银行节省网关开发费用，并为银行带来一定的潜在利润。

第二，较之 SSL、SET 等支付协议，利用第三方支付平台进行支付操作更加简单而易于接受。SSL 是应用比较广泛的安全协议，在 SSL 中只需要验证商家的身份。SET 协议是基于信用卡支付系统的比较成熟的技术。但在 SET 中，各方的身份都需要通过 CA 进行认证，程序复杂，手续繁多，速度慢且实现成本高。有了第三方支付平台，商家和客户之间的交涉由第三方来完成，使网上交易变得更加简单。

第三，第三方支付平台本身依附于大型的门户网站，且以与其合作的银行的信用作为信用依托，因此第三方支付平台能够较好地突破网上交易中的信用问题，有利于推动电子商务的快速发展。

在通过第三方平台的交易中，买方选购商品后，使用第三方平台提供的账户进行货款支付，由对方通知卖家货款到达、进行发货；买方检验物品后，就可以通知付款给卖家。第三方支付平台的出现，从理论上讲，彻底杜绝了电子交易中的欺诈行为，这也是由它的以下特点决定的。

三、第三方支付模式的主要优势与存在的问题

（一）主要优势

1. 服务价值优势

（1）成本优势。支付平台降低了政府、企业、事业单位直连银行的成本，满足了企业专注发展在线业务的收付要求。

（2）竞争优势。第三方支付平台的利益中立，避免了与被服务企业在业务上的竞争。

（3）创新优势。第三方支付平台的个性化服务，使得其可以根据被服务企业的市场竞争与业务发展所创新的商业模式，同步定制个性化的支付结算服务。

2. 支付优势

在缺乏有效信用体系的网络交易环境中，第三方支付模式的推出，在一定程度上解决了网上银行支付方式不能对交易双方进行约束和监督，支付方式比较单一，以及在整个交易过程中，货物质量、交易诚信、退换要求等方面无法得到可靠的保证，交易欺诈广泛存在等问题。其优势体现在以下几方面：

首先，对商家而言，通过第三方支付平台可以规避无法收到客户货款的风险，同时能够为客户提供多样化的支付工具。尤其为无法与银行网关建立接口的中小企业提供了便捷的支付平台。

其次，对客户而言，不但可以规避无法收到货物的风险，而且货物质量在一定程度上也有了保障，增强客户网上交易的信心。

最后，对银行而言，通过第三方平台，银行可以扩展业务范畴，同时也节省了为大量中小企业提供网关接口的开发和维护费用。

可见，第三方支付模式有效地保障了交易各方的利益，为整个交易的顺利进行提供支持。

（二）存在问题

1. 风险问题

在电子支付流程中，资金都会在第三方支付服务商处滞留，即出现所谓的

资金沉淀，如缺乏有效的流动性管理，则可能存在资金安全和支付的风险。同时，第三方支付机构开立支付结算账户，先代收买家的款项，然后付款给卖家，这实际已突破了现有的诸多特许经营的限制，它们可能为非法转移资金和套现提供便利，因此形成潜在的金融风险。

2. 电子支付经营资格的认知、保护和发展问题

第三方支付结算属于支付清算组织提供的非银行类金融业务，银行将以牌照的形式提高门槛。因此，对于那些从事金融业务的第三方支付公司来说，面临的挑战不仅仅是如何盈利，更重要的是能否拿到将要发出的第三方支付业务牌照。

3. 业务革新问题

因为支付服务客观上提供了金融业务扩展和金融增值服务，其业务范围必须要明确并且要大胆推行革新。到目前为止，全球拥有手机的人多于拥有电脑的人，相对于单纯的网上支付，移动支付领域将有更大的作为。所以第三方支付能否趁此机遇改进自己的业务模式，将决定第三方支付最终能否走出困境，获得发展。

4. 恶性竞争问题

电子支付行业存在损害支付服务甚至给电子商务行业发展带来负面冲击的恶意竞争的问题。国内的专业电子支付公司已经超过 40 家，而且多数支付公司与银行之间采用纯技术网关接入服务，这种支付网关模式容易造成市场严重同质化，也挑起了支付公司之间激烈的价格战。由此直接导致了这一行业"利润削减快过市场增长"，在中国，惯用的价格营销策略让电子支付行业吞下了利润被摊薄的苦果。

5. 法律、法规支持问题

在保护电子商务交易的同时，从支付认证、支付标准和交易公开性的角度看，中国必须考虑建立一些标准，为工商管理、税收管理和政府的行业管理做技术上和政策上的准备。如何规范电子支付业务、防范支付风险、保证资金安全、维护广大商户和用户在电子支付活动中的合法权益，已成为影响中国电子支付产业健康发展的关键问题。《支付清算组织管理办法》和《电子支付指引（第二号）》法规的颁布，将一定程度解决这个问题。

四、第三方支付模式的行业分类与支付机构

（一）行业分类

1. 互联网型支付企业

以支付宝、财付通为首的互联网型支付企业，它们以在线支付为主，捆绑大型电子商务网站，迅速做大做强。

2. 金融型支付企业

以银联商务、快钱、汇付天下、易宝、拉卡拉等为首的金融型支付企业，侧重行业需求和开拓行业应用。

3. 第三方支付公司为信用中介

以非金融机构的第三方支付公司为信用中介，类似银联商务、拉卡拉、嘉联支付这类手机刷卡器产品，这类移动支付产品通过和国内外各大银行签约，具备很好的实力和信用保障，是在银行的监管下保证交易双方利益的独立机构，在消费者与银行之间建立一个某种形式的数据交换和信息确认的支付的流程。乐富支付向广大银行卡持卡人提供基于POS终端的线下实时支付服务，并向终端特约商户提供POS申请/审批、自动结账/对账、跨区域T+1清算、资金归集、多账户管理等综合服务。

（二）支付机构

各国先后对第三方支付机构进行了定义。美国1999年《金融服务现代化法案》将第三方支付机构界定为非银行金融机构，将第三方支付视为货币转移业务，本质上是传统货币服务的延伸。欧盟1998年电子货币指令规定第三方支付的媒介只能是商业银行货币或电子货币，将类似PayPal（贝宝）的第三方支付机构视为电子货币发行机构；2005年支付服务指令规定第三方支付机构为"由付款人同意，借由任何电信、数码或者通信设备，将交易款项交付电信、数码或网络运营商，并作为收款人和付款人的中间交易人"。中国人民银行

2010年颁布的《非金融机构支付服务管理办法》将非金融机构支付服务定义为，在收款人和付款人之间作为中介机构提供下列部分或全部货币资金转移服务：互联网支付、预付卡的发行与受理、银行卡收单。

从电子交易、电子货币和电子认证技术三大角度综合来看，第三方支付机构可定义为：运用信息网络、电子货币及电子认证技术，提供个人、企业和机构用户之间支付结算、资金清算等货币资金转移及其延伸服务，从而实现电子交易中资金流与信息流高效匹配的现代非银行金融中介服务机构。

五、第三方支付模式的支付服务与主流品牌

（一）支付服务

第三方支付机构通常可以在用户之间提供银行卡收单、互联网支付、移动支付、预付卡支付、电话支付、数字电视支付等多种形式的支付服务。

1. 互联网支付

以互联网为载体进行资金的转移，利用银行所支持的某种数字金融工具，发生在购买者和销售者之间的金融交换，而实现从购买者到金融机构、商家之间的在线货币支付、现金流转、资金清算、查询统计等过程，由此为电子商务服务和其他服务提供金融支持。

2. 移动支付

以移动终端，包括手机、PDA（个人数字助理）、智能手机、平板电脑等在内的移动工具，运用蓝牙、红外、NFC（近场通信）、RFID（射频识别）、短信等技术，通过移动通信网络，实现资金由支付方转移到收款方的一种支付方式。

3. 银行卡收单

采用POS机为介质，实现签约银行向商户提供的本外币资金结算服务。最终持卡人在银行签约商户处刷卡消费，由银行结算。收单银行结算的过程就是从商户得到交易单据和交易数据，扣除按费率计算出的费用后付款给商户。

4. 预付卡支付

采取磁条、芯片、RFID等技术，以卡片、密码等形式的电子支付卡片为

介质，实现将发行机构指定范围内购买产品或服务的预付价值兑现的支付。预付卡包括礼品卡、福利卡、商家会员卡、公交卡等。狭义的预付卡支付是指由专营发卡机构发行，可跨法人使用的预付卡。

5. 电话支付

借由各种形式的通话终端设备（固定电话、手机），与银行或通信运营商建立的支付系统相联通，进而连接到银行系统，完成个人银行账户资金转移的支付方式。其媒介为电话设备，无须添加额外终端。与移动支付相比，它要求用户进行通话通信。

6. 数字电视支付

以电视信号为媒介，通过电视遥控器的操作，接入支付系统完成支付的模式。与其他支付相比，数字电视利用了完全不同的信号通路，且与电视娱乐直接挂钩。

（二）主流品牌

中国国内的第三方支付产品主要有微付通（微付天下）PayPal、中汇支付、支付宝、拉卡拉、财付通、微信支付、盛付通、腾付通、通联支付、易宝支付、中汇宝、快钱、国付宝、百付宝、物流宝、网易宝、网银在线、环迅支付 IPS、汇付天下、汇聚支付、宝易互通、宝付、乐富。

其中用户数量最大的是 PayPal 和支付宝，前者主要在欧美国家流行，后者是马云阿里巴巴旗下产品。据称，截至 2009 年 7 月，支付宝用户超过 2 亿户。拉卡拉则是中国最大线下便民金融服务提供商。另外中国银联旗下银联电子支付也开始发力第三方支付，推出了银联商务，提供相应的金融服务。

1. 支付宝

支付宝（中国）网络技术有限公司是国内领先的独立第三方支付平台，是由阿里巴巴集团 CEO 马云先生在 2004 年 12 月创立的第三方支付平台，是阿里巴巴集团的关联公司。支付宝致力于为中国电子商务提供"简单、安全、快速"的在线支付解决方案。

2. 拉卡拉

拉卡拉将银行严格的风险控制与支付企业的技术创新相结合。招行、广发等手机银行已经内置拉卡拉移动支付功能,解决了手机银行只能受理本行银行卡的问题。

3. 微付通（微付天下）

(1) 支持银联标志的银行卡的信用卡和借记卡；

(2) 独立的管理后台让商户可以实时交易数据明细，随时随地轻松掌控；

(3) 移动 POS 机拨号 POS 机，多重选择，其他收单机构很难申请到；

(4) 7×24 小时客户服务，随时在线咨询；

(5) 刷卡手续费更优惠。

4. 财付通

财付通是腾讯公司于 2005 年 9 月正式推出专业在线支付平台，致力于为互联网用户和企业提供安全、便捷、专业的在线支付服务。

5. Moneybookers

2003 年 2 月 5 日，MB 成为世界上第一家被政府官方所认可的电子银行。它还是英国电子货币协会 EMA 的 14 个成员之一，广泛被列为仅次于 e-gold 的主要付款形式。更重要的是这家电子银行里的外汇是可以转到国内银行账户的。

6. 宝付

宝付推出的"我的支付导航"主要分为个人支付导航与商户支付导航两大版块。从网上交水费、电费、煤气费等基本生活需要，到旅行买机票、火车票、订酒店，再到网上购物、通信充值等各种类型"日常便民服务"，"我的支付导航"不仅为广大个人用户提供了便利生活支付服务，也给企业商户提供行业解决方案、一站式解决方案及增值服务等产品服务。

7. 国付宝

国付宝信息科技有限公司（以下简称"国付宝"）是商务部中国国际电子商务中心（以下简称"CIECC"）与海航商业控股有限公司（以下简称"海航商业"）合资成立，针对政府及企业的需求和电子商务的发展，精心打造的、具国有背景的、引入社会诚信体系的、独立的第三方电子支付平台，也是"金关工程"的重要组成部分。

六、第三方支付模式与银行关系及网上银行

（一）银行关系

1. 第三方支付平台和银行的微妙关系

第三方支付平台和银行的关系比较微妙。第三方支付一旦做大，将与银行的网上银行及网上支付抢生意，甚至有可能会取得银行牌照、变身做零售银行的可能，因此它的靠山银行绝对不会养虎为患。反过来说，第三方支付也为将来银行推出网上电子支付业务扮演了排头兵冲锋陷阵的角色，使银行网上电子支付业务的推出更容易一些，因此银行也不想做得太绝，将其扼杀在摇篮中，这有点卸磨杀驴之嫌。但还是那句话，在商场上只有永远的利益，没有永远的朋友。

2. 第三方支付与银行的业务冲突

第三方支付与银行的业务冲突现在似乎不太明显，但在不远的将来会越来越明显，但如前所述，由于第三方支付在以前也为银行做了不少有益的事，马上翻脸扼杀第三方支付，银行可能也有所顾忌，因此银行业为了避免同第三方支付企业撕破脸，就曾给第三方支付企业指出一条出路。某银行行长就曾直言不讳地表示："如果是 C2C 的形式，第三方支付就很有存在的必要。因为卖家众多，也比较零散，管理需要耗费很多时间，银行的精力有限；但如果是 B2C，一些大商户不见得比第三方支付机构能力弱，在这种情况下，银行直接介入就可以了。"言下之意，第三方支付还是到 C2C 去发展吧。可是 C2C 平台基本上都有自己的支付平台，这条路能走得通吗？

国内比较畅销的第三方支付平台即为支付宝，支付宝已经在全国各地开通手机缴费、煤气、水、电缴费等，而这些不就是 B2C 吗？而阿里巴巴公司旗下兼容 B2B、B2C、C2C，目前而言，支付宝可以在中国行得通、走得远。

3. 第三方支付与银行的合作

第三方支付机构在科技与金融、线上与线下的跨平台性特征，使其积累的

行业经验与用户数据更为多维度。他们可以通过最新的科技手段，对线上、线下的用户行为数据进行跟踪、分析、挖掘，将这些数据同银行的信贷等业务进行对接，便可以创造出新型的融资模式，比如现在大家都在关注的互联网金融。

虽然当下第三方支付企业整体规模相对银行来讲依旧偏小，但第三方支付业务的创新性与灵活性已经引起了银行的重视。第三方支付企业同用户的距离更近，能够更为清楚地获取用户需求，并且快速满足。因此，银行在银行卡、信贷、基础金融服务等业务上应当积极同第三方支付企业合作。比如部分中小银行因网点少，信用卡还款不便，导致信用卡业务发展缓慢，而与第三方支付企业合作则可以解决以上问题。

（二）网上银行

除了第三方支付企业之间的残酷竞争外，原来第三方支付所依赖的银行也逐渐从幕后走向前台，大有取代第三方支付企业之势。当初，第三方支付企业出现时，银行认为第三方支付有利于自己发展新业务，且不管这些支付企业怎么折腾，也都不会威胁到银行自身在这个行业中的主导地位，也正是基于这种认识使得银行对于当初第三方支付平台的发展能够持一种比较开明宽容的态度。而银行好像对于网上支付这块肥肉也产生了兴趣，中国工商银行、招商银行、兴业银行、广发银行等都已经在网上电子支付投入了很大力量，除此之外，中国央行批准的15家外资银行准许在中国开办网上银行，这无疑会在中国银行业开放之后对中国国内第三方支付企业造成致命冲击。

最后必须要提及的是第三方支付企业背后往往有外资、内资或知名电子商务网站等资金较为雄厚的投资者支撑，在当前为了占领地盘微利经营甚至亏本经营的时期，投资者的支持与否甚至能决定第三方支付能否生存下去，但当前大环境的投资趋冷将使第三方支付企业的生存环境更加恶劣。

七、第三方支付模式的发展阶段与行业展望

（一）发展阶段

从电子支付技术角度，中国第三方支付发展相应可分为三大阶段。中国第

一代支付以 POS 机物理网络为技术依托，以银联为代表；第二代支付以电脑的物理网络为依托，以支付宝为代表。前两代均服务于互联网商业应用。随着互联网商业应用迅速移动互联网化，将形成以智能终端和移动网络为技术依托的第三代支付。

阶段一：网银发展促进行业生长（2005 年以前）

中国的支付体系脱胎于计划经济。1991 年，中国人民银行建成全国电子联行系统，至此，中国的支付体系才初步形成。由此开始，以银行信用为依托的支票、银行本票、汇票以及银行卡等非现金支付工具逐渐取代现金，普及应用。

2002 年 3 月，中国银联的成立解决了多银行接口承接的问题。而金融网络和互联网的接口承接，则由从电子商务领域发展而出的其他第三方支付机构承担。第三方支付提供的支付服务是附加值较低的支付网关模式。早期采用网关模式的第三方支付企业包括网银在线、首信支付、环迅支付等，此外，PayPal 也是最早来中国搭建支付通路的支付服务提供商。

就此，银行卡支付与互联网支付的商业模式初步形成。当然，在支付网关模式中，第三方支付机构从严格意义上讲并不是支付平台，而只是商户到银行的通道，第三方支付机构仅相当于资金的搬运工，其自身业务的附加值和增值空间都非常小，收入来源主要是和银行的二次分润。

阶段二：互联网浪潮推动爆炸式增长（2005—2012 年）

2005 年被称为以互联网支付为代表的第三方支付概念提出的一年，在这一年，第三方支付服务公司在专业化程度、市场规模和运营管理等方面取得了显著的进步。在运营方式上，第三方支付机构从支付网关模式向增值空间更大的账户模式转变。大量互联网支付通过商户和消费者注册的第三方支付平台账户完成。在这种模式下，第三方支付机构真正作为一个平台，处于交易流程中资金和信息的重要停留节点，并且基于平台上交易的资金流和信息流，第三方支付机构可以获得更大的服务创新和价值创造空间。

可以看到，这一阶段的大部分第三方支付机构在基础支付服务的同时，开始向客户提供各种类型的增值服务，如缴费、转账、还款、授信、保理和咨询，显著提升了资金的周转效率，改善了客户体验。第三方支付还款已经成为除绑定银行卡还款、网上银行还款和银行柜台还款之外的第四大还款途径。越来越多的普通大众开始享受到第三方支付带来的安全与便捷。

这一阶段第三方支付机构的互联网支付服务发展迅猛，从2006年的485亿元增加到2012年的6.89万亿元。2005年，中国互联网支付注册账户规模为3 000万个，2012年年底为12亿个，其中单位支付账户313.85万个，个人支付账户11.97亿个。第三方支付交易金额为3.47万亿元，共7.34亿笔，交易额占互联网支付服务交易额的50%。第三方支付机构的支付业务量、支付业务金及客户备付金已分别占全国总规模的82%、95%和93%。第三方支付已成为中国多层次金融服务体系的重要组成部分。

阶段三：移动互联网浪潮酝酿重大变革（2013—2020年）

2012年是移动支付突破元年，未来10年是移动支付发展的黄金10年。基于智能手机上的SNS（社会性网络服务）、LBS（基于位置的服务）和支付等应用都取得了突破，以智能终端和移动网络为依托的第三代支付风起云涌。

中国银联预计移动支付增长率为100%～200%，是第三方支付的新增长点，远高于互联网支付30%左右的增长预期和预付卡业务20%左右的增长预期。

移动互联网浪潮席卷的支付业务创新和技术创新也露出端倪。移动金融的时代已经来临，第三方支付与保险、信贷、证券等金融业务之间的新一轮渗透融合正步入快车道。同时，不断涌现的新技术随时都以席卷之势替代刚稳定下来的系统。任何已有的发展优势，都难以成为持续的优势。

在移动支付浪潮中，中国企业也已步入"超车道"，极速"飙车"。截至2014年年底，第三方移动支付市场交易规模达到59 924.7亿元，较2013年增长391.3%，继续呈现出较高的增长状态。而2013年，第三方移动支付的增长率达到了707.0%。移动支付已经连续两年保持超高增长。

另据央行2015年2月12日发布2014年支付体系运行总体情况报告显示，2014年，全国共发生电子支付业务333.33亿笔，金额1 404.65万亿元，同比分别增长29.28%和30.65%。其中，网上支付业务285.74亿笔，金额1 376.02万亿元，同比分别增长20.70%和29.72%；移动支付业务45.24亿笔，金额22.59万亿元，同比分别增长170.25%和134.30%。截至2014年年末，全国累计发行银行卡49.36亿张，较上年末增长17.13%。

可以预见，中国第三方支付将进入一个新技术、新金融、新体系、新格局不断涌现的重大变革阶段。世界级的中国第三方支付机构完全可能在移动互联网变革大潮中孕育诞生，并走向成熟。

（二）行业未来

1. 快速发展

相对于传统的资金划拨交易方式，第三方支付可以比较有效地保障货物质量、交易诚信、退换要求等环节，在整个交易过程中，都可以对交易双方进行约束和监督。在不需要面对面进行交易的电子商务形式中，第三方支付为保证交易成功提供了必要的支持，因此随着电子商务在中国国内的快速发展，第三方支付行业也发展得比较快。

2. 规范管理

无数行业发展史表明，初期国家为了支持某行业的发展，总是给其提供宽松的环境，甚至对一些打擦边球、钻政策空子的行为也是睁只眼闭只眼，但发展到一定程度特别是高速发展的时期，国家有关部门就会插手进行管理，提供必要的、有效的规范、监督与管理，以保证行业继续健康发展。

中国央行某高官提出："一些市场创新产品，如网上支付、移动支付等电子支付方式，在缺乏规范约束的情况下其发展可能面临一定的风险，需要相应的法规制度进行规范管理。"而网上支付、移动支付是第三方支付主要的运营形式，很明显该高官的这句话就是向第三方支付行业传递一个明显的信号：要对第三方支付行业进行治理了。

3. 行业治理

第三方支付行业确实该治理，无序竞争使各家的利润不高甚至在亏损中经营，没有造血功能行业生命力就不强。大多数第三方支付平台还是靠收取支付手续费，即第三方支付平台与银行确定一个基本的手续费率，缴给银行；然后，第三方支付平台在这个费率上加上自己的毛利润，向客户收取费用。但是由于竞争的残酷，为抢占更多的客户，一些第三方支付公司甚至不惜血本，将向客户的提成份额一降再降，优惠条件层出不穷，不少第三方支付企业在很长时间一直在赔本赚吆喝。

4. 网上银行

除了第三方支付企业之间的残酷竞争外，原来第三方支付所依赖的银行也逐渐从幕后走向前台，大有取代第三方支付企业之势。

5. 移动互联网

前面已有介绍，未来10年是移动支付发展的黄金10年。基于智能手机上的 SNS（社会性网络服务）、LBS（基于位置的服务）和支付等应用都取得了突破，以智能终端和移动网络为依托的第三代支付风起云涌，这无疑将会是扮演第三方支付最主要的角色。

6. 产业预期

第三方支付是现代金融服务业的重要组成部分，也是中国互联网经济高速发展的底层支撑力量和进一步发展的推动力。第三方支付平台不仅在弥补银行服务功能空白、提升金融交易效率等方面表现突出，同时在健全现代金融体系、完善现代金融功能方面起着重要作用。随着国内电子商务的兴起，一些信息服务企业兴办的支付平台也已经开始崭露头角，第三方支付作为新技术、新业态、新模式的新兴产业，具有广阔的市场需求前景。

第二节　第三方支付运作模式选择及与商业银行竞合方略

第三方支付模式如何进行实战？本节将阐述两个关键性的问题：战术如何把握第三方支付运作模式选择；战略上如何与商业银行竞争合作。

一、第三方支付运作模式战略选择

（一）第三方支付运行模式的基本要点

第三方支付使商家看不到客户的信用卡信息，同时又避免了信用卡信息在网络多次公开传输而导致的信用卡被窃事件。第三方支付一般的运行模式要点如下：

（1）消费者在电子商务网站选购商品，最后决定购买，买卖双方在网上达成交易意向。

（2）消费者选择利用第三方支付平台作为交易中介，用借记卡或信用卡将货款划到第三方账户，并设定发货期限。

（3）第三方支付平台通知商家，消费者的货款已到账，要求商家在规定时间内发货。

（4）商家收到消费者已付款的通知后按订单发货，并在网站上做相应记录，消费者可在网站上查看自己所购买商品的状态；如果商家没有发货，则第三方支付平台会通知顾客交易失败，并询问是将货款划回其账户还是暂存在支付平台。

（5）消费者收到货物并确认满意后通知第三方支付平台。如果消费者对商品不满意，或认为与商家承诺有出入，可通知第三方支付平台拒付货款并将货物退回商家。

（6）消费者满意，第三方支付平台将货款划入商家账户，交易完成；消费者对货物不满，第三方支付平台确认商家收到退货后，将该商品货款划回消费者账户或暂存在第三方账户中，等待消费者下一次交易的支付。

（二）第三方支付运作模式的战略选择

（1）第三方支付市场将会形成"割据"形势。第三方支付市场潜力巨大，市场前景广阔，客户对象级差范围大，服务种类形式繁多，不可能出现"一枝独秀"的局面。由于市场的虚拟性，没有时空的限制，很难出现传统市场中的真空地带，而且服务的提供者是机器，也难形成个性化的服务，所以市场的形式也不可能是"百花齐放"。在市场的厮杀中，资本雄厚的、技术实力强的、市场定位准确的、有创新能力的少数几个企业将会占据整个市场，最终会形成"割据"之势。

（2）第三方支付的服务将更深入，更细化。随着第三方支付平台行业化服务的深入，第三方支付业务也将更细化，走向更加细分的市场。同时这也会让第三方支付商的产品具有差异化和专业化，摆脱恶性价格竞争，步入良性循环。那些能最早深入到某具体行业的支付商，还可以形成在该行业支付平台的竞争优势，抢占先机。从现在的电子商务发展看，电子客票、数字娱乐和电信充值，最有希望打造行业性支付平台。

（3）大力开发增值服务是第三方支付的必经之路。目前第三方支付企业们的服务大同小异，在未来竞争中要想留住客户，提高客户的忠诚度，必须在更大程度上给自己的产品附加增值服务。未来的第三方支付平台，不仅是一个支付平台，还应该是一个综合咨询平台。第三方支付就是以非金融机构的第三方支付公司为信用中介，通过和国内外各大银行签约，具备很好的实力和信用保障，是在银行的监管下保证交易双方利益的独立机构，在消费者与银行之间建立一个某种形式的数据交换和信息确认的支付的流程。乐富支付向广大银行卡持卡人提供基于POS终端的线下实时支付服务，并向终端特约商户提供POS申请/审批、自动结账/对账、跨区域T+1清算、资金归集、多账户管理等综合服务。

（三）第三方支付平台企业经营模式选择

纵观中国当前经营状况相对较好的第三方支付平台企业，主要基于以下两种经营模式：

1. 支付网关模式

第三方支付平台将多种银行卡支付方式整合到一个界面上，充当了电子商务交易各方与银行的接口，负责交易结算中与银行的对接，消费者通过第三方支付平台付款给商家，第三方支付为商家提供一个可以兼容多银行支付方式的接口平台。

2. 信用中介模式

为了增强线上交易双方的信任度，更好地保证资金和货物的流通，充当信用中介的第三方支付服务应运而生，实行"代收代付"和"信用担保"。交易双方达成交易意向后，买方须先将支付款存入其在支付平台上的账户内，待买家收货通知支付平台后，由支付平台将买方先前存入的款项从买家的账户中划至卖家在支付平台上的账户。这种模式的实质便是以支付公司作为信用中介，在买家确认收到商品前，代替买卖双方暂时保管货款。

二、传统商业银行如何应对支付市场新兴需求以进行战略转型

在第三方支付市场快速发展，交易规模迅猛增长的同时，商业银行不断感

受着新兴市场力量的挑战，并在经营策略、升级产品、提升服务等方面进行了被动或主动的应对。但从实际情况来看，仅仅是战术层面的调整仍无法扭转商业银行与支付市场新兴需求"渐行渐远"的尴尬局面。因此更重要的是适应信息技术和电子商务蓬勃发展的趋势，在战略上实现银行经营管理的全面转型，完成传统柜台金融向互联网金融的"华丽转身"，推动金融服务的网络化和金融服务增值化。

对商业银行而言，适应支付市场新兴需求的战略转型在具体实践层面，至少要把握四方面的要点：

（一）网上银行的服务形态要向网络银行转型

从1998年招行推出"一网通"网上银行服务开始，我国的网上银行服务经历了用户不断增加、业务量迅速增长、服务种类和业务品种不断增多的快速发展时期。工行网站2002年还被英国《银行家》杂志评为"全球最佳银行网站"。但我国的网上银行更多的只是扮演了"先进的渠道"作用，其服务功能与物理网点并无明显差异，在客户体验、营销渠道、产品研发、经营策略等方面，商业银行的网上银行距离全功能、全流程在线的互联网金融仍有差距。未来，商业银行在互联网产业极其重视的客户体验方面，要以交互设计师的眼光，全面考量品牌形象、产品、服务以及用户付出的金钱成本、时间成本等细节事项；在营销渠道上要努力形成基于电子商务的客户关系管理体系（EC/CRM）；在产品研发上，要重新将商业银行定位为金融投资资讯的提供商，稳固银行的信息中介功能；在经营策略上，要掌握电子商务时代由虚拟化运营衍生的各种商机，开发配套的新产品和新市场。

（二）服务内容向网络金融转型

目前，我国商业银行的网上银行产品服务停滞不前、缺乏创新的发展现状与第三方支付企业迅猛发展的局面形成了鲜明的对比。这也充分证明，只有将资金流、信息流、物流成功整合于同一电子商务平台上的网络金融才是电子商务活动的核心。未来，商业银行必须适应金融服务的信息化趋势，改变现有的服务模式，学习第三方支付企业利用成熟的风险定价模型，完成向互联网金融业务的创新。特别是要尽快着手考虑众多对公客户的B2B金融解决方案。

（三）服务对象向零售及中小企业客户转型

适应网络银行、网络金融转型的需要，商业银行的服务对象也必须向零售客户转型，在当前零售银行业务的基础上，商业银行要直接介入网络支付链条，扭转仅向第三方支付企业提供账户与通道的单向合作局面；要改变依赖网点扩张的传统零售业务发展模式，适应不断变化、个性化与多样化的零售客户需求；要试水基于供应链的中小企业网络业务，抢占网络金融服务市场；要努力打造线上及线下、终端及移动的电子商务平台，努力在零售业务的各个领域为客户提供3A（Anytime，Anywhere，Anyway）标准的服务。

（四）挖掘竞争优势和发挥竞争潜力，为战略转型提供保障

面对新兴的支付市场需求，商业银行要综合利用自身潜在的资源储备、全金融牌照以及核心客户资源等各种优势，结合移动支付、跨境支付、O2O等新型支付业务的需要，完善与转型战略配套的机制、体制。

三、促进商业银行和第三方支付企业发展的战略要点

首先，从现实情况来看，第三方支付持牌机构数量多、个体差异性大，内部经营管理水平参差不齐，战略发展方向差异明显，而且不同的商业银行、第三方支付企业在不同的利益诉求、市场地位、自身特点等特定条件下，会选择不同的发展战略和经营策略。因此，谈论该问题必须剔除商业银行和第三方支付企业之间的个体差异，因为，很难有一项对策能够同时满足两个行业所有个体的需要。但从宏观或者行业整体性角度，就比较容易寻找到同时满足两个行业健康发展的公因式。

其次，从整体上来看，与第三方支付业的健康发展必须围绕安全与高效的核心目标。国民经济和社会发展第十二个五年规划纲要指出，要全面推动金融改革、开放和发展，构建组织多元、服务高效、监管审慎、风险可控的金融体系，不断增强金融市场功能，维持金融市场的稳定发展。按照纲要的精神，可以说，商业银行和第三方支付企业的共同目标应当是"以支付为基础的金融服

务的安全与高效"。

最后，对于政府监管部门而言，促进商业银行和第三方支付企业健康发展的"大政方针"主要是：

（1）目前，第三方支付企业与商业银行之间的综合性、多样化的复杂关系是以竞争与合作为主线的，政府监管部门应当鼓励有序竞争与深入合作的行业发展基调。

网络支付安全是整个市场规范发展、市场参与者有序竞争的内在需要。围绕安全与效率的核心目标，政府监管部门要积极推动商业银行和第三方支付企业强化在网络支付安全方面的合作，在鼓励商业银行与第三方支付企业共同开展网络商户和消费者安全支付教育的同时，要尽快研究涵盖整个网络支付产业链的安全合作机制，推动诸如安全技术、反欺诈、反洗钱、防钓鱼、"黑名单"共享等具体措施的落实。

而在网络支付效率的提高方面，政府监管部门要深化网络支付领域共同遵循统一标准的对称监管和有序竞争的游戏规则；推动商业银行和第三方支付企业在电子商务融资、数据挖掘、交叉营销和移动金融等方面开展深入合作，促进彼此商业模式的创新和融合，取长补短，共同构筑高效、平衡、健康的电子商务和互联网金融生态圈。在这一合作过程中，商业银行和第三方支付企业都需要认真辨别，寻找具有相似经营理念、共同发展目标、较强内控能力的合作伙伴，探索建立双赢合作模式。

（2）坚持创新驱动，围绕消费金融服务需求、人民币国际化等宏观经济战略，提升支付业的服务能力。创新是支付行业满足市场需求，不断提升服务能力的原动力。今后一段时期我国在宏观经济金融稳步发展的基础上，将更加突出扩大内需特别是消费需求，突出保障和民生，消费金融服务将无处不在。面对这种新情况和新变化，政府监管部门要鼓励商业银行和第三方支付机构立足全局，抓住机遇，加强战略谋划，增强应对能力，加大与宏观经济战略相关的全场景的支付产品与服务的开发与应用，挖掘相关增值服务，通过创新驱动实现有序健康发展。

（3）要关注和化解影响支付产业安全与效率的、潜在的行业壁垒和"大而不倒"等问题。《非金融机构支付服务管理办法》规定"支付业务许可证"自颁发之日起，有效期5年。网络支付牌照的期限及延续规定有利于引导和督促持牌支付机构强化经营管理，提升服务质量。但同时也存在两方面的潜在问题：一是持牌机构每5年面临一次"大考",如果不能如愿取得牌照期限的续展许可,则必须有终止其经营和服务的合理安排,但其中隐藏着"大而不倒"的问题;二是行业垄断和市场壁垒。支付牌照是对获得牌照企业从平台系统、运营管理以及风险控制等各方面资质的一个有效认可,对于提升企业的品牌形象和公信力具有重要作用。在第三方支付细分领域的竞争愈加激烈的大趋势下,5年一次的"大考"客观上将会加速行业的兼并重组,如果支付平台逐渐被大企业掌控,而且需要牌照,未来将会给互联网电子商务甚至是实体企业领域构筑较高的门槛,新进入者被彻底隔离在外面。长期来看,这对第三方支付市场在充分竞争情况下的效率提高是不利的。

四、第三方支付企业在未来发展方向上的战略重点

对第三方支付产业而言,"科学技术是第一生产力"。从实际情况来看,具有较大影响和市场地位的第三方支付企业最重要的共同点就是利用现代科技,较好地适应并推动了科技引领综合金融的大趋势。总体上看,第三方支付企业的未来发展必须用好"现代科技"带来的推动力,来不断提升以支付为基础的金融服务的安全和效率。在具体的发展方向上有四个特别需要关注的重点:

(一)技术创新和成果转化能力的培养

技术创新是第三方支付产业快速发展的最主要的动力,卓越的创新、研发能力是第三方支付企业的核心竞争力。在未来较长的一段时期内,更好地实现第三方支付机构在电子商务活动领域中的信用中介功能,是保证其持续、稳定发展的重要基础。目前,以智能实时防控系统和大数据分析技术为基础的技术创新和成果转化是提升第三方支付服务安全和效率的重要基础。

(二)移动支付、跨境支付业务的机遇把握

目前,移动支付、跨境支付已经"浮出水面",成为市场竞争和发展的新"焦点"。把握移动支付和跨境支付带来的机遇与挑战,是第三方支付产业提升服务能级、增强自身竞争力并推动产业同步发展的重要契机。

（三）特定行业的精耕细作与专业化发展

目前，第三方支付机构提供的服务逐步由单纯地提供支付结算服务向提供行业解决方案及产业链支付方向发展，渗透包括钢铁、物流、基金、保险等诸多传统领域，这些传统领域的专业化发展是第三方支付机构未来发展的重要内容。在具体服务方式上，个性化的支付结算综合服务方案乃至与企业ERP系统全自动处理的模式将成为第三方支付企业追求的目标。

（四）线上线下支付业务的融合发展

智能手机的普及为第三方支付企业打通线上线下资源，实现线上线下支付业务的融合发展提供了可能。过去几年中，支付宝推出了手机支付产品"条码支付"（二维码支付）和代号为"卡宝"的新版支付宝App；腾讯旗下的财付通也加强与微信合作，发展微信支付。O2O模式为互联网支付企业创造更为丰富的全场景支付应用和增值服务提供了宽广的想象空间。可以预见，与支付的生活化应用场景紧密结合的O2O模式将不断细化未来的支付产品及服务。

第三节　如何完善第三方支付风险控制与监管

第三方支付作为支付中介，为用户和银行提供接口和通道，便利了经济的发展，扩大了银行的服务范围，提高了交易的安全性。第三方支付创新了金融支付工具和支付渠道，给我国现有的支付体系带来变革。然而，作为新技术、新业态、新模式的第三方支付产业，在发展过程中也带来了一系列的金融风险，如操作风险、系统风险、资金安全风险、信用风险、非法套现、市场风险、欺诈风险等，因此，进一步加强第三方支付风险管理，提高金融监管的有效性，引导支付服务市场朝着竞争、创新、效率、安全、自律、规范的目标发展具有重要的现实指导意义。那么，该如何加强和完善我国第三方支付风险控制与监管呢？

一、如何健全国家部委出台的有关第三方支付法规

（一）国家部委出台的第三方支付有关法规

2005年10月，《电子支付指引（第一号）》，中国人民银行；

2009年4月，《关于加强银行卡安全管理预防和打击银行卡犯罪的通知》，中国人民银行、银监会、公安部和国家工商总局联合发布；

2009年4月，对从事支付清算业务的非金融机构进行登记（2009年第7号公告），中国人民银行；

2010年6月，《非金融机构支付服务管理办法》（2010年第2号令），中国人民银行；

2010年12月，《非金融机构支付服务管理办法实施细则》，中国人民银行；

2011年5月，《关于规范商业预付卡管理意见的通知》，国务院办公厅转发中国人民银行等七部委；

2012年1月，《支付机构互联网支付业务管理办法（征求意见稿）》，中国人民银行；

2012年2月，《保险公司财会工作规范》，国家保监会；

2012年9月，《支付机构预付卡业务管理办法》，中国人民银行；

2013年1月，《国家发展改革委关于优化和调整银行卡刷卡手续费的通知》（发改〔2013〕66号），国家发改委；

2013年2月，《关于开展第三方支付机构跨境电子商务外汇支付业务试点的通知》（汇综发〔2013〕5号），国家外汇管理局；

2013年6月，《支付机构客户备付金存管办法》（2013年第6号公告），中国人民银行；

2013年6月，支持支付宝余额宝创新，但同时要求履行《证券投资基金销售管理办法》和《证券投资紧急销售结算资金管理暂行规定》，证监会；

2013年7月，《银行卡收单业务管理办法》（2013年第9号公告），中国人民银行；

2014年3月，《支付机构网络支付业务管理办法》《手机支付业务发展指

导意见》,中国人民银行;

2014年3月,《支付机构网络支付业务管理办法》《手机支付业务发展指导意见》,中国人民银行;

2014年4月,《中国人民银行支付结算司关于暂停支付宝线下条码(二维码)支付业务意见的函》,中国人民银行。

(二) 目前监管有待完善的问题

从4年多的监管实践来看,现有监管框架对于促进这一行业的健康发展起到了重要作用,出台的一系列政府规章加强了行业管理。但在业务实践过程中,由于第三方支付行业的快速发展和相关产业链的不断延伸,也反映出一些问题有待健全和完善。

首先,由于第三方支付行业快速发展,按业务、按产品逐项监管的模式往往跟不上市场发展的步伐,很容易出现监管越位和监管缺位并存的情况。考虑到行业快速发展的特点,需要考虑转变监管思路,减少对具体业务细节的逐项规定,突出明确监管原则,划出业务开展的"红线",确保消费者权益,维护市场公平竞争的秩序,为第三方支付机构业务拓展提供广阔空间,从而更好地支持第三方支付产业健康发展。

其次,中国目前的金融行业监管框架仍然是分业监管的格局,银行、保险和支付等分属不同的部门监管,这与中国对传统金融部门的分业经营模式密切相关。而第三方支付机构凭借其广阔的支付平台、海量的数据信息以及强大的技术支持,业务范围快速扩展,不断向结算服务、证券基金、保险销售等领域延伸。现有的分业监管模式不利于具有综合性金融服务优势的第三方支付机构推动业务创新,因此有必要加强"一行三会"(央行、银监会、证监会、保监会)监管第三方支付机构相关业务开展过程中的沟通与协调,减少第三方支付机构的合规成本。

最后,现行的金融监管框架的另一个特点是分区域监管,在这一格局下,区域间的块状分割明显,地方隐性保护政策普遍存在,这与第三方支付平台的开放性以及产业链支付整合趋势不相适应,会造成较高的交易成本和较大的寻租空间,特别是监管宽松的地区会对监管相对较严地区的支付产业造成"挤出效应",一方面不利于规范市场发展,另一方面不利于第三方支付机构业务、产品在全国范围内的推广。

二、如何创新对第三方支付业务的监管

近年来，我国第三方支付平台的交易规模快速扩张，连年增幅均在100%以上，且交易数额巨大。第三方支付平台企业目前虽被定义为非银行金融机构，但其业务范围依托着电子商务平台的发展不断拓展并渗透到金融领域范围内，很大程度上已经形成了一个将近"全能"的网上银行或"网络金融超市"。当前第三方支付市场主要存在哪些问题？中央银行应该如何创新监管？安巧哲从当前存在的问题分析入手，对监管对策进行了有益的探讨。

（一）第三方支付市场存在的主要问题

中国人民银行从2011年5月起对合格的第三方支付机构颁发了支付业务营业许可证，有效规范了第三方支付市场的发展。但目前在法律定位上，我国将第三方支付机构定义为非金融机构，导致了其许多业务环节脱离了金融监管部门的监管，给客户资金安全和金融稳定都带来了诸多隐患：

一是巨额沉淀资金风险。根据目前的交易规则，客户在网上购物所缴纳的备付金是先存在第三方支付平台，直到客户收到货物后才转付到卖方账户。这样，巨额的客户备付金至少在第三方支付平台停留3~7天，形成大量的资金沉淀。随着客户数量的急剧增加，沉淀资金的规模非常巨大。由于支付与结算之间存在时滞，参与者若在资金滞留期内故意或因不可抗力因素而无法完成最终的结算，则将引发信用风险。在极端情况下，小范围的信用风险可能引发支付系统大范围的流动性风险，进而引发整个支付系统的系统性风险。

二是信用卡套现。第三方支付平台出现后，使得信用卡套现行为更加容易，为信用卡套现提供了非法的便利渠道，使得相应的监管更为困难。

三是洗钱与非法交易。第三方支付大都通过网络系统进行交易，支付公司和客户并非面对面地交易，在某种程度上有可能存在虚假交易的情况。同时，第三方支付平台没有权限监督网上交易者的款项用途，这就给非法资金流动提供了可能。而且，第三方支付平台并不属于银行系统，无法跟踪和监测资金的流向。这给金融监管部门带来资金流向监管的难度，也给犯罪分子的洗钱行为带来可乘之机。目前而言，日益增长的交易范围和交易额为金融监管带来一定

的困难，犯罪分子可利用虚拟交易或转移定价等方式实施资金转移以合法化其非法资金。

四是虚拟货币发行。与第三方支付平台密切相关的一个概念是"虚拟货币"或"电子货币"。现实生活中，虚拟货币对实体货币也造成了一定冲击。因为虚拟货币的发行与基础货币的组成部分"流通中的通货"存在一定的替代关系，第三方支付平台在一定程度上具有扩张基础货币的功能。因此，随着第三方支付平台的蓬勃发展，势必对货币政策和金融稳定造成更大的影响。

（二）开展多方创新对第三方支付平台实行有效监管

综上所述，依托中央银行支付系统，加强对第三方支付平台的有效监管已是势在必行。中国人民银行支付系统可以从管理、业务和技术三个方面开展创新，实现对第三方支付平台的有效监管。

第一，业务职能的创新——第三方支付平台日常业务的监管者。可以取消第三方支付平台的中间账户，化解沉淀资金和虚拟货币风险隐患。根据目前的支付系统能力，完全可以通过取消第三方支付平台所设立的中间账户，通过支付系统的第三方授权、第三方授权确认付款等功能组合实现为买卖双方所提供的信用担保，付款客户的资金根本无须滞留在第三方支付平台，则从根本上解决了第三方支付平台中的沉淀资金问题。此外，第三方支付平台交易还可以接入央行反洗钱系统，监控非法交易的不法行为，将可能存在洗钱、套现、欺诈等不法行为报告相关部门，通过支付系统及时监控并制止违法、违规现象，有效实施对第三方支付平台的日常监管问题。

第二，管理职能的创新——第三方支付平台的利益主体协调者。一是关系协调职能。支付系统作为监管者，可以通过加强第三方支付企业和银联等参与者之间的合作协调，为参与者之间的协作提供便利条件，并合理解决参与者之间的冲突；利用清算支付平台，提供参与者集中交流的平台，从而增强参与者之间的了解，增加合作机会。二是利益协调职能。第三方支付平台在手续费的分配存在诸多矛盾，主要表现在商业银行与第三方支付机构之间针对利润比例的分成存在争议。线上支付定价机制的不完善直接影响商业银行与第三方支付机构的合作，对支付清算市场效率的提高带来掣肘。因此，作为管理方的支付系统应考虑行业链条各方的实际成本，立足于有利于第三方支付平台长远发展的角度，制订合理的定价方案。三是运营协调职能。支付系统作为整个第三支付平台发展的中心，可以参考美国和欧洲的方式，在系统规范发展的基础上，利用各种手段吸引更多参与主体进入平台服务，以满足客户个性化的需要。总体的思路，是为促进和繁荣第三方支付平台的发展，支付系统需要在完善技术平台的前提下，给予参与者较宽松的运营氛围。

第三，技术模式的创新——第三方支付平台的技术创新推动者。作为监管者、协调者和技术支撑者，支付系统本身具有先进的技术系统，能通过将第三方支付平台直接嵌入，为其提供统一的和必要的技术支撑，成为技术创新的推动者。支付系统作为行业最重要的载体，必须通过计算机技术的革新，保证网络安全、系统安全、交易安全、隐私安全，从而提高整个系统的管理和防控水平。

三、如何借鉴国外第三方支付风险管理成熟做法

（一）欧美国家对第三方支付风险管理的主要做法

1. 法律定位与监管原则

美国将第三方网上支付平台界定为货币服务机构。美国联邦存款保险公司（FDIC）将第三方支付机构账户中用户的沉淀资金定义为负债，是用户对第三方支付机构享有的债权，而不是美国联邦银行法中定义的银行存款，正因如此，美国认定第三方支付机构不属于银行或其他金融机构，所以，第三方支付机构的货币转移业务被视为"货币服务业务"，通过对现有银行业的货币服务业务监管制度进行适当的延伸，从而对第三方支付企业的货币转移业务进行监管。欧盟则将第三方支付机构界定为非金融机构，将电子货币的发行主体限制为银行，对第三方支付的监管实行机构监管。在对第三方支付的监管上，都实行审慎原则，但又适度监管、鼓励创新，在对第三方支付机构的监管上都以保护消费者利益为先。美国奉行最低限度原则、审慎监管原则、过程监管原则、权利分散原则。

2. 监管部门与监管体制

美国第三方支付的监管部门包括金融监管机构、消费信贷监管机构和商业监管机构等。联邦层面的监管部门主要包括财政部货币监理署、美联储、联邦

存款保险公司等多个监管部门，其中，美国联邦存款保险公司是对第三方支付最重要的监管部门，第三方网上支付机构的用户滞留资金，必须存放在本银行里开设的无息账户中，而这些银行是 FDIC 的被保险人，FDIC 可以通过提供存款延伸保险实现对第三方网上支付机构及用户滞留资金的监管。

同时，由于第三方支付业务涉及的问题较多，存在资金安全、隐私保护、系统风险、洗钱套现乃至税收等一系列问题，因此美国第三方支付的监管部门还包括横向的财政部、司法部、联邦调查局、税务总署等采用纵向双线的监督管理体制，从联邦和州两个层面对第三方网上支付机构进行监管，从而达到权力分散和相互制约的目的。欧盟一直致力于区域一体化和建立单一欧盟支付区（SEPA），采用了集中监管的体制，欧盟中央银行则作为第三方支付公司的重要监管部门。

3. 监管立法与监管依据

在立法方面，美国在现有的法规中寻求监管依据，并对原有的法规进行相应的补充。如尤他州 1995 年颁布的《数字签名法》，是美国乃至全世界范围的第一部全面确立电子商务运行规范的法律文件。1997 年公布的《全球电子商务框架》、1998 年签署的《互联网免税法案》和 1999 年颁布的《金融服务现代化法》，分别提出联邦政府对电子商务的监管实行最低限度原则，禁止联邦和地方政府对互联网征税以及对电子商务实行多重征税或歧视性税收政策，将第三方支付机构界定为非银行金融机构，实行功能性监管等。

4. 监管措施与监管手段

对第三方支付主要通过对技术风险、资金沉淀风险、市场风险和法律风险等几个方面实施监管。对于技术风险的监管，美国网上支付的思路是通过后台的业务逻辑和用户行为分析来实现安全机制和风险控制，而不是把风险转嫁给用户。

（二）借鉴国外第三方支付风险管理做法的政策建议

目前中国的监管主体过于单一，我国对第三方支付企业的监管主要依靠政府，中国人民银行及其分支机构是目前中国第三方支付企业的法定监督管理者，商业银行起到协助监督的作用，仅仅依靠中国人民银行及其商业银行的监督远远不够。为进一步加强对第三方支付企业的有效监管，依据新公共管理理论及参照美国和欧盟第三方支付监管体系的成功经验，建议在中国构建多元化的第三方支付网络监管体系。

建立系统的第三方支付机构监管体系。目前第三方支付机构被定位为"非金融机构"的范畴，在此基础上可以借鉴美国的具体做法。立足于我国的实际情况，可充分利用现有的中国人民银行网上跨行清算系统，将第三方支付纳入央行跨行清算系统中，成立第三方支付平台日常监管的"专门资产管理公司"。

加强对第三方支付和虚拟货币的统计监测与风险评估。对于电子货币应明确其定义以及发行方，加强对电子货币发行的规范和调整，并将第三方支付和虚拟货币对支付体系的影响纳入到货币政策制定和研究中。通过关注沉淀资金，改善货币统计监测，充分考虑第三方支付对实体经济和货币政策传导的影响。

实施原则导向监管，建立完备的宏观审慎监管体系。目前我国的第三方支付发展处于成长期，存在许多不确定性，要采取动态监管的方式，制定弹性政策，在发展中求规范，在规范中求发展。一是要有一个权威的行业协会和系统的行业规则。这就要求行业协会能够根据监管部门的原则性要求，制订详细的指导性文件。二是支付体系内第三方支付机构要具有较强的自我约束和内部控制能力，保证第三方支付机构能够自觉遵守行业规范。三是要有高效的问题查处机制。对部分问题的查处将可能遇到困难，必须有相应的法律体系提出充足的依据。可见，未来防范第三方支付系统性风险的主要方向是加强对其实施宏观审慎监管，将第三方支付的监管纳入宏观审慎监管的框架中。

第四节 实例：中国第三方支付群雄逐鹿

一、群英汇聚：国内第三方支付主要企业和产品模式展示

（一）支付宝

1. 简介

简单来说，它的功能就是为淘宝的交易者以及其他网络交易的双方乃至线

下交易者提供"代收代付的中介服务"和"第三方担保"。从支付流程上来说，类似于 PayPal 的电子邮件支付模式，业务上的不同之处在于 PayPal 业务是基于信用卡的支付体系，并且很大程度上受制于信用卡组织规则（在消费者保护方面）和外部政策的影响。另外 PayPal 支持跨国（地区）的网络支付交易，而支付宝虽然不排斥"国际使用者"，但是规定"需具备国内银行账户"。支付宝的设计初衷同样也是为了解决中国国内网上交易资金安全的问题，特别是为了解决在其关联企业淘宝网 C2C 业务中买家和卖家的货款支付流程能够顺利进行。其早期基本模式是买家在网上把钱付给支付宝公司，支付宝收到货款之后通知卖家发货，买家收到货物之后再通知支付宝，支付宝这时才把钱转到卖家的账户上，交易到此结束。在整个交易过程中，如果出现欺诈行为，支付宝将进行赔付。

2. 支付宝流程

要成为支付宝的用户，与 PayPal 的流程很相似，必须经过注册流程，用户须有一个私人的电子邮件地址，以便作为在支付宝的账号，然后填写个人的真实信息（也可以公司的名义注册），包括姓名和身份证号码。在接受支付宝设定的"支付宝服务协议"后，支付宝会发封电子邮件至用户提供的邮件地址，然后用户在点击了邮件中的一个激活链接后，才激活了支付宝账户，可以通过支付宝进行下一步的网上支付步骤。同时，用户必须将其支付宝账号绑定一个实际的银行账号或者信用卡账号，与支付宝账号相对应，以便完成实际的资金支付流程。基于交易的进程，支付宝在处理用户支付时有两种方式。

第一种方式：买卖双方达成付款的意向后，由买方将款项划至其在支付宝账户（其实是支付宝在相对银行的账户），支付宝发电子邮件通知卖家发货，卖家发货给买家，买家收货后通知支付宝，支付宝于是将买方先前划来的款项从买家的虚拟账户中划至卖家在支付宝的账户。

另一种方式是支付宝的即时支付功能，"即时到账交易（直接付款）"，交易双方可以不经过确认收货和发货的流程，买家通过支付宝立即发起付款给卖家。支付宝发给卖家电子邮件（由买家提供），在邮件中告知卖家买家通过支付宝发给其一定数额的款项。如果卖家这时不是支付宝的用户，那么卖家要通过注册流程成为支付宝的用户后才能取得货款。有一点需要说明，支付宝提供的这种即时支付服务不仅限于淘宝和其他的网上交易平台，而且还适用于买卖双方达成的其他的线下交易。从某种意义上说，如果实际上没有交易发生（即双方不是交易的买卖方），也可以通过支付宝向任何一个人进行支付。

（二）国付宝

国付宝信息科技有限公司成立于2011年1月25日，由商务部中国国际电子商务中心与海航商业控股有限公司合作成立，主要经营第三方支付业务。公司注册资本14 285.72万元，主要经营第三方支付业务、互联网支付及移动电话支付（全国）。

国付宝深入了解政府及中小企业的支付需求，依托国有背景、先进的支付技术和创新的服务理念，经过精心研发，推出了国付宝系列电子支付产品，为用户提供完整的在线支付解决方案。国付宝拥有雄厚的资金实力，由支付行业资深管理团队经营，为用户提供7×24小时的技术支持与服务。

国付宝致力于为政府和企业提供可靠、便捷和安全的电子收、付款平台。以国付宝为品牌的支付产品针对不同类型的电子商务业务，分别设计了"B2B支付、B2C支付、城市一卡通、外卡支付、WAP支付等多条产品线"，满足各种支付业务的需求。

国付宝的高度安全性以及严格的风险控制体系深受业内专家和众多企业及消费者的好评，国付宝电子支付平台采用了国际上最先进的应用服务器和数据库系统，支付信息的传输采用了128位的SSL加密算法，整套安全体系依托于CIECC权威、稳定、安全的第三方商贸服务平台，是国家级电子商务全程服务平台。

为了符合中国人民银行关于《非金融机构支付服务管理办法》的要求，海航商业与CIECC强强联合，充分利用各自的资源和优势，在现有基础上组建了国付宝信息科技有限公司。

（三）财付通

财付通是腾讯腾公司于2005年9月正式推出的专业在线支付平台，致力于为互联网用户和企业提供安全、便捷、专业的在线支付服务。

财付通构建全新的综合支付平台，业务覆盖B2B、B2C和C2C各领域，提供卓越的网上支付及清算服务。针对个人用户，财付通提供了包括在线充值、提现、支付、交易管理等丰富功能；针对企业用户，财付通提供了安全可靠的支付清算服务和极富特色的 QQ 营销资源支持。

财付通先后荣膺"2006 年电子支付平台十佳奖""2006 年最佳便捷支付奖""2006 年中国电子支付最具增长潜力平台奖"和"2007 年最具竞争力电子支付企业奖"等奖项，并于 2007 年首次获得"国家电子商务专项基金"资金支持。

（四）环迅支付

环迅支付是中国银行卡受理能力最强的在线支付平台，每天都受理数万笔来自国内外的银行卡在线交易。至今，已经和中国国内 25 家主流银行建立支付合作的伙伴关系，在不断拓展国内在线支付市场的同时，环迅支付也积极拓展国际卡支付业务，并在国内率先与众多国际信用卡组织建立战略合作，环迅支付已经同 VISA、MasterCard、JCB、AmericanExpress、Diners 以及新加坡 NETS 建立良好的业务与合作关系。

环迅支付作为在线支付行业的领军企业，多年来在支付领域所做出的努力一直深受众多持卡人和商户的喜爱，同时不断获得不同行业的认同与赞许。2007 年，环迅支付荣获"2007 中小企业 IT 产品优选""中国信息安全值得信赖品牌奖"；2009 年，环迅支付连续 3 次荣获"最佳第三方支付平台奖"及由 VISA 颁发的"2008 年 VISA 网络收单最佳风险控制奖"。

环迅支付总部位于上海，在北京、深圳、广州、南京、杭州、福州、成都、重庆等地都设有分支机构。

（五）迅银支付

迅银支付是由国内金融、支付、科技等领域资深从业人士组成，公司以自有创新技术，努力为国内企业、行业客户和投资者提供安全、便捷、稳定的互联网金融支付科技平台，拥有成熟而完善的管理经验及服务体系。

迅银支付以终端消费群体的需求为核心，其智能终端中还包括信用卡还款、话费充值，水电煤气费代缴等一系列便民服务，最大化地服务了消费者。除此之外，迅银支付加盟的审批也十分简单，办理较便捷，安装完即能使用。除此以外，迅银支付还拥有金融服务 T+0 平台、商盟生活服务平台、数据外包服务平台等。

迅银支付作为行业中的佼佼者，首先，考虑的是商户的利益，保证商户交易不停、结算不缓，不让任何商户损失一分钱。这些商户是给予迅银支付最大信任的人，有他们的信任，才有迅银支付的未来。其次要考虑的是经销商的利益，保证经销商分润不停，业务稳定。经销商是迅银支付的核心伙伴，迅银支付与各经销商同进退，同成长，互赢互利。

（六）Moneybookers

2003年2月5日，MB成为世界上第一家被政府官方所认可的电子银行。它还是英国电子货币协会EMA的14个成员之一，广泛地被赚钱公司列为仅次于e-gold的主要付款形式。更重要的是，这家电子银行里的外汇是可以转到我们国内银行账户里的。

Moneybookers是一家极具竞争力的网络电子银行，它诞生于2002年4月，是英国伦敦Gatcombe Park风险投资公司的子公司之一。旗下还有著名的体育赌博网站GAMEBOOK（即人们熟悉的GB）。Gatcombe Park风险投资公司的控股股东之一（拥有36.61%股份）瑞士Beisheim公司是欧洲最著名的新经济投资公司，拥有欧洲37%体育在线媒体。

二、独占鳌头：支付宝和财付通瓜分第三方移动支付九成市场

据比达咨询发布的《中国第三方移动支付产品市场研究报告》，2014年的第三方移动支付市场数据随之出炉，共达6.6万亿元。在2014年四季度第三方移动支付交易规模厂商份额中，占比最大的是支付宝，高达78.4%，其次是财付通，占比13.2%，二者占了九成的市场份额。拉卡拉占比4.5%，其他如联动优势、翼支付等占比均不到1%。

相比支付宝的霸主地位，财付通的市场份额没有明显增加，归因于微信的社交购物属性功能目前仍没有大突破，交易规模仍处于较低水平。在央行牌照监管下，第三方支付不再是小公司能够轻易承担的事情，一系列兼并、收购和融资浪潮不断开展，未来第三方移动之争主要是巨头们的战争。

分析认为，百度钱包虽暂时落后，但其厚积薄发，依托百度系产品优势，

未来定会在第三方移动支付竞争中站稳脚跟。百度钱包目前已经完成了大量知名购物领域的全覆盖,主流电商平台实现70%以上的覆盖,其中包括彩票、理财、阅读等高频线上支付场景。

移动网购、移动商旅等移动消费比重在第三方移动支付交易规模中比例越来越高。相比之下,以货币基金为代表的移动金融体量庞大,但其比重有下降的趋势。个人应用的交易规模始终比较平稳,基本维持占比在43%左右。

用户行为上,拥有1个或2个第三方移动支付账户的人为大多数,分别占比38.6%、37.7%。用户常使用的第三方支付平台是支付宝钱包和财付通,分别占比90.2%、30.8%,每月使用移动支付平台2到5次的用户最多,占比达48.7%。在使用时,73.5%的用户考虑安全因素,影响用户选择支付平台的最大的原因也是安全性,占比71%。目前,手机病毒与恶意软件成为用户移动支付操作过程中重大的安全隐患,如何保护个人隐私安全成为移动支付必须解决的问题。

三、银行与第三方支付公司:"暗战"P2P资金托管

P2P平台与银行在资金托管业务方面的合作越来越密切。宜信公司与中信银行、你我贷与招商银行、积木盒子和人人贷与民生银行等均在近期宣布将在资金托管方面展开合作。业内认为,这意味着此前一直被第三方支付雄霸的P2P资金托管市场开始被银行分食。

经过2014年的快速发展,P2P行业年交易额已达到3 280亿元。业内人士分析,P2P资金托管市场将非常巨大而且发展很快,未来或达万亿元规模。

(一)商业银行入局P2P资金托管

在商业银行入局之前,P2P资金托管一直是第三方支付机构的天下。据了解,仅汇付天下和易宝支付这两家公司在网贷平台托管市场占有率就高达60%。

而随着央行对P2P平台的监管政策越来越明朗,P2P平台青睐于商业银行的增信功能和政策监管背景,不少平台纷纷"抛弃"第三方支付,转向商业银行。

2015年1月8日,中信银行与宜信签署战略合作协议,宣布将在资金结算

监督、大数据金融领域等多个领域展开合作,这被视为商业银行与第三方支付在网贷资金托管领域的争夺正式展开。1月28日,你我贷与招商银行签署了资金委托管理协议。2月10日,积木盒子、人人贷、民生易贷等P2P公司成为民生银行推出"网络交易平台资金托管系统"的首批用户。2月12日,PPmoney与浦发银行宣布就交易资金对接、风险准备金计划等达成合作意向。

某P2P平台市场总监向记者表示,从目前的形势来看,未来银行托管是主要趋势,从监管力度和执行力度而言,与银行合作都更有优势。该平台也正积极与银行接洽中。

(二)拼服务成关键

业内人士分析,银行有其政策和法律条文上的优势,因此未来的趋势还是进行银行托管,但银行托管的平台需要经过更为严格的审核,目前能与银行合作的P2P平台很少,基本都是综合排名靠前的几个平台。

积木盒子产品总监杨帆表示,并不是说资金托管于银行后P2P平台就与第三方支付没有业务合作。比如汇付天下在互联网支付、银行卡收单等方面有很多自己的强项。积木盒子切换到民生银行的托管后,会继续保持和汇付天下的紧密合作。

易宝支付CEO唐彬在接受记者采访时亦表示,他对银行的入局并不担忧,这说明P2P正开始被传统金融机构所接受。

唐彬表示,既然在资金安全上第三方支付和银行提供的是同质化的东西,竞争关键就在于谁能对P2P平台及其用户的服务更灵活和到位。这些服务包括P2P平台需要的跨行支付、征信、营销等,也包括贷款人、借款人能够安全方便地完成交易,包括移动支付、产品推荐等。

"在这一层面上,第三方支付机制灵活,互联网思维和技术发达;传统金融机构的体制机制,以及互联网时代基因和服务能力的缺失,使其无法有效服务好广大的中小微企业和大众。"唐彬说。

(三)银行第三方支付或走向合作

业内人士告诉记者,P2P行业在资金托管方面存在的第一大问题,就是"真假托管"。随着互联网金融监管原则的轮廓越来越清晰,"P2P资金需要由第三方托管"已成业内共识。

杨帆表示："目前行业提供托管的第三方支付公司，也都实现了用户账户资金的隔离，主要是在打通实体银行卡、接入更多的支付通道、提供更多的理财方式存在一些难点。"

另有业内人士表示，资金托管与银行合作会是最好的解决办法。从目前P2P实现资金第三方托管的方式来看，主要分为银行托管和第三方支付机构托管。实现银行托管的平台屈指可数，多为银行系P2P平台。其他实现资金第三方托管的平台均是与第三方支付机构合作。银行来做第三方托管肯定更有资质，名正言顺，也更有公信力，而第三方支付机构忙着在P2P资金托管这一细分领域里"跑马圈地"，先声夺人，也已经占据了一定的市场份额；银行却对此态度依然审慎，还在摸索阶段。

银行的充值提现也是通过接入其他的第三方支付通道来完成，各有所长，银行擅长托管，第三方支付擅长各种银行的充值和付款。

业内人士分析，未来在资金托管这一细分领域，银行和第三方支付机构存在很大的合作可能性。因为第三方支付机构已经掌握了大多数的平台资源，并且更擅长为小微企业提供服务。而银行的资质及公信力、法律条文等则更适合做资金托管。未来有望由第三方支付机构做账户体系加上支付功能，资金直接转交银行来监管。

汇付天下副总裁邹雯认为，银行与第三方支付在P2P资金托管方面是竞合关系，第三方支付为平台提供账户管理功能，而资金是落地在具体的银行。如果将来监管层一定要银行来做资金托管，第三方支付会与银行进行合作，做好账户的管理体系、支付功能。

一位商业银行电子信息部人士表示，所谓第三方支付，其实还是基于银行账户建立起来的，没有银行账户，也就不存在第三方平台。所以第三方平台完全排挤掉银行的支付系统是不太可能的。而第三方支付经过这么多年的价格优势，以及各种线上服务，赢得了很多客户的认可，也就是所谓的苦心经营了多年，终于培养了客户移动支付的习惯，这既是对银行支付方式的补充，也是一种威胁。

该人士说："银行在技术上其实都不存在问题，但在用户体验上做得没有第三方支付好，未来银行与第三方支付既有竞争也有合作。"

四、2015年央视春晚:红包大战各方盘点

媒体报道,2015年的春节,最受民众关注的焦点,俨然不再是曾经称为国民年夜饭的央视春晚,而是微信和支付宝两位主角之间的红包大战,已经成为一场全民式的狂欢。随着除夕夜春晚的结束,羊年红包大战的主要战役告一段落。双方都在第一时间发布了相关数据,结果毫无意外,微信再次胜出,而支付宝也吸引了相当的眼球,多家互联网公司参与,各有得失。

(一)支付宝得失

由于去年微信红包的意外走红,在移动支付上出其不意地给支付宝来了一击,被马云称之为"偷袭珍珠港"。所以阿里在羊年红包大战上提前准备,早早地发布6亿元红包的大手笔,以期压倒对手扳回一城。

但支付宝红包在2月11日首演却因为宣传与实际反差过大、准备不充分、红包设计不科学不透明、玩法过于繁杂等原因,支付宝红包被网友集体大吐槽,形象受到冲击。好在支付宝方面及时道歉,第一时间撤下了那些毫无价值的优惠券,增加了现金红包的投放力度,才勉强度过危机。

除夕夜的红包大战,从支付宝方面给出的数据来看还是非常漂亮的,近7亿人次参与,红包总数达到2.4亿个,总金额40亿元。考虑到支付宝钱包的活跃用户为1.9亿户左右,每人近3.5次的参与还是很不错的互动。不过他们没有给出红包中现金红包的数据和参与人次的计算方法。

然而,限于支付宝钱包的工具属性,连马云自己发出的近百万个红包,也需要以口令这种所谓黑科技手段通过微信来传播,支付宝钱包用户的活跃度根本无法与微信相提并论。但是这对支付宝来说也是没有办法的事,因为其链接被微信屏蔽。

(二)新浪微博红包惊艳,提升用户活动度

2015年的红包大战,俨然成了各大网站的标配,大大小小的各类网站或App以及企业都不甘落后地推出了自己的红包活动,这其中就有曾经的社交明

星——新浪微博。

客观地说,新浪微博的红包活动比起同门支付宝来,无论在设计和用户体验上都表现得更好。基于其社交属性的特点,新浪微博的最大特点就在于红包的互动和娱乐,而不是支付宝那样把企业宣传和品牌推广放在首位。熟人社交、小圈子社交、品牌推广、粉丝互动等有机地结合在一起,毫无违和感。新浪微博官方本身除了宣传推广外,并没有投入什么资金到红包,基本上所有的红包资金均来自用户,真正把红包活动做成了用户全民参与发放和抢领的娱乐活动,值得称道。

新浪微博红包的成功,使得包括大 V、小 V、蓝 V 以及普通用户在内的整体活跃度在淡季得到了很大的增强,从而在春节这一传统节日期间保持了较高的曝光度和活力,不失为今年红包大战的赢家之一。

(三)百度红包重在参与、刷存在感

2015 年红包大战,百度也参与其中,力度也号称达到 30 亿元。与其他红包相比,百度红包最大的特点是无须拼人品,见者有份,每天可领 5 次,领取金额 1~10 元不等。据了解,手机百度有 6 亿用户,按平均 5 元计算,共计 30 亿元红包。

不过百度红包中基本上都是各式各样的企业优惠券,网民点击领到的多是其旗下的糯米网、百度外卖 5~10 元代金券。虽然对于消费者来说,有着一定的实用性,但由于没有现金红包和参与门槛,百度红包更像是挂着红包名字的一次常规性春节营销活动,而不像是发红包。

或者我们可以这么来理解,百度不愿错过春节红包这个风头,搭顺风车般推出了百度红包,只为刷刷存在感。与支付宝的意图增加支付宝钱包的社交属性、微信意在开拓移动支付相比,百度红包没有类似的战略诉求。今年红包大战,百度重在参与,观摩学习,用网络热词称之为"打酱油",也未必不可。

(四)微信红包大放光彩,成功拓展移动支付市场

有着前一年的成功试水,凭借着全民 App 庞大的用户基数,再加上牵手全民年夜饭的春晚大舞台,2015 年微信红包可谓是大放光彩。

微信官方发布的数据称:①除夕当日微信红包收发总量达 10.1 亿次;

②春晚全程（18日20:00—19日00:48），微信春晚摇一摇互动次数达110亿次；③春晚微信祝福在185个国家之间传递了约3万亿公里，相当于在地球与月球之间往返370万次；④18日22:34春晚摇一摇互动出现峰值，达8.1亿次/分。

在这组数据面前，支付宝看似喜人的成绩简直就不值一提，完全不在一个量级上。两相对比，不得不承认：羊年红包大战，微信全面胜出支付宝。

真正最令腾讯狂喜的，其实不是上述数据，而是通过羊年红包大战，微信支付在短时间成功地实现了新增绑定2亿张银行卡。为达到这个目标，支付宝用了整整8年，却在一夜间被竞争对手追上。微信在移动互联时代的强大影响力由此可见一斑，阿里系对微信的颠覆性影响保持着高度的警惕，也就在情理之中。

结论：未来可以预见，在移动支付市场，微信支付将通过O2O、移动电商等多种途径强势进入支付宝的传统势力范围，成为移动支付市场不容忽视的新生力量。对于支付宝而言，输了红包之战本身并不可怕，最担心的正是微信凭借红包大战的胜利，打破其在移动支付上的垄断地位。而这一天终于来临，今后微信和支付宝在移动支付上将直接面对面交手，市场竞争会更加激烈。

综上，羊年红包大战的胜负结果已现：微信在战略和战术上大获全胜，不但赢得了红包大战，更强势切入了移动支付市场；而微博赢下了战术上的胜利，保持了用户活跃度；百度则纯粹只重在参与，无所谓胜负。顺便说一句，其实羊年的春晚也是赢家之一，通过和微信的合作提升了网友的关注度，对于阻止日益下滑的收视率有一定的作用。

第九章
众筹融资模式与实战

众筹融资模式是一种重要的商业模式，将产生巨大的商业价值，同时对社会资源合理配置起到积极的作用。然而，众筹融资模式兴起和发展于欧美国家，在中国是近两年才开始热起来的事情。基于此，本章在介绍众筹融资模式需要掌握的基础知识的基础上，专门单独列了一节，论述国外众筹融资模式的发展概况与实战方略，以供我们借鉴和学习。本章重点是阐述和探讨中国众筹融资模式的发展概况与创新方略，同时列举了中国众筹大佬企业是怎样玩众筹的实例，其旨意是为了更好地指导实践。

第一节 众筹融资模式需要掌握的基础知识

一、众筹融资模式的概念与历史背景

(一) 众筹模式的概念

按照百度百科的解释,众筹是指用团购+预购的形式,向网友募集项目资金的模式。众筹利用互联网和SNS传播的特性,让小企业、艺术家或个人对公众展示他们的创意,争取大家的关注和支持,进而获得所需要的资金援助。

现代众筹指通过互联网方式发布筹款项目并募集资金。相对于传统的融资方式,众筹更为开放,能否获得资金也不再是由项目的商业价值作为唯一标准。只要是网友喜欢的项目,都可以通过众筹方式获得项目启动的第一笔资金,为更多小本经营或创作的人提供了无限的可能。

"众筹"一词译自英文Crowd Funding,广义的众筹是指利用互联网和社交网络传播的特性,让中小微企业家、艺术家和个人对公众展示他们的公司、创意或项目,争取公众的关注与支持,进而获得所需要的资金完成融资目标。这个概念是结合了维基百科、互动百科以及美国、英国和中国成功融资项目后进行的定义。众筹与化缘(佛教认为,能布施斋僧的人,即与佛门有缘,僧人以募化乞食广结善缘,故称化缘)在本质上和具体形式上有相似之处,但在这个时代背景下又有鲜明的具有开创性的实用意义。

(二) 历史背景

从创业者角度分析,项目的融资可以通过家人、朋友和渴望参与投资但不懂投资的所谓的傻瓜(Triple F)。家人和朋友与创业者关系较近,创业开始时容易接触到，但是这一类非专业投资者往往可以同甘，但是不能共苦，在项目开展进程中遇到麻烦时无法用专业的语言进行沟通，Triple F 很有可能撤出资金或者进行非理性的干预，导致创业者面对很大的风险。另外一个渠道是银行或小型企业贷款。但是银行审核过程烦琐，批复时间长。2008—2010 年间，由于金融危机后的信贷紧缩，美国有超过 17 万家小型企业倒闭，另外一大批企业从来没有获批过贷款。目前抵押和非抵押贷款规模已经缩水不少，所以对于小型企业而言，这种贷款不再有优势。第三个渠道是在企业发展初期的天使投资和风险投资。天使投资和风险投资都会追求早期投资的高回报，有高回报特征的行业一般为高成长型行业或者带有连锁模式的传统行业，例如，高科技、生物科技、TMT、硬件、连锁餐饮类。而艺术家、社区类公益项目不具备高成长性，不受风险投资和天使投资青睐。此外，天使投资人进行背景调查和尽职调查时在地域上有限制，通常天使投资人会寻求离家 100 英里之内的项目，导致有些创业者不易得到投资人的关注。在这样的背景下，众筹平台在美国发展起来。

从投资人角度分析，非合规投资人在美国现行法律规定下无法进行公开投资。非合规投资人只能通过线下私募的方式参与初创企业的融资，而合规投资人只占美国 2% 的人口。天使投资人进行尽职调查的时间长。如果对某个项目感兴趣，首先需要看商业计划书，进而进行项目展示（Demo Show），然后还需要开展对团队特质、团队主要成员的背景、项目背景、以往信用、商业计划书的真实程度等方面的尽职调查，直到最后做决定。该过程需要很长时间，而且最终还有可能选择放弃。计算这一年中可以投资的项目再乘以投资项目成功的比例可以发现，这实际上相对而言并不是一种高效的投资方式。此外，在地理条件的限制下，在没有互联网的引导下，在没有信息共享的情况下并缺乏内部资源时，境外投资人投资美国本土初创企业的机会微乎其微，并且代价和成本较高，包括时间成本和机会成本，而且企业的信用风险和成功的概率难以估计。目前中国有大量的企业在美国进行收购并购，当然收购并购的标的比较成熟。未来可以尝试和关注成长中的公司，并通过互联网进行战略布局。

二、众筹融资模式的特征、构成和规则

（一）特征

（1）低门槛：无论身份、地位、职业、年龄、性别，只要有想法、有创造能力都可以发起项目。

（2）多样性：众筹的方向具有多样性，在国内的众筹网站上的项目类别包括设计、科技、音乐、影视、食品、漫画、出版、游戏、摄影等。

（3）依靠大众力量：支持者通常是普通的草根民众，而非公司、企业或是风险投资人。

（4）注重创意：发起人必须先将自己的创意（设计图、成品、策划等）达到可展示的程度，才能通过平台的审核，而不单单是一个概念或者一个点子，要有可操作性。

（二）构成

发起人：有创造能力但缺乏资金的人。

支持者：对筹资者的故事和回报感兴趣的、有能力支持的人。

平台：连接发起人和支持者的互联网终端。

（三）规则

（1）筹资项目必须在发起人预设的时间内达到或超过目标金额才算成功。

（2）在设定天数内，达到或者超过目标金额，项目即成功，发起人可获得资金；筹资项目完成后，支持者将得到发起人预先承诺的回报，回报方式可以是实物，也可以是服务，如果项目筹资失败，那么已获资金全部退还支持者。

（3）众筹不是捐款，支持者的所有支持一定要设有相应的回报。

三、众筹融资模式的表现形式与基本分类

（一）表现形式

奖励式：奖励式众筹平台回馈产品或服务。项目没有完全开始的情况下先筹资，在资金的驱动下产品成功地生产出来，并回馈给投资者。创业者起初只有一个想法，想法与消费者之间还有一条很长的资金链。奖励式的众筹可以让创业者的资金来自购买产品的人，相当于投资人在产品和服务还没有被生产出来前直接预订这些产品和服务，缩短了资金链。比较著名的奖励式众筹平台有Kickstarter、Indiegogo和Fundable。

捐赠式：捐赠式众筹基于公益和慈善筹资，投资人不期待任何回报。这一类平台在美国、英国、日本等国家有一定的发展，美国发展尤其成熟。这与美国税收政策和公益性的文化背景相关。比较著名的捐赠式众筹平台有Gofundme和Crowdtilt。

债权式：互联网上的P2P公司属于债权式的众筹平台，平台返还本金和利息，例如Lending Club和Prosper。

股权式：股权式众筹平台给予投资人股份。投资后公司成长空间、收入、花费和退出机制都将影响股权式众筹平台的发展。著名的股权式众筹平台有CircleUp、AngelList、Wefunder和Fundable（Fundable既是奖励式又是股权式平台）。

目前奖励式和股权式发展比较迅猛，未来平台如Indiegogo等有可能从现在的奖励式发展成奖励式加股权式的混合商业模式，该平台最近获得4 000万美元风投。而Kickstarter上的初创公司（项目）已经通过众筹募集了10亿美元的资金，其创始人称会继续坚持奖励式的商业模式。

（二）基本分类

自从2009年Kickstarter上线以来，全球的众筹平台数量保持快速增长。据《福布斯》统计，众筹融资网站在2013年年初有700多家，到2013年第二季度增至1 500家。一方面，行业越来越表现出多样化和差异化，出现了大量基

于不同行业细分、不同地域细分、不同产品细分、不同主题细分的众筹平台；另一方面，各种众筹平台的增加也推动了众筹项目范围的扩大和数量的快速增长。目前，全球的众筹项目已经扩展到艺术创作、生活创意、科技设计、产品定制、生活救助、医疗救济、学费筹集、旅游筹资、研究筹资、活动筹资、天使投资、股权投资等领域，可谓无所不包。

众筹平台从不同的角度可以划分为不同的种类。以众筹平台的项目来源和定位为标准，众筹平台可以分为两类。一类是综合性的众筹平台，以美国的Kickstarter 和 IndieGoGo 等为全球代表，国内则以点名时间为代表。这类众筹平台的项目主题涉及面相对广泛。就 Kickstarter 而言，其众筹项目分为艺术、漫画、舞蹈、设计、时尚、电影和视频、食物、游戏、音乐、摄影、出版、技术和剧院等共计 13 类。就点名时间而言，其项目分为科技、音乐、影视、设计、出版、游戏、动漫、摄影和其他等 9 类。

还有一类是垂直或行业性的众筹平台，主要针对特定的类别或行业的项目开展众筹活动，比如，房地产类、体育类、时尚类、音乐类、电影类、写作类、创业类、学术类等。例如，美国的众筹平台 Gofundme，它主要是为他人提供生活救济，其众筹项目主要集中在生活救济这一大类中，具体包括意外事件、社区特别活动、邻居比赛、音乐、电影梦想、教育、学校、葬礼、医疗、疾病等。国内的众筹平台乐童音乐则主要针对音乐项目开展众筹。

另外，以众筹平台项目的投资回报是否主要采取股权方式，可分为股权众筹和非股权众筹平台。股权众筹平台有美国的 Fundersclub、英国的 Crowdcube、中国的大家投和天使汇等，而非股权众筹平台有 Kickstarter、IndieGoGo 和 Gofundme 等。

另外，根据股权众筹是否包含领投机制，可以分为领投式股权众筹和非领投式股权众筹。比如，国内的大家投和天使汇都包含领投机制，都可以认为是领投式股权众筹平台，而美国的 Fundersclub、英国的 Crowdcube 则属于非领投式股权众筹平台。

国内众筹与国外众筹最大的差别在支持者的保护措施上，国外项目成功了，马上会给项目发钱去执行。国内为了保护支持者，把它分成了两个阶段，先付 50% 的资金去启动项目，项目完成后，确定支持者都已经收到回报，才会把剩下的钱交给发起人。截至 2014 年 7 月，国内有分属于股权众筹、奖励性众筹、捐赠性众筹等不同形式的平台数十家不等。

四、众筹融资模式的优点和社会意义

（一）优点

和传统的银行融资、证券融资以及天使投资、风险投资等模式相比，众筹模式有自身的优势。

众筹模式提供了一种成本低廉、流程简单的融资模式。一个拥有创意的普通人要想启动一个项目，很可能会遇上融资难题，而传统做法是向自己的社交圈（包括亲戚朋友）借款，或者以自己的资产作为质押或以自己的收入、职业背景等材料向金融机构咨询是否可以贷款。在众筹模式下，项目发起人可以向平台提交项目方案，向公众争取融资支持，同时承诺以与项目相关的产品、感谢等方式作为回报。如果项目被社会大众认可，就可以获得非常低成本甚至零成本的项目启动资金。显然，众筹模式可以让项目发起人不过多依赖自身的人脉资源，也可以省去诸多借款沟通时间和可能带来的尴尬，使项目发起人可以更加专注于项目本身。

参与门槛低。对于项目发起人的资质，众筹平台的要求很低，而且申请过程比较透明、简单。非股权众筹平台 Kickstarter 的支持门槛平均不到 100 美元，而股权众筹平台 Crowdcube 的人均投资额一般为 2 000～5 000 英镑，相当于天使投资的 5%～10%。而股权众筹的低门槛特点，便于投资者在投资初创企业和中小企业时更好地分散投资分险。

以点名时间为例，其项目发起条件主要有年满 18 周岁（甚至如果你不满 18 岁，可以请老师或父母协助注册和提供银行账户）；中华人民共和国公民或能提供长期在中国居住证明的非中华人民共和国公民；拥有能够在中国地区接收人民币汇款的银行卡或者支付宝、财付通账户；提供必要的身份认证和资质认证，根据项目内容，有可能包括但不限于身份证、护照、学历证明等。

募集规模相对较小，相对容易实现。以 Kickstarter 为例，项目的筹资规模普遍较小，大部分都不足 1 万美元，平均每个人的支持金额不足 100 美元。正因为募集规模小，每个人支持的金额相对不大，使得社会大众对众筹有良好的参与性。

便于把好的创意快速转变成产品。在众筹平台亿觅网上,只要有好的创意,提交人即使没有产品设计经验,平台也会通过产品设计师把你的创意转变成现实的产品。在这个过程中,你不仅实现了自己的创意,而且可以分到提成。

可以起到调研市场需求的作用。对于并不缺资金的项目发起人而言,如果想了解市场对自己研发的新产品的市场需求,众筹平台就是一个很好的选择。通过非常廉价的产品展示以及和关注者进行互动,就可以获得相对真实的市场潜在需求信息。与传统的市场调研方式相比,这种方式不仅结果更加可靠,成本也大幅下降。

相当于免费的市场推广。众筹平台从本质上讲也是一个社交平台,因此,它不仅有融资功能,而且相当于免费的市场推广。对于流量较大的众筹平台而言,效果可能会更加突出。

以在点名时间成功募集的动画电影《大鱼·海棠》为例,它不仅成功筹得158万元资金,更重要的是得到了103 319人次的浏览量,3 596人的支持,就这个项目本身产生了258个话题。通过浏览人群和支持人群的社交圈,该片被更多人了解和关注,相当于完成了一次成功的前期市场推广。

(二)社会意义

从狭义上讲,众筹既能为个人创业者提供另一个人生舞台,为其提供资金和用户,又能为具有市场的产品提供重生舞台,避免资源浪费;既能帮助投资者实现个人梦想,同时也帮助他人,实现资本增值;既能打造专业的社会圈子,利用认知盈余,开启人人时代,又能为社会企业和慈善事业提供舞台,实现人人互助,推动社会公益发展。

从广义上讲,众筹是一种利国、利民、利企业、利社会和利自己的多利多赢事情。

有利于支持中小企业发展。中小企业是经济运行中的"毛细血管",起着承上启下的作用。对于中小企业而言,需要的资金在几十万元到几百万元之间,而不管是股权众筹还是非股权众筹,正好能满足这个层次的融资需求。另外,中小企业也没有过多的资金去投放广告,更多的是依靠人脉资源,而众筹平台不仅可以让其在众筹平台上进行一次免费的市场推广,还有助于实现其产品的定制化生产,实现低库存和灵活的现金周转。

有利于提高国家创新能力。众筹平台天然就是创新的孵化器。它通过引导市场资金与市场创意和创新技术进行对接，使社会上有想法、有技术、有追求的人有实现自己梦想的机会。在这个过程中，一个想法就可能转化成一个产品，一个产品就可能创造一个企业，一个企业就可能引发和带动更大的技术和思想革命，从而不断地推动国家创新。比如，Kickstarter 平台上的智能手表 Pebble 就是一个很好的例子。这个概念被机构投资者拒之门外，却受到了 Kickstarter 上的购物者们的青睐：这种智能手表已经从 8.5 万多人那里筹集了 1 000 多万美元。倘若没有 Kickstarter，Pebble 也许就不会产生。

有利于促进和增加社会创业。众筹平台帮助那些有想法但缺少资金的人实现创业梦想，使那些中小企业可以雇用更多人去推进新想法变成产品的进程。这个过程不断地产生和带动了新的就业机会。

有利于增进社会公平，促进社会和谐。社会公平不仅在于贫富上的公平，而且在于希望上的公平。在一个贫穷的人看不到希望的社会，就容易引发社会矛盾；而众筹平台使有想法、有才能的人拥有实现自己梦想的可能，这就会增加社会公平感。

比如，在众人的支持下，Gofundme 平台帮助很多人渡过了难以想象的难关，也让被帮助者感动万分。Gofundme 平台一共为生活救助项目募集了近 1.3 亿美元，每个项目都有成千上百人参与，大家通过互相帮助，使社会更加温馨、友爱与和谐。

五、众筹融资模式的缺点和不利条件

（一）缺点

创业者面临订单压力，尤其是预购式众筹。创业者需要在规定时间内完成产品或服务的设计、制作和发放，实现对支持者的承诺，否则信用将蒙损。其次，创业者通过非合规投资者股权类众筹融资时，可能存在缺乏投资者具体的创业指导，难以获得天使投资人的行业人脉和经验积累。股东过多会影响决策，同时不能保证后续资金链的完整。传统意义上融资有天使轮、A 轮、B 轮、C 轮、D 轮、PE 轮和上市，而创业者无法一站式地在众筹平台上完成所有融资。创业者还需面对羊群效应。明星立项人或者项目会获得更多的资金，但是没有影响力的立项人或者项目会被排挤和忽略。

投资人首先面临的是项目风险，即公司信用及非专业投资人的判断。其次是平台风险，包括尽职调查的合理性、信息披露的真实性和全面性、平台的安全性。再次是估值风险，初创企业估值很难，其科学性、合理性是技术加艺术的问题。最后是退出风险。初期回报周期很长，目前缺乏二级市场流动性，股份如何转让是个问题。

（二）不利条件

众筹在中国的发展，当前还存在一些不利条件。

首先，国内相关法律并不完善，因此存在非法集资的风险。

其次，国内缺乏信用体系，美国每个人都有一个社会安全号（SSN），通过社会安全号可以查询个人信用行为。公司的行为也有一套完善的系统进行记录、评价和约束。国内的P2P互联网金融模式下，每个P2P平台都建立自己的信用评价体系，但都是在线下进行，这带来了成本的增加和人员管理复杂程度的提高。

再次，国内大多数投资者存在保本意识，除非是非理性投资的暴富心理，否则高风险股权式的投资方式不具普遍接受性。

最后，对于捐赠性平台，我国的公益文化相对缺失，这些都是不利于各类众筹的大背景。

第二节　国外众筹融资模式发展概况与实战方略

众筹的兴起和发展主要在欧美国家，他们有着多年的实践和丰富经验。我国兴起和发展众筹是近几年的事，在诸多方面还需要借山攻玉，向国外学习，为我所用。

一、众筹融资模式在国外的兴起与发展

众筹最初是艰难奋斗的艺术家们为创作筹措资金的一个手段,现已演变成初创企业和个人为自己的项目争取资金的一个渠道。众筹网站使任何有创意的人都能够向几乎完全陌生的人筹集资金,消除了从传统投资者和机构融资的许多障碍。

众筹的兴起源于美国网站 Kickstarter,该网站通过搭建网络平台面对公众筹资,让有创造力的人可能获得他们所需要的资金,以便使他们的梦想有可能实现。这种模式的兴起打破了传统的融资模式,每一位普通人都可以通过该种众筹模式获得从事某项创作或活动的资金,使得融资的来源者不再局限于风投等机构,而可以来源于大众。在欧美逐渐成熟并推广至亚洲、中南美洲、非洲等开发中地区。

全球通过众筹的筹资量呈逐年上升趋势。2010年为8 900万美元,2011年为15亿美元,2012年为27亿美元,其中16亿美元来自北美,2013年达到51亿美元。世界领先的众筹平台的数量比较集中。美国有344家,位列第一,英国有87家,位列第二,法国有53家,位列第三。从中国互联网协会与《金融世界》联合发布的《2014中国互联网金融发展报告》中获悉,2014年全球众筹交易规模预计达到614.5亿元,到2016年,全球众筹融资规模将近2 000亿元,众筹融资平台将达到1 800家。

2013年10月,世界银行发布的《发展中国家众筹发展潜力报告》显示,目前众筹模式已经在全球45个国家成为数十亿美元的产业。预计到2025年,中国众筹规模将达到460亿~500亿美元,全球发展中国家众筹规模将达到960亿美元,中国众筹规模将占到发展中国家众筹规模的一半左右。

二、众筹融资盘点:风靡全球的十大众筹平台

(一) Kickstarter

它是有创意的项目筹集资金的募捐式网站。这些项目可以来自创造性的产

品范围，像一个艺术装置、一个很酷的手表、预销售音乐专辑等。这不是企业、事业、慈善机构或个人融资需求。Kickstarter 是一个较早的众筹融资平台，在过去的几年里它经历了强劲的增长，举办过许多大型活动。

（二）Indiegogo

Kickstarter 策划着受人追捧的创意项目，而 Indiegogo 则是一种为大多数人提供基于募捐式的筹款平台，如：音乐爱好者、业余爱好者、个人理财需求、慈善机构和其他任何你能想到的（除了投资）。他们有国际项目，因为 Indiegogo 具有灵活性，在行业的早期，它就开始使用多种多样的方法。

（三）Crowdfunder

Crowdfunder 是提高投资的平台（不奖励），还是具有最多的投资者且投资增长速度最快的众筹平台之一。这是最近出现在福克斯新闻、作为新一代的众筹平台，因为它为一个已在募资的公司提供了约 20 亿美元的融资。它是继 Kickstarter 和 Indiegogo 之后的又一捐款式众筹平台，公司往往给普通人机会在 Crowdfunder 上投资。

Crowdfunder 提供股本集资，目前只限于个人＋天使＋风投，并且，它还是 the JOBS 法案的主要推行者。

（四）RocketHub

RocketHub 致力于为各种各样的创意项目提供基于捐赠式的众筹平台。要说到 RocketHub 有什么独特，那就是他们的 FuelPad 和 LaunchPad 项目能帮助潜在的推广和营销合作伙伴为活动取得成功而建立一种联系和协作关系。

（五）Crowdrise

Crowdrise 是一个为慈善机构和事业提供基于捐赠式众筹平台。它已经吸引了做慈善的机构和社区，并资助各种鼓舞人心的事业以及一些慈善需求。

Crowdrise 平台安装了一个独特的 Points 系统，能帮着跟踪和揭露慈善机构影响了多少成员与组织机构。

（六）Somolend

Somolend 是服务于美国小企业借贷的众筹平台，为正规企业的现有运营与收入提供借贷投资资金。它扎根于美国中西部，它的一位创始人还参与过 the JOBS 法案的立法。Somolend 已与银行合作来提供贷款金额，并帮助小企业主，使他们的朋友和家人一起努力，实现公司盈利。此外，Somolend 在美国已经开始扩展市场，并在众多城市中都有它的痕迹。

（七）Appbackr

如果你想建立下一个新移动应用程序以及寻求基于捐赠式众筹融资，以便自己的创新项目能得到很好的发展，那么，你可以来 Appbackr 平台，因为它有一个专门开发移动应用程序的小团体。

（八）AngelList

如果你的创业目标是一家科技公司，并已经与主要投资者签订合约，或在寻找硅谷支援，那么可能会有天使投资者通过 AngelList 平台找到你。很长一段时间 AngelList 都没说它做的是众筹融资平台，其实这是有道理的，因为，它为在科技创业领域建立风险投资而服务，但是，如今它也开始正式进入众筹这个游戏当中来了。AngelList 众筹平台的合格投资者和机构已经向科技创业领域的顶级项目投资越来越多的金额。

（九）Invested.in

Invested.in 坐落于威尼斯，一家基于 CA 的公司，是顶级"白色标签"软件供应商，会向您提供刚开始的创业帮助并促进自己的成长。

（十）Quirky

如果您是一个发明家、制造家或工匠，那么，Quirky 就是一个可以在社区中与您志同道合的人，一起合作筹集资金的这么一个地方，且 Quirky 众筹平台是基于捐赠式众筹平台。其网站会深入跟进一项发明或产品生命周期的全过程，允许社区中的人参与到这个进程中去。

以上这10个众筹平台涵盖了大部分的活动类型或者基本的融资目标。无论您是否正在寻找募捐，都可以去看看这些您所关注到的平台以及参与这个社区的一些合作项目。

三、2015年国外众筹融资主流化三大发展趋势

（一）众筹必将走向主流

过去，众筹作为一种融资方式，人们只把它当成新鲜事看，认为它不过是传统融资方式（包括银行贷款、风险投资和借贷）的一种补充和调剂。但今天，发起众筹活动已经跟那些传统融资手段一样普及了。

"很多主流新闻媒体都在集中报道这些值得关注的运动，"WePay（一家在线支付网站，为众筹、市场交易和小型商业平台提供支付业务）的执行总裁Bill Clerico说，"这些关注不仅对众筹活动本身有好处，同时也推动了众筹走上正轨，吸引更多人参与其中。"

（二）非营利组织从众筹获益更多

众筹的迅速发展也为非营利组织和慈善机构带来不少好处。"众筹捐赠为整个慈善行业带来了巨大的变化。"慈善众筹平台Giveffect的执行总裁兼共同创始人Anisa Mirza说。

"慈善事业通过众筹获得了双倍的利益，"Clerico补充说道，"首先，与其他筹款方式相比，众筹能极其有效地募集和管理捐款。其次，众筹活动额外的社会发展潜力为小型慈善机构提供了一种有效的手段来提高认知度。"

（三）股权众筹会迅速发展

Clerico说，尽管众筹不会完全取代传统融资手段，但它会给小型企业，尤其是非高科技产业，带来巨大的商机和利益。

"众筹会一直存在。"Clerico说。根据世界银行的说法，到2025年，全球众筹市场金额会在900亿美元到960亿美元间。非高科技产业在过去只能向银

行贷款或者找亲戚朋友借钱，但今后，众筹将迅猛发展，成为这些行业的主要融资方式。这其中蕴藏着巨大的商机，而众筹目前只是刚刚打开了通往小型企业融资的一扇窗而已。

四、全球众筹融资的未来展望

（一）可以提供线下交流互动

未来如果众筹可以提供线下交流互动，融资效果可能会更好。这包括信息披露、融资方面进展的披露、产品版本的完善、线下面对面的接触以及线下的众筹等，现在已经有一些这方面的尝试。对于众筹来说，线上是一种传播信息的渠道，包括互联网、移动终端、交互设计、云、大数据等工具可以把信息比较清楚完善、有交互性地传递给信息接收方，信息接收方可以是专业投资人，可以是普通投资人，也可以是用户。而线下主要是建立信任。首先，品牌公信力一定要有，这样才能够得到投资者的信任和关注；其次，可以建立弱关系中的强关系，例如，投资者有可能会更关注校友的项目或前同事的项目；最后，人和人之间关系需要被投资，这来自共享的时间、共同参与的事件和活动，以及面对面的接触、感知等。希望未来众筹平台可以提供这种交流互动来弥补线上的不足。

（二）本地化、移动化、两极化、垂直化等发展趋势

众筹的未来可能向本地化、移动化、两极化、垂直化等发展。如：咖啡馆、园区、老年活动中心等带有公益性质、被公众所使用的项目，可以进行本地化的众筹。而移动端目前开发得还不够多，过去认为重决策主要在 PC 端，而轻决策主要在移动端。但随着移动端不断地完善，未来趋势将逐渐向移动端靠拢，尤其是金额较小的投资，未来可能通过移动端完成。两极化包括两个引申含义：一个含义是优秀的项目有可能会被疯狂地投资，相对弱的项目就无人关注；另一个含义就是部分众筹平台纯做中间人的角色，而另一些众筹平台则由风险投资人主导，带有半私募半公众性质，其中有许多活跃的天使投资人。

（三）出现了许多新的概念

众筹最初的目的是让中小型企业和好的创新企业能够进行融资和生存，但现在来看，还需要解决相关的市场、税务、人才配备、法律还有整个公司建设过程中遇到的问题，这就提出了众建的概念。另外一个概念是领投＋跟投。通常投资者分为普通投资人和合规投资人，合规投资人中还分为对某个领域非常了解的专业投资人，以及相对而言专业方面差些、但对风险控制方面有丰富经验的投资人。领投就是由专业投资者进行尽职调查，决定投资，其他人跟着投入资金，以私募基金、特殊目的实体（SPV）有限合伙公司等方式（根据不同国家法律尽量简化规避）共同完成资金募集。该种模式信息披露在网上进行，而资金的周转部分在线上，但大部分还是以线下为主。在一条龙服务中，如果相应的其他网络没有建立起来，将会存在信息不透明、中介化的现象，在地域、人才、法律、税务、市场等方面都可能存在套利机会。

五、美国发挥众筹平台作用的方法策略

"一定要全方位了解你选择的平台。"Mirza 说。无论是在国内还是国外，对众筹平台的选择都要三思而后行，不同的平台所侧重的方面不同，特别是要分清股权众筹平台与别的众筹平台的区别。在你发起众筹运动前，你应该认真了解每个平台的情况，然后再进行选择。下面介绍美国选择众筹平台的一些基本方略。

（一）基本方法

众筹平台有两个核心，一是筹资项目的来源；二是出资人的参与。发挥众筹平台的作用，必须处理好这两个核心问题。

一般来说，项目筹资的两极化现象比较严重。在项目来源方面，比如 Kickstarter（于 2009 年 4 月在美国纽约成立，是一个专为具有创意方案的企业筹资的众筹网站平台。Kickstarter 网站致力于支持和激励创新性、创造性、创意性的活动）在筛选项目时拒绝率很高。有些被 Kickstarter 拒绝的项目在

Indiegogo（美国第二大众筹平台）上被采用，但最后未能成功融资。Kickstarter目前成功融资的项目约占项目总数的44%，而Indiegogo则是30%左右。如果平台很有名，项目筛选时可以拒绝一部分项目。如果平台一开始不出名，比如早期的Kickstarter第一天上线的项目很少，就可以通过明星项目引发公众的关注。Anglelist（天使）股权式的投资方式有天使投资和风投参与，会配置一部分股权池，因此需要一定项目源。至于其他像文化类的非高增长性项目，或者没有被天使投资、风投关注的，是众筹平台的天然项目源。

发展最迅猛的众筹平台是回馈式平台，因为监管力度较小。对出资人参与力度影响较大的因素为法律是否允许对合规投资人和非合规投资人进行广告宣传。目前可以对合规投资人进行广告宣传，但需要验证是否可以向非合规投资人输出广告。在Fundable或者Anglelist上决定投资时需要进行验证，税务会计师都有清晰的年收入记录，可以提供这些资料。对于非合规投资人的法案还在勘订期，已经通过了众议院、参议院和奥巴马的审定，但是需要等待90天的反馈期结束后由SEC做最后定夺。

（二）具体做法

发起人要想融资成功，需要选择一个适合项目的众筹平台，一般来说，项目发起人可以选择市场同类项目成功率最高的网站作为主要目标，依据这个选择综合性众筹平台或行业性众筹平台。同时，发起人要对众筹活动有充分的准备，并设定合理的众筹目标。具体而言：

（1）告诉大家这是一个有故事的项目。项目的文字介绍一定要真诚而严谨，成功的关键在于以情动人。

（2）告诉大家这是一个有趣的项目。拍摄一个有趣、充满吸引力的视频，讲述你和这个项目背后的故事。有统计表明，有视频的项目比没有视频的项目可多筹得114%的资金。

（3）告诉大家这是一个合理的项目。包括设定合理的筹集期限、目标金额、支持者回报等。

（4）告诉大家这是一个有影响力的项目。充分运用微博、微信、豆瓣等活跃社交网站来推广，包括尽量争取亲朋好友的支持，以保证该项目有基本的人气。

（5）告诉大家这是一个懂得感恩的项目。感恩往往会让支持人感受到自身的重要性,并带来更多的支持人。建议尽可能以个性化的方式表示感谢或公开答谢他们。

六、美国制订计划取得众筹融资成功的基本方略

第一,需要一个缜密的营销计划来发起众筹。

你可能很清楚人们的投资需求,但是如果他们不能明确这一点,你一分钱也拿不到。Clerico 提醒筹资者,众筹是一项具有挑战性的营销实践。要成功融资,你必须要认真制订计划并落到实处。

"许多众筹活动之所以失败,就在于他们发起众筹前没有制订好成熟的经营规划,"Wilson 说,"在通过众筹讲述你的故事时,你需要花时间去完善商务计划和相关的合同文书。"

第二,建立个人人际网络。

不要指望于网络上的陌生人会无偿给你捐赠。试问你有一个潜在的网络捐赠者吗?这主要是指通过一些社会媒体,比如 Twitter、Facebook、LinkedIn 等手段而挖掘到的捐赠者。如果你没有,那么请你选择两种或三种你比较经常用的社交媒体来开始建设自己的网络人际圈。

在你宣布在线众筹项目的广告之前,必须建立三到五个人这样的核心团队来帮你,比如你的家庭、好友、专业人士等。再将目光转移到你身边的其他人,看看还有谁能通过社会媒体和新闻发布等渠道来为你的众筹广告做准备。这样一来的话,就能够让不太了解你的人在看到你宣传众筹活动的广告时,就已经被这强大的阵势所吸引了。

第三,分享一个令人信服的、引人入胜的故事。

人们参与到众筹当中去,是因为他们想要得到他们所相信的部分东西。所以,你可以利用视频、图片、文字等方式来分享一个故事,以此参与到大众中去,并激励他们主动参与到众筹活动中来。根据不同级别的资金投入设置不同趣味的"小费",并确保观众知道你的活动目标与期限。

除了使用社会媒体宣传活动,还可以利用新闻稿来进行策划宣传;此外,还可以通过面对面网络来促进你线下活动的影响力。在当地实体企业的场所

里，可以利用海报、传单、二维码等方式来宣传你的众筹活动。

第四，鼓励他人来分享或者传播你的故事。

在整个众筹广告活动中，你要鼓励其他人通过各种媒体等手段来分享你的故事。如果你的故事能与公众产生共鸣，且感情真挚强烈，那么，这就会使得你的众筹项目的宣传广告会更加容易一点；此外，俗话说"有钱能使鬼推磨"，如果你提供一定数目可观的津贴去答谢那些愿意帮你传播或者分享故事的人，那么，你的众筹故事就会有越来越多的人知道。

第五，定期与群众互动，并记住随时感谢他们。

在整个众筹活动中要继续推进你的故事，保证你在社会媒体中的出镜率；为那些对你做出贡献以及帮你传播故事的人添加新的"小费"福利；此外，宣布你成功的喜讯，当你实现目标时，要及时与大家分享。如果你在众筹时限之前就已经达到目标，那么，你可以考虑向"延伸目标"相关的活动寻求一些捐赠。

众筹是一个具有潜力且创造性的平台，但你若想成功，就必须有一个精心设计的蓝图与实现期望的决心。

第三节　中国众筹融资模式发展现状与创新方略

众筹融资模式在中国是近几年才兴起和发展起来的事物，"小荷才露尖尖角"，但它已显示出非凡的贡献度和强大的生命力。

一、中国众筹融资：迸发支持创新创业的互联网动力

近年中国互联网金融的发展非常迅速，无论第三方支付、网络货币基金，还是互联网证券、网贷（P2P）的成长都令人瞩目。众筹融资目前尚起于"微萍之末"，但不妨碍它引发广泛关注，成为互联网金融的新热点。几种常见的

众筹：预售、捐赠和股权型众筹，都在积极探索提供服务，相信在羊年春节期间，微信抢红包、微商城和人人公益捐赠，使大家体会到众筹离自己的生活并不太远。金陵华软投资集团董事长王广宇撰文认为，展望"互联网+"的时代，众筹有望成为支持大众创新创业的动力源泉。

（一）众筹提供创新的互联网金融桥梁

互联网诞生以来，利用网络向万千大众汇集信息、寻求帮助、筹措资金的行为一直存在。众筹是指利用互联网及传播媒介，向不特定投资人募集小额资金的金融模式；在募集资金的同时，达到产品或项目的宣传推广和营销效果。这一概念并非全新，它与风靡一时的"众包"（Crowd-sourcing）和"众创"都有相关性。

"众包"把互联网与人们的创业热情相结合，成为"众创"的基础。李克强总理2015年年初在深圳考察了"创客空间"等新业态，提出鼓励大众创业和创新。2015年的政府工作报告中李克强总理再次强调：推动大众创业、万众创新。这既可以扩大就业、增加居民收入，又有利于促进社会纵向流动和公平正义，让中国经济始终充满勃勃生机。

在互联网经济中，众包是信息分享的需求拉动，众创是资源创新的供给推动，众筹则是这两者之间的一项新型金融制度安排，如同造血机制。通过股权众筹支持全民创业，使大众的新商业思路，能够获得必要的资金支持，得以顺利探索推进。因此，众包、众创到众筹有机联系在一起，推动大众创业、万众创新，将是中国经济"新常态"的重要特征之一，有望为经济"稳增长、调结构"提供新动力。

（二）"股权众筹"供需两旺

股权众筹与创业活动紧密结合，目前国内天使投资和风险投资（VC）的发展非常有限。作为多层次资本市场体系建设的组成部分，场外市场或互联网众筹平台的建设更易于激活投资者的参与热情，有利于"塔型"资本市场的完善。

（三）股权众筹宜用"负面清单"管理

众筹实践中必须强化风险管理。首先，任何众筹项目应该有充分的信息披露。其次，平台应推行资金监管，众筹平台应坚持不设资金池或不碰募集资金，对项目资金的最终用途做适度的风险研判和监督。最后是适度的商业秘密和隐私保护，在成为公众公司之前，创业的商业机密和投资人个人信息应当保密，当然如何做到适度披露和适当保护有待平衡。

众筹应允许众筹业务创新在先，行业监管紧随其后。2014年12月中国证券业协会发布了《私募股权众筹融资管理办法》的征求意见稿，就股权众筹监管的一系列问题进行了初步界定。肖钢主席在2015年两会期间也表示，《证券法》修订草案将给公募股权众筹留出余地。建议各级金融监管部门开放、包容，给予新事物以时间观察，逐步规范，最终总结出针对众筹的创新的框架规则。最佳选择是采用"负面清单"方式监管，划清红线不得触碰，不禁止则可为，避免一开始就条条框框束缚起来。

展望未来，众筹的业态可能也会成批涌现，成批倒下，同时与社交网络的融合会加速，互联网金融会进一步去中介化。一定程度上，众筹是"熟人金融"的代名词，跟社交网络天然无法分离，否则一位初创企业家无法跟他募集的30个或100个及至500个"投资人"取得联系。他们之间一定会有紧密的社交和互动，在融资之外，对产品、营销、服务参与形成"社群经济"，探讨经营战略或实物分红等新商业决定，乃至在失败后就再次创业达成共识都有可能。

二、2014年中国权益类众筹融资规模超4亿元，京东遥遥领先

（一）2014年中国权益类众筹市场融资规模超4亿元

艾瑞咨询统计，2014年中国权益众筹市场融资总规模达到4.4亿元，同比增长123.5%，预计2018年权益众筹市场融资规模将突破150亿元。2014年全行业项目数量达到4494个，项目支持用户规模达到790 825人。随着互联网金融的爆发式增长，众筹行业将不断进行新的尝试，仅在2014年就新增了约50家众筹平台，预计未来众筹行业将乘势持续发力，迎来新的行业爆发期。

据艾瑞咨询统计，在2014年中国权益众筹市场融资总规模达到4.4亿元中，综合类众筹平台融资规模达到3.7亿元，占比达到84.1%；垂直类众筹平台融资规模达到0.6亿元，占比达到13.9%。综合类众筹平台融资能力远高于垂直类众筹平台。

2014年，众筹平台上智能硬件类项目得到较高的增长速度，在未来，众筹平台将在音乐、影视、农业、公益、房产等垂直化领域有所突破，获得更快的发展。目前，我国市场环境及平台自身发展机制尚存在较大缺陷，法律监管、信用环境以及知识产权等仍存在较大问题，在此背景下，中国众筹行业必须结合当前情况，探索符合现状的发展模式，比如推动线上融资和线下运营相结合，加快PC端向移动端的跨越，并不断创新服务模式和盈利模式，将成为未来众筹行业需要思考和探索的重要内容。

（二）权益众筹市场融资规模中京东领先优势明显

1. 在2014年度中国权益类众筹项目Top10中，京东众筹项目多达7个

据艾瑞咨询统计，2014年度中国权益众筹项目Top10中，京东众筹的"悟空i8智能温控器"项目排名第一，筹集金额达到1246万元；点名时间有两个项目上榜，分别是排名第五的"Smart Plug 2：小K2代全能插座"项目，以及排名第十的"魔力贴magicTouch：全球最小的智能按摩贴"项目；众筹网只有一个项目上榜，即排名第八的"takee1全息手机"，筹集金额达到376万元。排名前十的项目中，京东众筹项目达到7个，并且包揽了前四，筹集金额均达到千万元以上，由此可见，京东众筹领先优势明显。

2. 在权益类众筹市场融资规模市场总份额中，京东约占比1/3

据艾瑞咨询统计，2014年中国权益众筹市场融资总规模达到4.4亿元，京东众筹、众筹网、淘宝众筹、点名时间和追梦网这五家平台融资规模总额达到2.7亿元，占比达到60.8%。其中，京东众筹融资规模为14031.4万元，占比为31.6%，位居第一；众筹网融资规模为4903.9万元，占比为11.0%，位列第二；淘宝众筹融资规模为3950.7万元，占比为8.9%，位列第三；点名时间和追梦网位列第四、第五，融资规模分别为3182.6万元和965.1万元，占比分别为7.2%和2.2%。

3. 在Q4中国五大权益类众筹平台月度筹集金额中，京东众筹占比位列第一

2014Q1-Q2中国五大权益类众筹平台月度筹集金额占比中，众筹网和点名时间的月度筹集金额占比较高；而2014Q3-Q4以来，京东众筹的月度筹集金额占比开始逐步上升，7~9月占比基本保持在30%左右，10~12月京东众筹月度筹集金额占比不断提高，达到60%左右的水平。

三、按国际分类众筹融资在中国四种模式透视

狐狸君在《互联网金融分析框架》一文中提到，众筹平台，作为互联网金融的重要组成部分，对接了个人投资者或非金融机构，与它同样属性的还有P2P借贷平台。其实，P2P借贷平台是广义众筹平台的一种。

（一）众筹平台可以分为四类模式

国际上已有不少对众筹平台的研究，参照 Massolution 的一份报告，众筹平台可以分为四类：

债权众筹（Lending-based crowd-funding）：投资者对项目或公司进行投资，获得其一定比例的债权，未来获取利息收益并收回本金（我给你钱，你之后还我本金和利息）。

股权众筹（Equity-based crowd-funding）：投资者对项目或公司进行投资，获得其一定比例的股权（我给你钱，你给我公司股份）。

回报众筹（Reward-based crowd-funding）：投资者对项目或公司进行投资，获得产品或服务（我给你钱，你给我产品或服务）。

捐赠众筹（Donate-based crowd-funding）：投资者对项目或公司进行无偿捐赠（我给你钱，你什么都不用给我）。

一般众筹平台对每个募集项目都会设定一个筹款目标，如果没达到目标，钱款将打回投资人账户，有的平台也支持超额募集。

（二）四种众筹模式在中国的主要代表

图9-1

（三）债券众筹模式

我们不难发现，债权众筹其实就是P2P借贷平台——多位投资者对人人贷网站上的项目进行投资，按投资比例获得债权，未来获取利息收益并收回本金。P2P借贷平台这个话题比较大，一般也不包括在大众谈论的狭义众筹之中，因此本处不展开了。

（四）股权众筹模式

股权众筹其实并不是很新奇的事物——投资者在新股IPO的时候去申购股票，其实就是股权众筹的一种表现方式。但在互联网金融领域，股权众筹主要特指通过网络的较早期的私募股权投资，是VC的一个补充。

目前中国的股权众筹网站还比较少，主要有两个原因：

一是此类网站对人才要求比较高。股权众筹网站需要有广阔的人脉，可以把天使投资人/风险投资家聚集到其平台上；股权众筹网站还需要对项目做初步的尽职调查，这要求他们有自己的分析师团队；还需要有深谙风险投资相关法律的法务团队，协助投资者成立合伙企业及投后管理。

二是此类网站的马太效应，即强者愈强、弱者越弱之现象。投资者喜欢聚集到同一个地方去寻找适合的投资目标，当网站汇集了一批优秀的投资人后，融资者也自然趋之若鹜。于是原先就火的网站越来越火，流量平平的网站则举步维艰。目前国内规模最大的股权众筹网站天使汇截至2013年11月中旬已为70多家企业完成超过7.5亿元的投资（按投、融资双方各收取5%的佣金，不算上carry的话，天使汇已赚了7500万元，当然不排除大的deal会打折）。而另一家网站大家投（原名众帮天使网），截至2013年年底，仅有寥寥可数的4家企业成功募集到250万元。当然这其中也有网站的UI、运营团队等因素左右流量，但狐狸君认为更多的是马太效应的影响。

在这里也不得不提一下大家投的一个创新产品——投付宝，投付宝其实原理和支付宝的担保交易很像。见下图（深色箭头是股权，浅色箭头是资金）。

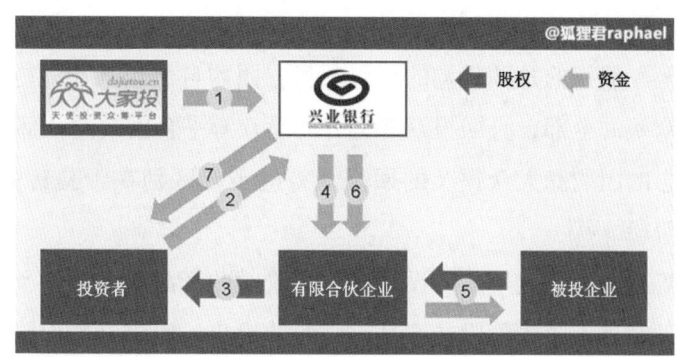

图 9-2

从上图中我们可以看到的流程：

（1）大家投委托兴业银行深圳南新支行托管投资资金。

（2）投资者认购满额后，将钱款打入兴业银行托管账户。

（3）大家投协助成立有限合伙企业，投资者按出资比例拥有有限合伙企业股权。

（4）兴业银行将首批资金转入有限合伙企业。

（5）有限合伙企业从兴业银行获取资金后，将该资金投入被投企业，同时获得相应股权。

（6）兴业银行托管的资金将分批次转入有限合伙企业，投资者在每次转入前可根据项目情况决定是否继续投资。

（7）若投资者决定不继续投资，剩余托管资金将返还给投资者，已投资资金及股权情况不发生其他变化。

投资者可自主选择是否愿意担任有限合伙企业的一般合伙人（General Partner，GP）。在这里科普下 VC/PE 里头的 GP 和 LP（Limited Partner，有限合伙人），LP 是出钱的人，GP 是 VC 的管理人，平时收点管理费和 carry。

未来在股权众筹网站的创业机会还是有不少的。目前这个市场竞争者较少，如果创业者可以抓住某个垂直领域发展新的股权众筹平台，也可以分得一杯羹。

（五）回报众筹模式

总会有唱空互联网金融的评论在说众筹本质是团购，换汤不换药，只是炒起来的概念。这句话并非完全错误。

回报众筹一般指的是预售类的众筹项目，团购自然包括在此范畴。但团购并不是回报众筹的全部，且回报众筹也并不是众筹平台网站的全部。

传统概念的团购和大众提及的回报众筹的主要区别在于募集资金的产品/服务发展的阶段。

回报众筹指的是仍处于研发设计或生产阶段的产品或服务的预售，团购则更多指的是已经进入销售阶段的产品或服务的销售。回报众筹面临着产品或服务不能如期交货的风险。

回报众筹与团购的目的不尽相同：回报众筹主要为了募集运营资金、测试需求，而团购主要是为了提高销售业绩。

但两者在实际操作时并没有特别清晰的界限，通常团购网站也会搞类似众筹的预售，众筹网站也会发起团购项目。举个例子，回报众筹平台之一众筹网在早前便无节操地推出了团购茅台的项目……

（六）捐赠众筹模式

其实像红十字会这类 NGO 的在线捐款平台可以算是捐赠众筹的雏形：有需要的人由本人或他人提出申请，NGO 做尽职调查、证实情况，NGO 在网上发起项目，向公众募捐。如果不把传统 NGO 囊括进来的话，目前纯粹的捐赠众筹在中国屈指可数。

一般来说，捐赠众筹平台有三种方式来运营：

一是由用户个人发起公众募捐，但是根据《中华人民共和国公益事业捐赠法》个人向公众募捐都是"不合法"的。但个人公募其实也不"违法"。"不合法"和"违法"中间往往有灰色地带。比如腾讯公益有一个项目，就是利用朋友圈的个人关系为需要帮助的人募集捐款。

二是由捐赠众筹平台根据《基金会管理条例》设公募基金会，代替有资金需求的一方向公众发起募捐。但公募基金会申请门槛较高，据说非常难以获批。

第三种比较靠谱点，也就是上述的微公益模式。由有公募资格的 NGO 发起、证实并认领，捐赠众筹平台仅充当纯平台作用。腾讯也有类似模式的产品（腾讯公益下的"乐捐"）。

除了公益外，捐赠众筹也有其他的可能。比如美国的路人甲版众筹社区

Crowdtilt。大家可以通过该平台实现或帮助别人实现某个心愿，比如一次奢华的旅行、一场美好幸福的婚礼等。当然在人均可支配收入较低的中国，这种模式的资金规模将被大量类似"我自己都还不够花咧"的想法所限制。

四、2015年众筹融资可能演变出六大商业模式

众筹从产品的收益角度可以分为产品众筹、债权众筹、股权众筹、公益众筹等。我们抛开产品收益，从社会积极意义的角度出发，鲍忠铁认为2015年众筹可能出现以下六种商业模式。

（一）产品重生的舞台

有了众筹平台，创作者可以向投资者和消费者展现他的才华和产品，优秀产品不会被轻易抛弃。设计师可以将自己的设计放到众筹平台上接受消费者的检验，如果其作品真的得到大家的好评，具有市场，设计师可以通过众筹平台轻易汇集资金，找到厂家来生产。生产者和消费者都可以来源于众筹平台，这个众筹项目不仅可以为投资者和生产者带来收益，同时还可以实现设计师的自我价值。

适应此种商业模式的还包括灯具设计师、服装设计师、玩具设计师、家居设计师、工艺品设计师、广告设计师等。一旦众筹平台连接了这些具有实力的设计师，生产厂家、商家和投资将会迅速帮助设计师进行工业化生产，帮助产品占领市场，获取高额收益。设计师在实现自我价值的同时，也帮助了缺少设计人才的生产厂家，商业想象空间和市场巨大。一旦有一两件影响大的成功案例，将会迅速引爆众筹平台，进入人人时代。

（二）高科技产品推广的平台

人类社会即将进入场景时代，借助于移动设备、传感器、大数据、社交媒体和定位系统的五大原力，人类的生活轨迹和社会行为都将数据化。可穿戴设备、各种类型传感器的出现必将带来一次产品革命，由于其市场巨大，很多厂家都在投入资金进行开发。可穿戴设备需要大量用户进行测试，进行产品功能和外形的改进。

借助于垂直的众筹平台,可穿戴设备可以快速吸引用户参与测试,提供反馈报告,并且通过众筹平台吸引更多的客户注意,为自己的产品进行免费宣传。具有创意产品同样可以为众筹平台带来客户,增加客户的黏稠度,提高众筹平台的商业价值。众筹平台也可以吸引专业风险投资机构来加入,为这些高科技产品提供资金支持。可穿戴设备的投资较大,不太适合债权众筹和股权众筹。但产品众筹可以帮助这些高科技产品找到目标客户,同时利用平台的反馈来升级产品,众筹平台网站具有客户来源广泛,客户文化程度较高,客户较为专业的特点。

高科技产品利用众筹平台进行产品众筹是个双赢的模式,既有利于企业自身的产品的宣传,又有利于众筹平台知名度的提高,如果良性发展下去,市场空间巨大。国产的高科技产品众筹市场还在发展中,众筹自身的商业模式也没有成熟,急需一两个项目来引爆这个市场,高科技的可穿戴设备应该是一个最好的引爆点。

(三)艺术家的大众经纪人

艺术家成长的道路艰辛苦涩,面临着内部和外部的压力,如果没有用户的支持,很多艺术家就会半途而废。有的人可能会屈于某种压力,放弃了自己的个性,丧失了艺术家的独立性,成为模子化的庸才。

借助于众筹平台,艺术家完全可以向社会展示其艺术作品,无论是雕塑、油画,还是工艺品,艺术家可以通过众筹平台募集资金来办展览或生产。借助于众筹平台,艺术家不但可以来展示自己的才华,得到用户的认可,还可以通过平台听取广大用户的建议,对自己的艺术作品进行再次创作,寻找新的灵感,升华自己的作品。众筹平台带给艺术家的不仅仅是资金的支持,还有更多用户的支持和鼓励。用户完全可以通过众筹平台来帮助艺术家成长,成为艺术家的大众经济人,同时获得资本收益。

目前国外的一些众筹平台已经通过画展筹资、艺术讲座、工艺品生产等方式帮助艺术家进行创业,其成功的商业模式吸引了大量的用户,并获得了较好的效果。

众筹平台不仅仅是打通艺术家和客户之间信息通道,也让人人参与艺术创作,吸引大量的艺术家和用户,增加客户的黏稠度,形成用户规模,提升众筹平台的用户价值。

（四）软件开发者的天使投资

我们正在进入软件定义的世界，我们使用的很多智能产品，其实质就是软件功能。无论是手机应用、智能家电、可穿戴设备、智能医疗产品、大数据商业应用，其后面都是传感器加软件应用。

对于软件开发者，软件应用目前正向 App 的趋势发展，几个软件开发工程师可以短时间内完成开发工作，软件的开发工作正逐步从大规模的商业化生产走向具有独特洞察力的软件精英的发明创造。过去很多成功互联网企业包括豆瓣网、美丽拍、猜猜看都印证了独立软件开发者的成功。独立软件的成功正在从团队合作的模式转向软件天才的成功。

借助于众筹平台，这些可能没有毕业的软件天才或者是在大公司工作的螺丝钉都能通过众筹平台展现他们的创意，在得到资金支持后加速产品的开发。众筹平台带给他们的不仅是资金，还有对他们未来的支持和鼓励，同时也可以帮助他们找到志同道合的伙伴，收集大量的用户反馈。众筹平台可以成为软件开发天才的天使投资人，它没有其他天使投资人强势文化的缺点，尊重软件开发人才的自由成长，成为软件开发天才的忠实支持者和用户。

（五）社会企业和慈善事业的新平台

过去几年，中国的慈善行业从社会捐款、政府统筹的形式正在走向社会企业和个人独立发起慈善活动的形式，出现了各式各样的慈善平台和方式，例如李连杰的壹基金、浙江金华的施乐会、腾讯公益等。众筹平台依据其自身特点，很适合发布慈善活动，实现我为人人、人人为我的目标。公益慈善事业可以帮助更多需要帮助的人，实现社会的和谐平等。

借助众筹平台，可以发起多种形式的慈善活动，包括钱款捐助、衣物捐赠、义务支教、技能培训、产品销售、公益培训等。众筹平台的透明性较强，专款专用，有利于提高慈善活动的透明度，同时也有利于大众进行监督，平台可以收集慈善获益方的反馈，推动慈善事业的扩大发展。众筹平台也可以做社会企业产品和服务的展现平台，帮助社会企业进行产品推广，增强人们对社会企业的关注，支持社会企业的发展，同时众筹平台也可以提供资源整合，为社会企业发展提供良好的环境。

（六）社交活动的另一个平台

名人讲座、主题讲演、产品发布会、读书会都可以形成社交圈，这些线下的实体活动将可以通过众筹平台来组织，通过众筹平台建立一个成熟的社交圈子，聚集各式人才。众筹平台的一端可以是产品设计师、财经作者、网络小说家、自媒体人、影视剧本创作人、艺术家、社会企业等，另外一端可以是消费者、用户、个体投资者、专业人士、投资机构等。众筹平台利用其平台优势，使人人参与产品设计，人人都是设计师，人人都是用户，人人都是消费者。众筹平台利用其平台优势，将创业人才和资金用户连接起来，有利于创业者自身事业的发展和产品的完善，同时也有利于社会资源的整合，为投资者提供投资平台，为愿意帮助别人的人提供舞台。

五、股权众筹融资列入政府工作报告，将迎来新的春天

（一）股权众筹融资列入政府工作报告

"股权众筹融资试点写入政府工作报告，意味着政府认可这种融资方式是资本市场的一分子。"2015年3月16日，广州一家PE机构负责人对《21世纪经济报道》记者表示。此前，依照全国人大代表所提意见修改后的政府工作报告明确把"股权众筹融资试点"列为2015年金融改革的一项内容之一。

"众筹行业的快速发展，对中国经济的发展具有重大的意义。一方面，众筹行业的发展，为传统金融发展模式的创新提供了新的思路和方向，有利于促进我国金融体系的不断完善，更好地服务于实体经济。"该负责人称，"另一方面，众筹行业的发展降低了融资门槛，对互联网科技创新企业以及中小企业来说，在一定程度上缓解了融资困难的局面，对扶持中小企业的发展有着较大的意义。"

值得一提的是，就在股权众筹融资试点被增补进政府工作报告的同时，3月12日，国务院办公厅发出的《关于发展众创空间推进大众创新创业的指导意见》也特别提到，国务院将开展互联网股权众筹融资试点，增强众筹对大众创新创业的服务能力。

据艾瑞咨询统计，截至 2014 年 12 月，全国约有 110 家正常运营的众筹平台，其中，权益类众筹平台达 75 家，主要分布在北京、上海、广东、浙江等省市以及东部沿海地区，内陆地区分布较少。

在华融证券分析师宋蕊看来，未来证券公司通过股权众筹提升利润，主要集中在三个层面：第一，搭建股权众筹，通过融资项目带来的管理费收入；第二，股权众筹平台为券商的场外产品提供了营销渠道，比如首例通过众筹模式募集资金完成新三板定增的华人天地；第三，利用股权众筹提前挖掘优质企业。

（二）投行管理将成众筹平台竞争力关键

申万宏源分析师阮晓琴认为，随着法律的逐步完善，预计股权众筹的规模会继续扩大，平台数量也将会逐步增多。

截至目前，原始会、天使汇、大家投等股权众筹平台多数采取"领投＋跟投"的模式，领投人的行业经验将会促使股权众筹平台专业性提升。

"众筹平台将会被广泛地运用到影视文化艺术创作、生活创意、科技设计、医疗救济、学费筹集、旅游筹资、房产投资筹资、研究筹资等诸多领域中。股权众筹在文化、房地产等领域都得到了较好的实践。"阮晓琴称，"从天使汇 2014 年的行业范围来看，股权众筹容易成功融资的行业主要涉及本地生活服务类、移动/SNS 社交类、广告营销类、教育培训等。"

而目前股权众筹成功的平均比例仅在 10% 左右。阮晓琴强调，对众筹项目的投后管理将成为众筹平台的竞争力关键。

由于股权众筹是以公司一定数量的股份给予投资者作为回报，最终投资者能否获得实际的收益取决于公司的实际经营情况。因此，投后管理上将侧重于对投资项目的运营管理、财务信息披露和相关资产处置。

据艾瑞咨询统计，2014 年中国权益众筹市场融资总规模达到 4.4 亿元，京东众筹、众筹网、淘宝众筹、点名时间和追梦网这五家平台融资规模总额达到 2.7 亿元，占比达到 60.8%。

其中，京东众筹融资规模为 14 031.4 万元，占比为 31.6%，位居第一；众筹网融资规模为 4 903.9 万元，占比为 11.0%，位列第二；淘宝众筹融资规模为 3 950.7 万元，占比为 8.9%，位列第三；点名时间和追梦网位列第四、第五，融资规模分别为 3 182.6 万元和 965.1 万元，占比分别为 7.2% 和 2.2%。

(三)券商借道股权众筹发展创新业务

值得一提的是,作为基于互联网平台的私募业务,股权众筹融资业务也将给证券公司带来新的发展机遇。

阮晓琴表示,券商可在股权众筹中从事证券承销、投资顾问、资产管理等业务,可将股权众筹融资与股权质押业务、约定购回等业务相结合,发挥证券公司的整体优势。"目前证券公司可能更多地通过入股方式来涉足股权众筹业务。"阮晓琴预计。

根据中国证券业协会2014年12月发布的《私募股权众筹融资管理办法(试行)(征求意见稿)》,证券经营机构开展私募股权众筹融资业务的,只需要在业务开展后5个工作日内向证券业协会报备即可。

"随着股权众筹平台对证券公司的放开,可以让券商通过股权众筹平台更早地介入创新性企业,通过培育企业长期稳定的合作关系,从而为企业提供全业务链的服务,比如之后的新三板或中小板挂牌、再融资服务等,为企业提供投融资综合性方案。"宋蕊称,"此外,股权众筹对证券公司的放开,也有望让证券公司真正培养互联网基因,为公司提供新的盈利点。"

2015年1月28日,"中证众筹平台"正式启动,推出股权众筹平台的报价系统及报价系统的云柜台,该平台主营业务是为报价系统参与人作为中介机构开展股权众筹业务提供平台外包服务。

值得一提的是,证券公司参与股权众筹的项目来源亦可多元化。首先,证券公司可以通过股权众筹的方式介入创业企业的初期,逐步将其培育到新三板、地方股权交易中心挂牌。其次,也可以与证券公司的直投业务合作,通过领投—跟投的方式来挖掘有潜力的股权众筹项目。最后,证券公司可以与银行、信托、基金子公司等金融机构合作挖掘股权众筹项目。

六、股权众筹管理办法出台,权益类众筹市场呈现三大发展趋势

(一)《私募股权众筹融资管理办法》公布,明确股权众筹的发展方向

2014年12月,中国证券业协会公布了《私募股权众筹融资管理办法(试

行）（征求意见稿）》，从监管政策上界定了股权众筹的发展方向。此前一直游走在"非法集资"边缘的股权众筹，在监管政策逐步落地后，得以"正名"。

"对平台门槛定位清晰；明确的单个项目融资额度上限没有了；对投资人单笔投资额度限制也没有了；以前达成的一些意见得到保留，如与P2P不能混业经营、不得提供担保、不能股权代持和投资款专门账户管理等。"大家投CEO李群林称。

根据清科集团发布的《2014年上半年中国众筹模式运行统计分析报告》，2014年上半年，股权众筹预期融资额20.36亿元，但实际只完成募资金额1.56亿元，募资成功率很低。此外，在项目信息披露、投资者保护、项目退出机制方面也存在一些问题。

上述报告分析指出，忽略政策监管等因素的影响，募资成功率低，主要原因一是由于目前股权众筹的退出机制不完善，这已成为投资者最为担忧的问题；二是由于平台对项目的信息披露程度较低，部分项目对投资人的要求较高。有些平台项目数量多、募资周期长，在监管方向不明确的前提下，投资人较为谨慎。

对于这一点，《管理办法》做出了详细的规定，要求"股权众筹平台应当在众筹项目自发布融资计划书之日起5个工作日内将融资计划书报市场监测中心备案；发行人及其他信息披露义务人应当及时履行信息披露义务，依法披露的信息，必须真实、准确、完整，不得有虚假记载、误导性陈述或者重大遗漏"等。

当然，对于《管理办法》也有一些争议，比如对于投资人门槛，《管理办法》第十四条"投资者范围"规定，私募股权众筹融资的投资者是指符合下列条件之一的单位或个人："净资产不低于1 000万元人民币的单位；金融资产不低于300万元人民币或最近三年个人年均收入不低于50万元人民币的个人。"业内人士较多认为《管理办法》规定的投资人门槛较高，不利于行业发展，也不符合互联网众筹平等的原则。业内对《管理办法》的另外一个争议在于，要求平台不得提供股权或其他形式有价证券的转让服务。黄超达表示，目前的投资人退出方式有三种：第一种是项目每年有稳定的现金流；第二种是在项目下一轮融资中退出；第三种就是股权之间的转让。而禁止股权众筹平台提供股权或其他形式的有价证券转让服务无疑减少了一种投资人的退出渠道，这样不利于激发投资人投资的积极性。另外，从各方面的反应来看，即便监管落地，中国股权众筹发展依然需要解决很多问题。

尽管《管理办法》存在有争议的地方，或者说还需要进一步完善，但股权众筹毕竟有了自己的正式"身份"，毕竟纳入了国家统一的监管范围，有了明确的发展方向。

（二）权益类众筹市场未来发展三大趋势

趋势一：平台专业化、垂直化趋势。随着权益众筹平台数量的不断增多，平台之间竞争越发激烈。艾瑞咨询认为，无论是原有平台还是新兴平台，想要在市场上占据一席之地，需要为平台进行准确定位，使自己的服务与众不同，平台专业化发展将成为未来众筹行业发展趋势之一。

趋势二：融资主体多样化趋势。中国众筹行业的快速发展，使众筹行业关注度越来越高，参与者也在不断增加。艾瑞咨询认为，随着参与者的增多，未来参与主体多样化将成为众筹行业发展趋势之一。从平台搭建角度看，除了京东、百度、阿里等互联网巨头搭建众筹平台，在众筹行业展开激烈竞争外，银行业也开始涉足众筹领域，以积分的形式开展众筹项目，如浦发银行的"小浦娱乐"等。随着众筹行业涉及的领域的增加，未来将会有更多地方性企业参与到众筹行业中。因此，未来众筹平台搭建将呈现出多样化趋势。

趋势三：服务一体化趋势。随着众筹行业的快速发展，众筹平台也正经历着转型与改革。如何更好地为筹资者服务，保障投资者的权益，成为衡量众筹平台竞争力的重要体现。艾瑞咨询认为，未来众筹平台服务一体化将成为众筹行业发展趋势之一。

七、学者建议：采用底线监管规范推动我国众筹行业创新发展

中国人民银行金融研究所的几位学者撰文建议，互联网技术与金融产业融合发展是金融产业发展的长期趋势。在培育众筹行业发展的同时，需要科学确定业务边界，合理设定市场准入门槛，加强和完善市场规则，为众筹行业合规发展创造一个严守底线、不碰红线、适度监管的行业发展环境。

首先，做好现有法律法规的修订，促进发挥股权众筹在为中小微企业融资方面的积极作用。在《证券法》修改中，可考虑将多层次资本市场的理念纳入

法律中，为未来互联网金融留下空间；资本市场发行的层次性显示，仅有公募或私募两类还不够，还需要所谓的"小公募"，这样一个企业通过"小公募"获得融资，就不用像过去传统公募那样条件很高。因此，可考虑修订《公司法》股东人数的上限，建议打破200人限制，为未来的"小公募"预留空间。修订《证券法》，在加快推进股票发行注册制的同时，制定小额发行、私募发行豁免注册制度，扩大向特定对象非公开发行人数上限，考虑允许合格投资者条件比传统私募宽松的"大私募"。中国的合格投资者可包括众筹合格投资者与私募合格投资者两类，为股权众筹证券的发行和转让提供依据。

其次，设定分层次的投融资门槛及与之相对应的信息披露要求，研究股权众筹退出机制，便利交易达成。无论在哪个平台股权众筹，项目发行人都需向监管部门、融资中介和潜在投资者进行基本信息的披露。项目发起人、董事会及管理层对已披露的相关信息真实性负责，任何一方若未按规定真实、完整披露，给投资者造成损失将依法承担损害赔偿责任和相应的民事责任。只要发行尚未结束，发行人对与此次发行有关的任何实质性变化、补充及更新都需及时向监管部门汇报并告知潜在投资者。

最后，守住底线，加强投资者保护。加强制度建设和投资者教育，完善市场规则和风险揭示，增强投资者风险意识，保护投资者利益。股权众筹平台强制实施资金第三方银行存管制度，股权由第三方统一登记制度，加强对投资者风险教育，做到入市前股权众筹知识教育，开户时风险测评、风险揭示，交易后风险自担等三阶段风险教育机制。股权众筹项目发起以后，成功项目的资金在第三方存管账户上滋生的利息收入进入股权众筹项目资本金，失败项目的本金及其在第三方存管账户上滋生的利息收入返还本人。

八、专家认为：各行业跃跃欲试众筹融资模式，吸金门槛在于信任度

（一）众筹成为新产品试探市场反应的渠道

当然，中国式的众筹不单单只是做高大上的名人项目，目前发布最多的是高科技产品、电影、音乐作品，甚至延伸出众筹"建旅馆""买房""买地"

等模式。在6coffee内就有一位朋友在这方面非常有想法,他在一处近郊买了一间性价比极高的房子,周边环境优美,休闲度假设施完善;他计划拿房子来发起众筹项目,首先为房子配备各种音响、影视设备,打造一个小型的私人影院,以此为卖点出租房子为度假屋,专门为支持者使用。至于这些是不是一个好点子,拿上去做做众筹,用支持者投入的资金来做验证,很快就能测试出结果。如果众筹成功,说明项目有投资的价值,能被消费者认同。如果众筹失败,说明消费者不认同,那么这个产品就没有必要再生产了。其次,如果获得第一批消费者的支持,那么实际上就提前锁定了一定量的客户群,其后就可迅速打造影响力。

(二)利用众筹吸金,需先解决信任问题

正如刚刚提及的那位朋友想做的家庭影院为噱头的度假屋,或许你会觉得是一个不错的创意,那么你就会投入资金吗?或许会,或许不会,你可能会担心发起者提出的承诺不能兑现,或是担心项目实际与想象的并不一致。目前国内的众筹为何重"众"轻"筹",有曝光率却没有获得丰厚筹集资金的能力,很大程度上由于国内互联网中信任感仍比较薄弱。而众筹是一种建立在信用基础和社交模式上衍生出来的新型的商业模式。

目前国内整体社会信用体系建设仍欠佳,导致众筹发起人、支持者之间的沟通不够通畅,从而阻碍了众筹的发展。要真正发展众筹,应该先解决人与人之间的信任问题,例如众筹可先降低门槛,先从熟人圈子发展起来,众筹平台有责任去担保和监督整个项目的完成,更具有透明化,保障支持者的利益。或许这样,中国的众筹才有更适合发展的土壤。

九、实战经验:股权众筹基本方略和注意事项

(一)合格投资者需要平台进行认证

一般而言,股权众筹平台要求投资者必须是合格投资者,否则就没有投资资格。Fundersclub对合格投资者的定义是,个人年收入在20万美元以上,或和配偶共同年收入达30万美元以上,或者除住宅以外资产净值在100万美元

以上的人士。在投资之前，投资者需要完成一个投资者资格问卷调查并在上面签名，这将作为法律文件的一部分。

对于 Crowdcube 而言，投资者可以提交一个证明自己是高净值人士或有丰富经验的投资者的材料，或者填写一份针对投资初创企业涉及的高风险的问卷调查。

对天使汇而言，成为投资者也需要进行认证，具体步骤包括在平台上填写个人信息、描述投资理念和进行身份验证三个环节。其中，身份验证可以通过新浪微博加 V 用户绑定或上传投资者资料（比如投资者的名片、职位证明的照片或者扫描件）来完成。

（二）融资方需要提供相关资料，供平台进行项目审查

在进行众筹融资活动前，一般众筹平台需要融资方提供一系列必要的资料，一方面是需要向投资者说明融资方项目未来的发展前景；另一方面也需要展示对未来发展的信心和融资方对此次融资的重视程度。

Fundersclub 要求融资方提供商业计划书和未来 3 年的财务预测，而 Crowdcube 不仅要求融资方提供商业计划书、财务预测，还需要提供视频推介和税收减免说明。

（三）根据不同的平台采取不同的融资模式

不同的众筹平台采用的融资模式不同，Crowdcube 采用的是直接股东模式，而 Fundersclub、天使汇和大家投采用的都是基金模式。

Crowdcube 的直接股东模式如下：平台上投资成功的投资者直接成为该融资企业的股东。一旦投资者成为公司的合法股东，投资者将会收到股份证书并在公司登记注册。需要注意的是，在 Crowdcube 平台上投资的股份往往分为 A 股和 B 股，其区别是 A 股的投资者没有投票权，而 B 股的投资者拥有投票权。

Fundersclub 的基金模式如下：通过 Fundersclub 投资相关融资企业的投资者并不是融资企业的直接股东，而是一个专门为融资企业投资成立的风险投资基金的持有者，只不过其持有的基金的面值和投资公司的股票的价值是相当的。在这种情况下，投资者是 Fundersclub 中某个个股基金的持有人，对融资企业的投资并没有投票权，其所有投票权被对应的基金代理。这个机制的好处在于，对于融资企业而言，需要沟通的股东大幅减少；缺点是，投资者对融资

企业基本上没有什么影响力。

中国天使汇采用的基金模式如下：通过领投人加跟投人的模式建立一个有限合伙企业，然后通过成立的有限合伙企业成为融资企业的股东。在这种结构中，领投人代表跟投人对项目进行投后管理，出席董事会；跟投人不参与公司的重大决策，不进行投资管理。跟投人如果要求提前退出，则需要服从公司董事会和领投人的安排，依据合伙协议自动退出，或者通过天使汇申请退出，或者在有限合伙人份额转让平台上进行转让。经常提前退出的跟投人将会留下记录，会被领投人和项目在做选择时剔除。

（四）确定好投资的上下限和单一融资项目的融资人数限制

Fundersclub 设定了每一笔投资的下限，一般为 2 500~5 000 美元，上限没有特别限制。较低的投资下限便于投资者分散投资初创企业的风险。

模式不同会导致单一融资项目的融资人数有较大差别。由于 Fundersclub 采用基金模式，因此要求任何一个融资项目的参与者不得低于 95 人。由于 Crowdcube 采用的是直接股东模式，因此融资人数下限是 1 人。

根据国内法规的要求，中国众筹平台的单一融资项目的融资人数一般不会超过 200 人。例如，天使汇要求单个项目单次融资的投资人数不得超过 30 人，任何时刻的股东总数都不得超过 200 人；大家投则要求单个项目单次融资的投资人数不超过 40 人。

（五）做好企业估值的确定和平台的收费模式

在企业估值方面，Fundersclub 的做法是，由其内部的评估小组对融资公司的投资委员会提交的估值条款进行评估，并决定估值条款是否合理。初创企业的估值往往极其困难，评估小组并不为其确定的企业估值提供担保。

对天使汇而言，企业估值主要由领投人确定。领投人帮助创业者完善商业计划书，确定估值、融资额、最低单笔投资额、投资者席位数和投资条款，通过天使汇和自己的人脉将项目推荐给自己熟悉的投资者，协助项目路演，帮助项目落实跟投资金。

在平台收费方面，Fundersclub 对其收取基金的增值部分收取相应的业绩报酬，而不对其持有的基金收取基于规模的管理费用。对于不同的融资标的，业绩报酬费率有所不同，但大部分在 20% 左右。Fundersclub 认为，这种收费方式从长期来看有利于实现与初创企业、投资者和平台三方的利益一致。除此之外，Fundersclub 还提供一些额外服务，例如流动性服务，便于基金持有人之间进行份额转让。

Crowdcube 规定，如果融资成功，平台才向融资方征收融资金额的 5% 作为费用；如果融资不成功，则不收取相应费用。另外还要收取 1 750 英镑的额外费用，其中，1 250 英镑支付给相应的律师，处理相关法律文件；另外的 500 英镑支付给平台公司，作为处理股权证书的费用。

天使汇为领投人和跟投人提供便利的普通合伙人/有限合伙人管理系统，协助设立有限合伙企业，提供标准化的法律文本，并收取 5% 的利益分成。另外，跟投人应向领投人支付 5%～20% 的利益分成，但无须向领投人支付管理费。

（六）做好股权众筹的平台工作

股权众筹本质上是一项网上投融资活动，涉及的业务链较长，法律关系也更复杂。因此，平台在股权众筹中起到关键的撮合作用。在融资前，平台与融资企业沟通，对融资企业进行筛选，确定融资企业是否可以在平台上开展众筹，并安排融资企业准备相关推介材料。在融资过程中，在平台上展示融资企业，评估和确定合格投资者，接受合格投资者的相关咨询和投资等。融资活动结束后，平台的主要工作包括权益或股份确认，并安排公司进行相关注册变更等，甚至包括公司章程的修改和制定，部分代理投资者进行投票和参加公司董事会，以及建立定期和公司沟通并提供建议的机制等。

第四节 实例：中国众筹大佬是这样玩众筹的

一、众筹大智慧：教你如何 5 小时筹得 758 万元

2015 年 3 月 6 日，中国民间智库联合会第十期主题为"众筹大智慧"的

论坛在当代MOMA云阶大讲堂举行,国内顶尖众筹专家魏来、和君创业咨询集团总裁李肃、无忧我房总经理吕晓彤出席并做精彩分享。

国内首家众筹主题会所投资人,众筹俱乐部"财富汇"联合创始人魏来借《玩转众筹》一书的成稿分享众筹核心与价值,他说众筹核心是人的众筹,即筹人,找到相同价值观、相同志趣的人是众筹核心,也是第一步。第二是要筹智,最好的案例是柴静纪录片,采用众筹理念和模式,找到了一批志同道合的人,集思广益,众"智"成城。第三要筹谋,谋是方向,是目标。第四要筹梦想。第五要筹资。按照以上五筹思路,《玩转众筹》从征集到出版,用了仅仅一个月时间。

和君创业咨询集团总裁李肃结合中国传统智慧解读众筹大智慧,将众筹按照中国金木水火土五行进行归类:金众筹为募捐,多以慈善为目的;木众筹是基金;水众筹是借贷,是可以颠覆互联网时代银行的众筹;火众筹为股权众筹;土众筹为销售众筹。美国众筹从土众筹开始,逐步升格到金众筹,而中国则刚从土众筹开始搭建营销体系。

作为中国第一家全流程房地产众筹机构,无忧我房总经理吕晓彤结合刚结束的东戴河白金海MOMA众筹分享地产众筹经验,透析房地产众筹五大利好:一是解决房企融资成本高的痛点;二是减少营销成本;三是更早洞悉客户需求;四是加快企业周转;五是提前与业主接触互动,更好满足需求。

吕总以东戴河案例分享,3月5日在无忧我房平台发起的东戴河白金海MOMA众筹,首期发售154份众筹产品,认筹总额758万元,仅5个小时即告售罄。在1月份当代北辰COCOMOMA众筹中,两次累计1个多小时即筹得2450万元,售出300份众筹产品。为保障购房者的利益,彰显众筹产品的透明化,众筹提供商承诺对参与购房的用户给予众筹锁定均价和优先选房权。而且,众筹提供商联合第三方酒店管理机构为众筹用户提供房屋代管运营服务,业主还可以通过出租房屋获取收益回报。无忧我房在房地产、互联网、金融之间搭建桥梁,让地产商、购房者、投资者三者在其间无忧穿行。

和君李肃解读房地产众筹目前是介于火众筹与土众筹之间,是基于销售为目的。而吕晓彤对于房地产众筹又做进一步延伸,众筹可以从销售目的扩展到产品研发阶段,可以一起众筹买地、设计、建房。魏来预测众筹将扩展到更广领域,也会逐步进行专业领域细分。

在移动互联时代,众筹将变得越来越简单,越来越可行。众筹,让梦想从照进现实到变为现实。

二、京东众筹融资：运用雷霆战机手机破人气纪录

（一）京东进军众筹领域具有自身特色

京东在我国电商行业中所处的地位不同，是一家具有领导意义的 B2C 电商网站。但是 2003 年网络购物二度爆发后，至今已有十年时间，各大电商网站在主营业务中已有了非常丰富的积累。这就使电商网站面临一个问题，即他们在网络购物领域继续深挖所带来增值的边际效应相对有限，而开展其他业务，尤其是进入金融领域，给这些网站带来的利益更大，因此在 2012 年之后，网络购物巨头们纷纷开展互联网金融业务。

从经验上看，电商网站进军互联网金融的路径主要有以下几种方式：

介入领域	具体方法	难易程度	介入深度
渠道业务	将金融产品直接移植到平台上尽心售卖	简单	初步
支付结算	收购或自建第三方支付公司	中等	初步
虚拟货币	以充值为手段发行虚拟货币	简单	中等
网络融资	开展以数据为基础的贷款业务，或依靠平台资源进行P2P及众筹业务	困难	深入

©2014.7 iResearch Inc.　　　　　　　　　　　　　　www.iresearch.com.cn

图 9-3　电子商务网站进军互联网金融的方式

按照这种思路，2014 年 7 月 1 日，京东金融宣布旗下众筹业务"凑份子"正式上线，首批接受用户"凑钱"的项目共有 12 个，集中于智能硬件与流行文化这两个领域。至此，众筹将成为京东金融继供应链金融、消费金融、支付业务、平台业务之后的第五大业务板块。

京东进入众筹领域后，开展众筹业务具有自身特点。首先，引入"类团购"概念。众筹融资在我国发展还比较初级，以智能硬件为标的物的融资项目，基本采用团购＋预购的方式进行，因此对于京东来讲，其众筹业务既是对自身网络购物方式的丰富，也是其试水新产品、摸清市场的新方式。其次，对股价的正向刺激。目前京东已经上市，面对竞争激烈的网购市场，京东必须拿

出一些新业务,一方面对自己增值;另一方面也需要给市场提供新的刺激,这会从侧面对其股价产生正向促进,对于新上市的企业来说至关重要。最后,众筹行业进一步规范。由于网络巨头本身具备良好的品牌,所以其进军互联网金融新产业必然会相对谨慎,从业也会以最正规的形式出现,因此对于国内尚属新兴行业的众筹来讲是一种维护和促进。

(二)运用雷霆战机手机众筹破人气纪录

2015年3月18日,雷霆战机主题手机登陆京东众筹正好一周,项目在上线首日就斩获不俗成绩:首日筹得金额过半,粉丝反应热烈;截止发稿时,支持金额已突破100万元,众筹金额还在快速增长中。特别值得关注的是,项目收获12万点赞,成为京东众筹史上人气最高的项目,一周付费人数近7 000人,更有数百粉丝无私付费支持,成为京东众筹平台上一道亮眼风景。

雷霆战机手机这个众筹项目为何如此成功?

第一,《雷霆战机》是腾讯游戏旗下首款星际空战手游,自推出后持续占据各大游戏下载榜单前列,拥有海量"90后"玩家,日活跃用户在千万级别。大Q手机作为这款产品的设计制造商,是一家具有"互联网+"属性的新锐互联网手机公司,主要定位于年轻的"90后"移动互联网用户。雷霆与大Q从用户到基因属性都高度契合,大Q从创立之初就与腾讯合作不断,几款新品分别选择在易迅网、QQ空间、腾讯手机管家首发,获火爆反应。

第二,手机作为手游的天然载体,结合推出主题定制机的模式新鲜有趣,最容易吸引游戏忠实粉丝。雷霆战机主题手机基于大Q手机品牌旗下爆款小明星产品进行软硬件主题定制:限量版游戏主题包装盒与手机保护壳,炫酷的雷霆主题UI,还赠送丰厚的游戏礼包及足以令雷霆粉丝尖叫的罕见珍稀道具,例如:699元档中的"智慧曙光"便是一架稀有战机,要靠合成获得,但合成是有几率的,以至于在某些游戏论坛上价值高达3 000元人民币,引爆粉丝们的热情。

此外,雷霆战机手机本身也具有超高性价比,为粉丝们买单奠定了基础:在硬件配置上,配备MTK6592M真八核处理器,跑分超过33 000,游戏操作体验流畅,直击游戏玩家的需求痛点;五吋大屏配合饱满的音效,将为用户带来劲爆的视听体验。考虑其499元的起价,加之为《雷霆战机》从硬件到软件全方位的独家定制,以及赠送超高价值游戏礼包,可谓"性价比神器"。

第三，众筹这种模式本身就与这类"重内容"和"重情怀"的项目更容易得到共鸣，此外，京东更运用优势资源助推雷霆战机手机众筹项目。雷霆战机主题定制手机从产品出发点到精准营销方式上与众筹文化吻合，使得这次合作顺理成章，并水到渠成地斩获佳绩。

三、淘宝众筹融资：扯免费大旗让创新者进入阿里的一扇门

"淘宝众筹永不收费，公司对我们的考核要求不是赚多少钱。"2015年3月14日下午，淘宝众筹总经理高征在接受《第一财经日报》记者采访时说。就在当天，淘宝众筹创造了一项众筹人数的世界纪录，在三亚玫瑰谷爱情地标建设的众筹项目中，多达27万人参与众筹，共募集资金超过350万元。

通过互联网，平台帮助众筹发起人募集资金，再从中获取扣点分成，这是像KickStarter等国外众筹网站普遍适用的盈利模式，但正式以众筹平台的身份上线运行不到一年的淘宝众筹，何以扯起免费大旗，它究竟图的是什么？电商众筹的前景究竟如何？

（一）创新者进驻淘宝的入口

实际上，淘宝众筹要追溯到2013年"双12"的一个分会场"淘星愿"，当时林志颖发起出书的心愿，赢得粉丝疯狂预购。到2014年3月份时，已有一些小名气的淘星愿改名为淘宝众筹，但当时并没有一个明确的方向。

直到2014年7月份，京东众筹平台"凑份子"率先上线，首批带来了12个众筹项目（其中有7个是科技创新硬件，还包括汪峰鸟巢演唱会等文娱项目）。两个月后，找准方向的淘宝众筹开始走上快车道，确定了科技、农业、娱乐、公益等四个关注点。

和整个阿里巴巴集团的思路一样，淘宝众筹搭台，请别人来唱戏。用淘宝众筹总经理高征的话说，就是"创新者和创新产品进入阿里巴巴的一扇大门"。要想拿到开启这扇大门的钥匙，众筹发起人必须先在淘宝上开通一个店铺，同时手上的项目idea还要获得审核者的青睐。

据统计，截至2015年3月份，淘宝众筹共有877个项目上线筹款，累计金额过亿元，由于科技类产品的高价值，其在淘宝众筹上占到90%的资金比例，

其中估值过亿的科技类商家目前已超过了20个。

2014年，淘宝众筹的参与人数超过100万人，单个项目筹款最高金额超过1 200万元，是一款科技类净化器；而55度水杯、暴风魔镜等一批"很In"的科技类产品也在淘宝众筹平台上诞生。在京东众筹平台上，科技类项目也一直在唱主角，科技类产品搭载电商众筹已被视为一种天然结合。

2014年12月底，淘宝众筹在深圳的3W咖啡厅举办了一场面向B端的招商会，能容纳300人的现场一下子涌入了700多个商家，从下午2点一直聊到晚上7点，甚至有一些是从其他众筹平台转头而来的。据记者了解，目前在淘宝众筹平台上，有60%的比例是新人新项目，而并非淘宝系的老客户。

淘宝众筹不收费的背后，是淘宝希望将创新生态拉进阿里巴巴平台，众筹募集资金只是表象，真正的用意是筹人、筹智、筹产品，以丰富整个阿里的创新生态。

淘宝众筹总经理高征向《第一财经日报》记者透露，平台能吸引多少创新者和优秀项目进驻，才是集团对淘宝众筹最重要的考核要求。

（二）电商资源助阵接力赛

美国虚拟现实穿戴设备的鼻祖Oculus就是靠一个众筹项目起家，随后在2014年3月份被Facebook以20亿美元收购。国内这些科技类创新项目，选择阿里或京东的众筹平台，也在做着蜕变的梦想。因为在他们眼里，电商平台本身的资源能带来更多价值。

京东在去年推出了智能硬件创新加速器JD+计划，这让京东众筹平台上优秀的智能硬件项目有机会接触JD+的资源，从数据共享、营销支持、供应链服务、技术支持上进行一场接力赛。

而最大的电商平台、最多的网购用户，这本身就已经成为阿里巴巴做众筹的重要筹码。以3月14日三亚玫瑰谷的"爱墙"众筹项目为例，平台在短短几周内就为该项目聚集了27万人，如此大规模的用户本身就构成了商家资源。

"做这个众筹项目绝非仅仅是帮助三亚玫瑰谷的商家多卖几张门票，而是希望这片农业用地的各种衍生产品能够进驻阿里巴巴的电商平台。"高征对记者说。

可以这样理解，众筹在淘宝平台上只是400米接力赛的第一棒，项目本身赢得了关注与资金，相当于跑好了第一棒，而接下来的第二、第三、第四棒，将是整个阿里资源为创新者的持续助力，比如聚划算的扶持跟进、阿里百川计划提供的办公场所、阿里云提供的运算平台、未来阿里投资部门的注资等，这实际上已经是一个孵化的概念。据淘宝内部人士透露，对于淘宝众筹上的各类创新项目，均有阿里不同层面的投资部门在时刻关注。

此外，蚂蚁金服正在做的个人征信业务也已经和淘宝众筹平台对接上。据内部人士透露，平台在遴选众筹项目时，通过后台可以看到众筹发起人的信用记录，发起人是否存在"跳票"的潜在风险，阿里的征信大数据为平台筛选者增加了判断依据，把控众筹风险。

一位业内人士对记者说，电商做众筹一般聚焦在科技产品类，将电商平台的产业链前移到产品量产前，实际上是一种C2B的定制模式，由用户影响生产者的决策方向。但产品类，特别是科技产品的众筹，要避免演变成产品的预售平台，脱离众筹是利用互联网聚集大众力量扶持创新的初衷，"平台方还是应该有一点情怀"。

四、天使汇：网络股权众筹扮演创业"红娘"

在美国，网络众筹平台正在重塑创投格局。而在中国，天使投资环境不容乐观，众筹网站刚刚起步，股权众筹类平台更是寥寥无几。在国外风生水起的股权众筹模式能在中国开花、结果吗？

（一）帮助"滴滴打车"迈出创业第一步的网络平台

经常用手机软件打车的人，恐怕对"滴滴打车"并不陌生。根据艾瑞咨询集团的统计结果，这款2014年9月上线的软件，如今已占到国内打车应用软件市场的6成。但许多人可能并不知道，这款风靡大城市的打车软件，最初的融资是通过互联网完成的。

帮助"滴滴打车"迈出创业第一步的网络平台叫作"天使汇"，是一家天使投资众筹网站，创业者可以在网站上发布创业计划，出售股权以获得天使投资。去年，"滴滴打车"在这一平台上完成了1 500万元融资。

（二）团购"创业股权" 投1万也能当"天使"

"让靠谱的项目找到靠谱的钱"，天使汇创始人兰宁羽告诉记者，这是他创办天使汇的初衷。

兰宁羽上大学起便开始创业，积累了一定经验后，萌生了一个想法：不如建立一个创业的"红娘"平台，促成多位天使投资人合投项目，既降低了融资门槛，也分散了投资风险。2011年11月11日，天使汇上线，这是中国首家股权众筹网络平台。

在天使汇网站，可以看到，这里好比一个创业超市，陈列着诸多项目，对感兴趣的项目，投资人可以选择约谈、关注或分享。项目以互联网行业为主，包括在线购物、移动交友、移动医疗、求职网站等各种类型。最新上线的是宠物主人社交软件"拍它"，计划融资150万元，已获20万元天使投资。"滴滴打车""下厨房"等热门应用软件也依托天使汇完成首轮融资。

2015年1月，天使汇推出"快速合投"服务，即"快速团购优质创业公司股权"。音乐软件LavaRadio在"快速投合"平台上线后，14天内便从3个投资机构募得335万元资金，比预想的250万元多了34%。

"天使汇就像一个求职网站或婚恋网站，每个人发布需求，再选中意的。"LavaRadio创始人陈曦告诉记者。当时，有几十个投资人找她约谈项目，最终，她锁定了三家机构。

开在北京国贸商圈的煎饼摊"黄太吉"也是在天使汇完成的300万元融资。目前，这个十几平方米的店铺已被风投估值4 000万元人民币。

怀着和兰宁羽相似的想法，2012年9月，李群林在深圳创立了众邦天使网，2014年7月，网站更名为"大家投"。

"可以将股权众筹模式理解为股权的'团购'，创业公司出让股权，以获得资金的支持，普通人也可以做天使投资。"李群林告诉记者。最近在大家投平台完成的一个鱼菜农场项目，8人共出资30万元，其中出资最少的人只投了1万元。

不过，在线团购股权的机制比团购商品或网络求职复杂得多。创业项目申请和投资申请均要经过严格审核，融资成功后，融资方需要缴纳一定的费用，这也正是股权众筹平台的盈利之道。

迄今为止，天使汇已有千余项目上线，700个投资人入驻，60余个项目完成了 2 亿元人民币的融资额度，超过 8 成项目的融资额在 100 万～500 万元人民币之间。大家投新版股权众筹平台 2014 年 7 月上线以来，已有 60 余个项目发布，2 个项目融资成功。

（三）互联网改变创投圈，激活沉睡的"天使"

在发达国家，天使投资是激励创新的重要力量。据统计，美国有 30 万活跃的天使投资人。而在我国，创投圈认同的活跃天使投资人只有 1 000 多位，与中国庞大的高净值人群相比不成比例。胡润研究院 2013 年发布的《2012 中国高净值人群消费需求白皮书》显示，个人资产在 600 万元以上的中国人至少有 270 万人。

"国内创投的需求很旺盛，但由于信息不对称，信用体系、激励机制不完善等问题，需求没有被激活。"兰宁羽表示。在他看来，天使汇等在线创投平台所做的，就是以互联网思维解决困境，激活天使投资市场。

"首先，线上模式使得投融资信息公开、透明，提高了创业者和投资人的对接效率。"兰宁羽说。目前，国内已有大量线下创投组织，但项目对接效率非常低，投资人需要通过熟人介绍辗转联系，一遍遍宣讲项目，重复回答问题。而在网络平台，商业计划书、常见问题等内容可一次性提交后反复使用，节省了线下沟通成本。

其次，线上投融资平台还能提升资本的"智慧"程度，也就是让专业的投资人找到专业的项目，产生"1＋1≥2"的效果。通常，当投资人对所投项目的行业不了解时，对再好的项目也有顾虑。对此，国内股权众筹平台学习了国外的经验，采取"领投＋跟投"机制，领投人专业背景相对深厚，可以为投资人打消专业经验不足的顾虑。相较跟投人，其承担更多的风险，也获得更多的收益。在美国，Angelist 已尝试了这一方式，实现专业项目的快速融资，跟投人起步投资额仅 1 000 美元。

再次，线上投融资平台的服务功能和社交属性能帮助创投双方完善投融资能力。如初次创业者普遍缺乏融资经验，很可能因此与投资失之交臂，股权众筹平台则可以提供行业咨询、公司治理、企业估值等服务，创业者也可以求助平台上的其他成员，提高融资成功率。入驻天使汇的乾龙创投创始合伙人查立便戏称天使众筹为创业"保姆"。

最后，改善投资环境，激活"天使"。天使投资在中国的发展受到诚信体系不完善、激励机制不足等现实问题的制约，对此，股权众筹平台采取了一系列措施。如采用实名制，采用小额、快速、多轮的融资方式，降低投资风险，并积累用户信用情况。

为激励投资人，天使汇建立了企业的动态估值模型，设计了分层的投资回报机制，并为创业者积极张罗此后的A轮、B轮融资，以便投资人退出、盈利。

（四）"摸着石头过河"，股权众筹模式待考

股权众筹模式是不是解决小微企业融资难问题的良药？这个平台自身又是否能够获得可持续的发展？在中国，实验仍在继续。

姜奇平认为，线上股权众筹的模式高度依赖线下投资环境以及信用体系的建设情况，但在中国，两方面的条件仍欠完善，这将导致线上平台发展成本巨大。

同时，业内专家表示，目前对股权众筹模式的监管尚属空白，投资者应高度注意其中的风险。深圳市金融办、银监局均向记者坦言，互联网金融目前还主要是通过合同双方的自我约束，监管部门并未介入。

北京汇佳律师事务所律师邱宝昌提醒，股权众筹平台须谨防触碰非法吸收公众存款的红线。在他看来，众筹模式与非法集资之间的界限非常模糊。此外，还有法律界人士担忧股权众筹涉嫌"擅自发行债券"。

为规避上述风险，目前国内大部分众筹网站都规定融资方只能以服务或产品回报投资者，涉及股权回报的网站非常少，目前记者了解到的只有天使汇和大家投。

对于法律和信用风险，兰宁羽表示，已采取措施规避，比如，平台采取会员制，投资者均经过审核，不向公众募集，项目不得承诺固定回报，投资者人数也被严格限制。天使汇还与天津滨海柜台交易市场（OTC）和北京的股权交易所达成协议，通过与有牌照的合规机构合作控制风险。

那么，股权众筹平台本身的盈利模式能否支撑其可持续发展？目前，天使汇和大家投还处于积累人气、扩大影响的初创阶段，尚未实现盈利。

业内人士建议，在完善监管、加强自律的同时，政府也需要从"服务"角度，构建促进互联网金融发展的综合环境。在美国，互联网金融的顺利发展离不开配套政策措施的完善，包括征信体系、合格投资人的认定制度、投资人利益的保护体系等，这些举措值得中国借鉴。

五、杨勇以身说案：如何玩转中国式众筹

如何玩转当前中国式众筹，这是个大题目，仁者见仁，智者见智，莫衷一是。现任唐创投资董事长、"金融客咖啡"首席架构师杨勇结合他自身的亲身经历，畅谈了他的见解。

（一）从到底什么是中国式众筹说起

先介绍一个真实的例子——这个例子是中国式众筹的原始简化版。20世纪70年代，一个大院里有十个家庭，每家出一点钱，买了个缝纫机，缝纫机的使用规则特别简单，一个家庭用一个月，剩下两个月，谁家里有大的事情就给谁用。因为有缝纫机这个纽带，这十个家庭的关系特别好，而且在那个很穷的年代，这十个家庭穿得比较体面，在院子里地位高，信用感强。

我们现在做的众筹，是上面例子的升级强化版，我们称之为"基于熟人圈子的筹资筹智筹人"。中国古代有一种榫卯结构的房子不需要钉子，完全靠木头之间相互借力，但房子非常稳固。我们所理解的中国式众筹，就有点像这种榫卯结构，是熟人之间相互借力的艺术——互借社会资源、人才资源、物质资源。

中国式众筹与集资有本质差别：集资是用大家的钱办自己的事，众筹是用大家的钱办大家的事。

中国式众筹也与美国的陌生人众筹模式不同，现在国内很多网上众筹都是学的陌生人众筹模式。我不看好美国的陌生人众筹模式，因为中国人没有契约精神。陌生人众筹在美国比较简单，因为美国有很好的契约精神、很好的法律制度，有问题，大家找律师。

（二）如何做好中国式众筹项目

中国式众筹最关键的不是筹到钱，而是筹对人。

1. 定位清晰

众筹最核心的就是股东。选择股东一定要有清楚的定位，筛选要非常严

格。众筹咖啡馆如果选股东足够严，项目就一定会成功。

很多人一看众筹这么火，自己的朋友圈又特别牛，就一起凑份子搞个咖啡馆吧，以后聚会腐败也有个定点——还没想特别清楚就开始干了，这样百分百会出事。

咖啡馆的定位一定要想清楚：要聚拢哪些人，核心功能是解决什么问题，除核心股东外有多少人会持续买单，远景是什么，三五年以后还能不能继续活跃下去。这些问题首先要在脑中不断推演，做到心里有底。

股东和功能定位不清晰会带来什么风险呢？一旦模糊，你会发现来的人非常杂，一二十个人的时候还不会感觉有什么问题，五六十人的时候，问题就暴露出来了。粗看每个人都应该加入进来，仔细一看，每个人都不应该加入进来，后面都不知道该去找谁加入。所以定位不清晰的话，到后面的难度会特别大。这就是为什么很多人刚开始找一二十个股东，特别容易，到五十个人以后，微信上到处都是这些人的众筹方案——在到处找人要钱。

项目一开始大家属于亢奋期，好比热恋，大家只看到好的一面，没看到坏的一面，对远景没概念。所以一定要想清楚问题，这个项目三五年之后，这些出资人会得到什么好处，他为什么还要来。如果这个问题不想明白就干，一定会关门。

1898咖啡馆定位非常明确，叫北大创业校友之家，定位是服务北大的创业校友。我们的第一批股东，基本上都是比较厉害的北大创业校友。

2014年春节之后，我们位于金融街的金融客咖啡馆开始筹备。金融客咖啡馆的定位是金融界精英社交网络和思想互动平台，股东是金融圈比较主流的人士。因为特殊商圈及行业人群定位，募集金额较高，第一批100人，每人30万元；第二批100人，每人50万元，还有部分机构会员的钱，加起来差不多在1个亿。

国贸CBD的投资并购咖啡馆，募集的金额跟金融客差不多，即将开业。另外国贸三期还计划开金融客的第二家分店，金额预计会在1.3亿元到1.5亿元之间。

所以，只要核心股东和功能定位想清楚，募集资金就会相对顺风顺水。

2. 注重架构

股东架构的设计和筛选，是实操性特别强的问题，很多公司出问题就出在这儿。

1898咖啡馆对200位股东的架构设计就很注重搭配。第一，以"70后"为主，因为根据我们做校友会的经验，"80后"校友多数还太嫩，"60后"的校友基本上事业都比较稳定了，不爱跟我们玩儿，所以定位是"70后"。"70后"校友总体来讲既有一定的基础，还在努力爬坡，而我们也帮得上忙，而且可能帮助的效果也比较直接。我们很在乎股东的搭配，希望打造一个创业的生态链，从找天使投资到财务、法律等各种人脉，基本上可以一站式全找到。

为了达到多元化的股东架构设计，我们也覆盖了从1971级到2000级的整个北大校友群体。现在多数创业公司，"80后"创业可能合伙人都是"80后"，"50后"创业合伙人都是"50后"，以后众筹的项目可能是这样："50后""60后""70后""80后"都有，干活的是"70后"和"80后"，出钱出资源出经验的是"50后"和"60后"，我觉得这种搭配，从组织的角度也是非常健康的。

在股东人数上，我们后面做的很多项目，基本上都是200位股东。我们先搞定10个人，那190人自然就来了。我们一般要求每个人推荐的人不要超过10个——要是200个人里，190个人都是一个人推荐的，这个人就是老大，其他人就会特别别扭，就会出问题。

股东筛选切忌心急。首先，要建设一个核心团队，先把三四个人聊明白了，对于众筹的认识到位并形成共识，然后扩大核心人数，再沟通，再形成共识，然后进入快速发展和收钱确定合作阶段。初期的磨合阶段是必需的，不能急于求成。

所以众筹项目的过程要足够慢，一定要慢慢养几个月。钱到账之后再去磨合，那时候心态就不一样了。几十人或一两百人在一起，怎么可能不产生矛盾呢？大家原本是熟人，以前是朋友，没有发生利益关系，现在变成利益关系，它一定有个磨合的过程。在磨合过程中，你就知道谁靠谱谁不靠谱，后面的很多风险就会提前释放出来。

第一批出钱人一定是发起人，自己非常熟悉的人，不熟不做。我们选股东特别挑剔，不能给钱就要。首先，要看股东是不是符合我们的股东架构设计，不是有钱、有名、有地位就可以，要看意向股东的实力、诚信、处事是否大气果决、视野、胸怀、性格等与我们是否可长远共事等；其次，要看你的推荐人是谁、背景如何，只要推荐人靠谱，这个人也差不到哪去；最后，200人一起做事，氛围特别重要。有一种人，再好的事情，一定给你挑出100个毛病，所以在选人时，特别计较的人一定不要。我们有时开玩笑，说找股东要找好欺负的人，大智若愚，有肚量，你欺负都不说话的那种人，保证没事儿。

举个反面的真实案例。有个朋友做创业咖啡馆，一开始来找我，聊得很兴奋，之后很快100多万元收上来了。不久他又来找我，说发起人都不干了，没法干，说任何话都有100种意见。为什么会这样？很简单，没有一个筛选的过程。因为是熟人，大家说话不跟你客气，100多人没有磨合消化过程，一下子进来，没有人能搞定。我说赶紧把这些钱都退回去，重新再收就完了。

另外，招募不同级别的目标股东，定价策略也有讲究。有个标准，我们叫"不痛不痒"。举个例子，对于一群老板，只收两三万元一点价值都没有，他白扔给你了，基本上不会来的。所以定价低了，没有任何黏性。因为现在这个社会大家的兴趣点太多了，每天的新东西太多，今天聊这个聊得特别high，第二天又听到特别好的东西，注意力马上转移。而定价太高了，他会天天惦记着咖啡馆是不是挣钱了。所以我们一般定价的标准是针对这群人让他不痛不痒，他钱给你之后，亏了他心里也能接受，只是会有点不舒服。所以你让股东掏50万元正合适：一方面，他会加入得特别慎重，如果他没想明白怎么把钱挣回来，就不会掏钱；另一方面，这笔钱扔掉他心里有点难受，这样他的兴趣就不会那么快转移，他就被锁住了，这对组织来说其实是更健康的。一个亿募完之后，资金实打实地摆在那儿，你就不怕他跑。

我建议校友之间不要定太高，普通校友10万元左右是合理的；关系特别好的，比如一个宿舍的，可以略高点；如果是MBA，建议15万元左右；如果是EMBA，建议30万元到50万元。说白了要看对象是谁，找到他们不痛不痒的点。

我有一个感悟：做众筹，如果做得越轻松，就说明架构设计得好，后面运营就会越健康；如果做得特别费劲，基本上很难做成。

3. 参与感强

在定好股东筹完钱之后，我们要做一件很核心的事情——想各种办法折腾老板，让老板干活。

可以这么讲，如果一个老板光出钱不干活，他不会觉得这个咖啡馆是自己的。这个老板干的活越多，他越觉得咖啡馆是自己的，这就是参与感。参与感非常重要，一个不出力的人，对项目不会有真正的认同。

以 1898 咖啡馆为例，我们要求股东每年必须在咖啡馆一个人值一天班，目的很简单，就是希望股东服务大家，多做一点贡献。值班上午我们要求股东当服务员，只要值过班的股东基本上都不会抱怨，因为他们觉得做咖啡馆挺不容易的。下午希望股东能叫自己的朋友过来，晚上要求股东办一场活动。所以咖啡馆的活动非常多，一年都在两三百场，活动是我们的命脉，一个咖啡馆如果活动办不起来，那一定会关闭。

我们鼓励股东多成立自己的小圈子，例如有一个 1898 投融资俱乐部，非常活跃。通过调动股东积极性来做活动，比员工做活动的效果好很多。

判断一个众筹做到什么水平用什么标准呢？我有三个维度：第一个叫参与感；第二个叫归属感；第三个叫荣誉感。按照这个模式理解，我觉得小米的模式在某种意义上也是一种众筹，因为小米有参与感：大家买了小米的手机，还得在网上天天提建议，还得帮它提改进办法，这就是所谓的参与感。归属感则是社区做得非常好，线下经常组织活动，实际上就是在找归属感。而所谓荣誉感，你看身边人用小米感觉很好，在三四线城市，大家用小米很有面子，这是一种荣誉感。我们只做第一的项目，做第一的项目，让股东觉得很有面子，愿意吹牛。口碑是怎么来的？吹牛吹出来的。

所以，好的众筹一定是把这三个方面做得非常到位。当你找到了股东心底诉求的 Button，一下按到点上，整个流程就会进入自运行模式，人、资源、钱，一切水到渠成。

（三）运用动车理论和长板理论

创业者为什么那么难呢？因为创业者是一个人，所有的事情都要自己操心，就跟火车一样，以前的火车为什么跑不快呢？因为只有车头是动力。现在的动车为什么跑得快呢？因为动车的每一节车厢都是动力。

例如金融客咖啡馆，有 200 个股东，这 200 人本身就在金融圈子里很有影响，当金融客快开业的时候，这些人就同时在自己的朋友圈、微信群发信息。其实金融圈的圈子很小，传统媒体很难影响到，一众筹，很容易影响到几十万人。

如果传统的协会要做咖啡馆，求着别人发条微信人家还不一定答理你，多数人不愿意在自己的朋友圈发广告，但是咖啡馆是自己的，就很愿意去发。

佳美儿童口腔开业的时候，基本上那些股东都发了微信，而且发好几次，因为他觉得很有面子：我搞了一个儿童口腔，你就说是我的朋友，你来看病，给你打折。这对谁都有好处，所以大家特别有动力。股东出力很顺手：股东是佳美的客户，基本上他们的朋友都是潜在客户，碰到一个场合，一看对方牙不太好，跟人家说你去佳美我帮你打个折，既帮了朋友又帮佳美拿了生意，而且不占什么精力。所以众筹模式强调每个人出一点点力气，然后这个组织会变得更好，不需要很刻意。

从上面的例子可以看出，众筹模式有个非常大的创新，就是在于把投资者、消费者和推广者合为一体。给你出钱的那个人，他是你的股东，又是你的客户，还积极推广传播，问题同时解决了。每个人都出一点点力气，基本上事情就做得特别漂亮。

我还有一个长板理论。大家都知道木桶理论——一个木桶中最短的板决定了木桶的容量。众筹打破了这个理论，我们叫长板理论——你只要有一项能力很强，靠一项很强的能力，迅速把其他很强的能力凑在一起，就达到了意想不到的高度。例如我就会做众筹，我只跟各行业第一名合作，每个人做自己最擅长的事情，那就做得很轻松，而且很快把优势资源组合起来。所以年长的人也很喜欢众筹，因为年长的人一般都在某个方面有很强的能力，使用他的长项时，他做事情就会特别舒服、特别开心。

第十章
大数据金融模式与实战

大数据被誉为新时代的经济石油,是企业赢得未来市场的法宝。金融行业和互联网金融企业正在将大数据应用作为未来的重点,数据正在成为具有价值的资产,大数据思维和大数据技术正在成为主流。本章在介绍大数据模式需要掌握的定义与产生、意义与用途、结构与类型、发展与未来等基础知识的基础上,着重对大数据在金融行业和金融机构的概况及应用方略进行多方面的探讨和重点论述,最后,以实战实例的形式对大数据在互联网金融企业中如何运用进行报道和表述。

第一节 大数据金融模式需要掌握的基础知识

一、大数据模式的定义与特征

(一)定义

大数据是什么?投资者眼里是金光闪闪的两个字:资产。比如,Facebook上市时,评估机构评定的有效资产中大部分都是其社交网站上的数据。如果把大数据比作一种产业,那么,这种产业实现盈利的关键在于提高对数据的"加工能力",通过"加工"实现数据的"增值"。

百度百科的解释是,对于大数据(big data),研究机构Gartner给出了这样的定义:大数据是需要新处理模式才能具有更强的决策力、洞察发现力和流程优化能力的海量、高增长率和多样化的信息资产。

大数据到底是什么?是一种运营模式、一种能力,还是一种技术,抑或是一种数据集合的统称?我们认为,要真正弄清楚此问题,还得先从大数据与数据的区别说起。过去我们说的数据很大程度上是指数字,如我们所说的客户量、业务量、营业收入额、利润额等,都是一个个数字或者是可以进行编码的简单文本,这些数据分析起来相对简单,过去传统的数据解决方案(如数据库或商业智能技术)就能轻松应对;而今天我们所说的大数据则不单纯指数字,可能还包括文本、图片、音频、视频等多种格式,其涵盖的内容十分丰富,如我们的博客、微博、轻博客,我们的音频、视频分享,我们的通话录音,我们的位置信息,我们的点评信息,我们的交易信息、互动信息,等等,包罗万象。用正规的语句来概括就是,数据是结构化的,而大数据则包括了结构化数据、半结构化数据和非结构化数据。

数据是结构化的,数据分析可以遵循一定的现有规律,如通过简单的线性相关，数据分析可以大致预测下个月的营业收入额；而大数据是半结构化和非结构化的，其在分析过程中遵循的规律则是未知的，它通过综合方方面面的信息进行模拟，以分析形式评估证据，假设应答结果，并计算每种可能性的可信度，通过大数据分析我们可以准确找到下一个市场热点。

基于此，或许我们可以给大数据下这样一个定义，大数据指的是收集和分析大量信息的能力，而这些信息涉及人类生活的方方面面，目的在于从复杂的数据里找到过去不容易发现的规律。

（二）特征

第一个特征是数据量大。大数据的起始计量单位至少是 P（1 000 个 T）、E（100 万个 T）或 Z（10 亿个 T）。

第二个特征是数据类型繁多。包括网络日志、音频、视频、图片、地理位置信息等，多类型的数据对数据的处理能力提出了更高的要求。

第三个特征是数据价值密度相对较低。如随着物联网的广泛应用，信息感知无处不在，信息数量多，但价值密度较低。因此，如何通过强大的机器算法更迅速地完成数据的价值"提纯"，是大数据时代亟待解决的难题。

第四个特征是处理速度快，时效性要求高。这是大数据区分于传统数据挖掘最显著的特征。

既有的技术架构和路线，已经无法高效处理如此海量的数据，而对于相关组织来说，如果巨大投入所采集的信息无法及时处理并反馈有效的信息，那将是得不偿失的。可以说，大数据时代对人类的数据驾驭能力提出了新的挑战，也为人们获得更为深刻、全面的洞察能力提供了前所未有的空间。

二、大数据模式的结构与类型

（一）结构层面

第一层面是理论。理论是认知的必经途径，也是被广泛认同和传播的基线。在这里，从大数据的特征定义理解行业对大数据的整体描绘和定性，从对大数据价值的探讨来深入解析大数据的珍贵所在，洞悉大数据的发展趋势，从大数据隐私这个特别而重要的视角审视人和数据之间的长久博弈。

第二层面是技术。技术是大数据价值体现的手段和前进的基石。在这里，分别从云计算、分布式处理技术、存储技术和感知技术的发展来说明大数据从采集、处理、存储到形成结果的整个过程。

第三层面是实践。实践是大数据的最终价值体现。在这里，分别从互联网的大数据、政府的大数据、企业的大数据和个人的大数据四个方面来描绘大数据已经展现的美好景象及即将实现的蓝图。

（二）类型代表

在互联网大数据中的典型代表性包括：

（1）用户行为数据（精准广告投放、内容推荐、行为习惯和喜好分析、产品优化等）；

（2）用户消费数据（精准营销、信用记录分析、活动促销、理财等）；

（3）用户地理位置数据（O2O推广、商家推荐、交友推荐等）；

（4）互联网金融数据（P2P、小额贷款、支付、信用、供应链金融等）；

（5）用户社交等UGC数据（趋势分析、流行元素分析、受欢迎程度分析、舆论监控分析、社会问题分析等）。

三、大数据的内涵与价值

（一）特征内涵

业界（IBM最早定义）将大数据的特征归纳为4个"V"（量Volume，多样Variety，价值Value，速Velocity），或者说特点有四个层面。第一，数据体量巨大。大数据的起始计量单位至少是P（1 000个T）、E（100万个T）或Z（10亿个T）。第二，数据类型繁多。比如网络日志、视频、图片、地理位置信息等。第三，价值密度低，商业价值高。第四，处理速度快。最后这一点和传统的数据挖掘技术有着本质的不同。

维克托·迈尔-舍恩伯格在《大数据时代》一书中举了百般例证，都是为了说明一个道理：在大数据时代已经到来的时候要用大数据思维去发掘大数据的潜在价值。那么，什么是大数据思维？维克托·迈尔-舍恩伯格认为：①需要全部数据样本而不是抽样；②关注效率而不是精确度；③关注相关性而不是因果关系。

阿里巴巴的王坚对大数据也有一些独特的见解，比如：

"今天的数据不是大，真正有意思的是数据变得在线了，这个恰恰是互联网的特点。"有人把数据比喻为蕴藏能量的煤矿。煤炭按照性质可分为焦煤、无烟煤、肥煤、贫煤等，而露天煤矿、深山煤矿的挖掘成本又不一样。与此类似，大数据并不在于"大"，而在于"有用"。价值含量、挖掘成本比数量更为重要。

"非互联网时期的产品，功能一定是它的价值，今天互联网的产品，数据一定是它的价值。"

"你千万不要想着拿数据去改进一个业务，这不是大数据。你一定是去做了一件以前做不了的事情。"大数据的真正价值在于创造，在于填补无数个还未实现过的空白。

（二）价值探讨

大数据是什么？投资者眼里是金光闪闪的两个字：资产。比如，Facebook上市时，评估机构评定的有效资产中大部分都是其社交网站上的数据。

如果把大数据比作一种产业，那么这种产业实现盈利的关键，在于提高对数据的"加工能力"，通过"加工"实现数据的"增值"。

不管大数据的核心价值是不是预测，但是基于大数据形成决策的模式已经为不少的企业带来了盈利和声誉。

未来在大数据领域最具有价值的是两种事物：

（1）拥有大数据思维的人。这种人可以将大数据的潜在价值转化为实际利益。

（2）还未有被大数据触及过的业务领域。这些是还未被挖掘的油井和金矿，即所谓的"蓝海"。

四、大数据的功能与用途

（一）主要功能

1. 连接功能——大数据连接一切

百度连接了信息与读者，阿里连接了商品与消费者，腾讯连接了人与人。大数据则连接一切，BAT所有的连接都是建立在数据基础之上的。

数据连接了消费者和商家，数据连接了客户习惯，数据连接客户喜好，数据连接了客户，数据连接了位置，数据连接了时间和空间。数据连接了历史和现在，数据连接了万物。拥有了数据，也就拥有了和万物、时间、空间的连接。

2. 反馈功能——大数据反馈事物

连接一切的大数据将会反馈所连接的事物、空间和时间，通过数据记录来反馈物体的移动、消费习惯、个人爱好、行为习惯、活动轨迹、运动规律等。大数据所反馈的很多数据是过去互联网时代所不具备的，例如，移动互联网数据、LBS数据、传感器数据、App内部点击数据等。

最为重要的这些反馈的数据能够知道你是谁，你爱好什么，你在干什么，你需要什么，你的运动轨迹，你的消费习惯，你的消费能力甚至你的社交圈以及未来你的想法等。

3. 揭示功能——大数据揭示相关性，带来价值

所有的人都被反馈的事物打上了一个或多个数据标签。这些具有价值的标签经过整理和分析，再结合其他的数据，将会揭示事物内部和外部的相关性。这些相关性揭示了事物的真相和规律，将会为个人、商家、社会带来巨大价值。大数据的应用是大数定律的典型表现，不过分强调因果性，借助于相关性，重点关注大概率事件。

（二）基本用途

大数据可分成大数据技术、大数据工程、大数据科学和大数据应用等领

域。目前人们谈论最多的是大数据技术和大数据应用。工程和科学问题尚未被重视。大数据工程指大数据的规划建设运营管理的系统工程；大数据科学关注在大数据网络发展和运营过程中发现并验证大数据的规律及其与自然和社会活动之间的关系。

物联网、云计算、移动互联网、车联网、手机、平板电脑、PC以及遍布地球各个角落的各种各样的传感器，无一不是数据来源或者承载的方式。

有些例子包括网络日志、RFID、传感器网络、社会网络、社会数据（基于数据革命的社会）、互联网文本和文件、互联网搜索索引、呼叫详细记录、天文学、大气科学、基因组学、生物地球化学、生物和其他复杂或跨学科的科研、军事侦察、医疗记录、摄影档案馆视频档案、大规模的电子商务。

五、大数据的意义、作用与弊端

（一）意义

1. 变革价值的力量

未来十年，决定中国是不是有大智慧的核心意义标准，就是国民幸福。这一方面体现在民生上，通过大数据让事情变得澄明，看我们在人与人关系上，做得是否比以前更有意义；另一方面体现在生态上，看我们在人与自然关系上，做得是否比以前更有意义。总之，让我们从前十年的意义混沌时代，进入未来十年意义澄明时代。

2. 变革经济的力量

生产者是有价值的，消费者是价值的意义所在。有意义的才有价值，消费者不认同的，就卖不出去，就实现不了价值；只有消费者认同的，才卖得出去，才能够实现价值。大数据帮助我们从消费者这个源头识别意义，从而帮助生产者实现价值。这就是启动内需的原理。

3. 变革组织的力量

随着具有语义网特征的数据基础设施和数据资源发展起来，组织的变革就越来越显得不可避免。大数据将推动网络结构产生无组织的组织力量。最先反映这种结构特点的,是各种各样去中心化的 WEB 2.0 应用,如 RSS、维基、博客等。大数据之所以成为时代变革力量,在于它通过追随意义而获得智慧。

(二) 当前作用

(1) 大数据帮助政府实现市场经济调控、公共卫生安全防范、灾难预警、社会舆论监督;

(2) 大数据帮助城市预防犯罪,实现智慧交通,提升紧急应急能力;

(3) 大数据帮助医疗机构建立患者的疾病风险跟踪机制,帮助医药企业提升药品的临床使用效果,帮助艾滋病研究机构为患者提供定制的药物;

(4) 大数据帮助航空公司节省运营成本,帮助电信企业实现售后服务质量提升,帮助保险企业识别欺诈骗保行为,帮助快递公司监测分析运输车辆的故障险情以提前预警维修,帮助电力公司有效识别预警即将发生故障的设备;

(5) 大数据帮助电商公司向用户推荐商品和服务,帮助旅游网站为旅游者提供心仪的旅游路线,帮助二手市场的买卖双方找到最合适的交易目标,帮助用户找到最合适的商品购买时期、商家和最优惠的价格;

(6) 大数据帮助企业提升营销的针对性,降低物流和库存的成本,减少投资的风险,以及帮助企业提升广告投放的精准度;

(7) 大数据帮助娱乐行业预测歌手、歌曲、电影、电视剧的受欢迎程度,并为投资者分析评估拍一部电影需要投入多少钱才最合适,否则就有可能收不回成本;

(8) 大数据帮助社交网站提供更准确的好友推荐,为用户提供更精准的企业招聘信息,向用户推荐可能喜欢的游戏以及适合购买的商品;

(9) 大数据帮助金融机构对用户进行有效的理财管理,为用户的资金提供更有效的使用建议和规划;

……

其实,这些还远远不够,未来大数据的身影应该无处不在。就算无法准确预测大数据会将人类社会带往哪种最终形态,只要发展脚步在继续,因大数据而产生的变革浪潮就会很快淹没地球的每一个角落。

(三) 主要弊端

大数据时代,传统的随机抽样被"所有数据的汇拢"所取代,人们的思维决断模式已可直接根据"是什么"来下结论。由于这样的结论剔除了个人情绪、心理动机、抽样精确性等因素的干扰，因此将更精确、更有预见性。不过，由于大数据过于依靠数据的汇集，一旦数据本身有问题，就很可能出现"灾难性大数据"，即因为数据本身的问题而导致错误的预测和决策。

大数据的理论是"在稻草堆里找一根针"，而如果"所有稻草看上去都挺像那根针"呢？过多但无法辨析真伪和价值的信息与过少的信息一样，对于需要作出瞬间判断、一旦判断出错就很可能造成严重后果的情况而言，同样是一种危害。大数据理论建立在"海量数据都是事实"的基础上，而如果数据提供者造假呢？这在大数据时代变得更有害，因为人们无法控制数据提供者和搜集者本人的偏见。拥有最完善的数据库，最先接受大数据理念的华尔街投行和欧美大评级机构，却每每在重大问题上判断出错，这本身就揭示了"大数据"的局限性。

不仅如此，大数据时代造就了一个数据库无所不在的世界，数据监管部门面临前所未有的压力和责任：如何避免数据泄露对国家利益、公众利益、个人隐私造成伤害？如何避免信息不对等对困难群体的利益构成伤害？在有效控制风险之前，也许还是让大数据继续待在笼子里更好一些。

虽然大数据的拥护者看到了使用大数据的巨大潜力，但也有隐私倡导者担心，因为越来越多的人开始收集相关数据，他们可能会故意透露这些数据或通过社交媒体张贴，也可能在不知不觉中通过分享自己的生活而公布了一些具体的数字细节。

分析这些巨大的数据集会使我们的预测能力产生虚假的信心，将导致作出许多重大和有害的错误决定。此外，数据可能被强大的人或机构滥用，私自操纵议程以达到他们想要的结果。

六、大数据的发展历史与未来展望

（一）发展历史

1887—1890 年

美国统计学家赫尔曼·霍尔瑞斯为了统计 1890 年的人口普查数据，发明了一台电动器来读取卡片上的洞数。该设备让美国仅用一年时间就完成了原本耗时8年的人口普查活动，由此在全球范围内开启了数据处理的新纪元。

1935—1937年

美国总统富兰克林·罗斯福利用社会保障法开展了美国政府最雄心勃勃的一项数据收集项目，IBM最终赢得竞标，即需要整理美国2 600万个员工和300万个雇主的记录。共和党总统候选人阿尔夫兰登嘲笑地说："要整理如此繁多的职工档案，还必须调用大规模的现场调查人员去核实那些信息不完整的人员记录。"

1943年

一家英国工厂为了破译"二战"期间的纳粹密码，让工程师开发了系列开创性的、能进行大规模数据处理的机器，并使用第一台可编程的电子计算机进行运算。该计算机被命名为"巨人"。为了找出拦截信息中的潜在模式，它以每秒钟5 000字符的速度读取纸卡，将原本需要耗费数周时间才能完成的工作量压缩到了几个小时。破译德国部队前方阵地的信息以后，它帮助盟军成功登陆了诺曼底。

1997年

美国宇航局研究员迈克尔·考克斯和大卫·埃尔斯沃斯首次使用"大数据"这一术语来描述20世纪90年代的挑战：超级计算机生成大量的信息——在考克斯和埃尔斯沃斯案例中，模拟飞机周围的气流——是不能被处理和可视化的。数据集之大，超出了主存储器、本地磁盘，甚至远程磁盘的承载能力。他们称之为"大数据问题"。

2002年

在9·11袭击后，美国政府为了阻止恐怖主义，开始涉足大规模数据挖掘。前国家安全顾问约翰·波因德克斯特领导国防部整合当时政府的数据集，组建了一个用于筛选通信、犯罪、教育、金融、医疗和旅行等记录来识别可疑人的大数据库。一年后国会因担忧公民自由权而停止了这一项目。

2004年

9·11委员会呼吁反恐机构应统一组建"一个基于网络的信息共享系统"，以便能快速处理应接不暇的数据。预计到2010年，美国国家安全局的30 000

名员工将拦截和存储17亿件电子邮件、电话和其他通信信息。与此同时，零售商积累关于客户购物和个人习惯的大量数据，沃尔玛声称已拥有一个容量为460字节的缓存器——比当时互联网上的数据量还要多一倍。

2007—2008年

随着社交网络数量的激增，技术博客和专业人士为大数据概念注入新的生机。"当前世界范围内已有的一些其他工具将被大量数据和应用算法所取代。"《连线》的克里斯·安德森认为当时处于一个"理论终结时代"。一些政府机构和美国的顶尖计算机科学家声称："应该深入参与大数据计算的开发和部署工作，因为它将直接有利于许多任务的实现。"

2009年1月

印度政府建立印度唯一的身份识别管理局，对12亿人的指纹、照片和虹膜进行扫描，并为每人分配12位的数字ID号码，将数据汇集到世界最大的生物识别数据库中。官员们说它将会起到提高政府的服务效率和减少腐败行为的作用，但批评者担心政府会针对个别人进行剖面分析并分享这些人的私密生活细节。

2009年5月

美国总统巴拉克·奥巴马政府推出data.gov网站作为政府开放数据计划的部分举措。该网店使得私人领域的开发者，能够利用那些政府采集但未经梳理的各类信息，开发应用来提供公共服务或者进行盈利。这一行动激发了从肯尼亚到英国范围内的政府们相继推出类似举措。

2009年7月

应对全球金融危机，联合国秘书长潘基文承诺创建警报系统，抓住"实时数据带给贫穷国家经济危机的影响"。联合国全球脉冲项目已研究了对如何利用手机和社交网站的数据源来分析并预测从螺旋价格到疾病爆发之类的问题。

2011年2月

扫描2亿年的页面信息，或4兆兆字节磁盘存储，只需几秒即可完成。IBM的沃森计算机系统在智力竞赛节目《危险边缘》中打败了两名人类挑战者。后来《纽约时报》称这一刻为"大数据计算的胜利"。

2012 年 3 月

美国政府报告要求每个联邦机构都要有一个大数据的策略。作为回应，奥巴马政府宣布一项耗资 2 亿美元的大数据研究与发展项目。国家卫生研究院将一套人类基因组项目的数据集存放在亚马逊的计算机云内，同时国防部也承诺要开发出可"从经验中进行学习"的"自主式"防御系统。中央情报局局长戴维·彼得雷乌斯将军在发帖讨论阿拉伯之春机构通过云计算收集和分析全球社会媒体信息之事时，不禁惊叹：我们已经被自卸卡车倒进了"数字尘土"中。

（二）未来展望

趋势一：数据的资源化。所谓资源化，是指大数据成为企业和社会关注的重要战略资源，并已成为大家争相抢夺的新焦点。因而，企业必须提前制订大数据营销战略计划，抢占市场先机。

趋势二：与云计算的深度结合。大数据离不开云处理，云处理为大数据提供了弹性可拓展的基础设备，是产生大数据的平台之一。自 2013 年，大数据技术已开始和云计算技术紧密结合，预计未来两者关系将更为密切。除此之外，物联网、移动互联网等新兴计算形态也将一齐助力大数据革命，让大数据营销产生更大的影响力。

趋势三：科学理论的突破。随着大数据的快速发展，就像计算机和互联网一样，大数据很有可能是新一轮的技术革命。随之兴起的数据挖掘、机器学习和人工智能等相关技术可能会改变数据世界里的很多算法和基础理论，实现科学技术上的突破。

趋势四：数据科学和数据联盟的成立。未来，数据科学将成为一门专门的学科，被越来越多的人所认知。各大高校将设立专门的数据科学类专业，也会催生一批与之相关的新的就业岗位。与此同时，基于数据这个基础平台，也将建立起跨领域的数据共享平台，之后，数据共享将扩展到企业层面，并且成为未来产业的核心一环。

另外，大数据作为一种重要的战略资产，已经不同程度地渗透到每个行业领域和部门中。其深度应用不仅有助于企业经营活动，还有利于推动国民经济发展。它在推动信息产业创新、大数据存储管理挑战、改变经济社会管理面貌等方面也意义重大。

第二节 大数据在互联网金融行业的概况及应用方略

考虑到大数据应用范围的广泛性和内容的多样性,本节主要集中对大数据在金融行业重点是互联网金融业的概况及应用方略进行探讨和阐述。

一、大数据决定互联网金融的未来

互联网金融不是互联网和金融的简单叠加,更深层次的变化是,一些基于互联网应用的特有技术推动了新的商业模式、产品、服务、功能在金融业内出现,金融体系随之经历了新的变革。大数据就是其中的典型代表,它被视为推动互联网金融发展的重要驱动力之一。

麦肯锡全球研究院在其发布的《大数据:创新、竞争和生产力的下一个新领域》报告中指出:"大数据之大通常是指数据量大到超过传统数据处理工具的处理能力,是相对和动态的概念。此外,大数据又被引申为解决问题的方法,即通过收集、分析海量数据获得有价值信息,并通过实验、算法和模型,从而发现规律、收集有价值的见解和帮助形成新的商业模式。"

金融业是大数据的重要产生者,交易、报价、业绩报告、消费者研究报告、官方统计数据公报、调查、新闻报道无一不是数据来源。但反过来,大数据对于互联网金融发展的助推作用也逐渐显现。

(一)目标用户抓精准

大数据对于互联网金融的第一个助推作用在于寻找合适的目标用户,实现精准营销。

互联网金融领域的新创企业或做贷款,或卖产品,凭借高额收益率、手续费优惠,吸引用户选择自己。然而,在越来越多同类企业吹响混战号角的同时，互联网金融企业也不得不面对来自同行业的竞争。盲目扩张、产品单一使得竞争力不强的互联网金融企业由于不能保证稳定流量、无法留住客户而倒闭，成为行业的"炮灰"。上海永利宝金融信息服务有限公司CEO余刚分享了一组数据：以互联网金融领域的P2P业务为例，截至2013年年底，中国有450家P2P公司，最短命的P2P企业之一出现在海南省，创立2天即倒闭。

在巨大市场压力面前，许多互联网金融企业都已意识到自身产品的营销策略很大程度上影响了企业的生存与发展。欲在竞争激烈的市场中占有一席之地，互联网金融企业需要更精准地定位产品，并推送给目标人群。正如德邦证券董事长姚文平在其《互联网金融》一书中指出的，"与其一味地苦思如何'做得更好'，不如考虑如何'做得不同'"。

谁是潜在的购买者？如何找到他们并让他们对产品产生兴趣？

精准营销的实现程度是互联网金融企业存活与崛起的关键所在，这个领域虽然未达到成熟的发展状态，但确实已经有了一些有参考价值的营销案例。例如，梧桐理财网推出的两万元起点的"梧桐宝"是一款8%～10%预期收益的互联网理财产品，其目标客户是能够承担"两万元起投"的中产阶级；速溶网推出的"速溶360"旨在为在校大学生及毕业生提供金融服务；"住金所"的"安心—过桥贷"是针对中小微企业银行贷款周转推出的特色服务产品……

大数据在为这些互联网金融企业找到自己的目标客户，并在解决精准营销的问题上发挥了重要作用。大数据通过动态定向技术查看互联网用户近期浏览过的理财网站和搜索过的关键词，通过浏览数据建立用户模型，进行产品实时推荐的优化投放，直击用户所需。

（二）"芝麻信用"控风险

大数据在加强风险可控性，支持精细化管理方面助推了互联网金融，尤其是信贷服务的发展。

通过分析大量的网络交易及行为数据，可对用户进行信用评估。这些信用评估可以帮助互联网金融企业对用户的还款意愿及还款能力作出结论，继而为用户提供快速授信及现金分期服务。

事实上，一个人或一个群体的信用好坏取决于诸多变量，如收入、资产、个性、习惯等，且呈动态变化状态。可以说数据在个人信用体系中体现为"芝麻信用"，它便于解决陌生人之间以及商业交易场景中最基本的身份可信性问题，以及帮助互联网金融产品和服务的提供者识别风险与危机。这些数据广泛来源于网上银行、电商网站、社交网络、招聘网、婚介网、公积金社保网站、交通运输网站、搜索引擎，最终聚合形成个人身份认证、工作及教育背景认证、软信息（包括消费习惯、兴趣爱好、影响力、社交网络）等维度的信息。

支付宝的大数据服务部负责人李颖赟以支付宝的用户数据举例，目前支付宝3亿名实名认证用户覆盖了近一半的中国网民，他们的上网足迹提供了涵盖购物、支付、投资、生活、公益等上百种场景数据，每天产生的数据相当于5 000个国家图书馆的信息量。当我们在淘宝、天猫等电子商务平台上进行消费时就会留下我们的信用数据，当这些信息积累到一定程度，再结合交易平台上我们的个人信息、口碑评价等进行量化处理后，就能形成用户的行为轨迹，这对还原我们每一个人的信用有相当大的作用。同时，通过交叉检验技术，辅以第三方确认客户信息的真实性，以及开发网络人际爬虫系统，突破地理距离的限制，可以更全面、更客观地得到风险评估结论，从而加强互联网金融服务风险的可审性与管理力度。

毫无疑问，大数据将在互联网金融大展身手，但大数据只是分析工具，是人类设计的产物，不应过分迷信。以P2P借贷行业为例，目前借贷业务不仅需要网络审核，更需要线下审核，信贷员的从业经验和责任心是信贷安全的重要保障。另外，除了个别企业，大部分互联网金融企业目前的用户规模和交易额都不大，缺乏大数据基础，也无力承担所需的基础设施和处理成本。在互联网金融的发展过程中，如何发挥大数据的优势，避免其劣势，将决定互联网金融的未来。

二、大数据激荡着银行业的互联网金融

《二十一世纪商业评论》指出，银行业应该是大数据时代最激进的行业之一：互联网金融让金融边界的日益模糊，移动智能带来的产品服务转型和升级需求，利率市场化等带来的新竞争和成本压力……都在迫使这个古老而稳定的行业发生变革。而变革的核心似乎都在指向大数据：以高质量的数据和强大、稳定的数据分析能力为基础，开发出丰富的数据应用，为客户提供智能和针对性服务、对内完善风险评估和控制体系，都是银行业迫在眉睫的任务，但银行

业人士谈到大数据时，依然言辞谨慎。

民生银行总行科技部总经理牛新庄表示，民生银行的大数据平台很难一蹴而就：2013年建设数据标准和大数据基础平台，在其基础上；2014年建设一个实时的数据集成平台，为全行提供高速便捷的数据处理引擎；2015年的预期是建立完备的企业数据服务，支持智能化的服务。牛新庄在聊到对民生银行大数据平台的期待——"稳定、高效、可见、可管、可计量"中，认为稳定依然占据了最重要的位置。银行业对"创新"似乎并不如互联网企业那么热衷，而这很难单一归结到传统行业理念的保守。

一方面，这和银行业本身的特质有关——最基础的数据底层架构思路就和互联网企业有很大不同。以阿里为代表，其早在2008年就开始设想"去IOE"（摆脱IT部署中对IBM小型机、Oracle数据库以及EMC存储的过度依赖），以解决成本、服务响应等问题，并且能够拥抱移动互联和云计算的新一代基础架构。但在牛新庄看来，互联网行业的创新并不意味着可以直接复制到传统银行业："我们在很多方面的要求并不一致，比如银行对账务一致性的要求十分苛刻，从用户的角度看，如果账务有问题，那么很容易对银行产生不信任感，相对而言，业务暂停几分钟的容忍度可能更高一些。因此，我们内部的网站、OA系统甚至民生的电商平台可以学习阿里的架构，但最核心的传统业务依然是传统架构。"

此外，银行业也要面临大数据时代的"数据通病"：尽管提供解决方案的企业鼓吹"非结构化"数据（如每天在社交媒体和智能终端诞生的大量信息），也在不断推出采集信息的解决方案，但对企业而言，整合内部数据和打通外部数据仍是目前最基本的两个问题。

这也是牛新庄持谨慎态度的原因："首先还是把银行内部的数据整合在一起，而过去数据都是一段段的、分裂的，而首要的问题又是内部数据标准化，这又会涉及非常多的细节问题，比如过去的数据里日期的格式就是各式各样。从这个角度来说，把老系统推倒重来，建立新的核心系统反而更高效。"

而即使银行内部的数据整合成功，但把数据放到消费者的消费环境上看，银行内部的数据也是分段的，牛新庄说："比如你在银行里有一个账户，有很多消费记录，这个账户和淘宝账户关联了，因此在理论上把银行的数据和淘宝消费数据关联起来是最理想的，但淘宝不可能把数据给银行，同理淘宝也看不到银行账户这个人的存款和信用记录。"

三、大数据时代下金融业的发展方向、趋势及其应对策略

金融作为社会经济活动的血液,对经济增长与社会进步具有非常重要的意义。对国内金融业来说,"大数据"是一个崭新的议题。研究大数据时代背景下的金融业发展方向与趋势将具有非常现实的社会价值;同时,也将为大数据时代下新金融理论的拓展奠定学术基础。基于此,《科学通报》发表了刘晓曙的相关文章,现摘编如下:

(一)大数据时代下金融业的发展机遇及当前状况

大数据时代到来,首先引起全球高度关注的行业之一就是金融业。2011年麦肯锡全球研究所在针对美国各行业应用大数据潜在价值提升做的一个评估结果《大数据:下一个创新、竞争和生产率的前沿》中就提出,与其他行业相比,大数据对金融业更具潜在价值,金融业在大数据价值潜力指数中排名第一。

由于我国国内银行业资产占整个金融业资产的90%以上,以下所称金融业将和银行业不加区别。金融业具有显著的IT属性,每次通信技术的革新都会给金融业带来变革。金融业在IT基础设施、数据掌控力和人才集中度方面相较其他产业具有明显的优势,具备了深度"掘金"的潜力。一方面,大数据决策模式对银行更具针对性,发展模式转型、金融创新和管理升级等都需要充分利用大数据技术,践行大数据思维。另一方面,银行也具备实施大数据的基本条件,体现在以下几个方面:

(1)数据众多。银行不仅拥有所有客户的账户和资金收付交易等结构化数据,还拥有客服音频、网点视频、网上银行记录、电子商城记录等非结构化数据。

(2)拥有处理传统海量结构化数据的经验。长期以来,商业银行已经在以信用评级模型和市场营销模型为代表的数据分析上积累了大量的实践经验,具备向大数据分析跨越的基础。

(3)IT技术和人才储备相对充裕。金融业是信息密集型服务产业,普遍拥有大量IT设施投资和IT技术开发与应用人才。

目前中国金融行业正在步入大数据时代的初级阶段，并且呈现快速发展势头。事实上，银行每天都在生成、获取海量数据，经过多年的发展与积累，目前国内商业银行数据量已经达到 100 TB 以上级别。具体表现在：

（1）传统银行交易系统每天会产生数亿笔交易流水信息，这些信息主要是结构化形式的数据。

（2）业务处理过程中，银行采集了大量用于集中作业、集中授权、集中监控的影像、视频、录音等非结构化数据。

（3）银行网站每天点击量达几千万次，这些数据隐含了大量客户需求或产品偏好信息。

（4）在各类媒体、社交网站中发布的涉及客户投诉和产品评价信息数据，银行可以通过此类数据改进服务质量与客户体验。

上述数据无论是出于遵从法规与内控管理的存储需求，还是出于产品设计、市场营销的数据分析需求，都需要相关的计算机硬件和软件技术进行存储、信息抽取和分析。银行数据特征和数据处理要求，基本符合大数据的概念与特征，银行业已经进入大数据时代。

对国内银行业来说，大数据是一个崭新的议题，但并不是全新的概念。大数据技术是数据处理在方法、理念上的创新，对中国银行业来说并非从零开始。事实上，商业银行在多年信息化建设中已经形成了推进大数据体系建设的诸多成果。不过，当前银行业在数据分析和利用上还停留在"小数据"时代。数据分散在各个业务系统中，数据量虽为天量，但多数为"沉默数据"。对结构化数据利用有限，对非结构化数据的收集、分析则更缺少基本的处理机制和系统做法。新形势下，国内商业银行应加快推进大数据体系和信息化银行建设步伐，充分利用数据资源优势，挖掘信息价值，促成传统业务发展经营管理模式的彻底转型，形成信息化时代新的竞争优势。

（二）大数据时代金融业发展的趋势及挑战

大数据时代，需要新的逻辑和思维，需要想象力。大数据时代的核心词是"开放"与"融合"，还应有"一切皆可数据化"的思维，也就是说，人类社会的各种行为都可以数据化，几乎所有的问题都能通过数据化的方法解决。在大数据时代，未来的金融体系尤其是银行将发生以下几方面重要的变化：

1. 开放的银行

传统商业银行具有两项基础功能：资金中介与信息中介。银行作为资金中介，可以通过专有技术实现规模经济，降低资金融通交易成本；作为信息中介，可以采用专门信息处理能力，解决资金借、贷方之间因信息不对称而引发的逆向选择和道德风险问题。在传统商业银行主导的融资模式下，银行是社会经济信息收集中心，企业需向银行提供信息以获取信用。但在大数据时代，银行将不再自然而然地成为经济关系的信息中心，搜索引擎、社交网络、物联网、移动互联网、云计算、大数据等新兴信息技术改变了传统的信息产生、传播、加工利用的方式，特别是基于互联网技术和移动支付技术的互联网金融打破了信息不对称和物理区域壁垒，通过信息流、数据流引导各类资源的充分有效分配，甚至资金供求双方可以通过网络直接获取信息并参与交易，促使传统的生产关系发生变革，形成联网机构相对平等的关系。这对传统商业银行业务提出了挑战，商业银行将改变过去自然的、被动的社会经济信息收集中心角色，以开放的方式与客户平等交流，主动收集客户信息。比如，通过建立或者借助电商平台实现客户信息流、物流、资金流的"三流合一"，对收集的非结构化客户信息与数据仓库中的结构化客户信息进行整合分析，形成完整的客户拼图，从而对客户更加全面和深入地理解，建立客户信用评价和风险管理，完成信息中介功能。

2. 数字化的银行

从长远来看，随着数据化和网络化的全面深入发展，大数据的应用将使银行的资金中介职能进一步发生变化，表现为资金中介职能体现出虚拟化和电子化交易特征，逐渐向虚拟化方向发展，全面颠覆当前金融服务形态：

（1）产品的虚拟化。资金流将更加地体现为数据信号的交换，电子货币等数字化金融产品的在经济生活中将成为主流。

（2）服务的虚拟化。通过移动互联网、全息仿真技术等科技手段，银行将更广泛地通过完全虚拟的渠道向客户提供金融服务。

（3）流程的虚拟化。银行业务流程中各类凭证、单据等将以数字文件的形式出现和处理，可极大地提高处理的便利性和效率。

在大数据时代，传统商业银行的管理理念和运营方式面临挑战。未来商业银行的整体运作将是一个数据的洪流，"数字金融"得以全面实现。

高生产力的银行。与物质资本、人力资本一样,大数据将成为经济活动一个重要的生产要素,它也可以转变成为生产力,创造巨大的经济价值。开放的、数字化的银行随着大数据的应用可实现更高的生产力,主要体现在以下几个方面:

(1) 信息技术的发展及部分金融产品交易的虚拟化,使金融供应链外延,降低了全社会融资成本和财务费用,提高了整个市场的生产效率。

(2) 大数据的积累使得商业银行通过全面分析商业银行内部数据和外部的社会化数据,可以获得更为完整的客户全貌,避免因客户信息不全面导致的错误认知,使得销售更具有精准性。此外,银行能够通过现有客户及其人际社会网络或业务网络,发现更多具有价值的潜在客户,并对其展开精准营销。

(3) 通过整合结构化和半结构化的交易数据、非结构化数据及交互数据可以进行全面的模式识别、分析,能够帮助银行实现事前风险预警、事中风险控制,建立动态的、可靠的信用系统对各种交易风险进行识别,有效地防范和控制金融风险,并深度挖掘高价值的目标客户。

(4) 促进银行进行产品创新。银行可以通过科学分析技术对海量结构化与非结构化数据进行分析和挖掘,更好地了解客户的消费习惯、行为特征、客户群体及个体网络行为模式,商业银行充分利用这些信息可以为客户制定个性化、智能化的服务模式,设计开发出更贴近用户需求的新产品。

3. 科学决策的银行

大数据的本质特征之一是在决策模式上与传统模式不一样。大数据强调决策建立在牢固的数据证据基础上。

大数据的客观性将对现有银行决策机制产生巨大冲击。传统商业银行的决策模式依赖于样本数据分析和高管层经验;而大数据时代全量数据分析使得分析结果更具客观性和决策支持性,银行的决策过程将以数据为核心进行决策判断。

对银行的管理者来说,这是一场改变思维习惯的管理革命。我们知道,大数据的显著特征就是全数据分析。在大数据体系下,银行数据获取、分析和运用的渠道和机制都与传统方式不同。通过大数据分析技术和工具对海量结构化数据和非结构化数据进行分析、断和挖掘,商业银行能够及时、准确地发现业务和管理领域的风险和机会,为业务发展和风险防范提供重要的决策依据。

在大数据时代，商业银行通过大数据分析能更好地了解客户的行为特征、客户群体及个体网络行为模式，优化运营流程，从每一个经营环节中挖掘数据的价值，指导商业银行进行业务创新，或为经营管理提供全面、及时的决策支持信息。

当然，在通往大数据时代，银行正走向开放的、数字化的、高生产力的、富有科学决策的远景。

4. 商业银行面临的挑战

首先，文化挑战。在大数据时代，开放、融合与创新是经济社会的发展主题，市场竞争不断加剧，传统意义上的非金融机构因新生的机动力量也将切入金融服务链条，挤占银行的生存市场。解释企业兴衰成败的"基因决定论"指出，前一波产业浪潮中制胜的成功企业会不断地固化自己的企业文化、运行模式、商业策略以及市场定位等基本要素以满足当前市场的需求，但这样的基因往往无法迎合下一波崛起的新浪潮。银行面临的挑战是囿于既有的组织架构和条块分割的内部数据结构，放不下原有的企业文化与思维习惯，无法挖掘自身潜力而处于竞争下风。

其次，管理挑战。目前，商业银行通过数据标准、数据架构、元数据和数据仓库等手段进行数据管理和应用，但难以支撑以非结构化数据为基础的业务创新；同时，以业务条块为主的系统建设加剧了数据的冗余性和非一致性，造成数据整合和数据质量管理难度。因此，大数据时代，需要运用基于数据生命周期的数据管理方式进行管理，为数据质量及数据服务能力提升做好准备。

最后，技术挑战。商业银行科技人员以往主要针对结构化数据进行开发和处理，而在大数据时代将面对海量的、需要分析和处理的非结构化数据。在大数据时代，处理体量巨大、种类繁多、流动速度快、价值密度低的数据的大数据工具软件与信息处理技术不断创新和发展，银行科技人员需要不断快速学习和应用Hadoop、云计算等新技术来处理大数据。因此，银行需要加强前瞻性技术研究并与IT战略规划结合，才能赶上大数据时代的步伐。

（三）大数据时代金融业发展的应对策略

当前，中国银行业已经迎来了机遇与挑战同步而至的大数据时代。从长远看，大数据将给未来银行业的发展模式带来颠覆性的影响。因此，商业银行应当立足现在，积极布局未来，做好大数据时代金融业发展应对措施。

首先，转变理念，树立开放、主动、融合与实证的思维观念。商业银行要顺应大数据特点，牢牢树立"以创造数据价值为着眼点，以数据管理为立足点，以数据社区为凝聚点，以服务创新来推动数据开放和共享"的大数据服务理念，变被动数据支持为主动数据服务，坚持开放、融合的大数据精神，打破传统经验为主的决策模式，建立数据实证为核心的判断决策流程。

其次，建设非结构化客户信息共享平台，促进金融服务与社交网络的融合。商业银行应努力打破传统数据源的边界，更加注重社交媒体等新型数据来源，运用大数据技术搭建非结构化客户信息共享平台，统一获取、存储、搜索、共享和分析银行内、外部各种非结构化客户信息。通过整合各种渠道获取的尽可能多的非结构化客户信息，着眼客户整体数据分析，有效地挖掘银行庞大的信息资产，从这些数据中发现更多的客户价值创造机会。

一是整合新的客户接触渠道，充分利用社交网络的作用，增强对客户的了解和互动。

二是注重新媒体客服的发展，充分运用论坛、QQ、微博、博客、微信等网络交际工具，打造新的重要服务渠道与信息获取渠道。

三是将银行内部数据和外部社交数据互联，获得更加完整的客户视图，开展更为高效的客户关系管理。

再次，搭建商业银行特色电商平台，掌控客户线上资金与交易全链条信息。在当前的各大电商平台上，每天都有大量的交易发生。这些信息更加侧重客户的行为信息、过程信息，它们能更加反映客户的心理意愿、行为偏好。但是，当前这些电商交易的支付结算大多被第三方支付机构垄断，银行处于支付链条的末端、信息劣势地位，在该产业链中的影响力很小。为应对这种局面，银行可以通过自行搭建大数据平台与这些电商平台开展直接竞争，依托商业银行客户资源优势，搭建银行自己的电商平台，通过电商平台收集客户交易意愿与行为偏好等的海量信息，掌握客户线上资金流、交易流等全链条信息，获取属于商业银行自己的大数据，将信息优势核心话语权牢牢掌握在自己的手中，并将它采集纳入非结构化客户信息共享平台，指导产品设计和业务营销。比如，设计适用于电商平台的资金闭环业务流程，开发金融产品在电商平台直接销售。

目前，国内商业银行已开始着手这方面的准备和尝试。比如，交通银行推出的网上商城"交博汇",它是一个B2B和B2C综合电子商务平台。通过"交博汇",企业可以建立一个自己的网上商务平台,实现商品销售、企业采购、企业收款、品牌推广、在线促销、信息资讯、金融理财、融资授信等众多服务。"交博汇"企业馆主要致力于构建面向中小企业的网络化社区,企业可在线发布供求、交流洽谈、撮合下单、网上支付等,银行则提供相应的资信认证、资金清算、融资贷款等服务。通过"交博汇",交通银行在为客户提供增值服务的同时可获得客户的动态经营信息,有利于指导银行的产品设计和业务营销。

最后,提升非结构化客户信息获取完整性,加强与大数据企业的互利合作。银行本身拥有客户的大量数据,通过对数据的分析而获得的很多信息可成为进行管理和营销的依据。不过,由于银行拥有的客户信息并不全面,这种分析有时候难以得出理想的结果。银行应尽可能通过打通银行内部数据和外部社会化的数据,获得更为完整的客户拼图以进行更为精准的营销和管理。但是,客户完整和综合的大数据难以被银行全部掌控,因此,银行应与电信、电商、社交网络等大数据企业与平台开展合作,进行数据和信息的共享和利用,全面整合客户的有效信息。

四、大数据在金融行业的十大应用

(一)风险控制(贷款偿还预测和客户信用评价)

有很多因素会对贷款偿还效能和客户信用等级计算产生不同程度的影响。数据挖掘的方法,如特征选择和属性相关性计算,有助于识别重要的因素和非相关因素。例如,与贷款偿还风险相关的因素,包括贷款率、贷款期限、负债率①、偿还与收入(payment-to-income)比率、客户收入水平、受教育程度、居住地区、信用历史等。而其中偿还与收入比率是主导因素,受教育水平和负债率则不是。银行可以据此调整贷款发放政策,以便将贷款发放给那些曾被拒绝,但根据关键因素分析,其基本信息显示是相对低风险的申请者。

---

① 月负债总额与月收入总额之比。

（二）交叉销售（业务关联分析）

通过关联分析可找出数据库中隐藏的关联网，银行存储了大量的客户交易信息，可对客户的收入水平、消费习惯、购买物品等指标进行挖掘分析，找出客户的潜在需求；并对各个理财产品进行交叉分析，找出关联性较强的产品，从而对客户进行有针对性的关联营销，提高银行业绩。

（三）客户市场细分

根据银行大量的客户资料以及客户存储款情况，利用有效的聚类或者协同过滤，将客户有效地划分为不同的组，使得具有相同存储和贷款行为的客户分为一组，从而可以对每一组总结各自的特点，对每个组开展有针对性的活动。

此外，针对不同的客户类型（例如大客户类型，潜在价值高，但是忠诚度很难保持）量身打造产品组合、沟通方式以及客户服务，从而达到提高客户忠诚度、实现关联销售、最优化定价、产品直销、产品再设计以及渠道管理的目的。而这些目标的实现，可使客户管理总体成本降低，客户关系得以改善，最终成功实现零售业务利润率的提高。

（四）客户价值分析

根据"二八原则"，找出重点客户，即为对银行创造80%价值的20%客户提供最优质的服务，通过对客户金融产品的使用频率以及持续性等指标判断客户的忠诚度。

（五）客户流失预警

根据客户属性特征、存储款、贷款、金融产品使用等数据，运用数据挖掘技术，找到流失客户的共同特征，从而针对具有相似特征的客户，在其还未流失前，进行有针对性的弥补或者营销活动，从而起到避免客户流失到其他公司、稳定本企业客户的作用。

（六）新客户开发以及新产品推广

通过探索性的数据挖掘方法，如自动探测聚类和购物篮分析，可以用来找出客户数据库中的特征,预测对于银行营销活动的响应率。那些被定为有利的特征可以与新的非客户群进行匹配,以增强营销活动的效果。

数据挖掘还可从银行数据库存储的客户信息中,根据事先设定的标准找到符合条件的客户群,也可以把客户进行聚类分析让其自然分群,并通过对客户的服务收入、风险、成本等相关因素的分析、预测和优化,找到新的可盈利的目标客户。

(七)贷款偿还预测

贷款偿还预测对银行业务相当重要的。贷款偿还风险相关的因素包括贷款率、贷款期限、负债率、偿还与收入比率、客户收入水平、受教育水平、居住信息、信用历史等。通过数据挖掘预测手段,可以提早预测哪些用户有可能偿还违约,哪些用户曾经贷款被拒但是预测结果却是低风险。

(八)客户评分

评分技术是银行业广泛使用的一项技术,包括风险评分、行为评分、收益率评分、征信局评分以及客户评分等。评分技术是将客户的海量信息数据运用有效的数据挖掘和处理手段,对各种目标给出量化评分的一种手段。以征信局评分为例,要达到建立征信局评分的目标,首先要建立起集中的数据仓库,其中涵盖了申请人的各种特征,银行提供的所有产品,包括存款、贷款、信用卡、保险、年金、退休计划、证券承销以及银行提供的其他产品,甚至包括水电煤气、电话费、租金的缴纳情况等。

(九)反洗钱活动

金融交易活动是洗钱犯罪行为的一个重要环节,通过分析金融机构的客户信息和交易数据,运用合适的数据挖掘方法,介乎客户背景,识别出可疑金融交易记录,最后根据贝叶斯判别原理,综合各个层次的可疑信息,得到交易记录的整体可疑度,最终为反洗钱监测提供快速准确的参考。

(十)其他决策支持

比如营销活动预演、理财产品收益以及效果评估、多维分析报告等。

五、大数据在金融行业应用中所带来的市场价值

金融企业正在将大数据应用作为未来的重点,数据正在成为具有价值的资产,大数据思维和大数技术正在成为主流。大数据被誉为新时代的经济石油,是企业赢得未来市场的法宝。那么,大数据在金融行业应用中所带来的市场价值又有哪些?金融行业大数据应用和互联网金融资深专家鲍忠铁先生就此问题谈了他的观点。

(一)获客(未来金融行业,得客户者的天下)

未来金融行业,无论是银行、证券、保险、基金还是信托,获取新客户是最主要的任务,可以说,得客户者得天下。金融行业的服务范围正在跨越地理空间的限制,在监管的鼓励下,很多客户的获取不再仅仅依赖于线下的市场活动,利用互联网获取客户正在成为可能,基金和证券开户已经成为事实,未来银行的在线开户也将成为事实。

"80后""90后"未来将会成为各金融行业争夺的目标,他们的爱好和习惯将会成为各大金融企业的关注重点,每年700多万的大学毕业生也将成为各大信用卡公司争夺的对象。

大数据可以为金融企业提供获客服务,利用大数据连接和反馈的功能,我们可以知道潜在的客户是谁、客户的联系方式和客户的商业需要。另外,我们还可以知道客户的爱好和习惯,为客户定制需要的金融产品。金融企业的获客成本从50元到2 000元甚至5 000元不等,中国大数据获客的市场规模不少于2亿。

(二)精准营销(找到目标客户,用最少的钱办最大的事)

金融行业过去一直是广告市场的大客户,为了提高自身品牌形象和推广金融产品,各大金融企业不断地投入巨额广告,整体广告市场投入金额在百亿元人民币左右。金融企业经常作为各种商业活动的主要赞助商,例如,F1赛车、网球大师赛、高尔夫球赛、各种媒体举办的会议和体育活动等。

在移动互联网时代,每个人使用移动设备的时间逐渐增加,传统媒体的优

势正逐步被新媒体取代。例如，用户更多地利用手机获取信息，利用平板电脑观看电影和电视剧，更多的年轻人开始玩手游，数字电视节目正在成为主流。金融行业加大了在数字媒体上的营销力度和广告投入，但是如何找到目标客户，并将广告投到目标客户那里，传统媒体无法做到，但是在大数据的帮助下，新的数字媒体可以做得到、做得好。

大数据时代，移动互联网数据加上LBS数据可以确定客户的消费习惯和消费能力，帮助金融行业确定目标客户，在确定目标客户之后，可以精准地选择在客户经常观看的媒体或App上来投放营销广告。同时，利用大数据金融企业还可以了解多少广告被客户主动点击、客户停留的时间、客户购买产品的期望、客户的转化率等信息。借助于大数据的精准营销将会帮助金融企业花最少的钱，办最大的事。国外金融企业的精准营销早就成为主流，每年仅美国金融行业市场，精准营销带来的收益就超过了几十亿美金。在中国，金融行业的竞准营销市场刚刚起步，其市场规模将在4亿元人民币左右。

（三）增加风险评估维度（风险定价能力永远是金融行业的核心竞争力）

金融企业之间最大的竞争力之一就是风险定价能力，准确的风险定价能力将会帮助金融企业获取更大的利润和稳健经营。任何一个金融企业如果缺少风险定价能力，就无法有效地控制风险，容易被市场淘汰。

移动互联网时代无论是个人客户和企业客户，其风险纬度都是种类繁多和复杂的。风险评估所考虑的场景也日益复杂，如果对风险场景和风险纬度考虑不全，对金融行业来说，可能会是一个巨大的打击。

利用大数据的连接、反馈和揭示，金融企业可以充分考虑不同风险场景和风险纬度，利用大数据揭示事物规律和本质的特点来帮助金融行业进行更加全面的风险管理。

目前互联网金融企业和互联网巨头BAT进行的小额信贷就是利用大数据来实施风险评估和管理。客户的社交数据、交易数据、LBS信息等数据，完全可以帮助金融企业例如银行、信用卡、保险公司、基金公司增加风险评估维度。中国的市场正在起步，市场份额不会少于1亿元人民币。

（四）挖掘客户价值（在金融行业，已有的客户永远是最大的金矿）

金融行业的主要收入来源于已有的客户，其对金融企业的产品更加忠诚和信任。开发一个新客户的成本远高于维护一个老客户所需的成本。

利用大数据的连接、反馈、揭示等功能，金融企业可以利用客户交易数据来分析其消费习惯和爱好，定位其金融需求；利用企业之间的交易数据可以了解各个企业的运营情况、现金流情况、主要的资金流向等信息。通过相关性分析，可以为客户推荐已有的产品或单独设计产品。目前金融行业消费贷款、供应链金融、融资融券、组合保险等产品都是利用了自身内部的数据进行分析，挖掘自身客户的需求而设计的。未来这种挖掘已有客户价值的趋势将会越来越明显。

移动互联网的数据在对客户分析方面更有价值，更能够反映出客户的特点和金融需求，金融行业应该购买移动互联网端数据。未来金融行业将至少投入上亿元的资金来购买移动互联网端的数据，来帮助其挖掘已有的客户价值。

（五）增强用户体验（掌握互联网企业的法宝，赢得未来客户群体）

金融企业如果想获得新客户并且留住老客户，那么其自身的移动 App 应用和产品必须关注客户体验。这也是互联网企业的核心竞争力。借助于大数据，金融企业可以了解客户使用 App 的习惯、点击网页的习惯以及移动应用中各个界面和菜单的使用情况。根据用户喜好来进行设计和更改，包括布局、图表形状、颜色搭配等。

大数据的反馈功能可以帮助金融企业了解客户，提高客户的体验，赢得未来"80后""90后"的客户。用户体验是金融企业未来一直需要重点关注的领域，无论是银行还是基金公司，吸引客户购买产品的动力除了产品自身的优秀，还应包含平台使用的用户体验。

大数据在用户体验上的应用已经发展了一段时间，未来金融行业在用户体验上的投入将会逐步增加，市场投入将会在10亿元人民币左右。

第三节　大数据在金融机构中的概况与实战方略

本节主要对波士顿咨询公司邓俊豪、张越、何大勇三位董事经理撰写的关于金融机构机构如何架构大数据一文进行部分摘选,同时推介金融行业大数据应用和互联网金融资深专家鲍忠铁先生对此所作的一些分析观点和探讨成果。

一、国外金融机构大数据发展概况

无论是接受还是拒绝,中国金融业的大数据时代正在呼啸而至。据调查,经过多年的发展与积累,目前很多国内金融机构的数据量级已经达到 100 TB 以上。而且,非结构化数据量正在以更快的速度增长。在高数据强度的金融行业,这一发展激起了巨大的想象空间。然而,要抓住这一机遇并非易事。

基于多年的研究与全球项目实操经验,波士顿咨询公司(BCG)系统地梳理了大数据在全球金融行业的发展现状、潜在应用、关键瓶颈及应对方案,旨在协助金融机构从价值的角度更好地理解大数据,并在大数据迅速渗入金融业务各个层面的当下抓住发展机遇。

(一)金融行业在发展大数据能力方面具有天然优势

金融行业在发展大数据能力方面具有天然优势:受行业特性影响,金融机构在开展业务的过程中积累了海量的高价值数据,其中包括客户身份、资产负债情况、资金收付交易等数据。以银行业为例,其数据强度高踞各行业之首——银行业每创收 100 万美元,平均就会产生 820GB 的数据。

大数据的声音已经在金融行业全面响起。作为行业中的"巨无霸",银行业与保险业对大数据的应用尤其可圈可点。

(二)银行是金融行业中发展大数据能力的"领军者"

在发展大数据能力方面,银行业堪称"领军者"。纵观银行业的六个主要业务板块(零售银行、公司银行、资本市场、交易银行、资产管理、财富管理),每个业务板块都可以借助大数据来更深入地了解客户,并为其制定更具针对性的价值主张,同时提升风险管理能力。其中,大数据在零售银行和交易银行业务板块中的应用潜力尤为可观。

BCG 通过研究发现,海外银行在大数据能力的发展方面基本处于三个阶段。大约三分之一的银行还处在思考大数据、理解大数据、制定大数据战略及实施路径的起点阶段。还有三分之一的银行向前发展到了尝试阶段，也就是按照规划出的路径和方案，通过试点项目进行测验，甄选出许多有价值的小机会，并且不停地进行试错和调整。而另外三分之一左右的银行则已经跨越了尝试阶段。基于多年的试错经验，它们已经识别出几个较大的机会，并成功地将这些机会转化为可持续的商业价值。而且这些银行已经将匹配大数据的工作方式嵌入到组织当中。它们正在成熟地运用先进的分析手段，不断获得新的商业洞察。

（三）大数据正在保险业全面渗透

与银行业在大数据应用方面的高歌猛进相比，保险业的相关动作稍显迟疑。从全球保险业来看，美国财产保险业对大数据的应用最为广泛和深入，医疗保险紧随其后，寿险对大数据的应用则相对滞后。与美国的竞争对手相比，欧洲保险机构在大数据能力的发展水平上存在一两年的差距。尽管如此，大数据在保险行业主要价值链环节的潜在应用前景也已逐渐明朗。

纵观海外保险机构，我们发现领先险企正在定价、营销、保单管理、理赔和反欺诈等不同领域对大数据应用进行积极的尝试和创新。这些创新对于保险业的商业与运营模式产生了革命性的影响。

二、国内金融机构大数据发展的痛点和瓶颈

在国内，大数据的发展可谓风起云涌。这样的热潮同样波及金融行业，众多金融机构纷纷布局。以银行业为例，在大数据发展方面最为活跃的群体当属股份制银行，而大数据应用则主要集中在客户营销、产品创新、风险控制和运营优化等领域。例如，光大银行研发了"阳光理财"资产配置平台（App）来整合数据，对客户投资需求进行细分，并设计了与之匹配的资产配置方案以支持营销，还推出基于大数据技术的风险预警平台以提升风控水平。此外，该行还基于大数据 Hadoop 技术构建起核心历史数据查询平台，使以往需要三四天的查询时间缩短到当日即可完成，从而显著提高了运营效率。民生银行通过大数据分析来定义营销举措并防止客户流失。中信银行与银联商务合作开发出基于商户信息和 POS 流水交易数据进行风控的"POS 贷"。

（一）国内保险行业有三个经典的痛点

与客户接触频率低，因而难以进行场景营销；数据基础差，从而限制了精算能力，进而对产品创新产生制约；运营整合难，从而影响了成本和客户体验。而大数据无疑为解决这些问题带来了契机。多家险企已经进行了布局，主要领域包括产品创新、风险控制和运营优化等。例如，淘宝的"运费险"保费低，购买频率高，理赔快。泰康人寿联手阿里小微金融服务集团推出国内首个针对电子商务创业人群的"乐业保"，并与可穿戴设备制造商咕咚合作推出互动式保险服务"活力计划"。平安保险借助金融集团的数据优势，通过分析信用卡的交易数据识别出车险的高风险人群。太平洋保险应用"大云平移"技术在其官方微信平台正式推出"大数据客户体验官（DEO）"概念，旨在提升运营与服务质量，优化客户体验。

保险业基于大数据的创新层出不穷，但其中最具突破性的发展当属2014年由中国保险保障基金有限责任公司出资20亿元人民币成立的大数据公司——中国保险信息技术管理有限责任公司，其意义在于催生出中国保险行业的数据共享平台。数据的整合与共享是发展大数据的基础，而这一点却是任何险企都难以独自实现的。这样的平台必将成为整个行业在大数据发展方面的一个有力支撑。

（二）国内金融行业发展大数据的三个瓶颈

虽然已有诸多举措，但金融行业的大数据发展往往被形容为"雷声大、雨点小"，意指金融机构虽然投入不菲，但市场可感知的效果却十分有限。究竟是什么原因导致这一局面的产生？我们在与众多金融机构的接触过程中观察到三个阻碍数据转变为价值的现象：

1. 数据虽多，但整合困难

国内金融机构虽然同样坐拥海量数据，但其数据的存在状态反映了整个组织的现状，即"部门分制"。数据在组织内部处于割裂状态——业务条线、职能部门、渠道部门、风险部门等各个分支机构往往是数据的真正拥有者，而这些拥有者之间却常常缺乏顺畅的共享机制。而成就大数据的是数据的"全量"，这就要求金融机构内部能够实现高度的数据共享与整合。这样的矛盾导致了金融机构中的海量数据往往处于分散和"睡眠"的状态。虽然金融机构拥有的数据量很大，但到真正利用时却"捉襟见肘"。

2. 想法虽多，但动手困难

面对自己拥有的海量数据，金融机构真正敢"碰"的却很少。许多金融机构担心触犯监管或法律底线，或者担心擅自使用数据会侵犯客户的隐私权，又或是担心数据处理不当可能会给机构带来声誉风险和业务风险。因此，这些机构虽然积累了大量数据，并对应用模式进行了思考，但最终仍处于观望的状态，难以付诸行动。海外金融机构也曾经面临同样的问题。在与海外金融机构的合作中，我们给出的建议十分简单：与数据拥有者坦诚沟通并征询他们的许可。BCG 的大量项目经验表明，许多客户对于自己的数据被使用的接受度远比金融机构想象的要高。

资源虽多，但协调困难。"技术部门不作为！""业务说不清到底要什么。"……这样的相互指责在很多金融机构的业务部门与技术部门之间都曾出现。许多大数据项目就是在这种不顺畅的沟通中"夭折"的，而不成功的经验只会加深双方的矛盾，导致新的合作更加艰难。这样的恶性循环在很多机构重复上演。我们发现，复合型人才的匮乏、合作机制的缺失以及工作方法的不当往往是造成这一局面的主要原因。

三、金融机构驾驭大数据的三个关键点

（一）三个关键点提出的由来

金融业虽然坐拥海量数据，但目前真正得到利用的数据仅为冰山一角。BCG 多年的项目经验显示，金融机构对数据的实际利用率仅为 34%，从而导致大量数据"荒地"的出现以及大量潜在机会处于"沉睡"状态。问题到底出在哪里？

为此，BCG 对部分典型金融机构客户进行了调研。调查结果显示，从数据到价值的转化过程包含了七大步骤，其中"许可和信任"以及"协调"是关键瓶颈。

步骤一：数据收集。与内部数据及外部数据形成对接，以获得丰富、全面的数据。

步骤二：许可和信任。获得客户的许可和信任，同意企业在不透露其个人信息的前提下对其信息进行整合、分析和应用。

步骤三：储存和处理技术。搭建合适的IT构架，以有效整理、存储和调用数据。

步骤四：数据科学。识别合适的分析工具，以进行大数据分析。

步骤五：协调。理解业务端需求，并将这些需求转化为具体的问题，指引技术部门和分析部门提供基础设施支持及数据分析工作。

步骤六：行动洞察力。正确解读数据分析结果，将答案转化为行动变革、产品开发和客户发展方案。

步骤七：嵌入式变革。将大数据分析和应用融入整个机构组织的日常运作中，并确保每位员工都能参与实施变革。

这样的调研结果让我们深刻地认识到，掣肘大数据在金融机构发展的关键因素存在于管理层面，而非技术层面。BCG根据自身在大数据和金融行业的咨询经验，总结了金融机构驾驭大数据的三个关键点（"TMT"），包括团队（team）、机制（mechanism）和思维（thinking）。在这三个关键点上进行突破应成为传统金融机构将数据转化为价值的核心抓手。

（二）数据人为：建设团队是核心

尽管"专家将会消亡""大数据将取代人脑"的说法此起彼伏，但BCG认为，在大数据时代创造价值的主角仍是人。数据源自于人并服务于人。但大数据时代无疑对身处其中的从业者提出了新的要求。善于"跨界"的复合型人才在金融机构中是稀缺资源，因此构建复合型团队就成为关键所在。然而，是否将具备业务视角或技术能力的人员组合在一起，就能实现金融机构的大数据掘金梦想呢？我们的答案是否定的。若要让团队高效运作，配套机制不可或缺。

（三）高效行动：形成机制是保障

大数据无疑在冲击传统金融机构惯常的工作方式与流程。大数据中蕴藏的大量"小机会"只有通过灵活、快速而又有纪律的工作机制，才能最终形成

"大价值"。对于传统金融机构而言,两项机制改革是关键。

1. 引入试错机制

"错误"在传统金融机构中不是一个受欢迎的词。"不出错"甚至在很多机构中被看作是颠扑不破的生存法则。而在大数据时代,"试错"将成为必经之路。浩瀚的数据带来了无限的想象空间,同时也带来了极高的不确定性。一个关联发现究竟是真正的商机还是噪音,只有试了才知道。成功的试错机制包括以下七个方面:

(1) 为创意的产生提供条件。在 IT 行业中,我们观察到有些公司开始给予员工"自由时间",也就是说员工可以将 10%~15% 的工作时间用于做自己感兴趣的项目。

(2) 增加探索和尝试的数据。在大数据中发现商机也是个概率问题,提高基数无疑非常重要。

(3) 降低成本,提高速度。"小步快跑"在大数据时代成为值得推崇的工作方式。这意味着严格管理每一个试点的成本,将投入产出透明化,并大幅缩短每个试点的周期。

(4) 降低失败的代价。这里的代价既是对机构而言,也是对个人而言。组织内部需要能够合理"容错",减少试错者的后顾之忧。而组织自身则需要清晰的"防火墙",让试错在可控的环境中发生。

(5) 增强预判能力。在一个试点项目中往往存在一系列关键条件。密切关注这些关键条件的变化,尽早判断试点的成功概率是试错机制关键的一环。

(6) 快速推广放大。当一次试错呈现出商业潜力时,机构就需要迅速果断地将成果商业化、规模化,以便充分汲取其中的价值。

(7) 鼓励探索的文化。再完善的机制也会有"盲点",而软性的文化则是填补空白的关键。

2. 提高人才管理与组织管控的弹性

金融业一直是精英汇聚的行业。但在传统金融机构中,不仅数据呈现出"分治"的状态,人才的流动与重组往往也相当困难。而培养大数据时代所必需的复合型人才必然要求人才能够在组织内外灵活地流转和进出。此外,针对"业务"与"技术"对话不畅的问题,联合团队往往是有效的解决手段之一。而这样的跨部门工作机制要求在人才的选调、考核和职业发展等关键方面有相应的配套举措。只有在尝试中培养"创新的种子",并不断将这些"种子"播种到有需求的土壤中去,才能使大数据真正融入机构的日常工作当中,持续发挥作用,并为组织创造价值。

(四) 构筑优势:转变思维是根本

《大数据时代》(*Big Data*: *A Revolution That Will Transform How We Live, Work, and Think*) 一书的作者指出,在大数据价值链中"数据、技术与思维三足鼎立"。对于数据和技术的掌控在很大程度上取决于机构的商业模式。金融机构在这两个层面上已经拥有相当大的优势。然而,思维才是使数据中的价值持续爆发的力量。大数据的发展不仅作用于金融机构的商业模式及运营模式的方方面面,更直接对根深蒂固的传统理念构成挑战。采用关联而非因果的视角也可以帮助我们更好地理解世界。与封闭相比,开放可能是构筑商业壁垒更有效的手段。这样的思维转变对于传统金融机构而言意味着一场异常深刻的变革,而这样的变革势必触碰到体制层面,因此也必然异常艰难。但胜者从来都是那些勇于拥抱变革并善于拥抱变革的机构。在金融行业,大数据带来的绝不仅仅是一场数据与技术的比拼。致胜因素将是机构触发、管理并固化变革的能力。

并非每个"热点"都将转瞬即逝。大数据是技术发展所带来的不可逆的大趋势,它所代表的是人类对世界的认知视角的演化,以及对世界的掌控能力的进步。对传统金融机构而言,从数据到价值的转化过程意味着新的思维在蓬勃发展,并驱动商业模式与运营模式进行深刻变革。这必将是一个漫长的过程,无捷径可寻。及早出发,积极、理性地试水投入,让整个机构能够借力大数据来尽快实现自我提升,这是传统金融机构将数据持续转化为生产力乃至竞争优势的必由之路。

四、大数据时代银行业如何玩转数据挖掘

数据挖掘(data mining)是一种新的商业信息处理技术,产生于20世纪80年代的美国,首先应用在金融、电信等领域,主要特点是对大量数据进行抽取、转换、分析和模型化处理,从中提取出有助于商业决策的关键性数据。银行信息化的迅速发展,产生了大量的业务数据。从海量数据中提取出有价值的

信息，为银行的商业决策服务，是数据挖掘的重要应用领域。汇丰、花旗和瑞士银行是数据挖掘技术应用的先行者。如今，数据挖掘已在银行业有了广泛而深入的应用。

（一）数据挖掘在银行业主要应用在哪些方面

现阶段，数据挖掘在银行业中的应用，主要可分为以下几个方面。

1. 风险

数据挖掘在银行业的重要应用之一是风险管理，如信用风险评估。可通过构建信用评级模型，评估贷款人或信用卡申请人的风险。一个进行信用风险评估的解决方案，能对银行数据库中所有的账户指定信用评级标准，用若干数据库查询就可以得出信用风险的列表。这种对于高/低风险的评级或分类，是基于每个客户的账户特征，如尚未偿还的贷款、信用调降报告记录、账户类型、收入水平及其他信息等。

对于银行账户的信用评估，可采用直观量化的评分技术。将顾客的海量信息数据以某种权重加以衡量，针对各种目标给出量化的评分。以信用评分为例，通过由数据挖掘模型确定的权重，来给每项申请的各指标打分，加总得到该申请人的信用评分情况。银行根据信用评分来决定是否接受申请，确定信用额度。过去，信用评分的工作由银行信贷员完成，只考虑几个经过测试的变量，如就业情况、收入、年龄、资产、负债等。现在应用数据挖掘的方法，可以增加更多的变量，提高模型的精度，满足信用评价的需求。

通过数据挖掘，还可以知道异常的信用卡使用情况，确定极端客户的消费行为。根据历史数据，评定造成信贷风险客户的特征和背景，可能造成风险损失的客户。在对客户的资信和经营预测的基础上，运用系统的方法对信贷风险的类型和原因进行识别、估测，发现引起贷款风险的诱导因素，有效地控制信贷风险的发生。通过建立信用欺诈模型，帮助银行发现具有潜在欺诈性的事件，开展欺诈侦查分析，预防和控制资金的非法流失。

2. 客户管理

在银行客户管理生命周期的各个阶段，都会用到数据挖掘技术。

（1）获取客户。

发现和开拓新客户对任何一家银行来说都至关重要。通过探索性的数据挖掘方法，如自动探测聚类和购物篮分析，可以用来找出客户数据库中的特征，预测对银行活动的响应率。那些被定为有利的特征可以与新的非客户群进行匹配，以增强营销活动的效果。

数据挖掘还可从银行数据库存储的客户信息中，根据事先设定的标准找到符合条件的客户群，也可以把客户进行聚类分析让其自然分群，通过对客户的服务收入、风险等相关因素的分析、预测和优化，找到新的可赢利的目标客户。

（2）保留客户。

通过数据挖掘，在发现流失客户的特征后，银行可以在具有相似特征的客户未流失之前，采取额外增值服务、特殊待遇和激励忠诚度等措施保留客户。比如，使用信用卡损耗模型，可以预测哪些客户将停止使用银行的信用卡，而转用竞争对手的卡。根据数据挖掘结果，银行可以采取措施来保持这些客户的信任。当得出可能流失的客户名单后，可对客户进行关怀访问，争取留住客户。

要留住老客户，防止客户流失，就必须了解客户的需求。通过数据挖掘，可以识别导致客户转移的关联因子，用模式找出当前客户中相似的可能转移者，通过孤立点分析法可以发现客户的异常行为，从而使银行避免不必要的客户流失。数据挖掘工具还可以对大量的客户资料进行分析，建立数据模型，确定客户的交易习惯、交易额度和交易频率，分析客户对某种产品的忠诚程度、持久性等，从而为他们提供个性化定制服务，以提高客户的忠诚度。

（3）优化客户服务。

银行业竞争日益激烈，客户服务的质量是关系到银行发展的重要因素。客户是一个可能根据年费、服务、优惠条件等因素而不断流动的团体。为客户提供优质和个性化的服务，是取得客户信任的重要手段。根据二八原则，银行业20%的客户创造了80%的价值，要对这20%的客户实施最优质的服务，前提是发现这20%的重点客户。重点客户的发现通常是由一系列的数据挖掘来实现的。如通过分析客户对产品的应用频率、持续性等指标来判别客户的忠诚度，通过交易数据的详细分析来鉴别哪些是银行希望保持的客户。找到重点客户后，银行就能为客户提供有针对性的服务。

（二）数据挖掘在银行业的具体应用

数据挖掘技术在银行业中的应用，其中一个重要前提条件是，必须建立一个统一的中央客户数据库,以提高客户信息的分析能力。分析开始时,从数据库中收集与客户有关的所有信息、交易记录,进行建模,对数据进行分析,对客户将来的行为进行预测。具体应用分为五个阶段:

一是加载客户账号信息。这一阶段主要是进行数据清理,消除现有业务系统中有关客户账户数据不一致的现象,将其整合到中央客户信息库。银行各业务部门对客户有统一的视图,可以进行相关的客户分析,如客户人数、客户分类、基本需求等。

二是加载客户交易信息阶段。这一阶段主要是把客户与银行分销渠道的所有交易数据,包括柜台、ATM、信用卡、汇款、转账等加载到中央市场客户信息库。这一阶段完成后,银行可以分析客户使用分销渠道的情况和分销渠道的容量,了解客户、渠道、服务三者之间的关系。

三是模型评测。这是为客户的每一个账号建立利润评测模型。它需要获得收入金额的确定数据,因此需要加载系统的数据到中央数据库。这一阶段完成后,银行可以从组织、用户和产品三个方面分析利润贡献度。如银行可以依据客户的利润贡献度安排合适的分销渠道,模拟和预测新产品对银行的利润贡献度等。

四是优化客户关系。银行应该掌握客户在生活、职业等方面的行为变化及外部的变化,抓住推销新产品和服务的时机。这需要将账号每天发生的交易明细数据,定时加载到中央数据仓库,核对客户行为的变化。如有变化,银行则利用客户的购买倾向模型、渠道喜好模型、利润贡献模型、信用和风险评测模型等,主动与客户取得联系。

五是风险评估。银行风险管理的对象主要是与资产和负债有关的风险,因此与资产负债有关的业务系统的交易数据要加载到中央数据仓库;然后,银行应按照不同的期间,分析和计算利率敏感性资产和负债之间的缺口,知道银行在不同期间资本比率、资产负债结构、资金情况和净利息收入的变化。

目前,银行业已逐步走向个性化服务和科学决策阶段,数据挖掘具有强大的信息处理和分析能力,可以为银行提供科学的决策依据和技术支持。在全球化的今天,只有顺应知识经济时代的潮流,充分利用数据挖掘等现代科学技术,才能更好地促进银行业持续、健康地发展。

五、移动互联网下的大数据如何让金融企业变现

(一) 大数据金融进入 2.0 后，大数据变现成为讨论的问题

在过去，金融企业采用的都是静态的、不活跃的数据，这样的数据变现能力很差。大数据在金融行业的应用主要集中在数据集市和数据挖掘，主要作用是生成各种各样的财务报表和管理报表，让企业管理者从不同的角度了解企业的运行情况，寻找重大决策所需要的数据支持。大数据的价值应用处于被动状态，大数据变现特点不明显。

移动互联网出现之后，消费者全面转向移动互联网，智能手机加 App 构成了社会大众的主要消费场景。特别是即将成为消费主力的 "80 后" 和 "90 后"，他们成了移动互联网的主体；平均每天智能手机使用时间超过了 3 个小时，所有的消费都通过智能手机 App 来完成。进入移动互联网时代后，金融企业在进行大数据应用时应关注消费者行为的转变，需要充分考虑移动互联网的数据——活的数据、具有生命力的数据。在大数据金融 2.0 时代，金融企业的大数据变现将从移动互联网大数据开始。

移动互联网的数据特别是手机 App 的数据正在成为具有价值的资产。大数据将成为金融企业未来发展的石油，是金融企业赢得未来市场的法宝。那么，大数据到底能为金融行业带来哪些价值？大数据在金融行业如何进行变现？金融行业大数据应用和互联网金融资深专家鲍忠铁先生对此作了一些分析和探讨。

(二) 帮助金融企业获客，得客户者得天下

未来金融行业，无论是银行、证券、保险、基金还是信托，获取新客户是最主要的任务，可以说金融企业得客户者得天下。金融行业的服务范围正在跨越地理空间的限制，客户的获取不再仅仅依赖于线下的市场活动，移动互联网获客正在成为可能；基金和证券的互联网开户已经成为事实，未来银行的在线开户也将逐步变成事实。"80 后""90 后"将会成为各金融行业争夺的目标，他们的爱好和习惯将会成为各大金融企业关注的重点，每年 700 多万的大学毕

业生也将成为各大信用卡公司争夺的对象。

移动大数据由于具有"定人、定为"的特点,金融行业完全可以利用客户装载的App进行精准营销,快速获取客户。消费者的手机号是需要保密的,但是其手机的设备号和上面装载的App信息却是可以进行利用的。金融企业可以对自己的潜在客户进行画像,定义自己目标客户经常使用的App或者经常出现的地点,或者最近装载的App(例如,买车、租房、招聘、理财、股票交易、信用卡App等),发现潜在的目标客户。

金融企业由于没有移动设备的数据,因此金融企业应该同移动大数据企业进行合作,购买这些数据。通过DSP定向进行广告投放,利用大数据连接的功能,获取新的信用卡、证券、基金、理财产品客户。另外,可以进一步依据客户的消费习惯、活动轨迹为客户定制需要的金融产品。金融企业的获客成本从50元到2 000元甚至5 000元不等,金融大数据获客的市场规模理论上不少于20个亿。

(三)增强用户体验,利用互联网企业的法宝来赢得未来客户群体

未来是移动金融的天下,金融行业的App将成为主要的客户入口。金融企业如果想了解客户的喜好,了解用户的习惯,提高客户体验,提高客户的活跃度,留住更多的老客户,获得更多新客户,就必须关注自身移动App应用的运营情况,必须关注App中的客户体验,必须了解App中用户行为。这些也是互联网企业的核心竞争力。

金融企业可以借助于移动App运营统计分析平台来了解移动App的登陆情况、活跃程度、使用时间、客户使用偏好、客户喜欢的金融产品、客户经常点击的菜单、不活跃的菜单和产品等信息。金融企业可以根据用户的喜好来进行UI的设计和更改,包括布局、图表形状、颜色搭配等,以提高客户体验和活跃度。同时金融企业可以通过移动App运营统计分析平台的数据来决定下架哪些产品,增加哪些产品,进一步开发哪些产品。移动的App空间界面有限,一定要摆放能够给金融企业带来巨大效益的产品,节约空间和时间,实现精细化产品运营。

借助于移动App运营统计分析平台,大数据的反馈功能可以良好地体现出来。过去金融企业不了解的用户行为信息,通过平台进行采集和分析后,可以有效帮助金融企业了解客户,提高客户的体验,赢得未来"80后""90后"

客户。用户体验是金融企业未来一直需要重点关注的领域，无论是银行还是基金公司，吸引客户购买产品的动力除了产品自身的优秀外，还应包含平台使用的用户体验。大数据在用户体验上的应用已经发展一段时间，未来金融行业在用户体验上的投入将会逐步增加。

（四）精准营销，用最少的钱办最大的事

金融行业过去一直是广告市场的大客户，为了提高自身品牌形象和推广金融产品，各大金融企业不断地投入巨额广告，整体广告市场投入金额在百亿元人民币左右，金融企业经常作为各种商业活动的主要赞助商。例如F1赛车、网球大师赛、高尔夫球赛、各种媒体举办的会议和体育活动等。

在移动互联网时代，每个人使用移动设备的时间在逐渐增加，传统媒体的优势逐步被新媒体取代，消费者更多利用手机来获取信息，多数的年轻人都在玩手游，利用平板电脑观看电影和电视剧，数字电视节目正在成为主流。由于客户行为的改变，金融行业应加大在数字媒体上的营销力度和广告投入。如何找到目标客户，将广告投到目标客户那里成为具有挑战的问题。过去传统媒体只能通过撒网式的广告，无法做到定位目标客户。但是在大数据的帮助下，数字媒体可以做得到，做得很好。

大数据时代，用户使用的移动App可以帮助金融企业了解客户的消费习惯和消费能力，找到目标客户。在确定目标客户之后，金融企业可以选择在客户经常观看的媒体或App上来投放营销广告，另外利用DSP的数据，金融企业可以了解多少广告被客户主动点击、客户停留时间、客户购买产品的期望、客户的转化率等信息。大数据的精准营销将会帮助金融企业花最少的钱，办最大的事。国外金融企业的精准营销早就成为主流，每年仅美国金融行业市场，精准营销为金融企业带来的收益就超过了几十亿美金。

（五）增加风险评估维度，风险定价能力是金融行业的核心竞争力

金融企业之间最大的竞争力之一就是风险偏好，也就是风险定价能力。准确的风险定价能力将会帮助金融企业获取更大的利润。任何一个金融企业如果不具有风险定价能力，那么，它将无法有效识别风险，很容易落入风险陷阱，被市场迅速淘汰。移动互联网时代无论是个人客户和企业客户，其风险评估维

度都多种多样，风险评估场景也错综复杂。如果金融企业风险场景考虑不全，金融企业就可能面对一个巨大的风险窗口。

大数据的连接、反馈和揭示可以帮助金融企业充分考虑风险场景和风险维度，利用大数据揭示事物规律和本质的特点来帮助金融行业进行更加全面的风险管理。互联网金融企业和互联网巨头BAT进行的小额信贷就是利用大数据实施风险评估和管理。客户的社交数据、交易数据、LBS信息等数据，正在帮助金融企业例如银行、信用卡、保险公司、基金公司增加风险评估维度。据有关学者介绍，中国的个人信用评估市场就有将近1 000亿的市场规模。

总之，互联网银行的出现、政府和监管对互联网金融企业的支持、互联网巨头BAT对金融行业的进军，将会使金融行业的市场竞争从蓝海推向红海。2015年将进入金融行业大数据变现的爆发期，金融行业将会购买外部移动数据、移动App运营统计分析平台、大数据管理平台、精准营销等方面来进行投资。大数据将会被作为金融行业的重要武器，反击互联网企业对金融行业的渗透。

在大数据金融2.0时代，拥有移动App数据、移动App运营统计分析平台、大数据管理平台；独立于互联网BAT巨头、具有高度商业敏感度的大数据公司，将会成为金融行业大数据变现的主要推动者和金融企业大数据战略实施的合作伙伴。任何一个金融企业如果忽视了在移动互联网和大数据两大领域的投入，未来就会在市场竞争中处于下风，有可能被残酷的市场淘汰。不客气地说，未来互联网金融企业之间的竞争、成败很大程度上取决于对大数据和移动互联网技术的应用。

第四节　大数据在互联网金融企业中的实战案例

一、阿里是这样"玩"大数据的

当大数据开启一个时代时，拥有海量交易数据的阿里巴巴，已经认识到这是一座富矿，并开始摸着石头过河。

（一）阿里大数据走向变现

2014年7月8日，阿里云计算最重要的一款产品——ODPS正式开放商用。简单来说，ODPS（Open Data Processing Service）是一项Web服务，大家不用花大钱建数据中心，就能分析海量数据。按照阿里云测试，100 PB的数据任务可在6个小时内跑完，这个数据量相当于1亿部高清电影。

如何让数据产生价值？阿里云公开信中说，先得拥有大规模处理能力，然后才是挖掘、算法和分析。

ODPS之前一直在阿里内部试用。第一个"小白鼠"是阿里小贷。阿里小贷每天处理30PB数据，包括店铺等级、收藏、评价等800亿个信息项，运算100多个数据模型。目前，阿里小贷每笔贷款成本0.3元，几乎是普通银行贷款成本的千分之一。

中国科学院院士鄂维南认为，信贷审批最终一定要借助大数据，"风控测算肯定要用大数据，如果规模大的话，人工逐个审批效率太低"。

阿里云方面表示："ODPS任何人都可以来用，设定好一套参数，拧开水龙头流出来的就是'果汁'，随着原始数据和算法的改变可以千变万化。"眼下，阿里巴巴各项数据业务都在用ODPS"榨果汁"。

阿里巴巴创始人马云曾在多个场合表示，数据挖掘是阿里巴巴未来的工作重点。如今看来，阿里数据的变现才刚刚开始。

（二）线上小贷风控

阿里巴巴最初成立小贷公司可追溯到2010年，如今已经在阿里巴巴、淘宝（含天猫）和速卖通三个平台开展信用贷款。目前阿里贷款和淘宝贷款是纯信用贷款，不需要任何抵押或担保，授信完全是靠大数据自动审批。

阿里小微信贷利用其阿里巴巴、淘宝、支付宝等电子商务平台上客户积累的信用数据及行为数据，引入网络数据模型和在线资信调查模式，将客户在电子商务网络平台上的行为数据映射为企业和个人的信用评价。其中，小微企业大量数据的运算依赖于互联网云计算技术，判断买家和卖家之间是否有关联、是否炒作信用、风险的概率的大小、交易集中度等，从而把握贷款的安全性。

"阿里小贷风控数据100%来自淘内数据。"阿里小微金服微贷事业部总经理娄建勋表示。

目前,阿里贷款和淘宝贷款其背后的出资者均为阿里小贷公司。阿里小贷公司共有三家,其中重庆两家、浙江一家。近年来,大股东不断增加投资,根据最新数据,目前资本金总计18亿元。

阿里小贷业务于2012年年底开始实现盈利,其中成本主要包括资金成本、运营成本、税务成本、风险成本等。

娄建勋表示,在阿里小贷的风控中,大数据是核。近年来,风控的升级就是不断在其中加入新的模型。目前有70多人专职做模型,在模型的基础上,发放贷款全部由机器自动审批。

据财新网记者了解,目前阿里各种小微信贷产品的平均坏账率为1.3%。

目前,阿里风控使用的模型多达几百种,包括防欺诈、市场分析、信用体系、创新研究等多种用途。阿里相关人士向财新记者介绍了两个主要风控使用的探索类模型,即滴灌模型和水文模型。

滴灌是现在最先进的农业灌溉技术,可以把养分和水以最优的方式给到植物以获得最大的受益。"阿里微贷事业部希望通过该模型的输出,把资金分配给真正需要扶持的诚信卖家。"阿里相关人士介绍。

滴灌模型基于卖家成长概率模型和卖家生存概率模型,通过这两个模型的结果交叉对比,对每家店铺作出一个长期生存和短期发展综合的评价。"例如某家店铺最近促销力度很强,利润率很低,那在卖家成长模型的评价结果可能是,这家店铺短期成长速度可期但长期生存有忧。此外,成长模型还能指出这家店铺具体是在哪个经营维度太过激进需要调整,或是哪些运营方面应该持续改进。阿里金融会利用成长模型的输出结果,给出具体的扶持计划和资金支持。"阿里相关人士表示。

水文模型是阿里小贷从2012年开始使用的风控模型,通过预判店铺未来经营情况来对客户的资金需求进行判断。"举例来说,在每年七八月是很多店铺的销售低谷,传统的信贷投放会在此时收紧,但实际上客户这个时候会为了年底的旺季进行大规模的采购备货,融资需求比较大。水文模型通过预知这种趋势,那么就可以指导我们对店铺提前进行信贷投放。"阿里相关人士表示。

通过大数据模型的不断完善,阿里小贷发展迅速。2012年年初,淘宝和天猫信用贷款的准入客户量控制在三四十万户,2013年使用滴灌模型以后,准入客户开放到了 300 多万户。"有了模型作为支撑，客户可以不断向下，现在哪怕只开了两三个月，只有几颗心的店铺，也可以获得授信。"阿里相关人士表示。

阿里小贷的模式在金融界也引发了很大关注，各大传统银行也纷纷试图利用大数据实现业务转型。2015 年 1 月，中信银行联合银联商务共同推出"POS 商户网络贷款"业务，依托银联大数据，自动批贷，为商户提供 50 万元以内的短期信用贷款。其背后大数据的来源是银联商户的 POS 机流水等记录。

面对银行的挑战，阿里相关人士表示"和阿里没法比"。"银行的数据虽庞大，但维度远没有阿里多，只包含消费的金额和地点，却没有商品的信息等。"

尽管阿里方面充满自信，银行业内人士则认为，在利用大数据做信用贷款方面，虽然银行的数据资源并无优势，但银行的资金具有绝对优势。阿里小贷靠自有资金放贷，和银行的资金体量相去甚远，其业务模式和贷款额度必然受到限制。

（三）"未来系"应用

众所周知，Google 将世界杯往届数据在 BigQuery 上跑了跑，成功预测了本届世界杯八强名单。一下子，Google 火了，大数据也火了。

阿里的 ODPS 正是一款跟 Google BigQuery 类似的产品。"如果哪位有数据，也可以来算一算接下来的比赛。"阿里人士称。

每当财新记者问到阿里大数据未来的应用，受访的阿里人都能将基因检测到羽绒服制造嵌入大数据这个"效率加速器"。

鄂维南对财新记者表示，这个社会中有很多浪费：时间、金钱、效率。大数据本身并不能带来直接效益，但它可以消除浪费。阿里大数据的变现的依据正是该思路。

2013 年，阿里邀请华大基因在 ODPS 上测试了基因测序，耗时不到传统方式的十分之一。"一旦未来真有生物危机爆发，人类可以赢得宝贵的破译时间。"阿里云公开信表示。

2014 年 5 月底，支付宝发布了"未来医院"计划，目前已经在广州妇女儿童医疗中心试运行。该项目希望将社保、病历、检查报告等数据都纳入健康档案，还将引入高德室内地图的导航功能。在药品监控方面，未来每盒药品上都有一张电子身份证，从生产、流通、储存、配送、销售到使用，全过程的数据都跑在ODPS上，一旦发现问题药品，监管部门可以立即采取措施。

阿里利用大数据打造的"未来系"产品还包括"未来公交"。该项目旨在让用户把手机变成一张通行全国35个城市的公交卡。支付宝钱包表示，从长期看，随着云计算和大数据等能力的接入，"未来公交"对积累的用户数据进行云分析后，公交部门可以提升线路设置的科学性，大幅提升运力，减少某些线路"挤死"而某些线路"空死"的情形。

支付宝钱包目前也在尝试和中石油、中石化合作，将商品和加油站绑定，可以在加油时提取商品，节省快递费用。这背后所蕴含的大数据应用是分析用户的加油习惯和日常生活需求。

2014年5月27日，中国气象局公共气象服务中心与阿里云达成战略合作，海量气象数据将通过阿里云计算平台，变成可实时分析应用的"活数据"。公共气象服务中心计划深度挖掘利用的数据包括：60多年来的历史气象数据；全国2万多个观测站、卫星、雷达监测的气象观测数据，包括降水、温度、风力风向、地面结冰、太阳辐射、酸雨、空气能见度等30余种要素；短期、中期、长期的精细化气象预报数据；通过国际交换获取的全球气象观测、预报数据。

阿里已经将中国气象局的数据嵌入阿里来往、旺旺、支付宝钱包、高德地图等产品，多渠道传播气象等灾害预警信息。据悉，阿里还将参考气象局数据，指导季节性服装生产等。

（四）惠及参股企业

阿里近两年来"多点开花"的投资步伐广为人知。自2013年至今，阿里已经投资了包括高德地图、UC浏览器、恒大足球、新加坡邮政、优酷土豆、新浪微博、银泰集团、文化中国、恒生电子、华数传媒等众多不同领域的企业。

一旦被纳入阿里生态圈，这些企业也将或多或少受到阿里大数据思路的感染。这些企业不仅和阿里之间展开了数据互换，企业之间也在交叉合作。

据高德软件有限公司LBI产品负责人逄金龙介绍，目前高德和阿里数据平台部门、BI部门、广告部门、O2O部门展开了合作，探讨怎样把地理的内容进一步落地。同时，高德也和银泰网等其他机构正在探讨怎么样能够让地理价值更好地发挥出来。阿里云公开信中举例道，结合中国气象局的预报数据，高德地图不久后就能告诉你："前方道路已严重积水，您的车辆驶入可能会遭水淹，建议绕道行驶。"

阿里和快的打车的合作广为人知，2014年快的打车和滴滴打车曾经一度掀起价格战，给司机和用户不惜血本的现金返利。而在促销活动白热化的同时，利用活动作弊套利的现象也层出不穷。例如可以点击"叫车"，输入"我已上车"，之后不断输入，仅付0.1元，套取剩余返利。而阿里如今的防作弊手段和阿里小贷的风控手段类似，也是借助大数据和资金链的关系，用模型识别不正常的行为，从而动态防控。

阿里和UC发布"神马搜索"也是双方在大数据领域的合作。在对外发布的新闻稿中，UC称阿里基于电商、云计算、大数据方面的能力与UC在无线互联网方面的积累碰撞，将给整个行业带来无尽的想象力。

2014年6月12日，阿里巴巴与中国邮政宣布战略合作，阿里巴巴董事局主席、菜鸟网络董事长马云表示，这次合作正是要通过互联网手段，以大数据为技术底层，重新定义邮政和物流的新模式。据中国邮政总经理李国华介绍，下一步，中国邮政广泛的网点布局将与阿里巴巴的电商大数据充分结合，未来可以通过双方平台的对接，为线上商品提供网点网络订购、自提、配送等服务，将网购下沉到三四线县市和农村市场。

在阿里和银泰的合作中，阿里希望把银泰的实体店电子化，进行会员账号的打通，双方还可以基于用户大数据进行消费行为分析，挖掘新的商业价值。银泰和阿里2014年3月宣布已经建立了1 000个商品的数据库，但银泰方面向财新网记者解释，数据库还在非常初级的层面，还没能实现线上线下库存的打通。

这般例子一言难尽。阿里相关人士表示，阿里大数据的应用可以分为预测经营活动、产品创新（结合天气数据丰富保险产品，智能推荐旅游线路等）、精准营销、科学生产（尤其是农业领域）、高效物流、专业预测等。其中专业预测包括饮料销量指数、羽绒服销量预测、针织衫销量预测、空气净化器销量预测、洗车市场预测、太阳能发电预测、居民用电量预测、农产品生产情况预测、灾害预测、航班延误预测、工程工期预测等。

此外，阿里申请个人征信牌照一事也成为坊间周知的新闻。一旦阿里获得个人征信牌照，其积累的海量用户数据将被制作成征信产品，提供给成千上万的卖家。

阿里更大的理想是建一个数据共享平台。业内人士猜测，这个共享平台可能用于阿里上下游企业，以及阿里投资的子公司企业。更大胆的猜测，也许有一天阿里会把数据做成产品，供全社会购买使用。

二、试水大数据，招商银行突围互联网金融

在华为等企业的努力下，大数据已转化为传统商业银行触手可及的技术。通过两年的摸索，招商银行切身体会到了大数据为金融服务、金融创新所带来的惊人改变，并率先踏出了基于大数据分析的互联网金融服务的关键一步。在探索大数据奥秘的过程中，传统商业银行正逐步走出互联网金融"弱势群体"的阴影，重回强者之位。

理财产品推介短信量和过去相比下降82%，反倒实现了95%的客户命中率；过去仅能在线查询1年的历史明细，现在可以查询到5年以上；信用卡征信从15天缩短到10分钟以内；小微贷获客预测转化率比传统方式提升40倍；金融资产预测误差率降低一半……这组数据，来自招商银行深圳分行大数据应用平台的试点结果。基于深圳分行的成功经验，招商银行2015年已率先在全国展开了基于大数据分析的在线历史明细查询、实时征信、实时事件营销、小微贷获客预测或有金融资产预测、理财产品精准推荐等金融创新服务。

在不到两年的时间里，招商银行就把传统行业仍然十分陌生的大数据技术，转化为突围互联网金融困局的利器，并培养出一个让招商银行具备大数据能力的IT团队，他们到底是如何做到的？

（一）驱动力：数据是银行的重要资产

互联网金融对传统商业银行的真正冲击在于，今天的互联网企业比传统商业银行更有能力网聚用户、发现用户的需求和精准地服务用户。这种能力本质上恰恰是互联网、大数据和云计算所赋予的，由于传统商业银行普遍还不具备这样的能力，所以才渐渐失去了固有的金融服务优势。很早，招商银行就洞悉到了传统商业银行的这一短板，并在2012年开始着手构建基于云计算系统的大数据平台。

对大数据技术的应用，互联网企业尚在探索，更不用说以谨慎著称的传统商业银行了。对向来只选择成熟技术的银行业用户而言，招商银行的尝试似乎

很冒险。但在招商银行总行信息技术部总经理周天虹看来，招商银行的大数据尝试能在短时间内初具成效绝非偶然。"招商银行一直视数据为银行的重要资产。"他告诉记者，银行业的竞争与发展，从未摆脱对数据分析能力的依赖。作为中国第一家由企业法人持股的股份制商业银行，招商银行很早就把"从数据中发现价值"的能力作为银行发展、保持竞争力的基础能力。1999年，招商银行就建立了数据仓库系统，展开了在数据挖掘、数据分析领域的探索。正是对数据价值的重视，让招商银行顺利走上了大数据探索之路。

尽管在基于数据仓库的数据挖掘、分析领域，招商银行的技术团队算得上经验丰富，但面对近几年才兴起的大数据分析方法，整个团队必须从零开始学习。从研究谷歌发布的大数据文献开始，他们发现大数据分析技术有独特的价值，特别是针对半结构化和非结构化海量数据的分析时，用廉价X86服务器所组成的庞大集群，就能实现强大的数据存储能力和计算能力。而目前较为成熟的平台实现技术主要是围绕Hadoop和云计算系统的，他们必须在这些领域快速实现技术突破。

为了加快大数据工作的推进，招商银行开始寻找有技术实力的合作伙伴，也就是在这个时候，他们与华为结成了合作关系，并在华为的帮助下很快实现了基于大数据分析的生产系统的上线，解决了大数据分析方法上的一系列难题。

（二）选择：大数据技术并不掌握在传统IT厂商手中

华为正式进入企业市场不足4年，和那些深耕金融行业十几年的大牌IT企业相比，在大数据领域更是名不见经传。但2014年，华为却发布了企业级大数据应用平台FusionInsight。很少有人知道，FusionInsight的很多功能和特性正是来自和招商银行的大数据合作。

很多人可能都会不理解，为何在IT投入方面向来谨慎小心的招商银行，会在大数据这样一个如此关键的尝试中，一反常态地选择华为这样一个"年轻"的合作伙伴。周天虹认为，跟绝大多数信息技术的发展历程不同，大数据技术是由互联网公司发明和发展起来的，并且率先在互联网公司成熟应用。而过去，绝大多数的信息技术，是由专业的IT企业发明并推广应用的。"这意味着，大数据技术并不掌握在传统的大型IT公司手中。"周天虹直言，传统领先的IT厂商，也才刚刚开始进行大数据研究。在国内，目前能够提供大数据技术服务的厂商就更有限了。但招商银行最终的选择，并不是因为对国内企业的特殊支持，而是站在技术的角度，本着对银行投资负责任的原则，选择了华为。"作为企业IT服务的新生力量，华为有其独特的优势，比如学习能力非常强，驾驭新技术和创新能力强。"他坦言，在决定与华为合作之前，招商银行也有一些担心，还为此做了大量的调查研究。他们发现华为在大数据领域各类资源的投入情况超过了很多竞争对手，对于相关技术的积累也很有竞争力，才感到越来越有信心。

从2012年年初开始跟华为接触、去华为进行相关调研，到与华为正式开始合作，招商银行经过了长达半年的谨慎的技术审查，其间对华为产品和其他厂商的产品进行了严格的POC测试。只要与需求不吻合，招商银行就会将POC报告结果提交给相关厂商要求其整改、完善。面对金融行业相关监管部门的严格要求、招商银行严格的运作要求，华为技术团队一直积极配合，不断调整其产品，最终以符合招商银行生产系统要求的FusionInsight金融行业发行版胜出，让招商银行在2013年年初顺利展开了相关系统的开发，并在2014年完成试点后正式上线。

和过去数据分析平台惯用的软硬件绑定销售模式不同，招商银行当前所采用的云计算硬件平台并非华为提供，IT部门并没有因为大数据平台的上线而为硬件进行额外投入，通过对资源的灵活调配，招商银行可以用极低的成本构建起高性能的数据分析平台。让招行感到满意的还有FusionInsight在技术层面的表现，对大规模数据的处理，针对招商银行特定业务应用场景，它比原有技术的效率有明显提升。

与华为的合作，已让招商银行实现了三个目标：一是构建起基于云计算平台的大数据运用、分析平台，基于大数据分析开展创新的金融服务；二是通过构建大数据平台，把原有的游离在数据仓库之外的非结构化数据、结构化数据，逐步收拢到平台上，具备处理海量数据的相关能力；三是建立起一支大数据技术队伍，让招商银行的技术团队全面升级，具备使用、运营大数据平台的能力。

（三）成果：最重要的是培养团队

随着大数据平台的上线，新的金融应用也开始在招商银行的各分行推广。据预测，仅是查询应用，全行每天所涉及的数据量就将达到几百TB。如果算上其他应用所需的行为数据的全面采集，全行每天需要处理的数据量将达到PB级。

大数据今天对任何企业而言都是需要摸索的过程，逐步实现数据分析成本可控才是科学的方法。招商银行的数据分析平台目前采用了传统技术和新技术并存的模式，主要因为传统数据相对于结构化数据的分析处理，已经形成了相对完整的体系，从数据的储存、整合处理、分析展现、挖掘，都有成熟的工具，而用新技术完全替代传统技术还存在一些技术问题。

"大数据技术是互联网公司发展起来的，互联网金融将大数据应用推向了一个新的发展阶段。但银行数据与互联网数据相比，复杂度更高。银行历经多年的发展，在数据分析领域已形成了很多成熟的技术，并没有那么容易被新技术完全替代，所以大数据应用还是会有一个过程。"周天虹认为对于商业银行的大数据探索，培养出一支熟悉掌握大数据平台技术开发、分析应用的技术队伍是关键，这方面还有很多路要走。

三、西太平洋银行用大数据提升产品推荐接受度达50%

西太平洋银行整合线上、线下数据进行实时营销，使其向客户推荐的个性化产品的接受度达到50%。

Westpac（西太平洋银行）是澳大利亚一家拥有1 000万客户的零售商业银行，其客户包括普通消费者、小企业主和拥有5 000万元以上资产的商业企业，可以提供日常的银行业务、储蓄、信用卡/借记卡、借贷、保险、投资和退休计划、在线投资等业务。

近年来，西太平洋银行通过实施KnowMe项目，整合传统营业网点、呼叫中心、网站、手机、PDA、ATM等渠道的数据，可以为80%的客户提供一对一的个性化营销，从而使客户满意度超过竞争对手，从中等水平跃升为行业第一；其个性化产品推荐的接受度也高达50%，过去，这个数字只有20%左右。在2014年的达沃斯全球经济论坛上，西太平洋银行集团名列"全球100家最具可持续发展性的企业"榜首。那么，西太平洋银行是如何整合多渠道，借助大数据完成实时营销，使个性化产品推荐达到50%？

（一）KnowMe 背后的数据整合

随着移动互联网的快速发展，来自客户的数据也在飞速增长，不仅包括交易数据，还有信用卡消费数据、在线点击数据、社交网络反馈以及客户反馈等。银行与客户的互动也越来越频繁、越来越快。据西太平洋银行的数据统计，在西太平洋银行，平均每一秒就发生 15 笔信用卡交易；客户越来越多地使用手机和平板电脑做银行业务，客户每周两次登录平板电脑端的网上银行，而每天登录一次手机银行；2011 年，西太平洋银行每月与客户的接触次数是 1 000 万次；2014 年则达到每月 6 000 万次。

"客户数据的增长、与客户接触次数的增多，意味着我们能够更清楚地了解客户的需求，"西太平洋银行集团关系管理与数字化部负责人 Karen Ganschow 在接受记者采访时表示，"过去，我们通过某个单一的产品营销活动，获取客户响应并促使我们增加 2 000 张信用卡的发放量。过去的营销模式更多是从产品角度出发，而现在我们更加了解客户，因此，我们更关注客户的需求是什么，下一个可以提供给客户的产品是什么。营销方式从'以产品为中心'转向'以客户为中心'。目的是与客服建立更长久的关系，保持客户的忠诚度。"

如何整合多个渠道的数据，形成一个统一的客户识别体系，是西太平洋银行"以客户为中心"营销模式转型所面临的挑战。目前，大多数银行的营销体系或者按照产品线进行划分，如按信用卡、储蓄卡、借记卡等产品进行营销；或者按照渠道划分，如电子银行、电子商务、手机银行、微信银行等。因此，信息孤岛严重，营销数据缺乏有效整合。当客户在 twitter 上提出一个服务需求时，大多数银行无法及时提供解答，因为银行没有把 twitter 纳入客服渠道之中；有些银行虽把 twitter 纳入客服渠道，但服务并不能让客户满意，比如客户想通过 twitter 了解一套房子的房贷情况，而银行 twitter 部门对其他渠道的客户信息一无所知，无法提供针对性的房贷信息。

2012 年，西太平洋银行决定实施 KnowMe 项目，引入 SAS 的数据分析技术，把来自线上、线下的大量客户数据，通过一定的规则整合，自动转换成一套完整而统一的客户识别信息，包括客户是谁、客户的价值观、购买倾向、忠诚度、说了什么、影响了谁、如何进行接触、买了什么、使用方式等，并实时地反馈给各渠道。当客户从任何一个渠道接入银行时，银行客服人员可以获得所有渠道的客户信息，提供针对性的服务，并进行最优产品推荐。

如今，当消费者在某个汽车网站上浏览汽车信息时，西太平洋银行可以在页面上方根据消费者的资产情况、还贷能力等信息，推出有针对性的汽车贷款广告；在消费者请求在线客服时，服务页面的一角也会实时地推出针对性的产品广告；当消费者在 twitter 或 facebook 上留言，想知道某房屋的贷款以及还款情况，西太平洋银行的客服人员也会及时提供房贷信息。

（二）抓住客户最容易买单的点

"没有延迟的实时营销，让客户更容易接受银行的提议，毕竟客户最紧急的时候，也是最容易买单的。" SAS 全球整合营销管理业务咨询总监 Rene van der Laan 在接受记者采访时说。

建立一个虚拟的客户决策中心是 KnowMe 项目中数据分析技术的核心，它整合了银行所有营销资源。对外部客户来说，客户决策中心能够提供呼叫接入和客户服务；在银行内部，客户决策中心可以从洞察、行动和规则三个层面指导营销活动。

据 Rene van der Laan 介绍，洞察包含各种分析模型，如消费者能力分析模型和风险模型，还有触发路径，如当消费者刚刚满 18 岁，可以有自己的银行账户，这个关键事件触发之后，银行需要跟进；还有交易数据、历史数据，银行也要进行分析，从当中发现价值。行动指的是每家金融机构的营销宣传计划，有一些是他们自己的推销活动，有一部分是政策规定必须汇报的，如利率下浮的时候要与消费者沟通，银行会向消费者进行邮件推送，可消费者过几天要通过网银与银行沟通，银行也要在网银上再次重复相关宣传信息，体现信息的一致性。然而，只有洞察和行动是没有办法驱动所有的市场营销行为的，关键要有规则。规则包含银行与客户沟通的相关制度，比如说多长时间沟通一次，以什么样的形式沟通，每小时发多少封邮件，或者呼叫中心最多能接打多少电话等，需要根据不同的要素制定出规则。

客户决策中心如何实时识别客户行为，并推荐给客户最优产品？一般来说，每一家银行对客户有一个首选的产品推荐列表，但是，当客户在浏览其他银行的条款时（通常客户不想续约银行服务的时候，可能会研读其他银行的条款），一旦客户出现这种行为，银行需要重新评估客户，重新为他设计产品，甚至重新改变原来的首选产品名单，根据新的情况实时改变营销策略。

"传统交易数据的储存一般需要隔一天，现在事件流处理（Event Stream

Processing)技术,可以在线获取数据,比如销售数据、信用卡交易数据等,客户决策中心在整合各渠道数据之后,一旦发现客户有浏览其他银行的行为,就可以形成一个触发事件,进行实时营销。"Rene van der Laan 在接受记者采访时说。再比如,借记卡和信用卡一般是分开运作的,当客户的信用卡额度快用完了,一般要等到月末再付款。建立客户决策中心之后,现在银行可以立刻提醒客户,并及时向客户建议"是否要借贷短期借款"。

金融机构原有基础设施存在的孤岛现象,是大数据"实时营销"面临的一大挑战。通常,金融机构 IT 系统都按照各产品线进行开发,各产品线相关的客户数据独立存储,由于多年积累,其数据庞大,难以集中储存。"新技术如 Hadoop 的出现,可以从所有数据源头收集数据,并围绕客户进行分析,中国金融企业部署实时营销不再是难题。"Rene van der Laan 说。

一线员工的支持和参与也是大数据"实时营销"的关键,毕竟是他们和客户直接接触。"一方面要让柜员真正认同以客户为中心的最佳产品推荐;另一方面,通过绩效考核让柜员进行最佳产品推荐。"Karen Ganschow 说。据悉,西太平洋银行为一线柜员设定了两个考核指标,柜员的行动率和客户的接受率。

四、海外银行运用大数据实战三例

(一)海外银行大数据技术应用到信贷风险控制领域实例

在美国,一家互联网信用评估机构已成为多家银行在个人信贷风险评估方面的好帮手。该机构通过分析客户在各个社交平台(如 Facebook 和 Twitter)留下的数据,对银行的信贷申请客户进行风险评估,并将结果卖给银行。银行将这家机构的评估结果与内部评估相结合,从而形成更完善、更准确的违约评估。这样的做法既帮助银行降低了风险成本,同时也为银行带来了风险定价方面的竞争优势。

相较于零售银行业务,公司银行业务对大数据的应用似乎缺乏亮点。但实际上,大数据在公司银行业务的风险领域正在发挥着前所未有的作用。在传统方法中,银行对企业客户的违约风险评估多是基于过往的营业数据和信用信息。这种方式的最大弊端就是缺少前瞻性,因为影响企业违约的重要因素并不仅仅只是企业自身的经营状况，还包括行业的整体发展状况，正所谓"覆巢之下，焉有完卵"。但要进行这样的分析往往需要大量的资源投入，因此在数据处理资源稀缺的环境下无法得到广泛应用。而大数据手段则大幅减少了此类分析对资源的需求。西班牙一家大型银行正是利用大数据来为企业客户提供全面而深入的信用风险分析。该行首先识别出影响行业发展的主要因素，然后对这些因素一一进行模拟，以测试各种事件对其客户业务发展的潜在影响，并综合评判每个企业客户的违约风险。这样的做法不仅成本低，而且对风险评估的速度快，同时显著提升了评估的准确性。

（二）海外银行用大数据为客户制定差异化产品和营销方案实例

在零售银行业务中，通过数据分析来判断客户行为并匹配营销手段并不是一件新鲜事。但大数据为精准营销提供了广阔的创新空间。例如，海外银行开始围绕客户的"人生大事"进行交叉销售。这些银行对客户的交易数据进行分析，由此推算出客户经历"人生大事"的大致节点。人生中的这些重要时刻往往能够激发客户对高价值金融产品的购买意愿。一家澳大利亚银行通过大数据分析发现，家中即将有婴儿诞生的客户对寿险产品的潜在需求最大。通过对客户的银行卡交易数据进行分析，银行很容易识别出即将添丁的家庭：在这样的家庭中，准妈妈会开始购买某些药品，而婴儿相关产品的消费会不断出现。该行面向这一人群推出定制化的营销活动，获得了客户的积极响应，从而大幅提高了交叉销售的成功率。

客户细分早已在银行业得到广泛应用，但细分维度往往大同小异，包括收入水平、年龄、职业等。自从开始尝试大数据手段之后，银行的客户细分维度出现了突破。例如，西班牙的一家银行从 Facebook 和 Twitter 等社交平台上直接抓取数据来分析客户的业余爱好。该行把客户细分为常旅客、足球爱好者、高尔夫爱好者等类别。通过分析，该行发现高尔夫球爱好者对银行的利润度贡献最高，而足球爱好者对银行的忠诚度最高。此外，通过分析，该行还发现了另外一个小客群——"败家族"，即财富水平不高但消费行为奢侈的人群。这个客群由于人数不多，而且当前的财富水平尚未超越贵宾客户的门槛，因此往往被银行所忽略。但分析显示这一人群能够为银行带来可观的利润，而且颇具成长潜力，因此该行决定将这些客户升级为贵宾客户，深入挖掘其潜在价值。

在对公业务中，银行同样可以借助大数据形成更有价值的客户细分。例如，在BCG与一家加拿大银行的合作项目中，项目组利用大数据分析技术将所有公司客户按照行业和企业规模进行细分，一共建立了上百个细分客户群。不难想象，如果没有大数据的支持，这样深入的细分是很难实现的。然后，项目组在每个细分群中找出标杆企业，分析其银行产品组合，并将该细分群中其他客户的银行产品组合与标杆企业进行比对，从而识别出差距和潜在的营销机会。项目组将这些分析结果与该行的对公客户经理进行分享，帮助他们利用这些发现来制订更具针对性的销售计划和话术，并取得了良好的效果。客户对这种新的销售方式也十分欢迎，因为他们可以从中了解到同行的财务状况和金融安排，有助于对自身的行业地位与发展空间进行判断。

（三）BCG用大数据为优化银行运营提供决策基础实例

大数据不仅能在前台与中台大显身手，也能惠及后台运营领域。在互联网金融风生水起的当下，"O2O"（Online to Offline）成为银行的热点话题。哪些客户适合线上渠道？哪些客户不愿"触网"？波士顿咨询公司（BCG）曾帮助西班牙一家银行通过大数据技术应用对这些问题进行了解答。项目组对16个既可以在网点也可以在网络与移动渠道上完成的关键运营活动展开分析，建立了12个月的时间回溯深度，把客户群体和运营活动按照网点使用强度以及非网点渠道使用潜力进行细分。分析结果显示，大约66%的交易活动对网点的使用强度较高，但同时对非网点渠道的使用潜力也很高，因此可以从网点迁移到网络或移动渠道。项目组在客户细分中发现，年轻客户、老年客户以及高端客户在运营活动迁移方面潜力最大，可以优先作为渠道迁徙的对象。通过这样的运营调整，大数据帮助银行在引导客户转移、减轻网点压力的同时也保障了客户体验。

BCG还曾利用专有的大数据分析工具Network Max，帮助一家澳大利亚银行优化网点布局。虽然银行客户的线上活动日渐增多，但金融业的铁律在互联网时代依然适用，也就是说，在客户身边设立实体网点仍然是金融机构的竞争优势。然而，网点的运营成本往往不菲，如何实现网点资源的价值最大化成为每家银行面临的问题。在该项目中，项目组结合银行的内部数据（包括现有的网点分布和业绩状况等）和外部数据（如各个地区的人口数量、人口结构、收入水平等），对350多个区域进行了评估，并按照主要产品系列为每个区域制定市场份额预测。项目组还通过对市场份额的驱动因素进行模拟，得出在现有网点数量不变的情况下该行网点的理想布局图。该行根据项目组的建议对网点布局进行了调整,并取得了良好的成效。这个案例可以为许多银行带来启示:首先,银行十分清楚自身的网点布局,有关网点的经营业绩和地址的信息全量存在于银行的数据库中。其次,有关一个地区的人口数量、人口结构、收入水平等数据都是可以公开获取的数据。通过应用大数据技术来把这两组数据结合在一起,就可以帮助银行实现网点布局的优化。BCG 基于大数据技术而研发的 Network Max 正是用来解决类似问题的工具。

五、金电联行不小心运用大数据撬动了中国的中小企业信贷革命

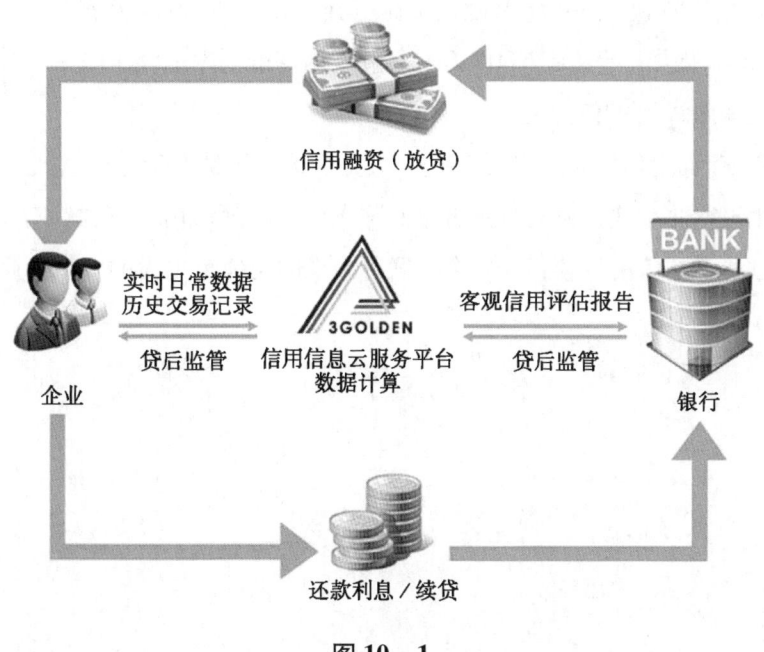

图 10-1

"老范,你有机会了。"7 年前,从华尔街投行回国的清华计算机系师弟忍不住对范晓忻说。

那年,33 岁的范晓忻在给北京大型汽车厂商做供应链管理信息系统——类似于北汽福田汽车股份有限公司这样的公司,向上千个零部件的供应商采购的每一笔交易,都需要在系统上完成。

范晓忻没反应过来,但他的海归师弟嗅到了背后的商机:把系统里海量的

交易数据以第三方的形式提供给银行，以这些真实的贸易背景为依据，如果中小企业能获得无抵押、无担保的纯信用贷款，他们也可以收取服务费。

这源于中美金融体系的不同——在美国，中小企业融资几乎都依靠信用贷款，在中国则相反，有抵押、有担保的企业才能让银行放钱，于是，很多轻资产的中小企业被银行拒之千里，求贷无门。

2007年夏天，范晓忻和几个合伙人成立了一家名叫金电联行的公司，取"金融电子化，联合银行"之意，他们想以数据分析连接银行和中小企业。

在那个"大数据"和"互联网金融"概念还未兴起的年月，范晓忻并未意识到，一场植根于中国土壤的中小企业信贷革命正在自己的撬动下悄然发生。

公司成立后的6年，金电联行一共帮助数百家企业从民生银行获得总计约20亿元的信用贷款——单笔额度集中在三五百万元到1 000万元之间。最小金额98万元，最大一笔达到6 800万元。利率为基准利率上浮40%～50%，远低于一般纯信用贷款90%左右的上浮额度。

"现在市面上信用贷款能给到这么大金额的，可能只有这一种业务模式。"中国民生银行北京魏公村支行销售总监陈光说。跟阿里信用贷款针对小微企业和个人创业者的信用贷款相比，金电联行瞄准的是体量更大的中小企业。

第十一章
信息化金融机构模式与实战

本章在介绍和阐述信息化金融机构概念、特点、运营模式、发展历程及趋势等基础知识的基础上，对当前我国信息化金融机构现状、风险、方略等重要问题进行了探讨。最后，运用较长的篇幅，对信息化金融机构模式中的佼佼者——招商银行转型互联网、工行突击互联网金融、"三马"同台护航开展保险业的"互联网+"，以及对2014年平安集团基于互联网的创新金融服务模式经典案例作了全面展示。此外，对阿里巴巴集团基于电子商务金融业务模式的成功经验进行了系统总结，并对传统金融的启示进行了深刻的剖析。

第一节 信息化金融机构模式概述

一、信息化金融机构的概念与特点

(一) 概念

信息化金融机构是指在互联网金融时代，通过广泛运用以互联网为代表的信息技术，对传统运营流程、服务产品进行改造或重构，实现经营、管理全面信息化的银行、证券和保险等金融机构。

过去的20多年是我国银行的信息化阶段，我国银行业的信息化建设一直处于业内领先水平。经过20多年的发展，中国金融机构信息化建设从无到有、从小到大、从单项业务到综合业务，取得了令人瞩目的成绩。

(二) 特点

金融信息化是金融业务发展趋势之一，而信息化金融机构则是金融创新的产物。目前金融行业正处于一个由金融机构信息化向信息化金融机构转变的阶段。总的来说，信息化金融机构有以下几个特点：

1. 金融服务更加高效快捷

传统金融机构通过信息技术投入、硬件设施升级等基础性信息化建设，实现了工作效率的极大提高。信息化金融机构通过以互联网技术为基础的更高层次的信息化建设，对传统运营流程、服务产品进行了改造或重构，更是在金融服务方面同样取得了质的提升。更加高效快捷的金融服务，成为信息化金融机构的一个显著特点。

2. 资源整合能力更加强大

由于金融机构管理的资产比较特殊，一般是负债性业务所得，故具有高风险特性。现代金融机构的业务构成复杂，信息化的建设使得金融机构能够实现业务的整合。同时，通过完整的 IT 建设，可以使金融机构按照一个统一的 IT 架构将机构内部各管理系统全部整合到一个系统管理平台，实现各系统的互联互通。通过信息化建设集成的统一内部管理系统，使得金融机构可以运作的空间更为广阔。

3. 金融创新产品更加丰富

金融机构的信息化建设极大地提高了金融的创新能力，各金融行业不断推出新型的金融产品。作为移动互联网时代的产物，手机银行作为银行业的创新产品，方便了人们的日常生活，无论是转账、生活缴费，还是投资理财，通过触摸屏幕就能够实现。

理财产品的日益丰富也是金融产品创新的一个体现。更多的平民理财产品的出现，改变了金融行业理财给人们的高门槛印象。金融行业线上线下业务的创新组合，也给人们的生活带来了便利，同时拓展了金融机构自身的服务空间。

二、信息化金融机构模式的分类与职能

在互联网金融时代，信息化金融机构的运营模式相对于传统金融机构运营模式发生了很大的变化，目前信息化金融机构主要运营模式分为传统金融业务电子化模式、基于互联网的创新金融服务模式、金融电商模式三类，各类有着自己的职能作用。

（一）传统金融业务电子化模式

传统金融业务电子化模式，主要包括网上银行、手机银行、移动支付和网络证券等形式。

传统业务的电子化实质也是金融电子化的过程，是指金融企业采用现代通信技术、网络技术和计算机技术，提高传统金融服务行业的工作效率，降低经营成本，实现金融业务处理的自动化、业务管理的信息化以及决策的科学化，为客户提供快捷、方便的服务，达到提升竞争力的目的。

（二）基于互联网的创新金融服务模式

基于互联网的创新金融服务模式，包括直销银行、智能银行等形式及银行、券商、保险等创新型服务产品。

金融机构信息化建设为金融服务电子化创造了条件，近年来金融机构依托云计算、移动互联等新技术加速转型，不断扩大金融服务电子化的范围及影响。金融服务电子化的变革体现在金融电子渠道对金融业务和服务的不断创新上。

（三）金融电商模式

金融电商模式，就是以建行"善融商务"电子商务金融服务平台、泰康人寿保险电商平台为代表的各类传统金融机构的电商平台。

时至今日，互联网金融的魅力已经显露无遗。对于传统金融机构而言，在互联网时代，充分抓住互联网带来的机会，主动拥抱互联网金融是每个机构的必然选择。这种选择体现在运营模式上的一个最大特色和共同点就是金融机构电商化的选择。他们或者建立自己的电商网贷平台，或者与其他拥有海量客户信息和渠道的互联网企业合作建设电商平台。无论采用何种形式，其目的都是获得多元化的盈利模式。

三、信息化金融机构正在搅动未来金融业局势

搜狐 IT 作者罗明雄撰文表示，进入互联网时代，规模优势固然是金融机构竞争力的重要体现，然而，金融机构的核心竞争力已逐渐转移到其信息化程度上。未来信息化金融机构的比拼更多是建立在信息化技术层面上的金融产品创新和业务创新，以及金融服务体验的完善上。

（一）信息化成为企业核心竞争力，上升到战略层面

信息化对于金融机构来说，意味着更加灵敏的市场反应，更大程度地利用信息价值。同时信息化建设能够化解企业内部信息不对称问题，充分挖掘客户信息，并通过建立互联网平台的方式建立金融生态圈，其对于金融机构的提升是全面性的，也决定了未来的金融机构的核心竞争力所在。

大型金融机构由于体积庞大，随着规模的持续扩展，加上国际化和综合化的发展，没有强大的信息化建设，将会出现系统内部信息流动困难、运营成本高企、机构效率低下的问题。信息化建设的作用之一就是，能够实现金融机构内部的信息共享，最大程度地化解信息不对称的痼疾。

金融机构在业务运转过程中一般都可以接触到大量的数据，如何对管理信息、客户信息、产品信息等数据进行收集、储存和处理将显得尤为重要。对海量数据进行深度挖掘、归纳性的推理，将使其发挥大数据应用价值，帮助管理者进行市场判断、价格发现、风险评估、资源配置，最终提供决策支持。随着高新技术的大量应用、普及，比如说在线社区、社交媒体、交互广告的出现，金融机构与客户的沟通方式也发生了根本性变化。金融机构可以通过数据分析对客户的行为特点进行归纳总结，从而开发出针对性强的产品和服务，制定更加切合市场接受能力的价格体系，达到事半功倍的效果。金融机构通过对大数据的有效利用，建立依托互联网平台的金融生态系统，达到线上线下业务的串联闭合，从而转化为其核心优势。

（二）金融服务竞争战场转移

罗明雄认为互联网金融的发展趋势是平台商业模式，对于信息化金融机构来说，要在思维模式和盈利模式等方面及时转变以迎接互联网金融带来的挑战和契机。未来的金融服务竞争已经由传统的比拼网点数目、企业规模优势等因素转化为对于互联网平台的竞争。

互联网时代的平台模式改变了盈利的着眼点，信息化金融机构由传统的产品服务提供者转变为产业需求与供给之间的连接者。在互联网平台模式下，仅仅提供产品和服务已不再是能金融机构对盈利能力的要求。越来越多的企业已着手变换其商业模式，从产品销售角色转而将自身打造成某种媒介的角色。为应对互联网金融时代的来临，银行业建立了"实体网点＋网上银行"的模式，通过新的网络渠道来增加与客户的接触点。然而这种直线、单向、传统的商业模式十分容易被具有平台优势的企业所击败。这些平台企业将银行"管道化"，使银行失去了与客户的接触点，弱化了银行创造价值的能力。

（三）中小金融机构逆袭的机会

2013年6月，被称为"平民理财神器"的余额宝上线仅一个月时间，资产规模就超过了100亿元。很多人看到余额宝的背后是阿里巴巴，但真正为余额宝用户提供基金产品的天弘基金却少有人了解。天弘基金并不是基金业的大户，但是借助余额宝这一金融创新产品，它在互联网金融大道上迈出了闪亮的一步，可以说是成功逆袭。

在讲究规模优势的金融行业，中小金融机构似乎难以找到突围的机会，天弘基金的成功，让其他中小型金融机构看到了希望。在互联网时代，中小型金融机构同样缺乏互联网基因，与大型机构相比，它们没有大量的资金和人才。但这不代表它们没有机会，我国金融业的改革浪潮和互联网金融发展浪潮，为中小型金融机构带来了大型机构和互联网企业不具备的发展机遇。

相较于发达国家，我国目前的金融体系尚未完善，普通居民的投资渠道有限，还有很大一部分潜在投资群体的需求没有得到释放，他们迫切需要适应其需求的投资渠道和投资工具。对于中小金融机构来说，开拓大型金融机构尚未涉足的市场空白，联合拥有海量用户的互联网企业开拓新的投资渠道，推出个性化创新金融产品来满足不同客户的需求，就很有机会突出重围。通过互联网吸纳客户的边际成本也远低于传统方式利用实体网点吸纳客户的成本。在互联网时代，规模的竞争优势不会再像传统模式时代一样起到决定性的作用，对于金融机构来说，借助于互联网传播速度与广度带来的优势往往成效更加显著，而且经常是先进入者取得绝对优势。

相对于大型金融机构，中小金融机构拥有创新成本优势，大型金融机构因其庞大的规模、烦琐的流程使其金融创新往往需要考虑更多复杂的因素，经历更漫长的时间，而中小金融机构更加灵活、简化。互联网企业需要依傍于已获得准入资格金融机构来进入金融行业。但一般来说，为了保证在合作中的主动权，他们不太可能选择实力强大、在合作中将处于强势地位的大型金融机构，他们更偏好于与中小金融机构合作，以获得合作中的平等甚至相对强势的地位，掌握更多的控制权。因此，中小金融机构需要主动出击，以更加灵活的方式来获得竞争优势，寻找互联网时代的突围机会，勇敢地拥抱互联网时代赋予的机会，相信更多类似天弘基金的中小金融机构逆袭的案例将不断涌现。

（四）混业经营趋势明显

金融业混业经营，是指银行、证券公司、保险公司、信托公司等金融机构在业务上相互融合、渗透与交叉。它突破了分业经营业务模式的局限，借助金融创新手段不断丰富金融产品内涵，极大地提高了金融市场资金运用效率，为客户提供一站式金融服务奠定了基础。混业经营模式源自德国全能性银行，其后相继被美国、欧洲大陆和日本等国家和地区的金融业效仿，并由此推动了金融创新和金融风险管理的发展。随着金融监管制度的不断完善和风险管理技术的日益成熟，金融混业经营逐渐成为现代国际金融业发展的主导趋向。

中国金融业长期以来一直处于垄断地位，缺少外部竞争压力。随着我国金融体系对外开放程度的不断提高，中国金融业想要对抗国外竞争对手的挑战，混业经营就成为必然选择。对于信息化金融机构来说，通过混业经营能更好地实现包括客户资源、硬件资源和人力资源的共享及整合，同时可以精简人员，削减物理网点，降低经营成本，提高经营效率来增强竞争力。

当然，鉴于我国现有金融制度不完善，虽然经营风险可能因为混业经营而得以分散，但金融机构的整体风险却可能因更加容易的内部传导而增大。一般而言，各国政府都对金融机构的混业经营作出细致的法律规定。对于中国而言，一般不允许同一金融企业的法人机构同时经营银行、证券、保险、信托中两种或两种以上业务。国内典型的混业经营形式是一个金融企业或者非金融企业通过控股或设立子公司的方式，在集团内部提供银行、证券、保险、信托等多种金融服务。这样既可在法律上绕开分业监管的障碍，又可以实质性地从事混业经营。例如，以光大集团、中信集团、平安控股为代表的非银行金融机构，和以宝钢、山东电力、海尔为代表的非金融机构，它们通过全资拥有或控股子公司等方式，在控股集团内部为客户提供全面的金融服务。国有商业银行也有采取与外资合资的方式介入投资银行业务的，如中银国际控股有限公司、中国建银投资有限责任公司等。互联网时代的信息化金融机构对于混业经营拥有更强的适应能力和更强的控制混业经营风险的能力。通过混业经营，走在信息化建设道路上的我国金融业整体实力将会进一步加强，从而更加从容地走向国际化。

四、金融机构信息化发展历程与展望

（一）发展历程

经过20多年的发展，中国金融机构信息化建设从无到有、从小到大、从单项业务到综合业务，取得了令人瞩目的成绩。我国金融信息化的发展，已从根本上改变了传统金融业务处理模式，建立在计算机和通信网络基础上的电子资金清算系统、柜台业务服务系统和金融管理信息系统表明一个多功能的、开放的金融电子化体系已初步形成。

纵观我国银行信息化发展历程，从最初电子设备在银行业的使用和普及，到银行网络化的建设和应用，银行信息系统建设已经走过了20多年的历程，大体经历了三个阶段：第一个阶段是20世纪70年代末到80年代末以电子银行业务为主的阶段，银行开始采用信息技术代替手工操作，实现银行后台业务和前台兑换业务处理的自动化；第二阶段是20世纪80年代末到90年代末以连接业务为代表的银行全面电子化建设阶段，我国银行业在全国范围内建起了一批基于计算机网络的应用系统，实现了处理过程的全程电子化；第三个阶段是从20世纪90年代末一直持续到今天的以业务系统整合、数据集中为主要特征的金融信息化新阶段。随着计算机信息化建设的不断发展，金融机构信息科技工作由原来的全面管理、维护和系统研发为主，逐渐转变成以贯彻落实总行及管理机构标准规范为主导，以保障本地区网络安全稳定运行为重点的工作机制。

我国保险业信息化发展历程也大体经历了三个阶段：20世纪80年代到90年代初是起步阶段，国内一些大型保险公司初步实现了办公系统信息化；20世纪90年代中后期，随着网络技术的发展，我国保险公司加快网络的应用，基本实现了保单电子化、保险业务流程信息化和网络化，所有大型保险公司开始对业务进行系统整合；2000年以后，保险业信息化程度有了新的飞跃，这一阶段的保险业积极开展电子化建设，信息化主要成就有不断开发保险新产品，精算的效率与保险计费的科学性不断提升。

我国证券行业信息化起步较早，发展较快。证券业最早应用信息技术的是证券交易所。1990年，上海证券交易所通过计算机进行了第一笔交易。1992年，深圳证券交易所复合系统正式启用。二十几年来中国证券市场的快速发展，目前证券交易所的信息化的主要成就包含四个方面，分别是交易系统的信息化、信息平台系统、通信系统和监管系统。证券公司作为证券业的主体，也是证券信息化的主体。目前国内的所有证券公司都建立了网上交易系统，通过互联网实现了全公司互联和集中交易。在管理、决策和风险控制方面，也基本实现了信息化，包括稽核系统、财务系统和统计分析系统等。

2013年以来，金融行业信息化进入了创新机遇期。经过了之前十多年的数据和业务的大集中建设，包括银行、保险、证券等在内的金融行业信息化正在走向一个全新的阶段。基于云计算、大数据、移动与智能设备以及社交网络等第三类平台的金融服务，正在成为新的金融业务创新及增值点。

（二）发展趋势

1. 服务机构虚拟化

基于计算机技术的信息化在互联网时代的广泛运用，营造出一个全新的不同于实体经济的虚拟经济，而未来的金融机构将会呈现出显著的虚拟化趋势。网络信息技术在金融业中的应用可以实现在互联网上设立网络银行等网络金融机构，从事虚拟化的金融服务，或者传统金融机构以现有专用网络与 Internet 联网，提供服务或设立网站。

2. 服务对象平民化

随着我国金融业市场化程度不断加深，金融业所面临的竞争也日益激烈。互联网时代新兴互联网金融企业的进入，更使传统金融机构感受到威胁。同时，互联网时代金融机构的信息化建设，使得金融机构推出小额理财产品的成本大幅下降，使小额理财成为可能。随着我国社会经济的不断发展，普通居民的投资理财意识将更为强烈，寻求收益更高的投资方式也成为他们迫切的需求。可以说，现实的激烈竞争和居民的金融需求要求金融机构服务对象平民化，而互联网技术又使得这一趋势成为现实，未来的信息化金融机构的服务将会向着更加平民化的趋势发展。

3. 金融机构平台化

平台经济实质是全球化、信息化、网络化三大趋势的集大成者。对于金融机构而言，建立平台能在竞争中居于有利位置，从而具有聚集各种资源的能力，在竞争中掌握主动权。从风险控制角度来看，通过平台占有的社会资源越多，抗风险的能力就越强。平台通过不断增加参与者规模并且逐渐改进、完善平台商业模式来为参与者带来更多价值，最终完成平台自身的增值。

面对一个金融需求强烈、客户群体庞大但渠道稀缺的市场，以商业银行为主体的金融机构扩张是必然性的战略选择。而同新设机构背后承担的巨大建设成本与人员管理压力相比，构建虚拟化的平台中介，整合渠道与资源，低成本拓宽销售渠道更是转型发展的新方向。

4. 金融服务个性化

互联网通过开放、分享、个性化和分布式协作改造着传统金融，互联网时代的信息化金融机构的运营模式使得金融服务的成本更低，操作更便捷，同时服务的透明度更高，个性化更强，用户体验更好。对于信息化金融机构而言，未来的竞争更多地体现在服务质量的比拼上。是否有能力针对客户的不同需求推出个性化、定制化的产品是每个金融机构必须面对的考验。

第二节　信息化金融机构模式的运营方略

一、从红包大战看银行与微信、支付宝的差距

从 2014 年的马年春节到 2015 年的兔年春节，小小手机上的红包大战愈演愈烈。在这场漫长的红包大战中，主角显然是腾讯和阿里这两家互联网公司的王牌产品：微信和支付宝。为什么是这两家互联网公司掀起这场全民话题级的红包浪潮，而不是在金融体系中根基更深的银行？百度百家快科技编辑对此作了解读。

是银行不如互联网公司有钱任性吗？显然不是。亿元级别的单次宣传费用对于大型银行来说并不是难以负担的，在微信和支付宝的红包大战中也有中小银行花费数千万元借势推广，缺钱不是理由。

是银行没有适合红包推广的自有渠道吗？显然也不是。各家银行的手机银行和网上银行都是非常倚重的电子渠道，围绕这些产品的银行开发团队非常巨大，即便缺乏大神级的超级，其 IT 团队和研发能力仍然远远超过一般企业。

是银行不需要标杆性的移动端产品吗？显然更不是。各家银行面向个人客户零售业务已经喊了多年的转型，十多年前某股份制银行依靠借记卡和信用卡的零售创新一举领先其他中小银行一个身段，直到今天信用卡总发卡量也仅仅少于宇宙行一家而已，相似的弯道超车人人都想重演。

所以答案不是银行不想，而是银行暂时还做不到。正是这样优势聚集的银行，常年来把同为金融机构的基金、保险、信托公司压得毫无翻身之力，却在互联网公司面前显得异常笨拙，在这场横跨两个春节的红包大战中彻底沦为出钱宣传的金主，在和用户直接联系的红包大战彻底沦为场外替补。银行与微信、支付宝的差距究竟在哪里？其实说是差距也有点不公平，毕竟其他互联网巨头同样拿微信和支付宝这两个王牌产品没辙。可是在微信和支付宝的红包大战过程中，我们又可以显著看到银行不具备的行事方式。这些差距对已经初见端倪的移动金融时代将产生无法忽视的影响，或许红包大战会成为银行不再与用户直接相连的开端。

第一，银行不具备预期之外的产品创新能力。被马云称为"偷袭珍珠港"的微信红包，并不是事前就计划好的超级武器，而是一个预期之外的产品创新。在2014年微信红包诞生之前，类似的小额转账功能并不稀奇，只是打赏、转账等无法实现微信群红包那样强大的社交功能。微信红包诞生之初是非常粗糙的产品，一个小组根据腾讯公司春节高层领导发利是的传统做出的小功能而已。这个原本不受重视的功能上线时根本没有配备推广资源，全靠用户自行传播而打开一片移动支付的新天地。到了2015年春节，腾讯和阿里的红包都配上大规模推广资源，自然创造出前所未有的全民话题级支付场景。相同的流程在银行等大企业会怎样呢？根本不会有预期之外的创新诞生土壤，手机银行等本来同样可以承载红包功能的个人金融账户和手机App只能按照预定轨道缓缓推进，既不能产生预期之外的惊人创新，也无法对已经在运营中证明难以推广的功能进行彻底改造。

第二，银行不具备快速迭代的产品改进能力。2014年年初的马云哀叹遭遇"珍珠港偷袭"，银行又何尝能置身事外呢？整整一年时间过去了，银行依旧按部就班地缓缓应对2013年诞生的余额宝，阿里的支付宝钱包则策划出一场近乎完美的"螳螂捕蝉，黄雀在后"的攻防战。支付宝红包刚登场时，虽然增加了一种猜红包金额的玩法，但主推的仍然是拼手气群红包。由于支付宝自己没有微信这样锁定用户社交关系的手机App，所以借力微信进行推广，等于用支付宝复制出了微信红包，同样可以在微信群里抢，只不过点开红包之时会跳转到支付宝自己的网页。腾讯当然不甘心一个功能完全类似的支付宝红包在自己的微信群里玩得红红火火。果然，在支付宝红包现身不到12小时之后，所有用户在微信里已经无法再打开支付宝红包的网页。按理说，微信封杀了支付宝红包的页面，抢红包这个功能就没法玩了，支付宝能做的似乎只剩下抗议微信封杀。没想到出人意料的戏份在这里上演：支付宝一边抗议封杀，一边端出早已准备好的预案——"红包口令"，即通过几位数字自动生成的宣传图片分享到微信中，而在微信朋友圈看到数字的用户，只要打开支付宝的App输入数字口令就能抢到红包，这让微信封杀"恶意营销"的手段彻底失效，真可谓道高一尺，魔高一丈。相比之下，银行的红包反击仍然停留在简单的抽奖或为双方红包大战提供资金，没有任何一家银行的手机银行有资格参与其中，只能说银行的产品研发能力已经跟不上互联网企业的速度。

第三，银行不具备顺势而为的公关纠错能力。近年来，不管规模大小，银行都屡屡遭遇各种信用风险，有些是自身服务不够好导致的真问题，也有些是公众被误导的假矛盾。真真假假掺和在一起，银行所处的舆情状况以劣势为主，除了老套的正面宣传很难找到有效的公关纠错方法。相比之下，支付宝在遭遇红包差评时的做法可以为所有的银行上一课。支付宝钱包通过手机游戏发红包之后，由于前期造势过于成功，参与人数众多，拿到的红包却很少，还有很多人拿到价值很低的优惠券。这场突如其来的差评狂潮是当天上午10点的红包活动之后开始的，支付宝团队在当天下午两点就给出了解决方案，不仅在下午4点开始的抢红包活动中增加1 200万元预算，还卖萌自黑，"跪求大家别骂太狠"。只用了短短不到6个小时，支付宝就化解了这场突如其来的声誉风险难题。如果银行遇到相同的问题，会怎样呢？且不说1 200万元的预算需要走多长的流程才能审批下来，单是"跪求"的自黑态度就无法做到，也根本没有合适的新媒体渠道与愤怒的用户直接交流。回想近几年银行、银联甚至央行在诸多互联网事件中处于的被动局面，确实有广大用户长期积攒不满的因素，但没有可靠的用户交流渠道和公关纠错能力也是事事被动的主要因素，处于下风真的是一点不冤。

每个银行从业者肯定都对这样一句话非常熟悉："不做对公业务今天没饭吃，不做零售业务明天没饭吃。"这句话之所以会在大大小小的银行间通用，正是因为银行面临的零售业务转型难题。尽管目前的互联网金融浪潮还没有影响今天吃饭的对公业务，金额不大的移动金融业看起来不会影响明天吃饭的零售业务，可是当银行掌握的用户金融账户以及与用户紧密相连的金融关系被互联网公司切断时，现在的业务安全无法保证明天依然有饭吃。

银行到底该怎样快速跟上互联网企业的脚步？那些银行难以逾越的制度障

碍和看不上的互联网奇技淫巧是否真的难以颠覆银行？百度百家快科技编辑认为，恐怕只有腾讯和阿里主导的民营银行才能够给出最终答案。

二、蒋御柱：互联网金融在敲门，传统银行机构如何应对

在互联网企业咄咄逼人的压力下，各家银行都迫不及待地采取措施，不管是主动出击，还是被动应对。可是，历经一年的互联网金融探索之后，并没有找到"服众"的手段，仍然是一地鸡毛。占上市公司近一半利润的银行，碰上几乎全面亏损的互联网企业，居然缺少对阵的手段，不能不引起深思。蒋御柱认为，这个结果的关键在于，银行没有抓住这一轮互联网金融的关键机理。

这一轮互联网金融，实质是银行业务的商业模式已经进化到需要"突变"的窗口，而不是宣称互联网企业体验更好的胜利。技术的进步和互联网基础设施的完善，使得传统的业务模式已经进化到了即将"突变"的临界点。银行没有抓住这个牛鼻子，不管怎么应对，结果都是错的。

1. 互联网金融的关键机理：金融是"衍生需求"，技术进步推动金融"归位"，而互联网不仅仅是"渠道"

金融不能解决客户的吃、穿、住等最终的生理问题，是"衍生需求"，不是客户的"最终需求"，商业交易"伴生"了金融业务。例如，买了一双鞋子，就产生了支付的需求。若没有买鞋子，就不需要支付了，没有交易，也就没有付款。随着移动互联技术的成熟，金融将逐渐归位，"融合"或"嵌入"到实际的商业业务流程中，而不会"突兀"地显现出来。可以说，银行业规则的变化，就是伴随着技术及基础设施的完善而不断变化的。

招商银行的前行长马蔚华说："伴随着每一次信息技术的进步，银行的业务模式都有翻天覆地的变化。"例如，1812年，美国跟英国有了战争，打仗就需要钱，需要发行国债融资。可是第一次融资，只募集到了目标金额的40%，并且募集资金的费用昂贵，效率低下，成本高达40%，几乎难以承受。第二次募资时，有个小银行家库克，利用当时的新兴技术"电报"，将国债面值降低（降低购买起点，让平民可以买国债），通过电报覆盖更多的人群，"连接"了美国南方、北方的小城市，结果以千分之一的成本募集了100倍的资金，从而使得投行成为一个巨大的金融力量，这就是技术推动金融的实际例子。

不需要追溯到那么遥远的历史，只需要观察近20年中国银行业的演变，就可以"窥一斑而见全豹"。

第一阶段（2014年前），商业与金融是割裂的。银行通过"水泥+鼠标"的形式，方便客户使用金融服务，互联网是一种成本更低、效率更高的渠道。2000年以前，存折是主要载体，现金是金融的主要流通媒介，因此，这个阶段网点为王。在这个阶段，到商场买鞋子，首先需要到银行取到足够的现金，带着这些现金逛商场。若现金不够支付，就需要再跑一次银行。由于现金很重要，客户经常需要跑银行，网点就很重要了，有最多网点的银行，就成为客户的首选，就有巨大的优势。2004—2013年，网点作用越来越小，电子支付的作用越来越大。在这个阶段，到商场买鞋子，是不需要先取现的，直接在商场的POS机支付就可以了。在网上买鞋子，也不需要现金，直接通过网络支付就可以了。这个阶段，客户去银行越来越少，甚至可以一年不去银行。网点作用降低，而布局电子支付的银行成为"宠儿"。例如，招商银行就是由于大力发展一卡通（POS支付）、网上支付，成为"中国最佳零售银行"，不到1 000个网点，能够挑战3 000多个网点的交通银行。

这个阶段，是"鼠标+水泥"的阶段，只是"鼠标"和"水泥"的分工不同，前一个时期，"水泥"更重要，网点为王；后一个时期，"水泥"的作用在降低，而"鼠标"的作用在加大，电子支付在崛起。但是，这个阶段的主要特点，就是商业和金融是完全分割的：商业是一个体系，金融是一个体系，两个体系可能会在物理上融合（例如，商场提供POS机，网站提供支付按钮），但实质是割裂的：在商业交易的过程中，需要跳出商业交易，启动金融流程，完成金融流程后才能实现商业交易。如何建立商业和金融的关联，成为最大的挑战，需要手工输入或数据传递。

第二阶段（2014年开始），金融和商业开始进入融合的阶段。金融"回归"本质，成为商业交易的衍生，类似于手机的芯片，而不仅仅是一种渠道。2014年开始，移动支付将成为主流，商业与金融开始融合。以手机支付为代表，手机成为与客户绑定的支付终端，将以前固定的POS终端移动化，使得支付逐渐靠拢商业。支付宝钱包可能会成为最大的赢家。有三个代表性的例子。一是顺丰的"嘿店"。在"嘿店"，浏览物品的实体或者图片，扫二维码下单购买。下单后，通过手机支付，顺丰物流将物品送到家。支付和下单已经开始融合了，不需要再去POS机前面排队以等待支付了。二是亚马逊的"一键下单"或者支付宝的"快捷支付"。在网上购物时，选择好商品后，点击"一键下单"，支付将通过绑定的信用卡自动完成，已经看不到金融的动作了，但支付确实已经完成了。三是快的打车。在快的专车绑定信用卡后，专车到达目的地后，下车时不需要向司机支付，系统自动会从绑定的信用卡扣除专车的费用。

这三个例子，都是融合的初步阶段，只是启动了部分比较容易融合的场景。融合之后，金融就成了"无所不在，又无影无踪"。金融已经突显了，类似于手机的"芯片"，对用户、对手机都很重要，但用户是看不见、摸不着的，也不用理会。可以畅想一个场景，例如，客户到星巴克喝咖啡，只需要关注咖啡就可以了。星巴克会识别出客户，并发送款项的确认给客户，客户确认了就完成了支付。其实，这个场景已经近在眼前。快的专车，就已经达到了这个效果，未来将有越来越多的应用场景，会实现这样的融合。

2. 银行开错药方的主要原因：没有意识到银行已经很充分地利用了互联网，仍然将互联网当作渠道

余额宝的冲击，震惊了银行，银行也积极应对，应对策略主要有以下几类：

一是快速上马直销银行。主要代表是部分股份制银行及城商行。例如，民生银行、北京银行、南京银行、兴业银行等多家银行，很快推出了直销银行。民生银行和兴业银行推出直销银行时，媒体欢欣鼓舞，好像看到了曙光。可是，一年运作下来，基本上偃旗息鼓了：要么是客户来源与传统银行重合，仍然来源于传统的营业网点，要么是没有多大的业务量。

二是推出电商平台。主要代表是国有大型银行。例如，建行、交行、工行等多家银行推出了电商平台，民生银行也推出了民生电商，由于缺少电商基因，一出生就不被看好。虽然这些电商披露的业务量超过 300 亿元，但实际情况大家都心知肚明。

三是打造 P2P 平台。例如，招行、包商银行、民生银行等，好像还挺热闹，在实质就是不受监管的新型"银行理财产品"，吸引客户的仍然是刚性兑付，客户还是那些客户，风险还是那些风险，唯一不同的是，P2P 平台的产品没有监管，而银行理财产品则受到严格的监管。

银行虽然采取了大量的应对策略，但好像真正是束手无策。原因有二：

其一，没有意识到银行已经很充分地利用了互联网技术。不论是直销银行、电商平台，都在于将互联网金融等同于"增加网站做金融"、"模仿淘宝

做金融"。事实上,银行已经将互联网技术、IT 技术利用得非常好了,互联网直销的业务量已经占比非常高了,高到提升的空间非常有限。例如,招行、工行的网银等网络渠道办理业务的比例,已经超过了 90%。在这个市场环境下,做直销银行注定是失败的。试问一下:直销银行与网银、手机银行有什么实质性的区别吗?这类实质上是网络渠道的直销银行,是 15 年前银行的追求。例如,招行就是在 2000 年推出的一网通。所以,传统银行应对互联网金融的误区之一,也是最大的误区,就是没有意识到银行已经非常充分地利用了互联网技术。

其二,没有意识到业务规则在变化,仍然将互联网当作一个电子渠道。银行已经很充分地利用了互联网的渠道功能,虽然需要优化,但优化不是关键。这一轮互联网金融,冲击的关键在于:互联网技术的进步,推动了商业和金融的融合,推动金融"归位",融合到商业流程中,成为商业流程的一部分。

3. 传统银行如何应对:以"归位"的思维,重塑业务流程,重新设计与客户的关系

这一轮互联网金融,在于推动商业和金融的融合,在新商业模式下,金融的特征主要有以下几点:

一是入圈入链,嵌入金融服务。在银行业务的新模式下,个人、企业都逐渐变为某个价值链的"螺丝钉",为各自的上下游客户提供价值服务,从而体现各自的价值,移动互联技术的成熟使得这种情形变得可行。作为提供金融服务的银行,更是如此。并且,找准个人、企业的价值,可以摸出规律,也可以控制风险、体现价值。

二是开放合作,作为"芯片"体现金融的价值。对于客户来说,金融并不能满足客户生理或精神上的需求,它不是终端需求,只是衍生需求。因此,金融不可能成为客户的流量入口,金融平台不会如电子商务网站般呈现出来的是一个网站或者一个 App,金融的入口(应用场景)在他处。因此,金融如何连接应用场景,如何更好地连接应用场景,发挥"芯片"的作用,就是互联网金融成功的关键。

因此,传统银行转型,思路就不说自明了,可以从以下几步入手:

首先,强推移动支付,并整合融资和理财,打造成为"金融云"。随着技术的成熟,金融将不断"归位",嵌入应用场景,将成为金融的主流作用。银行的业务主要是支付、理财、融资三类业务,而支付是金融的基础,也是最先

被颠覆的领域,也是正在被颠覆的领域。抢占移动支付的制高点,就可以无缝地嵌入理财和融资业务:闲余资金用来理财,缺少资金需要融资。而金融云,就是让各种商业业务架构在云之上,不断获得金融嵌入,发挥"芯片"的作用。

其次,开放合作,与线上、线下机构合作,接入各种应用场景。银行缺少商业交易场景,也缺少做好商业的能力和人才。而发挥核心竞争力,与各类商业机构互联互通,发挥"芯片"的作用,将推动商业业务转型,实现商业与金融的融合,应对互联网金融的挑战。

最后,加强金融能力,成为核心竞争力。未来的金融,由于互联、互通,将呈现高频、小额、随时、随地的特点,而传统的业务是大额、低频、受限渠道。应对这些特征,需要技术优化,支撑高频、海量交易;需要设计新型产品,使得产品可以实时提供、推荐。例如,贷款可以在客户缺少资金时,实时提供;理财可以在客户有"闲钱"时,实时推荐;支付时,得实时判断交易对手的风险。

每一次信息技术的变革,都伴随着银行业翻天覆地的变化,意味着一轮新的洗牌。银行已经有强大的电子银行(手机银行、网络银行、ATM 机等),客户通过电子银行办理业务的比例已经超过 90%,网络作为直销渠道的功能已经发挥得很好了,优化空间有限。因此,新一轮互联网金融的冲击,需要传统银行改变思维,适应新的商业模式转型。

三、《证券日报》:传统金融机构及企业正在加速拥抱互联网金融

由广州基金与民生加银资管共同投资设立的互联网金融平台——民贷天下于 2014 年 12 月 31 日正式上线,提前拉开了 2015 年金融机构试水 P2P 的序幕。

2014 年互联网金融炙手可热,仿佛若你不与其沾边就会被视为"外星人"。这一年,银行、保险、券商等传统金融机构纷纷触网,而一些电商、企业、上市公司则加快与互联网金融融合的步伐。譬如拥抱互联网金融几种形式中,最惯用的方式就是涉足 P2P 平台。根据大智慧通讯社不完全统计,A 股 40 余家上市公司通过收购、参股、设立子公司等方式涉足了 P2P 行业。而这些涉足 P2P 的公司,90% 以上都是在 2014 年 P2P 的扩张浪潮中进入的。不过大多

数上市公司只是试水,尚无改变主业的打算。也有部分公司借机转型,比如在 2014 年 11 月,上市公司绵世股份、用友软件、三六五网相继宣布介入 P2P 网贷。

除此之外,不久前,招行与联通两强携手打造的招联消费金融有限公司已获中国银监会批准筹建,双方的目标放在了互联网金融领域,进行深度业务合作。一位互联网行业人士称,移动通信商的用户和入口优势一直被众多金融机构觊觎已久,移动通信商掌握了大量的用户和连接用户的现有渠道,对于互联网金融的拓展无疑优势巨大。中国移动、联通、电信此前都已经先后推出了"宝宝"类理财产品,而如何进一步将用户资源转化成新业务成为运营商们考量的重点。

不仅如此,家电巨头也在布局互联网金融,继苏宁、美的、格力不断向金融领域渗透,发力民营银行,日前,TCL 集团发布公告称,公司正式成立金融事业本部,统筹管理公司的金融服务业务。

有业内分析人士表示:"家电企业纷纷进入金融领域,考虑的是在与上下游企业的合作中,包括零部件供应商、经销商等在内的很多中小企业会存在资金链紧张的状况,家电企业成立小额贷款公司、财务公司、支付平台,目的在于在互联网转型、信息化发展过程中与上下游合作伙伴建立支付、贷款等对接平台。"

"对于利润日趋微薄的家电企业而言,消费信贷等互联网金融业务都是未来的利润增长点,而 2015 年金融机构和一些大的企业也将看准这点,加速布局互联网金融的步伐。"分析人士对记者表示。

四、《金融时报》:银行创新是这样围绕互联网金融展开的

2015 年 2 月 26 日,广深两地的银监部门负责人告诉《金融时报》记者,他们已成立专门的创新委员会,确定了"推动良好创新,提升银行核心竞争力,促进金融稳定和金融创新共同发展"的创新目标,以及"鼓励创新、适当容错、坚守底线、联动监管"的创新监管原则,鼓励有真实需求、风险可控、有利于降低成本、提高效率的金融产品和服务创新。

当前,将互联网、大数据和云计算等技术手段融入金融服务中,围绕互联

网金融展开的金融创新，正激发出广深两地银行业机构的巨大活力。

（一）金融创新围绕互联网展开

作为引导银行业深化改革开放的措施之一，广深两地银监部门积极支持辖内银行业以转型创新提升服务实体经济水平。

广东银监局副局长任庆华在接受《金融时报》记者采访时表示，互联网技术推动了传统金融业的变革，并带来了巨大创新空间。广东银监局积极支持辖内银行业围绕互联网技术、大数据展开金融创新，不断提升金融服务水平。

深圳银监局副局长胡艳超也向记者表示，深圳银监局持续开展创新评估和评奖工作，营造鼓励创新的监管环境，鼓励深圳银行业围绕服务实体经济和互联网金融，开发出一批在全国具有影响力和示范性的产品。目前，深圳银监局已制定《金融创新委员会工作规程》，着力强化创新业务监管机制。

积极拥抱互联网时代，已成为广深两地银行业金融机构面对互联网浪潮、利率市场化与金融全球化的共同选择。

以广发银行为例，该行已率先将网络金融提升到全行的战略高度，与中小企业金融、零售金融、金融市场业务并列为全行四大战略业务。广发银行先后与阿里巴巴、腾讯、京东、百度、网易等互联网企业合作，借助互联网企业的地图、游戏、定位、支付等成熟技术捕获新鲜数据，全方位开展网络金融创新探索实践。

"互联网金融改变了客户与银行的互动及业务模式，随着金融改革步伐的加快和互联网金融的兴起，越来越多的传统银行需要通过优化业务结构加快数据挖掘，引入互联网思维，实现自身转型升级。"广发银行行长利明献向记者表示。

平安银行网络金融事业部副总裁梁超杰在接受记者采访时表示："在全面拥抱互联网的时代，金融业只有将互联网技术融入到服务手段之中，不断创新商业模式，有效切入实体经济，才能在新常态的背景下实现智慧式与内涵式并举的新增长。"当前，平安银行已经确定了"做互联网时代的新金融"的战略，并将"互联网金融"作为该行潜心打造的四大业务特色之一，专门设立了网络金融事业部，作为全行创新商业模式、优化服务手段、提升客户体验、推动银行业务全面互联网化新常态的装备事业部。

布局互联网金融，招商银行已开始探索移动互联网金融技术研发。2014年

12月份,招行发布移动金融战略产品"一闪通"。在"一闪通"发布会上,该行副行长刘建军提出"手机+金融"模式,指出银行已步入"无卡化时代"。不论是查询、转账、支付还是贷款,招商银行零售业务都在全面布局移动互联网。

"借助互联网金融,招行一方面可实现低成本、高效率、广覆盖的深耕零售客户需求,提升客户体验;另一方面可撬动零售信贷线上、线下O2O联动模式,实现客户场景整合,最大限度地实现低碳信贷,服务实体经济。"招行零售银行部小微企业业务负责人告诉记者。

(二)大数据描画客户行为

银行业天然具有数据属性,为顺应信息技术手段快速发展的趋势,广深两地银行业已开始将互联网思维与决策数据化嵌入经营管理全流程中。

利明献表示,目前大数据已应用于广发银行小企业目标客群定位、客户准入以及额度核定、定价及贷后风险监测。就像一台精密的仪器,时刻了解小企业客户的运行情况,为银行的各类差异化产品及金融服务提供决策支持。

2014年7月份,广发银行创新构建的"大数据零售商业智能决策平台"上线投产,该平台整合了客户在广发银行的360度信息,包括信用卡、存款、理财、网银、个贷、小企业贷款等。除央行征信系统外,该平台还整合了广发银行自建的外部信息数据库,包括专业市场数据库、22万个覆盖4亿多人口的居民社区数据库、各商会和产业链数据库等,同时还与外部数据库如工商总局个体户信息库等联网。

"借助对客户消费行为洞察、网络搜索关键词分析,广发银行可以描画客户图像和消费热点,为其提供针对性的产品和服务。"利明献告诉记者。

例如,在客户分群的基础上,广发银行进一步分析客户消费结构和单笔支出,结合客户调查发现,年轻白领对中高端电子产品、服装、箱包的需求较强烈。为此广发银行推出信用卡分期产品,满足年轻人追求时尚的需求。

大数据也是平安银行发力互联网金融的"主战场"。据平安银行网络金融事业部副总裁梁超杰介绍,在营销分析、风险管理、客户关系维护等领域,平安银行运用大数据分析的思维,研究和建立数据决策模型,广泛应用互联网通信技术为客户提供7×24小时的提款、还款和查询服务,并探索了基于更广泛的大数据来主动筛选客户的技术。

基于大数据和云计算风控应用，招商银行推出"闪电贷"移动互联网贷款产品。通过数据整合和应用，"闪电贷"可对零售客户进行精准定位，为客户提供金额1 000元远期可高至50万元的全线上自助办理的小额信用贷款。

""闪电贷"在数据应用上，多渠道引用外部数据，深挖内部数据，深化评分卡量化风险管理技术和决策引擎系统的运用，重视客户行为特征分析。数据来源包括且不限于人行征信、工商等外部可获取个人信息数据和客户在招行的资产、负债和交易等银行内部数据。"招行零售银行部小微企业业务负责人告诉记者。

（三）传统网点向智能化转型

当O2O模式成为移动互联时代的流行语，拥有大量物理网点的传统银行，其线下网点转型已势在必行。记者在广深两地调研时发现，建行、平安、民生等多家银行已率先建成智慧银行、智能旗舰店、智能银行，物理网点尝试向智能化转型。

"银行不再是一个地方，而是一种行为。"在新一轮银行网点创新升级的浪潮中，建行先声夺人。

走进建行位于深圳的一家智慧银行网点，在营业大厅，首先映入眼帘的就是一台智能机器人，它能代替传统的大堂经理回答客户提出的各种业务问题。机器人旁边的智能预处理终端则集业务分流、客户识别、排队叫号为一体，客户只需刷一下身份证，就能把个人信息传输到柜员的操作系统，大大节省了客户手工填单的时间，接下来在等候时间就可以充分享受体验之旅。

在金融超市，客户只要在货架上拿起感兴趣的产品卡片，旁边的屏幕就会自动播放该产品的动漫介绍；在移动金融场景运用区，客户可通过二维码支付、闪付、刷卡支付，现场购买饮料，体验便捷支付方式的魅力；在远程银行VTM，客户可以在远程柜员的视频协助下自助办理开户、电子银行签约、充值缴费等各项业务。

"智慧银行定位于将传统银行服务模式和创新科技有机结合在一起的新型渠道，在焕然一新的科技和服务体验背后，凝聚的是建行在科技创新和流程再造上的创新突破。它既是建行产品创新转移的阵地，也是先进技术手段的展示平台，通过大数据实现了O2O的设计理念。"建行深圳分行产品创新与管理部副总经理颜培杰告诉记者。

物理网点转型，平安银行力推"智能旗舰店"。平安银行旗舰店项目负责人张平方向记者介绍，智能旗舰店的独特之处，体现在这台国内首次推出的综合柜员机上，这是一款由客户半自主操作的设备，通过高科技手段，整合了高柜、低柜及现金自助设备的功能，实现了一个柜员同时服务多名客户，在分流柜面业务的同时，让客户在开放的空间进行业务操作，遇到困扰时可以得到柜员随时的引导和帮助，有效地提高了业务办理效率。

业内先进的 VTM 也在旗舰店中发挥着重要的作用。占地仅几平方米的 VTM 具有 24 小时无人状态下运转的功能，并能涵盖平安银行借记卡、信用卡、理财等大部分基础业务，已成为无时间约束、无空间限制的不间断远程服务平台。

民生银行首家智能银行落户于深圳前海。这家智能银行内，整个网点从进门到问询台、到排号，一路铺设 CRS（自动存取款机）、外币自助兑换机、票联通、现金封包机、PAD 自主服务台，将传统的人工柜台转变为服务经理协助客户使用自助设备完成。传统银行柜台在这里消失了，取而代之的是具有未来感的咨询谈话仓。

不过，毋庸置疑，当前多家银行推出的智能银行还停留在产品和技术的展示阶段，能否大规模使用尚待实践检验。张平方向记者表示，该行不会在每个城市都建旗舰店，而只是在一些大城市建设，以此吸引客户，让平安银行有一个存在感。不过，平安银行会将旗舰店已证明有效的服务及技术手段向传统银行传递，实现传统网点改造。

"智慧银行投入比传统网点要高，随着规模化推广，相信成本会逐步下降，同时，也为国有传统银行未来网点发展方向探索一条路。目前，建行主要在一线城市布局，而且智能网点有两个智能设备已向 14 000 多家传统网点推广。"颜培杰说。

五、罗明雄：信息化金融机构要根据自身特点防范风险

在金融信息化的背景下，金融风险发生了一系列深刻的变化，表现出不同的特征。除传统的金融风险外，还产生诸多与技术相关的风险，金融风险的来源、范围、结构、复杂性和风险程度都不同程度地发生变化。

对于信息化金融机构来说，考虑到其处于信息技术迅速革新，互联网金融企业咄咄逼人，而金融机构自身金融创新层出不穷的时代背景，针对信息化金融机构的特点，按照风险发生的根源，搜狐IT作者罗明雄将其所面临金融风险主要分为系统性风险、法律风险和操作风险三大类。下面我们主要来谈信息化金融机构风险特点、三类主要风险以及风险防范建议。

（一）信息化金融机构风险特点

随着金融信息化建设的不断推进，信息化金融机构面临的风险主要表现出以下新特点：

首先，信息化的金融服务扩大了传统金融服务的外延，其安全性面临新的考验和挑战。引入社会第三方服务机构的发展趋势，带来了可管理性、可控性等新的问题。

其次，金融数据的处理越来越集中，使技术风险也相对集中，对金融机构的安全运行提出了更高要求。信息技术本身处在一个快速更新和发展的过程中，这会带来更多形式的安全威胁手段与途径，这就要求信息化金融机构不断采取新型的、更高强度的安全防护措施。

最后，网络的跨企业、跨行业以及跨国度特性使对金融机构的安全控制变得更加复杂。随着以网上银行为代表的无国界金融服务越来越普及，来自互联网的威胁也越来越大，受网络黑客攻击的危险性也越来越大。

（二）风险分析

1. 系统性风险

系统性风险是指一个事件在一连串的机构和市场构成的系统中引起一系列连续损失的可能性。风险的溢出和传染是系统性风险发生时最为典型的特征，另一个重要特征就是风险和收益的不对称性。与个别风险的管理相比，对系统性风险的监管更艰难、更复杂，需要监管理念、监管方式的根本性转变。

通过信息化建设，金融机构可以通过信息技术化解一部分风险，譬如因为人工操作失误带来的风险，然而系统性风险却难以通过技术解决。信息化金融机构往往面临着海量数据的集合，机构内部资源的整合的情形，而一旦发生系统性风险，由于风险的传染性，这种破坏力会更加强大，所以需要信息化金融机构特别重视。

2. 法律风险

法律风险，是由于金融机构违反法律法规或者由于法律的滞后性，相关法律法规不健全而导致的风险。由于法律的滞后性，加之金融信息化的迅猛发展，使得金融创新的速度远远超过了金融法制建设的速度，而监管又必须依法进行，所以金融机构面临的法律风险十分严重。我国缺乏关于客户信息披露和隐私保护的有关法律法规，在金融机构逐渐信息化的过程中，金融消费者合法权益被侵害的可能性加大；通过互联网提供金融业务，黑客可能利用虚假网站欺骗客户，金融机构可能承担相关责任，金融网页为增强客户服务，通常会链接到其他网站，可能会使金融机构面临连带法律风险；银行在提供电子认证服务时如果没有在合同中明确双方的权利义务，那么一旦出现损失，银行须对使用其证书的客户负责；当客户出现操作失误，所造成的损失应如何划分，这些问题都需要明确的法律规定，通常情况是客户不对非己方疏忽而导致的问题负责。

信息化业务中无疑会涉及电子货币。电子货币的匿名性，使交易方式难以追踪，为洗钱、逃税等活动提供了便利。电子货币具有潜在的私人发行的可能性，目前我国还没有这方面的相关监管法律。电子化、虚拟化的金融业务模糊了国家之间的自然疆界，其业务和客户随着互联网的延伸，可触及世界的任何角落，这对于传统的基于自然疆界的法律法规是莫大的挑战，关于跨境网上金融服务的交易管辖权以及法律适用性的问题尚不明确。

3. 操作风险

金融机构操作风险具有不同于信用风险和市场风险的显著特征，是其基础性风险。巴塞尔银行监管委员会对操作风险的正式定义是：操作风险是指由于不完善或有问题的内部操作过程、人员、系统或外部事件而导致的直接或间接损失的风险。根据《巴塞尔新资本协议》，操作风险可以分为由人员、系统、流程和外部事件所引发的四类风险，并由此分为七种表现形式：内部欺诈，外部欺诈，聘用员工做法和工作场所安全性，客户、产品及业务做法，实物资产损坏，业务中断和系统失灵，交割及流程管理。

具体而言，对于信息化金融机构，最突出的操作风险要属信息技术风险。当前，中国金融机构的业务开展高度依赖于信息技术的应用，信息技术风险已成为金融机构操作风险的重要方面。我国许多金融机构的信息化建设正在遍地开花、如火如荼地进行，但对潜在的信息技术风险却浑然不觉。

随着金融机构信息化程度的加深，金融业对数据的依赖将越发明显，数据的完整和安全已经成为金融业稳定运行的关键，因灾害导致的系统停顿将会让运营付出相当大的代价，灾备中心的建设显得尤为重要。

（三）信息化金融机构风险防范措施

在金融机构信息化过程中，更多金融创新往往意味着更多的不可控因素，同时也意味着更多的风险，提高对风险的识别能力、防范能力和化解能力是金融机构应对风险的主要措施。

针对我国金融机构存在的风险暴露和风险普遍认识不足的现状，笔者提出如下建议，以期可以帮助金融机构防范和减弱信息化进程中的各种风险，保障其更好地向信息化之路迈进。

针对系统性风险而言，首先，应该提升金融机构对系统性风险的认识，尤其是要意识到系统性风险作为重点防范风险，需要独立的专业化的管理；其次，信息化金融机构要建立适当的系统性风险管理组织体系，保持系统性风险管理的独立性和专业性；最后，信息化金融机构要尽早开始损失数据库的建设和系统性风险量化模型的研究开发，并探索行业数据共享方式，为系统性风险管理提供良好的技术支持。

针对法律风险而言，完善的法律体系可以为金融机构的良好运营和对金融机构的有效监管提供全面的法律依据。从现在开始，我国就必须大力加强金融法律体系的建设，运用法律手段规范、保障和促进金融业的运行，提高依法监管的水平和效率。金融机构信息化业务风险的防范和化解是相互支撑、相辅相成：风险防范做得好，可以大大减轻事后化解的难度和成本；而风险化解工作的经验教训又可以堵塞事前防范的漏洞，提升依法管理的水平。因此，我们需要保证二者同步健康地发展，只有这样，才能真正发挥法律控制系统的作用。

针对操作风险而言，金融机构在面临某项业务带来的操作风险暴露时，应对策略可以分为两大类：规避和承担。规避策略意味着拒绝开展该项业务，或者关闭已开展的业务。规避策略彻底消除了该项业务的操作风险暴露，无须支付管理成本，但其代价是失去了开展该业务可能带来的盈利。规避策略适应于操作风险很大并难以衡量，而且缺乏管理手段的新业务，也适应于操作风险水平和业务盈利水平不匹配的业务。规避策略的关键是科学地确定规避的风险对象。当然，金融机构并不能对所有承担下来的操作风险都采取风险降低的策略，还应该采取风险转嫁的策略。这一方面是因为有些操作风险性质过于复杂或者所涉及的知识领域并非该金融机构核心竞争力所在的领域，金融机构可以通过业务外包的形式将不擅长或不重要的业务或管理环节委托给外部专业机构。另一方面，转嫁风险是因为业务中的操作风险具有发生概率很小、后果很严重的性质，金融机构本身缺乏管理的手段和承担的能力，于是通过购买保险将操作风险转嫁给保险公司。

第三节 信息化金融机构实战经典案例

一、招商银行转型互联网：独辟蹊径，技高一筹

（一）转型特点

招商银行在互联网浪潮下的转型可以归类为四个方面：升级、合作、学习、创新。这四个方面既存在深入提升的性质，又具有相互补充的特点。

1. 升级——创造优质体验

招商银行对"快捷系""新潮系""专属系"和"贴心系"四大板块开展了一系列升级。

"快捷系"升级：完成了"网点预约服务""网上银行自助填单"和"3G项目"等三大服务升级。

"新潮系"升级："手机钱包"通过移动支付使消费买单轻松简单；"一网通网盾"安全软件能识别绝大部分的假网站和伪冒邮件，同时还能防范钓鱼网站、钓鱼邮件对客户账户的欺骗和攻击，增强客户的防范欺诈能力。

"专属系"升级：最能体现招行"因您而变"理念的服务之一。超级网上

企业银行"SUPER-BANK"依托网络化金融服务实现企业信息化、集约化财资管理的需求。网上企业银行"U-BANK8"专门为小企业打造，在商务交易、在线融资、供应链金融三大业务模块之外，还提供了资金增值服务模块的专业智能服务。

"贴心系"升级："理财夜市"就是为了照顾白天忙于工作的上班族而开设的，它在晚间8～12点滚动发行，客户通过网银办理就可以轻松选择理财产品。

2. 合作——把握发展先机

在互联网浪潮下，有很多发展迅速的强者，如互联网业务领域的阿里巴巴、智能手机领域的 iPhone、移动设备操作系统领域的 Android、社交软件领域的腾讯等。招商银行在多个领域建立了良好的合作伙伴关系，全方位发出进攻，在产品服务的营销、推广和提升上以及客户关系的维系上都起到了巨大的作用。

（1）营销和维护客户关系：微信。

招商银行与微信的合作尤为出色，其先后推出以"小招"为名的智能微客服平台和首家微信银行，从单一信用卡服务拓展为集借记卡、信用卡业务为一体的综合服务平台。微信和招行对此次合作都十分用心。微信为招行定制了许多接口，开放了许多其他公众账号没有的权限；为了做好微信银行，招行卡中心的主机系统、通知平台、网络为了配合微信服务平台，都做了大量调整和改动。招行希望借此实现客户系统从人工密集型向技术密集型的转型。

（2）推广：阿里巴巴。

招商银行与阿里巴巴早在2005年便进行了战略合作，为其提供票据通、网上国内信用证、多模式集团现金管理等多种国内领先的金融服务，并协助其建立安全、高效、便捷的资金结算网络。

（3）提升：iPhone、Android。

招商银行首创移动金融生活门户概念，提出了"移动金融生活一站式开放平台"的手机银行设计理念，先后与 iPhone、Android 携手推出了手机银行。其具有界面美观、功能丰富、安全易用等特点，而且除现金业务以外的所有业务均可办理，为用户带来前所未有的操作体验。招商银行手机银行下载量居行业前列，保持了行业领先的客户体验。

除此之外，QQ、微博、中国移动、中国联通、HTC、MSN、OPPO、人人网等也是招商银行的合作伙伴。强强联合为招商银行带来了更多网络上的发展机会。

3. 学习——掌握发展动力

2010年推出零售银行新服务品牌"i理财"，成为国内首家网络互动银行，其目标直指在互联网时代不断成长壮大的、对网络营销有较好的适应性和较强的依赖性的"宅经济时代"族群。"i理财"打造了淘宝式金融超市的全新模式，引入互联网成熟的社区商业模式，并借鉴了支付宝平台。

4. 创新——寻求新的突破

2013年推出专门面向中小企业客户的互联网金融服务平台——小企业E家。小企业E家是招商银行遵循"平等、开放、协作、分享"的互联网精神，充分调动和整合多方互联网资源打造的开放式、综合化的新型金融服务平台。

小企业E家在充分发挥招商银行网上企业银行既有优势的基础上，围绕中小企业"存、贷、汇"等基本金融需求，创新开发了企业在线信用评级、"网贷易""惠结算""我要理财"等互联网金融产品，并实现了与银行中后台信贷管理系统、客户关系管理系统等的对接，初步形成了从客户接触、跟进营销、商机发掘、产品销售到在线业务办理的全链条"O2O"经营模式。同时，小企业E家整合研发了E+账户、商机平台、企业云服务、企业商城、在线财务管理、投融资平台等创新的互联网应用。

（二）转型对比

转型前，招商银行当初只是偏居深圳蛇口一隅的区域性小银行，网点数量很大程度上制约了招商银行的发展。随着招行的互联网产品、服务增加和互联网建设的投入，招行的互联网优势使得招行有能力发展成中国内地第六大银行。

1997年招行率先推出了中国第一家网上银行，先推出网上企业银行，随后推出网上个人银行，均受到好评。在网上企业银行方面，网上银行替代率在2013年已经达到了39.07%，企业的银行业务正在向网上转移。零售业务在网上银行中的表现也很出色。全行的网上银行累计交易金额达34.28万亿元，同比增长39.07%。柜台替代率总体处于上升趋势，到2012年已经突破50%，其中零售业务的电子渠道柜台替代率突破90%。网上企业银行与网上个人银行的交易笔数和交易额都在增长，特别是网上个人银行增速迅猛。2013年招行的公司年报中反映结算与清算手续费比上年增加5.45亿元，增长24.65%。主要由于网上消费、网上电子汇划等结算业务交易量稳步增加，可见招行转型后，通过互联网业务获得了可观的收益，发展空间也比转型前广阔了许多。

与其他商业银行转型对比，招商银行转型互联网金融有着特殊的表现和成绩。

1. 金融理财——从客户的视角出发

（1）其他银行。

互联网金融理财引起市场瞩目的，当属互联网公司率先发力而推出的一系列低门槛、高收益的货币基金产品。而面对互联网金融理财的攻城略地，各家商业银行都积极应对，依托资源优势、安全优势和经验积累，纷纷同基金公司开展合作，相继推出了货币基金，巩固自身的客户基础。如民生银行直销银行首期推出了"如意宝""随心存""轻松汇"三款产品。其中，针对客户"余额理财""余额增值"需求设计的"如意宝"，具有购买门槛低、申购无限制、单日最高赎回500万元、实时支取、日日复利的特点，多渠道便捷服务，开户、申购、赎回、查询收益等业务操作简单。

（2）招商银行。

比其他银行快一步，在2010年率先推出了零售银行的新服务品牌——"i理财"，成为国内首家网络互动银行。"i理财"直指在互联网时代里不断成长壮大的、对网络营销有较好适应性和较强依赖性的"宅经济时代"一族。相比其他银行的金融理财产品，它更加人性化，更加符合客户在实际生活中的需求——在线金融超市、在线投资交流咨询、第三方支付平台，充分考虑到了人群体性的行为模式。因此，"i理财"具有比较显著的客户优势。

（3）招商银行的特别之处。

①"i理财"打造了淘宝式金融超市的全新模式，客户除了可在线购买招行各系列低风险理财产品、700多支基金产品外，还可投资黄金、外汇、国债、保险等多样化产品，这使得客户脱离了招商银行账户和物理网点的限制。这解决了众多缺少物理网点的二三线城市长久以来的困扰，使得潜在客户迅速地转化为实在的客户量。

②通过互动式的服务,"i理财"为客户提供了相关产品评价、销量排行、产品搜索与比较等功能,并有专业的理财人士提供网上金融服务。通过"i理财",客户只需要有银行卡,就能在理财账户上开户购买相关产品。

③通过引入互联网成熟的社区商业模式,"i理财"通过互联网Web2.0技术打造关系型零售银行门户网站,搭建银行与客户、客户与客户沟通互动交流的平台。与在物理网点银行办理业务有客户经理给出相应建议对比,在网上办理投资基金、申购理财产品等业务,客户操作充满"孤独感"。这是因为传统的网银不能提供更多的信息和交流,账户间彼此独立。而"i理财"则创造性地采用关系型社区模式,依靠论坛、博客、在线互动等方式建立银行与客户、客户与客户之间的紧密联系。

④通过类似支付宝平台的"i理财",招商银行可将所有其他银行变成自身的支付渠道和平台。这可以达到提高客户对招商银行的依赖性的效果,让客户资源这块重新划分。

2. 综合型平台——独辟蹊径做"B端",精准卡位对"脱媒"

(1) 其他银行。

面对互联网企业的金融业务红红火火甚至可称为咄咄逼人,国内商业银行大多携着雄厚的零售客户基础,通过C端(即个人客户)入手互联网金融来切"蛋糕",比如建行的"善融商务"平台、交行的"交博汇"网上商城、工行的"融e购"电商平台等。

建行推出的"善融商务"平台,是银行做电商的先行者。所谓善融商务,是在电商服务方面,该平台提供B2B和B2C客户操作模式,涵盖商品批发、商品零售、房屋交易等领域,为客户提供信息发布、交易撮合、社区服务、在线财务管理、在线客服等配套服务;在金融服务方面,将为客户提供从支付结算、托管、担保到融资服务的全方位金融服务。

又如华夏银行,它依托互联网技术创新小企业金融业务模式,运用自主研发的"资金支付管理系统",推出了"平台金融"业务模式,为平台客户及其体系内小企业提供在线融资、现金管理、资金监管等全方位、全流程服务。

(2) 招商银行。

2013年,招商银行推出了小企业E家——一个遵循了"平等、开放、协作、分享"的互联网精神,充分调动和整合多方互联网资源打造的开放式、综合化的新型金融服务平台。相比于其他银行开发的平台，小企业E家这个平台大有不同，它既专注于做中小企业的投融资平台，又精准地卡住位置，以应对金融脱媒的困境，取得了更好的效果。

（3）招商银行的特别之处。

①入手角度特别。

电子商务实力堪称股份制银行最强的招商银行选择了做B端（企业客户）这块"蛋糕"。它利用其作为网上企业银行的专业优势，瞄准中小企业"存""贷""汇"等基本的金融需求，致力于开发企业在线信用评级、"网贷易""惠结算""我要理财"等互联网金融产品，进而实现了跟银行中、后台信贷管理系统与客户关系管理系统的对接，继而形成了"客户接触→跟进营销→商机发掘→产品销售→在线业务办理"全链条O2O的经营模式。

招商银行看中的是小企业的大数据，是为进行对公业务的转型而作的铺垫。通过与广泛的第三方机构开展的异业合作，招商银行有效地整合、研发了多种互联网应用，如企业云服务、企业商城、在线财务管理、投融资平台，成功地打通、融合了企业在结算融资、投资理财、财务管理、供应链运营等渠道，沉淀了传统银行难以获得真正"价值连城"的大数据。

②精准卡位应对金融脱媒。

目前传统银行模式处境尴尬：一是商业银行独立承担了账户、结算、清算、收单、反洗钱等大量管理和运营成本，受新型互联网金融机构的不断挤压，有着被"后台化"和"边缘化"的危险倾向；二是"存""贷""汇"遭遇了全方位的金融脱媒，商业银行正面临着逐渐退化为整个金融链条的"原始设备制造商"的角色的困境，而且被渐渐甩到价值链的尾端。

而如小企业E家的投融资平台，则利用了招商银行的风险识别和风险管控能力，让金融服务更加透明，从而极大限度地减少信息不对称和市场交易成本，进而实现社会公众间信息资金的开放和安全有效的交流，这也正是时下正火热的普惠金融的体现。

另一方面，探究小企业E家，无论是其业务模式还是流程安排，都与目前的国内P2P网络借贷业务有着很大不同：

一是未涉及既有银行信贷资产，也未新增或创造任何形式的银行信贷资产，更未发行任何受益证券，这与资产证券化有本质区别。

二是在业务运作模式中，仅仅作为信息的提供方，而不对融资项目、融资人归还本息承担任何形式的担保责任。这就意味着投资人无须事先申请招商银行的"一卡通"和个人网银，单单借助第三方支付公司，投资人就能以借记卡支付的方式完成投资。这一举措大大地扩大了投融资平台的受众广度。

3. 微信客服——以"准确、高效、便捷"制胜

（1）其他银行。

微信无疑是近来最火的交流工具。据微信官方数据显示，目前其全球用户总数已超过 6 亿人，日活跃用户高达 3 亿户。被庞大的用户群吸引，嗅觉灵敏的银行早已瞄准微信，推出微信银行或者微信营业厅，银行间的"微"战大幕悄然拉开。

经历了最初的"混沌"后，各家微信银行已经开始追求差异化的发展，推出了个性化功能。如中国银行北京分行利用其自身的微信公共账号"中国银行北京分行"开通的微信预约购买贵金属业务。

又如工商银行，它的微信银行所提供的服务包括 7×24 小时人工咨询、自助查询和资讯获取等，客户可通过微信咨询"中国工商银行电子银行"公众账号，由工行的专业团队提供全天候的业务解答。

再如广发银行，其"微信营业厅"进行了升级，目前可以支持信用卡还款、信用卡申请、卡片激活、交易实时提醒、个人贷款预申请、网点查询预约等众多服务。

（2）招商银行。

在众多银行的微信客服中，招商银行与微信的合作尤为出色，其先后推出以"小招"为名的智能微客服平台和首家微信银行，最终拓展为集借记卡、信用卡业务为一体的综合服务平台。

据调查，长期专注做零售银行的招商银行和微信的用户群体集中在 20～40 岁，因而借助微信平台的发展来推动招商银行的业务是十分可行的。然而用户群体的先天优势并不是决定招商银行微信客服成功的主要因素。目前，微信银行大多开始追求"客户体验"，同时银行也对微信平台在功能上进行了定制化。然而，在这些银行的微信银行中，招商银行做得最受好评。"小招"的成功，与它追求"客户体验"的开发策略是息息相关的。

（3）招商银行的特别之处。

招商银行精心打造的微信客服"小招"拥有三大亮点，使得它在其他银行的类似服务中卓尔不群：

①智能客服知识库。招商银行信用卡微信客户端的自助查询回复命中率极高，这是由招行信用卡累积了十年的客户服务方面的数据知识库来支撑的。这将会极大地让用户享有便捷的服务体验，同时节省了招商银行的人工服务成本。

②闭环的服务模式。微信客服和 QQ 客服直接与招商银行内部系统部分打通，如果智能客服无法回答，则会由后台网络人工客服人员"接力"，以此实现"全业务闭环服务模式"。这极大缓解了工作人员的压力，并且有效地提高了工作效率。

③LBS 和语音服务。2014 年 7 月底，招行卡中心在微信公众号中推出了 LBS 及语音服务两项新功能。（LBS：结合地理位置查询附近招行优惠商家。语音服务：持卡人用语音完成积分查询等服务，语音的辨识率从原来的 40% 提升到 90%。）

4. 网银——线上线下，渠道协同

（1）其他银行。

现如今，现互联网的发展，特别是大数据技术的应用，正在深刻改变着当前的金融生态和金融格局。传统的网银已经渐渐跟不上客户新的需要，商业银行的网上银行也在不断地发展。

如工商银行的"金融@家"，致力于为广大客户提供一种集银行、投资、理财于一体的，拥有 12 大类、60 多项功能的多层次、全方位、个性化、高度安全的在线个人金融服务。

（2）招商银行。

跟其他银行的网银不一样，招商银行发布了网上银行专业版 7.0，着力实现了互联网精神——"人性化""智慧化""扁平化"与传统网银的结合，打造一站式移动金融基础服务平台。

据统计，截至 2014 年 4 月末，招行全行网上银行非现金业务替代率（含手机银行）为 91.34%，网银专业版 7.0 用户数量超过 1 700 万户，年交易量接近 20 万亿元，目前，客户登录网上银行和手机银行的次数均超过 4 000 万次/月，可以说，网上银行已经成为招商银行客户使用率和接受度最高的交易渠道。

(3)招商银行的特别之处。

在电子渠道上,网上银行专业版7.0在应用现有数据积累和技术的基础上,还针对每一个接触点或客户交互系统的应用规则,建立起一套"智慧化"网银的客户识别体系,实现了更加个性化的客户服务。

在规模庞大的网点、客服、机具等其他渠道上,招商银行的专业版7.0从客户需求的角度出发,利用自身的专业优势,将客户服务接触点连接完整,进而能够构建协同的生态圈:①与线下渠道的协同。专业版7.0将尽可能多的线下流程转移到线上,减少线下的数据录入和审核工作,提高了银行的效率。②与远程银行中心的协同,即客服通过网上银行对客户遇到的问题产生更加深刻的了解。③与外部渠道的协同。结合专业版数字证书安全认证程度高以及对个人身份识别强的特点,专业版7.0在与外部渠道的合作方面发挥了更大的作用。

(三)反思与总结

针对招商银行在布局互联网金融时应该提升之处,提出以下几点建议:

(1)注意产品和服务的标准化和规范化。对于互联网金融,目前监管比较宽松,但未来肯定会制定更多规则。二维码支付被叫停,招行2014年9月在京东上线银行理财产品两天后便被叫停,这些都说明在银行发展互联网金融必须考虑监管因素。

(2)打造O2O金融生态圈。要想增强企业的竞争力,就应该有计划地推出相关联的产品和服务,建立一个庞大而又紧密的金融生态系统。

(3)开拓互联网消费金融市场。随着网购用户规模的增长与网购渗透力的不断提高,互联网消费金融仍然具有巨大的市场潜力。网购的普及必定带来各式网购服务的需求,如招商银行与京东合作的分期付款业务。未来招行可以推出更多创新型的网购服务,提升客户体验,从大量网购用户中积累自己的客户。

(4)银行与互联网企业之间开展更深层次的数据库合作。两者交流分享用户的数据信息,让互联网企业数据库的数量与商业银行数据库的专业度结合,更加切合客户的需求,同时降低信贷评估的成本。

(四)指导意义

招商银行在布局互联网金融的转型之中,有三个亮点值得其他银行参考和借鉴：

（1）坚持线上线下相结合的风险控制原则。招商银行认为，客户在线上的行为数据并不能很好地把握风险，互联网数据泛滥，有价值的数据却相对匮乏，所以不能单纯依赖线上数据，而要同样重视对于线下行为数据的分析。

（2）具备敏锐的市场嗅觉。招商银行能够出色地抢占先机，离不开其敏锐的市场嗅觉，率先发现客户的潜在市场需求，这得益于以 4C 理论（Customer Value，Cost，Convenience，Communication）为基础的双向沟通，同时推出与时俱进的产品和服务，为银行发展带来良好的前景。

（3）强强联合。单靠传统银行单枪匹马，很难在互联网金融领域闯出一片天，这时就需要与强者联手，互惠双赢，才能所向披靡。招商银行具备好眼光，懂得合作，因此获得了更多发展机会。

二、工行突击互联网金融：聚齐三大平台

以往，说起改革创新，国有大行似乎给人一种呆板低效的印象，但随着互联网金融的浪潮汹涌来袭，以工行、建行为代表的国有大行亦加速布局互联网金融业务。

（一）工行上线直销银行

作为与互联网巨头过招的主要阵地，五大行对电商平台的布局比较重视，而直销银行，目前仅有工行上线。可以预见，随着互联网金融监管政策落地在即，凭借先天资源优势与信用后盾，国有大行在新型业务方面似乎"钱"景可期，不过，这些新型业务如何盈利，则是各家大行必须思考的问题。

在 2014 年里，工行在互联网金融业务领域快速而全面的布局令人惊叹，其对平台、产品、服务的有效整合不仅带来了全新变化，更打破了以往人们对这种老牌大型国企在改革创新过程中稍显呆板低效的印象。

2014 年，工行"融 e 购"交易额超过 700 亿元，注册客户超过 1 000 万户，进入国内十大电商之列。即时通信平台"融 e 联"信息推送客户超过 1 100 万户。随着"融 e 行"近期上线，工行的三大平台终于聚齐。

"2015 年，是工行互联网金融发展的关键之年，工行要推动互联网金融从

单项产品创新向整体服务模式创新升级发展，加快构建产品量多质优、客户交易活跃、线上线下交互、服务运营完备的互联网金融体系，将我行布局早、行动快的优势尽快转化为难以撼动的市场竞争胜势。"工行相关部门负责人对《每日经济新闻》记者表示。

（二）三大平台全部上线

目前，国内直销银行军团已扩容至19家，仅2014年下半年，就有10家银行的直销银行集中上线，不过，其中并无国有大行的身影，直到工行"融e行"的出现。

记者注意到，苹果App商店的工银融e行产品信息显示，融e行已于2015年1月30日更新上线。无论客户是否持有工行的账户，只要持有任意一张银行的借记卡，就可使用工银融e行，产品覆盖存款、基金、保险、理财产品等，定位为便捷的投资理财服务平台。

至此，"工银融e购""工银融e联""工银融e行"三大平台相对应的工行"支付""融资""投资"三大产品线，以及线上线下一体化互联网金融的整体架构已基本成型。"瞄准互联网金融竞争发展的主战场，从产品、场景、用户、商户、营销等方面多管齐下。"工行相关负责人表示。

其中，工行"融e购"企业商城也已于日前正式对外营业，不仅为企业客户之间的交易提供商贸信息撮合、在线支付融资和金融增值服务，还可为投资银行客户等提供线上信息发布及交易撮合等特色服务。

（三）新老金融模式结合

一直以来，实体营业网点多是工行等大型商业银行的优势，而互联网经济兴起之后，这种优势有所淡化，对互联网金融与传统商业银行业务的结合，工行也有自己的考量。

三、众安保险之谜："三马"同台护航，保险业的"互联网+"

2013年11月，含着金勺成立的众安保险正式挂牌。阿里巴巴的马云、腾讯的马化腾、中国平安的马明哲联合入股成立，其中阿里巴巴持股19.9%，中国平安、腾讯、优孚控股分别以15%并列为第二大股东。

众安保险是行业里第一家没有线下团队的互联网保险公司，第一家将系统搭建在云上的保险公司，第一家将秘密武器定位为"DT思维"的保险公司，它纯粹依靠互联网业务，推出碎屏险、众乐宝、百付安、小米手机意外保障计划、37℃高温险、同程旅游气象保障服务、招财宝变现借款保证保险等创新产品。

它的股东更是当今互联网行业影响力最大的两大死对头——马云、马化腾，还有金融业巨头马明哲，这家以"三马"驱动的互联网保险公司，注定引人注目。然而，众安究竟怎么做？如何驱动行业？有什么问题？互联网保险还将怎么玩？带着这些疑问，在外界看来，众安仍是谜一样地存在。《商业价值》3月新刊封面历时数月细访调查，对这家互联网保险公司及其所处的急剧变化的互联网保险行业进行了极其详细的解剖。

记者刘泓君，网络首发钛媒体：

在众安保险的微信公众账号中，你只需要花费25元就可以买一份航空延误险。如果飞机到达时间延误2小时以上，当你走下飞机的那一刻，航空延误的赔付会自动打入微信红包中。

以往保险公司赔付通常需要从机场打印延误证明，然后寄送材料，因此这一险种少有人问津。尽管已经有一些保险公司的航班延误险也可在网上自动化理赔，但还需要用户在飞机延误之后去网页上输入信息。

众安保险设计这款产品的核心理念是能够实现理赔的自动化，在后台与第三方公司进行系统对接，如果航班延误将直接获取延误信息，用户不需要做任何事情即可收到保险赔付，将流程缩减到最短。

在航班延误险中，最常见的问题是通常延误4小时以上才可以赔付，如果由于机场维修、流量控制等因素造成延误，这些都在保险条款之外，保险公司并不负责赔付。众安保险放松了理赔标准，将航班延误的时间改在2小时以上且任何原因的延误均会赔付。在众安保险的官网上，还上线了1个小时延误的航班延误险。

众安保险航班延误险产品经理傅歌称未来这一险种还会有更多新玩法。比如与星巴克合作，只需要花极少的保费就可以在等待的时间获得一杯星巴克咖啡；与航空公司合作，在延误以后可以享受贵宾厅或者升舱等服务，也可能会安排下机接送。

这是一款典型的互联网保险产品，不仅充分考虑了用户的需求和体验，还承载了营销和获客的功能——经常出差的航旅用户都是非常优质的客户，通过这样的产品既可以获得好的传播口碑，还能获取大批优质的客户数据。更关键的变化是，这款保险的销售，都是基于线上和场景，并没有一个线下的销售，甚至连呼叫中心都没有参与。

类似航班延误险这类的微创新只是众安保险对已有保险的一次优化，它是众安在竞争激烈的保险行业切入市场的敲门砖。理赔流程的缩短，理赔规则更加易用，众安保险CEO陈劲将它定义为"有温度的保险"，他希望用这些新的体验去颠覆人们对传统保险的印象——销售的骚扰电话，烦琐的理赔流程，从而真正给客户带来价值，并且服务传统金融机构不能服务到的人群，"不是保险公司在卖保险，而是人们在买保险"。

在宏源证券刚刚出炉的一份研究报告中提到，保险政策改革红利不断释放，保险产品的利率、费率变革有利于提升保费收入，同时技术变革正在加速模式创新，云计算、大数据等互联网因素正在改变保险行业的商业生态，一些蓝海市场的探索还没有开始。相比于传统银行，保险具有资金成本更低、资金期限更长以及投资范围更广等基础平台运作。众安成立的时间正逢保险业金融改革重启，保险正成为超越银行、P2P等互联网金融之外，下一个10倍成长的大风口。

（一）没有线下团队的保险公司

众安保险位于上海外滩不远处的一座小洋楼，相比于传统保险公司动辄几十万人的地面部队，这两层楼的200多人就是众安保险全部的资产。

马云在众安保险成立一周年时说："2002年我在香港碰到最大的一家保险公司人员跟我吹牛，说他全世界加起来有50多万员工。他觉得这就是他的本钱，我当时愣了。今天我们要把他们变成成本，你打败他们就是要靠这个。"

在大型保险公司纷纷布局线上渠道的同时，众安保险成为行业里第一个没有线下团队的保险公司，并且依靠纯互联网的业务将保费做到8个亿。在这200多员工中，技术占了一半以上。陈劲认为纯粹技术驱动的公司要么成为先驱，要么成为先烈，因为技术不够成熟，进入市场太早，成为先烈的例子比比皆是。他被业界和监管机构问得最多的一个问题是：纯粹的互联网业务是不是能够支撑一家保险公司的成长规模？

（二）云上的保险公司

2014年"双十一"那天，众安卖了1.5亿份退运险保单，当天保费规模过1亿元。这意味着，平均每分钟需要处理9.7万个保单。在传统的保险公司中，大都使用的是第三方保险系统。但第三方系统在大量的弹性计算中，能否胜任如此大的运算量是一个谜题。用户在淘宝上购物，如果需要退货和换货，可以在付款栏选择购买保险，金额大多在0.5元左右，当需要退运时，由众安赔付约定的金额。退运险意味着真正的互联网保险的诞生，这也是互联网业务的发展对保险的新要求——小额、海量、碎片化。众安保险是互联网驱动的保险公司，研发能力是公司的核心能力，因此董事会做了一个重要的决定——开发自己的核心系统。

众安CTO姜兴对董事会立下军令状——半年之内搭建好众安的技术架构，做不到走人，尽管当时多数人认为这么短的时间开发这套技术不太现实。姜兴曾在淘宝的研发中心与客服中心任职，从2013年换到阿里巴巴保险事业部。曾以技术顾问的方式帮助过众安，并于2014年4月1日正式加入众安保险。

传统的保险公司通常会采购易保和中科软的技术系统，众安早期就是使用易保的解决方案。按照传统的做法，一个新兴的保险公司成立需要搭建机房、买服务器、研发系统。朱曙兵是众安的硬件架构经理，在来此之前曾在平安、华夏众多金融机构工作。他来到众安以后，按照保险行业的惯例交了一份报告给管理层。

当时，管理层已经做了一些技术调研，比如易保、阿里云等技术系统，对这份传统的技术方案并不满意。但最开始为了应对保监会的监管要求，众安也采购了易保的核心业务系统。在保险市场中，易保和中科软这两家最大的技术提供方占据了中国保险核心业务系统市场占有率的80%以上。易保的业务系统是基于IBM的小型机、Oracel数据库、EMC存储（IOE）来做的，这样的业务系统能否应对海量高频的运算，这是一个疑问。

如果像银行一样搭建自有机房至少会花费几千万元人民币的成本，还需要建立专门的运维团队，每年花费20%~30%的成本运维，是重资产的运作方式。众安决定研发自有业务系统，以提高核心竞争力，并把业务系统架在阿里云上，这样可以降低成本，在需要用的时候，只需要花钱在阿里云上买计算服务和存储即可，一次性资本投入少，也可以支持大量的弹性计算。

"一开始我们做易保系统更多是保监会监管的需求，真正跑起来的时候，其实根本无法满足我们前端业务的需求。"姜兴对《商业价值》记者说。最早，众安技术部只有4个人，外包团队有五六十人。外包对于互联网的节奏来说寸步难行，外包团队会就具体的项目谈价格、谈工期，如果价格谈不好，则项目很可能会拖下去。挑战比姜兴想象的大，团队里除了姜兴从阿里带来的两个老兵，有经验的人员不足。幸运的是，在技术开发过程中，姜兴调用了阿里很多成熟的技术和实践经验，大大减少了开发的难度。

半年之后，姜兴如约完成自有系统的搭建。如今，众安的研发人员有70多人，占公司总人数的40%，普通的项目一个月就可以开发完成，而传统的保险公司通常需要3~6个月。

众安也因此成为第一个搭建在云上的保险公司。对于类似于退运险这样需要弹性计算和大规模数据传输的险种，由于退运需要的数据在阿里的系统上，众安将系统搭建在阿里云上，可以降低数据传输中可能出现的延时性。一旦遇到"双十一"这种订单高峰期，在云上多加服务器即可，也降低了自建服务器的成本。针对腾讯的互联网保险业务，姜兴也在腾讯云上搭建了核心系统。

保监会曾对数据放在云上是否会有安全问题存在担忧。保险公司的技术上如何部署首先需要经过保监会许可，如果保监会认为保险在数据安全上有问题，可能牌照都难以拿到。最初，众安使用易保的系统也是为了适应监管的要求。当与保监会反复沟通之后，他们认可云是安全的。

姜兴认为，众安发展之初没有任何优势，但恰恰因为没有优势，也就没有包袱，让众安可以轻装上阵。

（三）被互联网改变的保险

0.5元左右的退运险背后有大学问，华泰保险是阿里巴巴退运险最早的合作方。2012年年底有消息称："自从2010年年底华泰财险与电商合作推出该险种以来，退运险直接赔付率在93%左右，因此该险种一直处于亏损状态，仅当年就已经亏损1 400万元。"

华泰在退运险方面的巨额亏损引发了业界的讨论，有人认为是因为华泰拿到的数据有漏洞，因此定价系统是错误的。而内部消息透露，把华泰退运险的亏损归纳为最开始运营的经验不足，并称目前退运险已经迭代过很多个版本了。运费险的定价也正在改变传统保险业完全由精算师定价的局面，它是运用大数据运算的一个动态模型。

众安精算负责人滕辉称，退运险的定价已经经历了两代模型。最开始，退运险是比较传统的定价方式，是根据用户购买商品的退货情况的历史记录定价。退运险的出现也在改变消费者的历史行为。在没有退运险的时候，很多人可能该退的产品就退，可退可不退的就不退了。但是有了这个险种以后，退回一个货品只需要花费较小的成本，可能用户稍微不满意就退了。也就是说，要考虑到这个险种已经开始改变用户行为，行为的改变使得以前的定价模式不再适用。

"出现这个情况以后静态地看历史数据和退货记录是不够的，要看买东西的品类。比如食品他可能不会退货，衣服鞋子码数不对，退货概率会很大。"滕辉解释道。

第一版的退运险中，只会单看每个用户和商户过去几个月的退货率，如今退运险加入的数据模型越来越多，会综合若干种因素预测未来的退货率。即使是众安也难以做到实时调取数据做分析计算。众安会选取商户上一个月或者上一个周末的数据反馈到下一个模型区间。在此前各种版本的退运险种，也有人经常动手脚，进行保险欺诈。因此，在退运货险风控的关键一环是做出"防欺诈"体系。直到现在，众安还会有专门的人定期看退运险数据，不停调整模型的权重。

退运险改变的另一个行业是精算业。众安的精算师与数据团队各占一半。如今数据团队约15人，计划2015年增加到30人。未来数据将会涉及产品设计、个性化定价以及互联网的精准营销。"我们团队会花心血把数据打造成核心武器。"姜兴称。

滕辉是众安精算负责人，最早在天安做精算师，后来去了一家日资公司。以前他工作的那家公司非常重视精算，当时的董事长培养了很多精算的同事。与他一起工作的同事，现在都是精算圈的主力，散落在上海各大保险公司。他在精算行业已经有10年的工作经验，他所在的精算师协会也意识到了互联网对精算的冲击，会定期做一些大数据对行业的冲击、精算师在新形势下如何发展的讲座。

精算师的工作的确正在发生变化，因为定价的方法和手段正在发生变化。

在运用大数据以前，定价更看重纯粹的因果关系，而现在找强相关性对定价的影响更大。

一个明显的变化是数据源的不同。以前的业务，数据只依赖于公司自身，现在的数据可能还会来自合作方、股东方，甚至是互联网的社交数据和行为数据，定价需要整合更多参数，这些数据来自保险体系以外。在数据来源出现差异化以后，与各大合作方的对接流程也在发生改变。以前数据定价只会与各大合作方的IT人员合作，将保险需要的历史数据拿过来；如今还需要与其他数据团队合作，由众安说出想要什么数据，各大业务部门配合整理，以此作为定价依据。

滕辉说如今自己的工作，更简单也更复杂了。简单是因为会与各个更多数据部门的人合作，协助他完成工作；复杂是现有的技术方法已经突破了原有的精算模型和定价方式，影响定价的因素更多也更复杂。

信用保障保险是对定价模型冲击最严重的一类产品。以往的信用保障保险通常会用简单粗暴的方式进行——以较高的价格承保。因为高费率可以弥补高损失，但现在可以做到分层。因为在传统方式下，只会看一个人的工作、学历、收入证明，但这些都可以造假。在加入互联网的数据之后，可以看到他的圈子里都是一些高消费或者实名认证过的人，对人群进行分层之后，就可以提供差别化费率。

在众安的几大产品中，基本上可以分为两类：第一类是传统业务，比如与小米的合作。这类产品可以利用的外部数据较少，定价高低直接决定了产品是否能够盈利或者盈亏平衡，最大的挑战是定价的准确性；第二类是创新型业务，比如信用保证保险。创新型业务通常需要更多的数据源，因此更依赖于第三方合作方对众安的数据开放程度，即数据质量以及如何快速获取和输入数据，这是比定价更大的挑战。

滕辉认为，目前众安在定价方面会在风险可控的情况下采取较低的费率。从保险产品设计上看，管控风险的秘诀就在对保险条款的细则修订中。最典型的一个例子是众安曾经推出一款手机碎屏险，这款产品的合作定价只有1元，但赔付率相当高。这时会有两种方法控制风险：一是调价，但价格提高以后销量和利润都会降低；另一种方法是分析出哪种手机机型的赔付率较高使用规则限定。

经过分析后，发现高赔付率的影响因素主要有型号、屏幕大小、可能碎的程度、品牌以及用户的投保时间。如果用户投保的第二天就来索赔，很可能是屏幕碎之后来投保，因此会设置一些小游戏，间接验证投保时用户手机屏幕的好坏。

众乐保是众安推出的一年期的信用保障保险。数据团队会对卖家进行一定的信用评分，卖家在一定分数线之上才准入。初次试验效果不错后，推出了参聚险，卖家分数线设计到多高，就直接决定着众安此款产品的规模与盈利。"如果我承保能力大、盈利状况还不错，我可以调低分数线；如果赔付主要是由分数较低的商户造成，则可以上调分数线。"滕辉说。

退运险、信用保证保险的方式是否可以复制到其他行业？滕辉认为，即使其他电商公司提供给众安的数据与所有传统公司的数据一致，众安已经积累了这个模型的历史经验，也可以作为给其他电商做退运险的参考。

四、阿里巴巴电子商务金融业务的成功经验及对传统金融的启示

《学术堂》在2015年1月6日刊登了"阿里巴巴互联网金融成功经验及其对传统金融的启示"的文章，这是个有价值的个案，对于传统金融业有较好的启发和帮助。

（一）阿里巴巴电子商务金融业务的成功经验

（1）平台型经济的管理、营销模式阿里巴巴集团的成功，根源在于其平台型经济的发展战略。不但优化传统的平台，使传统的平台做大做强，而且还通过"同心圆战略"不断升级、整合，创造新的平台，多点扩张，使得各个平台之间无缝衔接，构造了一个庞大的电商帝国。阿里巴巴的发展路径是：阿里巴巴（B2B平台）→淘宝网（C2C平台）→天猫（B2C平台）。如果支付宝只服务于阿里集团下面的单点平台，那么其运营的边际成本将会很高。通过发展平台经济，支付宝可以全面覆盖阿里巴巴、淘宝和天猫商城，使得支付宝的边际成本极低，并且赋予了其更高的边际价值。传统经济的规模效用是单因素驱动的：规模增加→边际成本较少→边际价值增加（边际效用—边际成本）；而平台经济的规模效用的是双因素驱动的：规模增加→边际成本减少、边际效用增加→边际价值增加。就是说，平台经济随着规模的提升，不但有更低的成本，

还有更大的效用。所以支付宝开始创新余额宝的初期,得到了迅速的扩张,开创了互联网金融新的时代。平台经济与传统经济另外一个不同点在于,前者是多点扩张,后者是单点扩张。单点扩张的传统经济企业,成长速度只能以线性发展。企业本身是唯一的拓展主体;平台经济下的企业发展到一定程度,上下游供货商乃至客户自身都会成为主体,成长速度像是细胞裂变一样呈几何倍数增长。互联网行业就是典型的平台经济企业。其开发的产品,如果受到客户追捧,形成口碑,会加快业务的发展。余额宝之所以能够打败所有存在十几年的货币基金,短时间内跃居第一名,就是得益于平台经济的多点扩张。

阿里巴巴集团的成功经验表明,对于新的互联网巨头企业涉足金融领域,首先应继续做大做强原有的平台,千万不能荒废主业。在原有平台的基础上,要勇于创新突破自我,不断优化改善原有的盈利模式和生态圈,升级平台。只有在平台之间形成黏性,构造更大规模的体系,把简单的生态圈扩展成为全面的生态系统,才能解决进入金融领域之后首先面临的成本和客户问题。其次,一切以客户体验为重,发挥互联网企业的精神和思想,以分享、高效、亲和为主。注重客户体验的成果是,当客户群体积累到一定程度,会加快多点扩张速度,让互联网金融快速发展。

(2)加强产品线布局,提高客户的转换成本。虽然现在互联网企业推出各种现金管理类产品,如苏宁的"零钱宝"、微信的"理财通"以及百度的"百赚利滚利",但都是仿余额宝的产品,其本质仍然是货币基金,同质化极其严重。根据消费心理学,人们只会选择关注度最高的、认知度最广的产品。其他的市场追随者虽然能够凭借自身客户群体,以互联网"入口"客户群体的支持获得一定的市场份额,但是客户的转换成本极低。客户黏性不足,一旦出现新的更能够增强客户体验的产品,被替代的可能性很高。

所以互联网企业发展金融行业,不能只模仿追随,应该勇于创新,提高自身的核心竞争能力。随着利率市场化的进一步放开,过去人们管理现金只依靠银行存款的时代将一去不复返。市场非常庞大,关键看怎么做到更加"市场化"。根据传统的金融理论,收益率与流动性和风险呈现负相关。收益率越高,流动性越差、风险越高。因此,不同的收益率、不同的理财期限、不同的风险承受能力彼此相互组合,可以衍生出各种差异化的产品,通过扩张产品线来满足不同客户群体的需求,真正地做到市场化、差异化和理财服务个性化,才能提高客户的忠诚度,用一站式服务,提高客户的转换成本。

随着互联网的发展和软件技术的日益成熟，成千上万的应用程序让投资者眼花缭乱，筛选起来十分麻烦。在选择足够多的情况之下，消费心理学的研究表明，人们更喜欢追求简单、统一。用一个平台、一个账户、一个服务商，能够解决自己所有的需求。因此，"入口"之争、"账户之争"成为互联网企业竞争的最核心地带。客户的账户有双重作用：商家调研客户账户的"信息价值"，投其所好，精准投递促销活动和广告，并通过统一的账户把客户的"货币价值"并入自身未来的经营方向，与客户需求共同进退。这种赢得"入口"和"账户"之争联的互联网巨头企业，如果能够做到旗下金融产品丰富、产品线布局广阔，能够覆盖大多数客户的需求，就能够在新一轮的互联网金融竞争之下为获得最后胜利奠定坚实的基础。

（3）加强合作，进一步整合资源。分工是社会发展到一定阶段的必然需求，而分工之后谋求合作，追求共赢，则是当今社会资源优化配置的重要方式。互联网金融综合了互联网"广传播"和金融服务"专业化"优势，为企业的金融需求、个人理财规划等内容提供服务，可以令社会广泛的金融行为更加高效、更加有效。传统金融机构利用互联网为平台提供优质的产品和服务，提升自身的市场地位；互联网平台为用户提供便捷的通道和贴心的客户体验，提升客户黏性；客户则在这个整合的过程中充分享受便利的普惠金融服务。这种方式可以让互联网、金融和客户获得共赢。而追求共赢才是当今社会能够获得持续发展的商业模式。传统金融机构需要互联网技术，通过互联网来广泛推广自身的服务、理念和产品，而互联网机构需要专业的金融团队，提升自身在金融领域的专业程度和风险控制能力，为客户提供更好的金融产品。

京东与腾讯的合作模式为行业的进步提供了模板。2014年3月10日京东和腾讯集团公布协议，协议称腾讯以约2.15亿美元拿到京东15%左右的股权，并可在后者上市时追加认购5%的股权。京东收购腾讯集团的QQ网购和拍拍网100%的权益、物流人员和资产，以及易迅网的少数股权和购买易迅网剩余股权的权利。腾讯集团向京东提供旗下通信产品：微信和手机QQ客户端的一级入口位置，此外还将在线上支付服务领域进行合作。一方面，腾讯通过开放入口、抛掉包袱来吸引行业第二、第三位置的竞争者，与阿里巴巴这个行业第一竞争；另一方面，京东获得了更广阔的电商布局，可以扩展业务到三四线城市。二者未来更会在金融领域进一步探讨合作，这种强强联合、各取所需的整合资源方式将会是未来互联网企业发展的常态。通过这种联合，更能促进产业的进步和经济的发展,让人们的生活更加便利。市场化的经济体制注定了垄断企业将会越来越少,只有进一步开放平台,整合资源,才能获得企业的长远发展。

(二)阿里巴巴互联网金融对传统金融的启示

重新审视现有服务流程,提升客户体验。互联网金融的快速崛起依靠的是开放式的金融平台、人性化的产品服务、交互式的营销手段、傻瓜式的操作流程和扁平化的管理模式。在这种把客户体验做到极致的冲击之下,传统的金融业不堪一击。虽然传统的金融业根基庞大,短时期内不可能由后来者撼动其根本,但是这种极致化的客户体验已经深入人心,星星之火可以燎原,如果传统的银行、基金、保险、券商业再不改革,假以时日,必会承受惨痛的代价。

启示之一:改革的根本就在于学人之长补己之短

首先,提升线上客户体验。因为受到政策因素影响,传统的金融领域发展缓慢,员工庞大,业务线冗长,普通百姓只是苦于没有替代的品种。而随着市场化进程的发展,如今,存款利率市场化已经成为大势所趋,第三方支付旗下的理财、投资、保险品种也日益丰富。传统金融业的改革迫在眉睫,首先要打破传统金融领域的行业分化,探讨混业经营模式,实现一站式服务。客户在银行最基本的需求是存款、贷款;在基金和券商最主要的是投资、理财;在保险最基础的需求是寻求保险保障。如果能够打通传统行业的分业状态,可以让客户更加便捷地围绕财富为中心,实现"存、贷、赚、理"一体化,能够提取客户各类财富信息,综合分析需求,建立客户理财档案,为客户量身定做理财投资服务,提供更全面、更专业的咨询,真正地实现客户资产保值增值。

其次,做好线下客情服务。如今互联网利用率最高、接受程度最好的人群集中在40岁以下的白领。而中老年人对互联网的接受程度较差,甚至电子银行都不会用,更谈不上利用互联网理财。那么,扎实地做好线下服务对于传统金融机构来说依然很重要。银行、券商等传统金融机构优势在于有实体经营店面,能够为客户服务提供一个基础线下场所。不管是理财顾问还是投资顾问,当面的交流也更容易让人觉得踏实、信任。因此,传统金融业不能放弃自己优势,以弱势迎击互联网金融的强势,而应提升自身服务人员的专业能力和素质,在服务标准化的过程中加入客情服务。比如交通银行的"沃德财富中心",实现了客户亲情化、个人化管理,配备专属理财服务人员。又如券商行业推行的专属投资顾问服务，为客户配置专属投资顾问，一对一面对客户投资理财需求，这些都是传统经营机构可以借鉴和提升的空间。

最后，以客户利益为中心，让利给客户。互联网金融能够迅速崛起，除了互联网企业通过大数据平台和大量的平台客户摊薄了成本，最重要出发点也在于能够让利于客户，以客户收益为出发点。余额宝管理费是0.3%/年化，托管费是0.08%/年化，销售服务费是0.25%/年化，总共的结果是0.63%/年化，低于一般货币式基金0.8%的管理费率，也远低于基金公司债券型基金等低风险基金1%的管理费率，做到了真正的让利给客户。客户得到了真正的实惠，自然客户体验感会大幅度提升。传统的金融机构应该打破原来垄断经营之下的强势定价策略，在费率结构上更加市场化，让利给客户，否则竞争能力将会大打折扣。2014年，在腾讯与国金证券深度合作之后，迅速推出"佣金宝"产品，在基本的交易规费之外，几乎不收取客户任何股票交易佣金，给传统证券行业带来巨大冲击。一时间国金证券受到客户极大关注，市场份额也不断攀升，获得了投资者一致好评。而国金证券作为一家传统的证券公司，原本只居于行业中下游水平，网点数量仅有30余家，客户服务也名不见经传。可见，对于资深客户而言，最关心的是价格，其次才是服务。所以在价格之上让客户得到实惠，才是提升客户体验的最强手段。传统金融行业在提升服务质量的同时，也应该做到以客户利益为中心，让利客户。

启示之二：传统金融行业发展电商平台是可行且十分有利的

涉水电商平台，避免既有客户流失，传统金融行业发展电商平台具备先天性的优势。

首先，所有的交易清算过程都通过银行来完成。让银行能够掌握到个人消费的数据支持，银行通过信誉优势和成熟的信用风险防范机制，为企业进行品牌和产品的无形增信，能够赢得错位竞争的先机。

其次，银行与零售业、制造业、交通业、物流行业都有稳定的合作关系，能够在商品货源和运输上为银行提供有力的支持。而保险和证券行业，电子化、网络化程度已经较深。也可以把标准化、信息化的产品放在电商平台供客户直接选择。

通过发展电商平台，一方面可以锁定自身客户不流失，还可以吸纳新客户的关注程度。同时可以提高自身的宣传效果和影响力，提升潜在市场的关注度。此外，与电商平台起家的互联网金融企业深度交流，可以取长补短，学习其先进的理念和技术，促进自身业务的发展。

启示之三：传统金融行业发展电商平台需要解决的四个问题和三种模式

如果传统金融行业发展电商平台，能否为客户提供更具有针对性的服务、更简便智能的交易流程、更具备诚意的保障制度和更专业化的金融服务是预判传统金融领域系电商平台成功与否的关键。由此出发，需要传统金融企业解决四个问题：

首先，战略定位：做大而全的 B2B 或者 B2C 平台，还是专注末端金融支付，即是做数据服务商，还是直接运营电商平台。

其次，客户定位：先服务消费者，还是先服务商家。

再次，竞争定位：竞争对手是传统电商，还是线上同业竞争。

最后，自身优势：是数量庞大的既有客户，还是完整的网点布局。归根结底，就是要求传统金融领域从自身优势出发，发展符合自身实际的业务。不能一味地求全求大，脱离自身基础，用自身劣势与对方优势竞争，否则会得不偿失。

传统金融系发展电商平台，可以采用如下模式开拓业务：

第一，自建电子商务平台，也就是行业垂直电商战略。将提供的产品，包括交易软件、投资咨询、投顾产品、理财产品咨询、研究报告等增值服务直接放在网络上销售。这种模式，适合数据和资讯较为敏感的证券行业。

第二，进驻第三方电商平台模式。将自身的标准化产品和创新型产品直接放在网络上销售。这种模式适合产品标准化、直观化，能够为客户提供权益的保险行业。

第三，与第三方电商形成战略合作模式。这种模式适合银行系发展电商，因为银行本身不存在支付障碍，同时还可以提供丰富的非金融类产品，还有庞大的持卡客户资源。

三种模式各有特色，传统金融企业可以根据自身的特色和优势选择相应的模式，也可以多种方式混合运用。但是，发展电商平台，需要投入巨大的人力、物力、财力，更要变革原有的思维定式和业务流程。对企业的要求非常高，企业要根据自身战略发展布局。根本目的应该是通过整合资源来与电商系的互联网公司竞争金融领域服务，如果摒弃了这个出发点，单纯地发展电商行业吸引新客户，将是十分不明智的。

第十二章
互联网金融门户模式与实战

> 互联网金融门户最大的价值就在于它的渠道价值。互联网金融分流了银行业、信托业、保险业的客户，加剧了上述行业的竞争。互联网金融门户模式最大的优势就是不存在太多风险，因为其平台既不负责金融产品的实际销售，也不承担任何不良的风险，同时资金也完全不通过中间平台。互联网金融门户模式的快速发展，不仅满足了广大互联网客户对贷款、信托、保险、理财、财富管理等多元化的需要，而且正在对传统的金融行业酝酿越来越大的冲击风暴。本章紧扣主题，围绕互联网金融门户中的第三方资讯平台、垂直搜索平台以及在线金融超市三大类别展开论述和探讨。

第一节 互联网金融门户模式概述

一、互联网金融门户模式的概念与价值

(一) 概念

互联网金融门户是指利用互联网提供金融产品、金融服务信息汇聚、搜索、比价及金融产品销售并为金融产品销售提供第三方服务的平台。它的核心就是"搜索+比价"的模式,采用金融产品垂直比价的方式,将各家金融机构的产品放在平台上,用户通过对比挑选合适的金融产品。互联网金融门户多元化创新发展,形成了提供高端理财投资服务和理财产品的第三方理财机构,提供保险产品咨询、比价、购买服务的保险门户网站等。

互联网金融门户平台模式的服务方式和表现形式主要有第三方资讯平台、垂直搜索平台以及在线金融超市三大类。但互联网金融门户平台模式的具体服务内容,则有P2P网贷类门户、信贷类门户、保险类门户、理财类门户以及综合类门户五个子类。

(二) 价值

互联网金融门户这种模式不存在太多政策风险,因为其平台既不负责金融产品的实际销售,也不承担任何不良的风险,同时资金也完全不通过中间平台。

互联网金融门户最大的价值就在于它的渠道价值。互联网金融分流了银行业、信托业、保险业的客户,加剧了上述行业的竞争。随着利率市场化的到来和互联网金融时代的来临,对于资金的需求方来说,只要能够在一定的时间内,在可接受的成本范围内,具体的钱是来自工行也好、建行也罢,是P2P平台还是小贷公司,抑或是信托基金、私募债等,已经不那么重要了。

互联网金融门户模式的快速发展不仅满足了广大互联网客户对贷款、信托、保险、理财、财富管理等多元化的需要，而且正在对传统的金融行业酝酿越来越大的冲击风暴。

二、互联网金融门户模式的特点与分类

（一）特点

互联网金融门户的主要特点：

1. 搜索方便快捷，匹配快速精准

互联网金融门户打造了"搜索+比价"的金融产品在线搜索方式，即采用金融产品垂直搜索方式，将相关金融机构各类产品集纳到网站平台，客户通过对各类金融产品的价格、收益、特点等信息进行对比，自行挑选适合其自身需求的金融服务产品。

具体来看，从互联网纵向分层的角度上分析，互联网金融门户的重要革新主要集中在搜索层，即对海量金融产品信息进行挖掘、甄别、加工、提炼的过程和服务。互联网金融门户通过网络内容挖掘和网络结构挖掘，对各类金融产品信息等原始数据进行筛选和提炼，建立符合其经营产品类别的金融产品数据库，以便于客户对金融产品进行快速、精准的搜索和比价。同时，互联网金融门户还可以通过网络用法挖掘，将客户在网络交互过程中的网络行为数据抽取出来，进行智能分析，以便于更好地了解客户的需求倾向。

2. 顾客导向战略，注重用户体验

互联网金融门户的另一核心竞争优势是顾客导向型战略，即通过对市场进行细分来确定目标客户群，根据其特定需求来提供相应服务。其宗旨是提升客户在交易过程中的用户体验度，通过产品种类的扩充和营销手段的创新，动态地适应客户需求。

从经济学角度分析，互联网金融门户注重用户体验的原因在于网络金融产品和服务具有规模经济的特性。具体来看，虽然互联网金融门户额外增加一个产品或提供一次服务的边际成本较低，而且随着门户规模的扩大，其平均成本会随着产品供给的增加而不断下降。但是，互联网金融门户获取规模经济的先

决条件是掌握大量的客户资源。因此，顾客导向型战略可以使互联网金融门户根据客户的行为变化及信息反馈，及时了解客户实时的需求，为其提供差异化金融服务，甚至可以协助金融机构为其设计特定金融产品，更好地满足客户的特定需求，从而使互联网金融门户进一步扩大市场份额，赚取更多的利润。

3. 占据网络入口，凸显渠道价值

从产业链角度分析，互联网金融门户的上游为金融产品供应商，即传统金融机构，下游为客户，而作为中间桥梁的互联网金融门户，其最大的价值就在于它的渠道价值。渠道通常指水渠、沟渠，是水流的通道。被引入商业领域后，引申意为商品销售路线，是商品的流通路线，所指为厂家的商品通过一定的社会网络或代理商而卖向不同的区域，以达到销售的目的。

（二）分类

从相关互联网金融门户平台的服务内容及服务方式，一般将互联网金融门户分为第三方资讯平台、垂直搜索平台以及在线金融超市三大类。

第三方资讯平台是提供全方位、权威的行业数据及行业资讯的门户网站，典型代表为网贷之家、和讯网以及网贷天眼等。

垂直搜索平台是聚针对某一特定行业的专业化搜索，在对某类专业信息的提取、整合以及处理后反馈给客户。客户在该类门户上可以快速地搜索到相关的金融产品信息。互联网金融垂直搜索平台通过提供信息的双向选择，从而有效地降低信息不对称程度，典型代表有融360、好贷网、安贷客、大家保以及国外的EhealthInsurance、Insurancehotline等。

在线金融超市汇聚了大量的金融产品，共提供在线导购及购买匹配，在利用互联网进行金融产品销售的基础上，还提供与之相关的第三方专业中介服务。该类门户一定程度上充当了金融中介的角色，通过提供导购及中介服务，解决服务不对称的问题，典型代表有大童网、格上理财、91金融超市以及软交所科技金融服务平台等。

此外，互联网金融门户又可以根据汇集的金融产品、金融信息的种类，将其细分为P2P网贷类门户、信贷类门户、保险类门户、理财类门户以及综合类门户五个子类。

从产业链角度分析，第三方资讯平台充当的是外围服务提供上角色，垂直

搜索平台充当的是媒介角色，二者在产业链中所处的位置相同，前者提供的是行业资讯和相关数据，后者提供的是产品信息。在线金融超市居于二者上游，在产业链中充当的是代理商角色。三者均为产业链下游客户服务，而处于三者上游的企业便是金融机构。

此外，互联网金融门户又可以根据汇集的金融产品、金融信息的种类不同，将其细分为P2P网贷类门户、信贷类门户、保险类门户、理财类门户以及综合类门户五个子类。其中，前四类互联网金融门户主要聚焦于单一类别的金融产品及信息，而第五类互联网金融门户则致力于金融产品、信息的多元化，汇聚不同种类的金融产品或信息。

上述两种分类方式并非互斥关系，仅是分类的依据和角度不同，前一种分类方式是从金融产品销售产业链的层面进行归类，后一种分类方式是从互联网金融门户经营产品种类的角度进行划分。

三、互联网金融门户发展趋势与展望

目前，互联网金融门户不仅其商业模式获得了投资机构的认可，而且市场空间广阔，总体上呈现出了良好的发展态势。著名互联网金融实战专家、软交所副总裁罗明雄在总结互联网金融门户发展现状的基础之上，对其发展前景进行了合理的展望，认为未来互联网金融门户的发展趋势主要有以下四点：

（一）门户发展渠道化

互联网金融门户依托大数据技术，通过垂直搜索的方式解决了交易过程中的信息不对称问题，不仅为客户提供快速而全面的行业信息、便捷而精准的金融产品推荐服务，同时还为金融机构提供智能化的金融产品销售服务，有效地降低了金融机构的交易成本。

因此，在互联网金融生态系统中，互联网金融门户将成为集资讯、在线销售以及相关增值服务于一体的金融产品销售渠道。通过结构化的垂直搜索方式，搭建一个产业联盟平台，聚集产业链上下游的企业。互联网金融门户不仅为产业链增加了技术协助，还为供需双方实现信息交流、业务对接以及利益共赢提供了良好的平台。

（二）产品类别多元化

对于垂直搜索平台而言，信息不对称是其致力于解决的首要问题，因此，平台上的产品覆盖面越广、产品数量越多，其上游企业的资源越分散，信息传递越充分，平台的价值也就越大。这也是融360在信贷搜索之后又上线了信用卡搜索、以记账理财为核心业务起家的手机App挖财于2013年7月推出基金交易服务以及软交所科技金融超市一上线就涉及企业贷款、股权融资、政策融资、企业理财以及新三板/IPO五大类金融产品的重要原因。

由此可见，在经营产品类别方面，以垂直搜索平台为核心定位的互联网金融门户未来必将呈现产品多元化的发展趋势，即门户将汇聚不同种类的金融产品，从单一金融产品的垂直搜索平台转化为汇聚不同种类金融产品的综合类垂直搜索平台，如信贷类垂直搜索平台可以开展P2P网贷、信用卡等搜索业务，而保险类垂直搜索门户可将业务范围延伸到理财、中期信托、短期保险基金等，供用户搜索、比价，从而深层次、多角度地挖掘和满足用户需求。

（三）业务模式多样化

互联网金融门户的核心是客户，而随着人民生活水平日益提高，金融产品不断创新，满足客户对金融产品多元化需求的同时提升用户体验，将成为保障互联金融门户核心竞争力的关键。

因此，在业务模式方面，互联网金融门户不会仅局限于当前的B2C模式，随着依托大数据、云计算等互联网金融核心技术的不断发展深化，互联网金融门户将通过对客户搜索习惯和行为特征进行有效记录和智能分析，从而协助金融机构为客户量身设计金融产品，通过自主定制产品的方式加强客户在交易过程中的自我成就感，提升用户体验，逐步形成互联网金融领域的C2B模式。

（四）营销方式移动化

随着移动通信技术和手机终端设备的发展，越来越多的客户形成了使用手机浏览和支付的消费习惯。因此，结合移动互联网的发展趋势，未来互联网金融门户势必会涌现出一批像铜板街以及挖财等手机App，便于客户随时随地进行搜索、比价。通过PC端到移动端的全方位布局，互联网金融门户将使其产品信息的传播更加及时，业务流程更加便捷，从而更好地聚拢客户资源，充分发挥其渠道优势。

第二节　中国互联网金融门户经典企业和商业模式展示

前面已讲到，根据互联网金融门户平台的服务内容及服务方式，一般将互联网金融门户分为第三方资讯平台、垂直搜索平台以及在线金融超市三大类。本节以这三种模式类别为蓝本，各种类别模式中选择三个有权威性的企业代表进行平台介绍和经营模式展现。

一、中国第三方资讯平台经典企业和商业模式

（一）网贷之家

网贷之家于 2011 年 10 月上线，隶属于上海盈灿投资管理咨询有限公司，是中国有名的第三方网贷资讯平台。网贷之家致力于推动 P2P 网贷行业发展，打造网贷行业最有影响力的资讯门户，是投资人身边的网贷咨询专家，为投资者的网贷之路保驾护航。

P2P 网络借贷行业是一个年轻的朝阳产业，自 2007 年传入中国，近几年发展迅速。在此背景下，网贷之家应运而生，为网贷人提供了一个平等、公开、透明的网贷交流平台。网贷之家网站的诞生在网络借贷行业及社会媒体中引起强烈关注，先后有《新华社》、中央人民广播电台、《中国证券报》、第一财经电视台、《第一财经日报》《深圳商报》《新民晚报》《每日经济观察报》《法制周刊》《南方农村报》等十几家媒体进行专访和报道。网贷之家网站已发展为网络借贷行业最大、最权威的第三方资讯平台，并曾为上海市政府对行业调研提供咨询参考。

网贷之家的商业模式主要是网站。而网站版块，内容包括以下几个部分：

（1）网贷资讯。及时播报每日新闻动态，让大家掌握网贷发展最新、最前

沿的资讯。

（2）网贷助手。投资人投资帮手，帮助投资人进行跨平台投资筛选，助手收集了20个平台的标的信息，每5秒钟捕获一次，及时更新，让投资人掌握最新的标的状态。

（3）网贷导航。收集全国各地网贷平台，加入网贷之家导航的平台经过初步筛选，一部分是时间比较长的，一部分是网贷之家或者投资人现场考察的平台。

（4）网贷比较。根据收集的平台交易信息，以数据为依据，给平台做一个评级比较，方便投资人从中筛选适合自己投资的平台。

（5）网贷数据。采集软件每60秒钟采集一次数据，自动将数据以图表的形式呈现，方便投资人查询。

（二）和讯网

和讯网是联办集团的下属公司。联办集团的前身为"中国证券市场研究设计中心"，成立于1989年3月，是中国证券市场的发起者，旗下拥有香港上市公司"财讯传媒"，使得和讯网在人脉、资源上都保有巨大的优势。联办集团旗下杂志媒体群包括《财经》、财经网、《证券市场周刊》《证券市场红周刊》。

和讯网创立于1996年，从中国早期金融证券资讯服务脱颖而出，建立了第一个财经资讯垂直网站。经过19年的专注耕耘，和讯网逐步确立了自己在业内的优势地位和品牌影响力，成为财经互联网专业、高端及品质的代表。中国互联网信息中心数据显示，和讯网用户中高收入人群高达72%，是互联网平均水平的4倍。和讯网是目前国内唯一一家同时拥有互联网新闻信息服务许可证、信息网络传播视听节目许可证及证券投资咨询资质的网站，月均覆盖用户超过6 000万户，全年覆盖用户过亿户。

和讯网积聚19年专业精神，在跨越发展的征途中不断创造一个又一个奇迹。2000年，和讯在首届最受股民（网民）喜爱的评选活动中荣获"中国优秀证券网站"奖；2005年，和讯博客以绝对优势取得首次全球中文博客用户满意度调查第一名；2008年，全球最大的金融信息数据和分析产品提供商汤森路透集团以现金方式注资和讯，在公众投资理财产品方面与和讯展开重点合作；2009年12月，和讯网作为指定互联网核心媒体与上海证券交易所正式签订战略合作备忘。进入2011年以来，和讯网用户覆盖量迅速增加，在第三方研究机构的排名中始终名列前茅。

和讯网成功营销新地产、《中国汽车画报》、动感驾驭、PC电脑时空、信息方略、《体育画报》、美好家园、新旅行、TIMEOUT北京、TIMEOUT上海、他生活、红秀、葡萄酒评论、东方壹周、视觉、支点网。

和讯网精准聚焦正在崛起的新兴中产阶层，在不断丰富和完善股票、基金、银行、外汇、期货、保险、黄金等财经资讯和理财服务的同时，顺应中高端用户日益增长的多层次财富生活的需求，打造出中国第一个兼具财经资讯信息、投资理财工具及金融数据产品的价值互动平台。

和讯网的商业模式主要体现在以下几个方面：

（1）基于窄带、宽带、无线技术平台，利用多媒体、互动、广播方式，提供资讯、社区、服务三重服务。

（2）基于无线六大技术平台，提供资讯、社区、服务三重服务。

（3）利用多媒体、互动方式，提供大型财经网络社区服务。

（4）提供全方位财经生活网站资讯服务。

（5）基于窄带、宽带、无线技术平台，提供各类个性化会员理财服务。

（6）机构数据库和网上支付服务。

（三）网贷天眼

网贷天眼，目前国内网贷行业较为权威的第三方机构。网贷天眼创办于2012年3月28日，自创立以来，以"正心、正念、正行"的理念服务广大P2P网贷投资者，受到了网贷投资者的推崇。经过3年多的发展，已经成为以论坛为基础交流方式，综合提供网贷数据、网贷资讯、平台交流等一系列功能服务，并以监督P2P平台运营为目的的综合性虚拟社区和网络社交平台。

2012年天眼开始构建网贷第三方体系，努力为广大投资者当好参谋助手，做好桥梁纽带，搞好服务监督。天眼注册用户超过9 000人，打造了投资者交流投资经验和获得投资信息的重要阵地。天眼一直以服务网贷投资者为中心，并通过提供专业、及时的、海量的网贷资讯信息，满足了广大网贷投资者对网贷资讯和平台信息的需求，成为国内网络借贷投资最具权威的第三方门户网站。

网贷天眼第三方门户商业模式主要是网站，其内容板块包括：

（1）网贷导航。网贷导航是天眼为了更好地给广大投资者提供网贷索引而推出的功能服务，该版块于2013年2月4日正式改版成以省份划分平台，帮助投资者收集和整理当前在正常运营中的 P2P 网站，有效地解决了用户收藏大量网址的苦恼。

（2）天眼盯秒。天眼盯秒是天眼工作人员自主研发的网贷秒标扫描软件，在国内同类秒标扫描功能中，扫描间隔最短，页面局部刷新最快，为投资者赢得宝贵的抢"秒"时间。

（3）网贷数据。网贷数据是天眼为方便用户快速地查阅历史数据报表，提高数据获取效率而专设，每天由专门的工作人员统计发布，为 P2P 网贷投资者提供客观、公正的投资依据。

（4）天眼论坛。天眼论坛包括投资交流、借款交流、新手学习、平台曝光、平台公告、平台声音等 19 个板块，始终坚持不受任何网站及强权干扰的坚定立场，保障投资者交流的言论自由与独立性，已经成为 P2P 网贷投资者交流投资的主媒介。

（5）投友圈。投友圈是网贷天眼工作人员自主开发的一款具有 SNS 功能的金融社区，下设子产品乐投宝。投友圈具有以下的功能：强大的社交、分享功能，供大家分享、查看优质平台规避问题平台；简明大气的网贷记账功能让投友轻松打理网贷资产，随时掌控投资和回款信息；傻瓜式的优质理财产品，帮投友安心畅享稳定高收益；投友圈，让你的网络理财从此变得简单。投友圈乐投宝安全方面：专业风控 & 极致分散；多重保障，资金安全无懈可击；稳定高收益，每日结算；一元起投，节假日无延迟。

（6）天眼月报。天眼月报是天眼在论坛的基础上独家推出的电子版刊物，其目的就是将每月论坛的精华文章加以汇总，以求能为广大投资者提供更好的学习交流途径。

二、中国垂直搜索经典企业和商业模式

（一）融 360

融 360，中国领先的创新型互联网金融服务公司。融 360 致力于为广大中小企业和个人用户免费提供最可靠、最便捷、最划算的贷款推荐结果。平台上的金融产品来自包括国有银行、股份制银行、外资银行、城市银行、小额贷款

公司等国家认可的金融机构。广大用户可以通过融360独有的智能搜索、匹配系统一站式，直接申请到最优贷款（低息、高效、省心）。

融360团队成员曾分别供职于海内外各大互联网、银行机构和金融公司。创始人团队成员曾分别于百度、阿里巴巴、美运通、PayPal、宁波银行、第一资本银行等公司担任管理职位，拥有丰富的互联网和金融行业专业经验。

1. 商业模式

融360并不仅仅满足于搜索，它同时将触角伸向了申请环节。用其联合创始人兼CEO叶大清的话说："我们希望把过去全线下的申请模式，完全搬到线上来完成。"具体而言，用户只需在网上输入贷款金额、期限以及用途等关键词，系统就会进行比对和处理，输出一份相应的银行及其他信贷机构的列表。这张列表上呈现了银行名称、信贷产品、利率、总利息、月供、放款时间和贷款总额等信息。用户进行比较后，可以在线填写申请材料，申请一家或几家银行的贷款。

申请完成后，相关银行的信贷经理会与申请人进行电话联系，确认信息，申请人可以再度比较各家银行的产品，之后就可以去分行或支行申请贷款。

对银行而言，融360是个快速获取客户的渠道，因此，融360的盈利模式是对上游合作金融机构收费，对中小企业与个人消费者则完全免费。

融360专心地扮演着一个信息中介的角色，本身并不参与到交易中去，也不会触及资金往来。"不碰钱、不放贷"是叶大清经常挂在口头的字眼，相反，公司在平台上引入了大量的银行业务人员，让用户与信贷经理直接对接。用他的话说，融360是促进银行实现互联网化的"帮手"，并不会与银行形成直接的竞争。

叶大清表示，融360虽然志在成为互联网金融业的"百度加天猫"，但这绝不意味着它会对金融业构成致命打击，"融360对于银行业而言不是一股革命性的颠覆力量，我们不会自己做小贷产品，我们的角色是加速银行业适应互联网，让产品和用户的匹配更高效、信息更对称。融360是银行的帮手，也可以看作是银行一块业务的外包者，但绝不是颠覆者"。

2. 市场空间

"金融行业给互联网创新带来了巨大的落地空间。"叶大清认为，继零售、旅游之后，金融行业是互联网创新的下一座"金矿"。

从国外发展的历史来看，用户通过互联网来购买金融产品是大势所趋。来自 Google 的一份 2011 年的调查表明，在欧美，88% 的网民在选择金融产品时，会在网上进行搜索、调研。这其中，66% 的网民完成调研后，会直接通过网站申请金融产品。而一份来自 Forrester 的调研报告显示，从 2007 年到 2012 年，英国人每年至少一次网上查询与申请金融产品的比例从 22% 上升为 50%。

3. 企业文化

公司使命：让金融业步入互联网时代，创造伟大的互联网金融公司！

公司理念：通过大数据技术，解决融资贷款过程中的数据信息不对称问题；为用户提供便捷、高效、可靠的贷款产品推荐服务；为各大银行等金融机构提供智能化金融创新服务。

（二）好贷网

好贷网，中国领先的企业及个人贷款智能搜索引擎，是为借贷人寻找贷款渠道，同时为银行及金融机构寻找匹配信贷客户的贷款平台。2013 年 3 月 25 日，好贷网正式上线运营。好贷网 CEO 李明顺曾有过成功的创业经历，其从 2005 年起，开始担任论坛技术公司 Discuz! 联合创始人。2010 年 Discuz! 最终被作价 4 200 万美元出售给腾讯。好贷网公司总部在北京，并在厦门设有分支机构，截至 2013 年年底已在全国 108 个城市开通了本地的在线免费贷款搜索与咨询服务，并与 5 800 余家银行，4 000 余家小贷公司、典当行及各类正规金融机构建立合作。

好贷网为广大中小企业和个人用户免费提供正规贷款渠道信息。好贷网的合作方均为国家指定的贷款机构，包括银行、小贷公司、担保公司、典当行等等。广大用户可以通过好贷网智能搜索平台直接申请到正规可靠的贷款（省时、低息、高效）。

团队核心成员曾分别供职于各大互联网、银行和权威金融机构，其中技术团队拥有千万级的海量数据处理及信息匹配能力，同时业务团队拥有面向金融机构的服务经验。

1. 商业模式

好贷网本身不提供贷款，而是着眼于帮助个人、中小企业筛选金融市场上的正规贷款渠道。让需要贷款的人和提供贷款的业务人员直接沟通匹配，打造一个方便的信贷直销平台。具体而言，用户只需在网上输入贷款金额、期限以及选择用途等关键词，系统就会进行比对和处理，输出一份相应的银行及其他信贷机构的列表。这张列表上呈现了银行名称、月供、信贷产品、放款时间、利率、总利息和贷款总额等信息。用户进行比较后，可以在线填写申请材料，申请一家或多家银行的贷款。

对银行而言，好贷网是个快速获取客户的渠道，因此，好贷网的盈利模式是对上游合作金融机构收费，对中小企业与个人消费者则完全免费。"我们根本就撼动不了传统的金融体系。"好贷网创始人李明顺坦言，即便是所有互联网企业的资产加在一起，可能都不及一家国有银行一年的净利润。"互联网企业对传统金融业的影响，更多在概念上，而非实际业务。"

好贷网的本质在于利用技术的手段，将上述巨大的贷款市场逐步互联网化，打造一个贷款领域的"天猫"。

李明顺表示，好贷网未来会继续在一些垂直市场找到一些特殊化服务，"我们可以为放贷方提供一些参考的数据，告诉他们哪些指标比较关键，帮助他们来决策。"

2. 核心优势

好贷网目前已在全国近108个城市开通了本地的在线免费贷款搜索与咨询服务，并与5 800余家银行，4 000余家小贷公司、典当行及各类正规金融机构建立合作，提供的信贷产品超过20 000余款。

3. 优势产品

（1）消费贷款。消费贷款也叫消费者贷款，主要指的是用于留学贷款、房屋装修、购买耐用品乃至买车等方面的个人贷款。从种类上看，消费贷款包括住宅抵押贷款、非住房贷款和信用卡贷款，具有消费用途广泛、贷款额度较高、贷款期限较长等特点。

（2）企业贷款。企业贷款是指企业为了生产经营的需要，向银行或其他金融机构按照规定利率和期限的一种借款方式。企业的贷款主要是用来进行固定资产购建、技术改造等大额长期投资。目前，企业贷款可分为流动资金贷款、固定资产贷款、信用贷款、担保贷款、股票质押贷款、外汇质押贷款、单位定期存单质押贷款、黄金质押贷款、银团贷款、银行承兑汇票、银行承兑汇票贴现、商业承兑汇票贴现、买方或协议付息票据贴现、有追索权国内保理、出口退税账户托管贷款。

（3）购车贷款。购车贷款是银行为缺资金的购车人发放的信用购车贷款，申请该贷款需要满足一定的申请条件，例如，持有贷款人认可的购车合同或协议，具有稳定的职业和按期偿还贷款本息的能力等。

（4）购房贷款。购房贷款是银行为缺资金的购房人发放的信用购房贷款，申请该贷款需要满足一定的申请条件，例如持有贷款人有已经签署购买住房的合同或协议，具有稳定的职业和经济收入，最好能提供收入证明。

（三）安贷客

安贷客是个性化融资贷款搜索引擎，为贷款用户提供银行、担保机构、小贷机构等金融信贷机构的个性化融资贷款搜索服务，帮助贷款用户快速找到适合自己的信贷产品和机构。

1. 商业模式

安贷客创建于2012年9月，专注于打造个性化融资贷款搜索服务平台。秉承互联网金融创新精神，将不断开发更多的互联网金融新产品和新服务，帮助贷款用户及中小企业解决融资难问题。安贷客先后开设了贷款产品、贷款资讯、公司百科等搜索频道，提供了包括消费贷款、买车贷款、买房贷款、经营贷款等四大个性化贷款搜索服务，让借贷者能快速找到最适合自己的融资贷款产品和机构。同时，安贷客帮助融资贷款机构提高自身的业务效率，智能化匹配资金需求方与金融机构的双方需求，降低其融资成本和销售成本。安贷客采用独创的机构信用算法（AnDaiKe！Rank），可作为借贷者选择融资贷款产品时的参考，也为行业的信用体系发展作出贡献。安贷客是第三方平台性质网站，坚持"三不原则"——自身不放贷、不担保、不吸储，致力于为搭建贷款人与信贷机构之间的信任桥梁。

2. 发展现状

截至2013年7月，安贷客已开通了338个全国分站，基本覆盖了国内地级市以上主流信贷城市，已积累约8 500款主流贷款产品，超过3 600家信贷机构和信贷员入驻，为贷款用户提供了超过250万次的搜索服务，让贷款用户快速找到适合自己的信贷产品和机构。

三、中国在线金融超市经典企业和商业模式

(一) 大童网

大童网是目前中国最大的专业性保险网上超市,能够为保险消费者提供简易保险产品的在线选购,以及综合性保障方案的评估与设计,以专业、客观、中立、公正的立场,帮助广大消费者轻轻松松选保险,明明白白享保障。

1. 公司介绍

大童网由中国保险监督管理委员会批准设立的全国性专业保险中介机构——北京大童保险经纪有限公司(简称"大童经纪")创立。大童经纪总部设在北京,注册资本1 000万元,综合经营人寿保险、财产保险中介服务业务,以及法律许可的其他金融产品销售服务业务。大童经纪的股东大童集团资本实力雄厚,是中国保险专业中介领域的领先企业。大童网依托大童集团强大的信息技术支持和产品采购能力,拥有电子商务平台、电话服务平台、核心业务系统、核心财务系统等专业化、规范化、标准化的后援运营支持平台,能够提供近40家保险供应商的1 000余种金融保险商品够客户选购,是中国内地品种最全、规模最大、专业最强、服务最优的网上保险超市和保险交易平台,涵盖了健康、养老、医疗、子女教育、旅游出行、人身保障、投资理财等各个方面。大童网对纷繁复杂的保险条款进行了简明化的分类、通俗化的解读和形象化的展示,便于消费者快速定位自己的需求,与同类商品进行对比,并从中挑选最适合的商品和组合方案。

2. 产品领域

(1) 意外保险:签证保险、旅游保险、交通保险、航空意外保险、自驾保险、人身保险、老年保险等。

(2) 少儿保险:学平保险、少儿重疾保险等。

(3) 健康保险:重疾保险、医疗保险、母婴保险、女性保险、护理险、失能保险等。

(4) 理财保险:养老保险、教育金保险、万能险等。

(5) 财产保险：企业财产保险、家庭财产保险、运输工具保险、房屋贷款保险、货物运输保险等。

(6) 责任保险：公众责任保险、产品责任保险、雇主责任保险等。

(7) 其他。

3. 商业模式

对于意外、旅游、出行、签证等保险需求，消费者能够非常便捷地在大童网上进行对比与下单，在线支付之后即可享有相应的保险保障。

对于家庭综合性的保障需求，消费者既可以在大童网丰富全面的产品体系中寻找自己喜欢的保险，也可以借助大童网的专业力量帮助进行选择。只要通过 400-606-7711 服务电话，或者大童网在线客服，就可以预约大童网客户经理（全部具备保险经纪人专业资格）的现场服务，进行专业的风险评估、需求分析、保险整理及财务规划，在此基础上为消费者进行保险解决方案的设计，从消费者的角度出发，以消费者需求为导向，货比三家，选择最适合的商品和服务，并帮助完成保险商品的购买、签约手续。

通过大童网购买保险的消费者，还可以享受终身的"全程代办服务"。大童网不仅提供保险商品货比三家的选购服务，还为保险消费者提供全方位的保险咨询、保单维护、报案索赔、保险提醒等服务或代办。

大童网立足于"建设老百姓身边的金融保险超市"的商业使命，将"第一忠诚客户"和"客户满意"作为最高的工作要求和服务标准，不断创新和探索保险网络销售服务模式，以优化中国老百姓的保险消费环境，为客户提供"自由、便捷、安全、贴心、专业"的全新的金融保险消费新体验。

（二）格上理财

北京格上理财顾问有限公司（简称"格上理财"）成立于 2007 年 11 月 26 日，注册资本金 2 000 万元。提供阳光私募基金、券商集合理财产品、私募股权基金、固定收益产品等高端理财产品的投资顾问服务，为高净值客户建立一个中立的专业理财服务平台。

1. 公司简介

格上理财是独立的第三方理财机构，专业的投资研究中心，国内领先的理财服务平台，提供包含阳光私募基金、信托、私募股权基金（PE）等高端理财产品的投资顾问服务。

格上理财始终秉承专业、独立、审慎的原则，切实站在客户的立场，根据客户的实际情况，提供从理财咨询、产品导购、组合配置到跟踪调整的一站式投资顾问服务。格上理财以客户家庭资产保值为前提，为客户寻求最合理的增值效果。

2. 商业模式

（1）服务项目。

①及时、全面的理财投资资讯。

②高端理财产品投资顾问。

③专业家庭资产配置指导。

④专属顾问、一站式服务。

⑤精英会馆、投资俱乐部。

（2）服务方向。

①甄选出最具投资价值的理财产品。

②帮助客户优先购买顶级理财产品。

③帮助客户避免各种隐藏的投资风险。

④为客户做出追加、赎回等动态调整建议。

（3）服务优势。

①专业。格上理财以领先的财富管理体系，配备专业研究团队，专注审视国内外宏观经济变化，深度分析并挖掘优质的理财产品。

②独立。格上理财独立于基金公司、信托公司、银行等产品提供机构，以独立的立场，为投资人提供专业、独立、审慎的投资顾问服务。

③审慎。格上理财定位于为高净值人士提供投资顾问服务，以家庭资产保值为前提，寻求合理的增值效果，审慎的态度是实现这一目标的保障。

（4）服务理念。

①一对一服务：专业理财顾问一对一服务；分享领先的财富管理学堂；家人共享贵宾礼遇。

②一站式服务：我们与客户同行，依据不同的投资需求提供解决方案；丰富的产品线（信托、阳光私募基金、PE）可满足客户各类投资需求；格上理财传递最新的投资情报，深度感触市场脉动。

（三）91 金融超市

1. 公司简介

91 金融超市是中关村互联网金融行业协会 33 家发起机构之一，公司于 2011 年 11 月成立，同月获得经纬创投的首轮投资，获评北京市战略性新兴产业工程 2012 年度重点培育项目。公司于 2013 年 9 月，获得多家机构 6 000 万人民币的第二轮投资。2014 年，公司业务将会从北京扩展到全国 80 个重点城市，预计 2015 年公司每年服务金融消费者将会超过 200 万人，交易金额将会超过 3 000 亿人民币。按照公司的发展规划，将于 2016 年冲击 A 股主板市场。

91 金融超市是一个在线金融产品导购和销售平台，团队成员主要来自中国农业银行、浙商银行、新浪、百度等公司，超过一半为金融数据及互联网金融产品研发人员。通过电脑、手机 App、400 电话等通道为金融消费者提供金融产品信息、比较购买推荐、消费决策依据以及直接购买等服务。

2. 商业模式

（1）战略目标。

91 金融超市自己并不参与交易，而是引入多元化的银行产品和大量专业银行业务人员，让用户和业务人员直接联系对接。它已经与数百家银行和金融机构达成合作。高效管理创造奇迹，有效、快速的解决通路是人才脱颖而出、生产力解放的强有力武器。

（2）建立数据库。

91 金融致力于建立最具价值的金融消费者数据库和最丰富的金融产品数据库。帮助全中国所有金融产品的消费者，都可以用最快的速度、最低的成本获得最适合自己的金融产品，并且在消费过程中享受到 7×24 小时免费定制化的顾问式服务。

（3）产品领先。

91 金融超市领先之处在于，拥有应有尽有的金融产品、解决同类金融服务机构的比较问题、汇聚最多的金融机构和优惠渠道。你可以打开链接，使用 20 多种专用计算器，所有想解决的计算问题，在这里即可搞定。产品设计完全基于用户考虑，计算器不仅涵盖金融服务，甚至包括还房贷计划、个税计算器等。91 金融超市还增加了用户的社交体验，实现了跨屏使用：不仅可以通过网站访问，还可以通过手机 App 直接在手机上完成操作，还可以通过微博、微信等社交网络完成。

(4) 产品体系。

①贷乐发：一网打尽中国金融服务产品，打造金融产品信息池，帮用户快速找到适合、低成本的信贷产品。

②易贷天下：金融领域的"天猫"，知名贷款机构的直接网销平台，为用户提供最合适的信贷产品。

③车险通：服务中国 2.1 亿元车险消费者的专业车险网站。

④91 贷款网：专业的贷款信息免费发布平台。

91 金融超市为实现互联网金融行业的高效、安全运转提供了创新思维和宝贵经验。随着 91 金融超市的发展，更成熟的运作模式将成为中国金融服务业改良的动力之一。

第三节　互联网金融门户平台模式与运营方略

一、互联网金融门户平台运营模式全透视

互联网金融门户提供了交易环节外的在线金融服务，这种智能化的运营模式将大数据技术、垂直搜索技术与金融顾问、贷款初审等传统金融服务相结合，实现了金融搜索方式以及金融业务流程的更新。虽然互联网金融门户的聚集产品类别不尽相同，但是其核心均在于利用数据的可追踪性和可调查性等特点，依托数据分析以及数据挖掘技术，根据客户的特定需求，为其筛选并匹配符合条件的金融产品。

下面以中国互联网金融知名人士，《互联网金融》一书作者罗明雄发表的关于互联网金融门户运营模式分析文章，根据互联网金融门户聚集产品类别的分类方式，对几类互联网金融门户商业模式进行分析。

（一）P2P 网贷类门户

1. 定位

P2P 网贷类门户仅仅聚焦于 P2P 网贷行业，并不涉及银行等金融机构的传统信贷业务，因此，将其与传统信贷类门户加以区分，单独归类进行分析。

P2P 网贷类门户与 P2P 网贷平台存在本质上的差异。P2P 网贷平台是通过 P2P 网贷公司搭建的第三方互联网平台进行资金借、贷双方的匹配，是一种"个人对个人"的直接信贷模式。而 P2P 网贷类门户的核心定位是 P2P 网贷行业的第三方资讯平台，是 P2P 行业的外围服务提供商，通过为投资人提供最新的行业信息，并为其搭建互动交流平台，致力于推动 P2P 网贷行业健康发展。

现阶段，国内典型的 P2P 网贷类门户有网贷之家、网贷天眼以及 P2P 速贷导航等。

2. 运营模式

P2P 网贷门户网站秉承公平、公正、公开的原则，对互联网金融信息资源进行汇总、整理，并具备一定的风险预警及风险揭示功能，对网贷平台具有一定的监督作用。

3. 盈利模式

目前，第三方资讯平台类互联网金融门户的盈利模式与传统资讯类网站的盈利模式相比并无太大差异，主要是通过广告联盟的方式来赚取利润。不难看出，该盈利模式的核心就在于流量，依靠网站的流量、访问量和点击率来吸引广告。门户日均访问量越多，越容易吸引企业投放广告，从而获取更多利润。

此外，有一部分 P2P 网贷类门户还通过对 P2P 网贷平台进行培训及相关咨询服务的方式来实现营收。

（二）信贷类门户

1. 定位

与 P2P 网贷类门户不同，信贷类门户主要与银行及相关金融机构直接对接。目前，该类别互联网金融门户核心业务形态主要以"垂直搜索＋比价"为主，因此，信贷类门户定位是信贷产品的垂直搜索平台，将传统的线下贷款流程以及信贷产品信息转移到网络，为传统信贷业务注入互联网基因。

2. 运营模式

鉴于信贷类门户的核心定位为垂直搜索平台，因此该类门户不参与借贷双方的交易，也不做属于自己的信贷产品。

在该类网站上，客户可以搜索到不同金融机构的信贷产品，并通过各类产品间的横向比较，选择出一款适合自身贷款需求的信贷产品。

在信贷产品信息采集方面，信贷类门户通过数据采集技术以及合作渠道提供的信息建立数据库，汇聚着各类信贷产品信息，并对产品信息进行实时更新，以确保客户搜索到的产品信息真实可靠。

在信贷产品搜索及匹配方面，信贷类门户设计了简明的信贷产品搜索框，包括贷款类型、贷款金额以及贷款期限等，便于精准定位客户的贷款需求，并根据其不同的需求进行数据分析和数据匹配，为客户筛选出满足其特定需求的信贷产品，供其进行比价。

最后，在客户申请贷款完成后，可通过信息反馈系统，即信贷经理评价以及用户短信评价两种方式，来实现金融O2O模式的闭环。

3. 盈利模式

现阶段，其收入来源主要以推荐费以及佣金为主，广告费、咨询费以及培训费等收入相对占比较低。

具体来看，信贷类门户依然具有门户网站属性，因此，互联网门户的流量价值自然会吸引在线广告的入驻，从中收取广告费用。但是广告联盟的盈利模式并不是信贷类门户实现盈利的主要方式。

（三）保险类门户

1. 定位

保险类门户的核心定位分为两类，一类是聚焦于保险产品的垂直搜索平台，利用云计算等技术精准、快速地为客户提供产品信息，从而有效地解决保险市场中的信息不对称问题。典型代表有富脑袋、大家保、EhealthInsurance以及Insurancehotline等。另一类保险类门户定位于在线金融超市，充当的是网络保险经纪人的角色，能够为客户提供简易保险产品的在线选购、保费计算以及综合性保障方案等专业性服务。典型代表为大童网、慧择网以及 Leaky 等。

保险类门户为客户提供了一种全新的保险选购方式，并实现了保险业务流程的网络化，具体包括保险信息咨询、保险计划书设计、投保、核保、保费计算、缴费、续期缴费等。

2. 运营模式

保险类门户对各家保险公司的产品信息进行汇总，并为客户和保险公司提供了交易平台。同时，为客户提供诸如综合性保障方案评估与设计等专业性服务，以确保在以服务营销为主的保险市场中，依靠更好的增值服务争取到更多的客户资源。

目前，虽然国内外保险类门户数目繁多，但按其业务模式划分，保险类门户以 B2C 模式、O2O 模式以及兼具 B2C 和 O2O 的混合业态经营模式三类模式为主。

3. 盈利模式

纵观国内外的保险类门户，其盈利模式通常可以分为以下三种：第一种是客户完成投保后所收取的手续费；第二种是依托保险类门户规模大、种类全、流量多等优势，通过广告联盟的方式收取广告费用；第三种是向保险机构或保险代理人提供客户信息和投保意向，从中收取佣金。

（四）理财类门户

1. 定位

理财类门户作为独立的第三方理财机构，可以客观地分析客户理财需求，为其推荐相关的理财产品，并提供综合性的理财规划服务。理财类门户与信贷类门户、保险类门户的定位的差别只是在聚焦的产品类别上有所不同，其本质依然分为垂直搜索平台以及在线金融超市两大类，并依托于"搜索+比价"的核心模式为客户提供货币基金、信托、私募股权基金（PE）等理财产品的投资理财服务。此外，部分理财类门户还搜集了大量的费率信息，以帮助客户减少日常开支。

2. 运营模式

理财类门户并不参与交易，其角色为独立的第三方理财机构。理财类门户通过合作机构等供应渠道汇集了大量诸如信托、基金等各类理财产品，并对其进行深度分析，甄选出优质的理财产品以供客户搜索比价。

同时，通过分析客户当前的财务状况和理财需求，如资产状况、投资偏好以及财富目标等，根据其自身情况为用户制定财富管理策略以规避投资风险，向其推荐符合条件的理财产品，并为其提供综合性的理财规划服务。

3. 盈利模式

现阶段，理财类门户的盈利模式较为单一，主要以广告费和推荐费为主。理财类门户通过带给理财产品供应商用户量和交易量，收取相应的推荐费，因此其盈利模式的关键在于流量。所以，有效地提高转化率，将流量引导到供应商完成整个现金化过程，将成为理财类门户稳定收入来源的重要保证。

（五）综合类门户

1. 定位

综合类门户的本质与信贷类门户、保险类门户以及理财类门户并无太大差异，其核心定位依然是互联网金融领域的垂直搜索平台和在线金融超市。综合类门户与其他门户的不同之处在于所经营的产品种类，后三者均聚焦于某种单一的金融产品，而综合类门户则汇聚着多种金融产品。

综合类门户本身不参与交易，而是引入多元化的金融产品和大量相关业务人员，为客户搭建选购各类金融产品以及与业务人员联系对接的平台。

2. 运营模式

综合类门户主要起到金融产品垂直搜索平台以及在线金融超市的作用，业务模式仍然以 B2C 及 O2O 模式为主。

3. 盈利模式

综合类门户的盈利模式可以划分为以下三种：

首先，综合类门户依托其流量价值，吸引在线广告的入驻，从而收取广告费用。其次，综合类门户通过向金融机构推荐客户和交易量，从中收取相应的费用。最后，综合类门户通过撮合交易，收取相应佣金。在客户购买金融产品的过程中，综合类门户可为其进行全程协助，待交易完成后向金融机构收取一定比例的费用作为佣金。

互联网金融门户的产生顺应了移动互联网的发展趋势。虽然上述几种互联网金融门户的聚集产品类别不尽相同，但是它们都在创新搜索方式、简化操作流程等方面作出了重要贡献，聚拢了更多的客户资源。

二、互联网金融样本：融360的贷款玩法

（一）培养用户"找贷款，上融360"的习惯

淘宝培养了全民网购的习惯，一家名叫融360的贷款个性化推荐网站，正试图培养用户"找贷款，上融360"的习惯。

贷款者只需要登录融360网站，填写一张关于贷款金额、年限、收入等相关信息，就可以向金融机构申请贷款。

在申请过程中，融360还提供了货比三家的功能。比如，某用户申请1 000万元的经营贷款，可以快速查询有哪些家金融机构提供这种贷款，还可以细致查看贷款条件，是否需要房产抵押、担保，亦能知道放款时间，可以对比各家的成功度、贷款额度。借助这些透明的信息，申请者可以进行自主选择。

"这种方式可以低成本、高效率地帮助金融机构完成初步的客户筛选，还可以提高申请者与银行之间的配比度。"融360联合创始人、CEO叶大清认为，互联网的透明、公正、高效会让贷款者与金融机构都受益。

与融360一样，好贷网、91金融等公司也正在卡位中小企业和个人贷款市场。这些企业正将那些传统的线下贷款的流程、信息正搬到网上，正如当初电子商务将零售业搬到网上一样。

"物理渠道衰落，电子渠道兴起，金融搜索和金融产品销售平台两种模式具有大商机。"宏源证券副所长、知名计算机行业分析师易欢欢认为，像零售渠道被改变一样，线下的金融机构网点亦会逐步萎缩，互联网平台将成为金融机构获得客源的重要渠道。

（二）线上信用卡生意

最近，融360悄然上线了信用卡频道。用户除了浏览各家银行信用卡信息

外，更可以申办信用卡及信用卡贷款。

"上线后几天内，每天就有 2 万多个用户访问。"叶大清告诉记者，对消费者来说，信用卡是一个很好的短期周转、消费的工具。对机构来说，既可以覆盖资金需求相对较小的人群，也是征信的好手段。

目前，国内信用卡行业还处于发卡阶段。现在，全国的信用卡持有量在 2 亿张左右，但是美国等发达国家的信用卡持有是每人两三张。叶大清认为，信用卡发到一定规模，就有机会将信用卡申请、贷款申请的业务规模做大。

而信用卡申请市场才刚刚开始，诸如我爱卡等信用卡网的业务基本是帮助金融机构发卡。"线下渠道办信用卡，发卡机构发一张卡，至少需要花 200 ~ 300 元，这还不算激活。但是，在网上发一张信用卡的成本是 100 多元。"我爱卡创始人涂志云告诉记者，并且，线下很多人办卡，是为了送的小礼物，激活率只有 50%，而线上办卡的激活率往往高达 90%。

在创业之前，叶大清曾担任 Paypal 中国区市场总经理，以及美国运通多渠道营销总监。10 多年的银行和互联网行业的从业经验告诉他这其中的机会很大：首先，可以帮助金融机构发卡，第一笔佣金便可以赚取。接下来，可以对这些信用卡会员进行管理，也可以帮金融机构推送相关营销信息。未来，借助用户的信用记录，还可以提供信用卡贷款服务。

一家银行信用卡中心曾做过全量数据分析，60% 的大额分期用户在 1 年内会有第二次分期行为，而同时有两笔或两笔以上大额分期的用户占总分期用户的近 20%。这意味着通过信用卡分期可以做大市场。

既便是发卡，融 360 也将用互联网的高效率来做一些创新。在线下，用户从申请信用卡到最终拿到信用卡，往往需要花费一两个月的时间。而在网上申请，一般 7 天到 10 天就能够收到信用卡。叶大清表示，未来要围绕申卡体验、办卡速度、核卡的审批率进行优化，将创新用户申卡的流程。

而一位互联网金融行业人士认为，信用卡往往是银行创新产品最多、最活跃的部门，通过流程优化，融 360 希望能够用互联网来驱动银行的流程创新。

三、好贷网：中小企业贷款的"天猫商城"

对广大草根创业者来说，如何才能获得创业急需的资金？有人把创业者容易碰到的困境总结为:"银行有钱,不给贷;高利贷有钱,不敢贷;VC有钱,嫌咱太小。"

如何解决这样的困境?近日,贷款搜索平台好贷网,联合社区软件提供商"Discuz!"及第三方金融机构,推出了一个总额1 000万人民币的公益贷款基金,为普通的互联网和移动互联网创业者提供低息贷款。同时,好贷网还搭建了创业者与愿意提供零利息贷款的风险投资机构的沟通合作平台。

据好贷网联合创始人、总裁李明顺介绍,这只是好贷网针对一些垂直市场提供的特色化服务之一。好贷网自身的目的,在于打造一个促成贷款供需双方交易的平台,类似于贷款领域的"天猫商城"。

1. 贷款平台

据《21世纪经济报道》记者了解,好贷网本身不提供贷款,而是重点着眼于帮助个人、中小企业筛选金融市场上的正规贷款渠道,让需要贷款的人和提供贷款的业务人员直接沟通匹配,打造一个正规方便的信贷直销平台。

李明顺表示,这一市场的需求其实非常大。"平时我们经常会收到各种小广告和短信,问你要不要贷款。"而另一方面,国内中小企业贷款难问题却非常突出。据好贷网提供的数据显示,中国4 000万中小企业中,90%以上都有贷款需求,但真正能获得贷款的仅不足5%。

造成这种现象的原因有很多,核心的几点包括贷款信息匮乏、信息不对称以及担心信息不安全。事实上,很多需要贷款的企业或个人,完全不清楚目前市场上到底有哪些贷款渠道。

于是,李明顺和几个创始人决定一起搭建这么一个平台。目的就是为借贷人寻找最佳的正规贷款渠道,也能帮银行及各类金融机构寻找到精准匹配的信贷客户。

据记者了解,好贷网的合作方均为国家指定的合法贷款机构,包括银行、小贷公司、担保公司、典当行等。

2. 带来的风险及法律问题

目前,好贷网已经开通北京、上海、广州、深圳、杭州、南京、天津等21个城市,共覆盖超过300家银行、小额贷款公司、典当行及各类正规金融机构。

另据央行年初发布的报告,据初步统计,2012年末金融机构人民币各项贷款余额62.99万亿元，同比增长15%，全年增加8.2万亿元。

其中小微企业贷款增长快于各项贷款。年末，主要金融机构及主要农村金融机构、城市信用社和外资银行人民币小微企业贷款余额11.58万亿元，同比增长16.6%。

事实上，好贷网的本质在于利用技术的手段，将上述巨大的贷款市场逐步互联网化，打造一个贷款领域的"天猫商城"。

3. 垂直服务

除了搭建一个解决"信息流"问题的平台，好贷网还会针对一些垂直市场提供更多的服务。

比如针对中小站长等群体提供低息贷款的服务。由好贷网联合社区软件提供商"Discuz!"及第三方金融机构，推出了一个总额1 000万人民币的公益贷款基金。

据好贷网方面介绍，上述公益贷款基金年利息最低为零利息，最高利息不高于日利息万分之三，年化利息低于11%。在贷款周期方面，活动最低贷款周期为1个月，最长贷款周期一般为6个月。

草根创业者仅需满足网站或应用上线1年以上、日独立用户访问1万以上、月收入1万元以上这三个条件中的任意一个，或有3个以上符合上述标准的创业者协助担保，即有机会获得贷款。

李明顺表示，之所以提出这样相对宽松的贷款要求，是因为公司团队以及"Discuz!"对中小站长群体的长期了解，知道这一群体需要什么，也知道对放贷方来说哪些因素比较关键。

"我们可以为放贷方提供一些参考的数据，告诉他们哪些指标比较关键，帮助他们来决策。"李明顺表示，好贷网未来会继续在一些垂直市场找到一些特殊化服务。

四、门户网站市场营销的战略优势、战略目标及品牌战略

（一）门户网站的概念

广义注解：这里是一个应用框架，它将各种应用系统、数据资源和互联网

资源集成到一个信息管理平台之上，并以统一的用户界面提供给用户，使企业可以快速地建立企业对客户、企业对内部员工和企业对企业的信息通道，使企业能够释放存储在企业内部和外部的各种信息。

狭义注解：所谓门户网站，是指通向某类综合性互联网信息资源并提供有关信息服务的应用系统。门户网站最初提供搜索引擎、目录服务，后来由于市场竞争日益激烈，门户网站不得不快速地拓展各种新的业务类型，希望通过门类众多的业务来吸引和留住互联网用户，以至于目前门户网站的业务包罗万象，成为网络世界的"百货商场"或"网络超市"。从现在的情况来看，门户网站主要提供新闻、搜索引擎、网络接入、聊天室、电子公告牌、免费邮箱、影音资讯、电子商务、网络社区、网络游戏、免费网页空间等。

（二）战略优势

1. 网络宣传是多维宣传

传统媒体是二维的，而网络宣传则是多维的，它能将文字、图像和声音有机地组合在一起，传递多感官的信息，让顾客如身临其境般感受商品或服务。网络宣传的载体基本上是多媒体、超文本格式文件，宣传受众可以对其感兴趣的产品信息进行更详细的了解，使消费者能亲身体验产品、服务与品牌。这种图、文、声、像相结合的宣传形式，将大大增强网络宣传的实效。

2. 网络宣传拥有最有活力的消费群体

网络宣传的目标群体是目前社会上层次最高、收入最高、消费能力最高且最具活力的消费群体。这一群体的消费总额往往大于其他消费层次之和。

3. 网络宣传制作成本低，速度快，更改灵活

网络宣传制作周期短，即使在较短的周期进行投放，也可以根据客户的需求很快完成制作，而传统宣传制作成本高，投放周期固定。另外，在传统媒体上做宣传发布后很难更改，即使可以改动，往往也须付出很大的经济代价。而在互联网上做宣传，能够按照客户需要及时变更宣传内容。这样，经营决策的变化就能及时实施和推广。

4. 网络宣传具有交互性和纵深性

交互性强是互联网络媒体最大的优势，它不同于传统媒体的信息单向传

播，而是信息互动传播。通过链接，用户只需简单地点击鼠标，就可以从厂商的相关站点中得到更多、更详尽的信息。另外，用户可以通过网络直接填写并提交在线表单信息，厂商可以随时得到宝贵的用户反馈信息，进一步缩短用户和宣传客户之间的距离。同时，网络宣传可以提供进一步的产品查询需求。

5. 网络宣传能进行完善的统计

"无法衡量的东西就无法管理。"网络宣传通过及时和精确的统计机制，使用户能够直接对信息的发布进行在线监控。而传统的信息发布形式只能通过并不精确的收视率、发行量等来统计投放的受众数量。

6. 网络宣传可以跟踪和衡量宣传的效果

用户能通过 Internet 即时衡量宣传的效果。通过监视宣传的浏览量、点击率等指标，用户可以统计出多少人看到了发布的信息，其中有多少人对发布的信息感兴趣，进而进一步了解了信息的详细信息。因此，较之其他宣传方式，网络宣传使用户能够更好地跟踪受众的反应，及时了解用户和潜在用户的情况。

7. 网络宣传的投放更具有针对性

通过提供众多的免费服务，网站一般都能建立完整的用户数据库，包括用户的地域分布、年龄、性别、收入、职业、婚姻状况、爱好等。这些资料可帮助用户分析市场与受众，根据信息发布目标受众的特点，有针对性地进行信息发布，并根据用户特点作定点投放和跟踪分析，对投放效果作出客观、准确的评价。另外，网络宣传还可以提供有针对性的内容环境。不同的网站或者是同一网站不同的频道所提供的服务是不同质且具有很强的类分别的，这就为密切迎合用户的兴趣提供了可能。

8. 网络宣传的受众关注度高

据资料显示，电视并不能集中人的注意力，电视观众中40%的人同时在阅读，21%的人同时在做家务，13%的人在吃喝，12%的人在玩赏他物，10%在烹饪，9%在写作，8%在打电话。而网上用户中55%在使用计算机时不做任何其他事，只有6%同时在打电话，5%在吃喝，4%在写作。

9. 网络宣传缩短了媒体投放的进程

用户在传统媒体上进行市场推广一般要经过三个阶段：市场开发期、市场巩固期和市场维持期。在这三个阶段中，厂商要首先获取注意力，创立品牌知名度；在消费者获得品牌的初步信息后，推广更为详细的产品信息。然后是建立和消费者之间较为牢固的联系，以建立品牌忠诚。而互联网将这三个阶段合并在一次信息发布中实现：消费者看到网络宣传，点击后获得详细信息，并填写用户资料或直接参与用户的市场活动甚至直接在网上实施购买行为。

10. 网络宣传传播范围广、不受时空限制

通过国际互联网络，网络宣传可以 24 小时不间断地将信息传播到世界的每一个角落。只要具备上网条件，任何人在任何地点都可以阅读。这是传统媒体无法达到的。

11. 网络宣传具有可重复性和可检索性

网络宣传可以将文字、声音、画面完美地结合之后供用户主动检索，重复观看。而与之相比，电视宣传却是让用户被动地接受宣传内容。如果错过宣传时间，就不能再得到发布信息。另外，显而易见，较之网络宣传的检索，平面宣传的检索要费时、费事得多。

12. 网络宣传具有价格优势

从价格方面考虑，与报纸、杂志或电视宣传相比，目前网络宣传费用还是较为低廉的。获得同等的宣传效应，网络宣传的有效千人成本远远低于传统宣传媒体。一个宣传主页一年的费用大致为几千元人民币，而且主页内容可以随企业经营决策的变更随时改变，这是传统宣传媒体不可想象的。

（三）战略目标

1. 更高效的新用户发展

有统计显示，获取一名新用户的成本是保留一名现有客户的 7 倍。这就需要企业能够精确进行目标客户定位，理解客户的需要和需求，策划和执行高效的营销活动，通过最恰当的营销渠道和沟通策略向客户传递正确的营销意图。

2. 更高的客户忠诚度

客户服务营销的一个最重要的目的就是要提高客户的满意度，通过营销与服务流程的优化，改善客户体验，从而提高客户满意度，降低客户流失率。这就需要企业能够有效地对产品和服务的设计和提供过程进行分析，不仅能够识

别客户的忠诚度和生命周期价值，并能通过整合的营销沟通策略来优化与客户的关系。

3. 更大的客户占有率

在目前激烈的客户竞争中，仅仅简单地将营销目标定位于保留客户是远远不够的，应当让客户将更多的消费集中于本企业的产品和服务上，让客户享用企业更多的产品与服务组合，或是提高客户在某一产品或服务上的消费水平，即提高忠诚客户的占有率变得越来越重要。通过交叉销售、向上销售来提高客户的购买水平是最直接采用的营销方式。但企业的营销经理仍然面临着几大难题：如何保证销售活动的效果？向哪些客户进行营销？向他们推荐什么产品和服务？在什么时间以什么方式进行？

4. 更佳的营销投资回报率

很多企业已经认识到，当定位于不同的客户、不同的营销渠道、不同的产品和服务时，营销投资回报率经常会有较大的差异。要保证营销投资回报率，就需要理解客户的生命周期价值，根据不同的客户价值来优化并控制产品与服务的提供成本，加强营销风险管理能力等。企业的营销经理都已经认识到，并非所有的客户都应等同对待。企业应当为那些给企业带来高额利润的客户提供更好的服务，而对于那些带来较低收益的客户提供价值相对等的服务，并通过服务营销来提升客户的收益贡献水平和利润贡献率。以上这些都是企业在进行。根据国际上的服务营销的成功经验，要提高企业的个性化营销的能力，都需要基于以下四项关键的营销能力的建立，即客户数据管理能力、客户分析能力、营销活动管理能力，以及洞察驱动的客户互动能力。

（四）品牌战略

前些年第三种人营销高峰论坛在上海国际会议中心开幕。此次论坛邀请了众多业内人士，以"如何利用好门户的主导价值将整合传播最大化"为议题，针对门户网站营销进行深入讨论，以帮助企业更好地借助互联网进行营销。

1. 门户网站未来有哪些——营销机会

（1）娃哈哈市场部部长杨秀玲：互联网视频有着很好的发展契机。互联网视频有别于传统媒体，更为年轻化、时尚化、现代化和更具创新性，这是我们未来要非常关注和持续研究的。

（2）招商银行品牌管理室高级经理袁晓懋：门户网站作为整合性的体验平台在服务行业的发展空间非常大。另外，运用门户网站进行整合营销，对于金融产品的交叉销售会提供非常大的帮助。同时，它不仅仅是一个营销传播平台，而且是一个巨大的交流平台。

（3）新生代市场监测机构媒体研究总经理肖明超：整合营销，把互联网的营销价值放大。如今网络营销的价值还远远没有被挖掘出来。要更深入地研究网民在门户网站的触点。

2. 如何利用门户网站的主导价值——将整合传播最大化

（1）杨秀玲：与权威门户网站合作，强强联手才能双赢。

（2）袁晓懋：通过整合营销积累出消费者的互动体验至关重要。

（3）肖明超：把门户网站作为媒体整合中非常重要的一环。有影响力的营销活动要想办法得到门户网站的支持。

五、互联网金融门户网站营销的实战方略

下面介绍一位互联网金融门户网站站长在互联网金融门户网站营销中实战的切身体会。

（一）互联网网站营销需要注意的几个环节

对于站长来说，做网站的目的很直接，就是要盈利。而决定网站盈利与否与盈利多少的最重要问题就是流量问题，有了高的流量访问，就代表有了高的关注度，那么广告、推广，一个个就跟着来，网站自然走向盈利的方向，所以为了流量，站长们绞尽脑汁地去宣传和推广，甚至不惜利用话题炒作，都期望自己的网站会有较高的知名度和关注度，来提高网站的流量。然而，这样做你真的获得了预想中的流量吗？

1. 明确域名对网站的影响

记得有一个朋友，网站失利的时候联系过我，问我是否有相关的好的域名。他觉得自己的域名不好，所以才会导致通过宣传引导来的用户留不住。记

得当时我给他举了一个否定域名和网站绝对关系的例子，就是开心网。开心网的成功并不是因为它有好的域名，但是它一样成功了。我想我的朋友应该明白了，网站的域名就像给小孩子取名字一样，虽然很重要，但是一个名字真的不能影响这孩子的一生。比如我的名字是曲子龙，家长给取名的时候寓意"望子成龙"，而因为我有这样的一个好名字，但有了好名字就势不可当了吗？答案是否定的。老板和用户都是一样，他们更看重内容。对于人来说，是你的学识、是你的涵养；而对于一个网站来说，就是其实质内容，能不能吸引用户。只要在某些方面可以做到吸引用户，而且在这方面是独一无二的，那么哪怕域名很差、很长、很难记，用户也会把你网站的地址复制下来，存储在他的QQ签名里，或者收藏在浏览器的网站收藏夹里。

有好的域名固然好，但如果把太多的时间放在淘域名上，我个人感觉就不必要了。我更建议你选一个差不多看上去还不赖的域名，把节省下来的时间用在思考自己网站如何做内容，才能吸引用户、留住用户上更好些。

2. 理解网站服务器是核心

说这句话的时候，我有点小无奈，所以一定要把这个问题揪出来。我之前是做医疗行业站群的，做了将近四年，一台服务器上有二十多个站，每个站百度收录都不会低于10W，流量就不用说了，反正收入还算客观，只是很可惜，合作了四年的IDC突然消失，服务器本身也是我自己的，但是呢，因为无良IDC联系不上，导致我二十多个站点数据全失，因为服务器是租用一年送产权的，所以服务器算是自己的，备份是1T盘一备一运，结果所有的防备都没用，以为自己的服务器足够安全了，可是没想到无良IDC对我的影响，导致我创业路一下变得昏暗。其实举这个例子没有别的拐弯抹角的意思，就是想让一些真正想要做网站的朋友，还是去选择比较靠谱的大服务商，哪怕贵点，至少真的靠谱啊！

当然了，好的服务器也会大大地提高自己的网站访问速度和空间质量，如果你网站的内容做得很好，但是网速太慢，人的耐心是很有限的，虽然你东西好，但是没看见谁知道？家庭网速如果十几秒都打不开你的网站，如果是我，一定会直接关闭的。另外，搜索引擎的蜘蛛也是有脾气的，如果你的网站速度糟糕，我想搜索引擎也是不方便抓取的。所以说，网站服务器是核心。

3. 坚持用户体验是王道

前不久腾讯门户改版，曲优也写了一篇《从7.3腾讯门户改版谈门户网站用户体验环节》的文章，讲了腾讯改版后出现的一些问题。一直以来大家都在谈用户体验，如果说用户体验一直都是一个热话题，那么真正的用户体验到底都包含什么呢？

我个人认为要从网站整站美工、内链和网站整体内容三个角度来讲，网站美工很好解释，我们把网站比喻成美女，一个长得好看的女孩子走在大街上，你一定会多去看两眼。而从现在大众的欣赏角度去看，大家更喜欢清纯的女孩。那么网站也是一样，简单美观的网站设计更能博得用户的青睐，看到第一眼就会觉得很舒服，所以看完后还想要看的就会继续看下去。而内链呢，就是网站的内部链接，很简单也很直接地说，就是想要内容有衔接性，当然，如果能通过用户的喜好判断内容，把用户喜欢的放在用户的眼前，那就最好了。所以从腾讯改版的问题上，我加上了这样的设想。最后就是网站的内容了。说到内容，一直都要那么一句话，内容为王。网站是否能留住用户，都是由内容支撑的。说到底，内容才是网民关注的，才是他们喜欢你网站的最终原因，所以找好定位，做原创，做优质内容，是必不可少的。

不知不觉曲子龙又稀里糊涂地写了这样的一篇文章，只是想把一些个人的观点和建议表达出来，从事网站建设的朋友也好，同学也罢，希望一起交流探讨，一起进步，最后一句话吧，我认为："互联网的本质没有问题，有问题的是人和社会，我们应该用向上的方式去创造优质和高品质的网站内容，才能最终获得用户的青睐！"

（二）提升网站盈利水平容易忽视的几个问题

运营网站实在是累心累人的活，但是如果网站运营得好，那的确能够享受到轻松赚钱的那种快感。其实很多时候网站赚钱离我们并不遥远，只是我们由于太过于注重赚钱而忽略了某些细节，导致网站的利润水平达不到自己的理想，下面研究的重点就是分析目前站长们常常忽视的几个问题。

1. 广告联盟的优化细节

其一是合理地布局广告联盟的广告位置。因为每个网站都有自己相应的风格色调，有些广告联盟的默认广告背景往往和主色调相差十万八千里，这自然会导致网站整体的不协调。另外要充分分析用户上网的习惯，绝大多数用户都是右手点击鼠标的习惯，当用户点击网页时，往往会将鼠标停留在右上角，此时如果右上角有自己喜欢的广告内容，那就会不自觉地点击一下，从而帮助你赚取广告费。

其二是合理地设置广告。比如文字链的广告为字体要尽量设置成淡蓝色的，因为淡蓝色已经成为超链接的一种普遍默认颜色，让用户知道这是一个链接。另外，对于文章环绕性的广告图片则应该选择 336×280（ppi）这种尺寸，当然具体的还要根据你网站页面的模板，但是其尺寸一般都是以矩形为主，这能够体现用户体验度。另外对于文字链广告还要注意一个细节，那就是尽量放在主页导航下面的位置，并且让用户不能够一眼看出这是广告位，但是却要让用户知道这是可以点击的文字。

2. 进行商业谈判的技巧

网站最大的利润来源之一就是和商家进行长期的广告合作，这涉及网站和客户商家的谈判。一般而言传统的谈判方式是提供一系列的数据，让商家相信在自己的网站上投放广告能够获得收益。这种方式本身没有错，但是如果进行适当的优化和对细节的处理，则能够更好地让商家信服，从而进入你的广告体系中。具体的方法比如同一个行业中，有两家公司是比较著名的，如果我们想要将这两家公司都纳入广告体系，首先要针对一家制作一份精美的广告设计模板，放在显眼的位置，然后再找另一家谈判，此时根据羊群从众原理，这一家肯定会很快答应合作，然后再回到最初的一家进行谈判，这样就能够将两家公司搞定。

3. 广告不是广告，体验才是核心

我们运营网站通过广告来获得利润，并不是将网站做出广告媒体，整个页面充斥着大量的平面广告、弹窗广告业对联广告等，这显然是一种损害用户体验的广告策略，就算是赚钱，那也很难持久，实际上在运营广告时，最终的目标是让网站看不到广告，但是又处处体现出广告的内容，让广告成为网站的一个整体，是提升用户体验度的一个导向。比如一个人才类型的网站，其广告的内容主要和招聘有关，那么这些广告内容就成了网站内容的一个部分，这不仅不会让用户反感，相反还能够受到用户的喜欢。

总而言之，网站的盈利模式有很多，其实我们只要运用好其中的一两种，将这一两种盈利模式做透，要比涉猎众多的盈利模式所能够获得的利润更好，这就是精度和广度的不同区别。对于个人站长而言，注重精度要比注重广度更加契合自身的运营特点。

第四节　互联网金融门户模式经典案例

一、"百度+天猫"：融360的网上信贷超市

"为什么说金融垂直搜索是一门大生意？因为金融产品在线搜索是欧美用户的主流行为，这个用户行为变迁在中国发生的速度是同步的，中国年轻一代网民表现出强烈的在线搜索金融产品的意向。调查显示，已有超过20%的网民有在线查询金融产品的习惯，试想这个数字上升到50%又会怎样？"

坐在《陆家嘴》杂志记者对面的融360联合创始人兼CEO叶大清，尽管已是浸淫互联网金融行业十多年的一名老兵，但此刻他的目光中闪烁着兴奋的光芒，双手情不自禁地比画起来，仿佛就是一位满载激情与企图心的创业新丁。

（一）上线一个月吸引千万美元风投

这也不足为奇，他于2011年10月重新出发，联合一批互联网与金融领域的成功人士创建了北京融世纪信息技术有限公司，为中小微企业和消费者提供融资贷款搜索和推荐的智能引擎——融360。

他向《陆家嘴》杂志记者透露，融360在上线一个月内就获得了凯鹏华盈、光速创投和清科集团等国际国内一流风投近千万美元的A轮投资。"今年会继续加强在产品研发、招募专业团队、强化品牌建设和市场推广上的力度。"

为什么众多知名的风投公司会青睐这样一个刚呱呱坠地的"婴儿"？叶大清将融360形容为一家"接地气的互联网公司"："成立一年多来，我们已集成了2 000多款贷款产品，同近千家国内外一流金融机构建立了合作伙伴关系，金融产品来自包括国有银行、股份制银行、外资银行、城市银行、小额贷款公司等国家认可的金融机构；目前公司服务已覆盖全国30余个城市，每月用户贷款申请额过百亿元；日均搜索量数十万，月增长40%，涵盖月百万级别的贷

款产品搜索服务。"他表示融360的目标是让中国用户普遍形成在贷款之前通过在线方式搜索和比较金融产品的习惯，并且直接在线申请并联系银行或信贷经理。能够提供丰富的选择、明显节约利息成本并节省时间，这样的服务就会有群众基础，就会有生命力。

融360的创始团队来自互联网和银行业，相信这也是吸引那些苛刻的风投大佬目光的一个关键因素。叶大清有着15年的金融和互联网行业的专业经验。在联合创立融360前，他曾任PayPal中国市场总经理，全面负责PayPal中国市场战略、品牌定位、跨境电子商务的市场培育及拓展。他曾在美国第一资本银行（Capital One Financial Corporation）从事风险战略、信用风险管理和市场分析等工作，此后任美国在线（America Online）高级市场经理一职，2007年他加盟美国运通（American Express Company）全球总部，担任多渠道和互联网营销战略总监。

融360运营和银行关系副总裁陆佳彦曾在宁波、渣打和中信等多家银行担任管理职务，拥有10余年的商业银行管理和运营经验。产品技术副总裁刘曹峰曾在百度就职，有10余年互联网公司产品与技术经验。财务人事副总裁于莉鑫则有着十余年财务和投资管理经验。而去哪儿的创始人庄辰超正是这家新创公司的天使投资人。

（二）信贷业务电商化尝试

"在线搜索会改变中国金融业吗？我认为答案是肯定的。回到我们谈话的开头，融360的判断是，两三年内通过互联网搜索的用户比例将会戏剧性地增长到50%，而不是现在的20%，这时候金融产品的垂直搜索就会成为一个用户获取金融产品的主要平台，一个银行等金融机构获得精准用户的主要渠道。这意味着在线搜索比价会成为人们获取金融产品的主要渠道，意味着在线搜索比价将会每年促成上万亿人民币的小额贷款（企业经营贷款+各类消费信贷），意味着小微企业和个人消费者每年数百亿资金的节省，同时还意味着这个行为背后将诞生价值数十亿美元的互联网金融公司。"叶大清讲起愿景口若悬河。

他强调，今后5年到10年，互联网金融改变零售金融服务业就会像电子商务改变商业世界那样迅速而彻底。

融360的创始团队认为，随着中国金融业的利率市场化及金融改革加速，产品丰富性会大大提高，此时金融机构需要寻找合适的客户，而用户又在比较合适的产品,因此在中国做金融垂直搜索很具想象空间。

融360比百度这样的信息型垂直搜索前进了一步,平台直接对接了银行信贷经理,使用户在搜索和比较之后,能够直接通过网上申请,信贷经理也可通过电话跟进接洽。叶大清认为这是一种电商化的尝试,即金融O2O和金融超市的理念。哪怕是在美国,由于产品的复杂性和风险性,金融在线化离完全非人工接触的自助式购买仍有一段距离。40%的美国网民仍然青睐ROPO模式(Research Online,Purchase Offline,即线上调研,线下电话或面对面申请)。

"这个就是贷款申请的'最后一公里',集合了诸多的重点和难点。我们对于上游金融机构的价值在于,他们批量开发优质客户的效率较低,传统的市场做法成本高企,而且目前中介信用度低,且造假严重,另外目前的客户数据基础难以支持产品创新和风险控制。而我们对下游贷款客户的价值在于,目前金融产品纷繁复杂,缺乏客观有效的方式来比较产品,贷款中介方式的成本高、效率低,用户急缺一个实用的平台——这个平台既要能提供信息的搜索和推荐,同时又能连接交易和服务。"

(三)瞄准2亿有消费需求的客户

融360瞄准的是中国2亿户有消费需求的客户,在融资完成后短短一年半的时间内低调地急速圈地,目前已经上线了30多个城市版,2015年年底计划开到60个城市,覆盖70%~80%的目标用户。

叶大清表示,融360虽然志在成为互联网金融业的"百度+天猫",但这绝不意味着它会对金融业构成致命的打击,"融360对于银行业而言不是一股革命性的颠覆力量,我们不会自己做小贷产品,我们的角色是加速银行业适应互联网,让产品和用户的匹配更高效、信息更对称。融360是银行的帮手,也可以看作是银行一块业务的外包者,但绝不是颠覆者"。

叶大清称,融360目前没有直接的竞争对手。"我们力求把银行业和互联网的人才共冶于一炉,来达到动态运营的和谐状态。这其实是两种很不同的DNA,银行的人才特征主要是稳健、等级严格,而互联网人才则更注重平等、快速,让他们坐在一起确实是一种有趣的挑战。其实他们的创新理念也不同,比如我曾经碰到一位银行领导告诉我,可以创新,但不能出错。"

而在融360,一些银行业跳槽过来的员工也开始穿牛仔裤了。

要做互联网金融的百度,首先要有百度级别的实力;要做互联网金融的天猫,则要求强大的平台运营能力。金融搜索推荐背后的技术能力是叶大清重点着力的一块内容。它涵盖搜索引擎技术、智能推荐技术、风控体系、数据分析能力、金融建模能力、银行产品开发和创新能力以及银行产品的动态运营能力。

"金融搜索网站并不是简单的购物电商网站,除了搜索和推荐技术之外,还有相关的银行技术,如严谨的风控能力、大数据背景下的精准数据分析、金融建模和数据管理等多项专业技术。互联网的快和创新必须有效结合银行业的稳健和风控。"

叶大清告诉记者,融360的收费模式主要有三种:成功用户收费、推荐有资质用户名单收费和广告收费,根据不同类型的金融机构和不同类型的产品收取佣金,收费的一个原则就是额度越高、收费越低,此外也有一部分免费服务。"我们的贷款金额最高达2 000万元,最低则为5 000元。"

二、好贷网:借贷网上撮合者

2013年3月25日,好贷网正式上线运营。作为一家线上运营仅仅数日的网站,体量与规模并非其亮点,但其新模式,或在谋求破解现有互联网金融模式劣势并探索出新路。

从互联网P2P贷款到众筹模式,再到以阿里金融为代表的体系内信用审核,发放贷款,所有的互联网金融公司都大有"取代传统银行体系"的"壮志雄心"。但好贷网并不这样想。

"与其他公司不一样,我们不觉得自己能颠覆金融体系。"好贷网联合创始人、总裁李明顺表示,"我们更务实一点,我们定位的是扮演一个工具的角色。"

作为创业者,李明顺有过创业成功的经历,这或许是他风格更加务实的一个来源。从2005年起,李开始担任论坛技术公司discuz!联合创始人。discuz!最终被作价4 200万美元出售给腾讯。而今天,李明顺的新创业领域瞄准互联网金融,尝试着与已有模式不同的新路。

(一)贷款新渠道

作为互联网金融的后进入者,李明顺将好贷网定位为"做个人贷款与现有银行体系的连接者"。

具体来说,好贷网在银行及银行信贷员中进行拓展,邀请他们注册好贷网,并发布自己所在机构的贷款产品。同时,需要借贷的普通个人客户或机构客户也递交自己的相关资料进行注册,并从好贷网上的贷款产品中选择适合自己的部分。

对于大多数需要进行无抵押小额贷款的个人或小微企业,传统的贷款路径是通过各种途径找到一家银行的信贷员,了解其贷款政策并按要求提交相关资料。

"这种传统方法的缺陷在于,一个人为了贷款20万元,不可能联系五六家银行,时间成本上也不值得。"李明顺表示,"好贷网是让所有的贷款信息集成在一个网站上,让想获得最优惠条件贷款的个人用户一次就能看完。"

"尤其是一些城商行,他们寻找优质客户的心更为迫切。"李明顺表示,"我们正好是他们营销自己的一个重要手段。"目前,好贷网已经拓展了数十家金融机构,并获得数百名信贷员的入驻。"一些城市商业银行总行主动在内部专门向自己的信贷员推荐我们的网站。"李明顺说。

目前,好贷网已经在上海、广州建立了团队,通过拜访当地银行等金融机构,进行线下拓展。现在好贷网并不向信贷员和金融机构收费,"但未来向金融机构收费会成为可能的盈利模式",李明顺表示。

"能够为银行或者其他一些正规的放贷机构找到好的客户,是我们服务金融机构的核心功能。"李明顺表示,"我们做论坛技术做了好多年,有自己的用户获取手段,成本比单个金融机构来说肯定更低。"

好贷网的第一个动作,是与李的原东家discuz!及一家第三方机构合作,推出面向互联网站长、初期创业者的低息贷款产品——"中国好贷款"。

"针对互联网创业者的这次活动,是好贷网的第一次营销活动。"李表示,"这其中不仅仅因为我个人互联网创业的经历,也是对摸索中小企业融资需求的一次摸索。"

据好贷网提供的数据显示,中国4 000万个中小企业中,90%以上都有贷款需求,但真正能获得贷款的仅不足5%。

而利用互联网把许多银行的信贷信息集中到一个平台,将大大减少中小企业客户寻找贷款、联系银行的成本,使得他们的融资多了许多选择。

(二)不是P2P

目前,P2P、众筹模式以及以阿里金融为代表的体系内自主放贷是互联网金融创新的几种主要形式,但好贷网与前述几种均有不同。

前述的金融创新均部分替代了银行的筹资功能,并标榜"改变甚至替代传统的银行体系"。但在中国的现实环境中,用户要扭转对传统银行体系的信任,其习惯的改变并非一朝一夕。

一个最典型的现实就是,P2P、众筹以及阿里金融筹资所依赖的小额信贷公司,其资金成本均在10%以上,规模总数亦不过数百亿元,"只要没有大规模的低成本资金,就很难对现有的金融体系有冲击"。

而对于P2P来说,和银行一样承担风险评估职能,并提供本金担保,成为大多数网站最后的选择。但因对于控制坏账缺乏经验,也让坏账率上升的风险成为所有互联网金融创新最大的隐患所在。

好贷网的模式并不想替代银行资金筹集和风险评估的功能。"我们相信,依靠目前最为主流的银行体系,成为帮它提高效率的工具,会更有助于我们的发展。专业的资金筹集和风险评估,他们经验更丰富。"李明顺表示。

这或许是最为明智的选择。事实上,好贷网的模式与金融产品网上销售商或更有相似之处。后者售卖的是券商开户、基金、保险等产品,而好贷网则在思考将信贷产品通过网络售卖。

在各种金融产品中,无疑信贷是需求最为广泛、总额最多的种类,其前景也更大。

由于本身并不涉及贷款风险评估、坏账损失承担以及筹集资金的功能,好贷网得以保持比较"轻"的运营,也不承担可能的坏账风险,而专注于如何低成本地获取更多更好的客户。

这正是互联网出身的好贷网团队的强项所在,他们熟谙互联网营销的技巧和经验。在金融的专业技术端,选择放手让专业的金融端去主导。

"只要能够吸引到足够多的客户,那么我们与金融机构的合作就有空间,不止是银行,未来小额贷款公司、证券、保险公司甚至P2P机构都是我们可能的合作对象。"李明顺表示。

三、91金融超市:首家登陆央视的互联网金融公司

2013年9月1日晚,央视新闻联播重点报道了一家互联网金融公司91金

融超市，这是该公司继昨天受到央视新闻频道朝闻天下节目重点报道后，连续两天登陆央视。这在央视对互联网公司的报道中十分罕见。这也使91金融超市成为第一家被央视新闻联播节目报道的互联网金融公司。

91金融超市是为消费者和金融机构搭建的一个平台，其功能相当于全世界最大的超市"沃尔玛"。在这里，贷款、保险、车险、证券、基金等，凡是能想到的金融产品都有一席之地。91金融超市领先之处在于，拥有应有尽有的金融产品、解决同类金融服务机构的比较问题、汇聚最多的金融机构和优惠渠道。你可以打开链接，使用20多种专用计算器，所有想解决的计算问题，在这里都可以搞定。产品设计完全基于用户考虑，计算器不仅涵盖金融服务，甚至包括还房贷计划、个税计算器等。91金融超市还增加了用户的社交体验，实现了跨屏使用：不仅可以通过网站访问，还可以通过手机App直接在手机上完成操作，还可以通过微博、微信等社交网络完成。

2013年的中国金融市场迎来了又一轮良性增长。储蓄意识使得中国消费者对于金融产品的关注度逐渐提升。顺应这一需求增长，91金融超市迅速成为金融信息服务业的先锋。

传统金融信息服务业长期以来采用人海战术，按照平均每天每个工作人员能够接触、接待3名客户（极限）的速度来看，目前金融消费市场数以亿计的需求是完全没有办法得到处理的。同时，对于金融业工作人员而言，高压力、大工作量、超时长的工作状态也让他们吃不消。随着中国经济高速发展，金融消费也呈现倍增局面。91金融超市为这一产业链增加了技术协助，为双方实现需求、利益共赢提供了重要支持。

91金融超市自己并不参与交易，而是引入多元化的银行产品和大量专业银行业务人员，让用户和业务人员直接联系对接。目前，它已经与数十家银行和金融机构达成合作。高效管理创造奇迹，有效、快速地解决通路必是人才脱颖而出，解放生产力的强有力武器。91金融超市为实现互联网金融行业的高效、安全运转提供了创新思维和宝贵经验。随着91金融超市的发展，更成熟的运作模式将成为中国金融服务业改良的动力之一。

第十三章
虚拟电子货币模式、理财模式、平台模式

有关互联网金融模式内容较多,种类丰富。除上面介绍的六种模式外,本章在其他模式中,选取虚拟电子货币模式、互联网金融理财模式和互联网金融平台模式进行介绍和探讨。

第一节 虚拟货币模式

对于虚拟货币模式基础知识的介绍,目前有不同的版本,本节主要依据百度百科的内容展开。

一、虚拟货币的概念与类别

(一)概念

虚拟货币是一种计算机运算产生或者网络社区发行管理的网络货币,可以用来购买一些虚拟的物品,比如网络游戏当中的衣服、帽子、装备等,只要有人接受,也可以使用像比特币这样的虚拟货币购买现实生活当中的物品。

虚拟货币是指非真实的货币。知名的虚拟货币如百度公司的百度币,腾讯公司的 Q 币和 Q 点,盛大公司的点券,新浪推出的微币(用于微游戏、新浪读书等)、侠义元宝(用于侠义道游戏)、纹银(用于碧雪情天游戏)。2013 年流行的数字货币有比特币、莱特币、无限币、夸克币、泽塔币、烧烤币、便士币(外网)、隐形金条、红币、质数币。目前全世界发行上百种数字货币。圈内流行"比特金、莱特银、无限铜、便士铝、沃斯币"的传说。

表 13-1 2013 年全球主要活跃数字货币兑换利率

货币	符号	发行时间	作者	活跃	官网	市值	比特币基础	备注
比特币	BTC	2009	SatoshiNakamoto	是	bitcoin/org	$243 亿美元	是	SHA-256
莱特币	LTC	2011	Coblee	是	litecoin/org	$36 亿美元	是	Scrypt
无限币	IFC	2012	Ifccion	是	Ifccoin/org	$2 000 万美元	是	Scrypt
夸克币	QRK	2012	Qrkcion	是	cgbcion/org	$1 000 万美元	是	Scrpt
泽塔币	ZET	2012	Zetcony	是	zet/org	$1 000 万美元	是	Scrypt Proof-of-Work/PoS

（二）分类

网络虚拟货币大致可以分为三大类：

第一类是大家熟悉的游戏币。在单机游戏时代，主角靠打倒敌人、进赌馆赢钱等方式积累货币，用这些购买草药和装备，但只能在自己的游戏机里使用。那时，玩家之间没有"市场"。自从互联网建立起门户和社区，实现游戏联网以来，虚拟货币便有了"金融市场"，玩家之间可以交易游戏币。

第二类是门户网站或者即时通信工具服务商发行的专用货币，用于购买本网站内的服务。使用最广泛的当属腾讯公司的Q币，可用来购买会员资格、QQ秀等增值服务。

第三类是互联网上的虚拟货币，如比特币（BTC）、莱特货币（LTC）等。比特币是一种由开源的P2P软体产生的电子货币。也有人将比特币意译为"比特金"，是一种网络虚拟货币，主要用于互联网金融投资，也可以作为新式货币直接用于生活中使用。

二、虚拟货币的产生与原因

（一）虚拟货币产生的技术背景

计算机通信技术的应用以及作为新兴媒体的互联网的发展是虚拟货币产生的技术基础。Internet诞生于20世纪60年代，随着网络的扩大和相关硬件软件产品的发展，互联网开始逐渐从军用向商用和民用转变。从20世纪90年代开始，互联网逐渐进入到社会的日常生活当中。事实上，作为新兴媒体的互联网的发展速度超过了以往其他所有的技术，广播在出现38年后才拥有5 000万听众，电视用了13年，而互联网只用了三四年。因此，互联网被认为是近100多年来对世界经济影响最大的技术变革。

（二）虚拟市场的形成

互联网引致了一个新的市场的出现，这个市场就是基于网络空间的虚拟市场。互联网为消费者提供了大量的交流和沟通场所，同时也给企业提供了经营市场，企业从以产品为核心到以服务为核心，现在必须转变为以客户为核心。随着计算机人工智能技术、数据库技术的发展，企业可以便利地搜集顾客的信息，做到及时了解客户需求，改变企业经营策略，实时掌握经济信息。

（三）电子金融的出现

随着计算机和网络通信技术的迅猛发展，互联网技术的应用逐渐向人类的各种活动领域渗透，其中所蕴藏的无限商机使得商家纷纷把目光投向电子商务。目前，电子商务正在以人们难以想象的速度向社会经济生活的各个方面渗透。传统的金融也注意到这股势不可当的全球经济一体化、网络化的潮流。

从历史发展的进程来看，要理解电子金融必须从金融电子化和电子商务谈起。

所谓电子金融化，是指金融企业采用现代通信、计算机和网络等信息技术手段，提高传统金融服务业务的工作效率，降低经营成本，实现金融业务处理自动化、金融企业管理信息化和决策科学化，为客户提供更快捷、更方便的服务，进而提升金融企业市场竞争优势的行为。电子金融是对金融电子化的一个超越。与金融电子化有所不同，电子金融运行的主要技术基础是日益完善的互联网技术。由于互联网技术的全球连通性、开放性、快捷性和边际成本低廉的特征，电子金融更加强调整个金融服务业务基于互联网技术的重组和创新，使客户不受营业时间和营业地点的限制，随时随地享受金融企业提供的各种高质量、低成本的服务。

随着 Internet 的发展，货币存在的形式更加虚拟化，出现了摆脱任何事物形态，只以电子信号形式存在的电子货币。

三、虚拟货币的本质与特点

（一）虚拟货币的本质

虚拟这种形式及其表现并不是最重要的，最重要的是内在价值问题。也就是说，虚拟货币代表的价值，与一般货币代表的价值具有什么样的联系与区别。鉴于问题背景的深度，在研究的出发点上，需要站得更高。货币问题是现代性范畴的问题，虚拟货币问题则是后现代性范畴的问题。它们之间并不共享同一基础范式。而正是范式的差异，而非虚拟现象，导致了二者的不同。

（二）特点

这里讨论的虚拟货币的特点，主要是指与一般货币的不同之处。

1. 价值形成机制不同

一般货币与虚拟货币的价值基础不同，前者代表效用，后者代表价值。

从行为经济学的观点推导，货币作为一般等价物，它所"等"之"价"，语言上虽称为价值，但实际上是指效用。而虚拟货币代表的不是一般等"价"之"效"，而是价值本身。

虚拟货币不是一般等价物，而是价值相对性的表现形式，或者说是表现符号；也可以说，虚拟货币是个性化货币。在另一种说法中，虚拟货币也可称为信息货币。它们的共性在于都是对不确定性价值、相对价值进行表示的符号。这样说的时候，货币的传统含义已经被突破了。原有含义的货币，只能是新的更广义货币的一个特例。货币既可以作为一般等价物的符号，也可以作为相对化价值集的符号。

2. 货币决定机制不同

一般货币由央行决定，虚拟货币由个人决定。一般货币的主权在共和体中心；虚拟货币的主权在分布式的个体节点。

从信息经济学的角度看，一般货币是虚拟货币的一个特例。这种特例的特殊点在于：第一，参照点不变。因此，价值从一个集被特化为一个可通约的值，当参照点不变时，价值等同于效用。第二，效用相对于参照点的得失不变。这意味着参照点所拥有的值，是一个稳定的理性值、均衡值。在理性经济中，参照点也可能不变，但仍是一个散集。其不同在于这个散集中的每一个点（实际成交价）都是不稳定的，只有均衡值是稳定的；但在虚拟货币的价值集中，每一个点都可能是稳定的，相反是那个理性均衡值可能是不稳定的。

反映到货币决定机制上，央行正是理性价值的一个固定不变的参照点的人格化代表，而虚拟货币市场（如股市、游戏货币市场）是由央行之外的力量决定的。正是在这个意义上，在经济学中有人把股票市场称为虚拟货币市场，把股市和衍生金融市场形成的经济称为虚拟经济。虚拟经济的本质是以个体为中心的信息经济。

3. 价值交换机制不同

一般货币的价值转换，在货币市场内完成；而虚拟货币的价值转换，在虚拟货币市场内完成。一般货币与虚拟货币的价值交换，通过两个市场的总体交换完成，在特殊条件下存在不成熟的个别市场交换关系。因此可以说，一般货币与虚拟货币处于不同的市场。

费雪方程（$QP=MV$）描述了商品市场与货币市场的价值转换关系；扩展费雪方程（$MV=BH$）则描述了货币市场与虚拟货币市场的价值转换关系。

有人担心游戏虚拟货币可能引发通货膨胀，这是由于他不了解虚拟货币的市场交换机制，把货币市场与虚拟货币市场混为一谈了。正如商品市场的供求失衡不能直接导致货币市场的供求失衡，而一定要通过在总体市场上增发货币才能导致通货膨胀一样，虚拟货币市场上的供求失衡也不能直接导致货币市场的通胀。问题的关键在于是否形成了统一的虚拟货币市场。目前股市是统一市场，而游戏市场还不是这样。

举例来说，某种游戏虚拟货币与人民币的比值，最初可能是80万比1，随后可能变化为800万比1。也许今天能够购买一座城堡的虚拟币，到明天也许就只够买一把战斧了。这种现象确实可能发生。如果虚拟货币形成了统一市场，也确实可能对货币市场形成压力，问题是，现在并不存在这样的统一市场。游戏币的发行主体相互独立，且不具备金融主体的地位，更谈不上在金融市场水平与货币的交换。而且更主要的是，无论是基础货币还是增值货币，货币量（M）和货币价格水平（V，即流通速度）都没有因此发生变化，因此不能认为会出现货币膨胀或紧缩。

对于当前的游戏币贬值现象，宁可解释为作为增值服务的某一游戏的服务条件发生了变化。由于游戏者水平的普遍提高或游戏者数量的增多，对虚拟币的需求增加，所涉及服务的价格及虚拟币的价格水平有所下降。这种服务供求条件的变化，会导致服务价格的下降。这是一个实体商品市场就可以解释的现象。

四、虚拟货币的发展阶段与内容

如何对游戏币与股票、衍生金融工具,特别是电子货币加以界定和区分?实际上,有一条内在线索可以把这些形态各异的虚拟货币贯穿起来,这就是个性化价值的表现成熟度。我们从逻辑上概括如下:

(一) 第一阶段的虚拟货币是银行电子货币

银行电子货币最初是一种"伪虚拟货币"。它只具有虚拟货币的形式,如数字化、符号化,但不具有虚拟货币的实质,与个性化无关。例如,它只是纸币的对应物;它可能由央行发行;它可能与货币市场处于同一市场等。

但是银行电子货币有一点突破了货币的外延,那就是它也可以不是由央行发行,而是由信息服务商发行,早期的几种电子货币就是这样。第二点突破就是银行电子货币的流动性,远远超过一般货币,因此就隐含了对货币价格水平定价权的挑战。比如,在隔夜拆借之中,如果同一笔货币以电子货币方式被周转若干次,虽然从传统货币观点,一切都没有发生,但如果从虚拟货币流通速度的角度看,实际上已改变了货币价格水平的条件。

(二) 第二阶段的虚拟货币是信用信息货币

股票是最典型的信用信息货币,其本质是虚拟的,是一种具有个人化特点的虚拟货币。它是当前虚拟经济最现实的基础。

股票市场、衍生金融工具市场构成了一个规模庞大而且统一的虚拟货币市场,它们不仅有实体业务作为基础,而且有广泛的信托业务、保险业务等信息服务作为支撑。所谓统一市场是有所特指的,是指这一市场作为一个整体,可以同货币市场在国民收入的整体水平上进行交换。从历史上看,只有当货币形成统一市场,即国民经济的主体都实现货币化时,货币量和利率对国民经济的调节作用才谈得上。这个道理对虚拟经济也一样。这个问题不无争议,如今虚拟经济的规模,虽然已经若干倍于实体经济,但实体经济中毕竟还有很大一部分没有进入这个统一市场。如果把游戏币与股票比较,它在这方面的进展还差得远，只有经过娱乐产业化和产业娱乐化两个阶段，才有可能达到统一市场的水平。

分析股票市场和衍生金融工具市场，它有一个与一般货币市场最大的不同，就是它的流通速度不能由央行直接决定。例如，股指作为虚拟货币价格水平，不能像利率那样，由央行直接决定，而是由所谓人们的"信心"这种信息直接决定的。央行以及实体资本市场的基本面，只能间接决定股市，而不能直接决定，所以我认为股票市场是信息市场而不是货币市场。

同成熟的虚拟货币市场比较，股市在主要特征上表现是不完全的。股市把所有参照点上的噪音（即个别得失值），集成为一个统一的参照值，与标准值（基本面上的效用值、一般均衡值）进行合成，形成市场围绕效用价值的不断波动。虽然有别于以央行为中心进行有序化向心运动的货币市场，但与货币市场又没有区别。而从真正的虚拟货币市场的观点看，不可通约的个性化定价值才是这一市场的特性所在。从这个意义上说，集中的股市并没有实现这一功用，股市作为所谓"赌场"的独立作用还没有得到发挥。

（三）第三阶段的虚拟货币是个性化信用凭证

虚拟货币的根本作用，是在个性的"现场"合成价值，而不是跑到一个脱离真实世界的均衡点上孤立地确定一个理性价值。虚拟货币的意义在于以最终消费者为中心建立价值体系。虚拟货币全面实现后，只有一般等价功能的单一货币将趋于后台化。游戏币是更高阶段虚拟货币的试验田，它目前还难当大任。

理想的虚拟货币是真实世界的价值符号。在一般等价交换中，具体使用价值以及具体使用价值的主体对应物——人的非同质化的需求、个性化需求被完全过滤掉。虚拟货币将改变这一切，通过虚拟的方式，将人的非同质化需求、个性化需求以个体参照点向基本面锚定的方式进行价值合成。因此虚拟货币必须具有两面性：一方面具有商品交换的功能；另一方面具有物物交换的功能。通过前者克服价值的相对性和主观性，通过后者实现个性化的价值确认。

为了实现这个目标，虚拟货币肯定要实现一个目前不为人知的巨大转型，这就是向对话体系的转型，成为交互式货币。这里的讨价还价是针对货币价格水平的讨价还价。

回忆一下，人类在几十年内早已实现的文本向对话的转型，正是虚拟货币转型的方向所在。游戏币的价值其实是不确定的。人们交换到游戏币，从中最终可能得到的快乐，是在币值以上还是以下，不到参与游戏之时是不确定的。游戏就是一个对话过程。当然，游戏币的各种增值功能，现在还没有结合个性化信息服务开发出来。如果这种增值业务充分得到开发，游戏币因为提供服务的商家不同而不通用，可能反而成为一种相对于股票的优势。

完全个性化的虚拟货币，可能是一种附加信息的货币卡，它的价值是待确认的。拥有具体待定功能和余值的虚拟货币，其信息一方面可以具有像文本一样有再阐释的余地；另一方面具有卡拉OK式的再开发的潜力。它的信息价值是有开放接口的，可以再增值的。如果把它们投入股市一样的二级市场交换，它们可能凭其个性化信息在基本票面价值上下浮动，它本身就会具有更多的像股票那样的吸引力。现在的游戏货币，还只具有价值流通功能，而不具有市场平台功能，所以它只是一种不完善的虚拟货币，究其原因，是因为缺乏相应的产业基础。

五、虚拟货币引发现实风险与应对方法

（一）虚拟货币引发现实风险

虚拟货币作为电子商务的产物，开始扮演越来越重要的角色，而且，越来越和现实世界交汇。然而，在虚拟货币日益长大的同时，相关法规却相对滞后，埋下了不少隐患。

1. 私下黑市交易所导致的欺诈行为

网上虚拟货币的私下交易已经在一定程度上实现了虚拟货币与人民币之间的双向流通。这些交易者的活动表现为低价收购各种虚拟货币、虚拟产品，然后再高价卖出，依靠这种价格差赢取利润。

随着这种交易的增多，甚至出现了虚拟造币厂。虚拟货币除了主营公司提供之外，还有一些专门从事"虚拟造币"的人，以专业玩游戏等方式获取虚拟货币，再转卖给其他玩家。以温州地区为例，就有七八家这样的"虚拟造币工厂"，从业者达到四五百人。

这样不仅使虚拟货币本身的价格形成一种泡沫，给发行公司的正常销售造成困扰，同时也为各种网络犯罪提供了销赃和洗钱的平台，从而引发其他一些不良行为。

2. 冲击金融体系

现代金融体系中，货币的发行方一般是各国央行，央行负责对货币运行进行管理和监督。而作为网络上用来替代现实货币流通的等价交换品，网络虚拟货币实质上同现实货币已经没有区别。不同的是，发行方不再是央行，而是各家网络公司。

如果虚拟货币的发展使其形成了统一市场，各个公司之间可以互通互兑，或者虚拟货币整合统一了，都是以相同标准和价格进行流通，那么从某种意义上来说，虚拟货币就是通货了，很有可能会对传统金融体系或是经济运行形成威胁性冲击。

3. 网络安全问题

目前虚拟货币的购买方式除了直接用现金以外，还提供手机短信、网络转账和固定电话充值等多种方式。这些购买方式在为用户提供方便的同时，也有不小的风险。比如盗用电话充值和未成年人购买等问题。另外，虚拟货币并没有现实货币的防伪技术，电脑黑客可能会利用其安全漏洞生产伪币。

国家工商部门有关人员表示，虚拟货币交易是网络时代派生的经营行为，至今还没有明确的法律条文规范，工商注册范围也没有关于虚拟物品交易的项目。但当虚拟财产交易逐渐人员雇佣化、场所固定化、交易盈利明确化，具有经营性质后，就可能涉及市场秩序、税收问题。

甚至，游戏运营商也没有能力来控制虚拟货币，网络中存在大量"伪钞制造者"。以主营棋牌类网游的边锋为例，其网币对应的购买力曾在一年内缩水近40%。不少人士指出：这样的通货膨胀只会让网民受损，也会让网民丧失对互联网的信心。

（二）静观其变是最好的方法

对于以Q币为代表的虚拟货币是否冲击人民币的讨论自2004年以来一直被各方人士所关注，但官方对此一直没有明确的说法，虚拟货币的交易方式也由此迅速扩张。一连串的事件引发了社会各界对虚拟货币的关注，人们纷纷对其发表了自己的看法。有人认为虚拟货币会对人民币产生冲击，应该采取强制措施禁止虚拟货币的发行；也有人持保留的态度，认为虚拟货币不会对人民币产生冲击，不应该过早扼杀商业组织的发展活力。华为集团的张洁便是这样认为的。

随着技术的不断进步，电子支付（包括电子货币）在改变人们支付习惯的同时，也在潜移默化地改变人们的消费习惯，促进消费信贷的扩大。对这种新兴事物，密切关注其形式的创新、性质的演变、运作方式的差异以及对信用风险、道德风险等可能造成的冲击，适当加以监管自然是必要的。但更重要的是给市场主体相应的发展空间，避免在市场发展初期扼杀相应商业组织的发展活力。因此，对待电子货币最好的方法是静观其变，加强研究。在面对类似"Q币冲击人民币金融市场"的言论时，需要在认清科技进步的大背景下进行讨论，懂得问题的关键是如何设计相关政策，鼓励电子货币等电子支付工具的发展，而非暴炒虚拟货币、电子货币的危害，呼吁加强监管。

六、如何看待和对待电子货币发展

随着经济金融的发展和计算机网络技术的进步，电子货币作为一种新型的支付手段和流通媒介应运而生并不断发展演变，给社会经济生活带来深刻影响。目前，我国的电子货币已取得了较快的发展，应用范围不断扩大，规模逐年递增，货币电子化已经成为不可逆转的发展趋势，但由于我国法律法规不够健全，网络环境尚不规范，社会公众金融知识有限，电子货币发展面临的潜在风险亟须规避。

（一）电子货币是货币发展的新形态

伴随着社会的发展和进步，货币经历了实物货币、金属货币、纸质货币到电子货币的演进。电子货币是指由一定的发行主体发行，以计算机和网络通信技术为依托，通过网络系统以数据传输方式实现流通和支付功能的一种新型支付手段。目前，电子货币主要表现为以既有通货为基础的新的货币形态和支付手段，如银行卡和第三方支付等；同时也存在比特币、Q币等脱离现有货币体系而独立运行的网络虚拟货币。电子货币未来的发展会逐渐替代流通领域中的现金和存款，逐渐成长为主要的货币形式。

现阶段，电子货币主要被用来替代流通中的现金，主要可分为四类：一是仅面向特定群体发行，支付功能单一、流动范围有限的电子储值工具，比如食堂餐卡、手机充值卡、公共交通卡和商场储值卡等。二是基于银行账户的银行卡，比如借记卡、信用卡等。三是以虚拟账户为特征的电子货币，是指将数字现金储存于特殊软件上，基于互联网进行支付，比如支付宝、财付通等。最近，又出现了基于移动通信工具而提供支付服务的移动电子货币，如移动钱包、支付宝钱包等。四是超越主权的独立电子货币。比如比特币，它是一种基于特定数学算法而产生的匿名网络资源，没有发行主体，以比特币钱包的形式存储于电脑或交易平台托管服务器。

作为货币发展的新形态，电子货币除具有支付手段、流通手段和储藏手段等基本特征外，还具备新的特点。一是发行主体多元化。如商业银行、第三方支付机构、电商企业、商户，甚至不需要特定主体也可依赖其信用、资产规模或者数学算法发行电子货币。电子货币一经发行，甚至可以脱离发行者在消费者之间交易流通。二是形式多样化。不同于传统货币以实物、贵金属或纸币形式出现，电子货币是一种电子符号或电子指令，其存在的介质有磁盘、电脉冲或者光波等。三是更加便捷高效。电子货币的使用仅需要处理数字化的信息，不会涉及找零、交付等待以及当面结算等问题，更加省时、智能、便捷。而且电子货币超越了地域限制和主权属性，可以在全球范围内进行流通。

（二）我国电子货币的发展日新月异

首先，发行主体不断增加。我国电子货币的发行单位或机构数量庞大，电子货币种类众多，应用范围不断拓展。据统计，除现有的金融机构外，已有300多家非金融机构法人获得支付业务许可证，涵盖互联网支付、移动支付以及预付卡发行等七大业务类型，应用的范围也从网上购物、公共事业缴费等传统领域逐步向航空旅游、教育、基金理财、保险和医疗卫生等行业渗透。同时，国内还有比特币、天龙币、Q币等网络虚拟货币在一定范围内流通，甚至还引起了投机热潮。

其次，交易规模逐年增长。从20世纪90年代以来，我国的支付总量每年都在成倍增长，然而流通的现钞量几乎没有增加，一直稳定在3万亿元左右，显示了货币电子化趋势的不可逆转。以2013年为例，全国累计发行银行卡42

亿张，交易475亿笔，金额423万亿元，均比上年同期实现20%左右的增长；全国共发生电子支付258亿笔，金额1 075万亿元，网上支付、电话支付和移动支付均实现大幅增长，其中移动支付业务17亿笔，金额9万亿元，成为增长最快的支付形式。

最后，创新产品不断涌现。在电子货币应用范围不断拓展和新的品种不断涌现的同时，衍生出新的金融产品和服务。比如，第三方支付平台在积累了庞大的客户群后，逐步提供基金、理财等其他服务，开始充当金融中介的角色，最为典型的产品是余额宝和理财通。余额宝自2013年6月上线以来，累计用户已突破8 000万户，规模超过2 500亿元；理财通自2014年1月上线以来，用户已突破100万户，并可直接用于购买保险等产品。同时，互联网公司还用奖励的手段，利用滴滴打车和快的打车等软件推广手机支付，并尝试推出二维码支付和刷脸付款等新的支付途径。

（三）电子货币存在的风险

（1）在宏观层面，存在法律风险、系统风险和消费者保护等问题。目前，电子商务和电子支付的立法问题尚未解决，电子货币的概念和相关条款有待明确，许多法律法规都还未跟进。另外，存在因单一发行机构倒闭而引发的系统性风险。如果某个发行机构因经营不善导致整个市场对电子货币丧失信心，其他电子货币发行机构也会面临挤兑风险。而且，在缺少规范监管的前提下，社会公众难以有效识别发行机构的资质和信用水平，如何有效地提示风险和保护社会公众的权益成为难题。此外，互联网支付的隐蔽性、快捷性和跨国界性使得电子货币不可避免地成为犯罪分子的洗钱工具。

（2）在微观层面，电子货币发行主体存在技术风险和信用风险。我国电子货币的发行主体包括银行、非银行金融机构、互联网企业和其他企业，由于部分发行主体金融专业基础薄弱，特别是我国缺乏强制性的技术安全标准，使得电子货币发行机构存在严重的管理漏洞和安全隐患，系统软件或硬件故障会影响电子货币的可用性。其次，发行机构的资产负债结构不合理、投资集中度过高等原因会导致流动性不足，易于出现违约风险。此外，电子货币的支付和流通严重依赖各类网络，存在各类操作性风险，比如蓄意盗用他人账号、发行机构内部作案和黑客的恶意入侵等隐患，均会损害电子货币持有人的利益。

（四）对电子货币发展的政策建议

1. 建立健全电子货币的法律规范

完善的法律法规是电子货币业务发展的基础，应该根据国际立法经验和我国电子货币业务发展现状，研究制定出规范电子货币业务发展的法律法规。首先，明确电子货币的发行主体、种类、规模和交易等事项。其次，界定电子货币涉及各方当事人的权利、义务范围，制定争端解决机制，建立损失赔偿和分担机制，避免电子货币被犯罪分子用于洗钱和逃税等风险。此外，尽快制定各类技术标准，保障各层次支付清算系统的安全，促进电子货币的开发者、发行者完善内控制度，提升系统的安全级别，提高识别、防范和控制各类潜在风险的能力。

2. 不断完善电子货币的监管体系

首先，要明确监管对象，严格审查非银行金融机构和企业的发行资格，全面评估发行人的资本、经营和技术实力，把好市场准入的关口，及早防范风险。其次，在互联网金融发展迅速的背景下，不断衍生出基金、理财和保险等新的业务，技术上也更加复杂，因此要不断提升央行的监管水平。同时，需要加强部际协调和沟通，由金融主管部门和工商、信息等相关机构共同密切关注电子货币发展的趋势和动向，及时制定相关政策，防范相关风险。

3. 大力推动电子货币的技术创新

首先，提升电子货币的技术保障水平，从信息安全、数字加密、数据安全、认证和防欺诈等方面入手，鼓励身份识别技术和网络加密技术创新，推动电子货币支付系统技术升级。其次，随着电子商务模式的创新和网络技术的进步，电子货币的形态将不断演变，应用范围将不断扩大，与新兴业务的融合将不断加深，因此应不断提升电子货币的技术水平，以适应新的商业模式的需要。

4. 加大宣传推广和教育力度

电子货币替代传统的支付工具是一个渐进式过程，需要逐步引导和培育。首先，可利用广告、与打车服务绑定、在业务网站上对流程进行演示等方式，引导消费者了解电子货币应用的费用、权利、义务和争议解决程序，以争取更多的消费者使用更加方便快捷的电子货币。其次，引导消费者了解电子货币的维权途径和具体程序，提高防范意识和能力，保护自身的财产安全和合法权益。

七、比尔·盖茨：比特币是革命，但本身还不够好

微软联合创始人比尔·盖茨曾经表示，数字货币可能对全球汇款业产生影响，但他认为比特币并非这项技术的最佳应用。

2015年年初，盖茨在发布比尔和梅林达·盖茨基金会年度信件之前，与Backchannel谈起了许多项目，其中包括移动技术在发展经济和人工智能中所扮演的作用。

当被问及例如比特币这样的数字货币以及技术，是否会降低全球化交易的成本时，盖茨表示，他认为比特币在未来并不会成为分布式的支付系统，但是仍旧有潜力造成巨大的冲击。

盖茨说："例如比特币，Ripple以及各种变种数字币，在很大程度上它们的确使得跨国汇款更加容易，手续费用也因此下降得非常明显。然而，比特币并不会成为主导地位的支付系统。"

当然，盖茨在过去对比特币也曾表达过一个谨慎乐观的观点，2014年10月，他告诉彭博电视说，比特币是令人兴奋的。2014年2月，盖茨还表示，他的基金会有兴趣开发和推广新的数字交易方式。

盖茨告诉Backchannel说，虽然比特币及其底层技术可以使得交易更加容易，也更加经济，但他认为比特币的价值波动性太大，其网络交易又缺乏可逆性，这些特点很大程度上将阻碍它被广泛接受。

他总结说："我们需要一些东西，能够借鉴比特币的革命，比特币本身还不够好。"

八、2014年比特币表现比卢布还烂，为何这么多人看好

2014年，著名商业媒体Bloomberg发布了一篇文章，根据比特币的这几年

的表现总结：比特币是2014年表现最糟糕的货币，比特币的表现甚至比卢布的表现还要糟糕，当然这二者还是有很大区别，毕竟卢布的背后还是有一个俄罗斯政府。

但比特币与以往法币的一个根本性不同就在于，它不是由一个中央机构来调控的，所以很多人认同，比特币符合著名经济学家哈耶克所追求的"理想货币"：货币的非国家化。但也如同其他所有货币一样，比特币在其运转过程中，它也必然遭遇涨落跌荡。

这一点反而更加符合哈耶克最根本的一个思想：涌现秩序。按照他的梳理，人类社会的演化在三个层面上进行：其一，物种演化，这包括人类的身体器官与神经系统的演化；其二，文化层面，这一点他还有个说明——"正是由于人们把自己的命运交给市场那非人格的力量，才使得一个文明可能实现它以往的进步。否则这种进步就是不可能的"；其三就是心智层面，每一个人的心理秩序都是这个人积极寻找发展机会并且适应环境不确定性的产物。

根据这个划分来看，比特币首先就契合"文化层面"的演化，因为从中本聪那篇著名的论文里就能看出，比特币的构建就是要摆脱任何单个实体对货币的控制，进而构建出一个非人格的力量，这种力量按照目前国外比特币圈的说法可以叫作"distributed consensus（分布式一致性）"，这个说法还没有很好的翻译，因为consensus这个拉丁语的根本含义就是"共识"。

也就是说，比特币进入我们的视野之后，必然需要一个漫长的过程才可能更好地融入人类社会，这也是"涌现"的含义。与此相关的就是，人们还需要自己在心智层面去探索比特币。关于比特币的一系列文章，都是围绕这个层面去探索比特币的。这也是为什么还有那么多人看好比特币的原因，因为有越来越多的人已经在心智层面接受了比特币，并且在心智层面去创新比特币的应用。

九、去中心虚拟电子货币成为互联网投资新领域

（一）炒作网络数字货币类似炒股炒汇

比特币诞生之初，几乎一文不值。不过2014年掀起了一波炒作热潮，1月

份时1比特币还只能兑换十几美元,随后几个月走出了几波牛市,最高时1比特币可以兑换1 242美元,受到全球投资者的高度关注。

为什么比特币价格会被炒得这么高?因为比特币数量是有限的。比特币不是无限量发行的,它的发行量受控于软件算法。目前已有的比特币大约为1 233万个。根据算法,现存比特币数量越多,制造新的比特币难度就越大。据计算,到2014年之前,比特币总量将达到上限2 100万个,这就是比特币被炒作的主要原因。

(二)电子货币YPCoin(银票币)引人注目

更能引起股民共鸣的要数最近新出的一种电子货币YPCoin(银票币),进入网站首页就会出现一张K线图,可以查看周期为5分钟到每天的银票币价格走势,并直接提供了银票币与人民币的比价作为参考。

与股票不一样的是,银票币24小时都有行情,炒家可以随时参与交易。如果要买入也和股票类似,挂出买单和买入价格,当价格合适,系统就会撮合交易。

与股票类似,银票币也有自己的交易平台。登录到交易平台后,可以实名注册交易平台的账号,然后充值人民币到交易平台,即可开始购买银票币。在购买到银票币后,您可以将买到的银票币存在平台,当价格上涨过后,再卖出以获利;也可以通过提现操作,将银票币提现到您自己的钱包里。

(三)正确地看待新生事物

比特币未来的可能性与早期的互联网有极其相似之处,当整个世界都对它表示谨慎的观察时,那么在市场与法律的框架对其进行监管是最好的方式。很多人说比特币便于洗钱、博彩,促进了灰色市场交易,2015年1月22日拉斯维加斯赌场宣布通过BitPay(香港李嘉诚旗下公司)支持比特币更是例证,但这不是比特币的本意与核心功能,比特币最明显特征就是公开与透明,真正理解它的人是不会得出这样结论的。

这还不是比特币被诟病的第一原因。自从比特币成为热点以来,无论是央行层面还是财经专家,更喜欢把比特币的暴涨暴跌作为否定它的最大理由,这一点可以理解,成为大众认可的基准货币当然需要稳定,否则如何在实际交换中成为中间等价物？但比特币出生才 5 年时间，真正被大众所认识不到 1 年时间。它虽然得到比特币爱好者长期支持，但交易市场还有更多比特币炒家；它的市场不超过 100 亿美元，但又引得全球资本注目；虽然为民间众多商户所接受，但仍然有着极强的政治风险；它虽然在技术安全上异常强悍，却也存在 51% 的算力攻击可能；有人认为它可以成为未来世界货币，也有人担心它是郁金香泡沫。它市值极小，争议极大，投机极强，必然导致其暴涨暴跌。如果再过数年，当比特币币值到达某个峰值，成为与黄金白银一样的战略储备时，价格自然会慢慢稳定，这是数字货币发展的一个必然过程，也是其与法币相互融合的必然发展阶段。所以，比特币现在暴涨暴跌就好像初生婴儿情绪化，不能成为否定它的理由。

第二节　互联网金融理财模式及其对策方略

一、互联网金融理财的主要模式

（一）P2P 网络借贷模式

P2P 网贷：P2P 网贷是指借贷双方通过网贷平台互相借贷，投资人从中获得利息收益。通过 P2P 网贷投资理财方便快捷、手续简单、收益较高，投资人可以根据自己的情况选择不同的平台。

P2P 网贷行业在国内发展已经有 7 年的时间了，通过网贷平台将资金借给借款的企业或者个人，网贷平台为整个交易过程提供资金安全保障。网贷平台目前最高利率超过 20%，高收益的同时也伴随着高风险，P2P 模式投资者需谨慎投资。

（二）P2C 网络借贷模式

P2C 理财：P2C 是对 P2P 的延伸，指中小型企业通过网上借贷平台向投资人借款，投资人获取利息收益的一种模式。

严格来说 P2C 不算是新理财模式，而是 P2P 网贷的一个新方向。与普通 P2P 网贷不同，P2C 模式撮合的是个人与企业（P2C 中的 C 可理解为公司或企业）的借贷。其模式是企业发布融资项目，借款人直接针对项目投标。项目的融资额较大，融资时间较短，普遍为几个月，最长不超过一年；参与的借款人数也较多，大部分交易都是由第三方担保公司为投资人的资金安全进行本金保障。P2C 在安全方面远远高于 P2P 模式。

（三）移动记账理财模式

该模式的运营者一般为记账软件开发公司。通过记账软件了解用户需求，帮助用户优化开支，进而推荐合适的理财规划和理财产品。

（四）O2O 闭环模式

该模式的运营者一般为线下机构。以小贷公司为例，在提供线下贷款的过程中，它们发现线上模式可获得更好的资金来源和发展空间，于是开始向线上理财平台迁移，重点在于争夺有着良好互联网使用习惯又具备一定投资能力的年轻白领阶层。

（五）货币基金

余额宝等互联网时代的新型货币基金不仅购买方式便捷，在各自平台上注册账号后和自己的银行卡绑定就可以购买，而且安全性都比较高。但是，收益状况一般。

二、网络理财与银行理财的优势比较

（一）网络理财优势

费率低，门槛低。

网上理财足不出户，认购、申购、赎回、转换等一系列操作总共只需要几分钟时间。费率方面，网上购买理财产品可为投资者节省一笔不菲的费用。由于过去商业银行基本垄断了理财产品的销售渠道，收取较高的费用。同一款基金的销售，在银行购买基金的标准申购费率为1.5%，通过网上购买基金的申购费率为0.6%。此外，很多网上购买基金有第三方"倒贴"基金费率的优惠政策。

除此之外，通过互联网渠道购买基金起点更低，周期更短。在银行购买短期理财产品的投资起点一般为5万元，这对于中小投资者而言仍是一个较高的门槛，而支付宝等理财产品将门槛放到更低，用一元钱的低价迎合了投资者的心理，吸引了数百万客户加盟；在周期上，以一个月、一周甚至一天为周期的理财计划"崭露头角"，可以为愿意投资股票和债券的投资者提供极大的便利。在收益率上，包括支付宝在内的理财产品不仅能够提供高收益，同时支持网上购物、支付宝转账等多种功能。

（二）银行理财优势

在投资类型上，通过银行渠道可以买到更多类型的基金。银行代销基金公司的基金产品，包括股票型、债券型、指数型、混合型、私募基金、期货基金等。而互联网渠道目前主打的是货币型基金。在银行买基金可以满足愿意拿出大额资金，愿意投资于成长型基金的投资者。网上买的货币型基金产品就像储蓄，收益率要小一些。通过传统渠道购买理财产品更有保障。大型国有银行控股的基金公司，资金雄厚，并拥有经验丰富金融理财队伍，能为投资者提供及时而权威的理财规划与建议。互联网金融的新兴理财产品风险相对较高，而银行等传统渠道购买基金等理财产品风险较低。业内人士表示，一方面是业务上的风险，包括违约等法律风险；另一方面，互联网虽然信息透明度比较高，但同时也带来了个人隐私泄露的隐患。此外，第三方支付平台的安全性要较银行账户低，被盗风险大。由支付宝等第三方机构出具的电子存款凭证，存在由网络安全问题造成资金损失的风险。

三、互联网金融理财模式平台的选择原则与实操流程

随着互联网金融的发展，大量的网络理财产品不断涌现，随着各种"宝"

等理财产品的火热推出，互联网销售理财产品开始接连掀起"抢钱"活动，不过，需要提醒广大投资者要关注理财产品的历史业绩和投资能力，不要被所谓的"高收益"忽悠。

（一）互联网理财的选择原则

挑选原则一：安全可靠。毕竟投资者的本金安全和收益稳定才是企业制胜的法宝。选择一个专业的好的网络投资理财平台，才能让投资者获得惊喜的利润回报。

挑选原则二：专业团队。专业的事情交给专业的人去做。对于投资理财，广大市民理财知识有限，很多理财常识和理财技巧都不足以应付现在的理财方式，因此，在挑选网络投资理财平台时，更应该看重理财团队的专业性。

（二）互联网理财的操作步骤

网络理财为投资者尤其是个人投资者提供了极为方便的投资途径。面对金融信息海洋和瞬息万变的金融市场，只有充分利用互联网手段才能各显神通，处处掌握先机。一般而言，网络理财的以下步骤是必不可少的。

1. 选择投资领域

金融投资包括很广泛的领域，比如在国内和国外的货币市场、资本市场、商品市场、房地产市场都可以进行投资。因此，需要我们在关注各方面的网络信息的基础上选择投资领域。

2. 选择理财工具

在理财工具的选择上，一般是综合权衡各种资产存在方式的流动性、安全性、风险性，根据自己的需要和风险偏好进行选择。

3. 分析市场行情

这类似于一般所说的技术面分析。跟踪选定理财工具的历史走势，通过研究以往价格和交易量数据，进而预测未来的价格走向。此类型分析侧重于利用历史数据生成图表与公式作为研究依据，以捕获主要和次要的趋势，并通过估测市场周期长短，识别买入（卖出）机会。常用的有四大理论：道氏理论、波浪理论、量价理论、K线图理论。目前很多网站都提供实时的报价和历史数据的下载，有的网站还直接生成 K 线图等投资分析工具。即使不能提供实时报价信息，一般网站都能提供当天的开盘价、收盘价和交易量。

4. 研究投资

这就是一般所说的基本面分析。相对于技术面分析，基本面分析强调的是从影响资产价格的因素出发，预测未来的价格波动趋势。例如，对于股票而言，这些因素包括经济因素、政治因素、公司自身因素、行业因素、市场因素、心理因素等。这些都能在互联网上找到充分、丰富的信息。

5. 核实投资对象

这就是在互联网上搜集该资产的评价信息或一些专业的评价报告，投资建议等。对于投资者来说，这个领域目前可能是互联网上开发利用程度最低的领域。网络经济时代，投资者可以登录专门的投资分析网站，也可以通过搜索引擎或目录服务得到此类信息。当然，由于互联网的开放性和隐蔽性也造就了投资市场上的"噪音制造者"，也就是存在一些为了操纵市场价格而传播虚假信息的投资者或机构。将来应建立一定的规则和采取智能侦查的手段，提高投资者对互联网信息的判断和识别能力。

6. 发出交易指令

投资者在做好充分的准备工作以后，就可以发出实际的交易指令。现在国内外都有很多网站提供网络金融交易平台。有的是单一性的，仅提供单一的金融产品或服务，如网络银行、网络保险、网络证券等。有的则是提供综合性的金融服务，投资者登录该网站犹如进入了一个金融超市，可以自由选择证券、保险等各种理财工具。交易指令的种类繁多，一般有限价指令、止损指令等。

7. 监控交易

在发出交易指令之后，投资者还要通过各种方法收集市场信息，监控资产的市场价格变化，及时调整投资方案。在这方面，互联网发挥着越来越重要的作用。很多网站提供从实时报价到收盘价的全方位服务，提供各种各样的投资建议，用户还可以自定义搜索引擎定期搜集信息。如想获得更多的相关信息，投资者还可以使用 HTML 语言编写 Web 网页，建立自己的有价证券监控器。

四、互联网金融理财产品最安全的选择

由于对产品不熟悉而导致盲目跟风,从而选择了不适合自身的理财产品,这对于投资者而言是一种损失。那么,该如何选择互联网理财产品呢?

(一)投资者要明确自身的理财目的

我们做每一件事情,都要有一个明确的目标,这能使事情变得事半功倍。若漫无目的地去做某一件事情,往往会误入歧途,导致走不少弯路。投资理财更是如此。投资者在参与投资理财时,首先要明确理财的目的,带着目的去选择理财产品,然后便是自身对抗风险的能力。比如说,投资理财的目的是为了日后付购房首付。如果投资者的资金缺口并不大,可以选择银行的日常储蓄或普通的货币基金。但若是缺口较大,便可以考虑如 P2P 网贷这类高息的理财产品。但由于高收益往往伴随着高风险,投资者在选择高息的理财产品时应结合自身应对风险的能力作出选择,以免陷入困境。

(二)了解理财产品

所谓知己知彼,才能百战不殆。在购买互联网金融产品时,要了解该产品的收益、市场、风险。以及万一发生风险,该如何应对等问题。盲目投资及只追求高息的方式并不可取。这只会让投资者在遭遇风险时手足无措,作出错误的判断。

(三)资金安全

相信很多投资者在开始投资时都被告知投资有风险。因此,我们在选择理财产品时,应特别注意我们的资金安全是否能得到保障。这对于 P2P 平台来说尤其重要。互联网上不时传出平台跑路的消息,因此平台的风控系统是否完善便成了投资者首先要关注的问题。

五、互联网理财小技巧

你不理财，财不理你。现代社会掌握理财的窍门与技巧很重要。尤其是现代互联网的高速发展，互联网理财产品也进入人们的视线，那么购买互联网理财产品有哪些技巧可以帮助您用现有的钱产生最多的财富呢？

（一）申购赎回有日期

是不是购买互联网理财产品后就马上可以计算收益呢？不是的。基金公司会在购买后的第二个工作日进行份额确认，对已确认的份额会开始计算收益，所以周五15:00后不宜申购，因为这样既不享受周五、六、日的收益，也没有了活期存款利息。周四最好不要赎回，不然后三天均不享受收益和利息。

（二）网络理财零收费

互联网理财产品是不是向银行理财产品一样有各种收费项目？这是一个比较受关注的问题。目前来讲，各家互联网理财产品申购、赎回都是零手续费。但不排除未来有某项收费的可能，应仔细阅读产品说明。

（三）保护账户防被盗

互联网理财产品除了收益，最让人担心的就是它的安全问题。保护好自己的理财账户要从培养良好的账户使用习惯开始。请尽量不要在公用电脑上登录您的理财账户，若是使用手机客户端操作，要给手机设密码，不要保留手机银行的登录名或账户，妥善保管好手机银行的登录密码。

（四）预期收益平常心

2013年下半年以来，互联网理财产品一直能保持6%左右的年化收益率。2014年开始，各家互联网理财产品的收益率都在缓慢下滑。从近些年货币市场基金的表现看，每年收益率大多在4%左右波动。因此，从较长趋势看，互联网理财的收益率也有很大可能逐步回归。

六、如何识别和防范理财之路上的那些陷阱

在理财过程中,难免会遇到一些陷阱,有的甚至让投资者血本无归。应认清理财中某些陷阱,多一个心眼,才能在理财路上找到致富道。

陷阱1:银行理财的隐性误区

尽管在大多数市民看来,购买银行理财产品已是一种十分稳健的投资方式,然而在银行理财产品中仍存在一些认知上的误区,需要投资者明辨。

如很多投资者以为当购买产品后就开始计息了,但实际上,理财产品在募集期间是只按活期利息计算的,募集期一般为3~10日。募集期越长,对于最后的实际收益率的影响也就越大。分析师建议,如果可以的话,尽量让收益最大化,选择募集期后期投资收益最大。

很多人都认为投资银行理财产品时,银行并没有收取任何费用,其实不然。银行对不同的理财产品收费不同,如一款银行理财产品年化收益5.8%,销售费率0.4%,托管费用0.05%,如果投资者最后拿到的投资收益是5.8%的话,销售费和托管费就是银行的隐性费用。所以提醒投资者,在选择投资产品时要仔细阅读说明书,多询问理财经理,选择同等收益但隐性收费率低、起息早、到账快的理财产品,保证利益的最大化。

陷阱2:网销保险的诱惑陷阱

相对于银行理财产品,保险的各种陷阱可谓层出不穷。而随着互联网金融的发展,众多保险公司也盯住了网销保险平台,各种互联网保险层出不穷,降低了门槛的网络保险往往以高收益率作噱头,一旦忘记了对风险的关注,就很容易掉进这些陷阱中。

例如,在目前互联网上销售的保险产品中,一些产品以"保本保收益"、"收益可达20%以上"等诱惑性信息为噱头,打着帮投资者购买原始股等有价证券的旗号,让投资者的资金汇入他人账号中骗取钱财。专家提醒,投资者在选择产品时切忌被高收益迷惑,一定要认清销售人员和投资渠道的资质,遇到需要往某人账户中汇款的要求,一定要小心避免掉进陷阱。

陷阱 3：信用卡的理财误区

在急需用钱时，信用卡也可透支套现，从而进行理财。但在信用卡使用过程中，往往有一些误区和陷阱，不精于计算的市民往往就迷失在那些各种各样的费率中，最后以为占了小便宜，实则吃了大亏。

例如一些发卡行会主动将持卡人的卡片升级为白金卡，而没有考虑到年费等费用的市民就很容易因捡便宜的心态而导致损失。

分析师认为，对于一般不能减免年费的白金卡，持卡人应谨慎办理升级，如要承担较高的年费，持卡人不如将原持有的普卡、金卡进行提额处理。

七、银行零售财富管理如何转型突围

普益财富发布的 2014 年度银行理财能力排名报告，指出 2014 年度我国共有 347 家商业银行发行了 79 051 款理财产品，累计发行规模达到了创纪录的约 100.5 万亿元。

2014 年度的理财能力综合排名第一名被兴业银行夺得，《金融时报》记者薛亮同时发现，在发行能力、收益能力、风险控制能力这三个单项能力排名中，该行也均进入前五。在理财市场经历了前期爆发增长而归于平稳的时期，兴业银行理财业务取得了不俗的成绩。

（一）率先转型综合金融资产管理

随着中国经济社会发展步入新常态，利率市场化程度加速推进，互联网金融方兴未艾，变革面前，商业银行必须加速零售业务发展模式转型，加快向为客户提供综合金融资产管理服务转变。

随着居民理财意识的增强，客户不再满足于传统的、简单的储蓄存款收益，对金融服务的需求愈加综合多元，对自身资产保值增值的需求也更为强烈。

为了应对这一趋势，兴业银行在业内较早面向全行提出了综合金融资产口径的概念，依靠集团化优势，拓宽客户财富管理业务范畴，推动理财产品转型，丰富各类型产品供给，已经形成了"兴业理财产品好、收益率高"的市场效应。

在行内"大资管""大投行"发展模式支持下,兴业银行理财产品开始由封闭式向开放式、由预期收益型向净值型转变。目前,该行已开发和创设了天天万利宝、天天万汇通、现金宝、智盈宝等六大产品系列,2014年累计发行超过500款,并于2014年正式推出了第一款真正意义上的结构性理财产品——智盈宝系列。

在华福证券首席策略分析师林畅看来,兴业银行开放式理财产品"现金宝"系列较具特色,该系列产品投资于收益稳定、风险低的国债、金融债和高信用级别的企业债等基础资产,具有流动性强、收益递增、投资风险低等特点,尤其是被股民誉为特享理财产品的"现金宝1号",无缝对接证券交易时间,工作日均可申购赎回,当天申购即可实现理财收益,参考收益率超过5年定期存款收益率。

截至2014年年末,兴业银行管理的个人综合金融资产规模已经突破10 000亿元,年度理财销量再创历史新高,累计实现综合理财销售量突破10 000亿元。其中,本外币各类理财销量突破7 700亿元,代理类产品销量突破1 000亿元。通过以创新驱动发展,该行零售财富管理业务已顺利实现弯道超车,逐步形成"产品专、平台精、渠道畅、服务细"的特色财富管理体系。

(二)服务渠道"比翼齐飞"

近年来,兴业银行在加强传统物理网点销售能力的同时,还建立起包括社区银行、直销银行在内的新兴渠道理财销售模式,不断优化网上银行、手机银行、微信银行等电子银行平台理财服务体验,实现理财服务渠道线上线下"比翼齐飞"。

兴业银行于2013年开设了全国第一家持牌社区银行,这一网点创新服务模式着眼于解决金融服务到客户"最后一公里"的问题,极大地提高了广大客户尤其是对互联网敏感性不高的中老年客户办理银行业务的便利性。该行专门开发了社区银行专属理财产品,销售只限于社区银行渠道,收益率相比普通理财产品更高;此外,社区银行还积极组织开展消费者权益保护宣传、金融知识教育普及等工作,如举办金融知识和反假货币、防金融诈骗讲座等,为广大居民的财富管理提供更加贴心的保障。

兴业银行在充分发挥传统银行业线下渠道优势的同时,还以开放的心态积极拥抱互联网，积极引进移动互联网的创新基因。通过整合线上线下资源，兴业银行已经可以为客户提供全天候、线上线下的理财服务。

兴业银行自2013年12月率先推出互联网理财平台"钱大掌柜"后，又于2014年3月推出兼具财富管理和支付"中转站"功能的"掌柜钱包"，终端客户规模持续增长。截至2014年年末，"钱大掌柜"线上签约客户数已超百万户。

作为业内最早推出互联网理财平台的银行之一，兴业银行2014年正式推出的直销银行，是继"钱大掌柜"之后，在互联网金融领域的又一项重大创新。通过直销银行，非兴业银行客户凭他行理财卡也可轻松在兴业银行电子银行渠道购买该行创设及代理的各类理财产品。由于突破了空间、地域的限制，直销银行发展迅猛，2014年已累计销售各类理财产品逾680亿元，跻身国内直销银行规模的前列。

（三）理财代销搭建产品超市

致力于成为客户的贴心财富管家，兴业银行的财富管理业务不仅重视自身产品研发，而且更积极搭建代理销售平台，致力于向客户推荐市场上的其他优秀产品，打造理财产品超市。

为此，兴业银行加强了对基金、信托、券商等合作公司的遴选和管理，主动参与到产品设计、资产管理、风险控制等核心事项，以对客户高度负责的态度，向客户推荐既安全又保值的代理类产品。目前，该行共有超过500只各类型基金、超过300个资产管理计划、近100个信托及券商集合理财计划可供投资者选择，其中，涌现出了不少市场表现卓越的明星产品。

兴业银行2014年主代销的国内首只互联网大数据权益类指数基金"广发中证百度百发策略100指数基金"，自发行之日起收益率一直强势上行。得益于"百发100指数"的强势上涨，兴业银行的销售配额两日即售罄，也使得基金销售市场罕见的"末日比例配售"再现，成为2014年基金销售市场上耀眼的明星。截至2014年年末，"百分100指数"在短短两个月内已上涨了20%。再如该行代销的工银瑞信金融地产基金，2014年累计涨幅达102.49%，在市场上排名第一。

在筛选产品的基础上，兴业银行还强化了一对一理财服务，建立规模庞大的专业理财师队伍。截至2014年年末，兴业银行金融理财师资格AFP持证

3 100多人。所有理财经理均持证上岗,每年开展各种专业培训及理财师大赛,提升理财人员专业化水平。

良好的收益离不开风控能力。兴业银行2014年公布的实现参考收益率的固定收益类产品数量达3 226款,远超其他银行,再加上该行在收益实现方面表现突出,因而在全国性商业银行中位列风控能力第1位。

对此,兴业银行资产管理部有关负责人表示,兴业银行理财业务始终立足于"代客理财"的基本属性,在产品运营的各个环节建立起科学合理、规范有效的流程与运作机制,在自营与代客之间建立起了有效的防火墙。

八、互联网金融刮"混搭风",选择哪种模式更得人心

全国"两会"渐渐淡出媒体的视野,李克强总理在政府工作报告中提及的"互联网+"战略正大步向各行各业渗透。"互联网+"金融等于什么?李克强总理两次点名"异军突起"的"互联网金融",让互联网金融行业再次迎来了发展的春天。两年时间里,阿里巴巴的余额宝、腾讯的理财通、翼支付添益宝等互联网理财产品将中国带进了"全民理财"的时代,伴随着越来越丰富的产品与业务的出现,互联网金融已不再是简单的"互联网+金融"。而今,在政府提出"互联网+"概念的背景下,各大互联网企业和金融机构会如何玩?

(一)互联网金融混搭成风

眼下,互联网公司利用PC和手机App在理财市场大展拳脚,从承销基金、参股金融公司,到直接向市场发售理财产品,互联网金融正慢慢渗透到资本市场的各个领域。和过去相比,互联网经济发展最大的变化是互联网金融产品的诞生,特别是各种"宝宝"满天飞,人人都在用手机买理财。从互联网支付、消费到金融理财,从O2O联动支付消费到P2P网贷,这是一个金融市场全面拥抱互联网的时代。

互联网金融市场已经基本呈现出传统金融业务的两大功能:互联网银行和互联网财富管理。一方面,基于互联网的信贷业务及居间中介业务,部分平台已经基本实现了对银行信贷业务的互联网再造,扮演着互联网银行的角色,如阿里小贷、好贷网,还有融360等。另一方面,无论是各种"宝宝"、P2P网

贷，还是在线基金分销、互联网保险、互联网券商等都在事实上做着财富管理的工作。当然，模式还是以"宝宝"类产品和 P2P 网贷为主。

2013 年，"宝宝"类产品横空出世，催生了互联网理财热，也激发了传统投资者追求更便捷、多元、低成本的理财需求，更衍生出 P2P、P2B、P2F 等金融理财产品。当中既有阿里巴巴余额宝"支付＋理财＋消费"的模式，也有中国电信翼支付"支付＋通信＋理财"的模式，当然还有平安保险"金融＋保险"这样的异类，并且愈演愈烈。

（二）关注四方面投资机会

业内专家预计，今年将是互联网金融行业竞争格局形成的关键一年，对于模式创新、定位准确的平台来说，是一个良好的发展时期。目前市面上，互联网公司参与的混搭产品横跨到影视、农业等多个传统产业，可谓"只有想不到，没有做不到"，但本质上仍然是基金、信托（或保险）、P2P 网贷、众筹等四大类。

其一是公募基金。阿里余额宝、翼支付添益宝、百度百赚、微信理财通是互联网"宝宝"基金的代表，它们对应着不同名称的货币市场基金，7 日年化收益率在 4%～6% 之间。

其二是创新型信托或保险产品。比如可投资影视剧作品的某"宝宝"类产品，用户的权益回报与电影票房紧密挂钩，票房越高，潜在的权益回报越大，这些都与传统的投融资类的集合资金信托有区别。

其三是 P2P 网贷。这类产品由网络信贷公司的平台撮合借贷双方成交，网贷平台充当中介，收取一定的中介费用。目前全国已经有上千家 P2P 平台，陆金所、人人贷等平台广为投资者所知。

再者是众筹模式。在国内，以产品众筹为主，包括用户权益、实物产品、虚拟产品等，均可作为回报。

对于用户来说，投资是为了获取收益，但是由于不同投资者的风险承受力、流动性要求、收益追求有差异，面对这几大类产品时，应该有不同的判断。

（三）选择哪种模式更得人心

在众多互联网金融理财产品中，余额宝、添益宝、理财通、百发有戏，这些主打混搭风的互联网理财平台早已为人们所知。它们的真实面孔分别是阿里巴巴和天弘基金合作的理财产品,翼支付和嘉实基金合作的理财平台,腾讯和华夏基金合作的"微理财"网络平台,百度和中信信托合作的信托产品。基于这些互联网公司本身强大的O2O渠道,"互联网+"的效应在不断被放大。

以翼支付为例。翼支付创造的"支付+通信+理财"模式,在业务上几乎横跨了目前互联网金融涉及的基金、信托、网贷等功能。在实现最大范围混搭,为更多用户提供便捷服务的同时,对行业发展也有一定的启示。

在互联网理财方面,2014年4月,中国电信翼支付推出了第一款运营商系"宝宝"类产品——添益宝。2015年1月,推出了定期类票据理财产品——添益定期保,预期收益大大几乎完胜所有传统理财产品,预期收益达6%-7%,产品初期的投资标的为商业承兑汇票,由银行负责验票和票据的保管,大型国企或上市公司负责承兑。

在网贷方面,翼支付一直力图打造多种"方便用户,贴近用户"的电子金融产品,于2014年3月推出"天翼贷",可为电信产业链上下游提供有力的供应链融资服务,已经成为助推中小微企业等实体经济发展的重要力量。

此外,翼支付还与华融证券、国华人寿等业内一线机构达成实质性战略合作,在优质产品选择、资金安全监管、法律风险援助等方面切实保障投资人的合法利益,构建安全、高效的投资环境。

互联网金融市场从乱到治,格局逐步成型的发展历程表明,做好个性化的市场定位,严格控制风险,提升产品客户体验,将互联网基因与传统金融更好地融合,这正是互联网金融平台未来的生存之道、发展之道。

九、如何迎接互联网理财升级至"云财富"管理时代

2015年3月25日,汇付天下发布消息称,该公司搭建的撮合银行等金融机构的"云财富"管理平台运行一年来,已累计实现500亿元的销售额,在全国16个省份建立了超过50家财富管理中心,为超过400家金融机构提供定制解决方案。

据了解,"云财富"管理平台是互联网理财产品的集合销售平台,其产品来源于证券公司、信托公司、资管公司、银行、保险等金融机构,借助网站平

台与移动 App 等移动互联网工具,实现线上线下无缝隙的理财服务。

业内分析人士称,随着国家促进互联网金融发展战略的实施,互联网理财必然从目前"一拥而上"的无序状态向集约化平台化规范发展。

汇付天下执行副总裁刘钢表示,金融正以互联网的形式渗透到传统理财业务中,因此对互联网金融企业的风控、运营和服务等提出了更高的要求。

未来,汇付"云财富"将定位于差异化竞争,借力互联网开拓二三线城市理财市场。目前,"云财富"金融理财服务已延展至全国多个二三线城市社区街道,满足个人及小微企业理财和投融资需求。

第三节 互联网金融平台模式及其风控方略

目前,我国互联网金融进入了平台制胜时代。介绍、阐述和研究互联网金融平台问题,有着特别重要的现实意义。本节在介绍和探讨互联网金融平台模式概况和热点问题的基础上,着重围绕有关互联网金融平台中最关键性的问题:对于广大互联网金融民众来讲,如何识别与防范互联网金融中的问题平台;以及对于互联网金融平台的企业来讲,如何加强自律与迎接洗牌,进行较为深刻的研究和阐述。

一、中国互联网金融进入平台制胜时代

相关数据统计,2014 年互联网金融平台超过 2 500 亿元,同比增长 140%,可以说互联网经济创造了中国经济的"新常态"。对 P2P 的监管细则即将出台,再加上行业的规范以及央行双重降息的利好,2015 年势必会迎来互联网金融平台的井喷式的发展,而李克强总理助力深圳前海微众银行上线,更是该行业的发轫之作。

(一)互联网金融领域正呈现"水火两重天"的局面

2014 年国庆一过,出现了 P2P 平台铂利亚老板滕海川跑路事件。滕海川

年仅22岁，几个月前，他还以"90后"成功企业家的身份登上央视某谈话栏目，讲述自己如何从16岁的辍学少年到开200万保时捷的公司总裁这一"励志故事"。几个月后，他却"失联"了。据悉，铂利亚目前平台累计欠款约7 000万元，其中线上约3 600万元，线下最大的一笔金额为1 100万元。耐人寻味的是，失联前铂利亚曾发1亿元天标，工作人员最后一次看见滕海川的时间是在10月9日，与大户商谈完之后便再也联系不上。

联想起这两三年频频发生的P2P跑路事件，"铂利亚"事件只不过是冰山一角。在经过数年"野蛮生长"后，P2P行业暗流汹涌，部分平台已临近险象环生的地步。2011年，整个中国的P2P公司才几十家，而截至2014年年底，有成交额的P2P网贷平台为1 761家。不难看出，P2P行业的增长速度仍在持续，新上线平台的数量正在不断增加。

但纵观如今的互联网金融领域，不可否认的一个事实就是该领域正呈现"水火两重天"的局面，一边是各路资本的高歌猛进，强势进入，一边却是一些互联网金融企业频打擦边球，部分P2P企业倒闭甚至跑路，给投资者带来巨大损失。网贷之家发布的数据表明，在2013年10月到12月3个月内，倒闭的P2P平台多达62家，而2014年倒闭平台的数量高达261家，甚至有一家名为御帮贷的P2P平台仅"存活"了一个国庆长假就倒闭跑路。

（二）平台战略浮出水面

随着P2P行业问题平台的接连倒闭和新平台的不断上线，问题平台的倒闭趋于常态化，存活期也越来越短。显然，网贷平台已进入洗牌期，两极分化的态势越来越明显。这就迫使我们不得不认真思考这样一个具体而重要的问题：互联网金融企业的核心竞争力到底是什么？为什么P2P处于井喷式增长中，却频频传来网贷平台因恶意欺诈、经营不善等问题倒闭、跑路的事件？为什么有的企业能取得每年100%的增长速度，而有的企业仅上线几个月甚至几天就倒闭？以P2P为首的互联网金融平台应该如何打造自己的核心竞争力，实现可持续发展？答案是：平台制胜。

互联网金融与传统金融的最大区别，就是前者属于互联网经济。理论上，互联网与金融存在天然的基因冲突，互联网要快、开放、创新，但是金融却要稳健，要风险管理，这就注定互联网金融爆发式增长易，稳健经营难。互联网的发展给平台插上了翅膀，使传统的平台冲破了时间和空间的束缚，成为极具统治力的商业模式。对此，麻省理工大学斯隆管理学院教授迈克尔·A.库斯玛提出了"平台战略"的说法，并迅速席卷全球。什么叫平台战略？简单来说，某种产品或服务，当其使用者越来越多时，每一位用户所得到的消费价值都会呈跳跃式增加，例如电话、即时聊天软件、网上社区、微博、微信等媒体平台——通过使用者之间关系网络的建立来达到价值激增的目的。这种商业模式，我们就可以称之为平台战略。

近年来，平台战略已成为产业界通用的游戏规则，苹果、亚马逊皆因平台而繁荣，阿里、腾讯也正是因平台才成为中国最具价值的企业。在我国这样一个正在逐步趋于规范化的市场上，无论是跨国公司还是国内企业，谁能成功搭建一个或多个平台，谁就能在激烈的市场竞争当中占据有利的位置，打造出适于自身发展的生物链和盈利模式。

平台战略正在成为当代企业竞争的主要模式，互联网金融领域也是如此，无论是P2P平台、第三方支付平台还是众筹平台，平台战略从来没有像今天这样彰显其重要性，互联网金融企业之间的竞争越来越表现为综合平台的比拼和较量。

（三）平台战略制胜关键：比拼风控能力

那么，在这个草根金融时代，互联网金融企业如何实现平台制胜？

爱投资首席风险官刘博说，互联网金融企业搭建平台，"真正重要的还是专业人才"。

有利网联合创始人吴逸然认为，P2P企业不应该是一家经营风险的机构，而是要发展一种金融生态，帮助贷款机构在整个产业链中利用互联网的高效率去盈利。

合盘贷董事长陈志生则认为"P2P是商业模式，而O2O是风控方式"，他说，"P2P平台选择O2O业务模式的根本原因，本质是风控能力的欠缺"，风控是平台战略至关重要的一环。人人贷创始合伙人李欣贺也说："安全才是生命线，没有安全保障，一味追求规模是没有意义的。"

北京市金融工作局党组书记霍学文则认为，未来金融业的核心竞争力有五个：第一，金融业的互联网化，也就是说传统金融业将在互联网改造之后得到大踏步的发展；第二，互联网金融化，互联网企业将大踏步进入到金融领域，在创新业务上取得更大的进步；第三，由于大数据的存在使得我们可以构造一个新的信用体系；第四，风控将基于云端化的设施；第五，金融人才将进一步资质化，互联网金融将使得服务小微变成大微，这里面信用就是财富，服务就是价值，场景就是现实，数据就是资产。

其实，平台从本质上说是一个资源整合体，互联网金融企业必须具备全面的市场把控能力，正如木桶原理告诉我们的，决定木桶盛水量多少的关键因素不是其最长的木板，而是最短的那块。所以说，互联网金融企业在构建自身平台商业模式的过程中，无论是流量还是平台规模，盈利模式还是风控模式，专业技术人才梯队还是战略合作伙伴，无论是企业的机制、商业模式还是创意，都必须没有致命的短板。

互联网金融已经进入平台制胜时代。平台战略已成为极具统治力和强大盈利能力的商业模式，金融企业的平台化能力生死攸关。有了强大风控能力的平台，才能更好服务客户，保护投资者的利益，才能筑巢引凤，吸引各种社会资源，抗风险能力自然也就越强。毫不夸张地说，在这个"水火两重天"的互联网金融领域当中，如何通过平台战略制胜已经成为互联网金融企业的当务之急。很多互联网金融企业的经营和管理者已经意识到了这一点，很多学者和研究员也开始对平台战略展开深入探讨和研究。典型如中关村互联网金融研究院院长贾康与执行院长刘勇主编的《平台制胜：对话互联网金融领军人物》一书。该书通过采访包括人人贷、有利网、开鑫贷、合盘贷、爱投资、拍拍贷、天使汇、众筹网、融360、91金融、易宝支付、网贷之家等众多P2P、众筹、第三方支付和金融门户平台的企业高管，并对其平台搭建过程、盈利模式和风控经验进行了详细阐述，从各个维度很好地解释了"平台制胜"这四个字的丰富内涵，有兴趣的读者不妨一读。

二、有望上市IPO的十大互联网金融企业门户平台

投资界黄梅娟撰文认为，当浙江蚂蚁小微金融服务集团有限公司（简称"蚂蚁金服"）、上海陆家嘴国际金融资产交易市场股份有限公司（陆金所）纷纷传出上市消息，互联网金融正式进入"拼爹"时代。作为支付宝的母公司，蚂蚁金服不仅有马云这个"亲爹"，更有传闻中"社保基金"这个"干爹"，业内估值500亿美金也不为过。估值紧随其后的陆金所，生下来就闪耀着"平

安之子"的光芒，首轮融资引入摩根士丹利作为主承销商，可谓"司马昭之心路人皆知"。当美国 P2P 鼻祖 Lending Club 已经上市成功，它的那些中国门徒们的上市之路还会远吗？

（一）蚂蚁金服：估值 500 亿美金，"亲爹"是首富

据彭博社报道，阿里巴巴集团旗下金融子公司蚂蚁金服计划 2016 年正式 IPO。蚂蚁金服目前估值约 500 亿美元，阿里巴巴的招股说明书披露，500 亿美元估值相当于蚂蚁金服上市所要求最低估值的约 2 倍。蚂蚁金服拥有支付处理平台支付宝的所有权。据知情人士透露，蚂蚁金服正在考虑进行私人配售，但融资计划的细节尚未最终敲定。据称，社保基金已获邀投资蚂蚁金服。

自 2011 年把金融服务剥离成一家新公司以来，阿里巴巴董事局主席马云一直控制着包括支付宝在内的蚂蚁金服。根据去年修订的协议，如果支付宝或其母公司上市，阿里巴巴将进账至少 94 亿美元。另外，阿里巴巴有权获得蚂蚁金服 37.5% 的税前利润，在监管机构批准的情况下可买进约三分之一股份。

根据彭博亿万富翁指数（Bloomberg Billionaires Index）提供的数据，截至纽约时间 1 月 30 日，蚂蚁金服的最新估值使马云的个人财富规模增加了 100 亿美元，达到 364 亿美元，已经超越亚马逊创始人杰夫·贝索斯。因蚂蚁金服估值上升而新晋亿万富翁的，还包括阿里巴巴集团首席执行官陆兆禧及首席人力资源官彭蕾。

2014 年 8 月份，根据蚂蚁金服早些时候的估值，马云荣登彭博亿万富豪指数中国富豪榜首。2014 年 12 月份，他曾一度超越香港房地产大亨李嘉诚问鼎亚洲首富宝座。在接受查理·罗斯（Charlie Rose）采访时他却称："过去三个月，我真的很不开心，总是听人说现在马云是中国首富。"不知道蚂蚁金服上市后，马云又会有多不开心。

（二）陆金所：估值百亿美金，大摩站台

陆金所在 2014 年 11 月，已经低调启动上市前的路演推广，在首轮融资的名单中包括多家知名创投公司如摩根士丹利、鼎晖创投等。消息人士称："平安给予陆金所的估值是 100 亿美元，并且坚持不松口。"此次陆金所引入风投由平安集团主导，整个过程高度保密，就连陆金所内部也仅有少数几名高层了

解具体情况。

根据媒体的报道，鼎晖投资作为基石投资者投资总额并不大，仅在5 000万美元（约合3.11亿元人民币）级别左右。有网络传言称，战略投资者摩根士丹利（Morgan Stanley）是其财务顾问，并将充当分拆上市的主承销商。

同时，陆金所还在进行着分拆上市前的其他工作，比如在公司内部进行股权激励、公司股权变更以及业务的调整，其一般经营项目增加了"百货、文化办公用品、工艺品、电子产品、通信器材的销售，票务服务，代理各类广告，利用自有媒体发布广告，会务服务，商务咨询"。

陆金所于2011年9月在上海注册成立，注册资金8.37亿元人民币，是中国平安保险（集团）股份有限公司旗下成员之一，总部位于上海陆家嘴。目前，陆金所以"Lufax.com"品牌营运点对点的个人"P2P"网贷平台撮合投资者与借款人，另有一命名"Lfex"的平台，为金融机构专属证券化金融资产交易平台。

在成立初期，平安集团对陆金所的期望就是三年内成为行业老大，关键是做大规模，暂时不要求盈利，只要做好风控且不要踩过监管红线即可。考虑到目前陆金所还不太赚钱，上市估计要到2017年左右。

（三）91金融：上市辅导期获比尔·盖茨青睐

"91金融正进入上市辅导阶段，海通证券协助公司进行相关材料的准备，初步目标是在2016年实现上市，争取成为互联网金融登陆A股的第一股。"91金融联合创始人吴文雄在2014年12月接受媒体采访时表示。

尽管从成立到发展仅有短短3年多时间，但91金融的创业团队始终将目光投向资本市场。2011年11月，先智创科（北京）科技有限公司注册成立，这家最初定位做"基于社会化媒体的大数据用户营销体系"的公司便是91金融的雏形。在创业之初，就拿到了经纬创投的天使投资。

2013年9月获得A轮融资6 000万元人民币，投资机构包括宽带资本等多家机构，宽带资本背后有中关村创投的国资背景，通过此轮融资，91金融拿到北京市第一家金融信息服务牌照。

2014年7月2日，91金融宣布完成B轮融资，由海通开元投资有限公司领投，宽带资本、经纬创投跟投，融资金额达2亿元人民币。海通开元是具有上海国资背景的海通证券公司旗下私募股权投资公司。"我们更倾向国资背景的投资方，因为金融行业在中国是管制行业，内资互联网金融公司更容易获得监管机构认可与支持。"91金融创始人许泽玮说他们新一轮业务的着力点就是资产证券化，海通开元是一个全牌照公司，通过这次合作91金融能拿到全牌照。

91金融在成立之初就有上市的目标，所以历次融资都是人民币基金，为此，许泽玮曾拒绝比尔·盖茨的投资。

（四）翼龙贷：联想控股入股史上最大融资

翼龙贷于2014年11月3日引入联想控股近10亿人民币A轮融资，成为P2P网贷平台最大金额融资记录拥有者，同时被纳入联想控股核心资产业务中进行运营。

公开资料显示，联想控股入股前，翼龙贷的股东结构为王思聪占46%，北京同城翼龙网络科技有限公司占36%，法人代持员工股占18%。坊间消息称，入股后，王思聪持股比例将由原来的46%下降至20%，并将失去控制权。此次融资，翼龙贷的股权出让比例"超过51%"。

翼龙贷董事长兼创始人王思聪1965年生于河北，先后涉足贸易、典当、贷款担保等多个行业。资料显示，翼龙贷成立于2007年，注册地为温州，是国内较早开设的网络借贷金融平台。从创立至今，翼龙贷一直专注于三农领域，把借贷无门的三农人群及个体工商户作为自己的目标群体。和其他平台最大的不同在于，翼龙贷规模扩展主要依托加盟的方式，在各地设立运营中心，对加盟商进行线下审核。有数据统计，截至2014年11月，翼龙贷单月成交额超过2亿元，总成交额已经超过18亿元。

早在2005年12月，联想控股就入股嘉禾人寿保险股份有限公司，这算是联想向金融业投石问路的一笔。据统计发现，10年间，联想"插足"金融领域公司已经近10家，其中与互联网金融相关企业就有5家。2008年7月，入股苏州信托公司得到10%股份；2010年1月，投入5亿元进军汉口银行，持股30%，成为第一大股东；2011年1月，投资9亿元获得中银国际证券12%的股份。2014年8月，联想旗下君联资本开始发力，涉足互联网金融领域，先后投资了铜板街、银豆网、正奇金融和网贷天眼。

联想控股入股以后，从渠道管理到企业文化建设，都在帮助翼龙贷从"屌丝"转向"高大上"。因为联想控股核心资产中的不少企业都有国际化布局，翼龙贷也正在积极寻求"走出国门"。

（五）人人贷：三个富二代涉嫌资金池

人人贷成立于 2010 年 5 月；作为人人贷线下补充业务的友信，成立于 2011 年。2012 年 11 月，人人贷与友信整合为"人人友信"，线下开发借款人，线上对接理财人。2010 年 6 月，获弘合基金数百万人民币天使投资。2014 年 1 月，获挚信资本、腾讯产业共赢基金共 1.3 亿美元的 A 轮融资。

人人贷的三位创始人都是"80 后"富二代。杨一夫是北京人，父母均是国企高管，从北京大学金融数学系毕业后又去荷兰读金融硕士，创业之前在如家酒店就职。李欣贺是杨一夫北大同届校友，毕业后先后就职于德意志银行香港投资部、中银国际直接投资部和渤海产业投资基金。张适时是李欣贺的朋友，毕业于清华大学经济管理学院金融系，2008 年就职于香港 Temujin 私募基金，后在家族企业富山矿业集团工作。

据人人贷 2014 年年报显示，全年成交金额超 37 亿元，较 2013 年同比增长 138%，发展速度可谓一路狂飙。然而，看似顺风顺水的背后，其商业模式一直备受争议。极客网专栏作家，国内知名互联网金融评论员曹层认为，人人贷商业模式中的风险主要表现在：涉嫌资金池；项目风险高；风险准备金提取不透明；业务重度依赖"母公司"；部分项目涉嫌高利贷。

之前也有媒体报道，"在资金出借时，出借人不与真实对应的借款人签合同，只是和友信签订《资金出借及回收方式协议》。友信则以债权转让的名义来进行资金的错配和拆标"。而债权转让正是 P2P 资金池运作中比较常见的方式。

另据媒体报道，友信的平均年化成本高达 28.5%，超过四倍法定基准利率，已属高利贷。人人贷部分项目的高收益有目共睹，高收益意味着借款人融资成本过高。对于人人贷来说，却可以借此赚取高额利差，直白一点讲，人人贷快成银行了，低息进、高息出，且不是一对一，错配现象严重，借款人资料透明度也不够。

杨一夫在接受媒体采访时称，人人贷还没有上市时间表，虽然上市肯定是需要的，但公司不会把这件事当成目标，短期内也没有精力去做。

（六）有利网：软银、晨兴看好三个"高富帅"

有利网未上线就获鼎晟天平的天使投资，于 2013 年 2 月正式上线，同年

11月获得软银中国1 000万美元A轮融资。2014年6月获得晨兴创投数千万美元B轮融资。

有利网的创始团队堪称"高富帅",董事长任用,高1.88米,父亲是纽交所上市公司先声药业董事会主席,2007年赴英国留学,就读于伦敦大学,学习生物化学。CEO刘雁南,是"军二代",曾获英国华威大学经济系最高荣誉学士学位,2008年加入香港美银美林集团,2011年7月加入德太资本(TPG),负责执行中国大陆的股权投资业务。COO吴逸然出生于商人家庭,北大哲学系本科和金融学硕士毕业。

有利网的专家顾问团队堪称"豪华":任晋生(任用父亲)、陈志武(经济学家)、孙燕军(TPG合伙人)、张化桥(香港慢牛投资董事长)、赵令欢(弘毅投资总裁),没有一个是等闲之辈。

有利网最低投资额度50元,模式是与线下小额贷款公司合作,专注做信息中介平台。由小额贷款机构筛选优质借款项目,推荐到有利网,供有理财需求的用户进行投资。成立两周年以来,不论平台规模,还是行业人气,有利网都可算P2P行业综合排名靠前的公司。虽然暂时还没有其上市的消息传出,但P2P鼻祖Lending Club已经上市,国内较大的P2P公司上市是迟早的事。

(七)积木盒子:上线两年傍上"干爹"小米

积木盒子上线于2013年8月7日,CEO董骏曾在以色列第一大银行BANK HAPOALIM做过5年债券交易。2014年2月24日,获银泰资本千万美元A轮融资。同年9月10,完成总额3 719万美元的B轮融资,小米和顺为资本领投,经纬中国、淡马锡旗下祥峰投资、银泰资本和玉投资跟投。

积木盒子主要产品为面向中国中小微企业主的经营类贷款以及面向个人用户的消费类贷款。投资人可以直接在线操作,人民币100元起投,年化收益9%~14%。有资料显示,自上线以来,积木盒子平台上累计完成的撮合交易金额近20亿元,快速跻身国内互联网金融行业第一梯队。

媒体报道,积木盒子存在给自己担保、和非融资担保公司合作、资金站岗不准提现、深陷河北融投公司担保疑云等多个问题。2015年1月12日,积木盒子进行增资,将公司注册资金增加至1亿元人民币,进一步优化资本结构,增强平台应对风险的能力。

（八）拍拍贷：红杉连跟两轮，上市时间待定

据《每日经济新闻》报道，拍拍贷表示，未来 2～3 年内会上市，这个预估还是有些保守，可能最快一两年就会上市。"因为拍拍贷的风投方是红杉资本和光速安振等，上市目的地会选择纳斯达克，而且拍拍贷率先完成 B 轮融资，可能会成为国内 P2P 最早上市的平台。"拍拍贷市场负责人表示。

资料显示，拍拍贷成立于 2007 年 8 月，总部位于上海，是国内最早创立的 P2P 网贷平台之一。2011 年 8 月，获清华大学旗下基金金信投资的天使轮投资；2012 年 9 月，获红杉资本千万美元 A 轮融资；2014 年 4 月，获数千万美元 B 轮融资，光速安振中国创业投资领投，红杉资本及诺亚财富跟投。

在线风控和征信系统为拍拍贷核心业务。拍拍贷的征信系统通过采集借款人数千个维度数据判定违约成本，以确定贷款额度及风险定价，与美国信用评估企业 Zest Finance 模式相类似。

拍拍贷联合创始人兼 CEO 张俊透露，其征信系统正在申请专利，并希望有机会申请征信牌照。拍拍贷征信业务未来有望尝试独立的商业运营，而拍拍贷也有上市意愿，只是目前还未有时间表。

（九）点融网：Lending Club 的中国门徒

2013 年 3 月正式上线的点融网与 Lending Club 有着惊人的相似之处，两个平台的创始人都是一个律师出身，一个负责技术。郭宇航曾是上海白玉兰律师事务所管理合伙人，苏海德（Soul Htite）则是美国 Lending Club 的联合创始人，前者帮助点融网规避在中国做金融的风险，后者为点融网做技术支撑，将 Lending Club 一套成熟系统搬到中国。

梳理点融网的融资路径，不可谓不密集。2013 年 3 月获得数百万人民币的种子天使；2013 年 8 月获北极光创投数百万美元的 A 轮融资；2014 年 9 月获老虎亚洲基金和北极光创投的 B 轮数千万美元融资，10 月再获新鸿基数千万美元 B 轮融资；2015 年 1 月，点融网获得老虎亚洲基金数千万美元 C 轮融资。

Lending Club 曾通过积极与美国 SEC（美国证监会）沟通，获得第一个 P2P 牌照，这一步，为其成为首家 P2P 上市企业埋下最大的伏笔。据《21 世纪经济报道》，沿用 Lending Club 在美国的路径，点融网参与 P2P 行业监管白皮

书的起草以及相关课题研究。与此同时，点融网汲取 Lending Club 的经验，提前争取与银行"结盟"。2014 年 10 月，点融网与苏州银行签订合作协议。基于国有背景，苏州银行获取数据的便利性亦优于民营 P2P 公司。

Google、KPCB、T Rowe Price、Wellington 和黑石同时出现在 Lending Club 的股东名单上，董事会成员包括摩根士丹利前 CEO 约翰·马克、美国前财政部长萨默斯以及拥有"互联网女皇"之称的玛丽·米克尔。而点融网正试图在中国再造一套资本的"豪华阵容"。

北极光创投是国内第一家投资点融网的 VC 机构。早在 2012 年，点融网通过接纳战略入股的方式，与国有四大资产管理公司之一的东方资产管理公司浙江分公司达成联姻，由后者协助其浙江负责其在浙江地区的业务拓展，并将旗下的小贷公司吸收加入点融 P2P 平台。

2014 年 10 月，这种战略入股的方式再次体现在新鸿基身上。而一位重量级人物梁伯韬在此阶段接近点融网。20 世纪 90 年代，梁伯韬设计红筹结构，帮助大批内地企业在香港上市，被市场称为"红筹之父"。而梁伯韬更为互联网界熟知的业绩，是以个人投资者的身份，先后投入中华英才网、京东商城、91 无线等公司。

和投资京东一样，梁伯韬把点融网选择为个人投资的标的。他在进入董事会后向媒体表示，自己所做的投资通常都是中长线，尽管点融网不是 P2P 行业规模最大的公司，但潜力而非规模才是考虑的重点。他赞同点融不赚快钱的选择，并且认为苏海德在 Lending Club 的经验能够帮助点融网绕过一些弯路。

（十）红岭创投：兜底 1.7 亿拟借壳上市

2015 年 2 月 14 日，红岭创投传出增资上市的消息。在当日的投资人交流会上，红岭创投宣布将完成增资扩股计划，向原有股东配股 5 亿元。同时启动国内市场上市准备，预期 3 年内完成上市，估值超 500 亿元。

红岭创投拟冲刺上市的地点确定为 A 股市场，2 月 9 日，相关准备工作正式启动，券商投行、会计师事务所、律师事务所、评估事务所、公关公司等相关机构已经进场。

红岭创投董事长周世平对媒体表示："目前，具体消息不方便公开透露，该上市公司已经因为筹划重大事项停牌，具体的合作细节正在洽谈，估计 7 月前后上市公司才会发布预案公布。"根据红岭创投的表态，于 2 月 9 日停牌的福建三元达通讯股份有限公司成为众人猜测的重组对象。对此，周世平既未否认也未肯定，称具体信息要等上市公司公告。

作为国内最早成立的互联网金融平台之一，红岭创投2009年就开始上线运营。自去年以来，因频发亿元大单，红岭创投颇受投资人质疑。2014年8月，红岭创投曝出涉资1亿元的广州纸业不良大单，新近又发生了涉资7 000万元的安徽森海园林事件。

虽然周世平对上市表示乐观，但目前互联网金融监管政策仍未出台，或将成一大障碍。且按照目前的IPO门槛，红岭创投也还有部分细节未能达到。虽然2013年和2014年，红岭创投均实现了盈利要求，但若持续走兜底路线，其盈利情况是无法预测的。业内人士表示，类金融企业的上市之路并不平坦，红岭创投上市很难被证监会通过。

三、央视3·15晚会：问题平台和卷款"跑路"成投诉热点

一年一度的央视3·15晚会临近，在晚会官方接受消费者投诉中，有关P2P网贷平台倒闭"跑路"事件是一大热点。在2015年3·15晚会的投诉平台上，有众多对P2P平台的投诉和质疑，其中对"中汇在线"的投诉最多。网民黄先生投诉，"中汇在线当初宣传的是纯粹的票据抵押业务，自己投了不少资金进去"。

央视3·15晚会：P2P网贷卷款"跑路"成投诉热点没想到，该平台2014年12月突然倒闭，其法人和运营经理失联，3亿余元款项不翼而飞，受害者多达5 000人。"山东、深圳等地投资者也纷纷来信投诉。让投资者们唯一宽心的是，深圳警方近日将"中汇在线"平台主要负责人陈艳芳抓捕归案。

除了"中汇在线"，还有对其他一些网贷平台的投诉。浙江杭州的习先生投诉，"在'全民贷'投资，没想到该平台2014年12月突然停止运营，实际控制人失联，诈骗8 800万元投资款潜逃，受害投资者近千人"。

另一位杭州网友投诉"网赢天下"平台，"当初觉得该平台许诺的利息比较高，而且承诺安全、保本、保息，就把全部积蓄约123万元投了进去，结果这家公司开业4个月就倒闭了，责任人潜逃"。

从倒闭的P2P网站来看，大多数网站宣传可获得高回报，如"中汇在线"

宣称票据理财可以有18%的高收益，而业内此类产品的年化收益率很少高于8%；更宣称多款项目借款年利率甚至高达45.2%。

据统计，2014年有成交额的P2P网贷平台为1 761家，2014年下半年，"跑路"的有40多家。

四、网贷平台优胜劣汰的洗牌大幕已经开启

2015年将是互联网金融监管的元年，业内预计年内网贷监管政策将落地。积木盒子创始人、CEO董骏指出，希望看到互联网金融的良性因素，设定合理、可执行的底线监管标准，以降低不良发展产生的风险。这意味着，在规范行业发展背景下，大量不良的网贷平台将被淘汰。

（一）暴风雨来临前

2015年中国进入了减息周期，利率下行已是不可撼动的趋势。据业内人士分析，新一轮的降准、降息空间已打开。

降准降息让银行有所松动，随之而来将为资金过桥等民间借贷业务带来便利，银行、基金、P2P等行业有望因此获得源源不断的活水。P2P行业看似前景一片光明。

不过，业界也有不同的声音。董骏指出，降准降息对市场产生的激励将在短期内缓释一定风险，对互联网金融及传统金融都是眼前利好，但长期效果还要看整体经济的结构性调整效果。

央行决定自2015年2月5日起下调金融机构人民币存款准备金率0.5个百分点。当时，叶大清指出，对小微企业贷款占比达到定向降准标准的城市商业银行、非县域农村商业银行额外降低人民币存款准备金率0.5个百分点，对中国农业发展银行额外降低人民币存款准备金率4个百分点。所以小微企业未来从银行获得贷款将更加容易，这也将对P2P网贷平台的高融资成本构成冲击，从而促使P2P网贷平台收益率下降。

宏观经济环境的变化恐怕只是暴风雨的前奏。2015年可以说是真正的互联网金融监管元年。业内人士纷纷预期，两会期间，主管部门可能会就前期的调研结果，出台相关的监管政策。

具体到监管的思路,有分析人士建议,要提高 P2P 平台注册资本金,同时进一步明确,P2P 平台只能做信息中介,不能做信用中介,平台自身不得提供担保,不得搞资金池,不得非法吸收公众资金等,通过政策调控 P2P 平台风险能力。

(二)优胜劣汰激烈震荡

无论是宏观环境变化,还是监管政策出台,利弊综合分析必将有利于 P2P 行业的发展,同样也会加剧 P2P 行业的洗牌速度。只有真正做好风险控制的平台,才能度过洗牌的"寒冬"。

2014 年国内 P2P 行业经历了翻天覆地的变化。P2P 平台数量激增、"跑路潮"接连上演、风投机构纷纷注资等,都说明网贷行业处于一个诸侯争霸的竞争局面。2015 年 1 月已过,平台数量持续增长,风投资金仍在涌入,但 P2P 平台的风险继续发酵。

P2P 普遍是以民间借贷与 O2O 模式相结合为主的,部分 P2P 网贷平台因为没有建立良好的资金流通机制,周转资金紧张致使资金链断裂,不得不采取自融方式饮鸩止渴,结果受到严重影响。

根据融 360 监测数据显示,2014 年 12 月国内 P2P 问题平台数量高达 90 家,创造了历史最高纪录。进入 2015 年 1 月,问题平台数量共计 57 家,虽然较 2014 年 12 月有所下降,但仍超去年同期(12 家)水平。市场对于资金的需求并没有减少,一旦宏观环境变化,风控做得不好的平台将面临淘汰。

董骏对于尚未出台的政策提出建议:互联网金融政策设定合理的、可执行的底线监管标准,以降低不良贷款产生的风险;同时呼吁业界,2015 年市场可以少关注 P2P 的交易量,多关注符合市场健康需求的产品挖掘、技术方案及风控创新。

(三)监管将成为互联网金融行业的元年

2015 年全国两会上,李克强总理在政府工作报告中提到互联网金融的次数远高于去年,其中提到要围绕服务实体经济推进金融改革,大力发展普惠金融,制订"互联网+"行动计划。

银客网副总裁李飞表示,2015 年互联网金融和 P2P 网贷行业有两个关键词值得注意:"监管"与"深度竞争"。通过近几年P2P网贷市场的野蛮生长,以及央行、银监会、地方金融工作部门对行业的不断调研,2015年对于互联网金融的监管政策或指导意见出台的可能性很大,银监会针对P2P网贷的监管架构已经基本完成,市场很快会结束监管缺失的局面。当然行业的良性发展还需要相当长期的努力,需要多方共同构建P2P网贷行业体系。非常明确的是,互联网金融及P2P网贷对于中国经济发展、中小微企业融资需求解决的价值已被认可。信息化技术革命改变了一个又一个行业,而互联网金融承担了通过信息化手段优化民间资本资源分配的责任。

李飞表示,2015年的市场竞争将从简单的价格竞争上升到风控实力竞争与服务竞争,优胜劣汰将加速,并且呈现两极分化趋势。互联网金融具备双重属性,金融属性是根本,风控体系建设与实力是平台生存的关键,而大规模发展与深度竞争需要依靠信息科技的深度使用,互联网属性决定平台的发展。例如余额宝金融本质是货币基金,但规模与用户的爆发主要不是依靠金融产品,而是便捷的体验与互联网、移动互联网技术的应用。所以,2015年是关键的一年,也是深度洗牌、加速竞争的一年。

快钱董事长兼首席执行官关国光认为,目前互联网金融实质混业的综合金融服务模式与我国金融分业经营、分业监管的体制不完全匹配,这实质是我国经济过渡阶段的体制性障碍。他指出,政府在出台相关监管政策时,应创新行业监管思路,对于混业互联网金融产品,监管要顺应市场发展,将监管从形式监管引导到风险监管,鼓励支持风险可控的混业创新产品。从体制上探索更适合互联网金融的监管模式,推动全国金融体制深化改革发展。

关国光认为,应不断推进互联网金融与产业结合,通过互联网金融促进直接融资渠道建设,让金融资源真正流向优势产业,引导互联网金融真正服务于实体经济,全面推动实体经济发展。

五、如何把握问题门户平台的十大征兆

高息平台泛指年化率超过24%的平台,也指如今的大部分平台。线下民间借贷市场有个主要的特征,即本金逾期,利息却照付。然而在网贷中,对于投资人的回款却必须在规定的期限内。这两者本质的冲突,造成一些平台容易发

生危机，而这种危机的诞生只有一种方式，即在平台运营中长短期标的的时间错配出现问题。错配时间得当，平台运营长久，反之则会倒闭。

其实在一家平台"跑路"前，都有预兆可察。踩雷不可怕，可怕的是在无知的基础上，多次踩雷成就赌博的性格，麻木地进行投资。以下为大家梳理下踩雷的各种前期预兆，能防一个是一个，能防一窝皆大欢喜。

（一）300万以上大户撤资

首先从投资额度来说，大户对于平台会更重视一些，也是挨着利益集团最近的人物。有任何风吹草动包括标的的负面消息、资金的去向等都会造成大户们的撤资。在情报中，他们也是负面信息的优先获得者，所以你不能指望着大户告诉你，因为小散的最大作用，就是给大户接棒。一旦他们开始撤资，也就是平台最紧张的时期。

观察要点：
（1）大户是否经常在投资群说话，观察其忠诚度。
（2）与参与考察的散户进行沟通，了解考察中的疑点。
（3）注意大户的投资时间。

（二）标的期限

所谓标的期限，也就是长期标、短期标时间上的搭配问题。如果平台为了提高人气，不间断地发一月标或者天标，这个就要注意。因为这种发标方式没有给风控留出催收的时间，还会增大平台每天的回款量。如果哪一天产生逾期，就极其容易造成挤兑，产生提现危机。

观察要点：
（1）观察近期30个标，是否都是一月标和天标。
（2）观察最近是否有长期标出现，然后是天标、秒标、奖励等通过各种手段催人气的现象。
（3）观察是否最近10个标都是长期标，然后进入短期投资。
（4）原以长期标为主，突然频发短期标现象。

（三）标的额度

有阶段性地或是突然地发布额度过大的单个标，且发布时间挨得很近。一旦出现此类现象，就要引起重视，这说明平台有大量逾期标出现，并暗藏着提现危机。这种现象，在倒闭平台身上出现得最多。换句话说，就是这个平台其实早在这个时间之前，就已经产生了逾期，无力回天。这种现象在解剖学上，叫回光返照。

观察要点：
（1）突然性地提高标的额度。
（2）频繁发布大额标类，具体表现接二连三地发布。

（四）标的利率

在平台按照一个合理的利率正常运作的过程中，突然性地以活动奖励、提高发标利率等各种变相手段来提高回报，这其实也在一定程度上预示了提现危机。特别是在临近年底的时候，各类实体经济企业进入年关收款阶段，产生逾期的概率会增大。

观察要点：
（1）以过节等各种名目，提高活动的奖励回报。
（2）提高月利率和天标利率。
（3）提高秒标的利率回报。
（4）提高奖励利率。

（五）换法定代表人

因为换法人倒闭的平台，也有很多。为何换法定代表人，无非就是利益纠纷，来源于借与贷之间的关系。有以下几种情况。

一是原法定代表人意识到网贷危机，把所背负的负债转手以获取盈利。
二是经营不善，造成与股东分赃不均的情况。
三是本身是借新还旧，被线下高利贷逼迫无法经营者。
四是预感到提现危机，找傀儡做法定代表人。
五是法定代表人年龄偏大，无正常行为能力偿还者。比如有神经病、癌症等。

（六）出现负面消息

负面消息对平台是致命的。这里的负面消息泛指一些违法犯罪的现象，比如在各大第三方平台以及小道消息中出现的负面新闻，要抱着宁可信其有不可信其无的思想，进行撤资。

（七）平台发展思路不明确

平台未来的发展思路，是展示平台做强做大的决心，这不是一种口号，而是一种行动。对于政策、业务区域、发展规划以及运营思路等问题，平台必须给予合理的解释。这不是"假大空"，也不是"此地无银三百两"。平台有了良好的发展，才能保证投资人资金安全，健康地成长并盈利。

观察要点：

（1）是否有在首页显示平台扩大规模的实际行动，比如分公司，壮大团队等。

（2）是否具有企业文化和企业理念，用文字和图片进行相关的展示。

（八）平台是否具有运营人才

平台的好与坏，最主要的是取决于运营，一个运营不光是指营销，还要对项目的信息有相关风控、催收等知识，并有及时处理危机和对标的进行期限长短搭配的能力。

观察要点：

（1）平台无任何运营经验，由客服或者法定代表人担当。

（2）平台运营思路不明确，没有相关知识储备。

（3）名人染指过的平台，而这个名人如今不在平台继续做运营。

（4）运营者回答问题颠三倒四，不敬畏、不尊重投资人，表现出恶意相向等恶人行径。

（5）运营不了解公司其余部门的情况，比如业务部、顾问部、催收部等各部门的具体事项。

（九）提现速度迟缓

为什么这个观察方式排列到最后，因为等到这一步时，有些平台是立即倒闭，剩下的就是一拖再拖，等着大户垫资去救场，但是往往等来的，是资金的一起"身亡"。

注意要点：

（1）原先是5:30之前的提现，延期到第二天。

（2）平台回款多，彻夜不停地提现，并且最近几天，提现量增大。

（3）平台用各种理由发布相关公告，强制不能提现。

（4）平台因为过节等原因，不给提现。

（十）待收增加是否和平台真实标的成正比

以上这些，都是平台跑路前的预兆。虽然不能一概而论，但是已经面面俱到。具体平台具体分析，以上所提出来的，只是简单的表面现象。还有一些隐藏深入的痕迹，有待专业人员去发现并及时调整投资思路。

六、如何识别跑路P2P网贷平台十大骗术

当前，中国互联网金融平台鱼目混珠，问题平台比比皆是，如何识别和防范问题平台，尤其是跑路P2P网贷平台，这既关系到广大参与互联网金融民众的切身利益，也关系到互联网金融能否稳健、持续和长足发展。下面将作重点探讨。

（一）高息诱惑

高息诱惑是P2P网贷诈骗平台用得最多的招数。在2013年"跑路"的平台中，大多是号称年收益超过24%的平台，一些平台甚至达到40%。网贷之家最近公布的5月份统计数据显示，目前仍有40余家平台月息超3分，即年收益超过36%。在如此高利率的诱惑之下，一些投资者失去了抵抗力，投机心理陡增。一些投资者想着投资一次就撤出来，自认为在自己投资的时间内平台不会倒闭，但往往正是这样的侥幸心理，导致他们频繁"踩雷"。

（二）秒表圈钱

秒表因为时间短、利率高、回款快，一度是新平台吸引投资者的营销利器。P2P网贷平台最短"跑路史"在2014年10月中旬被刷新。刚上线的网贷

平台"福翔创投"（福建）开业不到3天，"许"姓老板便"跑路"，创下了网贷最短的"跑路史"。据爆料称，该平台没有客服，所有事务均由"许总"一人完成，连最基本的办公室都不租，用超级大秒来吸引充值，然后在23日投秒后的一天卷款"跑路"。证件、手机号……任何资料都是假的，纯粹是个骗子平台。记者登录"福翔创投"官网，只有一行醒目的红字在向它的投资者挑衅："你们这些秒客，活该！"

（三）利用媒体宣传造势

以前"跑路"的平台在出事之前，人们很少能看到有关媒体的报道。但最近网金宝和科讯网"跑路"案件中，多位受骗的投资者反映，他们都是在腾讯、凤凰等"高大上"的媒体网站上看到相关报道，随后参与投资的。有投资者是看到央视网报道，才投资科讯贷的；去年倒闭的铜都贷，就曾在《第一财经》的《财商》栏目上做过宣传。资深网贷投资人羿飞分析，这些平台先是在网络等媒体发布软文进行宣传，吸引投资者；进而利用自有资金循环投资，制造虚假繁荣，诱惑投资者参与；最后打着保本保息的幌子，诱导投资者投资长期标的，并以活动为诱饵，将投资资金全部骗到手，然后"跑路"。

（四）利用搜索引擎认证增信

前段时间炒得沸沸扬扬的旺旺贷"跑路"事件，就将网贷平台最大的流量入口百度推上风口浪尖。当时很多受害者表示，之所以投资旺旺贷，最主要的原因就是它有百度认证。在旺旺贷"跑路"事件之后，甚至有愤怒的投资者在百度公司门口打出了"百度一下，你就上当了"的标语。

有投资者介绍，最近"跑路"的网金宝的网站就被360搜索和搜狗搜索认证过，但现在已经找不到了。"跑路"的科讯网也获得了百度财富的认证，有投资者甚至把截图放在第三方论坛里。

（五）编造专业创始人团队

在倒闭的网贷平台中，有一些创始人团队看上去阵容非常豪华，名校毕业，有过大型金融机构工作经验，被当作投资选择平台的标准之一。但有网友爆料称，已"跑路"的科迅网的资料涉嫌造假，关于核心团队成员的介绍，竟然"都是从其他网站粘贴过来的"。

针对这些骗术,有资深投资者建议,在信息时代,每个人都会在网上留下一些信息,仔细搜索平台公布的创始人信息,一定会找到一些蛛丝马迹。

(六) 包装成大城市平台

在网金宝之前,"跑路"的平台多是一些小地方的平台。网金宝作为首个北京"跑路"的平台,在业内引起不小的轰动。

有网贷平台负责人指出,北京、上海等地的平台,投资者一直认为比较正规,因为这些地方政府管理严格,监督的媒体也多,同时参与的投资者也多。目前还有平台"跑路",特别是北京,地处"天子脚下",深受投资者信赖。但大成律师事务所肖飒律师告诉《投资与理财》记者,目前一些骗子平台也转移到北京了,对外营造一种"天子脚下,踏实做事"的假象,有的只是把网站地址写为北京,实际经营在外地。投资者根据地域选择平台也要小心了。

(七) 假借官方机构为其增信

维权投资者保存的网金宝网站资料显示,该平台一直打着与央行合作的旗号,声称"其中所有投资用户的资金均会由中国人民银行北京支行全权监管"。

看到这里,稍微有些金融常识的人都知道这是个骗局,因为央行作为监管机构,是不可能对P2P网贷资金托管的,何况央行已经撤销了在北京的分行。这个信息在网上就能查询出来,但竟然有不少不明真相的投资者相信平台所说。在目前所有P2P网贷平台中,只有开鑫贷资金由江苏银行和中国银行托管。

(八) 监守自盗骗取投资者资金

今年年初在对P2P网贷受害人的采访中,有受害者告诉《投资与理财》记者,她所投资的网贷平台,不宣布倒闭,但就是提现困难,让他们继续投资支持平台。而在投资者交流群,有一些人4折、5折收购他们的债权,业内称之为"收草"。新新贷市场部高级经理朱捷说:"这种行为实际上是一种恶意诈骗,过一段时间,他们又会再开一个平台来诈骗。"

(九) 假借第三方为其增信

记者观察发现,在"跑路"的平台中,有平台信息显示,其获得过各种

"高大上"的机构颁发的奖项。还有一些平台宣传与大型担保公司有合作,并由担保公司提供本息保障,以此来为他们平台增信。在网金宝"跑路"案件中,有投资者提供的合同显示,网金宝的担保公司为湖北中州投资担保有限公司。但是,在网金宝出事之后,这家担保公司在其官方网站显要位置已经挂出声明,称其与网金宝之间没有任何关系,更没有任何合作。有业内人士建议,对于这类增信,也许一个电话就可以验证是否有机构给它们颁过奖,是否担保公司与平台有合作。在投资之前多做一些功课,就能防范这种低水平诈骗。

(十)平台所有信息系编造

对于P2P网贷的诈骗行为,网贷之家联合创始人徐红伟告诉记者:"有种诈骗行为最为恶劣,就是几千块钱买个系统,假借一个办公场地,用假的创始人身份、假的工商执照,虚拟一些借款人,有的甚至忽悠够了钱就跑,投资人想找都没法找。他们上线就是为了诈骗的,在以往跑路的平台中,很多平台都是没有实际办公场地的,最近跑路的网金宝就是这样。"业内人士评价,这些骗术虽然很拙劣,但投资者侥幸心理太重,对一些平台的基本信息都不去核对,这是造成他们"踩雷"的主要原因。

七、如何选择放心平台的十条标准

(1)媒体经常公开报道的平台。这可以证明这个平台比较开放,愿意接受大众和媒体的监督。

(2)有"亲爹"或者"干爹"的平台。这些平台大多背景强大,即使出现经营性问题,平台也会赔付投资的损失,但一定要搞清楚是否真有后台。

(3)看平台的创始人团队。如果创始人团队里从传统金融机构出来的人比较多,则相对靠谱。

(4)看是否有风投资金进入。已经获得风投的平台,从一个侧面也反映了风投对它的认可。

(5)经常看第三方网贷资讯平台的信息。从大家的讨论中,学习和了解这个行业。简单地说,就是平台的业界口碑,也是选择平台的参考标准之一。

(6)看平台借款信息是否公开透明。相对靠谱的平台,每个借款信息都是

公开的。要明白自己的钱借给了谁。

（7）不了解的新平台最好不要碰。新平台还没有经历一个简单的还款周期，风险系数相对较高。

（8）优先考虑本地的 P2P 平台。最好是实地考察并掌握该平台的相关信息。

（9）初入这个市场的投资者需慎重考虑平均利率超过 18% 的平台，远离高息秒表平台。

（10）不可迷恋"本息保障"。在目前情况下，"本息保障"有点皇帝新装的感觉，有些平台的"本息保障"，不过是一句口头承诺而已。